北京大学史学丛书

简明印度通史

殖民统治时期

林承节 著

目　录

绪　论

在印度历史长河中，殖民统治时期占有重要地位。这不仅因为作为历史链条的一个环节，它起着承上启下的作用，还特别因为这段时期是印度有史以来变化最剧烈的时期。从经济结构到政治体制、从教育制度到社会观念，可以说，一切都开始了不同于以往的变化。这是一个社会大变动的时期。印度的自然发展进程被打断，开始了由传统社会向现代社会转变的长过程。在新的方向下，发展速度加快了，却出现了严重畸形。这是殖民统治造成的。殖民统治是剧变的推动力之一，却又是印度实现正常转变的严重阻挠力量。它为了英国宗主国的利益，竭力把印度转变为英国的农业附属国，使之成为英国的商品市场、原料产地和投资场所。是逐渐觉醒的印度人民用团结和自立的决心与殖民统治者做斗争，最终搬掉这座压在印度人民身上的大山，把决定自己命运的权力夺回来，才为印度最终实现正常的充分的发展敞开了大门。

为了深入阐明殖民统治造成的畸形变化和印度反抗力量如何成长并最终取胜，结合具体历史过程的叙述，本卷着重突出以下几个重点。

（1）殖民统治的双重历史使命。殖民侵略是西方资本主义发展的海外延伸，是资本主义世界扩张的必然产物。殖民统治和剥削是为殖民国家资本主义发展服务的，殖民国家资本主义生产方式发展的不同阶段决定了不同时期的殖民政策，后者反映了前者的不同需要。当然，对殖民国家来说，无论什么阶段什么样的殖民政策，万变不离其宗，都是为了最大限度地掠夺殖民地半殖民地的财富和压制人民的反抗。殖民侵略和掠夺不仅遇到被侵略民族的强烈抵抗，而且被侵略国家固有的经济和社会结构也是横亘在其掠夺道路上的严重障碍。在这种传统结构下，殖民主义者实行原始积累式的暴力掠夺可以，但要把殖民地半殖民地变成宗主国的商品市场、原料产地和投资场所则不可能。要解决这个难题，办法只有一个，就是人为地改变殖民地半殖民地现有的社会结构，创造适合资本主义榨取的结构和物质条件，以适应殖民剥削的需要。殖民主义者这样做完全是受自己的卑鄙私利的驱使，但只要这样做，就不仅对殖民地半殖民地现有的经济和社会结构起破坏作用，而且不自觉地为这些国家和地区资本主义因素的出现开辟道路，奠定物质基础。正是基于这种认识，马克思 1853 年在《不列颠在印度的统治》和《不列颠在印度统治的未来结果》两文中，提出了殖民统治具有双重使命的著名论断。他写道："英国在印度要完成双重的使命：一个是破坏性的使命，即消灭旧的亚洲式的社会；另一个是建设性的使命，即在亚洲为西方式的社会奠定物质基础。"① 这一精辟论断为学术界全面正确地评价殖民主义的历史作用提供了入门的钥匙。

英国在印度殖民统治的结果，雄辩地证明了马克思这个论断的正确性。如果说殖民统治的最初岁月是以血腥的赤裸裸的表层掠夺为标志，其建设性作用还模糊不清，那么，19 世纪 30 年代殖民政策进入新阶段后，其破坏性和建设性双重使命都逐渐明朗；到了帝国主义阶段，两者的显现更加突出。但殖民者对破坏性和建设性两个使命的完成都不彻底，都是在进行到一定阶段后半途止步。这同样是由其卑鄙私利决定的。为了巩固殖民统治，他们需要谋求殖民地半殖民地原有封建势力的支持，为此就需要自觉地与旧势力妥协，人为地保留某些旧的制度与结构；而说到建设性使命，殖民者虽然不得不实行，却绝不愿看到殖民地半殖民地真正出现一个新社会。道理很明显：如果是那样，也就宣告了他们为所欲为的剥削时代的终结。

英国统治者在印度的行为总的来看就呈现出这样的鲜明的矛盾性。它在自觉地实现破坏性使命的同时却不自觉地实现着建设性使命；它必须实现双重使命，却又设置壁障，使两者都不能彻底实现。具体表现为：殖民统治实现了印度的政治统一，却又人为地保持了部分分裂状态（土邦）；它摧毁了印度的自然经济和村社，却顽固地维护半封建的土地所有制；它把印度和正在形成的世界资本主义市场联系起来，促进了印度商品经济发展，却不给印度自主的平等的贸易权利，而是把印度置于依附于自己的地位；它把大工业移植到印度，却压制印度民族工业的发展；它加快了印度经济

① 《马克思恩格斯选集》第 2 卷，人民出版社，1972，第 70 页。

的发展，却以发展畸形和财富无穷无尽的外流作为代价；它把政治民主制引入这个国度，却只是用作专制和高压统治的装饰物；它以西方自由平等思想的传播者自居，却傲然高踞于印度人民头上，颐指气使；它为了统治这个国家不得不重视对其历史文化的研究，却鄙视印度传统文明，企图瓦解印度民族自豪感的心理根基；它为了庞大的殖民统治机器和商业机构的运转不得不兴办近代学校，却要通过奴化教育实行愚民政策；它在行政管理上、教育体制上实行世俗主义，却为了对抗印度民族运动竭力挑动宗教冲突，实行分而治之政策。凡此种种，都清楚地反映了殖民统治两重性这个固有的内在矛盾。这个矛盾是殖民主义的影子，在有殖民统治的地方无处不在，但两者对比如此鲜明，可以说是英国统治印度的特色。英国是西方殖民国家中资本主义政治经济制度最先充分发展的国家，为了实现剥削目的，有可能也有必要在其殖民地，特别是在像印度这样对它至关重要的殖民地实行较深入的社会经济改造。破和立是联系在一起的，不破不立，立中又有破。所以英国统治对印度传统社会经济破坏程度最深，相应地采取的建设性措施也较多。这一点是研究殖民统治时期印度史必须首先把握的。

殖民统治者在殖民地半殖民地犯下的罪行罄竹难书。讲起殖民统治的历史，凡有爱国心的人对其罪恶无不义愤填膺。人们不愿讲，甚至有的人根本不承认其统治有建设性作用的一面，这是可以理解的。然而，感情代替不了冷静的理论分析。历史研究是讲辩证法的，资本主义发展包括殖民扩张和统治都有其内在的辩证法，都受辩证法支配。今天我们研究历史如果不能辩证地进行客观分析，就不能真正把握历史发展的全貌，我们的认识就会出现严重的偏差。

（2）西方文明和印度文明的碰撞。马克思在《不列颠在印度统治的未来结果》中谈到侵略者与被侵略者的文明碰撞时有一段名言，即“野蛮的征服者总是被那些他们所征服的民族的较高文明所征服，这是一条永恒的历史规律。不列颠人是第一批发展程度高于印度的征服者，因此印度的文明就影响不了他们”，反而是他们“消灭了印度的文明”。[①] 这段话总的精神无疑是非常正确的，但说到英国文明对印度文明的影响，实际情况远比马

① 《马克思恩格斯选集》第 2 卷，第 70 页。

克思讲的要复杂。英国的以蒸汽机为代表的生产技术和资本主义经济制度较印度的以畜力为代表的生产力和自然经济先进，后者在英国商品进军和投资浪潮中逐渐瓦解是不可避免的。英国的教育制度和内容、英国的政治体制都较印度封建的体制和思想先进，近代学校培养的知识分子倾慕西方的自由平等观念和民主政体，寻求在印度采用、实行、推广，这也是不可避免的。印度的种姓制度奠基于自然经济，当自然经济的根基因商品经济的发展发生动摇后，当职业多样化和人口流向城市成为不可抗拒的发展趋势后，种姓制度受到冲击，日益被削弱，这同样是不可避免的。但当问题涉及宗教文化层面，情况就复杂得多。印度是一个宗教意识强烈、文化积淀深厚的文明古国。印度教以其历史的悠久、曾有过的辉煌以及宗教与社会结构、生活方式的紧密结合，在人民群众的思想意识上打下了极深刻的烙印，是他们的精神动力源泉，也是他们的骄傲、自信所在。英国统治者自以为基督教较印度教先进，决定在印度设置大主教区，通过大力传教，使印度基督教化。他们满以为印度教徒会闻风响应，蜂拥皈依，然而出乎其意料，遇到的却是印度教徒的顽强抗拒。印度教先进知识分子指出，印度教习俗虽有自己的缺陷，但基督教也并非完美无缺。不同的信仰是在不同的土壤上成长壮大的，东西方的宗教只有神学体系的不同，并没有宗教本身的优劣之分。何况在印度教徒看来，政府大力鼓励传播基督教意味着要把对印度人民的压迫从政治经济领域扩大到社会生活领域，要从文化心理上铲除印度人安身立命的根基。这当然是广大印度教徒绝不能接受的。所以，除了少数完全西化的知识分子信仰改变、部分印度教贱民为摆脱种姓压迫而改宗和一些部落首领被诱骗改宗外，真正张开臂膀拥抱这个异域新信仰的为数寥寥。那些感到自己的宗教信仰受到亵渎的土邦王公和土兵后来更以大起义来反抗亵渎者。殖民政府只好放弃原来的打算，承认现状，因此基督教的传播始终被局限在少数人范围内。至于殖民者传播的西方价值观念和艺术观，其进步的内容被印度知识分子吸收，那些与印度教宗教观念不符的内容则被排斥。个人至上主义、物质享乐主义则遭到甘地的断然拒绝。在思想文化领域，印度的本色基本保持，当然也有变革。英国文明要“消灭”印度文明是做不到的。

（3）印度先进分子顺应潮流的自我改变。英国统治者满以为通过实行西方教育，可以把印度一代代年轻人塑造成数典忘祖、崇拜西方的洋奴。

然而，他们的这个目的只能说是在有限程度上达到了。和他们的设想相反，越来越多的印度知识分子学习了西方的进步思想后却促进了他们对印度社会的反思。对比西方先进思想，他们看到了印度的落后，并认识到印度教存在的种种弊端及其神学思想的僵化是造成印度落后的重要原因。面对殖民统治的沉重压力，有远见的思想家率先变革观念，摒弃夜郎自大和故步自封的守旧态度，勇敢地站起来暴露印度教和印度社会的弊端，倡导改革，大力开展宣传，唤起民魂。他们迈出这勇敢的第一步时曾遇到极大的阻力，但并未退却。正是他们的大无畏精神开创了印度人发奋图强，学习先进，把自身改革与摆脱落后、摆脱殖民压迫的斗争紧密结合在一起的新时代。

罗姆·摩罕·罗易是印度改革的先驱。到了 20 世纪，倡导印度自我完善并为之付出全部心血的旗手是圣雄甘地。正是甘地的谆谆教导和身体力行，让印度人都认识到自己和印度社会存在的弊端，唤醒了越来越多的群众参加到提高思想境界、改革社会陋规、增强社会和睦的建设活动中来，把它作为民族解放运动的组成部分和强有力的精神支柱。甘地在改变印度人的精神素质方面所起的作用是无与伦比的。正像后来尼赫鲁常说的，正是甘地使印度人民昂起了头，丢掉了恐惧，敢于与压迫者和自身的弊端斗争，满怀信心地追逐光明，为创造美好的未来而斗争。

（4）印度民族运动的领导权和独特的斗争道路。人们曾经提出这样的问题：印度国情和中国国情相近，很早就成立了共产党，为什么民族运动的领导权会被资产阶级政党国大党牢牢地掌握？其实，提出这样的问题前提就错了，印度民族运动的领导权掌握在国大党手里最根本的原因，是印度国情和中国国情有很大不同的一面。印度是英国这个当时世界经济最发展、政治制度最先进的国家的殖民地，英国的殖民剥削在 19 世纪 30 年代就进入了工业资本剥削阶段，70 年代后更进入金融资本剥削阶段，这就使印度较早地形成了资本主义大工业和印度民族资产阶级。到第二次世界大战前，印度民族资本的力量在工业领域达到了几乎可以与英国资本力量分庭抗礼的程度。印度民族资本的发展一直受到殖民政权和英国资本家的联合排斥和打压，这就使民族资产阶级包括大资产阶级一直保有革命性，成为革命的主要推动力之一。国大党是各个阶层的大联盟，其政治方向是谋求印度的资本主义发展，因而它主要是代表资产阶级的利益。但国大党有一个重要特点，就是在甘地领导时已发展为遍及全国的组织，有最广大的贫苦农民和工人参加。这使党不能不承诺考虑下层群众的利益。国大党内有以尼赫鲁和国大社会党为代表的资产阶级小资产阶级社会主义翼，他们适应下层群众的强烈要求，不断提出激进的经济纲领。这就使国大党对下层群众的吸引力不断得到巩固和增强。具备了这些条件，有哪个党有足够的力量挑战它的领导地位？国大党掌握领导权不是偶然的，是由印度的国情特别是资产阶级和国大党的特点决定的。

印度独立运动采取了非暴力不合作的独特道路，这一直引起人们的争论。我国学术界以往有一种强烈的否定倾向，认为这是资产阶级自己不革命也不准群众革命的典型表现，还认为既然不是武装斗争，也就根本算不上革命，只是争取实现某些改良要求而已。这样的看法是完全错误的，实际上是拿中国革命的道路作为标尺度量印度、不顾印度实际的纯粹的主观臆断。

第一次世界大战后，当国大党面对英国统治者的高压政策一筹莫展的时候，甘地提出非暴力不合作策略，解决了国大党的策略危机，他也被国大党接受为领导人。甘地有自己独特的思想体系，他提出的非暴力不合作策略也是从其思想体系出发的，最突出的特点是把非暴力当作原则，相信英国统治者可以用爱感化，绝不容许运动中有暴力发生。国大党并不接受甘地的思想体系，但认为非暴力不合作策略可取。这种策略能最充分地发动群众，是直接行动的策略，有强大的打击力量，而在实行时可伸可缩，便于灵活控制。国大党并不认为非暴力是原则，而认为是在力量对比不利于印度的现实状况下较为切实可行的策略；并不认为英国统治者可以被感化，而认为通过运动的强大压力可以迫使它让步。这样，国大党就不是从甘地的思想体系出发，而是从现实政治的策略出发接受和解释非暴力不合作策略，也就是说，甘地版的非暴力不合作策略变成了国大党修订版的非暴力不合作策略，名称依旧，指导思想则迥然有别。国大党正是根据自己的理解授权甘地领导不合作运动，并在实践中力求削弱甘地出于其思想体系为运动设置的种种限制。例如，甘地以发生了暴力事件为由中止了第一次不合作运动，在第二次不合作运动开展前，国大党领导人就强烈要求他做出保证，不再因出现暴力斗争而中止运动。甘地不得不同意。运动开展后，在吉大港、白沙瓦和绍拉普尔出现了武装起义，甘地果然没有因此中止运动。不合作运动吸引越来越广泛的群众参加，形成了印度有史以来最大规模的波浪式前进的群众性政治斗争。广大群众不畏高压，前赴后继，表现了高昂的政治热情。正是一次次不合作运动的剧烈冲击，加上一定的国际和国内条件的配合，英国统治者最终不得不交出政权。事实表明，不合作运动是在印度的国情下可行的斗争道路，是一场非暴力方式的革命。对其不但不能否定，相反，还必须承认，创造这条新的斗争道路是甘地、国大党和印度人民对世界被压迫民族解放事业的巨大贡献。

（5）殖民统治下现代化进程的启动。谈到印度现代化，不少人认为殖民统治下不可能有现代化的启动，印度的现代化进程是从独立后开始的。这种认识不但理论上不正确，也不符合历史事实。殖民统治者为了维护其对印度的剥削特权，是不希望印度成为现代化国家的。然而，它为了实现剥削目的，就必须创造实现剥削的物质、技术条件和进行相应的结构改造；为了压制日益高涨的民族运动，也必须把殖民主义专制政体贴上民主制的标签。这其实就是马克思所说的殖民统治的建设性使命。它是不能不这样做的。而只要它开始了这个进程（19 世纪后半期开始，20 世纪前半期继续），即建筑铁路、敷设电报线、建立现代企业、实现农业商品化、推广近代教育、实行世俗政策、引进议会民主制等，也就意味着现代化进程的启动。还要特别指出的是，印度现代化的启动也是印度人自己积极主张、参与和推动的结果。在印度建立现代经济制度和议会民主政体是国大党自成立以来就提出的奋斗目标。当殖民统治者还在争论应在印度实行什么样的教育政策时，印度改革先驱就率先建立了实行近代教育的印度学院和爱尔芬斯顿学院，对殖民当局最后选择实行西方教育起了推动作用。印度大工业是英国人和印度人同时开始创办的。建立印度立法会议则是印度国大党成立前地区性民族主义组织就提出的要求，大起义的爆发促使当局不得不采取行动。可见，印度人是和殖民统治者一起拉开现代化进程的帷幕的。而且，与殖民统治者被动的态度不同，印度人对实行现代化的态度是积极主动的，他们才是印度现代化的主要推动力。当然，政权掌握在英国人手里，英国统治者的态度是起决定性作用的。而英国人并不愿使印度真正现代化，所以殖民统治下的现代化进展只能是有限的，而且要付出更多财富被英国人掠走的沉重代价。

了解殖民统治时期的历史发展对了解今日印度至关重要。独立以后，印度的建设大业取得了骄人的成绩，也遇到了重重困难。这些困难中有许多是殖民统治留下的负资产。除了经济落后、畸形和人民极端贫困这些表面上可以看到的因素外，还有不少隐性流毒，其危害更为深广。例如，被殖民统治者培育、煽动和利用的教派主义，在导致了印巴分治和边境双向大逃亡的悲剧后，是否就偃旗息鼓了？没有。其毒素已深入损害了整个社会肌体，这就是为什么在印度教派冲突至今仍不断爆发，而且很多政党都竞相打宗教牌。不了解英国统治者的分而治之政策是怎样恶毒，就不能理解教派主义何以在今日还会有如此强大的爆发力。今日印度的大厦是在殖民统治留下的地基上建设的，不了解印度在殖民统治下经济的落后和畸形，不了解下层群众是抱着什么样的期望参加独立斗争，不了解国大党和下层群众是什么样的关系，就很难理解印度独立后在发展道路、体制和发展战略等方面何以做出建立“社会主义类型社会”的选择。同样，不了解殖民压迫的残酷和民族斗争的艰难也就不能理解今日印度民族感情的强烈和民族凝聚力的牢固。深刻地了解今天，预察未来，深入研究殖民统治时期的历史，弄清殖民统治造成的各方面的影响，是史学工作者的重要任务之一。

研究殖民统治时期的印度史对了解整个殖民主义史和世界史都是非常有帮助的。印度的宗主国是世界最典型的老牌殖民帝国，而印度是它最早的、最大的、最重要的殖民地。英国每个阶段的殖民政策都完整地在这里实行，这里是它的试验场，每个阶段殖民政策的结果都表现得最为充分。印度的民族运动在亚洲开展得最早，持续时间最长，过程跌宕起伏，内容丰富多彩，在亚洲历史乃至世界历史上都有很大影响。印度也是亚洲最早挣脱殖民枷锁获得解放的殖民地。研究殖民统治时期的印度，也就是研究殖民主义史、殖民地经济社会发展史和民族解放运动史的一个典型个案，对我们更全面深入地理解世界历史发展进程，特别是殖民主义、民族主义、传统社会向现代社会的转变等有非常有益的启示作用。

各国的历史都是共性与个性的统一。共性是指人类社会发展的共同规律，它寓于个性之中，通过各具特色的个性表现出来。世界上沦为殖民地半殖民地的国家和地区很多，印度具有典型性，本身的特色也很突出。英国统治者各个阶段制定的政策实施于印度时，都因受到印度本身特点的反弹而发生一定的形变，实行中不能不打上印度的烙印。本书的目的就是在反映殖民地半殖民地共性的同时，把印度的特色尽可能鲜明地呈现出来。

第一章

印度沦为英国殖民地

一　英国东印度公司侵占孟加拉

在击败了法国在印度的势力后，在印度角逐场上，英国东印度公司成了最后的赢家。[①] 竞争者已一个个被排除，对它来说通向实现最终征服印度目标的大门已经敞开。更重要的，此时印度政局发生了殖民者求之不得的变化，统一的大帝国变成一盘散沙。万事俱备。一直在窥察动向的英国人看到时机已到，蠢蠢欲动。

首先选定的目标是征服孟加拉。孟加拉突然发生的事件正好给它提供了机会。

孟加拉是莫卧儿帝国的省督穆尔希德·库利·贾法尔汗建立的半独立国家，名义上承认莫卧儿君主的最高权力，实际上自行其是，统辖地区包括孟加拉、比哈尔和奥里萨。1740 年省督的职位被比哈尔副省督阿利瓦迪汗篡夺，后者对莫卧儿朝廷名义上仍表示忠顺，实际上也是独立行事，莫卧儿皇帝被迫承认现实。

孟加拉地处北印度东部。沿海地区是印度最富庶的地区之一，英国人早就垂涎三尺，17 世纪以后就在此设立了许多商馆，并建立了加尔各答小型殖民地。在南印度插手王公内争得逞，[②] 英国殖民者也非常希望能在孟加拉故伎重施，为此，一直在寻找机会。孟加拉此时的纳瓦布阿利瓦迪汗无子，指定小女儿的儿子西拉杰-乌德-朵拉为继承人，两个大女儿不满，起

---

① 英国在印度的早期侵略活动见本书上卷第十一章。

② 详见本书上卷第十一章。

而争夺王位。英国人看到这正是可以利用的机会，于是立即插手，支持她们的阴谋活动。为了给可能发生的军事行动做准备，他们不经孟加拉当局允许，擅自在加尔各答小型殖民地内修建炮台，加强军力。阿利瓦迪汗在世时，鉴于英国人在南印度的所作所为，对他们的侵略野心早有一定警惕，一再讲到要严密注视，防范英人的不轨。西拉杰-乌德-朵拉 1756 年即位后，责令英人拆除增修的炮台，英人不理，反而收容他的政敌。西拉杰屡次交涉要人，均遭拒绝。这使他认识到英国人果然怀有野心，决定给以打击，迫英人服从。1756 年 6 月 4 日他首先派兵攻占卡锡姆巴扎尔的英国商馆，6 月 20 日出兵占领加尔各答。英人退到海上，后来寄居在富尔塔。

这个消息传到马德拉斯，驻那里的英国东印度公司总督决定立即派兵夺回加尔各答。一支由海军上将沃森和克莱武率领的 3000 人的军队（内土兵 2200 人）乘船在孟加拉登陆，1757 年 1 月 2 日重新占领了加尔各答。西拉杰-乌德-朵拉本来就没有长远目标，见英军到来，不知所措，因此于 2 月 9 日与英军议和，答应恢复英国东印度公司原有一切权利，赔偿损失。但英国人并不就此罢手，而是要乘机实现征服孟加拉的既定目标。沃森和克莱武不顾西拉杰反对，占领了昌德尔纳戈尔，那里设有法国商馆，也被夺占。接着，以纳瓦布收容法国人为由扩大战端。纳瓦布当时有数万大军，财力也充足，但将领不忠。大商人、金融家与英国人联系密切，希望进一步发展关系。克莱武了解双方力量对比，知道单靠军事进攻，并无成功把握，而施展政治阴谋却有广阔天地。克莱武让英国东印度公司大代理商阿米昌德牵线，收买了纳瓦布的将军米尔·贾法尔，又取得孟加拉最大金融家贾格特·塞特的支持。他们一起订立密约。米尔·贾法尔应允帮助英人推翻西拉杰，条件是扶植他当纳瓦布。纳瓦布另一名将领罗·杜尔拉布也参与了阴谋。阿米昌德要求在密约上写明应给他一大笔酬金，克莱武用伪造沃森签字（沃森不赞成用此密谋手段）的密约文本欺骗了他。

纳瓦布率领的孟加拉军和克莱武率领的英军在普拉西摆开阵势。前者有 7 万人、40 门大炮，后者只有 3000 人。在走向战场时，克莱武忐忑不安，唯恐发生变故。然而，6 月 23 日交战中，米尔·贾法尔和罗·杜尔拉布果然按兵不动，在前锋小有接触后，就力促纳瓦布下令收兵。收兵变成了大溃逃，纳瓦布一口气逃回首都穆希达巴德。这样，克莱武未经激烈战斗就取得了决定性胜利。西拉杰几天后被俘，遭到杀害。米尔·贾法尔被扶到纳瓦布宝座上，成了英国人的傀儡。

英国人吹嘘自己的胜利，但也不得不承认，这个胜利不是来自战场，而是来自密室，来自卑鄙手段，来自那些拿国家主权做交易的卖国贼的拱手相送。《东孟加拉县志》写道，是贾格特·塞特的卢比帮助克莱武的剑征服了孟加拉。[①]

1757年6月23日的普拉西战役使英国东印度公司实际上控制了孟加拉。英国东印度公司以武力征服全印度的进程由此开始。

英国人在孟加拉的胜利来得如此迅速，连他们自己也未曾想到。他们还没有做好立即统治这样一大块领土的思想和组织准备，加之胜利来自阴谋，不能一下就剥夺那些合作者的权力，所以最初只能满足于做“太上皇”，而把直接统治权保留给他们扶植的傀儡。

图1-1　克莱武与米尔·贾法尔

英国东印度公司利用自己的最高统治地位，竭力勒索榨取。米尔·贾法尔无力填满其欲壑，被赶下台。新扶植的纳瓦布米尔·卡西姆始则唯命是从，后来对英国东印度公司及其职员的贪婪、专横也感到无法忍受，于1763年6月举兵反抗，但遭失败。卡西姆逃到毗邻的奥德求援。奥德和孟

① 《东孟加拉县志·穆希达巴德》，加尔各答，1801，第62页。

加拉一样，原为莫卧儿帝国的一个省，实际上半独立。这时莫卧儿皇帝沙·阿拉姆二世也在奥德，奥德纳瓦布苏查-乌德-朵拉是他的首相。他们对英国人在孟加拉的胜利本来没打算做什么反应，只是在卡西姆恳求下，才决定与他采取联合军事行动，帮助他收复孟加拉。1764 年 10 月 22 日，孟加拉和奥德联军在布克萨尔与英军激战，遭到失败。卡西姆和苏查-乌德-朵拉逃走，皇帝投降，英军进入奥德。这样，英国人不但巩固了在孟加拉的地位，又占领了奥德。

在如何处置奥德问题上，英国东印度公司决策者犹豫不定。他们担心在孟加拉的统治尚未巩固，再占奥德力不从心；再者，英国东印度公司在奥德没有商业基础，没有代理人，统治不易；占领奥德还意味着要和马拉特联盟毗邻，马拉特人的侵袭是难以抵御的。由于这些考虑，英国东印度公司最后决定：一是把奥德辖区领土的大部分归还给奥德纳瓦布，后者支付给东印度公司 500 万卢比，公司派一支军队驻扎奥德，由奥德提供所需费用。这样做可以把奥德变成孟加拉与马拉特联盟间的缓冲地带，作为孟加拉的屏障。从长远看，可以通过驻军和订立资助军费条约，把奥德转变为公司的附属国。这样，表面上看是放弃了占领，实际上是开创了一种建立藩属国的新征服形式。二是把奥德的科拉地区和阿拉哈巴德割让，赠予莫卧儿皇帝，换取皇帝颁发敕令，授予东印度公司在孟加拉、比哈尔、奥里萨的迪万尼权（财政管理权）。公司每年向皇帝缴纳 260 万卢比作为贡赋。这样做是为了利用莫卧儿皇帝这个空有其名的权威，为自己占领孟加拉披上合法外衣。1765 年 8 月 12 日，皇帝颁布了这样的敕令。正是拿它作为依据，公司从 1765 年起接管了孟加拉的财政管理权，其他权力仍留在纳瓦布手里。由于卡西姆起义，米尔·贾法尔又重新被英国人立为纳瓦布。这样，在孟加拉就建立了双头统治体制，作为最后走向英国人直接统治的过渡阶段。1772 年，英国东印度公司最后接管孟加拉全部统治权，把首府从穆希达巴德迁至加尔各答，给予孟加拉纳瓦布 160 万卢比津贴养老。从 1765 年起皇帝住在阿拉哈巴德，受英国人控制；1771 年，马拉特人占领德里后把皇帝接回德里，置于自己的控制下。公司遂即停止向皇帝缴纳贡赋，并把科拉、阿拉哈巴德两地收回，还给奥德，向奥德收取 500 万卢比赔偿费，又白白捞得一大笔收入。

孟加拉被征服对印度命运产生了重大影响。然而，在当时还没有人对这个事变给予特别关注。封建王公们依然在那里你争我夺，互相厮杀。孟加拉、奥德的变化在他们看来就像在其他任何地方发生的统治者更替一样平常无奇。当英国人巩固了自己的地位，又向着既定目标迈出第二步、第三步……时，当侵略者的拳头终于打到他们头上时，这些王公才突然认识到问题的严重性，慌忙起而应战。其中也有少数王公抗英坚决，但由于未曾做充分准备，大势已去，他们没有回天之力。摆在王公面前的，只能是一个个被击垮的命运。庞大的印度敌不过小小的英国东印度公司，成了世界近代史上一大荒诞现象。

二　南印度三国抗英同盟

英国人在孟加拉和奥德的轻易得手，对英国东印度公司所属另外两个管区——孟买管区和马德拉斯管区是个强烈刺激。后两者按捺不住，从18世纪60年代起也迫不及待地分别开始侵占领土的行动。

马德拉斯管区的英人在第二次卡尔那提克战争后，已控制了卡尔那提克。进一步向外扩张首先遇到的对手，是正在积极对周围地区实行征服的迈索尔。英国东印度公司自知力量不足，一开始就利用马拉特联盟、海得拉巴和迈索尔的矛盾，联此制彼，谋渔人之利。1766年公司派一支部队协同海得拉巴和马拉特联盟军队进攻迈索尔。迈索尔的实际统治者海德尔·阿里用允诺纳贡和割让土地的办法使马拉特联盟退出战争，又采用同样手段，把海得拉巴拉到自己一边，订立了军事同盟条约。这样，海得拉巴、马拉特联盟与公司对迈索尔的战争变成了迈索尔、海得拉巴对公司的战争。这就是第一次英迈战争（1767~1769）。迈索尔与海得拉巴初战失利。1768年，海得拉巴与英媾和，把北部沿海几县——北西尔卡尔割给公司。海德尔·阿里的军队战斗力较强，他本人又很有军事才能。他采取让出两翼、诱敌深入而以骑兵突袭英纵深领地的战略。当英人突然发现迈索尔军队出现在马德拉斯近郊时，不得不求和。根据1769年和约，双方交还彼此所占领土。海德尔·阿里此时仍以马拉特联盟为主要敌人，为了对付马拉特人，又和英国人订立军事盟约。第一次英迈战争中英国人除了从海得拉巴得到北西尔卡尔外，在迈索尔什么也没得到。

孟买管区的英国人也一直在寻求扩张的时机，他们面对的是马拉特联盟这个更强大的对手。英国人的策略从一开始就是寻求利用马拉特联盟内部的矛盾，从中打进楔子，分化瓦解，各个击破。这样的机会1775年到来了。1773年佩什瓦纳拉扬·拉奥被政敌杀害，他的叔父拉古纳特·拉奥即位，遭到政敌反对。他们扶植前佩什瓦遗腹子即位。拉古纳特·拉奥被逐，便向孟买英国人求援。英人立即答应给予军事援助，1775年3月与之缔结《苏拉特条约》，答应派一支2500人的部队援助他，由他承担军事费用。一旦行动成功，佩什瓦将把巴塞因港、萨尔赛特岛和孟买附近的一些小岛永远割给英国东印度公司。1775年5月英军进攻萨尔赛特，开始了第一次英国—马拉特联盟战争（1775~1782）。马拉特人起而抵抗，使英军一时不能得逞。1778年孟买英人再次派兵3900人进攻浦那，1779年1月在途中被击败，被迫与马拉特人订立《瓦德冈条约》，答应不再支持拉古纳特·拉奥，并把战争中占领的马拉特土地交还。英印总督①哈斯丁斯不承认这个条约，战争又起。

德干和南印度王公们在和英国人初次交锋后，对英人的贪婪狡诈在不同程度上有了认识。还有些因素促进了这种认识：1770年马拉特联盟进攻迈索尔，海德尔·阿里要求英人按约定提供军事援助，可是英国人不愿增强他的实力，希望两败俱伤，对他的要求置之不理，海德尔·阿里十分恼怒。1769年马德拉斯管区参事会与海得拉巴统治者的不忠的弟弟萨达特·姜格订约，以保护他为条件取得了贡土尔县大片领土，这使海得拉巴统治者十分愤怒。马拉特人也吃到苦头：英军对其1779年失败后签订的条约翻脸不认，对所占马拉特人的土地赖着不还。海德尔·阿里首先醒悟，从英人的背信弃义，看到了其侵略野心和对印度的危险性。他对着《古兰经》发誓要赶走英人，并努力说服马拉特联盟和海得拉巴统治者共同抗英。后两者由于对英人不满，接受了他的提议。1780年三国建立了抗英联盟。

三国抗英联盟的建立是印度王公在印度被征服过程中采取联合行动的第二次尝试，也是一次更重要的尝试。按照计划，海得拉巴进攻北西尔卡尔，迈索尔进攻卡尔那提克，马拉特联盟进攻孟买和孟加拉。还打算争取法国的援助。这一联合使英国人真正感到害怕。如果按此计划行动并得到其他王公的支持，英国人不但很难再继续扩张其势力，就是现有地盘也难以保全。英国征服印度的整个过程中这是个真正的关头。它决心不惜一切

① 1773年起，孟加拉管区总督兼管孟买、马德拉斯两管区宣战媾和事宜。从这时起，孟加拉管区总督实为英印总督。

代价摧毁这个联盟。英国人此时在印度已实行了统一领导，有了通盘战略和统一行动计划。

鉴于三国抗英联盟中迈索尔反英最坚决，英国人就对另两国施展拉拢手腕。当1780年三国反英军事行动开始后，英国人把贡土尔县交还海得拉巴，首先使之脱离联盟。又同马拉特联盟中的朋斯拉王公单独媾和，给了他一笔钱，使他也停止了军事行动。

虽然失去海得拉巴和朋斯拉使三国抗英联盟“残手断臂”，但迈索尔和马拉特联盟的佩什瓦和信地亚王公仍坚持战斗。在西部战线，英军在1780年占领了瓜辽尔堡垒，但信地亚使他们吃了几个败仗，英军进攻浦那的计划遭到失败。在东部战线，海德尔·阿里率领一支9万人的队伍进入卡尔那提克，最初曾给马德拉斯英军以沉重打击。然而，英国人从孟加拉派来援军，在以后的战斗中双方互有胜负。海德尔·阿里1782年去世，其子提普苏丹接替他的位置，继续领导抗英战争。英国人看到两线作战不能取胜，便进一步施展离间计，拉拢信地亚，让他从中斡旋，于1782年与佩什瓦签订了《萨尔培条约》。英国人取得萨尔塞特岛，归还其他所占领土，信地亚、佩什瓦退出战争。马拉特联盟单独媾和是对迈索尔的背叛。迈索尔也不能指望取胜，1784年3月与英人订立《曼加洛尔条约》，互相归还征服领土。

就马拉特人来说，1780~1782年战争是第一次英马战争的继续；就迈索尔来说，1780~1784年战争是第二次英迈战争。

英国人虽无所获，却顺利地走出了他们征服印度过程中遇到的最大一次险境。三国抗英联盟的瓦解是英国分化瓦解策略的成功。它也表明，印度王公的利己主义使他们政治上鼠目寸光，期望他们真正联合抗英是不可能的。

英国东印度公司董事会居安思危，指示其印度代理人不要再扩大领土，而要巩固现有领地。英国政府也持此态度。1784年庇特法案规定公司不准再扩大领土，在印度内争中要奉行“不干涉”政策。不干涉、不扩大领土是假的，用一些时间消化取得的成果，做好充分准备，然后再进攻才是真的。三国抗英联盟瓦解是个转折点，从此英国征服全印的大门就敞开了。

三 迈索尔被征服

经过一段时期巩固和积蓄力量后，从1790年起，英国东印度公司再次展开在南印度的征服行动。从这时起，它总结以往教训，采取集中力量集中打击主要目标的战略，首先要征服的是迈索尔。

从第二次英迈战争中英国人看到，像迈索尔这样坚决抗英的国家，要征服它只有借助印度王公的力量，特别是马拉特联盟的力量。用印度王公打印度王公，是英国分化瓦解、各个击破政策的进一步运用。

第二次英迈战争后，迈索尔又和马拉特联盟、海得拉巴为争夺领土发生战争。英国人乘机插手，以共同瓜分迈索尔的领土为诱饵，把马拉特联盟、海得拉巴拉过来，1790 年 7 月与两国签订了反迈索尔的盟约。马拉特联盟、海得拉巴答应各派 1 万人和英军一同行动。有了这样的准备，英国人于 1790 年发动了第三次英迈战争（1790~1792）。提普苏丹率迈索尔军民英勇抗敌。他作战勇敢，有“迈索尔猛虎”之称，但由于四面受敌，寡不敌众，在首都被围困的情况下，不得不求和。1792 年 3 月订立《锡林伽帕丹条约》，赔款 3300 万卢比，割让一半领土，由英国人、马拉特联盟和海得拉巴瓜分。在签订条约时，提普苏丹痛切地对马拉特联盟军队统帅哈里帕恩特·拉奥说：“你应当明白，我并不是你的敌人，你的真正敌人是英国人，你必须提防他们。”① 可惜马拉特人听不进去。英国人获得了库尔格、马拉巴尔、丁迪古尔、巴拉马哈尔等大片领土，将其并入马德拉斯和孟买管区。马拉特联盟、海得拉巴各分得一部分，不久两者又火并，海得拉巴被打败，割一半领土给马拉特联盟，从此失去南印度三强之一的地位。海得拉巴为对付马拉特人，接受英国驻军，订立了《军费补助金条约》（1798），成了英国的附属国。

第三次英迈战争后，英国人由于要争取时间消化这次征服成果，又重弹“不干涉”政策的老调，有几年时间没有新的行动。在这段时期里，提普励精图治，大力扩充军队，革新内政，开展积极的外交活动，准备最后决战。他改编军队，进一步扩充步兵，配备火枪，在法国军官帮助下，建立军事工场，制造火枪、大炮；由于缴纳赔款和供养大量军队的需要，把地税提高了 30%，关税提高了 7% 以上；设立各种国营作坊，生产紧缺商品；力图把商业置于国家监督下，打击走私，稳定市场；鼓励扩大耕种面积以增加农业收入；没收了一部分有叛乱行为的封建主的地产。这些措施

① 毛希布·哈桑·汗：《提普苏丹史》，加尔各答，1951，第 268 页。

使国库得到充实，军力得到加强。提普还积极开展外交活动，谋求法国和伊斯兰国家的支持。他派使者去法国，为获得革命的法国的好感，特地在锡林伽帕丹成立了雅各宾党人俱乐部，在提普本人参加下，这个俱乐部成员栽种自由树，向“公民提普”表示祝福。提普苏丹还向阿富汗和奥斯曼帝国统治者求援，希望得到伊斯兰世界的帮助。但所有争取外援的活动都没有成功。提普这些内外措施，表明他是一位有作为的、抗英最坚决的政治家、军事家、外交家，所以至今一直被印度人民尊崇为民族英雄。他的措施得到人民拥护，但是封建上层中的一部分人由于特权受到损害，心怀不满。

图 1-2　提普苏丹

英国人在几年时间内为新的进攻做了充分准备。1799 年 2 月新任总督威尔斯莱借口法国已派出舰队来迈索尔而发动了第四次英迈战争（1799）。英国政府全力支持，让他掌握一切可以拨归他使用的政府兵力。海得拉巴作为英附庸参战。马拉特联盟虽未出兵但表示支持英人。迈索尔领土在 1792 年已缩小一半，此时三面受敌，形势极为险峻。但全国军民准备誓死战斗，抵抗侵略。这一次，英国人除军事进攻外，还采取了在孟加拉的做法，从迈索尔内部收买心怀不满的封建主作为内应。结果，出现了一个内奸集团，为首的是首相普尔纳亚和轻骑兵司令卡马尔-乌德-丁。战争开始后，尽管提普奋力领导抗战，全国军民同仇敌忾，但这个盘踞高级指挥岗位的内奸集团用隐瞒军情、提供假情报、故意违抗军令等手段破坏提普的军事指挥，对前线将士抗击敌人有力者不仅不鼓励，反而申斥。英军得以长驱直入，提普的军队两次迎敌都被击败，不得不退守首都。5 月 4 日英军用大炮轰开城墙，冲入城内。当提普苏丹指挥军队与敌人肉搏时，内奸集团竟下令关闭内城城门断绝他的退路。提普力御强敌，战死沙场。内奸们在塔楼竖起白旗，向英军投降。迈索尔最终沦亡。迈索尔宫廷史家认为，这最后的决战不是败于战场，而是败于内奸集团的叛卖，是这个集团“把提普苏丹出卖给英国人，到处阻碍他的行动”。[①] 迈索尔领土大部分被英人兼并，海得拉巴得到一些，少部分留下，扶植印度教王公的后裔——一个幼童为王。作为犒赏，普尔纳亚被任命为摄政王，保留首相职位，事实上成了无冕王，其他叛徒也一一加官晋爵。迈索尔与英人签订资助条约，一支英军驻此，由迈索尔供养。

迈索尔的沦亡使英国人实现了对德干地区以南的印度的征服。这也把英国人推上了与马拉特联盟最后争夺德干地区和印度斯坦统治权的道路。

四 马拉特联盟被征服

征服了迈索尔后，英国人有条件集中力量进攻马拉特联盟。1803 年总督威尔斯莱发动了第二次英马战争（1803～1805）。马拉特联盟此时方有唇亡齿寒之感，但为时已晚。

第三次英迈战争后，马拉特联盟分到迈索尔一大片领土，随后和海得拉巴作战又得其一半领土。这接二连三的胜利使它沉浸在自我陶醉之中，似乎它强大无比，所向披靡。这种情况只能助长其盲目性，促使它的王公们专注于内部对胜利果实的争夺。它没有做任何准备来应对英国人可能的侵略，没有进行任何改革来增强国力。19 世纪初，联盟内各王公的相互征战愈演愈烈。1802 年 10 月，印多尔王公霍尔卡打败了佩什瓦和信地亚联军，佩什瓦巴吉·拉奥二世逃到巴塞因，向那里的英人求援。英人乘机强迫他签订了《巴塞因条约》（1802 年 12 月），巴吉·拉奥接受 6000 英军驻扎佩什瓦领地，负担其费用。还规定佩什瓦不得聘用敌视英国的欧洲人，此后同其他王公的关系要受英人节制。英军开到浦那，恢复了佩什瓦的政权。总督威尔斯莱得寸进尺，想借佩什瓦的地位来控制整个马拉特联盟，宣布英人同佩什瓦订立的条约适用于整个马拉特联盟。在遭到各王公拒绝后，他于 1803 年发动了蓄谋已久的战争。

威尔斯莱在开始军事征讨的同时，利用马拉特各王公间的矛盾，挑拨离间，阻止他们联合行动。这种外交手腕是成功的。当英军攻打信地亚时，霍尔卡袖手旁观，只有朋斯拉与信地亚联合作战；当局势不利时，朋斯拉

---

① 米尔·侯赛因·阿里·吉尔马尼：《提普苏丹史》，伦敦，1864，第 145 页。

独自撤退，置信地亚于不顾；英军追击朋斯拉时，信地亚也不援助。结果，两者被分别击溃。1803 年 12 月，朋斯拉首先与英人签订《德奥冈条约》，把库塔克大片领土（包括巴拉绍尔及瓦尔达河以西地区）割给英人，保证聘用欧人服务时要经英人准许，与佩什瓦冲突时要接受英人仲裁，并接受英驻扎官驻那格浦尔。接着，信地亚与英人订立《苏尔吉—阿尔金冈条约》（1803 年 12 月），把朱木拿河和恒河之间的领土以及位于斋普尔、佐德普尔和戈哈德的拉其普特小王国以北的所有领土割给英人，在西面放弃了阿马德纳伽尔和布罗奇堡垒及阿旃陀丘陵以西的领土；放弃了对莫卧儿皇帝的一切权利要求。从此，德里由英人占领。莫卧儿皇帝就处在英人控制下，信地亚被迫接受一支英军驻扎其边境，负担军费，还接受一位驻扎官进驻。

征服了朋斯拉和信地亚后，英军转而进攻霍尔卡。霍尔卡顽强抵抗，虽失去大部分国土，但仍坚持战斗。

英国东印度公司董事会对战争成果感到满意，但担心继续拖延会引起不测并耗费过多战费，影响公司红利，故决定暂时住手，并召回威尔斯莱。新任总督与霍尔卡签订和约（1805 年 12 月），归还部分领土，又把瓜辽尔归还给信地亚以缓和他的不满。

这样，第二次英马战争的结果是马拉特联盟各王公丧失了大片领土，在一定程度上受英人控制。马拉特联盟已失去强国地位，政治上已部分失去自主权。

马拉特联盟的失败，首先是自身的分裂。它几乎所有的力量都消耗在无休止的内争中，甚至面对英人进攻，也不能团结一致。其次是马拉特联盟的军队素质越来越差，士兵早已是雇佣军，来自印度各地，先前马拉特农民士兵那种品质已不存在。军队中虽然步兵火枪增加，但缺乏训练。担任指挥官的法国军官多在关键时刻背叛，起了很坏的作用。对骑兵不再重视也带来了恶果，部队先前的机动性丧失。更重要的是王公将领奢侈腐化，征战中随军的非战斗人员越来越多，当年奥朗则布军营的情景在马拉特军营再现。信地亚军队一次从塔普提到纳尔马达 140 英里的行军足足用了 18 天时间。这样的军队还能有多大战斗力呢?

这次战争的失败使马拉特王公蒙受了羞辱。近一个世纪以来在印度封建势力纷争中处于支配地位所形成的高傲心理和自信心，使他们决不愿接受英国人这个外来侵略势力成为印度的主宰。

英国人作为胜利者的飞扬跋扈，也使他们极为憎恶。这方面感受最深的是佩什瓦巴吉·拉奥二世，他由于1802年的条约已处于对英人的完全依属地位。那里的英国统监俨然是太上皇，专横跋扈，颐指气使。佩什瓦急于摆脱难以容忍的英国控制，开始秘密派人和信地亚、霍尔卡、朋斯拉接触。英人发现后就先发制人，迫使他于1817年签订新的条约。条约规定，佩什瓦割部分领土给英人，作为供养驻军的基地；此后他与马拉特联盟诸王公的交往要通过英统监。这实际上是剥夺了佩什瓦在马拉特联盟中的领导地位，把他贬低为普通的小王公。稍早于此，英人趁拉古吉·朋斯拉二世去世，那格浦尔内讧，诱使新王公与英缔结了依附条约（1816年5月）。

佩什瓦不甘心接受对他的打击，普通马拉特人也认为这侮辱了他们的民族感情，反英情绪大涨。1817年11月，佩什瓦巴吉·拉奥二世领导人民起义，烧毁统监官邸，攻打英国军营。佩什瓦起义对其他马拉特王公是个鼓舞，朋斯拉、霍尔卡起兵响应，与英军展开激战。1817年底朋斯拉军、霍尔卡军都被击溃。1818年初佩什瓦军队也被击溃，6月佩什瓦投降。总督哈斯丁斯勋爵趁此机会决定取消佩什瓦这一职位，除掉这个马拉特人的民族统一的象征；兼并佩什瓦的领地，把它的一小部分交给西瓦吉的后裔统治（即后来的萨塔拉土邦）；巴吉·拉奥二世被软禁在康浦尔，靠每年领取80万卢比的养老金生活。1818年1月，霍尔卡与英人订立《曼达索尔条约》，割大片领地给英人，接受一支英军驻扎其地。条约规定，除非通过英国驻扎官，霍尔卡不得与任何其他王公往来。朋斯拉也与英订约，部分领土被兼并，剩下的部分立了一个未成年的幼主统治。

1817~1818年马拉特联盟与英人的战争被称为第三次英马战争。其结果是马拉特联盟不复存在。各个王公领地的相当部分被兼并，并入孟买管区，但保留了马拉特诸王公国家的残骸。它们都成了依属英国东印度公司的土邦。英国人没有敢完全兼并，害怕过激的处理会引发新的反抗，招致未来形势的不稳。

马拉特联盟的瓦解消除了英国征服印度道路上最强劲的敌手。德干和印度斯坦落入英人之手意味着英国征服全印已取得决定性胜利。印度各地特别是北、中印度尚有一大批大大小小的王公存在，但是已没有任何力量堪称英国人的对手了。

五　附属国体系的建立

征服马拉特后，英国殖民者凭借自己的实力，运用外交手段不战而使一大批王公依附于己，成了英国东印度公司的藩属国。

印度分裂得如此细碎，要对每一个王公都实行武力征服是公司力量所不及的，对大批弱小的王公也并非都需要武力征服。所以英国人很早就考虑到采取另一种征服手段，即用驻军和订立条约的办法把他们变成自己的附庸。这是一种不流血的政治征服。

条约的内容多种多样，但有共同点。最常用的一种是资助同盟条约（又叫军费补助金条约）。主要内容是：英国军队驻扎该国担负防御任务，由该国负担全部费用，或划出一片土地给公司作为给养费来源；外交上，接受英国东印度公司监护。这是一种不平等条约，接受这个条约就等于承认对英国东印度公司的依属关系。

英国东印度公司采用这个办法出于如下考虑：既然是一种不经过战争的征服，就无须耗费公司钱财；公司大量军队分驻各附属国，费用由驻在国承担，公司就可以把供养军队的开支转嫁到印度人身上，既能根据需要扩充军队，又不用增加公司开支；这种控制虽然只是初步的，但把签约国先圈入自己的势力范围，有军队驻在那里，就不愁没有机会加强控制。一些王公乐意接受这种条约或是因为惧怕公司的压力，或是内部有矛盾，统治者要靠英国人撑腰。当然也有少数是战败后由英国人强制做出这种安排的。最早实行这种办法是在奥德，1765 年订立资助条约；此后是在卡尔那提克，1787 年订约。

1798 年威尔斯莱任总督时，把政治征服提到重要地位。他声称要“在印度斯坦和德干每一个地区，建立一个包括广泛的联盟和政治关系的体系”，以便“把英国人的政权提高到印度的最高权力地位”。[①] 他最主要的行动是 1798 年使海得拉巴、1802 年使马拉特联盟的佩什瓦接受了资助同盟条约。

① 恩·克·辛哈、阿·克·班纳吉：《印度通史》第 4 册，张若达、冯金辛等译，商务印书馆，1973，第 889 页。

在迈索尔和马拉特联盟尚存在时，大多数王公观望形势，不肯轻易就范。当两国被征服后，风向顿起变化。王公们看到这两国尚且敌不过英人，自知无力自保，因而争先恐后与公司订约。从1818年起到1823年，出现了订立附属同盟条约的高潮。这五年间，拉其普他那20个王公、中印度145个小王公、卡提阿瓦半岛145个小王公都进入了附属同盟条约体系。在此先后，奥里萨和南印度的一批小王公也接受了附属同盟条约。

这个手段的成功，使英国征服进程大大加速。

六　信德和旁遮普被征服

到19世纪末20年代初，英国人已完成对印度河和萨特累季河以南的印度所有地区的征服。20年代中期，东印度公司发动英缅战争（1824~1826），又得到了部分印度领土，即阿萨姆。此时，在印度还保持独立的就只有信德和旁遮普了。

英国东印度公司没有跟着进攻这两个地区。这是因为：连年征服使英印领土过于膨胀，需要停下来做一番巩固工作；公司此前对萨特累季河以北的地区基本上没有插足，军事进攻缺乏基础；锡克有较强的军队和战斗传统，且地处偏远的西北，英军进攻需要长途跋涉，人少无济于事，人多则有后方空虚之虞。此外，西北地区是穆斯林居住集中地区，和同样信仰伊斯兰教的伊朗、阿富汗接壤，进攻这个地区有引发与邻国冲突的可能，甚至会牵动英俄矛盾，这是英国东印度公司和英国政府决策者不能不有所顾忌的。英国人没有立即进攻这两个地区，而是创造条件，等待时机，直到30~40年代才发动进攻。这是公司在整个征服过程中，最后一次使用间隔进攻、逐步吞食的办法。这种办法不止一次使用使公司在每次征服后得以恢复元气，积蓄新的力量，把被征服土地变成发动新进攻的基地，终能以小吞大。

30~40年代发动新进攻还与英国殖民政策的新变化有关。随着工业革命的完成，广泛开拓市场的需要使完成对印度的征服成为刻不容缓的任务。

首先进攻的对象是信德的弱小国家。19世纪30年代，这里存在三个互不相属的伊斯兰国家，力量都很弱。英国人在20年代曾与它们约定，不让法国人进入这个地区。30年代初又一次订约，取得使用信德境内的印度河通商的权利。1838~1842年英国与阿富汗战争时期，信德被用作英军去阿富汗的通道，英国势力已伸展至此。1838年、1839年、1841年，英国与三个国家分别订约，强迫它们接受英国驻军，并在外交上受英监护，实际上把它们变成了附属国。1843年又借口三国统治者对英不忠，发动战争打败并兼并了这三个小国。

这以后，就把目标转向旁遮普。19世纪初，旁遮普有10多个锡克教军事首领统辖地。到20年代，其中一个最强大的首领兰吉特・辛格（西旁遮普的苏卡尔恰基亚锡克教公社的首领）用武力征服了其他首领和势力，完成了萨特累季河以北至印度河地区的统一，还征服了克什米尔，建立了强大的旁遮普锡克教国家。兰吉特・辛格在占领拉合尔城后，1801年就自称摩诃罗阇（大王）。近一个世纪来，由于外族不断侵略和封建内争不停，旁遮普经济衰败，民不聊生，统一大业得到广大人民衷心拥护和支持。兰吉特・辛格统治时期（1799~1839），为巩固统一、发展经济和增强国防，采取了一系列进步的改革措施：（1）实行宗教自由和各种信仰者平等相处的政策。旁遮普除锡克教徒外，还有大量印度教徒和人数更多的穆斯林，要建立稳固的政权统治，必须取得各种宗教的支持。锡克教国家不能是清一色的锡克教徒统治，这是他的原则。印度教徒和穆斯林都有一些人被选拔担任高级官职。这种开明的宗教政策使他的统治为广大旁遮普人所接受并为他的政权带来勃勃生机。（2）在实现旁遮普统一的过程中，把一些敌对的封建贵族的土地收归中央，国家掌握了较多的土地，这构成了他的政权的经济实力的基础。为加强自己的统治权威，他在原有的札吉达尔之外，又培植了一批新的札吉达尔。（3）建立正规军。1838年正规军有38242人，内步兵29617人、骑兵4090人、炮兵4535人。聘请了欧洲籍教官训练。创办国家军械厂，制造火枪、大炮。军队主要由锡克公社的农民构成，有较强的战斗力。以往札吉达尔提供的军队仍然存在但降到次要地位。（4）减轻农民税收负担，税率降至产量的1/3~2/5，新垦荒地减免税收，鼓励扩大种植面积。（5）减轻商业税，大力鼓励发展供出口的披肩手工业。这些措施使经济有所恢复和发展，保持了政治上的相对安定，增强了国家的实力，使旁遮普出现了前所未有的兴盛局面。这也是萨特累季河对岸的英国人不敢贸然发动侵略战争的原因之一。兰吉特・辛格作为一个很有作为的君主，享有旁遮普人民的广泛爱戴，在印度近代史上占有重要地位。

然而，统一的旁遮普未能长久地保持下去。在征服和统一事业中发展起来的锡克教大封建主，随着国家经济的发展，其挥霍享乐的贪欲也在膨胀。由于战争的停止，他们不能再靠占领新的土地和得到封赠赏赐扩大收入，就强烈要求开辟新的财源。兰吉特·辛格去世后，其后裔就用越来越多的国有土地来封赠上层，这样就削弱了中央政权的基础，增强了大封建主的实力，从而增加了分裂的因素。进入40年代后，各地大封建主自行其是，中央控制力减弱；再进一步，中央政权也被掌握军权的大封建主控制，大王成了傀儡，1839~1845年大王换了四人。大封建主间争权夺利、结党拉派，完全置国家利益于不顾。这时，在政治舞台上出现了一个特殊现象：锡克军队下级军官不满大封建主的内讧，出于爱国热情，组成军人委员会，来监督政府的国防政策，1844年控制了中央权力。大王和他的朝廷依然存在，但在保卫国家的问题上得听命于军人委员会。军人参政与锡克教存在的军事民主传统有关，代表了中小封建主的利益，也反映了下层人民的要求。军人委员会镇压勾结英人的内奸，打击蓄意不服从的封建主势力，威震全国。封建贵族和军队上层对军人委员会干政既不服气，又感到可畏，害怕这种监督会损害封建贵族的根本利益，因此千方百计在暗中破坏，力求摆脱这个可怕的恶魔。军人委员会虽掌握很大权力，但只是处于监督地位，各级高官和军队指挥权都原封未动。这是个尖锐的矛盾，播下未来形势逆转的危险的种子，因为贵族们既然握有军事指挥权和行政领导权，就有足够的力量来打击对手，实现自己的卑劣目的。这种情况在后来发生的抗英战争中充分表现出来：封建贵族和军队上层竟不惜采取借刀杀人之计，借助英国侵略者的力量来摧毁旁遮普人民用血肉筑起的抵御侵略者的长城。

在征服了信德后，英国人在萨特累季河与朱木拿河之间集结了4万军队，有94门大炮、70条大船，积极准备进攻。1845年底，英国人借口锡克国家军队侵入萨特累季河南岸英附属国领土，开始了对旁遮普的进攻。英国人了解旁遮普国家的政治形势，知道大封建主、军队上层与军人委员会的矛盾正好可以利用，就施展手段，收买宫廷权贵及军队上层指挥官多人，订立密约，从内部来破坏军人委员会坚定的抗英立场。与英人勾结的有首相拉尔·辛格、军队总司令特吉·辛格以及宫廷大臣、查谟王公古拉布·辛格等。军人委员会对他们的活动是不了解的，军队的大权继续操纵在特吉·辛格手里，他指挥5万军队。当英军发动进攻后，锡克军队在菲罗兹普

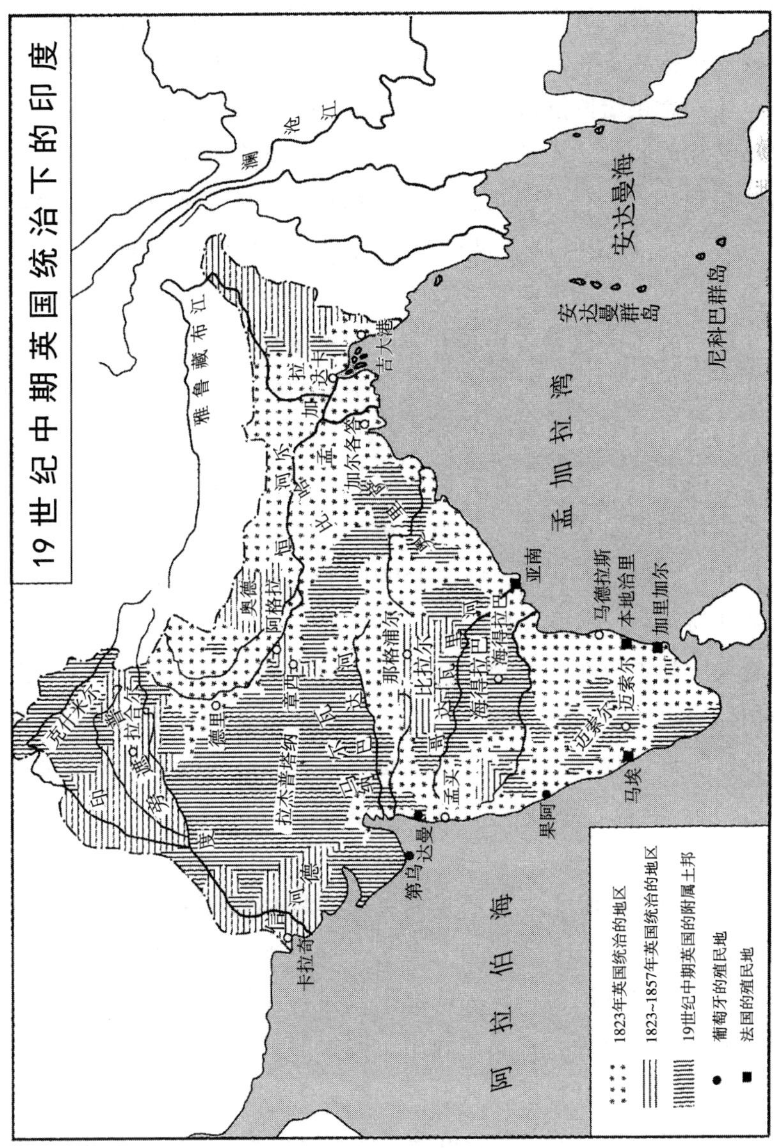

图 1-3 19 世纪中期英国统治下的印度

尔附近英勇抵抗。锡克军队猛烈的冲锋和准确的炮击使英军阵地动摇，但指挥战斗的拉尔·辛格在紧要关头逡巡不前，坐失良机，终至失败。英军伤亡也很大，伤657人，死215人，包括2名将军。此后在菲罗兹沙赫战役中，锡克军队本处优势，指挥战斗的特吉·辛格却下令退却，把该地拱手送给英人。锡克军队准备在索拉翁镇与英军决战，英人事先就得到详细情报（拉尔·辛格经常供给情报），做好了充分准备。大战方酣，特吉·辛格和拉尔·辛格又临阵脱逃，而且渡过萨特累季河后下令拆桥，不让士兵渡河。锡克官兵后退无路，仍英勇奋战，直至牺牲。大批人坠河溺毙。他们的勇敢和至死不屈精神使胜利者过后都赞叹不已。整个战争期间，古拉布·辛格按兵不动，不给抗英的锡克军队以任何援助。1846年2月20日，英军未经战斗就占领了旁遮普首府拉合尔，国家主权、人民利益、旁遮普的千万优秀儿子都成了一帮封建贵族可耻的阴谋的牺牲品。英国未敢立即吞并旁遮普，1846年3月9日与锡克国家签订了《拉合尔条约》，年底又订立了补充条约。两者内容包括：在旁遮普驻扎英军和英国驻扎官；成立摄政会议辅佐未成年的大君达利普·辛格，摄政会议听命于英国驻扎官；锡克军队大大裁减，大炮基本交出；赔款1500万卢比；萨特累季河南岸的锡克领地及比亚斯河与萨特累季河之间的地区割让给英国人；克什米尔以100万英镑卖给查谟王公古拉布·辛格，作为对他的犒赏。锡克军队和人民对这种丧权辱国的协定十分气愤。1848年4月19日木尔坦锡克士兵和人民起义，波及白沙瓦等许多地区，有的封建主也参加起义，但因力量分散遭到镇压。1849年3月29日，英印当局宣布兼并旁遮普。英国人对印度的征服最终完成。

英国东印度公司征服印度，从1757年算起，到1849年兼并旁遮普，共用了92年。之所以如此旷日持久，首先是由于印度人民进行了抵抗，有些抵抗是很顽强的，可歌可泣的；其次是由于公司以小灭大，以弱胜强，不能一蹴而就。英国人能取胜，主要是利用了印度的封建分裂状况。他们建立了土兵队伍，用印度人打印度人，土兵人数在19世纪中期达到20多万人，实际担当了征服印度的主力军的角色。这么多军队若要公司负担军费，一天也不能维持，它用订立资助条约的办法，把军费分摊到印度人头上，巧妙地解决了这个问题。在征服印度的方式上，它采用军事进攻和政治阴谋双管齐下的办法，从内部攻破堡垒，弥补其军事力量之不足；采取直接兼并和建立藩属国并举的办法，避免了军力和精力的分散，减少了达到目标的阻力。英国人在印度，从整体上说原是处于劣势，由于狡猾地使用上述办法，扬长避短，在解决一个个局部问题时，就使自己从劣势变成优势。这样逐步积累，终于使整个力量对比发生了于它有利的转化。

印度如果有明确的抵御外侮的观念，如果能团结一致，就不会败给英国东印度公司。但这样的观念和行动在当时的印度是不可能有的。印度沦为英国殖民地归根结底是封建势力败于正在兴起的资本主义势力，是落后的封建制度败于正在向前发展的资本主义制度。

第二章

英国东印度公司的早期统治和榨取

从征服孟加拉起，英国东印度公司就从商人组织转化为殖民政权（同时继续是商业公司），在商业体制之外，建立了一套政治统治体制，把贸易经营和政治统治结合为一。英国人早就盼望有朝一日可以建立殖民政权来帮助榨取，这一天终于到来。18 世纪中期，英国资本主义发展还处在原始积累阶段，工业革命刚要开始。东印度公司在印度的掠夺是服务于原始积累的需要的。这一时期，它的统治和剥削政策也无不体现原始积累时期那种赤裸裸的暴力掠夺的特点。

一 早期统治体制的建立

（一）两种统治形式：英属印度和印度土邦

英国东印度公司在征服中采用了军事征服和建立藩属国两种形式，征服后自然产生了两种统治形式：直接领有的殖民地和间接统治的附属国。本来，建立藩属国体系是在征服过程中在无力普遍用兵的情况下采取的权宜之计，是通向兼并的过渡形式，例如卡尔那提克、贝拿勒斯、坦焦尔原来是附属国，后来都被兼并。由于不断遇到人民起义或封建主的反叛，英国人认识到，所有地区都由公司兼并和实行直接统治并不是万全之策，也非力量之所能及，不如保留王公体制，让王公们在英国监护下继续统治，既利于控制群众，又能缓和封建主的敌对情绪。再者，这也是分而治之的办法，保留众多王公，使之相互掣肘，统一的抗英力量就难以形成。这样，保留封建王公、保留附属国就被作为统治形式的一种确立下来。公司与附属国王公订立各种条约，名义上它们是“盟国”，处于与公司平等的地位。实际上，不但在军事上、外交上要受公司监护，王位继承也要经公司批准，公司驻扎官就是太上皇。与公司直辖地不同的只是在内政方面有一些自主权，由王公自己的统治机构管理。这样，就最终形成了近代印度的土邦制度，亦即英国的附属国制度。印度在英国统治下被分成两部分：一部分由公司直接统治，叫“英属印度”；另一部分是附属国体系，叫“印度土邦”，由公司通过驻扎官间接统治。到公司征服印度完成时，公司间接统治的土邦共554个，星罗棋布，遍及印度各地，人口占全印人口的1/4，面积占2/5。[①]

英国实现了印度的统一，却又人为地把分裂状态在一定程度上固定下来，造成统一中的不统一。这样做完全出于私利，对后来印度政治、经济发展起了有害作用。

图 2-1　英国东印度公司在印度的基地威廉堡

（二）双重权力重心：公司董事会和议会监督局

印度既是由英国东印度公司征服，按照英国国王和议会授予的特权，

① 关于土邦总数，不同的统计资料数字不同。据20世纪20~30年代英国政府委派的土邦调查委员会报告和西蒙调查团报告的材料，当时土邦数是562个。1947年成立的印度土邦部说土邦有584个。关于土邦的人口，1941年人口普查的数字是9318万人，占全印人口（38898万人）的近24%。关于土邦的面积，据估计，印巴分治前土邦总面积为71万平方英里，占全印总面积的44.3%。

就是公司的殖民地，由公司统治。所以在征服孟加拉后，就由公司建立政权。伦敦的东印度公司董事会成了印度的最高权力机构，从方针政策的制定到文武官员的任命，都由它行使权力，在印度的政府是它的执行机构。不过，特许状法也规定，英国国王对公司领地有最高领有权，这意味着英国政府可以干预对印度的管理，也意味着将来可以收归国家管理。

18 世纪 70 年代，鉴于公司征服扩大，领地增加，英国议会开始插手对印度的管理。英国上层各界都有此要求，特别是在工业革命中新成长的工商业资产阶级要求更强烈，希望对印度的统治应该有利于英国整个经济的发展，而不是由少数商人长期独享其利。议会插手，公司董事会不能抗拒，但总是希望不要干预过多。70 年代后半期，公司财政拮据，请求政府贷款，这使议会有更充分的理由插手控制。

议会的第一步行动是 1773 年通过《东印度公司法》，制定“更好地管理东印度公司事务的规则”。[①] 它是由当时的英国首相诺思提议制定的，史称“诺思法案”。

在此以前，公司董事会有关对印征服、统治的决策英国议会和政府是不过问的。1773 年法案规定，公司董事会此后要“向财政部交出从印度寄来的有关税收的一切信件，并把有关民政或军政的一切函件上交国务大臣”。[②] 这就是说，要向英国内阁备案，供内阁审查。

在此以前，公司在印度的三个管区是平行的，都直属公司董事会。法案规定，把孟加拉管区总督升格为印度总督（还叫孟加拉总督），由一个 4 人（除总督外）组成的参事会辅佐，除管理孟加拉管区事务外，还拥有对孟买管区、马德拉斯管区宣战媾和的批准权。总督和参事会接受公司董事会指令，但由英国国王任命（从第二任总督起改由公司提名，国王批准），人选不限于公司职员，任期 5 年。第一任总督是华伦·哈斯丁斯，他原是孟加拉管区总督。1773 年法案实际上设立了英属印度的中央政府，虽然它的权力是不完全的。既然总督及其参事会的任命权归国王，英国政府就可借此影响公司的统治。

在此以前，司法权是完全赋予公司的。1773 年法案规定在加尔各答建立最高法院，它是国王的法庭，由一名首席法官和三名普通法官组成，都

---

① A. C. 班纳吉：《印度宪政文件集》第 1 卷，加尔各答，1945，第 15 页。

② A. C. 班纳吉：《印度宪政文件集》第 1 卷，第 22 页。

由国王任命，负责审理在印所有英国臣民（包括公司职员）的案件。这就意味着国王从司法上建立了对公司职员的监督，这是英国政府控制东印度公司政权的又一手段。

英国议会采取的第二步行动，是1784年通过另一个《东印度公司法》。它是由首相庇特提议的，史称“庇特法案”。根据这个法案，由国王任命一个议会监督局，监督东印度公司的民政和军政事务。它由6人组成，包括1名主要国务大臣和财政大臣。公司董事会下达的一切信件、指示、命令都必须事先向它报告，不取得同意不能下达。议会监督局有权提出意见，要求公司董事会修改，也可以就宣战媾和问题直接下达指令，由公司董事不超过3人组成一个机密委员会负责传送。公司继续保有文武职员的任命权。这就意味着，虽然统治印度的各种政策还由公司提出，但有关军事、政治的最高决策权已转到英国议会手中。

法案进一步加强了总督权力，规定总督有权在涉及战时的军务、税务问题处理上，对其他两管区起监督指导作用。

1773年法案和1784年法案形成了对印度的双重权力重心的统治体制。议会监督局规定方针大计，公司董事会负责日常管理和任命官员。第一个重心高于第二个重心，但只能通过第二个重心起领导作用。这一体制是公司和英国议会共同管理的体制，这种体制一直存在到1858年英国东印度公司对印度的统治权被取消。

英国议会宁愿采取双重管理体制而不愿较早接管，是因为这样做对英国更有利。(1) 在征服全印的大目标未完成前，发挥公司殖民扩张的积极性是非常重要的，任何过早接管都会挫伤其热情，妨碍其下一步征服任务的完成。(2) 18世纪后半期至19世纪初，北美独立战争和拿破仑战争使英国政府消耗了很大的财力、军力，且精力也受牵制，没有力量也顾不上在印度建立直接统治。(3) 在英国工业资产阶级与垄断商人和大土地所有者的斗争中，后者还有力量。东印度公司是托利党盟友，托利党为加强自己的阵地，积极维护公司特权，反对在统治印度体制上过激地改变。东印度公司统治问题成了英国党争内容之一，增加了解决问题的难度。

（三）行政机构的建立

英属印度的统治机构是由英国东印度公司原来的商业管区领导机构发

展而来，印度原来的封建统治机构被全部废除。

英国东印度公司原来的三个商业管区各设有管区总督和参事会，在获得领土后，这三个管区就成了三个省，管区总督及参事会成了省政权。1773年法案把孟加拉管区总督升格为印度总督后，其仍兼管孟加拉管区。

孟加拉总督参事会和孟买、马德拉斯省督参事会原来各有四名成员。1784年法案规定，总督、省督参事会由总督或省督和另外三名成员构成。英军总司令和各管区司令分别参加总督参事会和省督参事会，作为其成员。参事会设秘书若干人，分工负责一些部门的工作，这些部门后来逐渐发展为中央各部和省府各厅。

县一级政权的主要官员是收税官，他不仅负责税收，还负责行政、司法事务。此外，有治安长官，负责维持社会秩序。还设有警察局，维持治安。

政府官员是从公司职员中任命的，最初职员和官员常一身二任。在哈斯丁斯任总督后，把公司职员分为商业职员和行政职员两类，一人不能兼为两者。行政职员就成了官员，负责税收、司法、行政，按资历逐级晋升。这就是印度文官制度的起始。当时公司职员包括行政职员都与公司订有契约，故又称契约文官制。公司职员由公司董事会董事荐任。

英国东印度公司在建立政权伊始就确定了由英人垄断全部官职的原则。这个原则在1793年议会通过的公司特许状法中得到确认。该法案规定，在印度，所有参事以下的主要文官职位必须由公司契约文官担任。商业垄断必然导致政权垄断，这是必然的规律。契约文官都是董事们从英国送来的贵族子弟，他们是为升官发财而来，野心很大，知识不多，对印度情况一无了解。由这种素质的人构成官员队伍，公司早期政权的专横可想而知。排斥印度人的做法强烈地反映了商人政权的排他性和专制性。威尔斯莱任总督时，鉴于文官素质过于低劣，强调文官要有行政能力和广博的知识，要熟悉印度语言和风土人情。1800年他在加尔各答开办了威廉堡学院，培训公司行政职员。但是由于事先没有得到批准，办不下去，后改为只教语言，1854年解散。公司董事会迫于舆论压力，1806年在英国建立海利伯锐学院，作为培训印度文官的基地。其课程有东方语言、宗教、历史等。学院开办后，文官素质才略有提升。

公司政权虽不让印度人担任文官，收税却离不开他们的帮助。所以基层税收部门雇用了大量印籍职员。在农村，村社上层继续起着他们过去所起的类似基层政权的作用。

（四）司法系统的建立

最初建立起的司法系统是混乱的。存在两套高等法院系统。一套是英国国王法院系统：1774 年在加尔各答建立最高法院，1800 年、1823 年又分别在马德拉斯和孟买建立高等法院，它们使用英国法律，宣称有权审理涉及英国臣民的所有案件。另一套是东印度公司在英属印度建立的高等法院系统：1773 年哈斯丁斯总督在加尔各答建立高等民事法院和高等刑事法院；1800 年在苏拉特建立了孟买管区高等法院，后分为民事、刑事两庭，1827 年迁孟买；1802 年在马德拉斯建立高等法院。这套属于公司的高等法院系统，不但审理印度人的案件，也审理在印英人的案件。两套高等法院系统因权限范围划分不明确，时常发生争端，互相指责侵权。在县一级，设有民事法院和刑事法院，最初由收税官主持，后来设有专门法官，收税官只处理初审民事案件。在民法和刑法制定出来前，印度原来的法规继续使用，宗教学者也继续协助审理案件，在这个时期，英国法律程序的一些内容被采纳，殖民政权的命令规章也成了法律。依据繁多，不免相互抵触，造成了混乱。

司法一开始就表现出种族歧视：涉及英国人的案件只能由高等法院审理，无论什么地方发生事端要控诉英国人就都要到管区首府。这需要很大花费，对一般人来说是支付不起的，这就为一些殖民主义分子为非作歹、残害百姓提供了保护伞。诉讼中贪赃枉法盛行，一个案子要积压数年才能处理。

总起来看，这时建立的统治体制处初创阶段，带有明显的商人政权性质，排他性和专制性是其特色。这样的政权基本上还是商人垄断组织的附属物，是它的政治体现。

二　早期的殖民掠夺

东印度公司一旦政权在手，便迫不及待地利用它来实现掠夺。在这方面，它的贪婪、残暴，就连当年在马拉巴尔海岸胡作非为的葡萄牙人也相形见绌。

马克思在论述重商主义时期商业资本剥削的特点时说："在商业资本是未发展诸共同体间生产物交换的媒介时，商业利润就不仅表现为侵占和欺诈，并且大部分是这样发生的。"① 又说："商业资本，在优势的统治地位中，到处都代表一种劫夺制度。"② 英国东印度公司在印度的早期掠夺就最典型地表现了原始积累时期商业资本在殖民地掠夺的劣迹。孟加拉被征服最早，受害就最深。南印度、西印度被较早征服的地区也在不同程度上受到摧残。

（一）扶植傀儡，直接勒索

普拉西战役后，英国人把米尔·贾法尔扶上孟加拉纳瓦布宝座，迫使他支付对英国人"损失赔偿费"150万英镑，对公司职员"献礼"1238575英镑。此后又以各种借口索取。米尔·贾法尔因不能及时支付被废黜，卡西姆被立为纳瓦布，代价是"赠礼"20万英镑，并把孟加拉最富庶的三个县布德万、米德纳普尔和吉大港的税收割让给公司，这使孟加拉国库收入丧失了一半。卡西姆起义失败后，殖民者利用纳瓦布更替和继承又勒索到73万英镑。孟加拉国库早就被搜刮一空，纳瓦布只能向大商人借债上贡，用加重税收的办法偿还。在贝拿勒斯也是这样。贝拿勒斯原属奥德，1775年割让给公司，当时规定保留贝拿勒斯王公，每年由他缴纳一笔固定贡赋给公司。但公司贪得无厌，一再额外勒索。贝拿勒斯每年财政收入只有400万~460万卢比，而公司勒索动辄50万卢比，逼得王公走投无路。在公司无休止勒索的同时，公司职员也百般敲诈搜刮、贪污受贿、中饱私囊。克莱武就以各种手段为自己搜刮了20万英镑以及大量珍宝，还得到一片年收入27000英镑的封地。他因为征服和掠夺孟加拉有功，被任命为孟加拉管区总督，1767年回到英国，腰缠万贯，成为富翁，买了议员席位并被英王封为普拉西男爵。后来，有人在议会弹劾他手脚不净，他竟厚颜无耻地自我辩解说："想想普拉西战役的胜利给我的地位吧。一个伟大的王公要巴结我，一个富裕的城市受我的支配，它的富裕和人口稠密都超过伦敦。其中最富

---

① 马克思：《资本论》第3卷，郭大力、王亚南译，人民出版社，1956，第408页。

② 马克思：《资本论》第3卷，第409~410页。

有的银行家为了博得我的一笑而竞相出价。我出入于只为我而敞开的金库，两手抓满了黄金和珠宝。主席先生，此刻，我对我自己那时的节制真是大为吃惊。"① 这真是一个典型的殖民强盗的惟妙惟肖的自画像，他为自己浓抹的脂粉也不能掩饰其面貌的狰狞与丑恶。

公司职员还利用一些王公的财政困难大放高利贷。在卡尔那提克，王公为缴纳不断增加的军费被迫大举借债。一大批公司职员成为巨额债务的债主。连一个年收入 200 英镑的小职员也借给纳瓦布数千英镑。这些债主连坑带骗，利上滚利，一转眼就翻几番。据公司在接管卡尔那提克政权后所做的调查，19 世纪初公司职员向王公索取的 2200 余万英镑中，有 130 万英镑是真实欠债，有 1900 万英镑纯属诈骗或者是毫无根据的贪求。

（二）垄断贸易，排挤印商

在征服领土前，公司购买印度商品输出，要通过印度大商人居间。对印度大商人从繁荣的商业、金融业活动中获得可观收益，英国人甚为嫉妒。

征服领土后，公司立即利用自己的统治权建立自己在商业上的支配地位。在孟加拉，公司首先规定，对外贸易由它垄断，印商不能再进行。在内贸方面，虽不能明令排除印商，但是它甩开了印度商人的居间，用自己的印籍代理人哥马斯塔直接深入市镇、农村收购产品，把印商从包买活动领域挤出去。公司还垄断了一些重要商品如盐、槟榔、烟草的贸易，把印商活动压缩到一个有限的范围内。就是在这个有限范围内，还加征各种捐税，妨碍他们正常贸易的进行。如公司垄断从孟买管区向孟加拉输出棉花的贸易，当印度商人从北印度输入时，就加征 30%的入境税。

公司排挤印商的另一途径，是允许它的职员非法使用莫卧儿皇帝只授给公司的免税权，从事私人贸易。它允许公司职员用不正当手段得到免税通行证，甚至允许它的职员把免税通行证卖给他们的印度代理人。这样，他们的商品售价就低得多，他们在贸易上就处于比印商远为优越的地位（公司职员的私人贸易直到公司接管孟加拉收税权后才禁止）。

孟加拉的印商受到这样的排斥、压迫，要想在商业领域继续立足，就只有两个选择：要么变成公司的代理商，要么撤出。结果许多商人走第一

---

① 恩·克·辛哈、阿·克·班纳吉：《印度通史》第 3 册，第 810 页。

条路，成了英商代理商，另有许多商人撤出商业领域，把资金转投入购买土地和放高利贷。到18世纪末，在孟加拉已无独立的印度富商，中小商人也都成了依附于公司的商人。这一过程在马德拉斯管区、孟买管区较慢，一是与兼并时间较晚有关，二是孟买周围有很多土邦，要靠印商沟通联系。孟买商人在做公司代理商时，一般兼营自己的贸易，有的还有自己的船队。

（三）在金融信贷领域排斥印度人

在金融领域，也发生了公司排挤印度金融家的现象。这是通过关闭原有的私人铸币厂（关闭了达卡、帕特那、穆希达巴德铸币厂，仅保留加尔各答铸币厂）、停止印度金融家替政府办理汇兑税收业务、支持英国人建立银行、允许他们发行钞票和开展汇兑税收业务等办法实现的。这样，在涉及国家的金融业务领域，印度金融家原来享有的权利都被英国人夺去，剩下的就只是从事私人信贷了。在私人信贷领域，英国人也建立了许多“代理行”，从事贸易兼存放款业务，向欧洲种植园主、商人贷款，吸收印度社会游资。1770年英人开始创办私人银行，第一家银行叫印度斯坦银行，之后几年间又建立了几家，虽然存在时间不长，但还是把大量信贷业务揽去。1806年孟加拉银行成立，除从事私人信贷外，还被委托担负孟加拉管区国家银行的某些职责。这样，在私人信贷领域，印度金融家同样遭到排挤，活动空间越来越小。在这种情况下，有些金融家便只好把资本转投入土地上，有的宣告破产。受害最典型的是孟加拉首富贾格特·塞特。这个家族拥有资产达1亿卢比，其钱庄在各地设有分支，从达卡到德里，他的支票到处可以承兑。当年事业最兴盛时，孟加拉纳瓦布对皇帝贡献1000万卢比，他仅以一张支票汇去。马拉特人一次从其钱庄抢劫2000万卢比，钱庄照常营业。英国人和其他欧商来印后许多人向他借过钱。如1714年英人的卡达商馆欠他584000卢比，1757年法国人的昌德尔纳戈尔商馆欠他150万卢比，荷兰人欠40万卢比，年利9%左右。他垄断孟加拉金银块贸易，办理税收汇兑业务，佣金占比为10%。在孟加拉，约2/3税收是经他手进入国库的。公司在孟加拉获得财政管理权后，剥夺了贾格特·塞特的一切权利，尽管他在克莱武征服孟加拉的阴谋中帮了大忙。遭此卸磨杀驴的厄运，这个显赫一时的“世界银行家”终于破产。在马德拉斯管区、孟买管区，印度金融家也遭同样命运，有些被迫转替公司服务，如马德拉斯切提商人与金融家，有些替公司办理与其他城市的现金和支票往来业务，古吉拉特的某些商人与金融家资助英国东印度公司进行英马战争和尼泊尔战争。

（四）强制贸易和强迫生产

在孟加拉，公司通过排挤印商，在外贸中占据垄断地位，在内贸中占据支配地位，于是就放肆地把贸易变成强买强卖。例如它的代理人收买棉丝织品只付半价，卖英国货却把价格成倍地提高，若遭拒绝，鞭挞和拘留就接踵而至。公司职员通常私设武装，任意抓人罚款，使许多市集、码头的正常商业活动受到摧残。就这样，公司从生产者、消费者两方面进行掠夺，把贸易变成了变相抢劫。

对生产者的暴力手段还不止此。对于特别精细的产品，公司除派人深入乡镇农村强买外，为保证货源，还采取了强迫手工业者接受订货为它生产的办法。公司职员和他们的印籍代理人到著名棉织品的产地，让巡警把织户都叫来，摊派任务，限期完成，谁若拒绝，就施以毒打。通常印籍代理人把织工的名字登记在一本小册子上，凡是上了这个名册的，都不得自行生产或替别人工作。到织户交货时，验收人又百般挑剔，压低质量等级，使织工所得比合同规定的远低于市场价格的收购价还低。公司还常常派遣武装人员住织工家监督、催货，织户要承担其生活费用。巡警都带着藤杖，打人、罚款、查抄财产、送法院究办，都是屡见不鲜的事。有时公司还把织户集中到商馆做工，以便监督。这样，城乡织户就成了英国商馆的苦力，遭到残酷剥削，失去人身自由。殖民当局以法律来保障这种奴役，对不服从者想出种种惩罚办法。染工情况也不比织工好。在马德拉斯管区，公司明令规定，染工必须为公司工作，否则要挨 24 下皮鞭，罚款 24 卢比，然后驱逐出境。制盐工被强迫为政府生产，形同奴隶。缫丝工也遭同样命运，以致有人为避免被抓到商馆做工而宁愿砍掉自己的拇指。公司用这种强制手段不但保证得到所需要的产品，而且付资很少。这种极端破坏生产力的办法很快就使一些最享盛誉的手工产品部门陷于衰败。自然，这种办法不可能长久，到 18 世纪末不得不停止。

（五）利用土地税疯狂榨取

英国东印度公司既转变为国家政权，就在商业之外，获得一种新的榨取手段——税收。这是不花本钱的收入，其数量随着领土的扩张而增加。从占领孟加拉起，它就把榨取土地税作为头等重要的任务，对它的重视远远超过了贸易。

英国东印度公司不但以国家身份征收地税，还以土地最高所有权继承者的身份征收地租，他们征收的土地税实际上也是租税合一的。

在征服之初，为了最大限度地榨取，采取了以五年、三年甚至一年为期的短期包税制，有的包给原来的占有者，有的不考虑原来的占有关系，实行公开招标，谁出的钱多就包给谁，税额因之快速提高。原来的柴明达尔为保住地权，大多数继续承包，但很少人能按时完成上缴税款任务。结果，包税权很快转到别人手中，新包税人多为商人、原柴明达尔管家、前公司职员等。他们精于算计，搜刮手段更凶狠或巧妙。为捞回本利，他们使用一切可能的方法榨取。一个叫罗埃的公司前职员包税后实行连坐制度，规定逃亡户的欠租由未逃亡户承担，不能缴税的，抢走其耕牛、农具，查抄财产。殴打更是经常使用的手段，有的故意当着父亲面抽打儿子，或当着儿子面抽打父亲；有的被捆绑，置于烈日下暴晒。税额本来已提高到几乎夺去农民所有收入的程度，残酷的折磨更是雪上加霜。结果，农民被迫卖儿鬻女，成群结队逃亡，造成许多村庄十室九空，遍地荒凉。18 世纪末孟加拉有大量耕地变成野兽出没的草莽。1765～1793 年接连发生 4 次大饥荒，1770 年饥荒最重，饿毙 1000 万人，占该省总人口的 1/3。然而，1771 年公司用皮鞭征税税收反而增长 10%。总督哈斯丁斯 1772 年在给董事会的报告中得意扬扬地炫耀说："虽然本省居民至少减少了 1/3，以及庄稼相应的减少，可是 1771 年的净税收甚至还超过 1768 年。……其所以如此，是由于用暴力强行保持以前水平的结果。"① 这是刽子手极为典型的自供状。

短期包税的最初结果是，税额的直线上升，给公司带来巨大收入。1764～1765 年度孟加拉实收地税 8175533 卢比；1765～1766 年度即英国东印度公司接管征税权前一年，就增加到 14704875 卢比，增长近 80%；到 1790～1791 年度，增加到 26800989 卢比，增长 228%。南印度的北西尔卡尔地区，英国人获得征税权后就把税额提高 50% 以上。在北印度后来构成西北省一部分的所谓"割让地区"（阿拉哈巴德及其他几县），在奥德纳瓦布

① 罗梅什·杜特：《英属印度经济史》上册，陈洪进译，三联书店，1965，第 46 页。

统治时，地税总额为13523474卢比，英国人统治第一年就增加到15619627卢比，第二年增加到16162786卢比，第三年增加到16823063卢比，比纳瓦布统治时增长24%。

这种不顾一切的榨取，只几年工夫，便把其统治地区的农村抢得精光，以致连简单再生产都成了大问题，税收额开始急剧下降。加之农民和原土地占有者的反抗不断发生，殖民统治呈现不稳趋势，公司这才不得不考虑实行较正规的地税制，以便把榨取高额地税建立在较为稳定可靠的基础上。殖民当局还认识到，保持固定的纳税者阶层是必要的。这样的纳税者阶层关心保持局势稳定，会成为政权的支柱。殖民当局终于觉察到，完全抛开原来的土地占有关系无论从政治上还是从财政上说，都是危险的，要实现上述两个稳定，就要利用原来的土地关系，任何税制改变只能在原来的基础上实行。

三　正规地税制的实行

18世纪末至19世纪20年代，公司政权在被征服土地上先后实行了三种正规的地税制。英国人搞不清楚印度的土地多层分割的占有关系，但必须在一连串的占有者中确定一个纳税者阶层。究竟应确定谁，这是很费斟酌的。要考虑的不仅有传统因素，还有政治因素。所做的选择必须既有利于保证公司税收的稳定，又有利于巩固政治统治。各地情况不同，因此所做选择也有区别。但无论实行哪种税制，保证尽可能多的榨取是共同目的。因此，这几种税制虽然是正规的，却仍然是耗竭性的榨取。

（一）柴明达尔永久地税制

最早实行的是柴明达尔永久地税制，是总督康华里按照公司董事会关于实行长久税制的意图，1793年在孟加拉、比哈尔、奥里萨实行的。从1790年起，以10年为期试验，但过了3年就宣布正式实行。

这种税制以当时的柴明达尔和直接向国库纳税的其他土地占有者为纳税人。他们应把其占有土地1790年试行新税制时估定的地税额作为地租，将其中的10/11作为地税缴给政府，这个税额永远不变。如不能按期如数缴纳，则收回并拍卖其土地相应部分。纳税人被承认为其负责纳税土地的所有者，成了地主，原占有使用土地的农民成为他们的佃户。对柴明达尔如何收租和如何对待佃户，政府不予过问。

当局采取永久地税制，是形势所迫。公司急需以孟加拉税收支持对迈索尔、马拉特联盟的战争和增加商业资金。它需要把税额定得很高，税额永久不变是纳税者愿意接受的条件，因为从长远来说，随着生产的发展，地税在柴明达尔收入中所占比重会逐步降低，税额不变对柴明达尔有利。根据新制，孟加拉管区（包括比哈尔、奥里萨）的总税额定为268万英镑，比公司获得孟加拉收税权第一年提高83%。

这一制度后来又实行于贝拿勒斯和马德拉斯管区北方部分地区。

到19世纪初英国人征服地区扩大后，新的地区实行何种税制的问题在英国统治上层中争论很大。永久地税制被认为于政府财政有损，遭到反对。以后有部分地区实行了柴明达尔非永久地税制。后来实行的所有其他税制，也都为非永久性的，税率一般每五年重订一次。

（二）莱特瓦尔地税制

莱特，阿拉伯语意为农民；莱特瓦尔即农民持有者之意。这种税制1792~1808年在马德拉斯管区巴拉马哈尔等地区试行，1820年托罗斯·蒙罗任马德拉斯管区省督时，在全管区所有未实行柴明达尔制地区普遍推行。主要内容为：以农民（公社成员和小地主，不包括佃农）为其实际占有土地的纳税人，他们被承认为土地所有者；实际耕种的土地纳税，估定税额的办法是先对整个农田估税，再定到每块土地，税率为净产量的95%，相当于总产量的45%；税率是非永久性的，可以改变；牧场、荒地归国家所有。

1818年公司兼并了马拉特联盟诸王公的部分领地后，1819年孟买管区省督爱尔芬斯顿把莱特瓦尔制推广到孟买管区，包括这些新并入的土地。这样，莱特瓦尔制推行地区就占了德干和南印度的大部分。

马德拉斯和孟买管区之所以实行这种以农民为主要纳税人的地税制，是因为两地有不同于孟加拉的共同特点：迈索尔和马拉特联盟封建主抗英激烈，英国人要除掉他们；这里没有像孟加拉那样发展的柴明达尔包税人阶层；这里农村公社的影响较强。不要中间纳税人阶层而由农民、小地主直接纳税，与现实情况比较靠近。殖民当局也乐于这样做，因为农民直接纳税而不经过中间人意味着政府可获得全部地租而不是与地主分享。

（三）马哈瓦尔地税制

马哈尔，印地语意为地产；马哈瓦尔即地产持有者之意。1822 年在北印度后来构成西北省的“割让地区”和“征服地区”（德里、阿格拉和恒河流域上中游地区）实行，这里有些地方存在札吉达尔、柴明达尔和其他类似的封建土地占有者，有些地方还存在共同占有、共同耕种的农村公社。

马哈瓦尔地税制的内容是：按土地的实际占有情况定税，土地原为封建主占有的，即以封建主为纳税人，原为村社集体占有的，即以农村公社为纳税人；纳税人有土地所有权；在地主为纳税人的情况下，税率为地租额的 83%，由村社共同纳税的地产，税率为净收入的 95%；税率是可变动的、非永久性的。

这种税制除地主纳税人外，很大一片地区确定村社为纳税人，故又被称为村社地税制。

总之，这三种税制以纳税人分，可分为两类，即地主为纳税人和农民为纳税人；如以税率是否可变区分，亦可分为两类，即永久不变的和可变的。

这套税制实行的结果是：

（1）殖民政权得到了较稳定的又极高的土地税收入。这些收入除维持行政、军事开支外，部分用于支持在印度进行的征服战争，还有相当部分每年以“输英购货”形式，换成商品运回英国。1793～1812 年，用税收结余购货价值达 25134672 英镑，平均每年为 1332877 英镑。土地税收入转化成商业资本，大大增加了公司的商业利润。

不过这种情况要长久维持是困难的。较稳定是和以往没有正规税制相比而言，由于税率定得极高，这种耗竭性的税制很快就变得不稳定了，尾欠年年增多，要如数征税越来越不可能了。

（2）新税制成了农业发展的新桎梏。由于税额苛重，在非永久地税制地区又在每次修订时提高，农民和地主只有在年景好时才能缴齐税。农民无果腹之粮，地主无剩余之租，都丧失了经营的积极性。产量低下，土地失去流通价值。只有实行永久地税制地区情况略好一些，由于地税固定，柴明达尔凡有可能的，都尽量设法扩大种植面积，或扩大灌溉，以增加收入。在这种情况下，这片地区农业生产开始由恢复进入发展，柴明达尔收益增加。

（3）从法律上确立了土地私有制，但又人为地使它残缺不全。新税制因为确定纳税人为土地所有者，因而给印度土地关系带来重大变化。莫卧儿帝国后期，土地由国有制朝私有制转变的倾向日益发展，但法律上始终没有确认土地私有制。新的税制突破这个禁区，从法律上确立私有者，这与当时的经济发展倾向是一致的。然而，殖民统治者是为了榨取地税而改变地制，从地税稳定考虑，他们要确定纳税人的地权；从榨取更多地税考虑，他们却要充当已经摇摇欲坠的国家最高土地所有权的维护者，把封建主义的最高土地所有权转变为殖民主义的最高土地所有权，以便利用这个身份既征收地税，也征收地租，两者合一，体现为极高的土地税。这样，他们一方面推动了土地关系中已经出现的新趋向的发展，另一方面人为地阻碍这种趋向的彻底发展。其结果便是封建主和农民的土地私有制变成了残缺不全的、不伦不类的怪物。表现在孟加拉的柴明达尔向殖民当局缴纳的不只是地税，还有地租的绝大部分，而且不能按时纳税者其土地还要被拍卖；莱特瓦尔制下的农民名为土地所有者，实际上也可说是国家佃农；殖民主义者承袭了租税合一的剥削方式，成了事实上（尽管没有在法律上明确这样说）的最高地主。马克思曾一针见血地指出，柴明达尔制、莱特瓦尔制都是殖民当局为了自身利益而制造的，“一个是对英国大地主占有制的拙劣摹仿，另一个是对法国的农民占有制的拙劣摹仿”。[①] 他又指出，马哈瓦尔制则是印度农村公社的“讽刺画”。

地主土地私有制是在牺牲农民利益的基础上确立的。在这些地区，农民一夜之间就丧失了对其耕种土地世世代代享有的不容剥夺的占有权，成了无权佃农，完全处在地主宰割下。当局对他们的利益丝毫未加保障，充分暴露了其漠视广大下层人民利益的丑恶嘴脸。

（4）培植起了一个地主阶级，作为殖民政权进行殖民统治的支柱。莫卧儿帝国时期及后来割据时期的札吉达尔上中层封建主大多数在战乱中被扫除。新税制培植起的地主阶级，主要是原来的中下层柴明达尔封建主。也有一些变化：原来的柴明达尔中有一部分人因不能按英国人提高了的要求完成缴税任务，土地也被转手，代替他们的是商人——柴明达尔新地主。

---

① 《马克思恩格斯全集》第 9 卷，人民出版社，1961，第 242 页。

英国培植的地主阶级不再像过去的柴明达尔那样在其领地上有某种司法权，但对土地的权利比过去更明确和肯定。他们对农民的命运握有全权，是农村的真正主宰。因为意识到是殖民政权在扶植自己，他们也就以殖民政权为靠山，成为英国人在农村的统治支柱。

直到 19 世纪初，公司就是用上述这些暴力手段在印度掠夺财富的。对商人、金融家，它用行政、立法手段排挤；对农民、手工业者，则用皮鞭和刺刀榨取。这一切充分表现出东印度公司这个商人政权的贪得无厌。它把印度看成到手的摇钱树，非摇得叶落枝折而不肯罢手。这一时期的政策对印度农业、手工业和商业都带来很大破坏，造成的直接后果是农业停滞、手工业衰退、商业萧条。公司购买印度商品原来靠输入金银块，这一时期由于大量使用税收结余购货，金银的输入基本停止，从而形成了印度财富的单向外流。除公司榨取外，公司职员用各种手段谋取的财富也源源不断地输往英国。据现代史学家估计，1757~1780 年英国人从孟加拉掠走的财富约值 3800 万英镑，1757~1815 年从印度掠走的财富总计达 10 亿英镑。

这巨额财富像大河流水滚滚涌入英国，使那里刚转动的蒸汽机车轮大大加速，促进了工业革命的进程，带动了商业、金融业、航海业的全面发展。英国的繁荣在很大程度上是靠殖民地半殖民地滋养，印度从这时起就成了它在海外的一个最大的供血库。

早期殖民政权的排他性和赤裸裸的暴力掠夺典型地反映了原始积累时期殖民政策的特点，其危害是明显的。与此同时，早期殖民统治也开始给印度政治经济发展带来一些新因素，如新统治体制的建立、土地私有权的确立、近代银行系统的出现等。这些对印度后来的发展都有影响，是后来更大变化的起点。

第三章

自由资本主义殖民政策阶段的开始

18 世纪末 19 世纪初，随着工业革命的完成，英国资本主义发展到工业资本阶段。工业资本的剥削与以往商业资本不同，要求有广阔的市场销售英国大工厂产品，要求有充足的原料供应，以便能不断地扩大再生产。这样，英国在印度的殖民政策就发生了重大变化：从原始积累阶段进到自由资本主义阶段。新的殖民政策的中心，是把印度变成英国商品的市场和原料产地。大工业的产品质优价廉，不怕竞争，所以自由贸易成了这一时期对外扩张的冠冕堂皇的口号。与新的经济要求相适应，殖民政权的统治体制和具体政策也都有了相应改变。政权虽仍操在公司手里，但已逐步转变成工业资本扩张和剥削的工具。

英国殖民政策的转变是以英国议会通过的三个法案为标志的。这三个法案是 1813 年东印度公司特许状法、1833 年东印度公司特许状法和 1853 年东印度公司特许状法。1813 年法案是实行新政策的开始，后两个法案为新政策的实施进一步开辟了道路。三个法案构成殖民政策新阶段的“宪章”。

殖民政策的转变不是由东印度公司自动进行的，而是由英国议会以立法手段强制实行的。这是因为长期享受特权的东印度公司的大亨们顽固地维护垄断贸易，不愿别人插手分享利益。公司的特权原由国王授予，在英国资产阶级革命后改为由议会授予，只有议会立法才能撤销或改变。1813 年法案通过之前，在议会内外进行了激烈的争论。这是工业资产阶级对垄断商业寡头的一场斗争。这场斗争事实上从 18 世纪最后二三十年就开始了。1776 年出版的亚当・斯密的《国富论》举起了自由贸易论的大旗，对垄断贸易激烈抨击，指出垄断贸易影响对殖民地的开拓，是英国经济发展特别是工业发展道路上的障碍，必须予以废除。但那时工业资产阶级力量还不够强大，所以1793年议会通过的东印度公司特许状法只做了允许在印英国臣民在一定条件下参与印度输出贸易的规定。这是在公司近200年垄断贸易的厚壁上凿开了一条缝隙。到19世纪初情况不同了。工业资产阶级力量有了发展，他们和公司外的广大商人迫切要求打破垄断。加之拿破仑大陆封锁体系使欧洲市场锁闭，印度市场的开放更成了当务之急。三个法案的通过表明了工业资产阶级在这场斗争中取得了最终胜利。

一　英国东印度公司贸易垄断权的取消和在印商业活动的终止

三个法案取消了东印度公司的贸易垄断权，停止了其贸易活动。这是分两步实现的：1813年法案首先取消它对印度贸易的垄断权，使印度对所有英国商人开放，公司只保留茶叶贸易的垄断以及对中国贸易的垄断。1833年法案取消了这个保留，并进而禁止公司在印开展贸易，撤销其在印贸易机构，使英国人可以自由定居印度，从事贸易和各种职业。在公司停止贸易活动后，公司股东享受10.5%的固定股息，从印度税收中支付，公司债务由印度税收偿还。此后公司在印度只是作为政权机构存在。

三个法案还明确规定，公司的印度领地主权属于英国国王，公司只是替英国国王统治。1813年法案授权公司继续殖民统治印度，但规定“不得损害国王对其印度领地的无可置疑的主权”。[①] 公司的商业收入和税收应分别立账。这就意味着，公司此后再不能把印度税收结余转化为自己的商业资本了。1833年法案授予公司继续统治印度20年的权利。这一次更明确指出，公司是“受委托”替英国国王统治。1853年法案仍让公司继续统治，但没有规定期限，这意味着议会随时可以收回（虽然并无很快收回之意）。英国议会和政府不立即收回主要是对实行直接统治还缺乏准备，再者，这一时期随着英国工业势力的扩大，英国商品正在向世界各地进军，收缩殖民地的主张盛行，虽然没有人提出要放弃印度，但这种气氛显然不适合于政府立即接管对印度的统治权。

---

① 艾·钱·班纳吉：《近代印度历史新编（1707~1947）》，加尔各答，1983，第311页。

二 殖民统治体制的变化和统治政策的新调整

三个法案在统治体制和基本的统治政策上做了一系列新规定，使其适应新形势的要求。这些规定都得到实施。

（一）加强双重权力重心体系的第一个重心的权力

1813 年法案授权议会监督局对未来担任文官的人进行必要的训练。1833 年法案使议会监督局主席成为负责印度事务的内阁成员，并规定英国议会派专人去印度，负责印度的立法，他参加总督参事会，为专门的立法成员。由英国议会派员直接掌握印度立法，这是推行新的殖民政策的一项重要措施。第一个派来的立法成员是英国著名政论家马考莱，他来印后积极开展立法活动。

（二）加强对英属印度领地的集中统一领导

第一，1833 年法案规定此后孟加拉总督改称印度总督，其参事会改称印度总督参事会，使之名副其实地成为英属印度中央政权。第二，把立法与行政职能分开，建立立法机构——立法会议。1833 年法案设立了专司立法的总督参事会成员，规定总督参事会立法活动必须有他参加，但他无权参加参事会其他方面的活动。这样，就形成了由总督参事会成员和专职立法成员构成的总督立法会议，有别于没有他参加的总督参事会，前者是中央立法机构，后者是中央行政机构。1853 年法案扩大了总督立法会议的组成，除原有成员外，规定每省派一人参加，加尔各答最高法院派两人参加，这些成员称为增设成员。这样，总人数就达到 12 人。法案规定，立法会议对参事会的政策可提出质询，通过修改决议，但参事会对立法会议的决议有否决权。1833 年法案还规定省督参事会不再有立法权，所有立法权集中到总督立法会议。第三，调整行政区划，建立新行省。1854 年孟加拉省设副省督，总督不再直辖。1836 年孟加拉省北印度部分地区划出，设西北省，由一名副省督治理，后改为阿格拉省，在吞并奥德后，改为阿格拉与奥德联合省。旁遮普被兼并后设特派专员治理，1859 年升格为副省督治理的省。1861 年在中印度设中央省，由特派专员治理。副省督治理的省（孟加拉除外）地位低于省督治理的省，无参事会，一切重大问题由总督参事会决定。特派专员治理的省地位更低，特派专员只是总督派出的中央代表。这样划分等级目的是在新建省成立之初条件不成熟时，由中央政权担负较多的管理责任。

（三）实行印度文官考试选拔制度

1813 年法案规定，只有在海利伯锐学院受过训练并取得毕业证书的人才能被董事推荐为文官。这是英国议会干预印度官员任命的开始。将英国东印度公司贸易垄断权取消后，英国议会就来取消公司在任命官员上的垄断权。1833 年法案规定，印度人或在印度出生的英国臣民，不能因宗教、出身、肤色而被剥夺担任高级官员的可能性。这是公开宣布取消公司对印度官职的垄断权。但在当时，这还只是一个空洞的许诺，因为只要公司董事保留官员荐任权，就没有公司以外的人，更不要说印度人被荐任。印度民族主义者迫切要求落实这个许诺。1853 年法案取消了公司董事会任命官员的权力，规定实行文官公开考试选拔制度。考试在伦敦举行。无论英国人、印度人，凡年龄符合规定（最初规定最高限制是 23 岁）都可参加。这样，就把自由竞争原则从贸易领域贯彻到政治领域。改革文官录用办法、提高文官素质，这对按照新的殖民政策开拓印度、改善管理是非常必要的。第一次考试 1855 年举行。因合格而入选者，经过培训，担任收税官、治安长官一级的职务。印度文官此后就主要通过这种途径补充。海利伯锐学院 1858 年关闭。不过，这个竞争对于英人是平等的，对于印人则不平等。由于考试只在伦敦举行，只用英语，又有年龄限制，在最初一段时期，印度人具有参加考试条件者为数甚少，能被录取者更是凤毛麟角。英人垄断官职现象并未改变。

（四）鼓励复兴文化教育

1813 年法案规定，印度总督每年应从东印度公司税收中拨出不少于 10 万卢比的经费“用于文学的复兴，鼓励印度本地的学者，以及在英属印度领土的居民中介绍和提倡科学知识”。在印度，公司此前从来没有考虑这方面的事情。18 世纪末 19 世纪初只有传教士办少数学校。实行新的殖民政策后，无论殖民政权机构还是英国商业公司都需要大量印籍雇员。因此，议会以立法形式规定把办教育、培养为英国服务的人才作为一项重要任务看待。

（五）允许基督教传教士进入印度传教

1813 年法案规定，在加尔各答设立大主教职位，在马德拉斯、孟买设主教职位。对基督教传教士到英印领地传教，东印度公司以往是不允许的，因为传教对征服并无直接好处，还会引起印度人感情上的对立，妨碍对印度王公的拉拢。此外，传教士不会完全按东印度公司的意旨行事，还可能揭露东印度公司的非人道暴行和残酷奴役，于东印度公司不利。英国资产阶级此时要开拓印度市场，精神征服也提上日程，所以英国当局不顾东印度公司反对，自上而下鼓励在印度传播基督教。

以上体制和政策调整虽然内容广泛，但中心思想十分突出，那就是要把英印殖民政权由一个商人政权转变成为英国工业资产阶级利益服务的政权。加强双重权力重心体系的第一重权力重心的目的，是把对印度的管理置于议会和政府的有效控制下，以保证按工业资产阶级的需要制定方针政策。加强集中统一领导是为了有一个贯彻这种意图的强有力的机器。文官制度改革是为了使这个机器能有效地运转。办教育、鼓励传教则既是为了培养开拓印度所需要的人才，又是为了配合商品征服实行精神征服。统治体制和政策的调整调动了英国上层更广泛的力量参与对印度的剥削与统治，换言之，使统治、剥削印度由少数人的专权变为资产阶级共享的权力。对印度人的排斥相对放松，这是自由竞争原则的副产品。英国资产阶级不怕这样做，因为他们在经济上、政治上的强大优势，使他们完全可以放心地在法律上给印度人一些点缀性的平等权利。他们手里握着无限的统治权力，能够在任何需要的情况下加以限制。

东印度公司董事会对执行新政策最初是抵触的，是在无可奈何的情况下不得不执行。当 1833 年该公司贸易活动全部停止而享受固定股息后，因为不再有商业利益的牵扯，对新政策的抵触便大大减弱。至于说该公司的官员，上自总督省督、参事会成员，下至县一级官员，他们并无直接的商业利益考虑，与新政策没有个人利害冲突，因而是积极拥护、卖力执行的。从海利伯锐学院毕业的官员越来越多，这批人受资产阶级思想强烈影响，对开拓印度雄心勃勃。加之他们知道英国政府是统治印度的真正的幕后决策者，所以对英王的效忠甚于对公司的效忠。总督本人是由英王批准任命的，实际上是内阁允准的，更是倾向于执行政府的意图。这样，1813 年后印度政权虽然仍握在东印度公司手中，实际上已逐步转变为推行新殖民政策的有力工具。

三　印度沦为英国的商品市场和原料产地

1813 年东印度公司对印贸易垄断权被取消后，大批英国私商蜂拥来印，开办各种公司、商号，有些在印的英人包括前公司职员，也建立了商业公司或代理行。从这时起，英印贸易的主导权便逐渐转到英国私商手里，英印贸易的性质随之发生了根本性的变化。

英国工业革命中最先发展起来的是纺织工业。兰开夏的纺织厂主首先要把印度变成他们的机器棉纺织品的市场。毛纺织业、冶金业、煤炭业以及五金、玻璃、造纸业等厂主也都希望在印度打开广阔的销路。这些大工业制造品特别是棉纺织品便成了英国对印输出的主要商品。以往英国从印输入手工业制造品，此时停止了，改为输入农业原料，如棉花、生丝等。这就意味着，印度从制造品输出国变成英国工业品的输入国和农业原料的供应国。

（一）变印度为英国商品市场

这个过程的实现靠商品本身的竞争力，它是打开市场的重炮，同时也有殖民政权的作用。

1813 年起，英国商品对印输出额直线上升。1814～1818 年，输出额增长了 3 倍，其中占第一位的就是纺织品。1814～1835 年，输出棉布量增长 60 多倍。1823 年英国棉纱第一次输印，到 1828 年，输出量增长 33 倍。

增长倍数虽高，但由于基数小，绝对量并不大。当时遇到的主要问题是印度棉纺织手工业还充足地供应着市场。印度棉纺织业前一段主要是在被征服地区受到摧残，后来征服的地区受影响不大；就是在较早征服地区前一段受摧残，也不等于这个工业部门的消失，因为当时手织机很简陋，生产主要靠手艺，只要人还在，手艺就还在，就还能生产出来。所以，在全印，棉纺织手工业部门依然存在，不但能满足印度消费，还能供给出口，这是横亘在英国棉纺织品大量进入印度道路上的最严重障碍。英国要进一步打开印度市场，就必须除去这个障碍，此时英国政府和英属印度殖民政权就一起出来助阵。

实行差别关税是它们使用的主要手段。英国政府对印度纺织品进口采取了禁止性保护关税政策（虽然它是自由贸易鼓吹者!），1824 年定的关税税率为：棉布按价征 67.5%，细棉布 37.5%，其他棉织品 50%。而大约同一时期，英印殖民政权却一再降低英国商品的入口税，1836 年降低后，对各类棉纺织品只征 2%~3.5%的关税。在印度境内，殖民政权也实行差别过境税，对英国布按价征 5%，对印度布按价征 20%。这是英国布最初很少进入内地市场时的情况。当英国布大举进入内地后，为便利其运销，当局于 1835 年在孟加拉省，随后又在孟买省、马德拉斯省取消了过境税。英国大机器产品本来成本就低，由于享受差别关税，竞争力更得到加强，这就大大帮助了它占领印度市场。印度纺织品先被英国的关税壁垒堵死了外销出路，又被殖民政权的高过境税抬高了销售价格，这样在竞争中自然处于极为不利的地位。其结果是市场渐渐被英国货夺去。1813 年，加尔各答还向英国输出价值 200 万英镑的棉布，到 1830 年，不但不出口，反而输入 200 万英镑的英国棉织品。印度向英国输出的棉布，1814 年是 126 万匹，到 1835 年降到 30 万匹。而同时期英国布进入印度的数量由 90 万码增加到 5100 万码。到 1857 年，英国棉纺织品输入印度的总值比 1832 年增长 14 倍。印度这个棉织品大国开始被大量外来棉织品充斥。英国棉纺织品先是占领印度城镇市场，接着英国棉纱打入农村，进入农户家中。这就使印度传统的棉纺织业受到致命打击。丝织业也受到沉重打击。19 世纪初印度丝织品不准输英，1832 年准进口，税率高达 20%，而英国丝织品入印，关税税率仅为 3.5%，印度丝织品市场逐渐被英国丝织品夺占。其他受冲击的，还有造船业、五金业、制糖业等。关于造船业，公司以前船不够用时曾租用印船运货，遭英国航运业和造船业业主反对，1811~1818 年英国对印船入港征收很高的入港税，1814 年通过法令规定印度船只除非 3/4 以上水手是英人，否则不准进入伦敦港口。孟加拉造船业受此冲击日趋没落，40 年代加尔各答不再造远洋货船。孟买造船业尽管维持了一段时间，但也遭到严重冲击。孟古尔是孟加拉著名的五金生产中心，本来生意兴旺，40 年代英国人朱恩德尔去该城游访，据他说这里已是一片荒凉景象。这足以说明五金业所遭打击之沉重。

（二）变印度为英国的原料供应地

1813 年后，英国企图把印度变成英国农业原料供应地。1813～1844 年印度输往英国的原棉由 4100 吨上升到 40000 吨，增长近 9 倍。1813 年从加尔各答向英国出口生丝 638 包，1828 年为 10431 包，增长 15 倍多。但英国人很快发现，在把印度变成原料产地方面，遇到的阻力比变印度为商品市场大得多。关键的问题在于印度农业自给自足，耕地绝大部分种植粮食作物，经济作物的种植以满足家庭副业和专业手工业者的需要为限，加之税收苛重，灾荒频仍，农业生产很不稳定，产量时常下降。英国人在市场上得不到足够的农业原料。

这个障碍必须克服，殖民政权又上阵了。

从 19 世纪 30 年代开始，到 70 年代止，在全印所有非永久地税制地区进行的新一轮税制改革，在很大程度上就是为了解决这个问题。这次改革的目的是改变印度农业自给自足的性质，使它的商品性质加强，增加经济作物的种植，以满足原料输出的需要。也有保证税收稳定的考虑，因为这些税制在实行中清楚地表明，税率定得过高税收是没有保证的，必须根据实际情况做出调整。

改革是 1833 年从西北省开始的，1835 年起在孟买省实行，1855 年起在马德拉斯省实行。同样精神也被运用于 19 世纪 30 年代后新征服或兼并地区的地税安排上。这些地区实行的税制是：信德，柴明达尔制；旁遮普，部分地区村社地税制，部分地区柴明达尔制；中央省，马尔古扎尔①制；奥德，达鲁克达尔②制。后两者与柴明达尔制没有根本区别。

改革的主要内容是：（1）降低税率。西北省从 1833 年起税率由地租的 83%或农民净收入的 95%降低到地租或农民净收入的 66%。孟买、马德拉斯两省税率于 50 年代也降到这个比例。1856 年西北省又进一步降低到地租或农民净收入的 50%。1864 年孟买、马德拉斯也降到 50%。自此以后，地租或农民净收入的 50%就成了官方宣布的标准税率。旁遮普、信德、中央省和奥德在安排新税制时，也大致采取了这个标准，或依此做了新调整。（2）延长修订

① 马尔古扎尔原是收税人、村长。

② 达鲁克达尔原是奥德封建主，对土地拥有封建占有权。

地税周期。此后不是每5年修订一次税率，而是一般每30年修订一次，税额能在长时期内相对稳定。（3）部分地区规定，此后征税主要依据土质好坏，分等定税，地好税高，税额定到每块土地。（4）再次明确规定纳税者可以自由支配其土地，包括抵押转卖。这些措施的主要目的是刺激地主和农民的生产积极性，使他们能得到改善经营的好处，驱使他们扩大经济作物种植面积；同时使土地获得流通价值，鼓励商人、高利贷者购买土地，这些人熟悉市场，能根据市场需要，种植更多经济作物。对殖民政权来说，这样做实际上是放弃了最高土地所有权的要求，完全承认地主和莱特的所有权，在税收上是有些损失，但这是实现变印度为英国市场和原料产地这个大目标所必需的，税收的损失可以从原料榨取获得的好处中得到补偿，何况从较长时期看，农民、地主经营积极性的提高会促使其开垦荒地，扩大种植面积，税收的暂时减少也会补起来。改革后许多地区实征税额的提高便是证明。

这次改革的结果，果然如殖民者预期的那样，经济作物的种植面积扩大，拿到市场上出卖的农产品显著增多。由于地税降低且相对稳定，土地经营可以得到实际好处，土地立即获得流通价值，成为借债的抵押品和买卖对象，商人高利贷者开始大量购买农民的土地。这方面殖民政权更以法律手段来促进。凡农民以土地抵押向商人高利贷者借债逾期不能归还，就由法院出面判定以抵押的土地抵偿债务。商人高利贷者兼并土地现象在40年代后越来越普遍，其中最先实行改革的西北省最突出。如阿里加县1838~1868年农民土地有84%转手，法梯浦尔县1840~1870年有72%转手。从全省说，40年代到70年代初，转到商人高利贷者手中的土地占全省总耕地的27%，转到地主和富裕农民手里的还不包括在内。这样就出现了一个主要由商人高利贷者构成的新地主阶层。这种情况在孟买、马德拉斯省也是一样的，但由于其改革开始较晚，程度不及西北省。这个新地主阶层把农业和商业结合起来，按市场需要规定佃农多种经济作物。这样，印度农业与市场联系加强，它的自给自足性质逐渐被打破，投入市场的经济作物产品越来越多，英国得到了所需数量的出口原料。

在把印度变为原料供应地的过程中，英国人也曾考虑在印度大力开办种植园。有些英商或前公司职员在这方面采取了行动，办起了蓝靛、茶叶、咖啡等种植园。殖民政权积极支持，如把属于国家的土地租给他们，地租很低，给他们长期贷款等。他们也向地主租地或买地。总督丙丁克积极鼓励在印度兴办茶叶种植园。1839 年一些伦敦商人成立了阿萨姆茶叶公司，开始大面积种植茶树。蓝靛种植园主要在比哈尔、孟加拉、北西尔卡尔等地区发展。拿破仑战争后，蓝靛销路畅通，孟加拉省种植面积有 300 万~400 万比加，1826 年后逐渐衰落。第一个咖啡种植园是 19 世纪 20 年代在孟加拉兴办的，因土质不适合，以后都建在南印度，60 年代有所发展。这些种植园有的雇用合同苦力经营，大部分保持小农租佃方式。种植园的榨取是异常残酷的，苦力类似农奴，佃农就像债奴，是一种强迫种植方式。用这种方式，殖民者得以保证向英国输出茶叶等几项特种产品。但种植园在印度只占微小面积，没有大规模发展。在印度并没有粮食、棉花这样一般性农作物种植园，这主要是因为，首先，在存在传统的小农生产的情况下，改变经营方式是一件不容易的事；其次，地税改革的成功保证了从市场上可以得到所需数量的出口原料，使专门开办种植园的必要性大大降低。

40 年代后从印度出口原料数量激增。1833~1844 年，出口棉花数量从 3200 万磅增加到 8800 万磅。1849 年粮食出口价值为 85.8 万英镑，到 1858 年增加到 380 万英镑。1854~1859 年英国从印度输出的原料增长了两倍。1858 年，输往英国的原料总值为 2827 万英镑。

印度变成英国原料产地最典型的表现是在美国内战期间向英国提供棉花。那时，美国原棉供应突然中断，印度迅速补上空缺。1859~1864 年，印度棉花输出数量从 50 万包增加到 135 万包。1860 年，印度棉花输往英国数量占英国棉花进口总量的 12.25%，到 1868 年上升到 41.69%。这一年，印度棉花输往英国数量占印度输出总量的 81%。

在英国从印度输出的农产品中，还有一项特别的产品——鸦片。鸦片产于孟加拉、比哈尔、贝拿勒斯和西印度马尔瓦一带，原来产量不大，主要是药用，少量输往中国等国家。英国侵占孟加拉后，实行专卖（1773），英国东印度公司政权收购罂粟后，进行加工，然后拍卖给私商。当发现可以向中国走私后，就提供贷款，诱骗农民广为种植，大力鼓励走私。公司政权从中获得高额税收，私商则获得暴利。对西印度产自马尔瓦的鸦片主要是在孟买征税，所得甚丰。鸦片走私毒害中国人民，中国政府屡禁不止就是因为英印殖民政权一直在扩大种植，鼓励走私。此项贸易虽然不属出口原料，但减少了英国东印度公司对中国贸易的白银外流，使它能有较多资金用来在印度收购农业原料输英。

（三）交通建设和商业发展

在把印度变成英国商品市场和原料产地的过程中遇到的另一突出问题，是印度境内交通的不便。港口狭小，道路失修，没有邮政系统，城市与城市间运输货物都很困难，更不用说城乡间。旷日持久的长途商运不但损坏货品，而且耗费巨大，使价格大幅度上涨。要开拓印度市场，这是迫切需要解决的问题。这就向殖民政权提出了加强交通建设的必要性。19世纪30~50年代，对孟买、加尔各答、马德拉斯港口进行了扩建改建，这三地成了繁荣的吞吐港和最主要的商业中心。在商道方面，修复了从孟买到加尔各答、从加尔各答到白沙瓦、从马德拉斯到班加罗尔的主要干线，其中一部分是新建的。30年代开始在内河使用轮船。50年代开始架设电线，创办电报业务。建立了全国统一的邮政系统，实行统一的半安那①邮费，以邮票代替现金支付邮费。50年代初开始修建铁路，1853年第一条线路孟买—坦那线通车，1854年第二条线路加尔各答—拉里甘吉煤区通车。这些都是试建性质，线路很短。到1858年，共建成线路277英里。1854年，总督参事会下成立了公共工程部，进一步规划道路、海港和水利工程的建设。这些措施大大便利了商品运输，减少了商业花费，并打开了通向内地广阔市场的门户。英国、印度间的海上交通在苏伊士运河1869年通航后大大改善，航程缩短了一半，从孟买到伦敦不用1个月即可到达。这对英国加强与印度的贸易往来无疑是很有利的。

殖民政策新阶段客观上促进了印度内外贸易，印度和英国之间的贸易往来是从这时开始的。印度重要的大城市都成了商业中心，庞大的贸易网深入城乡，农村卷入市场的程度较以往任何时期都要深。

英商在印贸易需要大量印度商人做代理商。1813年垄断贸易废除后，来印的众多英商经营范围广泛，但对印度行情很少了解，必须得到印度商人的居间帮助。印度商人虽然也享有内外贸易的自由权利，但实际上，有力量从事外贸的，只有孟买地区的少数商人，主要从事对亚洲国家，包括中国的棉花、鸦片贸易。大多数地区的大多数商人局限于内贸。由于经济力量不如英商，许多人只好在自己经营贸易的同时替英商做代理商。孟买

---

① 安那是印度货币坦卡（卢比前身）的辅币，1坦卡等于16安那。半安那即1坦卡的1/32。

地区的印度大商人也几乎无例外地同时做英商的代理商。这样，英商就得以广泛利用印度商人为其服务，形成了以英国大商号为中心、以印度大商人为中间环节、以印度地方中小商人为基层的商业网。商业活动内容的轴心是销售英国大工业产品，收购农业原料供输出。英商在印度贸易局面的真正打开是与印商的参与、协助分不开的。

英国商人在印度从事输出入贸易，得到在印度的英国商业银行的支持，包括信贷和外汇方面的支持。1813 年后英人在印度开设的银行和代理行增多。40 年代孟加拉、孟买、马德拉斯都建立起管区银行。它们也是私人商业银行，但被授权行使某些国家银行职能，如发行钞票（后收回）、储存国家资金等，具有半官方性质。它们只贷款给英商，支持其贸易活动。

商业活动扩大要求有更多货币流通。19 世纪 30 年代公司发行的货币增多。从 1835 年起货币上的头像已是英国国王而不是莫卧儿皇帝了。

四　思想文化领域的开拓

三个特许状法已经在原则上规定了英印政权应当实行与殖民政策新阶段相适应的文化教育政策。以往几十年，殖民政权只顾征服和掠夺，在思想文化领域采取一切维持原状的方针，几乎什么事也没有做。只是 1781 年在加尔各答建立了伊斯兰学院，1791 年在贝拿勒斯建立了梵文学院，两者继续实行传统教育。当殖民政策新阶段把开拓市场的任务提上日程后，就提出了在思想文化领域同样进行开拓，为经济目标服务的问题。这就有必要实行新的思想文化政策。

（一）推广西方教育

1813 年法案规定每年拨款不少于 10 万卢比复兴文化教育。钱数是很少的，但毕竟标志着官方办教育的开始。办什么样的教育？这笔钱应该花在哪里？开始时在殖民政权上层中存在分歧。一部分人主张保持旧式的印度教育制度而加以资助，另一部分人主张实行欧式教育制度，以英语为媒介。两部分人争论长达一二十年。前者被称为东方派（或东学派），后者被称为西方派（或英学派）。最初，前一部分人的观点占优势，他们认为，欧式教育会把资产阶级民主自由思想带到印度，导致反英情绪和反英力量的增长。

有个公司董事说："我们刚失掉美洲，因为我们太愚蠢，竟允许在那里建立学校和学院。我们在印度不应再做这种蠢事。"[①] 总督哈斯丁斯也说："在人们中传播信息就会鼓励对权威的不服从和离心力。"这种"错误"做法不应被允许。[②] 另一总督阿姆赫斯特不但持东方派观点，还积极采取行动。1823年在加尔各答建立了梵文学院。西方派以总督丙丁克、总督立法会议成员马考莱为代表，认为巩固殖民统治的道路不在于使印度隔绝西方教育，恰恰相反，最根本的办法是通过灌输西方思想和文化，摧毁印度人的传统意识和价值观。这批人傲慢地看待印度文化传统，鄙视印度的一切，宣称凭借西方教育文化的现代性和效益，要达到这个目的是不成问题的，正像凭借英国商品的物美价廉可以挤垮印度手工制品一样。马考莱就狂妄地说道："一书架优秀的欧洲文学书籍抵得上整个印度和阿拉伯的文学作品。"[③] 西方派并不隐讳他们的目的。马考莱公开说，实行西方教育就是要"在英国人和被他们统治的亿万印度人中间造就一个中间阶层，这些人从血统和肤色说是印度人，但其趣味、观点和智能是英国式的"。[④] 按照马考莱的期望，这个中间阶层将成为英国殖民统治和商业开发的可靠助手，并成为"渗透"西方文明的媒介。西方派的观点显然更适合殖民政策新阶段的需要，在英国上层中得到更多人赞许，因此，1835 年总督参事会做出决定，此后教育拨款只应用来推广西方教育。

西方教育其实并不是从这时开始兴办的，在此以前，已有三部分人着手进行。（1）私人办欧式学校。1800~1814 年在加尔各答和秦苏拉建立了几所。（2）传教士办学，以英语为媒介。（3）更重要的，印度民族主义早期活动家已在商人资助下于 1817 年在加尔各答建立了印度学院，1828 年在孟买建立了爱尔芬斯顿学院，都实行近代教育，对殖民当局最后决策起了推动作用。1835 年第一所官办的医学院在加尔各答开学。40~50 年代，当局创办了一批近代学校和学院。1843 年，教育委员会控制的学校有 28 所，到 1855 年增加到 151 所。1854 年议会监督局主席查理士·伍德根据对教育发展情况的调查，就进一步改进提出了意见，这就是著名的《伍德教育文

① 罗·穆克吉：《东印度公司的兴衰》，柏林，1958，第 149 页。
② 艾·钱·班纳吉：《近代印度历史新编（1707~1947）》，第 335 页。
③ 罗·穆克吉：《东印度公司的兴衰》，第 337 页。
④ G. M. 扬编《马考莱言论集》，伦敦，1935，第 359 页。

件》，其要点是建立从小学到大学相互衔接的完整的教育体系；在各管区城市设立大学，实行附属学院制；设立补助金制度，由政府对符合条件的私立学校给予财政补助；在各省建立公共教育部，负责教育方面的领导工作。此后，近代教育的发展更为迅速。1857 年，按伦敦大学模式，在加尔各答、孟买和马德拉斯建立了三所大学，开始授予学位。1829 年近代大、中学学生约 3000 人，1855 年增加到 49000 人。为吸引更多人接受西方教育，1837 年规定以英语代替波斯语作为公务语言，1844 年又采取了优先录用会英语者为公职人员的政策。这使近代教育得到更大发展。

从 19 世纪 40 年代起，印度地方语言的教学也开始受到重视。孟买管区强调，要使用印度地方语言和英语推广西方教育。西北省 1840 年有官办的英语—印度语学校 9 所。《伍德教育文件》也强调不能以英语取代印度语言，初级教育主要应以地方语言进行，英语教育和地方语教育都应发展。这表明英印当局的教育政策向前跨进一步，强调推广西方教育要利用多种媒介。

（二）放宽新闻限制

从 18 世纪 80 年代起，东印度公司的某些前职员开始在印度创办英文报纸。第一家报纸《孟加拉新闻》创办于 1780 年。到 19 世纪初，三个管区有好几种这样的报纸，主要供在印英人阅读。这些报纸登载新闻逸事，偶尔也揭露东印度公司官员的营私舞弊行为。1813 年后，传教士来印开始在印度出版印度文报刊。第一家这样的报刊是 1818 年创办的孟加拉日报《达尔巴新闻》。传教士办报主要是进行宗教宣传，也有对官员不轨行为的抨击。18 世纪末 19 世纪初，殖民当局颁布的出版条例规定实行严格的书报预审制度，对批评官员的都要查究，有的被驱逐出印度。这种规定在英国引起激烈反应，因为它显然与自由资本主义时代英国资产阶级内部自由的精神相违背。1818 年印度总督参事会取消了出版预审制度，但为了在印度人面前维护东印度公司政权的威望，仍禁止报纸对政府提出批评，对违犯者予以查办。这个规定仍然是带有压制性的，但是只要不直接批评政府政策和官员，都可以自由办报不受干涉。这样，到 1833 年，除了英文报纸增多外，出现了大约 20 种印度文报纸，其中有些是公司前职员办的，有些是传教士办的，也有一些是印度民族主义早期活动家办的。大量报纸的出现对传播西方思想起了重要作用。

（三）鼓励传播基督教

1813年后，英印殖民政权采取在印度传播基督教的政策。在此以前，基督教主要在西海岸和南印度零星传播，那是丹麦和德国新教传教士个人传教的结果。1793年，英国传教士威廉·凯利到加尔各答传教，被东印度公司禁止后，移居加尔各答附近的当时还为丹麦人领有的塞拉姆浦尔，建立了传教团。除传教外还办学校促进地方语教育。1813年法案允许传教后，大量英国传教士进入印度。凯利也回到加尔各答。此外，还有些美国传教士来印。20年代在孟加拉积极活动的有3个团体：伦敦传教会、浸礼派教会和教堂传教会。著名英国传教士、苏格兰教会的亚历山大·达夫1830年来印，住在加尔各答，直到1863年。他在传教方面起的作用较大。这些传教团和教士一面宣传基督福音，一面办学办报，从事印度历史文化研究。在孟加拉管区，他们建立的重要学院有1818年在塞拉姆浦尔建立的浸礼教会学院、1820年在加尔各答建立的主教学院和1830年达夫在加尔各答建立的苏格兰教会学院。在孟买，传教士也建立了几所学校，并致力于女子教育。在马德拉斯，传教士办学更早一些。他们实行西方教育的成绩常被“西方派”引用，作为实行西方教育的优越性的论据，对殖民当局最后确立实行西方教育的方针起了一定的推动作用。1835年后，传教士办学成为更普遍的现象，中小学居多，还办女子学校，教会学校成了印度近代学校的组成部分。教会学校的主要目的是使印度青少年接受基督教。果然，一批改宗基督教的知识分子被培养出来。他们中有些人把西方文明等同于基督教，对印度教和印度文化采取虚无主义态度。但并不是所有人都这样，成为民族主义知识分子的也不在少数。

传教士活动使印度出现了一批改宗者。其中知识分子多为高级种姓，数量更多的是低种姓的下层人民，对他们来说，改宗是为了摆脱种姓枷锁，争取生存权利。到50年代，改宗者有91092人。1850年南印度特里维尼地区改宗者有4万人，主要是下层群众。50年代在印度的传教会有19个，传教士339人。

殖民政权支持传教，许多官员把推动改宗作为自己任务的一部分，不少官方人士宣称要使印度基督教化。丙丁克任总督时颁布继承法，规定改宗不得导致失去继承权。

（四）实行社会改革立法

在促进基督教传播的同时，殖民政权开始采取立法手段推行“社会改革”。所谓“社会改革”是指社会陋习的改革，这些陋习大多与印度教传统有关。以往几十年里，为避免引起印度人反感，殖民当局对印度习俗采取不干预政策。1813 年后，开拓任务被提上日程，诸般禁忌便被抛诸脑后。1828 年担任总督的丙丁克是辉格党人、边沁的信徒，他来印时宣布打算按边沁的原则治理印度。20~30 年代及以后来印度的文官，由于受资产阶级自由主义思想熏陶，也是雄心勃勃声称要改造印度。传教士一直抨击印度陋习，要求立法禁止。最后，印度新兴的资产阶级知识分子也呼吁当局采取措施。这样，从 20 年代末期起就出现了当局自上而下推行“社会改革”的浪潮。

1829 年，成立了专门机构镇压拦路行劫、自称是向迦里女神献祭的汰旗匪帮，有 3000 多人被捕，消除了危害商旅的这一祸患。此前通过的两个法规禁止把孩童抛入苏格尔岛海中的人祭恶习，[①] 禁止杀婴溺婴。[②]

更重要的立法是禁止萨蒂（即寡妇在丈夫火葬堆上自焚殉夫）。1812~1817 年多次颁令宣布强迫萨蒂为非法，自愿者要经县治安长官或警官同意并有警察在场，但收效甚微。1829 年再次颁布条例，宣布萨蒂为非法，强迫或劝诱者视同犯杀害罪，甚至赞同也是犯罪。

1843 年颁令废除奴隶制，当时各种形式的奴隶或变相的奴隶在印度还有相当数量。1847~1854 年对奥里萨孔德人的人祭恶习[③]加以取缔。

总督大贺胥勋爵统治时期（1848~1856）继续奉行改革路线，他的信条是“促进文明就意味着促进西方式改革”，他宣称“西方统治制度和结构优于印度，就像西方武器威力更大一样”。[④] 1850 年颁布法律，再次肯定改宗基督教的印度教徒或穆斯林继续保有继承权。1856 年又通过了印度教寡妇再婚法，规定对寡妇再嫁不得干涉。

上述社会改革的立法有些收到了成效，但大多数只停留在纸面上。要

---

① 这种人祭是为了向神还愿。

② 杀婴溺婴主要针对女婴，因为女孩出嫁要有丰厚的嫁奁，有些父母出不起，不敢养女儿。

③ 这种人祭被认为可以增加土地的肥力。

④ 艾·钱·班纳吉：《近代印度历史新编（1707~1947）》，第 328 页。

真正实现改革，必须做艰苦细致的思想教育工作，这只能靠印度社会改革家自己去推动，去实践。

五 有限兼并土邦

殖民政策新阶段也影响到对土邦的政策。由于保留了土邦内政上的一定的自主权，前一段在英属领地发生的那种赤裸裸的掠夺只影响到少数土邦（通过不断提高军费补助金数额和直接勒索）。1813 年后的殖民政策新阶段却使所有土邦不能不受到冲击。虽然，属于政治、文化、宗教方面的改革只能在英属印度范围进行，但是，贸易、交通却是土邦边界阻挡不住的，尤其是土邦和英属印度领地犬牙交错，不可能形成人为的壁垒。公路、铁路的修筑，内河航路的扩展，以及电报线的架设要经过许多土邦，从沿海到内地的贸易商队也必须穿越一些土邦。这些土邦与英印领地的经济联系势必增强。土邦中的商人越来越多地与英商建立贸易关系，推销英国产品，提供原料给他们。这样，土邦也逐渐被卷进了变印度为英国商品市场和原料市场的总潮流中。

然而，土邦的存在对英国工业资产阶级实现开拓印度的大目标，还是有很大妨碍的。第一，英属印度取消了内地过境税，各土邦依然有关卡税，商品进出土邦都要纳税。第二，新建交通设施要穿过土邦，有时会遇到土邦方面的阻挠，对实行全印整体规划是个干扰。第三，有些土邦正是英国所需要的原料的重要产地，如那格浦尔、比拉尔盛产棉花，英国殖民当局希望能直接控制。第四，土邦的大量存在缩小了英国殖民政权的税收来源。而且，对某些原土邦王公及其后裔承诺的年金是一笔不小的开支。殖民当局希望减少开支，增加税收收入，扩大剥削所得。

当征服全印的任务尚未完成时，公司虽常常粗暴地干预土邦内政，包括王位继承，但很少兼并土邦（有个别例外）。这是为了引诱尚保持独立的土邦归顺，减少征服阻力。在征服任务完成后，公司把王公作为自己的统治支柱之一，维持土邦制度是基本的国策。但从开拓印度的角度说，最好没有土邦。处于这种矛盾的状况下，公司决定采取有限度兼并的政策，也就是说，维持土邦存在的原则不变，但能兼并一些就兼并一些。为了自身的利益而吞噬某些“盟友”的利益，它也在所不惜。

19 世纪 30~40 年代公司董事会定下了这个方针。1834 年董事会在一份文件中规定，印度王公收嗣“只应当被看作是例外而不是常规”。[①] 1841 年又指示其下属：“要坚持一条明确而坚定的不放弃正当地、光明磊落地获得领土和赋税的路线。”[②] 30 年代兼并已经开始，1848 年大贺胥任总督后，更大刀阔斧地实行。

兼并土邦的借口有二。一是“丧失权利说”，一是“治理不善说”，这都是为兼并而杜撰的理由。“丧失权利说”意思是王公无嗣而亡，其全部权利和领土即行丧失，养嗣无权继承。这个说法不仅违反印度的传统，也与公司以往的态度相悖，以往王公养嗣继承一向是得到公司董事会允准的。至于“治理不善说”，这是随时都可拿出的理由。土邦王公腐败，所在皆是。藩属体系的建立使王公有权力而无责任，有依靠而无顾忌，这正是治理不善的根源，把这作为兼并理由是很荒唐的。

1831 年丙丁克以“治理不善”为由中止了迈索尔王公的统治权，由英国官员接管。1834 年以没有合法继承人为由兼并卡恰尔。同年兼并库尔格，理由是“王公对人民暴虐”。次年又兼并贾恩提亚，借口是“王公鼓励人祭”。奥克兰任总督时，1838 年以管理不善为名兼并阿豪姆。艾伦波罗夫任总督时，1843 年以同样借口兼并了齐塔尔。大贺胥任总督后，两种借口一起使用，1853 年兼并了海得拉巴的比拉尔省，1856 年兼并了公司最老的附属国奥德。奥德纳瓦布不愿在放弃权力书上签字，被放逐到加尔各答。用“丧失权利说”作为借口兼并的土邦有萨塔拉（1848）、章西（1853）、那格浦尔（1853）、桑姆巴普尔、巴格特、乌代普尔等。在兼并富庶的比拉尔时，大贺胥承认，兼并这块地区是“为了增加国库的资源，为了扩大我们的统治制度的一体化”。[③] 兼并著名棉花产地那格浦尔后，他说：“占有这个地区将大大有助于满足一种需要（指棉花），英国纺织工业的繁荣在很大程度上依靠它的充足供应。”[④] 这就清楚地道出了他热衷兼并的根源。1848~1856 年兼并的结果是全印土邦的面积减少了 1/3。

---

① 普拉沙德：《近代印度史（1740~1950）》，新德里，1951，第 211 页。

② 普拉沙德：《近代印度史（1740~1950）》，第 211 页。

③ 普拉沙德：《近代印度史（1740~1950）》，第 211 页。

④ A. 韦斯特：《查理士·伍德对印度事务的管理》，伦敦，1861，第 118 页。

六 殖民政策新阶段对印度的影响

殖民政策新阶段的特点可归结为：通过对印度进行开拓和殖民主义改造，积极地为实现英国工业资本的剥削和统治创造条件。开拓和改造在经济领域与思想文化领域同时进行，达到了预期目标：印度成了英国的商品市场和原料产地，英国资本家得以通过不平等交换无穷无尽地榨取印度财富；政治上，殖民统治得到强化，并在印度人中扩大了自己的社会基础。

这种开拓给印度社会和人民带来的影响是双重的。

英国商品进军打垮了印度一些传统的、获得相当发展的手工业部门，破坏了原有的生产力，同时使千百万手工业者失去了谋生手段。昔日著名纺织中心达卡，到19世纪40年代，由15万人减至2万人。另一纺织中心贝拿勒斯，到50年代至少有15万人成了无固定职业的赤贫者。连总督丙丁克也承认，纺织工人的尸骨漂白了印度斯坦平原。土地兼并和高利贷盛行使成千上万农民失去土地，不得不承受地主的苛重剥削。在17世纪的西方早期资本主义国家，失去生产资料的手工业者和农民被吸收到新兴工业部门。在印度，大量财富外流而不是用于在国内扩大生产投资。没有新工厂的创建，就没有吸收大量失业手工业者和失地农民的途径。结果正如马克思所说，“印度失掉了他的旧世界而没有获得一个新世界，这就使它的居民现在所遭受的灾难具有了一种特殊的悲惨的色彩”。①

商业是发展了，但其背后是印度更多财富被掠走。由于英印贸易是不等价交换，贸易越发展，印度受榨取越重。从贸易构成上说，也是不平等的。印度提供的是原料，输入的是工业制品，形成了工业英国、农业印度，城市英国、乡村印度这种人为的不合理的分工，使印度成了英国的农业附庸。就内贸说，其发展不是城乡间、地区间社会分工自然发展的结果，而是围绕销售英国产品和收购出口原料这个轴心进行，传统的互通有无的商业联系被打断或遭削弱。这样一种内贸的发展实质上是为外贸服务的。外贸发展不是内贸发展的延续，内贸倒成了外贸的附属品，这是反常的、畸形的。无论外贸还是内贸，占统治地位的都是英商，印商只取得“一个小

① 《马克思恩格斯选集》第2卷，第64页。

伙伴”的地位。

殖民者的开拓、改造也带来了另一面结果：印度社会长期保持的自然经济被冲垮，商品经济得到了发展。农业、手工业的直接结合一向是自然经济赖以维持的枢纽，这个枢纽无论在家庭范围还是在村社范围都遭到破坏。村社是自然经济的外壳，对自然经济的保持起维护作用，这个组织形式也因地税制的实行、商品经济渗入农村以及土地买卖的发展而成为过时之物，悄然退出了历史舞台。交通建设的进步使内地开放，地区闭塞局面开始被打破。这一切，正像马克思所说，深深触动了印度社会的根基，造成了印度历史上一场前所未有的、真正的、最大的“社会革命”，[①] 没有这场革命，印度社会较快速度的发展是不可能的。

在思想文化领域的开拓和改造同样产生两面结果。一方面，殖民当局对印度文明不加分析地鄙视、排斥，通过各种途径把民族虚无主义、自卑感和崇洋媚外心理灌输到人们心里，对年轻一代特别是知识分子的思想成长产生了严重的毒害作用。有不少学校培养的知识分子成了这一攻势的俘虏。这个危害是深远的，影响到印度后来的发展。但另一方面，西方资产阶级思想的传播和对封建陋习的批判，对推动印度知识界实现思想变革又有积极意义。30~50年代英国统治者在思想文化领域的政策形成了一股西方资产阶级文明对印度传统思想的强大冲击波，从一定意义上说，这是资产阶级意识形态对封建意识形态的进攻，是新价值观对旧价值观的进攻。正像商品进军深深触动自然经济的根基一样，西方文明的冲击也深深触动印度传统观念的根基，为印度新思想新观念的产生和发展准备了土壤。

资本主义的世界发展把殖民主义推上东方国家历史的前台。对殖民主义的作用究竟应怎样看待？这一直是个有争议的问题。正是伟大的理论家和世界无产阶级革命导师马克思第一个对殖民主义与资本主义的相互关系和殖民主义的历史作用做了精辟分析。1853年，他在《不列颠在印度的统治》和《不列颠在印度统治的未来结果》两篇文章中提出了殖民主义双重历史使命的科学论断。他写道：“英国在印度要完成双重的使命：一个是破坏性的使命，即消灭旧的亚洲式的社会；另一个是建设性的使命，即在亚

---

① 《马克思恩格斯选集》第2卷，第67页。

洲为西方式的社会奠定物质基础。”[①] 这就为学术界研究殖民主义提供了一把入门的钥匙。运用这个观点考察、分析英国统治印度以来的殖民政策及其影响，就可以看到，英国殖民主义者在实现对印度的剥削、榨取过程中，已经不自觉地在开始实现马克思所说的双重使命。如果说在前一段原始积累性质的政策中，人们看到的主要是表层掠夺，其影响还模糊不清，那么，殖民政策新阶段便使其双重使命初步显现。到 50 年代，最突出的是前一种即破坏性使命，但是后一种即建设性使命也现端倪，正像马克思所说：英国人的“建设性的工作在这大堆大堆的废墟里使人很难看得出来。不过，这种建设性的工作总算已经开始做了”。[②] 这两种使命是西方殖民者无论意识到与否都会去实现的，因为殖民主义的剥削目的是其根本。他们能够做到这点（或多或少），因为与以往的外来侵略者不同，他们的文明水平高于被侵略国家，不会被当地文明同化，而会以自己的文明影响被征服者（各殖民国家会有不同）。殖民主义者在东方国家所实行的一切都是被“极卑鄙的利益驱使”,[③] 但是在追逐私利中，却促进了东方社会的变动、发展，甚至引发了前所未有的“社会革命”，这就是历史的辩证法，是我们从事研究工作时必须把握的分析方法。

---

① 《马克思恩格斯选集》第 2 卷，第 70 页。

② 《马克思恩格斯选集》第 2 卷，第 70 页。

③ 《马克思恩格斯选集》第 2 卷，第 68 页。

第四章

早期反英起义和资产阶级启蒙活动

印度人民对英国殖民统治的反抗很早就开始了。最先起来进行斗争的是封建主和下层人民。19 世纪 20 年代，当资产阶级知识分子阶层出现后，又开始了资产阶级启蒙运动，后发展为政治改良运动。在很长一段时期内，下层人民的斗争和资产阶级的运动是平行发展的，两者没有直接联系，但相互影响是存在的。总的趋势是，下层人民的前仆后继的斗争逐渐为资产阶级政治运动的发展开辟道路。后者赖前者的推动和帮助，力量逐渐发展，并在 19 世纪下半期终于占据政治舞台的中心位置。

一　早期反英起义

英国对印度残酷的殖民剥削和压迫激起了 18 世纪后半期到 19 世纪上半期接二连三的反英起义。这些起义最初是对英国商业资本赤裸裸的暴力掠夺的反抗，在 1813 年英国对印度的剥削进入第二时期后，则是对英国工业资本剥削和本国地主压迫的反抗。

18 世纪后半期到 19 世纪上半期的起义总的来看有三种。

第一种是封建王公领导的起义。在对英国征服的抵抗失败后，封建王公的大多数已倒向征服者，俯首帖耳，甘做傀儡。但也有少数人不甘心接受英国摆布而起来反抗，如 1763 年孟加拉纳瓦布米尔 · 卡西姆领导的起义，1781 年贝拿勒斯土邦封建上层领导的起义，1799 年奥德被废黜的纳瓦布瓦济尔 · 阿里领导的起义，1808 年特拉凡柯尔土邦首相韦卢 · 坦皮领导的起义等。这些起义都是因为殖民统治者的无限勒索逼得封建主走投无路。例如，英国侵占孟加拉后，用种种名目勒索，纳瓦布的国库早就空空如也，只有加征税收填补。内地贸易税是纳瓦布一项重要收入来源，英国东印度公司连这个来源也想剥夺掉。东印度公司不但自己不缴纳内地贸易税，它的职员私人经营贸易也冒充公司名义拒不缴税，甚至职员的印度代理人也从公司买到通行证逃避纳税。印度商人则必须照章缴纳，因此无力与英商竞争，渐渐被排挤掉。纳瓦布的商业税收几乎断绝。米尔·卡西姆上台后多次与殖民当局交涉，但均没有结果。在忍无可忍的情况下，他宣布对所有印度商人一律豁免内地贸易税。英国商人认为此举侵犯了他们的特权，首先发起武装骚乱。米尔·卡西姆在这种情况下被迫举兵起义。许多农民手工业者参加起义，很多商人也予以支持。贝拿勒斯起义也是由英国殖民者贪得无厌的榨取造成的。贝拿勒斯王公按规定每年应缴一笔固定贡赋给公司，但公司为了弄到更多钱从事对马拉特联盟的战争，一再额外勒索。起初，是以“特需”为由，要求罗阇（王公）提供50万卢比的战争贡赋，说是只此一次，下不为例。罗阇如数支付。可是以后公司不止一次提出同样要求，罗阇又都被迫支付。最后一次当总督提出50万卢比的要求时，罗阇已无力支付，请求先缴20万卢比，余容缓筹。总督就亲赴贝拿勒斯，以“抗令”为由再罚款50万卢比。贝拿勒斯土邦每年财政收入只有400万~460万卢比，根本拿不出这笔钱，总督就下令逮捕罗阇。其实这是总督事先策划好的步骤。他自己后来供认道：这样做是要“利用他的罪过找到解救东印度公司灾难的办法”。[①] 贝拿勒斯封建上层和军队领导人在罗阇被捕后立即发动起义，有很多群众参加。奥德瓦济尔·阿里起义是因为英国殖民者废黜他而承认他的竞争者为纳瓦布。新纳瓦布上台的条件是答应把公司驻军的军费补助金提高两倍，并割让一大片土地给公司。这是用“换马”的办法加大榨取力度。特拉凡柯尔土邦首相领导起义也是由英殖民当局勒索直接引起。特拉凡柯尔原是英国人的盟友，是支持他们进攻迈索尔的，当时自愿缴给英国人一笔钱作为战争捐款。谁知在打败迈索尔后，英国殖民者却把它缴的这笔钱看作固定贡献，规定年年缴纳，甚至派兵征收。特拉凡柯尔土邦举国上下莫不感到愤慨，首相韦卢·坦皮在这种情况下起兵反英，得到群众热烈支持。这些起义由于都有下层群众参加而颇具声势，

---

① 恩·克·辛哈、阿·克·班纳吉：《印度通史》第3册，第856页。

它们都以恢复独立、赶走英国人为目标。但是恢复独立在此时只被设想为恢复原来的封建王公的独立，并没有人想到恢复整个印度的独立。各个王公的起义都是在自己领地的有限的范围内进行，从别的王公那里得不到任何帮助。这样，尽管从一个个地区来看起义轰轰烈烈，它的四周却冷冷清清，这就使殖民当局不难集中兵力加以镇压。

第二种是柴明达尔领导的暴动。孟加拉发生的最多。在实行永久地税制后，许多柴明达尔因欠税土地被拍卖。到 1815 年，柴明达尔被拍卖的土地已近半数。这些被剥夺了地产的许多柴明达尔是老封建主。他们对税制的苛刻不满，把商人高利贷者、新地主视为篡夺者，十分仇恨，所以时常聚众暴动，撵走新地主，收回丧失的土地，或要求当局撤销拍卖，归还土地所有权。值得注意的是，这些暴动一般都得到耕种这些土地的佃农的支持和参加。这是因为新地主通常在兼并土地后提高地租变本加厉地剥削农民，佃农恨他们甚于老地主。这些起义都是零星的，规模不大，并没有什么政治目标。有时由于农民卷入的面比较大，当局被迫把一些土地归还原来的地主，暴动也就自行停止。在大多数情况下，这种暴动总是受到当局镇压，没有什么结果。

第三种是农民和其他下层人民起义。这些起义一般持续时间较久，较有力量。在 18 世纪末 19 世纪初实行几种正规的税制之前，敲骨吸髓的短期包税制是激起农民不断反抗的主要原因。1783 年孟加拉迪纳吉普尔县发生的农民起义是第一次规模较大的农民反英起义，直接原因是包税人迪比·辛格为加倍捞回投资，用拷打的办法夺去农民的一切收入甚至一切财产，农民向当局申诉，得到的却是镇压。起义首先在兰格浦尔开始，领导人是迪尔吉·纳拉扬，他的父亲曾参加米尔·卡西姆领导的起义，是一支农民军的领导人。起义农民提出减税缓税要求，得到全县农民响应，附近各县也受到影响。英国人承认："这是孟加拉发生的一次最大最严重的骚动。"①英国人调了很多兵力，才把这次起义镇压下去。18 世纪末 19 世纪初实行正规税制后，由于税额苛重，许多农民对土地的世袭占有使用权被剥夺，农民的境况没有好转。起义继续在许多地区发生。孟加拉米德纳普尔起义（1799~1800）、孟买管区的库尔格农民起义（1802~1805）、北印度的巴雷利地区农民和城市贫民起义（1835~1848）等是截至 40 年代规模较大的起义。那格浦尔

---

① 埃·伯克：《著作演讲集》第 7 卷，伦敦，第 191~192 页。

地区起义还推举萨达·马拉做“农民罗阇”。不过，所有这些起义，其目标都只限于减免地税和其他捐税，并且没有什么组织，很容易被镇压。

50年代发生的最主要的农民起义是桑塔尔人起义（1855~1856）。桑塔尔人居住在比哈尔达曼-埃-科赫山区，是一个非雅利安人部族，以务农为生。在孟加拉管区实行永久地税制后，他们耕种的土地被确定为柴明达尔所有。他们不愿受柴明达尔剥削，迁到拉吉马哈尔山脚开垦荒地。然而，又有柴明达尔声称对这片地区拥有所有权，要求缴租，并一再提高地租。许多商人高利贷者也从外地涌入。1851年这片地区的中心巴拉海特有50名孟加拉商人，他们低价收购农副产品，兼放高利贷，利率高达50%~100%。桑塔尔人终年辛勤劳作，所得不足以缴租还债，他们的些许财物常常被催租催债者抄得精光。

1811年、1820年、1831年桑塔尔人数次起义，都遭镇压。1854年有些桑塔尔人又开始袭击高利贷者和柴明达尔，受到迫害。1855年6月30日，来自400多个农村的1万多名桑塔尔人在巴格纳底西集会，决定一致起来斗争，摆脱压迫者。根据会议决议，给政府官员和柴明达尔写信，宣布不再受柴明达尔和政府管辖，要建立自己的政府。在击溃了前来镇压的警察后，以刀斧、弓箭武装的起义者向巴拉海特进发，柴明达尔、高利贷者纷纷逃遁。起义者宣布英国在这里的统治已经结束，桑塔尔人自己的治理开始。殖民政权派来大量军队镇压，宣布实行战时状态。柴明达尔、蓝靛种植园主都向当局提供金钱支持，或者提供大象帮助镇压。桑塔尔人与政府军展开激战，有36个村庄被政府军夷为平地，百姓遭到血腥屠杀。到8月中旬，起义者尚有30000人的武装力量。殖民当局调集的军队达到数万人。在接着发生的战斗中，起义者牺牲过半（15000~25000人）。1856年2月，起义领导人坎胡等被捕遇难，起义最终被镇压下去。桑塔尔人起义是农民起义中斗争最顽强的一次。

在农民和下层人民起义中，有一些带有宗教色彩，其中最主要的是伊斯兰教瓦哈比派领导的起义。印度瓦哈比派的思想主要来源于德里的伊斯兰复兴主义思想家沙·瓦利拉，故又被称为瓦利拉派。这一派作为一个有战斗性的教派始于19世纪20年代，创始人是雷巴雷利的赛义德·阿赫迈德（1786~1831）。这个教派认为印度既然被英国统治就不是“伊斯兰的土地”，而是“异教徒的土地”，因而，必须进行“圣战”赶走英国征服者。

瓦哈比派不仅号召反英，还要求实现社会正义，提出要公平、合理地分配社会财富，保证所有生产者都能得到安全和幸福，对压迫者和暴虐者要进行抵抗。这些要求得到伊斯兰教广大教徒的积极拥护。1820 年赛义德·阿赫迈德以比哈尔为基地，派人到北印度各地宣传教义，建立组织网。英国当局感到不安，把他驱逐出比哈尔。在他被驱逐后，留下来的他的弟子提图·米尔成了新的领袖。1831 年，他在加尔各答附近领导农民起义，号召把英国人赶出印度。英国官方报告说，参加起义的有成千上万人，都来自下层。起义者宣布所有人平等，除袭击英国官吏外，还袭击地主（不论是印度教徒还是伊斯兰教徒），惩治高利贷者，并建立法庭来审判他们，深得人民群众拥护。只是在殖民当局调来大量军队（包括炮兵）后，经过激战，起义被镇压。但瓦哈比派在各地的组织此后仍继续活动，后来成了 1857~1859 年大起义的中坚力量之一。

上述三种起义，前两种主要反映了封建主和殖民统治者之间的矛盾。起义反英的封建主只是少数。他们虽然是从维护自己的利益出发，但其反殖民行动是进步的，是顺应民心的。不过他们只看到自己的小地盘，只想到恢复自己以往的地位。这种有限的目标和孤立的行动，是不可能使印度得到自由和进步的。第三种反映了下层人民和殖民者、封建剥削者之间的矛盾，是人民不满的爆发。瓦哈比派起义便是典型。他们宣布英国为敌人，殖民掠夺和压迫使他们无法生存；他们攻击柴明达尔和高利贷者，反映了贫苦手工业者和柴明达尔地税制下被剥夺了传统的土地世袭使用权的农民对地主、高利贷者压迫的痛恨。但瓦哈比派起义还是旧式的农民起义。他们的反英思想主要来自宗教观念而不是民族观念。他们的反封建，在理论上是平均主义空想，在实践上也只是企图减轻封建压迫。这一切都没有超越中世纪农民起义的范畴。瓦哈比派起义在近代印度史上是第一次试图把反殖民反封建任务结合起来的起义，是有重大意义的。它反映了广大下层群众出于自己的社会地位，本能地要求反抗外国统治和封建压迫。这种要求和历史发展方向是一致的。像这种兼有反殖民反封建目标的起义 19 世纪 30~40 年代前是不多见的，50 年代起增多。反封建主要是反对新地主，桑塔尔人起义是典型。但是怎样反殖民反封建？印度应朝什么方向发展？这都是他们无法解决的问题，任何其他农民起义也解决不了这个问题，因为小生产者的地位束缚了他们的眼界，使他们不可能认识到社会发展的趋势，不可能提出符合时代需要的解决这个问题的方案。这一任务的解决历史性地落到了资产阶级肩上。

二　资产阶级知识分子的出现

印度民族资本是19世纪50年代出现的，民族资产阶级50~60年代才形成，但资产阶级知识分子在19世纪第二个十年就出现了。这和西方国家资本主义生产关系产生在先，资产阶级政治思想家出现在后的一般情况略有不同。其所以如此，是因为印度近代历史发展是在英国殖民统治下进行的。在封建经济受到殖民主义改造的强烈刺激而趋于解体的同时，人们的传统思想也因受到外国资本主义思想的冲击而发生改变。这两个过程是同时发生的。经济改造是一个长过程，思想改变也是一个长过程。但是经济改造是大面积的同时改变，而人们的思想改变却可以从少数人先开始。所以，当产生民族资本的条件还在形成之际，最早的资产阶级知识分子就已出现。当然，资产阶级知识分子的出现不可能完全没有经济和阶级的基础。它所以在19世纪第二个十年出现，是因为当时商品经济的发展已为民族资本的产生创造了条件。至于阶级基础，那就是一些有自己独立的商业活动的商人以及和市场联系较密切的自由派地主。在这两部分人中，产生了一种要求有较多独立发展机会的倾向。这种倾向本质上反映了发展民族资本的要求，尽管还很不成熟。不过这种倾向当时在他们身上，还和他们从事买办商业活动及封建剥削的身份并存，这又决定了他们政治主张的极端温和性质。新兴资产阶级知识分子正是他们的政治代言人。

最早的资产阶级知识分子是从地主家庭出身的青年学生、殖民政权雇员和商业机构职员中产生的。他们有机会最早接受西方资产阶级思想影响。

西方资产阶级思想主要通过报刊、书籍传播进来，学校是传授西方思想和知识的重要阵地，英语是媒介。但最早的资产阶级知识分子并不是在殖民政权办的学校里学到英语和近代知识的。印度人最初掌握英语和近代知识是通过和英人接触，或自学，或通过私人及私立学校的传授。

一些印度知识分子通晓英语后，就能通过哲学、文学、政论和宗教等方面的原著学习西方思想。英国人（包括传教士）在印度办的首批英文报纸和印度地方语报纸对他们了解西方产生了很大帮助。他们从中吸收资产阶级先进思想，打破了孤陋寡闻的闭塞状态。

当最早的资产阶级知识分子出现后，他们首先认识到引进西方教育制度、建立近代学校的重要性，所以自己首先动手办学，打通道路，以促使殖民当局做出实行西方教育的决策。20 年代末 30 年代初，已有成百上千青年学生接受西方教育，离开校园，步入社会。资产阶级知识分子阶层开始形成。

当然，并不是所有掌握了近代知识的人都成了资产阶级知识分子。这些人中的一部分只求升官发财，飞黄腾达，仰人鼻息，成为洋奴。但更多的人热烈崇奉培根、洛克、休谟、密尔、边沁、孟德斯鸠等西方哲学家和政治家宣扬的理性原则及自由、平等、博爱思想，推崇英国的议会民主制度，开始用西方思想作为标尺来衡量印度，渐渐地对印度的现状、对英国殖民统治政策感到不满。他们发出了学习西方、复兴印度的呼声，而且开始把印度看作一个整体，不像封建王公那样只看到自己的小地盘。这样，资产阶级民族主义观念就在他们中间开始产生。他们成了资产阶级知识分子，成了即将诞生的民族资产阶级的第一批政治代表。他们的活动标志着印度资产阶级民族主义运动的诞生。

三　资产阶级启蒙运动的开始

正像世界其他国家一样，印度资产阶级民族主义运动也是从资产阶级启蒙活动开始的，其先驱和杰出代表是罗姆·摩罕·罗易，他是印度最早的活动家，是民族主义改良运动的创始人。印度民族主义者公认他是“近代民族复兴的先知”。

罗姆·摩罕·罗易（1772～1833），出生于孟加拉一个显贵的印度教婆罗门家庭。由于父亲在伊斯兰统治者手下服务，罗易年幼时受的是伊斯兰教育。他谙习波斯语、阿拉伯语，后又学习了梵文、英文，并掌握了拉丁语和希伯来语。通晓多种文字使他有可能接触各种宗教经典和外国哲学、文学名著，从而有较开阔的眼界，能够用比较的方法来观察、思考印度的社会、政治问题。16 岁的时候，他写了一篇文章批判印度教的偶像崇拜。这篇文章激怒了正统印度教徒，他被迫离开家，在北印度一些地区漫游。这段经历为他提供了观察印度社会的机会，也使他有可能随各地的民间学者学习印度教的教义和哲学。回到孟加拉后，1805～1814 年他在英国税收部门工作，又有机会接触英国官场，目睹英国殖民者怎样压榨印度人民以及印度人民所受的苦难。这些年的所见所闻，使他越来越明确地认识到印度的社会、宗教、政治体制有许多弊端。他钦慕英、法、美资产阶级思想家的著作中阐述的民主、自由思想，深感印度政治生活中没有民主、自由，过去的统治者统治下是如此，英国殖民统治下也是如此。在宗教、社会方面，他对比其他宗教，痛切地感到印度的一些旧习俗像一个个大磨盘压在人民身上，严重阻碍印度社会进步。他立志要为印度民族复兴效力。1814 年在辞去政府职务后，他迁至加尔各答居住。从这年起，他便把主要精力放在为印度复兴而开展的工作和社会活动上。

图 4-1 罗姆·摩罕·罗易

罗姆·摩罕·罗易主张吸取西方所长，革除印度各方面的弊端，使印度跟上时代潮流，获得进步和发展。

他从宗教改革入手开始了资产阶级启蒙活动和争取政治改革的运动。1815 年他团结一部分志同道合的人，建立了一个精神团体叫“友爱协会”，开始为改革印度教做准备。之所以从宗教改革入手，是因为 19 世纪初在印度社会生活中，宗教仍占据着支配一切的地位。他认识到，要使印度政治上、社会上取得进步，就必须首先有宗教上的进步。宗教改革归根结底是为印度政治复兴和社会进步创造条件。他说：“我很遗憾，印度教徒所坚持的宗教制度是不利于促进他们的政治利益的。把人们分割成无数集团的种姓区分完全剥夺了他们的爱国情感，数不尽的宗教仪式和清规戒律使他们失去从事任何艰巨任务的可能性。我认为，至少为了他们的政治进步和社会幸福，他们的宗教也必须进行某些变革。”①

① 《罗姆·摩罕·罗易英文著作集》，阿拉哈巴德，1906，第 95~96 页。

1818年，罗易首先发动了反对萨蒂制的运动。这项残酷的习俗仅1818年在孟加拉管区就夺去了839名妇女的生命。据统计，加尔各答附近平均每年有500多名妇女死于萨蒂制。1818年因此死亡544人。罗易写小册子激烈批判这个陋习，指出这是吃人的制度，是愚昧无知的表现。他的行动遭到正统派的攻击，有一段时期，甚至危及他的生命。但他仍坚持不懈。他征集了数百人在禁止萨蒂的请愿书上签名。他的呼吁得到越来越多人的拥护，最终促使总督丙丁克1829年宣布萨蒂制为非法。1830年2000名正统印度教徒上书英国枢密院，要求否决丙丁克的决定。这时罗易来到英国，他征集了一些进步印度教徒的签名向枢密院做了反陈请，反击正统派的反扑，终于取得胜利。这是印度人发起的取得某种成功的第一个改革印度教陋习的重大行动，印度近代宗教与社会改革也从此开始。除此之外，罗易还对多妻制、禁止寡妇改嫁、童婚和种姓限制等陋规宣战。他鼓吹不同种姓之间通婚，主张妇女有继承权。他还是印度教高级种姓中第一个突破禁止出海戒律到英国去的人。

罗易在宗教改革上的最重要行动是提出梵是唯一的神的学说，就是要在吠檀多基础上恢复一神论来替代多神论。1823年他和德瓦尔卡纳特·泰戈尔等一起创办一份刊物宣传自己的主张。他同样反对偶像崇拜，认为偶像崇拜是后来那些被加到印度教中的弊端的根源。他认为，神没有形体，任何人只要崇敬神就可以悟到神，无须举行仪式，无须偶像崇拜，也无须祭司起人神之间的中介作用，崇敬的方式是祈祷和默思。这就打破了印度教对神的传统解释，打破了祭司对神的垄断，而使神的殿堂向所有人开放。他这种主张显然是把印度教《奥义书》的思想、伊斯兰教一元论和基督教新福音的伦理思想融合在一起。但他强调这种主张是印度教的本来教义，是真正的吠檀多，实现这样的主张就是净化印度教，清除后人加在印度教身上的杂质，恢复它的本来面目。他说："我在所有我的讲话中所采取的立场不是反对婆罗门教，而是反对它的一种形式。我力求说明，婆罗门教的偶像崇拜是违背他们祖先的实践和他们尊重、信奉的古代经典的原则的。"①这实际上是托古改制。1827年，他和一批赞成他的观点的印度知识分子一起建立一神教会，但感到它的面目太西方化，不易为印度教徒所接受，所

① 罗易：《自传》，伦教，1884，第247页。

以放弃了这个尝试，而于次年即1828年建立了梵社。1830年梵社庙堂正式开放，任何人不分种姓、肤色、信仰，只要崇信一神，都可进入。这里不允许进行偶像崇拜和任何祭祀，不允许侮辱和诽谤任何别的宗教信仰和习惯。梵社宗旨说，要“一视同仁地聚会各界人士”，促进相互了解和接近，也就是说，梵社应当成为一个促进虔诚、道德和仁爱的兼容并蓄的宗教团体，应当用来促进各种宗教信仰者之间的团结。[①] 这样，罗易的梵社尽管仍属印度教，但已经把印度教所有排他性的戒规、习俗都摒除了。这是彻底的改革。自然，在印度教正统思想根深蒂固的社会里，要使这种改革为广大印度教徒接受是十分困难的。罗易和梵社受到各种辱骂，被正统派斥责为“异端”“基督教仿制品”等。但梵社的出现毕竟点燃了新的火炬，使印度教徒不得不正视自己宗教的弊端，并给他们指出了前进的方向。

罗易敢于触犯那被认为神圣不可侵犯的宗教信条和戒规，反映了正在兴起的主张发展资本主义的力量要求摆脱中世纪封建思想束缚的愿望。他的一神论思想反映了印度统一、人民团结的要求，他的兼容并蓄主张表明了印度需要和外界加强交往，吸收西方的先进思想和技术，他摒弃所有印度教陋规则是为了解开束缚群众的绳索，使他们能够积极参加社会政治生活，这就是他通过改革宗教来为印度政治复兴做准备的具体表现。

罗易积极主张从各方面唤醒群众。除了宗教改革的途径外，他还大力提倡创办近代学校和民族报刊，对群众进行政治启蒙教育，使他们了解西方资产阶级先进思想，掌握近代科学技术。

19世纪初，当殖民统治上层围绕印度是否应引入西方教育制度展开激烈争论时，罗易则在民间鼓动，要求殖民当局确立实行西方教育的方针。他认为，西方民族在近代享有优越地位是因为他们科学技术进步得快，他们的政治思想和政治制度比较先进。印度要复兴，就必须抛弃中世纪经院式的教育制度，采取近代西方教育制度。但他并不是对自己的民族文化和传统教育制度抱虚无主义态度。他主张把学习西方自然科学、社会科学和学习印度的传统文化结合起来，学校既用英语教学，又用印度语言教学。在钦慕西方先进思想的同时，他丝毫不怀疑印度古代文化中包藏的不朽财富。为了使群众能掌握这些宝贵财富，他把吠陀和某些奥义书译成英文和

① J. N. 法奎哈尔：《近代印度宗教运动》，纽约，1935，第35页。

孟加拉文。对印度传统教育制度在以往印度历史上所起的积极作用他是充分肯定的，但认为时代不同了，继续实行这种制度只能使印度故步自封，脱离世界先进潮流。1817 年，他在一位英国朋友、钟表匠达维德·海尔的帮助下，和拉德哈·堪达·德布、布迪那特·穆克尔吉等一起，在加尔各答建立了印度学院。这是印度人自己办起来的第一所西方教育和印度教育相结合的近代类型的学院，其课程包括自然科学和人文社会科学，英语、印度语言并用。这一行动当时遭到正统派的攻击。他们首先是阻止这个学院的成立，失败后又威胁说，如果罗易参加学院领导机构，就拒绝与这个学院发生任何关系。他们不愿让自己子女受罗易影响，这也从反面说明了罗易改革思想形成的冲击波是何等强烈。不久，罗易又和朋友一起创办了另两所学校，还曾打算建立单独的女子学校，未获成功。1823 年，当得知总督阿姆赫斯特要在加尔各答建立梵文学院时，他坚决反对。在给总督的抗议信中他写道："如果政府的政策是打算保持印度于黑暗之中，那就实行梵文教育制度好了。但既然改善印度人民状况是政府的目的，那就必然要求实行更自由和更进步的教育制度。"① 印度学院的成立，推动孟买大商人在 1828 年资助建立了同样类型的爱尔芬斯顿学院。这一东一西两所学院的建立是印度教育制度变革的开端，它们成为培养近代爱国知识分子的摇篮。值得注意的是，这两所学院的资金都是由印度商人筹集的，这表明实行近代教育是符合他们发展民族经济文化的要求的。罗易还是民族报刊的率先创办者。19 世纪初，在印度出版的报刊数十种，没有一种是宣扬民族主义观点的。罗易看到，报刊宣传是对人民进行启蒙教育的重要手段，因而在 1821 年创办了孟加拉文印度周刊《明月报》，次年又办了波斯文的《镜报》。这两份报刊是印度近代最早的民族主义报刊。《镜报》的宗旨明确规定为"为印度人民谋求公共利益"。这两家报刊经常发表关于印度政治状况以及国际事件的消息和文章，也是宣传宗教改革、社会改革思想的重要阵地。罗易大量使用一般人民使用的孟加拉语写文章，翻译宗教典籍，讨论社会问题，以便他的观点能够在普通群众中得到传播。在这样做的过程中他不但传播了印度复兴思想，也使孟加拉散文文学发扬光大。他被公认为孟加拉散文文学的先驱，在复兴文化方面也做出了卓越贡献。

---

① 戈什编《罗姆·摩罕·罗易英文著作集》卷 1，加尔各答，1887，第 474 页。

罗姆·摩罕·罗易复兴印度的强烈愿望使他的视线自然逐渐扩展到政治方面。19世纪20年代，从全印度来说，英国的征服已接近完成。一些处于独立地位的王公还在继续抵抗，但是在被征服地区，除少数人外，封建上层已倒向英国统治者一边。农民不断掀起自发的反抗，但都被镇压下去。罗易对英国殖民政权的态度既不同于倒向英国人一边的封建主和依附于英国人的商业买办，又不同于不断起义的农民和反对英国统治的少数封建主。他认为英国统治印度，对印度来说是“神的赐福”，是好事。他说他非常感谢神——世界的最高主宰“把这个国家从以往统治者的长期暴虐统治下解救出来，置于英国统治之下”。他认为这是印度的“幸运”，因为“英国这个民族不仅本身有社会的和政治的自由，而且也非常关心促进它影响所及的民族的自由、社会幸福以及对文学和宗教的自由的探讨”。[①] 他祈求神让“这种仁慈的统治在未来若干世纪继续下去”。[②] 自然，对一切反英起义他都表示反对。这种态度清楚地表明要求发展资本主义的新兴力量对英国的统治是拥护的，并真诚地相信英国的统治会促进印度社会的发展，这是有原因的。这个新兴力量（包括资产阶级知识分子在内）是在英国殖民者征服、统治印度的过程中产生的。既然封建经济解体、资本主义产生的客观前提的形成与英国统治联系在一起，他们就把英国统治看作自身存在和发展的条件，从维护自己利益出发维护英国统治，并寄希望于借英国统治来发展自身，发展资本主义。这种态度反映了新兴力量当时在政治上的极端软弱，他们还没有把自己的立足点和英国殖民统治者分开。新兴力量拥护英国对印度的殖民统治，这和下层人民的奋起反英形成鲜明对照。但也要看到，他们的拥护包含一种促进印度社会朝资本主义方向发展的愿望，这和那些只求在主子恩荫下保持挥霍享受地位的封建主以及只知膨胀钱袋的洋奴买办是有区别的。同时，罗易认为，现行统治制度在许多方面是有弊端的，不利于社会发展，亟须改革。他相信只要采取合法途径，让当局听到印度人的呼声，就能促使它实行改革，从而争取到所要求的自由和权利。

罗易争取自由的第一个行动，是反对1823年殖民当局颁布的报刊法，主张报刊自由。他采取的手段是和德瓦卡纳特·泰戈尔、钱德拉·库马

① 《罗姆·摩罕·罗易著作集》，加尔各答，1928，第874页。

② 《罗姆·摩罕·罗易著作集》，第222页。

尔·泰戈尔、哈尔·钱德拉·高士、古里·钱德拉·巴奈尔哲、普拉沙恩·库马尔·泰戈尔等5位加尔各答著名律师一起，联名上书高等法院，要求法院拒绝认可该项法令。当这个要求遭到法院驳回后，他们又上书英国国王。罗易草拟的申诉书中详细阐明了反对该项法令的理由，其中说道："当权者憎恨报刊自由，因为对他们来说，它是一个令人不快的障碍。当他们不能从它的存在中发现任何真正的弊端时，就企图使世人相信，它在某种可能的便利条件下能够成为联合人民反对政府的手段。"罗易驳斥了这种论点，指出，恰恰相反，只有实行报刊自由才能防止革命，"因为当人民能够方便地向最高当局反映他们由于地方当局的行动而遭受的苦难时，可能引起革命的不满因素就会被清除"。他又说，他并不是要求无限制的报刊自由，他同意对"企图在印度人民心中煽起反英仇恨的"要"给予惩罚"，但坚决反对"专横独断的限制"。他认为，政府颁布这项法令是有意破坏正常的司法程序，这样做"对公民自由无疑是个毁灭性的打击"。[①] 从这里可以清楚地看到，他开始进行政治活动的做法是：把西方一直作为斗争旗帜的自由民权的口号接过来，作为自己的旗帜，提出反对专制独裁、反对侵犯公民自由的口号；以印度是英帝国一部分，印度人民应享有英国公民待遇作为依据来要求公民权利；在呼吁公民权利时，指出这样做符合统治者和被统治者双方的利益；只采用上书陈请的合法斗争方式，和殖民当局站在一起阻止可能发生的人民起义。这些鲜明地反映了早期资产阶级思想家既要争取自由又对自由的行动诚惶诚恐的心理。不过能这样做在当时是很不容易的。一个曾任殖民政权高级官员的英国人评述道："罗易和他的五位朋友被印度人看作勇敢的爱国者，他们敢于站在东印度公司、政府和法院面前，不是为了要求任何个别印度人的权利，而是要求他们和他们的钦慕者认为是所有人的自然权利"，"这个勇敢的行动深深激励了加尔各答的印度人"。[②] 罗梅什·杜特认为，罗易反对报刊法的斗争是"印度宪政鼓动的开始"，印度民族主义者正是沿着他的足迹前进。[③]

罗易下一个目标是争取司法改革。在这方面他打出的旗帜是平等、正

---

① 罗易：《致国王陈请书》，第63页，转引自维什诺·巴格万《印度政治思想家》，德里，1976，第4~5页。

② 参见奥马莱编《近代印度与西方》，德里，第188~189页。

③ 参见奥马莱编《近代印度与西方》，第198页。

义原则。1827年殖民当局颁布了一项陪审团法，规定在审判基督徒时，印度教徒或穆斯林不能作为陪审团成员。罗易坚决反对这项歧视性法律。他又联合印度教徒和伊斯兰教徒共同上书陈请。对改革印度司法制度，他提出了如下具体设想：第一，把治安长官的司法、行政职能分开；第二，扩大印度法官审判欧洲人的权限；第三，编制法典，实行陪审团制度，其成员从退休的司法人员和律师中产生；第四，要有一部建立在法律面前人人平等原则基础上的刑法典；第五，发行公报，公布法庭审判情况；第六，为了实施司法正义，在司法人员和群众中，应该有一种共同的语言作为媒介。这些设想虽然不被当局理睬，但他打出的正义、平等旗号却在印度人民心中引起强烈共鸣。从此，平等、正义和自由成了印度资产阶级早期活动家从事政治斗争的武器。

1830年，在东印度公司特许状即将由议会更换之际，罗易为了向英国议会提出印度人的要求，也为了替莫卧儿皇帝办理私人事情，来到英国。在英国期间，他细心观察它的政治制度，对比之下，越发感到英国在印度的殖民统治是专断统治，一切唯英国最高当局之命是从，对印度人的意愿是不考虑的。就在英国，他提出改革英印行政制度的要求。在给下院的一个委员会的书面材料中，他提议对英属印度的行政制度进行全面改革。那时，他还没有在印度实行代议制的想法。他只是强调，殖民当局立法应该征询印度人的意见，并提出应当允许印度人参加国家管理。他说："讲到印度知识界的一般感情，我毫不犹豫地说，能保证他们对现有的任何统治形式抱有好感的唯一政策，就是按他们的能力和专长，把他们逐步地提拔到国家信任的岗位上来。"① 罗易这些主张已经较以往前进一步，开始涉及印度人有权管理自己国家的问题。这已经不是从个人公民权利的角度，而是从民族主义的角度提出问题了。他的各种改革设想成了后来资产阶级改良活动家提出各项政治要求的蓝本。

他在赴英前，以及到英国以后，对自由的渴望日甚一日。国际上发生的事件常常使他激动得夜不能寐。1820年，当得知西班牙颁布宪法后，他在加尔各答举行午宴庆祝。1821年，当听到奥地利镇压那不勒斯革命运动

① 参见泽恰瑞亚斯《复兴的印度：从罗姆·摩罕·罗易到莫汉达斯·甘地》，伦敦，1933，第19页。

的消息后，他感到十分痛苦。他在一封信中写道，这个消息使他“极为沮丧”，但他相信，“自由的敌人和专制主义的朋友从来没有也永远不会有最后的成功”。[①] 1830 年法国发生七月革命，波旁王朝再次垮台，他极为喜悦。在去英途中，他看到两艘停泊在桌湾的法国船上飘着三色旗，激动得非要乘法国船不可。这些都表明他对自由、正义极为向往。也正是在这些事件的鼓舞下，他的思想也在发展，开始憧憬祖国自由幸福的美好前景。他在逝世（1833 年于英国）前不久从英国写给印度《改革家报》的一封信中，明确地说：“一个有头脑的人不可能感觉不到政治上屈从和依附外国人的耻辱。”[②] 在写给维克多·贾奎芒特的信中，他又讲到有朝一日印度会“重新获得政治独立”。[③] 这说明，在他思想中已经出现了印度终究会取得独立的朦胧想法。然而，这种想法还只是一种远景展望，独立在他看来还是遥远未来的事，他把这种展望和现实政治严格分开，谆谆告诫印度人要面对现实，强调在相当长时期内应当坚决维护英国的统治。在给《改革家报》的信中，他特别提出：“我希望我的同胞要注意温和与谨慎，在改善我们的条件方面，不应太急于求成，逐步的进展才是更持久的。”[④] 这样，落脚到现实上，他还是坚持要求局部改良，并强调只能采取上书陈请这种温和的斗争方式。

罗易不但要求政治改革，还关心改善农民的地位。1793 年孟加拉实行永久地税制后，由于只是固定了柴明达尔应缴的地税，并未固定佃农应缴的地租，所以地主对农民的压榨日甚一日。罗易曾在税收部门服务，对情况比较了解。他对柴明达尔制是肯定的，但不赞成地主过分暴虐地对待农民，要求当局也像固定地税那样固定地租，地租特别高的应适当降低，使农民也能安身立命。同时他也要求，凡降低地租的柴明达尔，政府应相应地降低地税，使他们不致减少收入。这又表现了他对地主的关心。罗易在这个问题上的态度和他要求平等、正义的主张是一致的。19 世纪初农民问题在孟加拉很突出，作为一个资产阶级改革思想家，他在举起平等、正义旗帜时，不得不把农民处境收在视野之内，多少反映他们的要求，但另一

① 柯列特：《罗姆·摩罕·罗易的生平和书信》，伦敦，1913，第XXIII页。

② 维·马哈江：《民族主义运动领导人》，新德里，1975，第 3 页。

③ 维·马哈江：《民族主义运动领导人》，第 3 页。

④ 维·马哈江：《民族主义运动领导人》，第 3 页。

方面，由于新兴力量与封建地主关系密切，又不愿损害地主利益。

总之，罗易的政治活动可以归结为三个特点：（1）他是以替印度人争取公民权为起点，从这里前进到提出民族主义的改革要求；（2）在活动方式上，他自始至终坚持他所说的“温和”“谨慎”，不超出上书陈请这条线；（3）在提出任何改革要求时，他力图说服当局，这样做对英国也有好处，是为了巩固英国的殖民统治。他希望这样能减少阻力。

不管罗姆·摩罕·罗易的改革要求多么温和，多么局限，他首先倡导改革，点燃了复兴印度的火炬，拉开了资产阶级政治运动的帷幕，这个历史功绩是永垂史册的。

第五章

印度教改革运动

罗姆·摩罕·罗易倡导的印度教改革运动，在罗易逝世后，由他的后继者继续进行。从19世纪40年代起，运动的声势壮大并逐渐越出孟加拉范围，发展为全印运动。这场改革运动就其实质而言，是资产阶级启蒙运动的一种形式。其目的是用资产阶级的神学世界观取代旧的神学体系，使印度教适应变化了的环境，变换内容和形式，为资产阶级的民族斗争服务。由于种种原因，改革的结局并不圆满，但成绩还是很可观的，启蒙的目的也可以说在相当程度上是达到了。

一　运动的起因和主要流派

印度教传统的神学体系在19世纪上半期依然是人们遵循的信条，在意识形态领域和社会生活中的支配地位没有变化。英国统治者乐于看到这种陈腐的宗教体系禁锢人们的头脑，维持社会分裂状态，但为了宣扬英国文明的优越，为了实现精神领域的征服，又必须向它发动进攻。19世纪20年代后英国统治者采取咄咄逼人的姿态，企图用立法手段“改造”印度教，并与传教士互相配合，对印度教百般贬损，扬言要使印度基督教化。传教士辱骂印度教是“世界上最虚伪的宗教”，通过办学、办报、办慈善机构，竭力诱使印度教徒改宗。改宗者确实越来越多。这样，印度教徒便有了一种紧迫的宗教危机感，拯救印度教成了强烈呼声。对宗教危机感觉最敏锐的是受过西方教育或受了西方思想影响的知识分子。这些人的危机感与其说来自西方传教士的攻击，倒不如说来自他们接受西方思想影响后本身世界观的变化。他们掌握了西方的理性主义、自由主义以及平等博爱思想后，产生了希望自己的国家、自己的宗教繁荣进步，跟上世界潮流的愿望。这种思潮在19世纪20年代就开始出现，19世纪中期印度民族资本出现后变得更为强烈。学习西方、发展资本主义、建设近代文明社会成了理想目标。带着这样的愿望，带着西方教育提供的思想武器，他们希望革新自己的宗教，使之现代化，并认为这既是拯救印度教的道路，也是使国家进步的起点。西方传教士对印度教攻击越猛烈，他们的改革信念就越强。

宗教改革运动策源地在孟加拉。罗姆·摩罕·罗易建立的梵社是第一个宗教改革团体。在他赴英后，梵社由他的好友德瓦卡纳特·泰戈尔（1794~1846）领导。1842年，德瓦卡纳特的儿子德宾德拉纳特·泰戈尔（1817~1905）加入梵社并成了领导人。德宾德拉纳特是印度学院毕业生，曾建立真理传布社，后并入梵社。他给梵社制定了约规，创办了报刊，并派凯沙布·钱德拉·森（1838~1884）到各地宣传梵社主张，在教义改革方面也比罗易更前进一步。结果，梵社影响大为增强，不但在孟加拉，而且在外省建立了分支。1865年孟加拉有50个分支，西北省2个，旁遮普、马德拉斯各1个。但是，在社会改革方面，特别是对待种姓限制，它的态度不够激进。60年代起，在梵社内部形成了以凯沙布·钱德拉·森为代表的青年集团。凯沙布是加尔各答大学毕业生，出身维底亚种姓。这个集团在社会改革方面持较激进态度，在教义改革方面倾向于吸收较多基督教的特点，而这都是德宾德拉纳特·泰戈尔所不同意的，这就造成了1865年梵社的分裂。凯沙布一派退出，单独建立了印度梵社；原来的梵社称为真梵社。地方分支多数随了印度梵社。随着运动的发展，一些青年提出更激进的社会改革要求，凯沙布不接受，加上他自己破坏梵社约规，印度梵社同样发生分裂。1878年，一批青年退出印度梵社，另建大众梵社，主要领导人是希·夏斯特里，还有阿兰达·摩罕·鲍斯。原印度梵社多数分支归属大众梵社。这样，到70年代就有三个梵社并存，分别是真梵社、印度梵社和大众梵社。

梵社运动60年代起由孟加拉扩展到马德拉斯和孟买。马德拉斯成立了吠陀社，后与印度梵社在该地的分支合并。印度梵社分裂后，它转到大众梵社一边。孟买在1867年成立了祈祷社。它在组织上不属于梵社，但它是在梵社影响下成立的，其改革主张与梵社大致相同。祈祷社是西印度主要的宗教改革组织，在浦那、阿默达巴德、戈哈浦尔等地都设有分支。从广义上说，可以把它的活动包括在梵社运动内。这样，在60~70年代梵社运动最发展时期，它的影响扩及三大管区，成员有数千人，成为具有全国影响的宗教改革团体。

当梵社运动在孟加拉、孟买继续发展的时候，70年代，在旁遮普和北印度又出现了一个新的宗教改革团体——圣社。它是由一位古吉拉特的婆罗门僧人达耶难陀·萨拉斯瓦蒂（1824~1883）于1875年在孟买首先创立的。达耶难陀原名穆尔·森卡尔。他未受过英语教育，他的思想来源更多是印度古代经典而不是西方理性主义，但受后者影响。1877年圣社中心转移到拉合尔。在以后的几年里，他在旁遮普、北印度传播其改革思想和建立组织，使圣社成为旁遮普和北印度最有影响的宗教改革组织，与孟加拉的梵社遥相呼应。圣社在宗教改革的基本主张方面与梵社有很多共同点，但也有不同点。最主要的是圣社强调“回到吠陀去”，也就是以完全肯定吠陀的形式出现。这一则是由于旁遮普被征服的时间较晚，西方思想影响在这里还比较弱，所以改革家能更多地借用自己宗教传统中的某些形式行改革之实；二则也与70年代民族运动的发展形势有关。70年代，在印度，民族主义情绪增长。达耶难陀强调“回到吠陀去”是和印度人民积极要求维护自己的文化传统相一致的。“回到吠陀去”并非主张完全复古，而是把吠陀的思想和时代美化，创造一个想象的理想宗教和社会，作为改革的范式。当然其中不乏吸收西方的理性思想因素，但它们都除去了西方标签，披上了吠陀的古典外衣。完全以西方的思想为模式实行改革，在他看来只会造成一种盲目崇外心理，有损民族自尊心。他提出了“印度是印度人的印度”的口号，把宗教改革和印度政治复兴直接联系起来，以增强民族自豪感，这比梵社更易得到群众拥护。由于圣社的主张是以群众比较熟悉的尊崇吠陀的传统形式出现，也由于它带有较强的民族主义色彩，其成员和拥护者不像梵社主要局限于知识界，在下层群众中有广泛的传播空间。据1891年统计，全国梵社成员有3050人，圣社有40000人。圣社在旁遮普、北印度所做的工作完全可以和梵社的活动相媲美，两者都对印度教的改革做出了卓越贡献。不过，圣社的特点也使它易于走上较狭隘的维护印度教传统的道路。

80年代，孟加拉又出现了一个宗教改革运动的新潮流，那就是以邦基姆·钱德拉·恰特尔吉（1839~1894）为思想家的新毗湿奴运动。邦基姆是著名的作家、激进的民族主义者。这个潮流顺应当时民族运动日益发展的形势，主张宗教改革应在承认印度教传统形式下进行。这种主张与梵社、圣社的改革主张实质相同，形式上却大相径庭，但由于很受群众拥护，在孟加拉很快传播开来。

这一时期改革运动的最后一个流派是以罗摩克里希那·巴罗摩汉萨（1836~1886）的学说为代表的。罗摩克里希那是加尔各答附近一个庙宇的祭司，原名竭达陀尔·恰特尔吉，出生于一个贫穷的婆罗门家庭，没有受过学校教育，他的宗教知识都是从民间学者那里获得的。但他广泛结识各种宗教、各个流派的人士，钻研各种教义，了解其主张，并力图亲身实践，因而眼界比较开阔。达耶难陀 1872~1873 年访问过他，凯沙布 1875 年后和他接触较多。他们一起讨论宗教问题，彼此之间互有影响。罗摩克里希那的学说，在承认印度教传统形式的基础上，糅合各家学说，形成一个折中的体系，实际上为这一阶段的宗教改革做了小结。在他去世后，他的著名弟子维帷卡南达（即辨喜，1863~1902）领导成立了罗摩克里希那教会，传播他的学说并加以发展。①

二　梵社、圣社的改革运动

梵社、圣社改革运动的主要内容可以归纳为以下五个方面。

（一）用理性原则检验和确立宗教权威

旧的神学体系不仅以吠陀、《奥义书》为经典，而且也把《往世书》当作经典，用来作为多神论、偶像崇拜、烦琐的宗教仪式和清规戒律的理论根据。他们说，吠陀、《奥义书》和《往世书》都是神的启示，必须绝对服从。改革派要实行改革，首先就要敢于触动这种对宗教权威的传统解释。梵社、圣社改革家把理性原则引进宗教，用它作为最高标准来检验传统的宗教权威，符合理性原则的就承认是经典，否则就摒弃。根据这个原则，罗姆·摩罕·罗易提出只有吠陀、《奥义书》是神启，是经典，是宗教权

① 关于辨喜，请参阅黄心川《印度近代哲学家辨喜研究》，中国社会科学出版社，1979。

威，而宣扬多神的《往世书》系后人杜撰，绝不能作为宗教权威。至于其他典籍，他说凡符合吠陀思想的就是正确的，不符合的就是错误的。显然，吠陀这时就是他的理性原则的化身。但是吠陀的内容本身不见得都符合他的理性原则，如果限于字面上盲目尊崇，仍会造成鱼龙混杂局面。于是他又前进一步，提出对吠陀的启示也要做分析，有些话是以隐喻形式讲的，不应作为权威。例如，他在《由谁奥义书·序》中写道："我希望，它也能有助于分辨出吠陀中那些从隐喻意义上说明的部分，从而纠正那不仅剥夺了印度教徒共同的社会幸福而且导致他们常常毁灭自己或牺牲他们的亲友的生命的反常的实践。"① 可见，理性批判原则在罗易那里已开始适用于吠陀这个宗教权威本身。这一行动是非常勇敢而且有深远影响的。罗易虽然仍把吠陀作为他改革的理论依据，但他对吠陀的解释实际上是灵活地拿吠陀为他自己的改革主张服务。

德宾德拉纳特·泰戈尔在成了梵社领导人后，在对宗教权威的新解释上比罗易又前进了一步。1850年他公开宣布：不存在任何神的启示，吠陀也不是神的启示，把吠陀的内容说成字字句句都正确是错误的。他放弃把吠陀整个地作为宗教权威，而是从《奥义书》等经典中选取一部分，编成选集，作为经典。这就表明最高权威的地位在形式上也已让位给理性原则，因为这部选集尽管内容上仍来自那些经典，但选取什么完全由编辑者决定。换言之，这时理性原则的体现者已不是吠陀，而是这个经典选集了。

凯沙布·钱德拉·森走得更远。他倾向于普遍主义，即建立一个世界宗教。因而，60年代后期，他从世界各主要宗教经典中选取部分，编成世界宗教经典选集，代替德宾德拉纳特·泰戈尔编辑的印度教经典选集，作为宗教权威。这样，印度经典权威的地位在他那里进一步下降到只是新宗教权威的一个构成部分。

圣社出现后，从形式上看发生了倒转：达耶难陀提出"回到吠陀去"，重新恢复了吠陀不容动摇的宗教权威地位，但是，透过他对吠陀的解释可以看到，在实质上，他仍然是把理性原则作为权威，只不过都把它说成是吠陀的启示而已。例如，他说现代各种思想原则，如自由、平等、博爱从

① 《罗姆·摩罕·罗易著作集》，第35页。

吠陀中都能找到启示。[①] 这意味着他虽然全盘肯定吠陀，但对它的解释却带有自己鲜明的倾向性，甚至是主观随意性。恢复吠陀的权威地位只是他确立理性原则的一种特殊形式而已。和凯沙布不同，他反对离开印度教基地。

总之，无论在梵社还是圣社那里，宗教权威都受到理性的检验，符合理性的才被承认。这个理性就是资产阶级理性，即资产阶级自由、平等、博爱、统一观念。这样做在当时反映了印度发展资本主义的客观要求。

（二）用一神论代替多神论

梵社、圣社改革的中心内容是用一神论代替多神论。多神论的主要权威依据是吠陀的自然神论和《往世书》，所以多神论的印度教又被称为“往世书的印度教”。改革家提出一神论的依据是吠陀和《奥义书》。他们说，吠陀和《奥义书》清楚地指出，神只有一个，是永恒，是最高存在，是世界的创造者，它是不变的、无名状的、非人格性的，也是不可理解的。吠陀中提到的许多神都是一神的不同名字，至于后来流行的大大小小的神和女神都是虚构的。这样，他们不但把众神简化为一神，而且这个神被解释为和“往世书的印度教”的人格性实体的诸神根本不同，只是一种理性的对象，一种理性的实体。一神论思想之所以是梵社、圣社改革运动的中心，是因为他们的改革主张几乎所有方面都是从这里引出或与此密切相关的。例如，宗教经典权威的取舍主要取决于它是包含一神论思想还是多神论思想；从神的无可名状性导致否定偶像崇拜，而神的非人格性则是反对一切奉献和祭祀仪式的根据。多神论的印度教教派繁多，各敬各的神，各有各的解释，使印度教实际陷入分裂状态。一神论思想鲜明地反映出实现印度教集中统一的要求，而这正是诞生中的资产阶级新兴力量要求民族统一的曲折反映。此外，一神论既然把复杂的神的等级制一扫而光，也就间接反映出要求消除人的封建等级制，实现资产阶级平等思想的愿望，这也是发展资本主义的客观要求。

（三）用内心崇拜代替烦琐的仪式

传统的印度教虽然规定了多种多样的崇拜神的方式，但都离不开执行

---

① J. N. 法奎哈尔：《近代印度宗教运动》，第 313 页。

烦琐的宗教仪式，而且所有这些仪式都必须由婆罗门主持。婆罗门作为沟通人与神之间的中介，垄断了解释神意的特权。梵社和圣社改革家既反对复杂的外部仪式，又反对婆罗门的居间作用。他们提出，每个人都能直接亲证神，亲证神主要靠内心信仰和正确的行为。例如，罗易说：吠檀多清楚表明，“真正亲证神完全可以不必遵循法典给印度教各阶级规定的规则仪式而达到，同样在吠陀中有很多例子说明，有些并不重视执行宗教仪式的人，通过克制自己的感情、感觉，通过默思世界的主宰——神，也获得了关于神的真知”。① 梵社庙堂开放后，每个人都可以在里面敬神，但不是执行仪式和崇拜偶像，而是内心崇拜和默思。之后梵社虽形成集体礼拜制度，但仍以内心祈祷为主。真梵社明确规定，神的崇拜只应以精神的方式进行，禁欲主义、建筑庙宇以及实行各种固定的崇拜形式都是不必要的，所有种姓和种族的人都能一样地崇拜神。② 大众梵社规定，从内心敬爱神，在生活的各方面按神的意志行动就是最好的崇拜。③ 圣社虽采用了个别吠陀时期的敬神仪式如火祭，但强调人人可以直接敬神，最主要的敬神方式是宣传吠陀思想，按吠陀的教导行动。取消烦琐的仪式，取消婆罗门的居间作用，把敬神变成人人可以直接做的事，这就意味着，第一，把宗教信仰由偏重外部形式改变为偏重内部信仰，反映了正在诞生的资产阶级渴望有一个简化、廉价而实用的宗教为自己服务；第二，反对少数人的封建特权，把通向神的大门向所有人打开，这就把资产阶级的平等观念引入宗教。

（四）主张积极行动，反对弃世遁世

按照传统的印度教达摩观念，人若想最终实现精神解脱，摆脱轮回转世，就应按自己的达摩的要求，按照印度教的教规去作业，这被说成是人的正确行为的标准。改革家们不同意这种说法。他们虽不反对达摩观念，但对如何按达摩要求行动，什么是人的正确行为的标准，提出了不同的解释。罗姆·摩罕·罗易坚决反对传统的作业观念。他指出，这种观念就是让人盲目地执行“印度教教规制定者们所规定的宗教仪式和各种戒规，而

---

① 《罗姆·摩罕·罗易著作集》，第 117 页。

② J. N. 法奎哈尔：《近代印度宗教运动》，第 71 页。

③ J. N. 法奎哈尔：《近代印度宗教运动》，第 72 页。

这些规定常常是和公认的道德义务的信条相违背的”。[①] 他这里讲的不仅包括印度教的各种残酷的、压迫人的社会习俗，而且包括禁欲主义，尤其是弃世遁世学说。他不相信这些，也不相信来生转世的说法。他提出，人生的最高目的是通过内心崇拜和自我克制而证悟神，达到与神冥合。真正崇敬神就要在现今世界上积极行动，为社会服务，而在行动时必须使自己的社会行为符合道德。罗易这个观点一直被梵社共同遵循。梵社报刊曾发表以“A”署名（即阿克沙·库马尔·达多）的社论，完全拒绝传统的禁欲主义实践，特别是再生者要经历的林栖期、苦修期阶段，认为这是同真正崇敬神不相容的。社论强调要在现实世界上积极发挥作用，用实际行动来崇敬神。达耶难陀的主张从形式上看与梵社不同，实质却一样。他相信再生和作业，但对作业的解释是行动、为社会服务、献身精神。他也完全拒绝弃世修行说。重新解释人的正确行为标准，表明改革家们力求把反映未来资产阶级要求的新的行动原则树立为人们的行为规范。强调在现实世界上行动，强调为社会服务，都反映了诞生中的资产阶级渴望改变社会现状的务实要求。

（五）新的道德伦理观念的提出和社会改革

把种姓压迫和一系列残酷的歧视妇女的社会习俗神圣化、固定化，这是传统印度教腐败最集中的表现，一切进步的印度教徒无不对此感到耻辱。改革家们从资产阶级自由、平等思想出发，把资产阶级道德伦理观念引入宗教，作为倡导和实行社会改革的依据。罗易就提出，人要有社会行为的道德感，对人要有同情心，要像对待自己那样对待别人。他认为这应当成为印度教道德伦理的新准则。圣社也明确地把实行新的道德伦理标准列入该社宗旨之中。1877 年拉合尔圣社的章程规定，该社首要目的是“造福人类，即改善所有人的物质、精神和社会条件”，“所有行动都应该符合德行”，“所有人都应该得到爱和正义”，“任何人都不应当只满足于个人的幸福，个人的幸福包含在所有人的幸福之中”。[②] 这些规定把资产阶级标榜的道德伦理原则直接变成了宗教信条。

---

① 《罗姆·摩罕·罗易著作集》，第 117 页。

② 底万·昌德：《圣社》，拉合尔，1942，第 49~50 页。

从罗易起，所有梵社、圣社改革家就是手持这个武器，向一切残酷的陈腐的社会习俗猛烈开火的。

妇女受压迫，这是第一个使人触目惊心的现实。童婚、禁止寡妇改嫁、萨蒂、多妻制等像一副副沉重的枷锁压得人窒息。改革家们首先从这里突破。1829 年，由于罗易及其最早的一批追随者的努力，殖民当局禁止萨蒂。这以后，梵社开展积极宣传，反对童婚及对寡妇改嫁的限制，同时举办女子教育，提倡妇女参加社会活动。罗易办女校的打算未获成功。凯沙布的印度梵社创办了一些女校，并允许妇女加入梵社，成立了一些女社员团体。大众梵社更前进一步，打破限制，允许男女社员一起活动，共同担负梵社的工作。在西印度，祈祷社也为改善妇女地位做了大量工作，如建立“寡妇再嫁协会”、成立“寡妇之家”等。圣社同样允许男女社员一起参加宗教活动，并专门开办了一些女校。梵社、祈祷社、圣社成员在婚姻问题上身体力行，带头打破印度教陈规。这样，在这些改革派那里，妇女地位便首先得到提高，这对印度教社会改善妇女地位起了示范作用，对广大妇女产生了强烈吸引力。1872 年，由于凯沙布及梵社成员的努力，殖民当局颁布国民婚姻法，肯定寡妇有改嫁权利并禁止童婚和多妻制。

种姓歧视是另一个臭名昭著的社会弊端，是改革家们力图冲破的另一禁区。在这个领域阻力更大，这不仅是因为种姓制已经成了印度教社会结构的根基，影响着社会生活的各个方面，而且因为改革家们多出身高级种姓，旧的习惯势力在他们自己身上多少还是有影响的。罗易是反对种姓限制的，但他自己在社会交往、生活起居方面，仍严格遵循婆罗门种姓的各种规定。他去英国还自带厨师。一直到逝世时他仍佩戴只有高级种姓才能佩戴的圣带。他的早期的梵社同事们也是这样，做礼拜诵读吠陀时，非婆罗门不准入室。凯沙布的印度梵社对种姓制度的批判前进了一步，坚持要求所有成员都应公开地、明白无误地宣布反对种姓歧视。他们不再佩戴圣带，并积极促进不同种姓间的交往，包括通婚。大众梵社还吸收许多不是出身高级种姓的知识分子参加梵社工作。但他们都没有接触到不可接触制的问题。只有圣社创始人达耶难陀开始接触这个问题。他宣布，按出身划分种姓不符合吠陀思想，吠陀也根本没有讲到不可接触制的存在。他谴责对低种姓尤其是不可接触者的虐待，宣布所有人都有研究吠陀的权利。圣社在低级种姓中广泛发展成员，结果使它成为宗教改革团体中人数最多的一个。梵社、圣社对种姓制度的猛烈抨击对印度教社会起了很大的震动作用。

革除社会陋习是印度教改革的一个构成部分，直接关系到广大下层群众的地位，因而比教义方面的任何改革都具有更直接的现实意义。这方面的改革得到群众拥护，使梵社尤其是圣社有一定群众基础，这是它们的改革事业能够有所前进的基本原因。

梵社、圣社的改革运动并不是一帆风顺的，在前进的道路上遇到严重阻力。印度教封建正统势力，其中包括某些有影响的婆罗门学者、有势力的地主，一开始就视改革派为异端，用攻击、诬蔑、开除种姓、实行社会排斥等手段，对改革派施加压力，甚至雇佣流氓打手，借故寻衅，使一些著名改革家人身安全受到严重威胁。孟加拉封建势力 1830 年建立了“法会”，为正统印度教辩护。正统势力还一再纠集力量，制造舆论，企图靠人多势众压倒改革派。如达耶难陀在北印度各地和加尔各答访问时，时常接到挑战书，名为“邀请”辩论，实则组织围攻。有一次在康浦尔，接到“邀请”和一位婆罗门学者公开辩论，题目是“偶像崇拜和吠陀”。辩论中达耶难陀占了优势，但会议主持人却宣布达耶难陀的论点已被驳得体无完肤，然后就是领头欢呼正统派胜利。这种自欺欺人的做法使听众感到厌恶，连那位被宣布为“胜利者”的学者都感到没趣。事后他在正统派报纸上发表文章，哀叹“许多婆罗门、刹帝利和吠舍种姓的人追随达耶难陀，放弃了自己家庭的信仰”，并呼吁这些人不要“把神像抛到河里”，要把它们送进庙宇，还说“如果没有时间可以通知我们，由我们安排人搬动”。[①] 这就完全戳穿了他们获得了胜利的谎言。事实上，只要进行这种辩论，改革派总是占上风，每辩论一次，改革派的影响就扩大一些。所以，在多次受挫后，正统派也就再不敢使用这个方法了。然而，他们可以使用的方法还很多，广大群众继续处在他们的思想影响下，改革运动每前进一步都遇到很大困难。

除了封建正统势力的阻挠外，还有来自运动内部的干扰，那就是以凯沙布·钱德拉·森为代表的非印度教化倾向。殖民当局是赞成这种倾向的。这引起广大群众的反感。宗教改革的直接动因是在基督教进攻面前捍卫和

① 底万·昌德：《圣社》，第 19~20 页。

振兴印度教，因而任何改革都不能离开印度教的基地。从罗易开始，改革家们都强调要维护印度教、革新印度教，对基督教传教士的恶意攻击都给予坚决的驳斥。不过，既然他们自己也是以西方资产阶级理性原则作为革新印度教的武器，所以对经过改革的基督教并不抱敌意。相反，认为其教义有许多可取之处。罗易就不止一次赞扬基督教伦理思想。1817 年，他在给友人的信中写道："我发现基督学说比任何我知道的学说都更富有道德原理，更适合运用于理性事物。"① 后来，他又说："真正的基督教比任何已知的别的宗教学说都更有助于促进一个民族的道德的、社会的和政治的进步。"② 罗易的宗教思想具有兼容并蓄的特点，但是基点还是放在印度教上。当遇到基督教传教士贬损印度教时，他总是站在改革的立场上据理反驳。例如，他指出印度教的弊端是应该革除的，但同样的弊端在正统基督教那里不也是俯拾皆是吗？他不赞成维护正统印度教形式，但也决不希望引入基督教的教义教规，反对把印度教改革引向模仿基督教的道路。宗教改革是一个如何对待民族传统的问题，它涉及亿万群众，弃旧更新固然需要，但如果完全抛开原来的内容和民族形式而采纳外国宗教的内容和形式，这种改革群众是不能接受的，而改革运动成败的关键取决于群众的态度。罗易、德宾德拉纳特·泰戈尔等对此都很谨慎，所以虽然主张大刀阔斧地进行改革，但始终注意不脱离印度教基本阵地。他们一再声明，不是要另建宗教，而是要使印度教革新。德宾德拉纳特·泰戈尔还总是把梵社称为印度教梵社。然而，凯沙布·钱德拉·森却不理会这点。他在社会改革上的较激进态度得到群众拥护这一事实使他误认为在宗教内容和形式的改革上也是越"激进"越好。他把基督教的特点吸收到梵社中，如承认基督"是最伟大的先知"，号召学习他的品德，后来还承认基督是"神人"，承认圣父、圣子、圣灵三位一体，原罪与忏悔说以及崇拜十字架的意义。他的好友比·马宗达公开说，就民族和社会意义而言，"我们是印度教徒，但在神学思想、伦理和社会实践上，我们梵社成员不是印度教徒"。③ 这等于公开宣布梵社与印度教无关。殖民当局对梵社运动并不支持，但积极支持凯沙

---

① 《罗姆·摩罕·罗易著作集》，第 107 页。

② 《罗姆·摩罕·罗易著作集》，第 170 页。

③ P. C. 马宗达：《梵社与印度教、基督教的关系》，加尔各答，第 105 页。

布这种倾向。他去英访问受到非同一般的礼遇。英国人把他的活动看作吸引印度教徒转信基督教的跳板。这种亲基督教倾向引起广大群众不满，他的追随者也有不少人表示怀疑。真梵社对他这种倾向提出尖锐批评。然而他没有停步，只是变换了形式：从模仿基督教改为要建立一个世界宗教。1881 年，他宣布所有宗教都是真理，要集这些真理之大成，建立世界宗教。他把这称为“新天命”，说这是神给他的启示，要他来传播这个启示。之所以叫“新天命”，据他说是因为《旧约》全书体现第一个天命，《新约》全书体现第二个天命，而他的世界宗教思想、他编的世界宗教经典选集体现第三个天命，即“新天命”，并说神赋予他的使命相当于基督担负的使命。①可见，他实际上已脱离印度教，另建了一个新的宗教。这个新的宗教尽管还采取了印度教的某些思想如强调虔信、禁欲主义、宗教游行等，但基本面目已和印度教不同。新宗教的标志是印度教的三叉戟、基督教十字架和伊斯兰教新月的结合，基督教的洗礼、圣餐等仪式都被接受，甚至新建的教堂其建筑形式也是印度神庙、天主教教堂和伊斯兰教清真寺三者的融合。这样实践的结果，加上他和基督教的关系越来越密切，使他的组织脱离广大群众而变成被孤立的小宗派。梵社其他组织没有走凯沙布的道路，这就使梵社运动能继续存在下去。但凯沙布的活动仍然使梵社运动蒙受不利影响。圣社强调“回到吠陀去”从某种意义上说也是对凯沙布错误倾向的一种反弹。

三　新毗湿奴派的改革内容

然而，梵社、圣社的改革路线未能继续发展下去。70 年代，孟加拉出现了新毗湿奴运动，它比梵社、圣社更快为群众接受。相形之下，梵社、圣社在群众中的影响逐渐减弱。

新毗湿奴派出现的背景是民族主义情绪日益增长。其主张的特点是基本保留印度教原来形式而给予新的解释，把宗教改革和政治斗争密切结合在一起。最早转到这个倾向上来的是真梵社的一些有较强烈民族主义情绪的成员，首先是拉基拉兰·鲍斯。他受过西方教育，怀着振兴国家的决心

---

① J. N. 法奎哈尔：《近代印度宗教运动》，第 63～64 页。

参加了德宾德拉纳特·泰戈尔领导的梵社，多次和基督教传教士展开辩论，反击他们的进攻。基督教传教士不但攻击传统的印度教，也攻击梵社运动，如说“枯朽的树木开不出好花来”“改革是徒劳的”等，[①] 表明他们不愿看到印度教的改革复兴。拉·鲍斯对这种攻击的回答，是郑重宣布“印度的宗教和文化比欧洲基督教的神学和文化更优越”。[②] 这是梵社成员第一次提出这种说法，和梵社的观点有明显的不同。梵社领导人在同基督教传教士辩论中坚持的观点是：印度教、基督教各有优缺点，印度教不比基督教差。在拉·鲍斯那里变成了印度教更优越。这表明出于民族主义情绪，一种提高印度教地位的新趋向开始萌生。从这时起，拉·鲍斯便主要在梵社之外活动，并把自己的精力用在发掘印度文明的优点、发扬民族传统上。1866年他曾倡议建立一个“促进孟加拉知识界民族感情协会”，得到泰戈尔家族一些活动家和梵社活动家拉·米拉特的赞同，虽未能实现，但他们共同发起，从1867年起在孟加拉举行一年一度的“印度教集会”。振兴宗教问题的讨论是这个集会的内容广泛的活动的一部分。值得注意的是这个活动梵社成员和非梵社成员都参加了，表明振兴印度教已成为他们共同关心的问题。正是在这种气氛推动下，一些改革家希望找到一种更易于为人们接受的改革办法，亦即尽量少触动传统宗教形式的改革办法。这种思潮不久就在邦基姆·钱德拉·恰特尔吉的学说中形成一套体系，也就是新毗湿奴派学说。在孟加拉，流行的印度教派是毗湿奴派和霞克提派。邦基姆出身于婆罗门种姓，在宗教上属毗湿奴派。他主张印度教实行改革，但不赞成梵社的改革主张，对凯沙布的世界宗教思想更是反对。他说，真正的宗教改革必须导源于印度教传统内部，西方的宗教哲学思想只能作为帮助重新发现印度教的价值和理想的工具。他的思想主要来源于《薄伽梵歌》等典籍，较少来自吠檀多。他的学说综合了毗湿奴派和霞克提派的教义，也吸收了西方的平等、博爱思想以及梵社的一些观点。他不赞成一神论，主张崇拜有形体有特性的诸神，如毗湿奴、迦里女神、克里希那等，认为只有这样具体的神才可以成为人的榜样，而梵社主张的无形体的一神不可捉摸。不过对僧侣婆罗门以达摩名义规定的清规戒律和烦琐的宗教仪式他也是反对

① 比·帕尔：《回忆录》第1卷，加尔各答，1907，第229页。

② 比·帕尔：《回忆录》第1卷，第229页。

的。邦基姆重新解释了毗湿奴派教义，其主要特点是把民族主义思想引进宗教，把宗教看成一个伦理体系和生活准则。他说："我并不认为信一神或多神、信仰未来存在或任何其他不可能证明的东西就是宗教。但是，当这样的信仰或任何别的信仰提供了一个人们对待自己和对待别人的行动基础时……它就是宗教……这样的宗教在理论上是生活哲学，在实践上是生活准则。"① 他提出，构成毗湿奴派的宗教信仰的基础是爱，爱又有不同梯级，标志着人逐步走向完善的过程。首先是爱自己，然后是爱家庭，爱祖国，爱人类。爱的真正含义是使自己、家庭、祖国、人类摆脱弊端和邪恶。爱有多种形式，包括必要时使用暴力来对付邪恶。他还认为，这"四爱"是一个由浅入深、由低级而高级的过程。爱家庭的意义大于自爱，爱祖国的意义又大于爱家庭，"由于爱人类和虔敬神是同义语，所以可以说，除了虔敬神以外，爱祖国就成了所有人的最重要的义务"。② 这样，他用宗教改革为民族斗争服务的目的性就跃然纸上。为了实现爱祖国和虔敬神的目标，他强烈反对弃世遁世的禁欲主义观念，主张充分发挥人的能力。他对人的正确行为标准也做了新的解释，说正确行为就是爱神的行动，表现为爱自己的同胞、爱自己的祖国，并说这就是作业的真正含义。这里，他对被罗易摒弃了的作业观念予以肯定，但和传统的解释已迥然不同。他强调为社会服务而不是搞形式主义，执行各种烦琐仪式，充分发挥人的创造能力而不是弃世遁世。邦基姆的宗教学说具有很强的政治性还表现在，在他那里，各种神都被赋予政治意义。把女神称为"母亲—女神"，并视作印度的象征就是从他开始的。他还以不同的女神作为印度历史发展不同阶段的象征，如把迦里女神作为印度民族受难的象征和变革的力量源泉，把多尔迦视为未来建立在爱人类基础上的复兴的民族的象征。此外，他把克里希那树为勇敢无畏、大公无私、热心为社会服务等品格的完善的典型，号召所有人都向他学习。孟加拉后来的小资产阶级革命派领导人比·帕尔就曾说：邦基姆"令人惊奇地赋予各种古老的神祇以新的含义，把新的民族主义信息带到这个国家的广大群众中。"③ 这样，毗湿奴派教义在邦基姆那里从内容

---

① R. 鲍默尔：《孟加拉历史和社会的某些侧面》，夏威夷，1975，第 93 页。

② R. 鲍默尔：《孟加拉历史和社会的某些侧面》，第 93 页。

③ 比·帕尔：《印度民族主义精神》，伦敦，1910，第 40 页。

到形式都被做了重新解释。这种解释既符合印度人民日益增长的民族主义要求，又比较能适应群众长期形成的观念，所以它比梵社、圣社更易为群众了解和接受。以邦基姆学说为代表的新的改革思潮的出现，把启蒙运动的目标之一即提高民族主义觉悟提到首位，在这方面做了大量工作。然而，这一新思潮既然赞成保留旧形式，就把梵社、圣社摒弃和革除的弊端大量保存下来，社会改革也被降为次要任务。这样，启蒙运动的另一个重要目标，也就是梵社较为强调的目标——传播资产阶级民主思想，反对封建观念就受到削弱。这些都对印度教改革运动的深入发展造成障碍。

四　罗摩克里希那的学说

当同一个宗教改革运动出现了在一些方面互相对立的不同潮流时，下一步该怎么走，应该以什么形式为主流，就成了迫切需要解决的问题。19世纪70~80年代孟加拉宗教改革家罗摩克里希那提出的新学说客观上就是要解决这个问题。

到70年代，梵社、圣社、新毗湿奴运动加在一起也只是影响部分城市地区。即便这部分地区，宗教传统势力也还有很大影响，在其他地区特别是广大农村则传统观念依然占统治地位。罗摩克里希那本人旧的宗教观念就很深，但他受各种宗教以及印度教改革运动各流派的影响也比较大。他认为，根据印度的情况，宗教改革的道路只可能是把新思想和旧传统尽可能衔接起来、一致起来，寓新思想于传统形式中。在这点上，他和邦基姆的主张是一致的。但邦基姆对梵社、圣社改革内容的许多方面持否定态度，并没有很好地解决新旧协调问题；他的学说政治色彩过浓，也很难说是一种神学体系。罗摩克里希那给自己提出的任务是从宗教学说上来妥善解决新旧结合问题。他以印度教原来的神学思想为基础，综合、调和各改革派学说，构建了一个印度教学说的新体系，其中不但有各改革派的观点，也包括正统派的观点，他认为所有这些观点都可以统一起来。

具体说，他以吠檀多思想作为权威，也承认所有其他典籍的经典价值，认为它们其实是一致的；他承认多神论，也承认一神论，认为众神是一神的不同名称；他承认印度教所有派别，采取分阶段的办法按上升线把它们分别排列在不同阶段里，作为崇拜一神的不同道路和不同形式；他承认各种教义和宗教仪式，同样把它们说成亲证一神的不同阶段，认为每个阶段对处于相应发展阶段的人来说都是适合的，偶像崇拜、奉献、祭祀等属低级阶段，精神、心灵的崇拜代表高级阶段，总的趋势是由低级向高级发展，目的是发展人固有的精神性；他也主张广泛开展社会服务活动，作为精神生活训练的一部分。总之，在他那里，神是一也是多，有形也无形，是普遍也是具体；在他那里，各教派的教义都是真理，都是追求真理的基石。这样，他就最大限度地把各种改革派别的学说归纳在一起，并把它与正统派学说调和起来。他还用同样的原则对待其他宗教，说所有宗教都是真理，所有宗教的神都是一神的不同名称，要求各宗教的信徒都不要改变信仰，而要履行各宗教规定的义务，从不同道路通向一神。这也是他在基督教进攻面前保卫印度教的一种手段。关于人的行为准则，罗摩克里希那的解释吸收了改革派的观点。他认为，宗教的使命是推进人类实现“普遍的爱”，因而不管是哪个教派，作为教徒，都要以“为人类服务”“为社会服务”作为最高职责。这种解释和正统派的观点已经有了明显的不同。

罗摩克里希那的学说就这样在客观上为19世纪20年代以来的宗教改革做了小结。它实际上提出了一条继续进行改革的道路，那就是使印度教在传统的内容与形式的基础上，吸收改革派的主张，自我改变，以适应变化了的环境的需要。这里有两个要点：第一，宗教改革派提出的和已经进行的改革内容要吸收而不是否定，吸收的办法是调和；第二，不是由任何一个改革派别取代传统印度教，而是传统印度教“吞下”各种改革派别，自我变换内容。

五 改革的成果

表面看来，似乎罗摩克里希那的学说完全是复旧，因为梵社、圣社所反对的各点都恢复了。实则不然。既然印度教的众神被归结为一神，既然偶像崇拜、宗教仪式被降为亲证神的初级形式，内心崇拜、精神完善被认为是高级形式，那就意味着，在复旧外表下，改革运动的成果实际上被肯定下来。罗摩克里希那希望这样能把最广大的还受正统派影响的群众带到宗教改革道路上来，使正统派也能逐步接受改革，从而使印度教能真正得到复兴。

当然，罗摩克里希那的这种“总结”是一种妥协办法。事实上，它意味着梵社、圣社改革路线的终结。尽管它们组织上还存在，还在继续活动，但再没有大的发展余地。此后，印度教改革运动不再沿梵社、圣社的路线进行，而是沿邦基姆、罗摩克里希那的路线进行，就内容说，主要是利用宗教宣传民族主义思想，号召群众参加资产阶级民族运动。教义教规方面的改革就比较少了。社会改革运动例外，它一直在发展，成了离开宗教改革而独立发展的运动。19 世纪末这一改革路线的代表人物是维帷卡南达，他作为罗摩克里希那的弟子，积极传播老师的思想，宣传“行动的吠檀多”哲学，号召振兴印度教，发扬民族传统，鼓舞人民的爱国热忱，还号召以宗教虔诚态度为广大下层群众谋利益。

印度教改革运动最后归结到罗摩克里希那路线上来，并以妥协告终，原因有二。

图 5-1 维帷卡南达

第一，由罗易开始的改革运动急剧地脱离了印度教传统，面对封建宗教正统势力的抗阻，改革在城市里得到一定发展后，便很难再发展下去。印度教正统观念是一种封建意识形态，是封建剥削制度在观念上的反映。没有经济领域的激烈变革，要想求得广大群众宗教观念的彻底更新是不可能的。改革家们在做出很大努力后不能不看到这个事实，原来持激进改革观点的不得不承认有后退一步的必要。

第二，受民族矛盾发展的影响。宗教改革要求充分暴露印度教的腐败面，使群众认识到改革的必要。但随着民族矛盾的发展，民族主义者要利用宗教增强印度人的团结，增强民族自信心与自豪感，不愿在殖民压迫下去揭露自身的矛盾，相反，要努力去发掘自身的潜力和优势。这使得教义教规的改革很难再继续下去。

印度教改革运动作为资产阶级启蒙运动的一个方面，结束于 80 年代罗摩克里希那学说的出现。

这一时期的宗教改革运动是有重要成果的。

第一，它推动印度教向集中统一和资产阶级化的目标迈进了一大步。

印度教原来完全是封建意识形态的一部分，由于这段改革，它已部分地具有了资产阶级意识形态的性质，在改革派手里，成了传播资产阶级思想的工具。当然，这个转变就整个印度教来说还只是开始，来自封建势力方面的抵抗还是相当强烈的。

第二，通过倡导和实行社会改革，资产阶级平等博爱观念开始在群众中传播开来，长期以来被视为神圣不可侵犯的封建等级制和各种清规戒律受到严重挑战。这是在社会思想领域里第一次对封建主义的猛烈冲击，对促进人们的思想解放起了重要作用。传播资产阶级思想，使印度社会摆脱封建桎梏，这正是印度发展资本主义的客观要求。

第三，宗教改革对启发印度人民的民族觉悟起了重要作用。捍卫和振兴印度教的要求本身就带有民族主义因素。梵社、圣社改革家对基督教传教士进行的回击，圣社改革家提出的“印度是印度人的印度”的政治口号，邦基姆把爱祖国列为首要宗教义务，这一切都激发了印度人民的爱国感情。宗教改革运动和这一时期资产阶级政治运动相辅相成，为民族运动进一步发展做了思想准备。

第四，宗教改革运动还为后来的民族运动提供了一批领导人和骨干。例如，1876 年孟加拉建立的印度协会领导人阿兰达·摩罕·鲍斯、1905～1908 年印度民族运动高潮中孟加拉激进派领导人比·帕尔，就是大众梵社成员。旁遮普激进派领导人拉其帕特·拉伊是圣社领导人。在孟加拉和旁遮普，梵社和圣社的大批成员都参加了政治运动，成了骨干，以至殖民当局常常把这些改革组织（尤其是圣社）和政治团体看作一回事，把其成员看作“危险分子”。新毗湿奴运动领导人和骨干，后来有许多成为秘密革命组织的成员。宗教改革运动成为培养民族运动领导人的学校，仅此一端，就鲜明地表现了它作为资产阶级启蒙运动所起的重要作用。

第六章

资产阶级民族改良运动的开始

在发起印度教改革运动的同时，代表未来资产阶级利益的新兴力量也直接提出政治改革的主张，开始进行以争取局部改良为目标的政治运动。从罗易19世纪20年代提出最早的改革要求起，到50年代，这是运动的起步时期。这一时期的活动，也同样带有启蒙活动性质，不过是以提出政治要求的方式进行的。运动取得一定进展，一批地区性民族主义政治组织的出现就是其标志。

19世纪30~50年代，随着印度内外贸易的扩展，一些为英商做代理商的印度大商人，在经营方式上学习西方，办起了一批近代商业公司。他们既做英商代理商，又经营自己独立的贸易，有些人还开始投资办工商业。如孟加拉泰戈尔家族在加尔各答建立了第一家近代商业公司；购买轮船，尝试办航运公司；投资办火柴厂，开采煤矿。但他们自己的工商业活动经受不住英商竞争，多遭挫折。马德拉斯50年代也出现了印度商人自己开办的大商业公司。在孟买，这类公司进一步增加，不少商人开始考虑兴办近代大工厂的计划。占有土地的商人地主越来越把农业和市场联系在一起，有些人还办起了小型原料加工厂，以适应出口需要。但英商操纵市场，压价收购，使他们的利益受到损害。当局不断提高地税，影响他们的积累，也造成他们的不满。这种日益增强的要求发展民族工商业的力量为改良运动的开展提供了社会基础。30~50年代，资产阶级知识分子队伍扩大。印度学院、爱尔芬斯顿学院已成为培养民族资产阶级知识分子的摇篮。公立的近代学院的建立使西方教育迅速扩展。这类学校的毕业生并没有像马考莱所期望的那样，成为洋奴，许多人投身改良运动，期望国家振兴。资产阶级知识分子队伍的扩大为改良运动的开展提供了领导和骨干力量。

一　青年孟加拉派的活动

19世纪30~50年代，无论在宗教改革方面还是在资产阶级政治活动方面，孟加拉都走在前面。这是因为这里最早被英国统治，最早发生剧烈的社会经济变化，最早接受西方思想影响，最早出现了资产阶级知识分子。

罗易的改良活动起了点燃火炬的作用。从20年代起，在孟加拉政治舞台上出现了青年孟加拉派。这个称呼不是指一个具体的政治组织，而是指印度学院毕业的一批具有进步思想的青年知识分子，他们志同道合，决心为印度的振兴做出努力。

在青年孟加拉派形成上起了重要作用的是亨利·维维恩·狄洛吉奥（1809~1831）。他是印度民族主义运动另一位先驱，和罗易大致生活于同一时期，只可惜英年早逝，未及充分发挥自己的才能。狄洛吉奥是混血儿，母亲是印度人，父亲是葡萄牙人，在加尔各答经商。这种出身使他在社会上受到歧视。英国人以他有印度血统而鄙视他，印度教社会则不承认他这个混血儿的地位。但他自认印度是祖国，自己是印度的儿子。他从小受西方教育，成年后曾到过恒河流域一带，对人民生活的艰辛困苦有所了解，后在加尔各答办报。他深感英国民族压迫和印度教正统观念的愚昧落后是印度不幸的根源。罗易的改革活动对他有很大影响，促使他产生强烈的变革现状的想法。1828年他被印度学院聘为教员，教授英国文学和历史。在和学生的接触中他大力介绍西方资产阶级哲学思想、社会政治思想和自然科学的成就，批判印度教各种陈腐愚昧的观点和习俗，并对神的存在提出怀疑。他说："对于这样一个重要问题（指神是否存在），我们只能附和一种看法，而对于和它相违反的一切都充耳不闻，这难道符合对真理的开明见解吗?"又说：当科学研究有最广泛的认识之后，我们必须承认"谦虚是最高的智慧"。[①] 在政治上，他羡慕法国大革命，羡慕英国资产阶级激进主义。除了在课堂上宣传爱国主义思想外，他还写了很多诗篇，表达对祖国

---

① 巴莱特雷·皮尔特编《亨利·狄洛吉奥诗文集》，牛津，1923，第17页。

蒙受苦难的痛苦心情和对未来美好远景的向往。他在 1827 年发表的题为《献给印度——我的祖国》的诗中写道："啊！我的祖国，在您光荣的往昔，华美的容光萦绕您的额头，您受人尊崇，俨如神祇。如今，光荣何去，尊严又在哪里？您的鹰翅最终被锁住，您此刻是俯伏在尘埃里。诗人为您没有花环可织，唯有诉说哀伤的经历。啊，让我潜入时间的深底，从流逝的岁月，搜回人们不能看到的那失去的伟大的残片，让我的劳动成为对您——我沦落的祖国的美好祝愿。"① 在另一首诗里，他热情地向青年们发出召唤，要他们自己起来掌舵，把"国家命运之船"驶向"将要消灭黑暗"的彼岸，"使现今还是理想的东西变成现实"。②

狄洛吉奥在宗教问题上的激进观点以及他炽烈的爱国主义情感吸引了一批学生。他们组织了学院协会，创办了刊物，在狄洛吉奥指导下，经常就"自由意志、命运、信仰、真理的神圣性、发扬美德和克服弊端、爱国主义的高尚、神的特征、神是否存在、偶像崇拜的虚伪和祭司的可耻作用"等问题进行讨论。③ 他们还努力研究欧洲国家的近代史和哲学，探讨西方先进思想。1830 年法国七月革命爆发，他们欢欣鼓舞，12 月 10 日在加尔各答举行庆祝集会，有 200 人参加。这一天他们还把法国革命的三色旗插到一个建筑物上。狄洛吉奥的学生卡西·普拉沙德·高士满怀激情地写诗歌颂七月革命。这一切使殖民当局深感不安。1831 年，印度学院屈从殖民统治当局的压力，以宣传无神论、煽动不满为由，将狄洛吉奥解聘，学院协会也被解散。不久，狄洛吉奥染上时疫，不幸去世，年仅 21 岁。

狄洛吉奥在早期印度民族解放运动史上占有重要地位，这不仅因为他是第一个激进的思想家，还因为他直接教育培养出一批青年学生，他们受罗易和他的双重影响，成为孟加拉第一批资产阶级改良活动家。狄洛吉奥的思想比罗易激进，这与他的特殊社会地位有关。他的学生因为出身、地位不同，并没有完全接受他的观点，但受了他的影响，都立志要为印度的复兴贡献力量。狄洛吉奥和他的这批学生被泛称为青年孟加拉派。其著名人物包括泰罗昌德·恰克罗瓦提、卡西·普拉沙德·高士、罗斯克·克里

---

① 巴莱特雷·皮尔特编《亨利·狄洛吉奥诗文集》，第 2~3 页。

② 巴莱特雷·皮尔特编《亨利·狄洛吉奥诗文集》，第 3 页。

③ B. 普拉沙德：《奴役与自由》第 1 卷，新德里，1979，第 234 页。

希那·摩利克、罗姆·戈帕尔·高士、哈里斯·钱德拉·穆克吉等。

青年孟加拉派在宗教改革问题上最初持激进态度，后发现行不通，大部分人便接受了罗易的观点，参加了梵社。但他们没有把主要精力用于宗教改革，而是对政治改革倾注了更大热情。他们首先成立了许多文化思想团体，如罗姆·戈帕尔·高士创办了文学社，泰罗昌德·恰克罗瓦提等人成立了求知社。这些团体除探索西方思想文化外，还讨论印度的经济、政治问题。他们还创办报刊，如《探求者》《求知》《孟加拉观察家》《印度爱国者》等，大力宣传政治改革主张。40 年代，他们开始公开批评英国殖民当局的经济政策和政治制度，如揭露东印度公司地税的苛重、关税歧视、商品倾销的危害等。1843 年组织了反对东印度公司掠夺政策的抗议活动。罗斯克·摩利克一针见血地指出，一个卑鄙贪婪的商人团体统治着印度，其根本目的是最大限度地榨取印度财富。青年孟加拉派在政治方面主要批判的是英国人对高级官职的垄断。1843 年 4 月印度学生集会，通过致公司董事会的陈请书，要求给印度人以担任高级公职的机会。恰克罗瓦提在会上讲话，强烈抨击英国殖民当局“压制印度人才，助长门阀制度”，[①] 要求实行公开考试制度，择优录用人才。罗姆·戈帕尔·高士也在一次群众集会上要求印度文官的大门向印度人开放，让印度人也有机会在同等条件下担任文官。青年孟加拉派还要求按罗易的主张改革司法制度，使印度人在法律上和英国人有同等的权利。这些活动表明，他们已经把狄洛吉奥的爱国主义理想和罗易的具体改革要求结合起来，推进争取政治改革的运动。

除青年孟加拉派外，这一时期在孟加拉，自由派地主也开始活动。所谓“自由派地主”，是指地主中那些因与工商业有密切联系而多少具有资本主义发展倾向的人，他们逐渐形成了地主阶级中的一个阶层。这个阶层中的许多人积极支持和参加政治改革活动。如德瓦卡纳特·泰戈尔，他和罗易一起创办民族报刊，一起上书高等法院反对报刊限制法，他还是罗易赴英后梵社的领导人。他儿子德宾德拉纳特·泰戈尔没有参加青年孟加拉派，但对其活动是同情的，并参加了他们组织的求知会。自由派地主作为地主也反映一般地主的要求。19 世纪 30 年代，英国殖民当局为增加财政收入，

---

① R. C. 马宗达：《印度自由运动史》第 1 卷，加尔各答，1963，第 314 页。

对英国征服前享有免税权的土地持有者的资格重新进行审查，没收了部分没有充分证明文件的免税土地。这件事使地主们心生忧虑，担心柴明达尔制也会发生变化，因而在 1837 年成立了土地所有者协会，捍卫地主利益。德瓦卡纳特·泰戈尔是这个组织的领导人。这是个地主的组织，没有土地所有权的人不能参加。但值得注意的是，它提出的要求还包括“谋求当前迫切需要的民族团结”，“认真监督政府及其官吏的措施”，“改革司法、警察、税收制度，更好地保护所有各阶层人民的利益”等内容。[①] 它还和罗易的朋友威廉·亚当在英国成立的英印协会积极配合，宣传印度人的主张。这就表明，它已是一个带有社会政治性质的组织了。

青年孟加拉派和其他积极参加文化思想团体的资产阶级知识分子，从自己的活动中，也感到需要有一个政治组织来反映改革要求。他们既然不能参加土地所有者协会，于是就在 1843 年 4 月 20 日建立了一个组织，这就是孟加拉英印协会。这是印度第一个地方性民族主义政治组织。其章程规定，组织的目的和活动方式为“搜集和提供关于英属印度人民的实际状况的材料”，用“和平的、合法的手段”，“来谋求福利，扩大权利，并捍卫我们所有各阶层同胞的利益”。[②] 这个组织成立后，在几年时间内，向殖民当局提供了反映印度行政和司法制度弊端的材料、反映高级文官被英人垄断的恶果的材料，并相应地提出了改革要求。青年孟加拉派当时认为直接上书殖民当局是最可行的斗争方式，把主要精力置于此，只是偶尔召开群众会议，进行政治鼓动。它提出的原则是，应该促使当局自上而下来实现改革，“不赞成任何旨在推翻合法政府或破坏社会的和平、幸福的努力”。[③] 这就清楚地表明了他们政治立场的两面性。他们还是远离人民，只是在社会上、中层的小圈子里活动，所以当时的人把土地所有者协会看作土地贵族的代表，而把孟加拉英印协会成员看作“知识贵族”。

19 世纪 40 年代后期，围绕一项关于印度人司法权利的法案，在孟加拉的英国人和印度民族主义者之间发生了一场激烈斗争。英印殖民当局立法部门拟定一项法案，规定英国人和印度基督徒触犯刑律，东印度公司法庭

---

① B. 普拉沙德：《奴役与自由》第 1 卷，第 236 页。

② B. 普拉沙德：《奴役与自由》第 1 卷，第 237 页。

③ B. 普拉沙德：《奴役与自由》第 1 卷，第 237 页。

的印籍法官也可以行使审判权。这是对印度民族主义者改革司法制度要求的一种微小的让步姿态，却遭到英国商人、种植园主、英国报刊编辑和各类官员的联合一致的攻击。他们骂这个法案为“黑法”。印度资产阶级改革活动家起而为这个法案辩护，两个协会及其他民族团体成员都参加了。罗姆·戈帕尔·高士专门写了一本小册子，驳斥英国人的攻击，指出这些人行动不光彩，“为了本集团的私利，竟力图否认在法律面前人人平等这个神圣不可侵犯的原则”。[①] 这件事使孟加拉所有持改革立场的人认识到加强民族力量团结的必要性。正是在这个背景下，1851 年 10 月，孟加拉英印协会和土地所有者协会合并，在加尔各答成立了统一的政治组织——英属印度协会（简称“英印协会”）。资产阶级知识分子和自由派地主从组织上结合在了一起。青年孟加拉派在新建立的这个组织中起重要作用，罗姆·戈帕尔·高士是其主要领导人。

二　孟买、马德拉斯管区的早期改良活动

孟买管区的运动在 19 世纪 30~40 年代也开始发展，主要由富裕的、有地位的祆教徒知识分子和正在形成的马拉特人知识分子领导，也有少数其他地区的知识分子参与其中。他们聚集在爱尔芬斯顿学院周围。爱尔芬斯顿学院在 1828 年建立后，短短几年的时间，就培养出一批具有近代思想和科学知识的青年知识分子。这些人以先进的资产阶级世界观看印度，对印度在外国统治下所受的屈辱以及印度的贫穷落后感到耻辱，于是产生了变革现状的要求。他们也从建立各种文化思想团体开始。这样的团体有印度文学协会、文学艺术和科学协会等，后者影响较大。这一批积极倡导改革的青年知识分子不久就获得了青年孟买派的称号。

青年孟买派最著名的代表人物是达达拜·瑙罗吉（1825~1917），他后来成了印度国大党奠基人和领导人之一。他是祆教徒，在爱尔芬斯顿学院毕业后就开始进行争取社会改革和政治改革的活动，建立了许多以倡导改革为宗旨的宣传团体，还创办了《真理之声》杂志，宣传进步思想，号召向阻碍印度社会进步的政治压迫、民族歧视和无知宣战。50 年代他去英国

① 《罗姆·戈帕尔·高士演讲集》，加尔各答，第 65 页。

经商，在那里继续进行民族主义活动，对孟买管区的运动发展继续起推动作用。

孟买最早的资产阶级启蒙思想家还有两人应当特别提出。一是巴尔·夏斯特里·遮姆赫卡尔（1812～1846），马拉特人。他在爱尔芬斯顿学院任教，是第一个在近代类型的大学中获得教授职位的印度人。他的活动比瑙罗吉早。1832 年他创办《孟买之镜》周刊，用英语和马拉特语出版，影响很大。他宣布办刊目的是要提供一个讲坛，自由而公开地讨论和印度繁荣、人民幸福有关的问题。[①] 他认为英国统治是一个对印度有利的现实，印度人民应该充分利用这个现实来获得利益。印度的政治进步在于建立宪政制度，这只有通过和英国政权的合作来实现。他主张学习西方科学技术，认为能否取得社会发展和政治进步，就要看能否掌握先进知识。他写道：“一千年前，英国人在科学、文学方面是不发展的民族，比我国落后。”而现在印度落后于西方就是因为“对科学知识的重要性估计不足”。他要求放弃那些过时的制度、过时的思想方式和陈旧习俗。为了争取印度逐渐实现宪政，他要求让印度人担任文官，参加国家管理，呼吁英国殖民当局学习罗马人，允许被征服的居民担任国家公职。孟买地区民族运动的特点是，这里印度商人是运动的主要支持者。印度商人的力量在孟买比在印度任何地区都强，他们已采用近代方式经营，其中一部分人正在向工业资产阶级转化。因此，孟买民族主义启蒙思想家一开始就比较强调经济方面的诉求。遮姆赫卡尔力主废除内地关卡税，说这种关卡税是先前统治者缺乏远见的表现，继续征收这种关卡税，只能“使国内贸易复杂化和困难化”，他还特别反对只对印度制造品征收这种关卡税的歧视制度，认为当局本来应该采取相反的态度，“鼓励和保护”印度的制造业。[②] 这样，遮姆赫卡尔就最早、最明确而突出地发出了印度新兴力量发展民族工商业的呼声。这方面的声音在孟加拉是比较弱的，那里由于自由派是运动的重要支持者，反映地主要求的呼声更强烈。

要求发展民族经济的呼声在孟买另一位启蒙思想家罗姆·克里希那·维斯瓦纳特的思想体系中得到更进一步的反映。他也是马拉特人，1843 年

---

① 《孟买之镜》（周刊）1932 年 1 月 6 日，发刊词。

② 《孟买之镜》（周刊）1932 年 3 月 2 日、8 月 24 日、10 月 5 日。

用马拉特语出版了一本小册子——《印度今昔》。其中写道，经济发展是一个民族政治进步的前提。他尖锐地揭露英国对印度的殖民剥削政策，指出：为了把印度变成自己的商品市场，“英国人采取了不光彩的措施，英国的政策剥夺了印度制造商品的能力……在世界上没有任何国家有像印度这样残酷的剥削制度”。他认为在经济利益方面，英国人不可能改变他们的民族利己主义，“期望在英国帮助下改变这种状况是痴心妄想”，“印度人必须自己改变自己的地位”。他提出的办法是发展民族工业，使用近代科学技术，扩大产品出口，和英国竞争。在经济改革和政治改革的关系上，他把经济改革放在首位，说“建立现代技术装备的工业，比政治方面的改变有更重要的意义”，它能促进民族的“精神复兴”，从而带动“政治复兴”。① 他这套主张被称为“经济民族主义”，突出反映了印度商人不满英国工业资本的排挤、希望发展印度民族工业的愿望。从这里可以清楚地收到印度商业资本向工业资本转变过程中释放出的强烈信号。

在孟买管区，马拉特人集居的马哈拉施特拉地区民族运动的发展仅次于孟买，浦那是其中心。这里的运动与孟买保持密切联系。19 世纪 40 年代出现了早期的资产阶级启蒙活动，主要思想家是戈帕尔·哈里·德斯穆克（1823~1892）。他出身婆罗门贵族家庭，他的家庭因忠诚于佩什瓦，被英国殖民当局剥夺了领地。1848~1850 年，他用“人民利益捍卫者”的笔名在浦那的《阳光》报上发表一系列文章，就马拉特联盟为什么被英国打败、印度文明为什么衰落、印度政治发展的理想道路等问题提出自己的看法。他认为，马拉特人的制度是一种旧式的制度，不能适应变化了的条件，因而必然要失败；印度文明之所以衰落是因为拘泥于老传统，保持严格的等级社会制度，缺乏进步思想和灵活性；印度的拯救之路在于按西方方式改造社会和政治生活。他认为英国统治有利于破除印度社会的旧传统，但印度人如坐等英国恩施，也不能走上进步道路。他主张，在政治方面应积极促使英国殖民当局实行宪政改革，争取印度人参加国家管理，提高政治素质；在经济方面，应逐渐停止输入英国工业品，而由印度人自己生产这些产品。他还强调推广西方教育，学习近代知识，认为这是取得经济政治进步的前提。他满怀信心地预言说，有朝一日“印度将摆脱锁链……当我们

① 维斯瓦纳特：《印度今昔》，孟买，1843，第 12~14、84~85、90~97 页。

的民族在教育上得到进步，就能迫使英国人给他们以议会。当我们民族的代表坐在议会里，他们就将站起来对英国人说，‘现在我们在智慧上、教育上平等了，为什么我们不应当有政权？’当印度民族的大部分达到这种程度时，英国政府将被迫把政治独立还给印度人”。不过他认为这一天的到来“至少还要二百年”，反对在最近的将来推翻英国殖民统治的任何设想和行动。[①]

从上述孟买和浦那的启蒙思想家的思想体系中可以看出，学习西方科学技术、发展民族经济、实行宪政改革是他们的主要诉求。这和孟加拉早期活动家的诉求基本上是一致的。孟买、浦那资产阶级早期活动家到50年代也出现了建立政治组织的倾向。1851年首先在浦那建立了德干协会，1852年在孟买建立了孟买协会。孟买协会是由一些与印度大商人有密切联系的知识分子建立的，达达拜·瑙罗吉是创建者之一。

马德拉斯的运动始于30年代建立的印度文学社。它的主要参加者是印度商人和知识分子。它不但讨论文化问题，还讨论政治问题。在一段时期内，重点是反对传教士的进攻，抨击殖民当局支持传教士的政策。这种活动使他们提高了民族主义觉悟，产生了经济、政治改革要求。1851年孟加拉英印协会建立后曾派人和这里的活动家联系，希望建立合作关系。1852年在斯里尼瓦沙·皮莱和拉克斯马拉苏·契提领导下建立了孟加拉英印协会马德拉斯分会，但因意见分歧，同年与孟加拉英印协会脱离关系，单独成立了马德拉斯本地人协会。

这样，到50年代上半期，孟加拉、孟买和马德拉斯三个管区的中心便都出现了地区性的民族主义组织。

三 四个民族主义组织的异同

孟加拉管区的英印协会、孟买管区的德干协会和孟买协会以及马德拉斯管区的本地人协会，就其构成来说，都包括这样三部分：资产阶级知识分子、商人和自由派地主。资产阶级知识分子起领导作用，后两者是他们的阶级基础。这一时期工业资产阶级正处在诞生过程中，资产阶级知识分

① S. 提克卡尔编《百封书信集》，浦那，1940，第80页。

子同时反映他们的要求。

这些协会彼此间没有联系，但它们的活动方式和所提要求的内容基本上是一样的。可以作为它们的行动纲领看待的，是50年代初四个协会分别拟订的向英国议会递交的陈请书。浦那的商人和地主在几个星期内就筹款1万卢比作为呈递陈请书的经费，表明他们非常看重这项行动。这些陈请书的主要内容，在政治方面，要求让印度人参加国家管理，但比过去有所进步，现在不仅要求实行文官考试制度，使印度人有同样机会被选拔担任高级公职，而且要求在中央和地方建立立法会议，使印度人有机会参与立法工作。英印协会还具体建议，中央立法会议由17人组成，其中印度人12名（孟加拉、孟买、马德拉斯管区和西北省各3名），英国人5名，以便使立法“具有人民的性质，在某些方面代表人民的感情”。[①] 在行政体制方面，孟加拉、孟买的陈请书要求建立名为印度行政会议的中央行政权力机构，其成员部分由英国国王任命，部分由印度人民团体选举产生。这就意味着要求让印度人参加中央政府，参与管理全国的事务。但在提出这个要求时，它没有忘记提出选举的财产资格限制，建议只有握有25000卢比以上政府债券的人才有被选举权，也就是说，只有万贯家资的大商人、大地主及少数上层知识分子才有被选入中央机构的权利，充分表明大地主大商人在还没有真正得到参政权之前，就想确立对这有限权力的垄断地位。这套主张总的来说，就是要求在印度逐步实行代议制。这比以前仅仅要求行政、司法改革已前进一步。在经济方面，这些陈请书要求降低土地税和盐税，减少政府行政、军事开支，发展民族工商业，兴办公共工程和交通事业以及大力发展技术教育等。1853年英国议会通过的新的特许状法没有接受上述要求。只有一点，即规定开始实行文官考试制度，可以看作对印度改革要求做出的一种反应，但这种考试只规定在英国举行，事实上印度人能参加考试者微乎其微。

除了上面一些一致的要求外，这些组织的要求也各有侧重。孟加拉的英印协会，其成员中自由派地主占很大比重，所以偏重强调保持地税稳定和地主的权益。青年孟加拉派为了和自由派地主团结一致，多数人附和地主的要求，但也有少部分人呼吁保护农民利益，有的还试图建立农民组织，

---

① B. 马宗达：《政治思想史》，加尔各答，第85~86页。

但遭多数人反对未能实现。英印协会这种偏重地主要求的立场曾受到马德拉斯协会成员的批评。马德拉斯协会成员多为中等商人及知识分子，他们提出了降低地税的要求并反对地主的过分剥削。孟买协会的成员多与大商人关系密切，他们在发展民族经济方面提出的要求最强烈也最具体。德干协会的成员主要是中等商人和知识分子，它注重要求经济平等，此外还突出强调英国统治给印度带来的损害。这个组织遭到当局敌视，没多久就停止了活动。

总的来说，印度资产阶级争取改良的活动到50年代大起义前夕，已经发展到成立地区性政治组织，以这些组织的名义提出要求的阶段。自然，这些要求还十分温和，斗争方式只限于陈请，并且总是伴有忠实于英国统治、希望“英国在印度的统治长期继续下去”[①] 一类的表白。但这一时期的活动传播了资产阶级民族主义思想，激发了人民的民族主义意识，为改良运动的进一步发展奠定了基础。早期改良活动家也在运动中不断提高认识。从单纯要求行政、司法制度方面的改革到要求实行代议制，从要求让印度人担任公职到要求加入中央行政和立法机构，中央立法机构要以印度人为主，就是民族意识增强的一种表现。个别较激进的民族主义者甚至对英国统治印度是神的赐福的说法提出怀疑，如阿克沙依·库马尔·达多就说：“谁能说明白，你（指英国）给我们带来的更多是什么，是幸福还是灾难?”[②] 达基那·兰占·穆克尔吉甚至直接指出，异族统治是印度贫困的根源。[③] 当然这只是个别人的看法，并不代表早期资产阶级改革家的一般态度。

---

① B. 普拉沙德：《奴役与自由》第1卷，第241页。

② 纳·卡彼拉治：《孟加拉为独立而斗争》，英文版，加尔各答，1957，第112页。

③ 纳·卡彼拉治：《孟加拉为独立而斗争》，第115页。

第七章
1857~1859年印度民族大起义

当资产阶级改良活动家在争取政治改革的道路上蹒跚学步时，1857年印度民族大起义爆发了。这是印度历史上第一次由部分封建主和下层人民共同进行的争取印度独立的全国性武装起义，是英国统治以来不断发生的反英武装起义发展的顶峰。卷入起义的地区占全印面积的1/6，人口占1/10。起义持续两年多，对英国殖民统治是个严重的震撼和打击。

一 起义爆发的原因

这次起义是英国殖民统治以来民族矛盾的总爆发。19世纪初英国殖民政策进入新阶段后，英国工业资本对印度的剥削和统治政策使印度人民与英国殖民者之间的矛盾空前激化。人民的强烈反英情绪终于通过起义迸发出来。

英国殖民政策新阶段的恶果到19世纪中期已充分显露。印度沦为英国商品市场和原料产地是以印度许多传统手工业尤其是纺织业的毁灭、农民普遍陷入债务罗网、千百万人丧失土地为代价的。大量手工业者失去谋生手段，被抛进失业的苦海。他们别无生计，只有沦为城市赤贫，或涌向农村，挤进那些本已负荷过重的土地，加入佃农行列。破产的农民则成为兼并他们土地的新地主的佃农，接受更苛重的封建剥削，生活条件更加恶化。这种情况在北印度最突出，这也是北印度农民手工业者愤然而起，使得那里成了起义主要地区的主要原因。

印度土兵成了大起义的突击力量，这是以往起义所没有的现象。土兵队伍到 1853 年扩大到 233000 人（英印军队共 28 万人），分属孟加拉、孟买、马德拉斯三个军区。北、中印度属孟加拉军区，这里英印军队共 17 万人，内土兵 137000 人。他们多来自西北省和奥德农民家庭。据西北省阿里加县收税官记载，这里大多数农户家中都有人在军队中服役。陆军少将威特拉姆 1855 年写道，奥德农家几乎每户都有一个成员当兵，孟加拉军士兵来自奥德的有 75000 人。士兵与他们的家乡保持密切联系，实为穿军装的农民。他们之所以参加起义，有军队内部的原因，如种族歧视，印度人只能当低级军官，任何欧籍士兵都能在印度军官面前耀武扬威；军队原享有战时额外津贴，征服印度任务完成后被裁减；不顾印度教禁忌，强迫印度士兵出海作战；在军队内鼓励改宗基督教，以及后来成为起义导火线的侮辱印度宗教感情的涂油子弹事件；等等。这些使印度土兵对英国人的离心倾向加剧。更重要的是，西北省农民手工业者的破产、奥德被兼并后对农民手工业者的有害影响（地租增加，手工业者失去传统市场），在他们思想上不能不引起强烈反响。殖民当局承认收到了 14000 份士兵的控诉信，讲述他们家庭遭受的摧残。他们起而反英实际上反映了农民和手工业者的不满情绪。

殖民政策新阶段也触及部分封建王公和部分封建主的利益。大贺胥勋爵担任总督后接连兼并了奥德、章西、那格浦尔、萨塔拉等一批土邦，此外还取消了一批王公的年金和称号。如前佩什瓦巴吉·拉奥二世的养子那那·萨希布就被取消了佩什瓦称号和 80 万卢比年金的继承权。卡尔那提克纳瓦布和坦焦尔罗阇死后无嗣，其称号都被取消。有名无实的莫卧儿末代皇帝巴哈杜尔沙二世也被告知，在他死后，要取消皇帝称号，其家人要被赶出德里。兼并土邦受损害的不仅是王公，土邦行政机构和军队的解散使大批官员、士兵失业。大贺胥在奥德、孟买管区还以清查免税土地持有者的合法资格为由，没收了一批地主的土地，致使这类地主人心惶惶。

殖民政策新阶段还严重伤害了印度人民的宗教感情。一些传教士和官员叫嚣要使基督教的旗帜插遍印度每个角落以及殖民政权开始以立法手段鼓励改宗基督教，使印度教徒和穆斯林无不感到威胁。起义前夕出现印度教游方僧四出游说，伊斯兰教瓦哈比派秘密鼓动，保卫宗教都是最主要的宣传内容。

上述情况表明，农民、手工业者、土兵、宗教人士和部分封建主是殖民政策新阶段的受害者，这也就是他们能够结成反英统一战线的共同基础。

农民、手工业者是这次起义的主力，但他们本身是没有组织的。虽然起义前士兵建立了一些秘密组织，但每个这样的组织影响范围仅限于本部队。所以，要从下层人民和士兵中产生有很大影响和威望的领袖是困难的。而封建王公和大地主却拥有自己的政治势力，且在群众中保有传统的政治、思想影响。因而，大起义的领导权在大多数情况下便掌握在他们手里。除被推上台的莫卧儿皇帝巴哈杜尔沙二世外，其他主要领导人有那那·萨希布、章西女王、坦地亚·托比、昆瓦尔·辛格等。

二 起义的经过和结局

这次大起义经过了一定的酝酿。起义前夕，在农村中秘密传递烤薄饼，在士兵中传递红荷花，这是预示要发生大变动的信号。有些地方出现了秘密组织，也有少数串联活动，但并没有形成统一的组织。起义不是有领导有计划开展的，在很大程度上带有自发性质。

1857 年初，英印军队改用恩菲尔德步枪，其子弹包皮上涂有动物油脂（猪油或牛油），使用时需用牙咬。印度教徒和穆斯林都认为这是侮辱自己的宗教感情。前者手捧恒河水，后者面对《古兰经》，发誓要把英国统治者赶走。1857 年 3 月，巴拉克浦尔的印度士兵因拒绝使用这种子弹，遭到镇压。一个叫潘迪的士兵因杀死了英国军官被绞死，他所在的团队被解散。5 月 6 日，在米鲁特，当局又因士兵拒绝使用此种子弹，逮捕 85 名士兵并判重刑。

涂油子弹事件以及当局的严厉镇压促成了起义爆发。5 月 10 日，米鲁特印度士兵揭竿而起，冲进监狱，释放被关押的伙伴，杀死了几名英国军官，烧毁了殖民官府，得到人民响应。起义军连夜向德里进发，次日抵达德里城下，德里士兵和市民打开城门迎接。在消灭了城内的英国顽抗势力后，起义军占领德里。所以要来德里是因为这是莫卧儿帝国故都，皇帝巴哈杜尔沙二世还在这里，起义者要拥立皇帝为领袖，号召全国人民反英。巴哈杜尔沙二世始则犹豫，后来还是被说服参加，以他的名义向全国发出文告，宣布恢复莫卧儿帝国的政权，号召全国人民一致起来，赶走英国侵略者。

占领德里的消息传出，各地闻风响应，迅即形成燎原之势。5 月 13 日菲鲁兹普尔驻军起义，20 日阿里加军民起义，21 日白沙瓦驻军起义，30 日勒克瑙、巴雷利军民起义；6 月 4 日康浦尔、贝拿勒斯军民起义，5 日斋普尔军民起义，6 日章西、阿拉哈巴德军民起义，……这样一个接一个的城市起义，不到 4 个月，起义地区就涵括了几乎整个北印度和中印度大片地区，包括西北省、奥德、洛希尔坎德、比哈尔和本德尔坎德。在这广大地区内，起义城市连成一片，殖民政权除少数据点外荡然无存。民族政权到处建立起来。在旁遮普、拉其普他那、马哈拉施特拉、海得拉巴和孟加拉，也有零散的起义发生。

图 7-1　巴哈杜尔沙二世

5 月 10 日到 8 月是起义上升发展时期。德里、康浦尔、勒克瑙是起义的中心，其中德里是起义的心脏。皇帝在这里，这里就是起义的中央政权所在地。许多地方的印度士兵在起义后自动来首都会合，接受调遣。这里聚集的武装力量很快达 5 万人。政权、军权最初都操在皇族手里。康浦尔起义领导人是那那·萨希布，起义不久他就加冕为马拉特联盟的佩什瓦。他的家臣唐地亚·托比指挥起义队伍。康浦尔附近成千上万农民加入起义行列，迫使当地殖民者的军队投降。那那·萨希布恢复佩什瓦称号对马拉特人有一定号召力。在他们看来，这是恢复马拉特人国家的信号。勒克瑙是原奥德土邦首府，这里起义主要领导人是著名穆斯林学者、原奥德纳瓦布顾问阿赫默德沙。他反英态度坚决，被英印当局监禁。勒克瑙士兵起义后被救出。起义力量宣布恢复奥德国家，因纳瓦布年幼，由其母哈兹拉特·玛哈尔摄政。

面对这突如其来的形势，英国殖民统治者惊慌失措。当时印度的英籍士兵只有 4 万多人，驻扎分散，不足以镇压起义。当局赶忙从英国和伊朗调兵，并把正派往中国的侵略军中途截留来印，同时征召尼泊尔和旁遮普封建主的军事力量。英国援军分数路向起义地区发动进攻。

1857 年 9 月到 1858 年 4 月是城市保卫战时期。这是大起义的第二阶段。

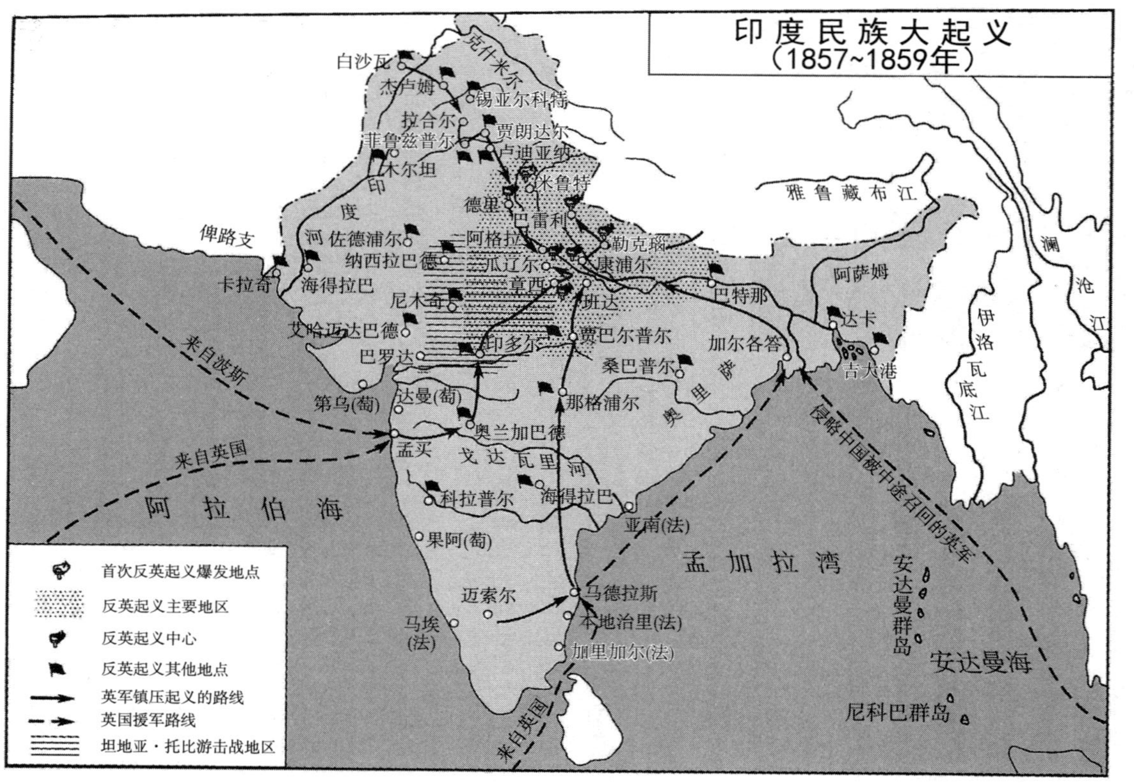

图 7-2 印度民族大起义（1857～1859）

英军反扑的重点目标是德里、康浦尔、勒克瑙。康浦尔在 7 月 16 日就已失陷，那那·萨希布在城下与英军激战失败。对德里的反攻始于 6 月，但在 9 月援军开到后，才大规模攻城。

在德里，掌权的皇亲贵族并不认真组织防御，贪污腐化，克扣军饷，向商人敲诈勒索。王妃姬娜特·玛哈尔、大臣阿赫沙奴拉等还秘密通敌，充当内奸。起义士兵极为愤慨。7 月，他们通过选举建立了新的政权机构——行政会议，由 6 名军队代表、4 名文职人员组成。巴雷利起义士兵领袖、原炮兵上尉巴克特汗被推举为领导人。行政会议接管了德里政权，不顾贵族反对，采取了许多革命措施巩固与群众的联系，加强防御力量，如惩治内奸（包括对通敌的王妃实行监视），打击投机商，向富商征收特别税，取消盐税、糖税，给起义中牺牲的战士 5 比加免税土地永远使用，宣布以后将废除柴明达尔制，保证“土地归耕种者”等，得到人民热烈拥护。革命士兵和行政会议还迫使皇帝巴哈杜尔沙二世任命巴克特汗为军队总司令，从王子米尔扎手里接管了德里的防御指挥权。封建贵族不愿大权旁落，对行政会议和巴克特汗的工作竭力阻挠破坏，但只要被行政会议查获，给予惩治也毫不留情。随着时间的推移，德里起义军的财政供应发生很大困难。各地来此的部队为款项分配时常发生纠纷。越来越多的队伍撤走。到 9 月初只剩 12000 人。此时英国围城军队却增加到 11000 人。9 月 14 日，英军分五路发起总攻。封建贵族准备投敌，起义军民则在巴克特汗领导下英勇抗敌。在英军用重炮轰开城墙蜂拥入城后，起义军在人民支持下实行巷战。德里保卫战坚持了 6 天，英军遭重大伤亡，死 5000 多人，4 名司令官 2 死 2 伤。起义军受到更大损失，无力支撑。19 日，巴克特汗不得不率军撤出德里。临行，他要求皇帝随起义军一同撤出，遭到拒绝。巴哈杜尔沙二世与家人躲在胡马雍墓，被英军抓获。他被流放仰光，1862 年死于该地。他的两个儿子及一个孙子则在押解途中被杀。莫卧儿王朝至此（1857 年 9 月）正式灭亡。英军重占德里后，实行血腥的大屠杀。被俘的起义者被绑在炮口轰击，平民被惨杀者无数，血流成河，尸体布满街头，大火到处燃烧，数日不息，许多建筑物被夷为平地。殖民者把对起义的无限仇恨野兽般疯狂地倾泻在这个古老的城市和人民头上。

德里陷落使起义失去了全国中心，失去了旗帜。从此，形势急转直下。

勒克瑙保卫战也进行得顽强激烈。这里在起义后成立了军事委员会，但未掌实权，领导权依然操在原土邦王公的大臣们手里。他们反英态度不坚定，对深孚众望的阿赫默德沙竭力排斥，造成起义力量内部分裂。1858年2月19日，英军数万人开始攻城，勒克瑙起义军以及参加保卫城市的大量农民，在处于劣势的情况下据城力守，坚持到3月21日才被迫撤离。英军占领该城市后同样进行了血腥屠杀。虽然勒克瑙失陷，但奥德农村在一段时期内仍顽强抵抗。

章西保卫战也因其激烈顽强和带有全民性质，在大起义中占有重要地位。章西原为马拉特联盟佩什瓦的附属国，1804年与英国人订约，成为东印度公司附属国。1853年王公去世无子，由收养的一个幼儿继承。公司不承认养子的继承权，以“丧失权利说”为由兼并该土邦。年轻的王后拉克湿米·巴依多次呈请公司归还，均遭拒绝。大起义爆发后，章西也加入起义行列。拉克湿米·巴依成为领导人。她意志坚定，斗争勇敢，深受人民爱戴。1858年3月下旬，英军开始围困章西。拉克湿米·巴依亲自监督修筑防御工事，并领导人民坚壁清野，准备做长期斗争。3月24日，英军开始攻城，女王率领全城军民奋勇抗战。在敌人炮火下，工人赶制武器，市民抢修城墙，连广大妇女也积极参与防御，担任慰问、运输、救护工作。女王身着戎装指挥战斗。4月3日，英军突入城内，女王领导巷战，终因寡不敌众，5日章西失守。女王着男装，背负养子，率部突出重围，与坦地亚·托比的队伍会师，占领瓜辽尔城。6月17日在抗击英军进攻中，她身先士卒，英勇杀敌，不幸牺牲，时年23岁。她的英勇事迹一直为印度人民传诵，成为鼓舞人民反英斗争的强大精神力量。

图7-3　章西女王

在主要的起义中心沦陷后，其他起义城市也相继被英军攻占。

从1858年4月起，起义转入游击战阶段。从各沦陷城市撤出的队伍加上原来分散在农村的起义力量大约总共有12万人。他们分别在比哈尔、奥德和洛希尔坎德、中印度三片地区开展有声有色的游击战，显示了印度人民的顽强斗争精神。

在比哈尔地区，领导游击战的是70岁高龄的昆瓦尔·辛格。他本是贾加迪什普尔地区的大柴明达尔，因不能按时纳税面临土地被没收的困境。他决定参加起义，并带动了附近一大片地区的农民跟着他参加战斗。由于年迈而作战英勇，他深受人民拥护。他的部队屡挫敌军，一度切断了加尔各答与贝拿勒斯间的交通线。从勒克瑙退出的起义军有些加入了他的队伍。在他不幸负伤逝世后，起义队伍由他的弟弟阿马尔·辛格领导，继续进行游击战，又坚持了一段时间。

在奥德和洛希尔坎德地区，从康浦尔和勒克瑙退出的部分起义军先是转战奥德北部一带，后进入洛希尔坎德。1858年5月，英军进攻洛希尔坎德，起义军到处袭击英军，特别是阿赫默德沙领导的一支队伍，给了英军很大打击。广大群众支持起义军。据参加这次进攻的英国军官说，英国军队沿途得不到粮食，居民拒绝帮助他们，甚至不卖给他们农产品，军队来这里好像进入大沙漠中一样。在抵抗英军失败后，起义军向尼泊尔撤退，有的进入尼泊尔境内，有的留在边境森林中，在那里消失。那那·萨希布下落不明，可能死在了边境。阿赫默德沙率领的队伍回到奥德，但他不久被一个叛变的封建主杀害。巴克特汗率领的从德里退出的队伍在法鲁哈巴德一带作战，坚持了一段时间，也向尼泊尔撤退，下落不明。

游击战更重要的战场在中印度。坦地亚·托比领导的一支队伍在北起瓜辽尔、南跨纳巴达河的广大区域纵横驰骋，神出鬼没，使英军后追前堵，疲于奔命。这片地区的游击战坚持了一年左右。1859年4月7日，坦地亚·托比被一个混入起义军内部的叫曼·辛格的封建主出卖被捕。4月18日，这位具有卓越军事才能的领袖英勇就义。

图7-4 坦地亚·托比

在大起义最后阶段，英国统治者在军事进攻的同时，还大力开展政治攻势，拉拢参加起义的封建主，从内部彻底瓦解起义势力。1858 年 11 月发布了维多利亚女王诏书，宣布停止实行兼并政策，不再采取任何有损封建主地位和特权的措施。绝大多数封建主在得知这个消息后放下了武器。坦地亚·托比等坚定的抗英领袖就是在这种背景下被出卖的。

轰轰烈烈的大起义在坦地亚·托比牺牲后即告结束。

三　起义的性质和突出特点

大起义发生后，英国当局为淡化事态性质，欺骗舆论，故意把它说成是兵变或封建王公叛乱。印度人民起而反对英国统治这个严酷的事实他们是不能承认的，要承认这点就等于承认他们的殖民统治不得人心，遭人痛恨。世界无产阶级革命的伟大导师马克思此时住在伦敦，对印度事态一直密切关注。正是他第一个以惊人的洞察力指出了这次起义的性质。1857 年 7 月 31 日，也就是起义刚爆发两个多月，他在《来自印度的消息》一文中对起义做了深刻分析后写道："各阶层的居民迅速地结成了一个反对英国统治的共同联盟。""以后还会出现另外一些事实，这些事实甚至能使约翰牛也相信，他认为是军事叛乱的运动，实际上是民族起义。"①

民族起义是指各阶级（不一定全部）共同进行的以推翻外国统治为目标的起义，是民族矛盾的总爆发。印度大起义正是这种情况。殖民政策的新阶段不仅打击了下层人民，也使某些封建上层利益受到损害。这样，尽管有不同利益，在赶走英国人、恢复独立这点上，目标是相同的。封建主谋求通过恢复独立恢复自己的统治地位，下层人民则认为只有恢复国家独立自己的经济地位才能得到改善。他们结成的反英联盟就是建立在这个共同信念基础上的。有的学者认为，在资产阶级产生之前，印度没有民族存在，不可能有民族起义。这是把民族和民族发展的资本主义阶段混为一谈了。

马克思主义认为，民族是一个不断发展的历史范畴，不同时期有不同内容，在资本主义出现前存在着前资本主义民族。马克思、恩格斯在论述中国、印度等东方国家的著作中，就不止一次地把这些国家的人民称为

① 《马克思恩格斯全集》第 12 卷，人民出版社，1962，第 270、271 页。

“东方民族”“古代民族”。[①] 英国入侵前，印度已形成一个多民族的国家，当时是处在民族发展的封建主义阶段。到 19 世纪中期，印度社会经济发展程度和英国入侵前已有很大不同，不过，资产阶级民族确实还未形成，在孟加拉、孟买、马德拉斯等地区，正在形成由封建民族向资产阶级民族转化的条件，在其他地区，包括构成起义主要地区的北印度，连这个阶段都还没有达到。在这种情况下，各阶级的仇英情绪最后表现为封建主领导的民族大起义就是很自然的事了。封建主领导起义的指导思想是封建民族主义观念，即要恢复封建的独立国家。这种观念不仅存在于封建主中，也存在于人民群众中。起义的士兵最先推出莫卧儿皇帝来领导起义，固然是出于动员全国力量的策略考虑，但不能否认，这也反映了他们的一种观念，即认为只有封建君主才能号令全国，只有恢复莫卧儿皇帝权力，起义才名正言顺。封建民族主义既能为各阶层接受，也就自然成了这次起义的旗帜。

从基本类型上说，这次起义仍属旧式起义，与以往近一个世纪以来印度下层人民与部分封建主的武装斗争没有本质上的区别。但是，和那些起义相比，这次起义有许多新特点、新发展，堪称这类起义的顶峰。

第一，它不再像以往封建主领导的起义那样，只谋求恢复个别王公的独立，而是以恢复全印度的独立为目标。有意义的是，在这方面起了最积极的推动作用的是革命的士兵。正是他们想出了推出莫卧儿皇帝的办法，以他的名义号召恢复全印独立。各地起义的封建主响应这个号召，有些是诚心实意的，有些至少表面上是如此。起义者这时有这样的眼光，是与英国征服印度已完成，印度已直接、间接处于英国统治下的事实分不开的。革命士兵和下层群众向往独立，但决不希望再出现诸侯割据、战乱不已的局面。至于封建主，许多人也看到统一是大势所趋；此外，以往斗争失败的教训也使他们认识到，只有提出全局的反英目标才能动员全国的力量共同进行斗争。这次起义之所以显示出以往任何起义不能比拟的威力，首先就是因为有了这个全局性的共同目标。

第二，印度士兵和人民群众一同起义，给起义带来了某些革命民主主

---

① 《马克思恩格斯全集》第 12 卷，第 500 页；马克思：《资本论》第 3 卷，第 373 页；马克思：《政治经济学批判》，徐坚译，人民出版社，1955，第 92 页；《马克思恩格斯论中国》，第 11、54 页。

义因素。以往士兵哗变不断发生，可以举出的就有近 20 次。但它们只是一个个孤立的兵变，和人民群众鲜有联系。这次大起义是和人民群众一起起义，有些地方是士兵先起义，人民群众响应，在另一些地方，是人民群众先发难，士兵积极参加。有些土邦的封建王公竭力压制起义，如瓜辽尔的信地亚，但军队还是挥戈而起，王公不得不抱头鼠窜。马克思早就预言，英国当局建立土著军队的同时，“也就组织起了印度人民过去从未有过的第一支核心的反抗力量”。[①] 事实确是如此。印度士兵为这次起义提供了有组织的武装力量。孟加拉军区印度士兵共 137571 人，其中约有 70000 人参加了起义，另有 30000 人在暴动之前被解除了武装。北印度殖民军队几乎全部瓦解。正如菲尔契特所说：“孟加拉军区的所有骑兵团，18 个非正规骑兵团中的 10 个，74 个步兵团中的 63 个，从登记簿上最终消失了。”[②] 马克思也讽刺道：“50 个孟加拉团已不复存在，孟加拉军全军复没。”[③] 士兵参加起义，把统治者的武装力量转变为人民的武装力量，弥补了下层群众缺乏军事训练和武器的不足。

大量士兵参加起义还为起义带来革命民主主义因素。士兵虽然多数来自农民，但因为受西方思想影响较多，在转到革命阵营后，一般眼界较为开阔。有些军官和士兵有一定的民主主义观念。他们需要莫卧儿皇帝作为旗帜，但绝不想由他来恢复封建专制统治。事实上，不过是要借用他的名义，但并不把他这个皇帝放在眼里。因此，当德里的皇亲国戚、宫廷权臣置大敌于不顾，漠视人民疾苦，肆意以权谋私时，他们不能容忍，就把德里的行政、军事大权夺到自己手里。德里行政会议采取的措施，体现了下层人民的革命要求，也反映了西方资产阶级民主思想的影响。尤其能说明后一点的是他们对皇帝的态度。据宫廷史家记载，皇帝经常抱怨说，行政会议通常是先通过决议，然后让他在既成事实面前签字认可。还抱怨说，士兵穿着军靴随意进出宫廷，骑兵经常把马拴在宫院内，尤其是，有些士兵跟他说话竟用“老头儿！听着”一类的言辞，甚至拍他的肩膀，捋他的胡须。皇帝敢怒不敢言，只好自悲自叹。这表明在革命士兵心目中，皇帝

---

① 《马克思恩格斯全集》第 12 卷，第 251 页。

② P. C. 约西编《1857 年起义论文集》，德里，1957。

③ 《马克思恩格斯全集》第 12 卷，第 270 页。

已不再是神圣的偶像。由革命士兵代表的这种革命民主主义虽不能说是这次起义的主流，至少也是其中的一种倾向。它对封建主恢复封建秩序的企图起到某种制约作用。

第三，印度教徒和伊斯兰教徒打破宗教壁垒，实现了战斗中的大团结。起义是由“涂油子弹事件”直接引起，表明印度人民的宗教感情是十分强烈的。英国殖民者曾心存侥幸，以为宗教隔阂能阻止印度教徒、伊斯兰教徒实现任何有意义的联合。然而，和他们的希望相反，起义爆发后，起义参加者无论信仰什么，无论是士兵还是普通群众，都自觉捐弃前嫌，团结一致，共同战斗。19世纪中期亚洲各国人民起义一般披着宗教外衣，印度大起义却自觉减少宗教色彩，这是很引人注目的现象。宗教团结表现在：最早拥立莫卧儿皇帝恢复权力的米鲁特和德里的军队主要并非穆斯林而是印度教徒；莫卧儿旗号不但穆斯林封建主接受，某些印度教封建主也接受，他们把前一段诸侯割据中明显带有的争夺未来宗教统治权的考虑暂时搁置一边；巴克特汗掌握德里军政大权得到印度教徒、伊斯兰教徒士兵和群众的共同支持；德里行政会议通过的决议三令五申禁止宰母牛；圣战口号被解释为只适用于对英国人；当德里被围，处境危急时，莫卧儿皇帝向拉其普他那、北印度和旁遮普的一些印度教、锡克教王公呼吁共同抗英，并提出必要时可以把王位让给他们。在宗教感情如此强烈的印度，印度教徒和伊斯兰教徒能够“忘却了他们相互间的仇隙，而联合起来反对他们共同的统治者”,[①] 这实在是英国统治以来印度民族解放运动史上值得骄傲的一页。

第四，在起义的广大农村地区，凡有英国蓝靛、咖啡种植园的，其代理店都被捣毁（如在巴特那地区，昆瓦尔·辛格下令这样做）。各处的农民和手工业者还自发地团结起来，驱逐英国殖民统治者扶植的兼并他们土地的新地主，收回被夺占的土地，打击商业高利贷者，焚烧他们的账册契据，形成“红色恐怖”。这就使反英起义从摧毁殖民政权，进一步发展为在农村打击它的经济支柱。官方文件承认，兼并农民土地的新地主、商人高利贷者到处都被起义者等同英国人看待而加以打击。例如在阿里加，拉其普特农民在贾特人帮助下“进攻凯尔，掠夺和破坏了几乎所有机关建筑物以及

① 《马克思恩格斯全集》第12卷，第252页。

商人高利贷者的住宅……许多人……因恢复了先前失去的土地而心满意足”。[①] 不过，农民只是夺回自己原来被兼并的土地，至于原来属于老地主的被兼并的土地，又帮助老地主收回。打击新地主和商人高利贷者，由老地主夺回被他们兼并的土地，与反殖民斗争的方向一致，一般不属反封建范畴，但农民夺回自己的土地则具有反封性质。所以，大起义也并非丝毫没有反封内容，不过不是反对整个封建势力，而只是反对地主阶级中那个依靠殖民政权撑腰、肆无忌惮地掠夺农民土地的阶层。

总之，这次起义虽未超出旧式起义框框，却是旧式起义发展最充分的体现，而且上述有的特点已越出旧框框，带有某些新型斗争的因素。

四 失败的原因和大起义的历史意义

这次起义之所以失败，就全国来说，是因为封建王公和封建主的绝大多数依然站在英国殖民者一边，竭力防止自己地区发生起义并从兵力、财力上支持英国统治者，使起义在范围上受到限制，在全国仍是局部，使殖民统治者有可能把未起义的更广大地区变成镇压起义的基地，从四面八方对起义地区形成包围。北印度的帕提亚拉王公、锦德王公、卡那尔王公都把自己的资源交给殖民当局支配。旁遮普、拉其普他那的许多王公提供兵力帮助镇压。整个起义期间，从英国派来军队 112000 人，而征召的印度兵达 31 万人。总督坎宁（1856 年取代大贺胥）承认，土邦王公起了溢洪道作用。他心有余悸地说：如果像瓜辽尔、海得拉巴这样的土邦也参加起义，那么“汹涌洪水的第一个浪头就会把我们卷没”。[②] 英军攻陷德里后，坎宁收到一封孟加拉王公、地主、大商人的贺信，有 2500 人签名。大多数封建主以及大商人支持殖民统治给了英国统治者以定心丸，使他们无后顾之忧，能集中力量镇压起义。

起义失败的内部原因，首先在于领导者封建主只追求恢复封建旧秩序，对下层人民改善经济地位的要求毫不考虑，使广大群众失望，斗争热情减退。封建主参加起义的目的从莫卧儿皇帝诏书、那那·萨希布给法国皇帝

① W. 布若姆拜：《事件的记叙》，伦敦，1858，第 70 页。
② 坎宁：《印度：新的评述》，伦敦，第 40 页。

的信和奥德纳瓦布宣言这三份重要文件中便可看出。巴哈杜尔沙二世 1857 年 8 月发布的诏书提出，要恢复王公养嗣权利，归还被没收的王公领地，取消殖民政权对地主的种种勒索，被剥夺土地的柴明达尔凡参加起义的土地一律归还，维护和保障地主的尊严和荣誉，使每个地主都能全权统治其领地。还提出要恢复大商人的地位，手工业者“重新为国王、王公和富人服务”等。至于如何对待农民则只字未提。那那·萨希布给路易·波拿巴的信列举了英国殖民统治的罪行，其中大部分是讲印度王公的领地被剥夺、年金被取消、地主土地课税太重、地主及寺庙的免税土地被重新征税、干预印度教等；讲到起义主要是解决这些问题。奥德纳瓦布宣言在列举英国殖民者破坏印度人的宗教、荣誉、生命、财产四大罪行后特别指出，在英国统治下竟把印度上等阶级和下等阶级一样看待，上等阶级没有得到特别的尊重。这三份文件表明，封建王公领导起义就是要在获得独立后，重建封建主阶级在政治、经济、社会、思想各方面的统治地位。正是在这种思想指导下，参加起义的大小封建主到处忙于抓权，夺回失去的土地、特权，对起义的下层人民则只知利用，从不考虑如何改善他们的地位。许多地区起义政权摊派的税收比过去一点不减，起义后和起义前看不到多大差别。只有像德里这样革命士兵和下层人民力量特别强大的地方，下层人民的愿望才在起义政权的政策中得到反映。纵观整个起义政权，可以看到起义力量内部存在两条路线，德里行政会议的政策代表一条路线——较多反映下层人民利益的路线，可惜这种情况太少；另一条路线就是多数地区政权执行的单纯复旧路线，这条路线是领导大起义的封建主的路线。完全复旧是开历史倒车，违背历史潮流，是行不通的，这里且不多谈，毕竟这还只是他们的主观愿望。仅就现实而论，他们对下层人民群众改善自己地位的要求漠不关心，不可避免地会阻碍群众的进一步发动。已参加起义的群众对他们感到失望，未起义地区的群众看到起义后不过如此，对起义的积极性也骤然消退。这就是起义像狂风暴雨一样瓢泼而下后却突然停止不前的根本原因。

起义的失败还因为各地封建主虽说口头上大都接受莫卧儿旗号，但还是各有各的主意，各打各的算盘，都想在起义后扩大自己的势力。加之起义的王公和封建主各有部属，自成系统，平素极少接触，战时就很难相互为谋。这一切在起义的组织领导上，表现为以自我为中心，消极防御，孤城自守，从来没有形成统一指挥，没有统一的战略目标和战术配合，不能利用起义前几个月敌人无招架之力的有利形势，主动战略出击，扩大起义范围和影响。这就给敌人以充分机会，重整旗鼓，全面发动反扑。

军事技术力量上印度人处劣势也是起义失败的原因之一。印度人的旧式前膛炮在射程上远不如英国军队新发明的后膛炮。英国人拥有广布各地的电信系统，能够及时获悉和交换情报，决定行动方针，起义力量方面却没有这种条件，以致往往在得到情报时，敌人已经兵临城下。至于指挥官的军事素质和经验，更是无法相比了。

事实表明，封建主阶级的历史包袱是过于沉重了，此时要他们来领导一场民族起义，推翻在各方面都比较强大的英国统治者，是他们力所不及的。

印度资产阶级改良活动家没有参加大起义，但他们对起义是同情的。孟加拉《印度爱国者报》编辑哈里斯·钱德拉·穆克吉在起义爆发 10 多天后发表文章，把起义称为“伟大的民族事业”，说它“从一开始就获得了全国的同情”，“人民广泛参加和协助起义”。又说：“没有一个印度人感觉不到英国统治给印度带来的深重苦难，这种苦难是与从属外国统治分不开的。在印度知识界，没有一个人不感到外国统治限制了自己的前途和抱负。”① 6 月 4 日，《印度之友》报刊登了一封署名为“一个忠实的孟加拉人”的信，这封信也对起义表示同情。信中写道，青年孟加拉派理解起义人民的心情，把起义看作神对英印统治者的暴政的惩罚。② 但是，尽管对起义人民表示深刻同情，对起义本身，资产阶级改良活动家普遍不赞成并持反对态度。这有经济方面的原因，也有政治方面的原因。资产阶级改良活动家希望在英国统治下发展资本主义，担心起义会导致封建制度复辟，使历史发生逆转。资产阶级新兴力量自身的利益是和英国统治及印度的资本主义发展方向联系在一起的。维护英国统治在他们看来就是维护资本主义发展方向，也就是维护自身现实利益和未来利益。宁要英国统治，也不要封建主复辟，这是他们的基本原则。这种立场使他们置身起义之外，并公开反对起义，客观上对殖民统治者起了减压作用。

这次大起义对英国殖民统治是一次强烈震撼，虽未达到推翻英国殖民

---

① 麦罗特拉：《通向印度自由和分治的道路》，新德里，1979，第 20~21 页。

② 麦罗特拉：《通向印度自由和分治的道路》，第 22 页。

统治的目的，却也给予殖民者以沉重打击。自征服印度以来，英国统治者一向趾高气扬，视印人为软弱的可供任意摆布的奴仆。这一次却突然发现，自己的宝座下原来堆满了干柴，随时有燃烧的可能。藐视一切的自信消失了，从此，大起义就像可怕的魔影始终笼罩在他们的心头，使之谈虎色变。它后来的政策调整，特别是对资产阶级的某些让步都与这种心理密切相关。例如总督参事会成员乔治·奇斯里就公开说，一味用镇压的办法对付印度的民族运动是不行的，那只会增加印度民众和士兵的不满，说不定哪一天又会爆发“另一个1857年”。①

这次大起义虽然资产阶级改良活动家不赞成也不支持，却对方兴未艾的资产阶级民族运动起了有力的推动作用。人民勇敢的斗争精神给了他们以勇气，增强了他们斗争的信心。大起义又给了他们一张向殖民当局施加压力且有持久效力的王牌：既然殖民当局对大起义的恐惧心理始终存在，害怕资产阶级运动与人民群众结合，他们就利用这点，经常以“可能爆发起义”为由，要求当局实行改革。例如，看到殖民当局无意改变英人垄断高级官职的政策，《印度爱国者报》在1860年就发表文章指出，坚持歧视印度人的政策会重蹈大起义的覆辙。② 这张王牌常常是能起作用的。大起义后1861年当局实行立法会议改革，第一次允许印度人参加立法会议。这个法案被认为是英国在印度实行宪政改革的开始。它就是由于资产阶级改良活动家利用大起义的背景提出强烈要求而实现的。穆斯林启蒙活动家赛义德·阿赫默德汗在大起义后写了《印度叛乱的原因》一书，以总结教训的形式，提出资产阶级的改革要求。他认为，大起义是英国执行错误政策而人民的愤懑又没有合法途径发泄的结果。他说，“人民在政府机构中本应有发言权，这极其有助于国家的安宁和昌盛”，但是他们没有。结果“他们无法反对那些他们认为是愚蠢的措施，也无法公开表达他们的意愿”，“统治者和被统治者之间没有真正的联系，没有打成一片，没有互相接近”，这就不可避免地导致在一定条件下起义的爆发。据此，他要求中央立法会议必须有印度人参加。③ 赛义德·阿赫默德汗原为法官，大起义时站在英国殖民

① 布·马丁：《1885年的新印度》，加利福尼亚，1969，第329页。

② R. C. 马宗达：《印度自由运动史》第2卷，第165页。

③ 博莱索：《真纳——巴基斯坦缔造者》，伦敦，1963，第53页。

统治者一边，受到封赐爵位的褒奖，大起义后转到资产阶级改良活动家立场上。他的看法是英国当局不得不重视的。

大起义极大地提高了广大人民群众的爱国主义觉悟。赶走外国侵略者、恢复印度独立的思想第一次提出并传播到民间，大量反英斗争的英雄事迹和英雄人物的故事广泛流传，在群众中播下了革命的种子，留下了反英斗争的革命传统，这成了推动印度民族运动发展和走向胜利的最强大的精神源泉。正是在大起义之后，资产阶级运动中出现了小资产阶级革命民主翼。小资产阶级民主主义者邦基姆·钱德拉·恰特尔吉曾想以章西女王为主人公写一部历史小说，鼓舞人民斗争。瓦苏德夫·巴尔万特·帕达开（1845~1883）在发动农民时讲到要以1857年的精神发动新的起义。有意义的是，秘密组织活动家萨瓦尔卡20世纪初专门写了《1857年独立战争》一书，号召发扬大起义的革命传统，准备进行第二次和成功的民族战争，解放祖国。在第一次世界大战时期，在筹划印度武装起义方面起了巨大作用的卡德尔党，之所以以“卡德尔”（起义）作为它的机关报的名称，就是为了纪念大起义并继承、发扬它的传统，该党也因此被称为卡德尔党。大起义的革命传统培养了一代又一代青年，成为印度人民取之不尽的精神宝藏。

这次大起义的重要意义不限于印度国内，从更大范围说，它和中国太平天国运动、伊朗巴布教徒起义、日本明治维新一起，构成了亚洲殖民地半殖民地反殖民反封建的第一次革命风暴，显示了亚洲人民不甘心受奴役的英勇反抗精神。印度民族大起义对中国人民的反殖斗争客观上起了支持作用。当大起义的消息传到广州后，正在抵御英国人侵扰的广州军民奔走相告，“人心俱大喜”。[①] 英国截留派来中国的军队，使其扩大在中国的侵略战争的计划不得不推迟。

综上所述，尽管大起义的指导思想有落后于甚至违反时代潮流的一面（指封建主复旧企图），但大起义作为一次伟大的民族斗争风暴，在印度近代民族解放运动史上永放光彩。起义被镇压前夕，伟大导师恩格斯在他评述印度起义的一系列文章的最后一篇中，把这次起义称为“伟大起义”，[②] 说明他对印度人民的这场斗争是给予高度评价的。

---

① 中国科学院近代史研究所编《近代史资料》1956年第2期。

② 《马克思恩格斯全集》第12卷，第614页。

第八章

英王直接接管对印度的统治

大起义的一个直接结果是东印度公司统治印度的终结。1858 年 8 月 2 日，英国议会通过《印度政府法》，规定结束东印度公司对印度的统治，印度由英国女王接管并以她的名义统治。总督坎宁这年 11 月在阿拉哈巴德接见大典上宣读维多利亚女王 1858 年 11 月 1 日诏书，其中宣布了这项变动。英国政府接管印度本来只是时间问题，在大起义中做这件事却有特殊的政治用意：把公司当作替罪羊，并造成一种英国政府接管会使印度面貌一新的印象，以安抚人心，最终瓦解起义。女王诏书还宣布，东印度公司政权与印度土邦王公签订的所有条约和协定继续有效。这就是说，以前附属于公司政权的土邦，从此转附属于英国国王直接建立的殖民政权。英国政府直接统治印度的时期开始了。

英王接管后，首要任务是从大起义中吸取教训，巩固对印度的政治统治，为此就要对统治体制和政策做相应的调整并修补漏洞。总的来看，在统治体制和政策上是有继承也有变化。继承是主要的，比如直接统治和间接统治两种形式，最高决策中心在英国议会和内阁，以总督及其参事会为首脑的中央集权的行政系统，立法职能与行政职能的逐渐分离，还有司法体系、军队、文官制度等，都被继承下来。这是不难理解的。这些制度原来就是在英国议会和内阁插手下制定的，而且已证明行之有效。变化的方面也不少，总的趋势是：强化殖民统治机器，巩固与封建主的政治联盟，拉拢日益兴起的资产阶级民族主义势力等。英王接管使英国对印度的统治从大起义的震撼中得到恢复与巩固。

一 一元化统治的建立和统治机器的强化

1858年《印度政府法》规定，英王接管后，英国内阁设印度事务大臣职位，负责管理印度事务。印度事务大臣由一个15人组成的印度事务会议协助，其成员主要从前英印殖民政权高级官员中遴选。取消监督局，先前由监督局和公司董事会分别行使的权力统归印度事务大臣及印度事务会议行使。印度总督由女王任命，是其在印直接代表，职权不变。1858年女王诏书又给总督加上“副王”头衔，这个称呼在与土邦交往中使用更为方便。总督在有关印度的方针大计上接受印度事务大臣指导，但在具体政策的制定上和日常管理上有决定权。这样，1784年以来一直实行的双重权力重心体制就变成了权力重心一元化的体制。最高决策权操在英国议会和政府手中，它们的决定通过总督贯彻执行。总督听命于英国内阁，内阁对议会负责。原总督坎宁被任命为英王统治后的第一位总督和副王。

总督参事会过去没有成员间的分工，任何事务都要共同管理。这有许多不便。英王直接统治后，1861年英国议会通过《印度参事会法》，规定实行分工，成立内政、外交、税收、财政、法律、军事等部门，每个成员负责一个部门，这就是政府部长制的开始。这使参事会能更具体地领导各系统的工作。

这个办法也在省督参事会中实行。不过省依然分成三种类型：省督治理省、副省督治理省、首席专员治理省。副省督治理省到1910年才有参事会。首席专员治理省没有参事会，由几名专员构成一个局共同领导，直属总督。

根据1861年《印度参事会法》和1892年《印度参事会法》，立法会议进一步扩大规模，权力也有所增加。立法会议的设置是为了形成立法权与行政权分离的体制。如果说，在公司统治时期，这样做是为了限制公司的权力，在英王接管后，则主要是为了拉拢印度上层和知识界。无论是中央的还是省的立法会议都是没有实权的。总督和省督不对它负责，相反，它通过的法案还必须由总督、省督批准方有效。

法院系统也进行了调整。两个高等法院并存已没有必要。1861年改组为统一的高等法院，分别设在加尔各答、孟买、马德拉斯，后在阿拉哈巴德也设立了。30 年代起，由马考莱主持起草的民事诉讼法典、刑法典、刑事诉讼法典于 1859~1861 年通过并颁布实行。

军队实行了改组。公司的军队改为国家军队。针对大起义暴露的问题，减少了土兵总人数，提高了英籍士兵比重。英印人比初为 1∶2，后改为 1∶3（大起义前为 1∶5）。1863 年，205000 名士兵中英人 65000 人。印籍士兵逐渐改为以招募锡克教徒、帕坦人为主，另外招募大量尼泊尔廓尔喀人。在军队编制上，把不同民族、宗教、种姓的人分别编成基层单位，又把这样的不同单位混合构成团队。这被称为“分割与平衡”的原则。炮兵完全由英人构成。

警察系统也强化了。各市县都有警察局。治安长官负责司法行政同时兼警察局局长的情况很普遍，这使他们有充分权力行使镇压职能。

这样，英王直接统治使殖民地的国家机器进一步集中、统一和强化了。这个统治机器既是高压的，又在某些方面带有一些资产阶级民主色彩。这就使英国统治者可以用软硬兼施的两手来保持对印度的严密控制。

二 统治政策方面的某些变化

这里说的政策变化不是指英国工业资本剥削印度的总方针，而是指贯彻这一总方针的具体政策。

英国政府显然认识到了 30~50 年代实行的某些政策包括有限兼并土邦政策、审查免税土地持有者资格政策、鼓励传播基督教政策、社会改革政策等，触犯了一些封建特权阶层（世俗的和宗教的）的利益，是大起义爆发的重要原因之一。因而，在接管印度政权后，决定改变这些政策。1858 年 11 月 1 日女王诏书郑重宣告：英王政权将接受和谨慎地维护公司先前与印度各王公签订的所有条约和协定，不再扩大英属印度领地，要像尊重自己的权利、尊严和荣誉一样，尊重印度王公的权利、尊严和荣誉。英印领地的居民享有帝国其他地区臣民同等的权利。宗教信仰自由，各种信仰者同样受法律保护，不得歧视，不得强迫改宗，政府官员不得干预臣民的宗教信仰。所有臣民都应同样地被允许担任政府职务，不得因种族和信仰而有差别，尊重印度人民对世代相承的土地的感情，在制定和实行新法规时，将适当考虑印度自古以来的权利和习俗。诏书最后讲到英印政权要为所有臣民谋利益，“我们的力量在于他们的富足，我们的安全在于他们的满意，我们的最好的报偿就是他们的感激”。诏书清楚地表明了英国殖民政策的新转向。变化可归纳为两方面：一是停止对印度某些封建上层的损害，自觉地加强与他们的政治联盟，使自己统治的基石更为牢固；二是宣布印度人享受英国臣民待遇和权利平等的原则，并展示逐步实现改革的前景，在政治上抚慰上层和知识界，以扩大自己统治的社会基础。

在接管政权后，按照诏书精神采取了一系列措施。

（一）放弃有限兼并土邦的做法，并从多方面抚慰王公

大起义前的事实表明，兼并会造成多方面的影响，受损害的不仅是王公。王公在群众中还有很强的号召力，损害他们的利益就会给不满的下层群众提供一个领导力量，一个聚合的轴心。所以这个热点是必须消除的。大起义也使英国统治者认识到，绝大多数王公忠于英国对他们有何等宝贵的价值！如果说30~50年代有些人得意忘形，竟认为土邦的存在是种“累赘”，现在他们认识到，保留这个“累赘”对稳定英国统治是绝对必需的。坎宁总督1860年宣布废除“丧失权利说”，承认王公有权养嗣继承王位。被兼并的土邦有些归还给了原来统治者的养子，如特里-加瓦尔、科拉普尔、达尔等。1881年归还了迈索尔土邦的统治权。1886年把瓜辽尔堡归还给信地亚。大部分被兼并的土邦没有归还，包括奥德、章西、那格浦尔、萨塔拉、桑姆巴普尔和比拉尔地区，一则因为这些土邦王公中有些人参加起义被剪除，二则兼并这些土邦经济上、交通上利益很大，英国不愿放弃。

英王直接统治后，已把土邦看作英王的附属国，由副王代表英王行使最高权力，具体事务由副王参事会政治部负责。但这样做当时并无法律依据，因为土邦原来只是公司的盟国，英王接管应该是继承盟国关系。为了打破这种不规则状态，英国统治者便来制造法律依据：1877年英国议会通过“英王称号法”，宣布英王兼任印度皇帝。这就把所有印度土邦变成了英王的臣属国，从而确立了英王的最高统治地位。这种自己给自己制造权力依据的做法充分暴露了英国奉行强权政治的真面目，也揭露了以往公司宣扬的“盟友关系”的虚伪。

英王政权对土邦实行的控制政策和以往一样。土邦外交上受英国殖民当局监控，王公之间不得自行相互往来，内政自主，但受驻扎官一定控制。

英王统治也有与过去不同之处，如设立了“印度之星”奖章，授予大起义中和大起义后特别效忠的王公；对“功绩”显著的王公授予爵士称号；又实行差别礼炮制度，规定一批有影响的王公在重要场合享受礼炮待遇，并按不同土邦的重要性分为从 9 响到 21 响的不同等级。这些鼓励、拉拢办法，不但要对王公普遍地起抚慰作用，而且要在王公中制造差别，培养带头羊，使之产生一种奴才荣誉感，并刺激别的王公羡慕他们、模仿他们，从而形成一种为效忠英王争先恐后、竞相争夺殊荣的局面。

土邦王公不负英王期望，感到做英王附庸是种荣耀，从此几乎无一例外地死心塌地效忠英王。由于得到英国庇护，不用担心人民起义，直到 20 世纪初土邦很少有什么内政改革，王公腐败是普遍现象。土邦制度成为印度肌体上的一大毒瘤。70 年代梅约总督在阿季米尔建立了一所学院，专门用来训练拉其普他那王公子弟，这个学院实行英语教育，也教授一些西方知识，其目的是着眼培养下一代王公，多少要他们能跟上形势，但一直到 19 世纪末收效甚微。

（二）改变某些侵害封建主权利的做法，安抚地主阶级

审查免税土地持有者资格的工作基本上停止了。兼并奥德后当局实行莱特瓦尔制，达鲁克达尔（奥德封建土地占有者）的土地被剥夺。如今放弃了这种做法，改为实行达鲁克达尔地税制，即以达鲁克达尔为地主和纳税人。被剥夺的 23522 块地产有 23157 块归还了原达鲁克达尔。农民却成了无权佃农。

（三）放弃官方促进传播基督教和以立法手段实行社会改革的做法

大起义粉碎了使印度基督教化的狂想。事实表明，官方的宗教热情只能给他们带来灾难性的后果。英国统治者认识到这个危险，决定改弦易辙，官方不再直接鼓励传教。基督教此后继续传播，但主要是传教士的事。关于印度社会改革，因涉及宗教习俗，反应强烈，当局也决定不再由官方参与推动。大起义之后的几十年，官方关于社会改革的立法很少了，只有少数情况例外，如 1872 年应印度改革家的要求通过了婚姻法，1891 年通过了合法婚姻法。

（四）扩大立法会议，吸收印度人参加

当局认识到，除了在经济上、宗教上必须对印度上层做些让步外，在政治上笼络他们，使他们对国家管理多少有些参与，也是巩固殖民统治的重要手段。1861 年英国议会通过《印度参事会法》，决定扩大总督立法会议，吸收印度人参加。印度资产阶级改良活动家 1852 年给英国议会的陈请书中就要求让印度人参加中央和省立法会议，英国统治者不予理睬，但是大起义的爆发终于使他们领悟到接受印度人要求的必要性。孟买省督巴尔托·弗莱尔就说："除非你有一个能讨论问题的会议作为某种防波堤或安全阀，否则就始终存在对危险毫无察觉以致最终爆发的可能性。"① 1861 年法案规定，总督立法会议增设成员扩大到 6~12 人，由总督任命，其中不少于一半应是非官方人士。法案中并没有提到非官方人士包括什么人。在执行这个法案中，印度事务大臣查理士·伍德要求印度总督既要从在印的英人中，也要从印度非官方人士中遴选。法案规定，总督立法会议可就英印的各方面事务立法，但不得与英国议会所通过的有关印度事务的法案抵触，不得与英国宪法抵触，所通过的法案必须经总督批准方为有效。总督有否决权。就是总督批准了，英王还有最高否决权。立法会议的职权限于立法，不得干预行政。法案规定重建马德拉斯、孟买两省立法会议，恢复其立法权。两省的立法会议应各有增设成员 4~8 人，由省督任命，其中不少于一半应是非官方人士。1862 年、1886 年和 1898 年，在孟加拉、西北省和旁遮普省也建立了立法会议。省立法会议通过的法案要经省督和总督批准。有关公债、货币、刑法、与土邦关系等方面的事务，省立法会议无权立法。上述规定说明，无论是中央还是省立法会议都不过是一种清谈馆和虚有其表的摆设，殖民当局首先从这个领域吸收印度人参与，道理就在这里。但吸收印度人参加哪怕是清谈馆也绝不是没有意义的。它给了印度上层和知识界以改良活动可行的希望，也给他们提供了表达资产阶级要求、扩大政治影响的场地。资产阶级活动家更感兴趣的，是立法会议有广阔的发展前景，他们把它看作未来议会的胚胎，是最终实现代议制的起点，因此对参加立法会议非常看重。也正是从这个意义上，他们把 1861 年立法会议改革

① 莱昌达利：《近代印度史》，德里，1981，第 245 页。

称为印度宪政改革的开端。

大起义后，英国当局首先拉拢的是封建势力上层人士，那时他们还不认为资产阶级政治运动构成了威胁。所以，根据 1861 年法案精神，总督、省督任命的参加立法会议的印度人非官方成员都是土邦王公、他们的大臣和大地主，如帕提亚拉土邦王公、贝拿勒斯土邦王公等。他们只是英国统治者手中的玩物，并不代表要求改革的印度新兴力量。而且英属印度的立法会议让土邦王公参加本身就是不伦不类的体制。

印度资产阶级活动家激烈抨击当局这种做法，强烈要求立法会议成员选举产生并扩大立法会议权限。80 年代后，随着资产阶级民族运动的发展，英国统治者看到，封建势力上层人士的重要性已相对下降，拉拢资产阶级活动家的任务已提上日程，因此 1892 年英国议会又通过一个《印度参事会法》，进一步实行立法会议改革。

根据这个法案，总督立法会议增设成员到 10~16 人。孟买和马德拉斯两省立法会议增设成员到 8~20 人，孟加拉省不超过 20 人，西北省不超过 15 人。所有这些成员的 2/5 应是非官方人士，其中部分直接任命，部分实行团体推荐，总督或省督任命。总督立法会议应推荐产生的非官方人士为 5 人，由孟加拉、孟买、马德拉斯、西北省各出 1 人，另一人由加尔各答商会推荐。省立法会议应推荐产生的成员由市县自治局、大学评议会、地主和商会中产生。立法会议职能也有所扩大，有权讨论政府年度财政报告，提出质询。

1892 年改革比 1861 年改革前进了一步。虽然无论是中央还是省的立法会议都仍是官方成员占大多数，如总督立法会议共 25 人，官方 15 人，非官方 10 人，内任命 5 人，推荐 5 人，但实行推荐制的结果是，一批资产阶级活动家进入中央和省立法会议。进入总督立法会议的有费罗兹沙・梅塔、戈帕尔・克里希那・郭克雷（1866~1915），进入省立法会议的有苏伦德拉纳特・班纳吉（1848~1925）、阿兰达・摩罕・鲍斯、马丹・摩罕・马拉维亚等。这些资产阶级代表人物不但能对政府的财政经济政策提出批评意见，还能在立法中提出有利于民族资本主义发展的提案，使立法会议具有了某种民族斗争场所的性质。1892 年改革是印度民族主义力量在立法会议中获得发言权的开始。这一措施把资产阶级活动家的注意力引导到宪政改革上来，减少了他们与群众结合的可能性。这正是英国统治者实行改革所追求的目标。

（五）吸收印度人担任文官

文官考试制度继续实行，1864 年产生了第一个印度人文官，即萨廷德拉纳特·泰戈尔。当时印度文官 976 人，只有他一人是印度人。1871 年，又有 3 名印度人通过考试成为文官，他们是苏伦德拉纳特·班纳吉、罗梅什·钱德拉·杜特、比哈里·拉尔·古普塔。70 年代以后，通过考试成为文官的印度人又有增加。

然而，这条进入仕途的路对印度人来说实在是太狭窄、太艰难了。民族主义者强烈要求有更多参政机会。殖民统治当局不愿放弃英人对高级官职的垄断，又要摆出认真贯彻女王诏书的姿态，因此对中下级文官选拔制度做了新的规定。1867 年劳伦斯总督的参事会通过决议，规定在副省督治理省和特派专员治理省可以任命印度人担任专员助理以下的各种行政和司法官职，后在省督治理省也部分实行。李通总督（1876~1880）实行法定文官制度，即拨出文官名额的 1/6 给印度人，由省督任命，总督会议批准。实行 8 年后取消。以后建立了省文官制，由省督任命，其中包括印度人。还设立了低级文官，全由印度人充任。这样，虽然高级文官由英人垄断的现象基本上没有改变，但中下级官职终于向印度人开放。印度人担任文官，照样要执行殖民政权的政策和法令，不会改变这个政权的性质。此举吸引许多印度知识分子追求个人官运亨通，甘心为殖民统治者效劳，成为外国人政权的点缀品。资产阶级改良活动家对中下级官职开放是欢迎的，认为这会对人民利益多少起保护作用，减轻殖民政策的有害影响。所以此举也达到了缓和资产阶级不满情绪的目的。

（六）进一步扩大西方教育

除已有的加尔各答、孟买、马德拉斯三所大学外，又开办了拉合尔、阿拉哈巴德两所大学。积极鼓励私人办学，对一部分私立学校实行附属制（即允许附属于公立大学）或经费补贴制。初等教育是薄弱环节，这一时期受到重视。印度事务大臣提议征收田赋附加税，为发展初等教育提供经费，结果学校和专科学校的数量迅速增加。发展教育除满足日益增长的人才需求外，殖民当局还有更深一层的考虑：由于促进传播基督教和以立法手段实行社会改革的政策都已放弃，此后要达到开拓思想文化领域的目标就只有采取间接方式，即依靠印度的改革家去进行。西方教育越发展，培养出的具有近代思想的知识分子越多，这项开拓就会进展得越快。抓教育是为了继续执行对印度的思想征服的方针。

（七）建立市政机构，让地方人士负责管理公益事业

这样做，对殖民统治者来说，好处是多重的：减轻当局的行政事务负担和财政负担；借助印度的人力财力，扩大公益事业；拉拢印度地方封建上层、知识界人士、商界人士，给他们以参与管理地方事务的机会，增强他们对殖民政权的亲近感；可以作为一个橱窗，显示殖民统治者重视发扬民主。1870 年总督梅约的参事会通过决议，提出地方的教育、卫生、公共事业等要由地方的人（包括印人、英人）举办并监督。1872~1878 年，孟买、加尔各答、马德拉斯三城先后成立了市政局，负责教育、卫生、建设等公共事业，其成员包括地方政府官员和从当地非官方人士（印人和英人）中选举的成员，主席由一名地方政府官员担任。后来在一些县也建立了县自治局。80 年代，随着印度民族运动加强，殖民当局也越来越重视这种做法在政治上所起的作用。雷滂任总督时（1880~1884），通过了著名的 1882 年决议，强调提高地方市政自治机构的选举成员比例，无论城市还是县，都要由非官方成员占大多数，官方成员不得超过 1/3。还规定殖民当局对市政自治机构只应采取外部监督的办法，如修正、否决它的决议，而不要直接领导。市政局主席在可能情况下也应由非官方人士担任。1882 年决议执行的结果是英属印度大多数城市和县城都有了这种市政机构。市政局不等于地方政权，它只担负政权的某些公共建设职能，至于作为国家机器的镇压权力、收税权力等仍操在英国治安长官、收税官、警察局局长手里，他们仍牢牢掌握着市、县政权。市政局只是英国政权的附属品，当局大加渲染，把它说成在印度建立了地方自治体系，这纯属骗人之谈。

总之，英王接管后英国对印度的统治更自觉地运用分而治之策略，实行镇压和拉拢两手并举，巩固其统治基础。它不仅要使封建上层成为自己的统治基石，还逐渐注意拉拢资产阶级知识分子，其目的是要尽力拉开社会上中层与下层人民之间的距离，使像 1857 年大起义这样的各阶层联合的反英斗争永远不会再发生。这个策略收到了一定效果。自此以后，殖民政权与封建势力的联盟得到巩固与加强。60~70 年代有几次自发的下层人民

起义，但都被当局镇压。封建上层完全站到殖民统治者一边，再没有封建主参加和领导起义的情况发生。然而，殖民当局要把资产阶级拉过去的打算并没有实现，也不可能实现。它的让步资产阶级活动家乐于接受，但这挡不住资产阶级运动随着资本主义发展提出越来越高的要求。

殖民统治者为了巩固与封建势力的联盟，放弃了某些有损于后者利益的做法，这样，它的开拓政策在某些方面就呈中止甚至倒退趋势。这是巩固政治统治的代价。但这绝不是说，它放弃了精神文化领域里开拓的政策。只要把印度变为英国商品市场和原料产地的总方针不变，为这个总方针服务的上层建筑领域的开拓就是不可缺少的，就不会放弃。在新的形势下，它采取迂回前进的办法，一些方面的做法不得不停止，就从另外的方面采取措施。这样，就形成了这一时期殖民政策特有的双向运动，即一面是后退，一面是前进；有些方面后退，更多方面前进。其目标还是大起义前定的那个全面征服印度的目标，所走的路仍然是大起义前走的开拓和改造的路，只不过在有些方面不得不绕道而行，变得更加灵活和狡猾罢了。史学界以前有种看法，认为大起义后殖民政权的政策转变成全面反动，前一时期的开拓方针都放弃了，并据此判定大起义起了“倒拨时针”的消极作用，这是不符合历史事实的。

第九章

资本主义大工业的出现和发展

印度近代资本主义大工业产生于19世纪50年代，它不是印度社会内部资本主义萌芽自然成长的结果，而是从西方移植资本主义的产物。19世纪上半期殖民政策新阶段引起的印度社会深刻的经济变动，为实现移植创造了条件。

一　资本主义大工业的产生

到19世纪50年代，为把印度变成英国商品市场而对其经济结构进行殖民主义改造的工作已经取得了相当进展，农业、手工业、商业、金融业都被转入为英国工业资本剥削服务的轨道。这种转轨既靠经济手段，又靠行政手段的配合。马克思说，廉价商品是西方殖民列强打开东方市场的重炮。在印度，殖民政权则为这门重炮提供了最需要的炮台。在它的轰击下，封建自然经济及其农村公社外壳最终瓦解，商品货币关系发展起来，农业卷入市场经济范围，土地越来越集中在与市场有联系的商人新地主手中，不少农民失去土地，不少手工业者失去传统的谋生手段。它们中许多人不得不靠出卖劳力为生。商品经济的发展为印度建立资本主义大工业准备了土壤。

自由贸易旗号下进行的大规模不等价交换，给英国工商业资本家带来巨大的收益。从事英印贸易的英国商业公司，以所得利润不断扩充其商业资本，实力越来越雄厚。印度商人也在买办贸易和自营贸易中，在兼并土地中得到好处。这成了他们实现资本原始积累的手段。不少商人在英资商业公司或银行拥有股份。如1835年孟加拉联合银行207个股东，有73个是印度人，董事会中有4名董事是印度人。孟买、马德拉斯管区银行都有少数印度人股东。有些商人建立了自己的商业公司，如孟加拉泰戈尔家族在加尔各答建立了第一家近代商业公司，还购买轮船，尝试办航运公司，但没有成功。西印度古吉拉特大商人和帕西商人一面从事买办贸易，一面经营自己的商业，有的还有自己的远洋商船，从事对中国和东南亚的贸易。如孟买帕西富商贾·吉吉拜19世纪前三十年通过对中国鸦片贸易积累了资财3000万卢比，1828年起，又经营输出棉花贸易，并投资造船业，获利甚丰。另一帕西富商曼·彼蒂特拥有载运量2000吨的大商船。这些西印度商人在孟买建立了不少商业公司。马德拉斯商人到50年代也建立了一批近代商业公司。这说明不但英国人在印度办大工业资金不成问题，印度商人要办工业也有起码需要的资金。

殖民地印度和英、法国家历史发展的不同在于，英、法封建制度解体的过程就是封建社会母体内产生的资本主义萌芽逐渐发展到资本主义手工工场阶段的过程，经过资产阶级革命，最终确立了资本主义关系的统治地位。印度封建制度的解体不是由于自身资本主义萌芽的发展，它的大部分已经被英国商品扼杀，而是外国资本主义商品经济强刺激的结果。这样，封建经济的解体并未伴随进入资本主义手工工场阶段，更谈不上实行工业革命了。印度资本主义大工业的产生不是自己原有的资本主义萌芽的发展成长，而是从外部移植进来的，既包括以大机器和先进技术为代表的生产力，又包括现代的经济组织和制度，也就是说把整个现代工厂制度搬到印度来。

英国人向印度移植大工业是为了谋取更多利润。这是英国资本主义发展到相当程度后产生的一种新的需要，亦即新的剥削手段。工业革命后，英国钢铁工业、机械工业、能源动力工业都有所发展，要输出的不仅仅是纺织品，还有大量重工业产品，这些产品只有在国外办大工业的情况下才有市场，换言之，在国外办大工业是促进英国重工业产品外销的手段。在印度办工业，对在印度的英国人来说，可以就地把商业资本转化为工业资本，从事更有利可图的剥削；对居住在本国的英人来说，是资本输出，可以利用印度的廉价劳力、原料、地皮，生产印度和世界市场需要的产品。在印度办工业，如修铁路、办原料加工厂，还有利于进一步把印度开拓成英国的商品市场和原料产地。总之，在印度办工业可以一举多得，正如马克思 1853 年在《不列颠在印度统治的未来结果》一文中所说："大不列颠的各个统治阶级一向只是偶尔地、暂时地和例外地对印度的发展问题表示一点兴趣。贵族只是想降服它，财阀只是想掠夺它，工业巨头只是想用低廉商品压倒它。但是现在情势改变了。工业巨头们发现，使印度变成一个生产国对他们有很大的好处。"①

英国人在印度办工业带有资本输出性质。但一开始还不是因为国内资本饱和需要到印度找出路，而是为了把印度彻底转变为自己的商品市场。50~60 年代在印度办工业只是个开始，数量有限，所以这一时期英国殖民政策仍属工业资本剥削阶段。

在印度办大工业虽是英国人开始的，但印度人很快跟上。可以说，印度民族资本大工业与英国资本大工业是大致同步产生的。这是东方其他国家（包括中国）所没有的现象。这里的关键在于印度商人的特点。中国商人明显地分为买办商人和民族商人两部分，买办商人迟迟不愿放弃买办业务，而民族商人是中小商人，手中积累的资金有限，办工业不易，结果出现一段封建官府办洋务时期。印度商人特别是大商人在 19 世纪上半期是既做英商代理商，又经营自己的贸易，兼有买办商人和民族商人两重身份，纯粹的买办商人也有，但不占主要地位。这些有双重身份的商人既有较多机会积累资本，又有较灵活的营业自主权，因而只要办大工业的条件具备，只要英国人开始办起来，只要他们也能从英国进口设备（在当时英国鼓吹自由贸易的情况下这不困难），他们也就会跟着办。

19 世纪 20~30 年代，印度就已经出现了一些加工出口原料的小型手工工场，如缫丝厂、轧棉厂、制糖厂等，还有煤矿和个别小型钢铁厂，有简单的机械设备。有的属英资，有的属印资。这一时期，加尔各答附近的包利亚开始出现使用蒸汽动力的棉纺织厂，但规模小，属英资。40 年代，加尔各答附近出现了几个使用近代机器设备的制糖厂，不过规模也很小，其中有英国人办的，也有印度人办的。1843 年孟加拉煤业公司成立，1846 年产量为 91000 吨，是英国人办的。这些是大工业的先驱。50 年代，英国人开始在印度修筑铁路，1858 年修成 288 英里。同时，英国商人和印度商人

① 《马克思恩格斯选集》第 2 卷，第 71 页。

开始兴办较大规模的近代工厂。1854 年英国人在加尔各答附近建成第一个黄麻纺织工厂，投入生产，属奥克兰公司。同年，印度商人考瓦斯吉·纳纳拜·达瓦尔在孟买建立了第一座棉纺厂。英国人把黄麻业作为他们兴办工厂企业的第一个重点部门，而印度人则把棉纺织业作为发展重点。大工业的机器都靠进口，技术人员最初也靠从英国聘请。

除了大工厂以外，50 年代后出现了更多小型原料加工业，多数属印资。其创办者绝大多数是商人和地主，也有极少数从富裕的手工业者上升而来。印度资本主义的发展没有经过西方那种资本主义手工工场阶段，但在大工厂出现后却出现大量手工工场，与大工业并存，成了大工业的后备力量，为大工业充实基础，对大工业起了支撑作用，也弥补了大工业门类和数量的不足。

资本主义大工业的出现是个重要的界碑，标志着印度社会形态在英国统治下开始发生变化，在封建主义成分（它本身已丧失纯粹性质）之外，出现了资本主义成分，它与封建主义成分并存，并逐渐占主导地位；而在资本主义成分中，占统治地位的是英国资本，它支配一切，使一切服从于它的剥削。印度开始由殖民地封建社会转变成殖民地半封建社会。它是资本主义社会形态在殖民地的扭曲变种。

二　英国资本输出和英资大工业的发展

英国人办大工业，其资金的最初来源主要是在印度的剥削所得。黄麻业就是这种情况。但英国资本输出不久就成了主要因素，成了推动英资大工业发展的主要动力。

英国对印度的殖民剥削政策从 70 年代起开始向帝国主义阶段过渡，大规模资本输出也是从这时开始的。虽然直到 80 年代，对印度主要还是工业资本剥削，资本输出还不占统治地位，但资本输出的数量日益增长，输出的途径越来越宽，在英国对印度的剥削中所占的位置越来越重要。

首先是修铁路、架设电报线。修铁路是最主要的投资项目。铁路能方便货物运输，降低运费，有利于开拓内地，把印度与世界市场更紧密地联系起来。铁路是工业发展的先驱，能带动一系列工业部门的建立，它还是钢铁、煤炭等原材料的巨大消耗者，能带动英国重工业产品在印度的销售。

修铁路还有政治、军事意义，能够随时调兵镇压任何地方发生的起义。殖民当局对修铁路十分重视。为鼓励英国私人公司来印承包，殖民当局采取了种种优惠措施，包括长期提供土地，免除各种税收；政府保障4.5%~5%的投资利润，达不到这个数额的，不足部分由政府补贴，超过这个数额的，超出部分由政府和公司分成；铁路修成后，政府在25年后才能买回。这种制度，尤其是保障利润制，造成了非常惊人的浪费。因为既然利润按投资额保障，投入成本越多，利润就越多，至于效益如何，是不用考虑的。因此，铁路公司尽量增加工程花费。总督大贺胥勋爵估计每英里铁路费用为8000英镑，实际花费接近18000英镑，政府亏损严重。60年代后保障利润制不再实行，改为国家修建。但由于财力不敷，80年代又改为和私人公司合营。铁路为国家财产，对私人资本重新实行保障利润制，但利润率降为3.5%，政府可在25年后收回。这又叫新的保障利润制。1861年印度共修成铁路1588英里，1871年达5077英里，1881年达9891英里，到1901年已达25373英里。投资总额为226773200英镑。仅利润每年就达600万英镑。修铁路用的铁轨、桥梁材料、机车和车厢等都由英国输入，甚至煤的一部分也由英国输入。80年代以后，私人修建的铁路被国家陆续收买，铁路转归国有。收买铁路的费用相当部分是向英国资本家借债，构成了印度国债的重要部分，促进了另一种形式的资本输出，即借贷资本的输出，英国资本家每年得到大量利息。马克思对修铁路的作用做了极高评价，他说："铁路在印度将真正成为现代工业的先驱"，修铁路的"后果是无法估量的"。①的确，纵横贯穿全国的铁路把内地与沿海城市联结起来，打破了交通闭塞状态，使全国联系更为紧密；铁路和机车的维修、动力的供应本身就促进了在印度建立修配厂，促进了采煤业发展。可以说铁路宣告了印度大工业时期的开始。就社会意义而言，铁路使人开阔了眼界，促进了人际交往、信息交往，增进了统一观念，对打破种姓界限也起了相当作用。

电报线的架设从50年代开始，60年代后速度加快。1860~1861年度为11093英里，1890~1891年度增加到37070英里。电信业务的开通使原来迁延时日的信息传递成为瞬间可达的事，极大地方便了商业联系，当然也方便了英国对印度的政治控制。

---

①　《马克思恩格斯选集》第2卷，第72~73、71页。

英国资本开办的大工厂在19世纪下半期数量并不多，主要是黄麻纺织厂。到1893年共建成28个，织机9580台，雇用工人69179人。麻布制作的麻袋、枪衣，在美国、欧洲、澳大利亚、新西兰有很大市场。此外是煤矿，这是为了供应铁路和工厂能源。孟加拉煤业公司1857年产量为293443吨，到1900年增至600万吨。在中央省、旁遮普，政府直接开采煤矿，以满足国家铁路的需要。还有造纸厂，1874~1889年建立了3个，到19世纪末有9个，1909年产量达5700万磅，主要生产政府机关和学校用纸。此外，1875年建立了孟加拉钢铁公司，主要是炼铁，产量有限。还有少数机车修配厂、军械厂和棉纺织厂，后者是军需工厂性质。

大型水利工程的修建19世纪前半期就已开始，80年代后成了英国投资的一个重要项目。主要兴建地区在旁遮普、信德和马德拉斯省。工程项目包括开凿河渠、修筑水坝等，目的是把灌溉受益地变成棉花和小麦产区，以适应原料出口的需要。1901年英属印度灌溉面积比1876年扩大了1/3。全印灌溉面积4400万英亩，其中因政府兴修水利工程而形成的灌溉面积为1170万英亩。这种投资提供了对农民扩大剥削的手段，受益土地地税和水税普遍提高，如1851~1870年马德拉斯管区的水税就提高了80%。

开办种植园是另一个重要投资项目，种植园中多附有产品的初级加工厂。种植园的经营在50~60年代有较大发展，主要是蓝靛种植园、茶叶种植园、咖啡种植园。蓝靛种植集中在孟加拉、比哈尔，一般是农民分散种植，种植园主集中收取产品。1831年孟加拉有300~400个蓝靛收购点。19世纪末，化学染料兴起，逐渐代替蓝靛染料，蓝靛种植衰落。咖啡种植园集中在印度西南部的迈索尔及其附近地区，60年代末70年代初种植面积达20万英亩。后因巴西咖啡占领世界市场，印度咖啡种植未能发展。意义较大且得到较大发展的是茶叶种植园。1833年后东印度公司政权鉴于英国对茶叶的需要量日益增长，就在印度阿萨姆试种，结果获得成功。1839年在伦敦建立的阿萨姆茶叶公司大力发展经营，茶叶种植园从1853年的10个增加到1871年的295个，种植面积从200英亩增加到31000英亩，产量从3.6万磅增加到600万磅。印度茶叶输往英国，逐渐取代中国茶叶的地位。

在印度开设私人银行是英国资本输出的另一重要形式。40年代，在孟加拉、孟买、马德拉斯建立的三个管区银行有分支59个，遍及大中城市。除管区银行外，还有一些纯粹私人银行，1870年有7个，1894年有14个，其经济实力远不如管区银行。英国人在印度开的银行还有一类叫汇兑银行，如麦加利银行、亚洲特许银行、有利银行、印度国民银行等，数量不多，但经济实力很强。主要资助英商从事英印贸易。总部都在英国，实际上是英国大银行在印度的分支。开银行本身是资本输出，对英国在印度办工商业也是一种支持。

英国对印资本输出是通过一种特殊的经济组织——经理行实现的，经理行通常也采取近代公司的形式，它是适应资本输出的需要而产生的。19世纪上半期，有些英人在印度开设了一些代理行，既作为英国大商业公司在印度的代理人，又从事存放款业务。这种代理行是经理行的前身。当资本输出开始后，英国垄断组织和一般资本家要向印度投资，兴办工业企业。这些熟悉印度市场情况的代理行就来承担这种任务，也有些是此时专门建立的，它们就成了经理行，其职能很广泛，包括接受委托代为建厂，向需要的工业企业提供设备、技术、资金，包销产品，办理存放款业务等。在企业开办起来后，经理行通常握有这些企业的部分股票，收取股息。这样，经理行对这些企业实际上拥有控制权。经理行也常常用手里的资金开办工业企业和经营商业，壮大自己的势力。随着资本输出的增加，经理行控制的和建立的工厂企业逐渐增多，有的主要在某一个工业部门内扩展，更多的是跨部门，成为包罗万象的集合体。如1892年成立的马丁公司，就控制着铁路、煤矿公司、茶叶种植园、保险公司等。这样，经理行不但是英国资本输出的渠道，它本身（势力大的经理行）也逐渐发展成一种垄断资本财团。大经理行的所有者自己办有企业，资产积累越来越多，还控制大量别的企业，成了大资本家。大经理行是英国资本在印度发展起来的一种垄断组织，是英国垄断资产阶级在印度扩张的主要组织形式。

除了大经理行形成垄断势力外，19世纪80~90年代还有另一种英资垄断组织形式，那就是同一部门的企业走向建立销售、生产协定。这是更接近西方垄断组织的形式。1881年阿萨姆茶叶种植园主建立了印度茶叶协会。1884年孟加拉黄麻厂主建立了黄麻制造商协会。它们作为同业公会，就产销等经营问题做出规定，共同遵守。不过这种形式作为垄断组织不如前一种发展，因为在绝大多数工业部门，工厂处于初建时期，不存在垄断市场的问题。

总的来看，英国资本输出促进了英资大工业的发展，导致了垄断组织的产生。不过直接生产领域的投资还不多。到19世纪90年代，英国在印投资总额（其中输出资本占绝大部分）3亿~5亿英镑中，直接生产领域的投资不到5000万英镑，其中办种植园占主要部分，用于办工厂的不过1/5左右而已。

三 印度民族工业的发展

19世纪60~80年代是印度民族资本在棉纺织业开始大规模发展时期，其发展情况如表9-1所示。

表9-1 孟买棉纺织业的发展

年度	建厂数（家）	纱锭数（枚）	织机数（台）	雇用工人数（人）	实收资本（千卢比）
1855~1870	13	291000	4100	8100	—
1870~1875	15	461000	3680	5450	33858
1875~1885	23	594800	4230	28000	14104
1885~1895	21	776600	8210	34200	7584

1860年孟买已有8家棉纺织厂。美国内战时期，印度棉花畅销英国，急速扩散的“棉花热”转移了人们的注意力，办厂的少了。美国内战结束后，印度棉花失去英国市场，印度商人又回到原来的道路，恢复在孟买建厂。60年代末投产的有几家，70年代至90年代初是建厂高潮期。截至1895年，孟买共建立棉纺织厂72家，其中有14家属英资所有。

从60年代起，在孟买管区所属的以阿默达巴德为中心的古吉拉特地区和那格浦尔开辟了另一片建厂区。这里离棉花产区近，原棉供应更为方便。1875~1876年度，包括古吉拉特地区在内，整个孟买管区共有棉纺织厂47家；1883~1884年度增至79家；1893~1894年度增至142家，纱锭365万枚，织机31100台，雇用工人13万人。

这样，西印度就成了印度民族资本的发祥地，而棉纺织业就成了民族资本的最主要的投资部门。这段时期孟加拉民族资本也出现了，但很少以单独建厂形式出现，而是在英资工厂中投资。

民族资本之所以最早在西印度产生并发展起来，是因为西印度被英国征服较晚，这里的商人在英国征服后所处的地位一直比孟加拉和马德拉斯商人高，在买办贸易之外，自己的商业活动余地较大。孟买与欧洲贸易由英商独自控制，但与东亚、西亚海上贸易印商也得以参加。特别是对中国的棉花贸易、鸦片贸易，许多西印度商人都参加了并获得了暴利。1836 年孟买成立商会，参加者都是大商人，其中英国人 15 人，印商 10 人。50 年代，西海岸城市成立的轮船航运公司、银行等都有印商参加。所以这里印商积累的资本比任何其他地区的商人要多得多。孟加拉商人较早受到排挤，那里实行的永久地税制又把资本大量吸收到购买土地上，妨碍其向工业资本转化。19 世纪上半期，孟加拉许多买办商人开始在买办活动之外兼营自己的商业，但其经济实力的恢复要有个过程。1887 年建立了孟加拉民族商会，标志着民族商业有了较大发展。但多数马尔瓦利商人继续做英商代理商，有的向英资黄麻厂投资，很少人考虑独立发展民族工业问题。至于南印度，其经济发展不及孟买、孟加拉，英国占领后，许多大商人受排挤，把资金投向锡兰、缅甸、马来亚等海外市场，办大工业就是更晚的事了。

西印度商人首先选择从棉纺织业发展，是由当时的一些特定条件决定的。棉纺织品属于基本消费品，销路最广；孟买大商人中的许多人一向从事进口棉纱棉布和出口棉花贸易，对印度的棉花及棉纺织品产销情况了如指掌，还知道棉纱在中国和日本颇有销路，认为投资办棉纺织业较有把握。由于英国棉纺织业和棉纺织机械制造业都很发达，从英国进口机器设备，聘请技术人员都不成问题。

最早的印度工厂主多是大商人，其中有帕西商人、古吉拉特商人、马尔瓦利商人。以宗教分，有祆教徒、印度教徒，也有少数穆斯林。孟买第一家棉纺厂创建者考·纳·达瓦尔是帕西商人，他原为两个英国公司的经纪人，也有自己的公司从事远东贸易。他曾参与促进孟买银行的建立，参与建立孟买航运公司。由于握有充裕的资金，1851 年他决定创建一个棉纺织厂，机器从英国购买，技术人员从兰开夏聘请。1854 年建成投产。这个工厂由他建立的棉纺织公司经营，资本为 50 万卢比，由孟买 50 家大商人认股。多数股东是祆教徒，有 2 名股东是英人，其资本额占资本总额的 13%。

不仅这个厂，在随后建立的一批孟买的工厂中，帕西商人都占重要地位。这些人中包括后来成为印度最大财团塔塔财团奠基人的詹姆谢特吉·塔塔。他是爱尔芬斯顿学院毕业生。塔塔家族是靠经营鸦片生意和军火生意起家的。1857 年英国对伊朗发动侵略战争，塔塔家族供应军火取得暴利。1859 年在香港与人合办商行，向中国输入鸦片和棉花，从中国输出茶叶、生丝、樟脑和金银，获得更大利润。“棉花热”期间，向英国工厂主供应棉花。1867 年英国发动侵略埃塞俄比亚战争后，又转而为英军供应军需。通过这一系列活动，塔塔家族成了巨富。1869 年，詹姆谢特吉·塔塔开始效仿其他帕西商人投资办工业。这年在孟买建立了亚历山大棉纺织厂。1877 年在那格浦尔建立了皇后纺织厂，这个厂 1877～1913 年纯利达 2424 万卢比。利用这个厂的红利，他又在孟买建立了司瓦德西纺织厂，在阿默达巴德建立了前进纺织厂。到 19 世纪末塔塔家族已成为最大的民族资本家之一。不过这时塔塔家族仍继续扩大自营商业活动和买办商业活动，包括大量向日本输出棉花。

孟买棉纺织业最大的投资者还有：彼蒂特，原为英国布匹商行买办；马德胡达斯，原为英国孟买银行董事；达维光·萨松，原为鸦片商、孟买银行董事；瓦迪延，原为东印度公司承包商兼造船主；阿赫默德·哈比拜，原为英国孟买银行董事；普罗姆·詹德·拉伊卡德，原为鸦片商、地产商；努谢尔瓦吉·阿尔捷希尔，原为英国机器公司经纪人；巴尔达沃·达思·比尔拉，原为买办商人、金融家，后来的比尔拉财团的奠基人，1897 年建立了棉纺织公司。1919 年印度工业委员会在一份报告书中说，孟买棉纺织厂资金的大部分来自鸦片贸易的利润和因“棉花热”而流进孟买的货币。这也能够说明孟买棉纺织业创立者们原来的身份。

古吉拉特第一家工厂的创办人是赛特·兰契霍德拉尔·乔塔拉尔。他是古吉拉特商人，当过殖民政权的税吏。在两个土邦王公的财力支持下，1861 年他在阿默达巴德建厂，资本额为 10 万卢比，1872 年又建另一家纺织厂，还控制了多家工厂。古吉拉特和那格浦尔地区纺织厂投资者除大商人外，还有土邦王公及其官员，这是与孟买不同的地方。古吉拉特有大量土邦，这里的建厂热潮对他们不能不产生影响。这片地区最大的投资者除赛特·兰契霍德拉尔·乔塔拉尔外，还有卡拉瓦，巴罗达土邦官员；萨马尔达斯拉鲁拜，瓜辽尔土邦王公的私人秘书；别卡尔达斯·拉斯卡拜，军火商、巴罗达土邦财政官；曼卡尔达斯·伊·巴列尔赫，英国机器零售商、棉花商。资产阶级与土邦王公保持紧密联系构成这个地区资产阶级的突出特点。

值得注意的是，印度资本家办厂不久就模仿英人建立经理行。第一家经理行是1858年在孟买成立的弗拉姆齐公司，它成了东方纺织厂的经理行。后来在孟买、阿默达巴德又成立了几家新的经理行。1886年成立的库瑞姆堡-伊布拉欣公司是后来库瑞姆堡的5家纺织厂的经理行。1887年成立的著名的塔塔父子公司成了塔塔家族企业的经理行。印度资本家采用这种形式是为了吸收更多资金，增强竞争能力，也是为了在进口设备方面处于较有利的谈判地位，因为英国经理行不愿向印商个人提供设备，担心存在风险；以经理行名义与之谈判，比较容易达成协议。

印度最早的工厂主并不想和英国工厂主竞争。在最初几十年，工厂生产的产品是以供手织机使用的粗棉纱为主，而且一开始就打算尽可能多地输往亚洲市场特别是中国，还有西亚。在印度国内，印纱销售量不大，英纱输入不受影响。此前，英纱一直垄断亚洲市场。大约从1873年起，孟买纱开始进入中国市场及亚丁等地，英纱受到竞争。80年代中期后，在中国、亚丁等地，印纱甚至挤走了英纱。正是中国及亚洲其他一些地区这个大市场，促进了这一时期印度棉纱业较快发展。除棉纱外，棉纺织厂也生产部分质地较粗的棉布，在国内销售。

棉纺织业之外，这一时期印资在其他部门拥有的工厂就微乎其微了。有一些农产品加工厂，在煤矿、种植园中有些投资，在银行中也有些投资。

四 英印资本实力对比和殖民当局对民族资本的态度

英、印工业虽同时发展，但英国资本相对印度资本来说，无论在哪方面都占优势。在投资总额中，英资占绝大部分，所有铁路、港口、电信等近代交通设施以及大型水利工程都为殖民政权所有。对工业企业和种植园的投资，1898年英印资本的比重为：棉纺织厂投资总额1490万英镑，其中英资占1/3，印资占2/3；黄麻厂投资总额498.5万英镑，基本属英资，印资极少；其他工业企业和种植园共投资3550万英镑，其中英资占9/10，印资占1/10。可见，撇开交通设施和水利工程不说，单就工厂和种植园投资而论，英资也占绝对多数，印资所占比重不超过30%。

英国资本占支配地位，是因为在资金方面有资本输出作为强大后盾，在进口设备、聘请技术人员和从银行获得贷款方面有很多便利。印人办企业，特别是办较大企业，资金受限制，英国银行不提供长期贷款，只能向马尔瓦利等商人高利贷者借款，数额也是有限的；英国经理行控制机器设备的进口和技术人员的提供，印商有求于他们，刁难颇多，除佣金高昂外，有的提出要以控制部分股权，甚至管理权作为条件；更重要的是殖民当局对印资企业采取歧视、压制态度。英资修铁路、办种植园、建水利工程，都得到提供土地和租税上的优惠（长期租给，低租率，甚至免除税收）；印人建工厂，得不到任何优惠。殖民当局对印度民族工业产品使用铁路、港口运销，规定的运费率高于英国商品。更突出的是关税政策上的歧视。印度对英国商品包括纺织品输入征收的关税极低（棉纱为 3.5%，棉布为 5%）。1874 年曼彻斯特商会还借口英国纺织品受到印度纺织品竞争，强烈要求殖民当局完全取消英国棉纺织品的进口税。因为这涉及殖民政权的财政收入，殖民当局没有接受。英国政府任命一个委员会进行调查，这个委员会的结论是英印棉纺织品不存在竞争的问题，英国产品主要是细纱细布，而印度产品主要是粗纱粗布。委员会否定了完全取消关税的要求。但英国工厂主继续不妥协地向议会施加压力，结果议会做出决定，要英印政府在财政许可时即行取消英国棉纺织品的入口税，1879 年又前进一步要英印政府立即取消。在这个压力下，殖民当局于 1882 年全部取消了英国棉纺织品的入口税。1882 年后在自由贸易旗号下，英国棉纺织品输入量大增，1883～1884 年度输入总值为 2511 万英镑，1893～1894 年度达 3236 万英镑，十年里增长约 28.9%。后来出于财政困难，殖民当局在 1894 年不得不恢复这项关税，却同时向印度民族资本工厂的同类产品征收同等税率（棉纱为 3.5%，棉布为 5%）的出厂税，并说这是为了“公平竞争”。这种税收史上罕见的歧视举动只能说明这些“公平”的标榜者是如何不择手段地维护自己的私利！印度民族主义活动家费罗兹沙·梅塔气愤地说，英国当局这样做，是“要把年幼的印度工业扼杀在摇篮里”。[①]

不过，殖民政权对印度民族工业除压制打击的一面外，也有不得不容许发展的一面。这是因为印度民族工业的一定发展能为英国的重工业产品（机械设备、煤炭等）提供市场，对英国资本家有好处，同时也能增加殖民政权的财政收入。例如，1864 年对进口纺织机械征收的关税税率是 10%，

① M.P. 甘地：《印度棉纺织工业的过去、现在和未来》，加尔各答，1930，第 65 页。

当局自然希望把进口税定得再高一些，但是过高会影响英国纺织机械的销路，引起纺织机械厂主的反对，这是不得不考虑的。

印度棉纱打开远东市场得到了英印政权和英国政府的支持。这是当时一个很突出的现象。英国商品进入中国享有值百抽五的低关税特权，英国当局允许印度棉纱也作为英国商品进入中国，享受同等特权。受损害的是中国关税，然而印纱进入中国市场排挤了英纱，英国工厂主也受损失。兰开夏的工厂主曾为此提出抗议，但是英国政府没有理睬。英国政府知道，印纱生产和输出的增长能够带动英印政权税收的增长。另外，它同意英印政权的考虑：在印度民族工业发展压制不住的情况下，有必要采取疏导政策。英纱当时在中国销路不广，把印纱导向中国，以在中国的小损失，确保印度的大市场，既可使英资印资各得其所，又可缓解印度资产阶级政治上的不满。结果就出现了一个很奇怪的现象：英纱占领印度市场，印纱占领中国市场，印度既是棉纱输入国又是棉纱输出国。由于印纱在中国销路好，生产受到推动，增长较快，销售量也有较快增加，结果印纱输出超过输入，印度成了出超国。在棉纱输出带动下，棉布的输出也有增长，不过输出量远小于输入量，依然是入超国。表 9-2 可以说明 1880~1892 年的变化。

表 9-2　1880~1881 年度和 1891~1892 年度印度棉纺织品输出入量比较

	输入			输出		
	1880~1881 年度	1891~1892 年度	增长率（%）	1880~1881 年度	1891~1892 年度	增长率（%）
棉纱、棉线（千磅）	45877	50404	9.8	26901	161253	499.4
棉布（千码）	1776507	1882385	6	30385	73351	141.4

不管殖民政权主观上如何考虑，它的疏导政策客观上起到了促进印度民族工业的作用，初创的棉纺织厂能在艰难的条件下立定脚跟并得到较大发展，与殖民当局实行这个政策是分不开的。

五　大工业开始发展带来的重大变化

资本主义大工业的出现使印度的面貌开始发生重大变化。它依然是英国的农业附庸国，但已和19世纪上半期不同，有了初步发展的工业。1894年印度工厂有815家（大中小厂都在内），平均每日使用工人349810人。交通设施有了很大进步，铁路、公路、水路已把全国各地紧密联结起来。1865年印度与欧洲间的第一条电报线架成，这意味着印度与外部世界联系的进一步增强。印度依然是英国的商品市场和原料产地，资本输出和大工业的发展进一步加强了这种性质。19世纪80年代后半期农业原料出口量较之50年代后半期增长了3倍，其中棉花和谷物增长了6倍，芝麻增长了63倍，同时期英国货在印销售量增长了3倍。但是，和19世纪上半期比，也有了一些不同，外贸商品结构开始发生局部变化。在输入方面，不像以往几乎全是轻工业消费品，机械设备成了输入货物的一个重要部分，而且所占比重逐年上升。1873年输入机器和工厂设备总额为1000万卢比，铁轨车辆总额为430万卢比，1892年前者增至2110万卢比，后者增至1480万卢比。轻工业消费品进口额相对减少。1879年此类商品在进口商品总值中所占比重是65%，到1892年下降到57%。在输出方面，19世纪上半期基本上是农业原料，如今增加了工业制品。1879年工业制品占出口总额的8%，1892年上升到16%。

随着大工业兴起，农村人口大量向城市流动，城市人口迅速增加。城市人口占全国总人口的比例1872年是8.7%，1901年上升到10.84%。①1901年，全印10万人以上的城市有24个，5万~10万人的城市有42个，2万~5万人的城市135个，1万~2万人的城市393个。加尔各答、孟买、马德拉斯、海得拉巴是全国最大的四个城市。它们人口增长情况如表9-3所示。

表9-3 全国最大的四个城市人口增长情况

	1891年人口数(人)	1911年人口数(人)	增长率(%)
加尔各答	744249	1013143	36.1
孟买	821764	979445	19.2
马德拉斯	452518	518660	14.6
海得拉巴	415039	500623	20.6

① 1901年人口普查结果为：总人口为2.383亿人，其中农村人口2.125亿人，占总人口的89.17%；城市人口0.258亿人，占总人口的10.83%。

这些城市是工商业城市，与中世纪印度城市相比，已经面貌迥异。城市建筑也模仿英国，出现了高楼、别墅和近代公共设施。中国官方使者黄懋材 1878 年去过印度。据他记载，加尔各答此时已有煤气灯、自来水、电报，还有博物院、动物园、画馆、花园、球场，到处是“车如流水马如龙”的景象。自然，这里只是英国殖民者和少数印度富人的天堂，是他们享乐的地方，城市里的广大下层群众则生活在破旧的街区，相当多的人住在污秽不堪的贫民窟中。

马克思在《不列颠在印度统治的未来结果》一文中，讲到英国人在印度的建设性工作已能看到些苗头。① 这篇文章写于 50 年代，如果晚写几十年，他一定会指出，英国人在实现建设性使命方面所做的工作也和破坏性使命一样清晰可见。正像工业资本的剥削要求摧垮印度的手工业并对印度的自然经济进行改造一样，资本输出要求在印度创办大工业，发展交通，不如此就不能实现英国垄断资本的剥削。建设性使命是英国工业资本和金融资本为实现剥削必须做的，是实现剥削的客观结果。需要指出的是，导致印度面貌变化的力量并不仅仅是殖民主义者。如果说殖民主义者“充当了历史的不自觉的工具”，② 印度民族主义力量则是在自觉地创造历史。印度大工业的发展是在民族资本参与下实现的，民族资本的力量还不占主导地位，但随着自身力量的增长，在建设西方式社会的物质基础方面所起的作用会越来越大。

---

① 《马克思恩格斯选集》第 2 卷，第 70 页。

② 《马克思恩格斯选集》第 2 卷，第 68 页。

第十章
19世纪下半期的工农运动

商品经济和大工业的发展使资产阶级和地主得到巨大利益，广大工人、农民处境却没有改善。相反，他们身受殖民主义、封建主义和资本主义的多重剥削和压迫，陷于极端贫困境地。当无限制的盘剥使他们甚至连半饥半饱的生活都得不到保障时，他们便起而反抗了。工人开始进行自发斗争，农民运动也在新的基础上开展起来。

一 工人阶级斗争的开始

19世纪50~60年代，孟买和加尔各答产生了第一批产业工人。90年代初全国产业工人约为40万人。到90年代末，工厂、铁路和矿山工人总数达80万人。

工人队伍来源于无地少地的农民和破产手工业者。19世纪40~50年代以来，由于土地兼并盛行，农民失地者日渐增多。更有大量农民耕种小块土地，不足以养家糊口。过剩的劳力必须另谋生路，设法挣得额外收入，以弥补家用。大工业出现前，他们主要挤在农村当临时雇工，大工业出现后，有条件的便去了工厂，更多青壮劳力去铁路、矿山或种植园当季节工。通常，由包工头来农村招工，去工厂后要受包工头的中间剥削。破产的城镇手工业者唯一出路是当工人。由于工资过低，无法维持一家人生活，他们的妻室儿女也得做工糊口，这就形成了女工和童工队伍。90年代初，女工和童工在加尔各答占工人总数的25%，在马德拉斯占5%。

由于大工业中英资占主导地位，印度工人大多数在英资企业中工作，在印资企业中工作的不足1/6。由于印度工业发展不平衡，工人很大部分集中在孟买和孟加拉省。90年代初，前者有11.8万人，后者有12万人。马德拉斯省工厂工人不超过3万人。

在英资企业，工人除遭受沉重剥削外，还受到种族歧视和压迫。英国资本家和工头经常借端侮辱工人，骂印度人天生愚蠢低能。体罚是常有的事。

无论在英资企业还是印资企业，工资都极低。90年代初，在工资水平最高的孟买，一个熟练的细纱工月工资仅为10~20卢比，女工月工资为7~10卢比，童工为6~7卢比。一个三口之家的工人家庭全家做工，月工资也不过25卢比左右，只够勉强维持生活。加尔各答的工资水平比孟买稍低。至于其他地区，比孟买大约低10%~30%。殖民统治者对英国资本家在印度的超额剥削并不掩饰。如查理士·伍德在下院演说时说："在印度，工资方面节省了大笔资金。在兰开夏，一个不太大的企业如果每周工资开支需400英镑左右，那么在印度，同等劳力的价格只需要支付100英镑。"①这就是说，印度工人工资只及英国工人工资的1/4。

工人的劳动条件极端恶劣。英国资本家只知榨取，置工人生死于不顾。印度资本家处在与英国人竞争的劣势地位。为了谋取更多利润，也竭力延长工人劳动时间，同时尽量不在改善工人劳动条件上花费资金。通常工人每天劳动时间为12~13个小时，日出前15分钟上工，日落后15分钟收工。在还没有电灯照明的情况下，自然光照为工厂主的贪婪剥削设定了极限。正规的休息日实际上没有。每周劳动时间总共达80个小时，而英国工厂此时为56小时。劳动保护设备极为简陋，因工致残的情况屡有发生，致病更是常有的事。矿工的劳动条件最差。官方调查承认，他们是在臭气熏天，没有任何技术安全保证和通风设备的环境下工作，要一连工作12个小时甚至更多，出矿井后几乎难以支撑到回家去。女工也和男工一样在矿井下工作，经受地狱般的折磨。有些有孩子的，不得不把孩子带到矿井，因为家里无人看管，又不能不去上工。

最使工人感到痛苦的是他们的居住条件。他们的睡处多是临时搭起的矮棚屋，没有窗户，没有用水设备。进屋要低头弯腰。一间小屋挤塞多人，平日密不通风，炎夏像是蒸笼，令人窒息。雨季来临更是灾难，室内到处漏水，室外泥沼一片。生活在这种阴暗潮湿的棚子里，要保持健康是极不可能的。有些有妻室的工人住在工棚以外，破破烂烂、密密麻麻的小屋构

---

① 《英国议会辩论记录》第3集第160卷，伦敦，1860，第496页。

成了一片片污秽不堪的贫民窟，与富人宅邸的宽敞华丽形成鲜明对照。饥肠辘辘的工人在接连十多个小时沉重的体力消耗后，就是在这种条件下“休息”，他们过的是非人的生活。

工人多没有文化，能够从事复杂技术工种的是少数，大部分是非熟练工人。工厂的生产效率很低。工厂主希望增加效益不是靠提高生产率，不是靠改善工人文化素质，而是靠肉体摧残，靠耗竭工人的脂膏。一个目睹此时印度工厂实况的英国人说，“印度的每座工厂就是一座监狱”，享有全权的监工“用棍棒来维持纪律”，使工人不得有一点停歇。① 这种摧残使许多人进厂不久就损伤了体力。工人精力稍有不济便会被解雇。据官方材料，90 年代初，工厂很少有 40 岁以上的工人。

19 世纪最后几十年，失业现象已经出现。民族资本的纺织厂受到英资排挤，时常开工不足。90 年代初，孟买各厂不完全就业工人有 25000 人，几乎占全市纺织工人总数的一半，有些工厂因不景气裁减大量工人。失业或半失业给工人带来的困苦更是难以名状。许多人陷入永远拔不出的债务罗网，不少人流落街头，沦为没有固定职业的赤贫者。

英印资本家这样不顾一切地榨取使工人难以生活下去。19 世纪 60～70 年代工人就开始了罢工斗争，要求提高工资，缩短劳动日，改善劳动条件。第一次大罢工 1862 年发生在孟加拉浩拉铁路站，有 1200 人参加，要求实行 8 小时工作制。另一次重要罢工是 1877 年那格浦尔皇后纺织厂工人罢工，目的是提高工资。60～70 年代罢工还是个别现象，到 80 年代有了发展。1882～1890 年，在孟买和马德拉斯省发生了 25 次较大的罢工，并出现了组织工会的最初尝试。1890 年孟买一家纺织厂建立了第一个工人组织——孟买纺织工人协会，它还不是真正的工会，至多是雏形。创建人是一个马拉特人叫洛堪德，他的活动带有社会慈善服务的性质。他还创办了一个刊物叫《穷人之友》，并起草呼吁书，要求改善工人劳动条件和物质待遇。有 5500 名工人在上面签名。90 年代以后，罢工扩及更多工厂企业。

英印资本家这样不顾一切地榨取也招来了兰开夏工厂主的反对。当然，他们并非替印度工人着想，而是注意到了这种无限制的榨取使印度工厂的产品生产费用低于英国产品，不利于英国产品竞争的事实。兰开夏工厂主

① 《英国议会辩论记录》第 3 集第 245 卷，第 535 页。

力图削弱印度工业产品的竞争力，竭力促使英国议会以立法手段实行干预。这就导致了英国议会强烈要求英印政府为劳工立法这一现象的出现。1881年，印度政府颁布第一个《工厂法》，禁止工厂主雇用7岁以下童工，每日工作12~13个小时的7岁以上童工每月享受4天假日。1891年再次立法，把禁止雇用童工年龄提高到9岁，14岁以下童工的日工作时间限定为7个小时，还规定在50人以上的工厂实行法定休息日制度。1911年又一次立法，将童工、女工日劳动时间分别限制在7小时和11小时以内，还规定纺织业童工日劳动时间限制在6小时内，男工也不得超过12小时。殖民当局既考虑兰开夏工厂主的要求，又不愿在印资本家利益受到损害，它手持法律武器来限制"过分榨取"，然而雷声大雨点小，所做的限制实在是微乎其微，对印度工人的处境并没有发生显著的影响。

二　第二次地税改革后的农民状况

到19世纪70年代，为把印度变成英国农业原料产地而在英属印度所有非永久地税制地区进行的税制改革（即第二次税制改革）已告完成。改革达到了预期效果，这在40~50年代已现端倪，在60~90年代更加明显。印度已彻底转变成英国大工业的原料产地。印度原棉输出虽在美国内战结束后大幅度减少，但到了80年代，输出量超过60年代。其他各种农业原料输出量也都有巨大增长（见表10-1）。

表10-1　19世纪60年代与90年代印度农业原料输出增长情况

种类	1862~1863年度	1894~1895年度
棉花	1980万磅*	2520万磅
原毛	120万磅	140万磅
生黄麻	130万英担	1300万英担
椰皮	7万英担	13万英担**
大米	1430万英担	3440万英担
小麦	110万英担	690万英担
油料	360万英担	2090万英担
香料	2530万磅	2940万磅***

注：* 1863~1864年度至1883~1884年度的数字。

** 1874~1875年度至1894~1895年度的数字。

*** 1875~1876年度至1894~1895年度的数字。

1890～1891 年度，在印度出口货物总值中，谷物占 19%，棉花占 16.5%，黄麻占 7.5%，三项合计就占 43%。

这次改革给广大农民带来的影响是很不一样的，少数人从中受益，对多数人来说，结果却是很悲惨的。

在改革中地税降低，净收入 50%的税率标准宣布了。但是在 60～70 年代以后实际执行中，每次修订地税都借口地价提高而提高税率。孟买省由于税率提高等，地税总额增长了 30.4%，比拉尔增长了 12%。不仅如此，从 60 年代中期起，还开始以附加税名义向农民征收地方税，这些地方税的总和，在旁遮普占土地税额的 5.2%，在西北省占 6%，在阿萨姆占 8.3%，在马德拉斯占 10.75%。殖民当局还利用对森林、荒地的国有权，对在林区打柴、在荒地放牧征特别税。这样，土地税和各种附加税加在一起，在许多地方已占到农民净收入的 60%。农民的税收负担刚得到减轻又有加重的趋势。

第二次税制改革的另一个也是最突出的后果是商人高利贷者大量兼并土地，农民失地成为严重问题。这次改革使商人、高利贷者看到，投资购买土地是有利可图的，买到土地后，种植市场需要的作物，会获得厚利。农民的小规模经济是极端脆弱的：纳税要变粮食为现金，这就必然受价格波动影响；歉收时要借债纳税；任何天灾人祸都是他们无力抗御的。这就为商人、高利贷者趁机而入提供了广阔的余地。农民可拿来抵押的不动产只有土地了，一旦不能按时还债（百分之八九十是这样的），土地就转归债主。也有商人乘农民之危压价购买土地。在马德拉斯，1864 年，由于地税法规定国家可拍卖欠税者的动产和不动产，给商业资本兼并土地提供了更多机会。70～90 年代地价上涨相当快，超过农产品价格的一般上涨速度。例如 1870～1890 年，旁遮普地价就上涨了两倍。这是土地流通加速的一个标志。

从 60 年代起，土地抵押已达相当规模。如旁遮普 1868～1869 年度有 130000 起，1873～1874 年度增加到 186000 起。在马德拉斯，1865～1877 年土地抵押借款平均每年为 70 万卢比，而在 1890～1900 年平均每年达 700 万卢比，增长了 9 倍。土地买卖在 60 年代后也迅速发展起来，到 90 年代达到令人吃惊的程度。据官方统计，在马德拉斯，1890～1900 年每年出卖土地数量比 1866～1877 年增长 9 倍。在旁遮普，1866～1874 年平均每年出卖土地

88000 英亩，1875~1879 年平均为 93000 英亩，1880~1884 年平均为 160000 英亩，1885~1889 年平均为 310000 英亩，1890~1894 年平均为 338000 英亩。这些土地的购买者大都是商人高利贷者，也有地主和富裕农民。在西北省，19 世纪 40 年代至 70 年代初，商人高利贷者兼并土地近 100 万英亩，他们所占土地占全部土地的比重从 10%增加到 27%。在马哈拉施特拉，70 年代末萨塔纳县有约 1/3 土地转到商人高利贷者名下。另据孟买省几个县调查，1883~1891 年转手的土地约占土地总面积的 10%，其中商人高利贷者购买 2/5。这样，无论是莱特瓦尔制地区或是村社地税制地区，到 80~90 年代，农民失地成了普遍现象。商人高利贷者新地主阶层已经崛起。

新地主中除商人高利贷者外，也有少量富裕农民，他们也参与放债。这反映了农民的两极分化。少数地位上升的农民有了点积蓄就拿出来放债，这样的债主数量不少，但放款额有限，和商人高利贷者是不能相比的。19 世纪 90 年代，马德拉斯省 66%的债主和 85%的土地抵押接受者是富裕农民。在旁遮普、孟买省，富裕农民放债、购地者也占一定比重。所有地区购买土地者中都包括少量住在城里的自由职业者，他们也把买地作为一种投资方式。

大部分农民失地者并没有离开自己原来耕种的土地，而是作为新地主的佃农继续耕种。以前是向政府纳税，如今是向新地主缴租，地租额比税额要高得多，而且地主可随意增租，随意夺佃。这些农民从此变为无权佃农，生活更加困苦。据马德拉斯省 1872 年调查，全省有 250 万莱特（自耕农）、100 万佃农。这就是说，因失地而降为无权佃农的农民人数已占农民总人数的近 30%。

第二次税制改革导致经济作物种植面积急剧扩大，这对多数农民也有灾难性的影响。“棉花热”时期，大片大片土地用来植棉。“棉花热”的突然破灭导致棉价剧跌，棉农受到很大损失。许多农民就是在这种情况下被迫举债而丧失土地的。70~80 年代棉花出口回升，棉花播种面积又迅速扩大。1877~1878 年度全印棉花播种面积为 900 万英亩，至 1883~1844 年度增加到 1400 万英亩。棉花及其他经济作物播种面积的扩大是靠缩小粮食播种面积实现的。这使得越来越多的人不种或少种粮食，依赖市场供应，造成全国粮食储存量和流通量相对减少，粮价上涨。对许多农民来说，购买口粮成了负担。这种情况遇到荒年歉收更为严重，极易酿成大饥荒。1860~1880 年，全国有 6 次饥荒发生。1896~1897 年和 1899 年发生的是特大饥荒，影响全国广大地区。前者受灾人口6240万人，死75万人，后者死100万人。总之，第二次税制改革给多数农民带来了沉重灾难。农民急剧分化，上升为富裕农民的是少数，一部分农民保住了自耕农地位，大部分负债，约1/4农民失去土地，沦为佃农。

在孟加拉、比哈尔、奥里萨等实行永久地税制地区，虽然这项地税改革没有涉及，但农民（在这里都是佃农）的地位也在恶化。永久地税制为柴明达尔增加收入留下很大余地。他们根据市场需要，让佃农把土质好的土地尽量改种经济作物，同时提高地租。在农民拒绝的情况下就夺佃，另交别的佃农耕种。这里的商人高利贷者也看到了投资购买土地的好处，在这里由于农民没有土地所有权，商人高利贷者所能做的是兼并佃耕地，或从柴明达尔那里承包收租权。在这两种情况下，他们都成了二地主，向柴明达尔交租，而把原来的佃农变成自己的次佃农，地租被提高，以从中获得差额，并让农民为他们种植市场所需要的农作物。在柴明达尔与土地耕种者之间，常常不只有二地主，还有三地主、四地主……每加一层，就加一层剥削。原来的佃农头上又加了这么大的重压，其处境的悲惨是不言而喻的。

19世纪60~70年代，一些地区爆发了农民的反抗斗争和起义，虽然是自发的和零星的，但此伏彼起，呈连绵不断之势，在大起义被镇压后印度政治舞台一度沉寂的死水塘里最先投下石子，激起了新的波澜。

三 蓝靛农民暴动

蓝靛是英国东印度公司最早从印度输出的商品之一。在占领孟加拉后，英人在孟加拉、比哈尔租地建立了大种植园，用提供预付款签订合同的办法，诱使农民种植。种植园主都是英人。他们在种植园内建立许多收购点，就地收取产品，集中进行加工。预付款和种植合同常常是强迫农民接受的。据一名传教士说，种植园主是其土地上的“专制君主”，“若农民拒绝接受预付款，他们就把钱扔到地上，如果农民还不拾起，就使用马鞭，结果农民不得不接受预付款，同意签订合同”。①种植园主选择的土地常常是最好

① 拉利特·钱德拉·米特拉：《孟加拉蓝靛暴动》，加尔各答，1903，第78页。

的土地，如果农民已经种了另外的作物，也要翻犁掉，种植蓝靛。蓝靛收购价由种植园主专断确定，通常比市价低得多。种植园主所得利润极高。据蓝靛委员会调查材料，他们每提供1卢比的预付款，通常要取得4倍的利润，这还不包括他们的代理人另外从农民身上的榨取。根据孟加拉副总督格兰特计算，农民种植蓝靛比种植其他作物收益要低得多，种植园主得到的利润至少相当于地租的7倍。

种植园主还在自己的收购点监禁拒绝种植的农民，甚至使用私刑，被监禁者像囚犯一样被套上手铐足枷，有的竟被迫害致死。1860年纳迪亚县一个农民的申诉书中说，他们那里的农民有11人被种植园主的武装爪牙抓走，下落不明。人们把种植园主称为“第二政府”。殖民当局站在种植园主一边。法庭把违反种植合同视若犯罪，要关进监狱。更有甚者，一些种植园主竟然被任命为县治安长官。大起义后，被任命为治安长官的有29人。农民气愤地说，这是用豺狼来看管羊群。

农民对种植园主的残酷压迫十分气愤，开始时试图通过合法途径争取改善处境。他们向殖民当局写了大量申诉信，但没有结果。1859年9月，纳迪亚县戈文德普尔村的农民在种植园前雇员迪卡姆巴尔·比斯瓦斯和比什努·比斯瓦斯兄弟领导下，首先宣布停止种植蓝靛。9月13日，种植园主派一支100人的武装打手队伍袭击该村，农民用棍棒、长矛自卫，击退了来犯者，开始暴动。

农民暴动迅速扩大到附近一些地区。农民拒绝接受预付款，拒绝签订合同，发誓不再种植蓝靛作物。他们用一切简单的器械武装自己，把前来镇压的种植园主的打手赶走。到1860年春，农民的暴动已扩大到包括帕布那、穆希达巴德、达卡在内的孟加拉所有种植蓝靛的县区。例如，巴拉萨特区的农民宣布一致拒绝种植蓝靛，不承认所有合同和欠债，并联合起来驱逐债主和种植园主。一支警察部队被派来镇压，遭到2000名武装农民的包围。这些农民来自52个村庄，表明农民已在全区范围内组织起来，有的人还编唱歌谣倾诉农民的苦难，歌颂他们的反抗斗争，鼓舞人们的斗志。

1860年，蓝靛农民到处攻击种植园主的收购点，烧毁契据，并抗击前来镇压的警察武装。

蓝靛农民的斗争得到小资产阶级活动家的极大同情和支持。他们运用手中掌握的舆论工具向全国揭露种植园黑暗内幕，谴责种植园主像对待奴隶那样对待农民，呼吁人民支持蓝靛农民的要求。资产阶级活动家同时劝导农民要用合法手段斗争，不要采取暴力行动。

种植园主采取了另一种报复手段：利用其柴明达尔权提高地租和夺佃。农民则以开展抗租抗夺佃斗争作为回答，还开展社会抵制，动员种植园主的仆人离开种植园主，使之在当地无法生活下去。关于当时的局势总督坎宁写道："1860年秋，事情看来很危急。……大约有一个星期，我比德里那些日子（指大起义）以来任何时候都忧虑，我感到，只要一发愤怒的子弹或种植园主的一个愚蠢行动就会使整个下孟加拉的收购点化为灰烬。"① 种植园主无法实现其报复图谋，因为任何强制都会引起农民更激烈的反应。

在农民团结一致的斗争下，种植园主终于崩溃。他们关闭了收购点，放弃了强制农民种植的打算。到1860年底，孟加拉不再种植蓝靛。

殖民政权对蓝靛农民的暴动并没有采取通常对待下层人民起义那种严厉的镇压。这是因为这次暴动只是反对种植园主的专横，没有指向殖民政权；刚刚经过大起义，当局不愿事态扩大；特别是农民斗争得到知识界广泛支持，严厉的镇压会激起知识界的反感，促使两者更紧密地结合，这正是当局竭力避免的。孟加拉省政府任命一个委员会调查蓝靛种植中的问题。它公布的报告书认定种植园主使用了强迫手段并指出整个种植制度的腐败。1860年11月，当局宣布此后种植蓝靛不得再采取强制办法，发生争议要通过合法手段解决。但这已经是马后炮了，因为到这时还没有关闭的蓝靛收购点已寥寥无几。

四　帕布那、博格拉农民反抗斗争

19世纪70年代初，东孟加拉的帕布那、博格拉县发生了另一场农民反抗斗争。与蓝靛暴动不同，这里的斗争矛头是指向柴明达尔的。

东孟加拉的柴明达尔鉴于19世纪中期以来农产品市场兴旺，便千方百计扩大对佃农的剥削。地租被普遍提高，有的提高50%；夺佃是常发生的事，佃农若不离开土地，就得接受被任意提高的地租。有些地主在佃农拒绝提高地租的情况下派人抢割地里的庄稼或抢走佃农的耕牛。对柴明达尔

① 阿努瓦拉：《1858~1909年印度争取自由的斗争》，德里，1965，第236页。

的贪婪与专横，农民极为愤恨。有些地方农民自动组织起来，成立了农民协会，开始做发动群众的工作，捍卫农民权利，反击地主的进攻。

1873年5月，帕布那县约素夫沙希区的农民建立了农民协会。它组织集会和示威游行，反对提高地租和夺佃，吸引了越来越多的农民参加。农民一致发起抗租运动，并向法庭控告地主的暴行。斗争逐渐扩大到整个帕布那县和博格拉县。在所有这些地区建立了农民协会。据一份材料记载，约280个村庄的农民一致拒绝缴纳提高的地租，并焚毁强加给他们的租约。斗争口号是“不许提高地租”“不许夺走土地”。在地主用暴力手段强迫农民缴租时，就以暴力回敬暴力。有些地方抢夺了地主财物，袭击了警察局。在多数情况下，地主不敢正面对抗，所以暴力行动并不普遍。农民主要是依靠自己的团结一致，并以有组织的力量来保障自己的权利。

当时农民听说在孟加拉之外存在莱特瓦尔地税制。他们只知道那里没有柴明达尔，对赋税之重以及新地主的大量出现并不了解，所以在斗争中提出了废除柴明达尔税制而以莱特瓦尔税制代替的要求。这反映了广大农民对柴明达尔地主压迫的强烈憎恨。

帕布那、博格拉的斗争得到小资产阶级活动家的热烈同情和支持。他们赞颂这场斗争“于整个国家有益”，在报刊上广为宣传，呼吁给以强有力的支持。资产阶级活动家对农民反对地主过分的压榨表示同情，但对斗争中出现暴力表示谴责。

殖民政权在所有发生暴力的场合都出来维护柴明达尔利益，将近300人被捕并被判刑。然而，农民的团结斗争，知识界的支持，斗争在多数情况下采取合法形式，使当局不得不考虑农民的正义要求。当局允诺采取措施限制地主的专横，保障农民合法权利。1873年底，农民的斗争逐渐停止。

帕布那等地区的柴明达尔大多是印度教徒，佃农有印度教徒和穆斯林，后者居多。这次斗争中，所有佃农不分宗教团结一致。这一点受到知识界广泛注意，赢得了社会舆论的热烈称赞。

五　德干农民起义

德干的马哈拉施特拉是60~70年代农民失地进展得最迅速的地区之一。这与60年代“棉花热”时期西印度和中印度很快变成棉花种植主要地区有关。在“棉花热”中地税也被提高。“棉花热”的结束不但使农民遭受价格剧跌、销路萎缩的打击，已提高的税率居高不下也使农民难以承担。在这种情况下商业高利贷资本无孔不入，农民借债，以土地抵押，失地成了普遍现象。

在整个70年代中后期，德干形势一直紧张，农民斗争连绵不断。1875年、1879年连续发生农民起义。《泰晤士报》惊呼，这是“1857年黑暗日子以来印度半岛从未有过的暴乱事件”。①

1874年12月，浦那县卡尔德村农民首先发动了对高利贷者的社会抵制运动。很快这个运动扩展到全县及附近的阿迈德那加尔、绍拉普尔、萨塔拉等县，有成千上万农民参加，并由抵制发展成武装起义。在浦那县及附近地区，1875年霍尼雅领导农民武装袭击高利贷者、新地主，迫使他们交出债据、地契，予以焚毁，对敢于顽抗者给予严惩。在两年多时间内，大片地区摆脱了高利贷剥削和土地兼并。他因此获得了“债农之友”的称号。有人为他编写歌谣，把他和马拉特民族英雄西瓦吉相媲美。1875年殖民当局派骑兵前来镇压，逮捕600人，霍尼雅不幸于次年被捕，起义受挫。1875年阿迈德那加尔县农民也普遍起来攻击高利贷者，烧毁地契和借据，也遭当局镇压。

1876~1877年，德干发生大饥荒，农民饿死者成千上万。1878年末至1879年，马哈拉施特拉又出现一支支新的农民武装队伍，打击的矛头仍然是高利贷者和新地主。《德干先驱报》1879年5月6日报道，有30个村庄遭到袭击，武装农民还常袭击运载谷物的列车。在塔纳地区，60多个村庄的农民直接间接地参加这类袭击。他们的行动得到广大农民的赞扬。在农民武装的众多领导者中，哈里·奈克享有较高名望，他是腊木西族的一位头人，这个部族的成员负债累累，对高利贷者的斗争一直没有停息。

1879年马哈拉施特拉农民起义的一个新特点是青年知识分子瓦苏德夫·巴尔万特·帕达开参与到农民运动中领导农民斗争。这年春天，帕达开在和农民起义领袖哈里·奈克建立联系后，创立了一支由他本人领导的不大的队伍，与其他农民队伍分别各自行动。他的队伍的参加者是腊木西族人和其他马拉特农民，矛头也是指向高利贷者和新地主，旨在剥夺他们的财产。1879年春、夏，这支队伍进行了一系列攻击和剥夺，并把部分财

① 《泰晤士报》1879年6月3日。

产分给了追随他的腊木西族人和其他农民。帕达开的计划是用这种方式筹集经费，招募职业战士，组成较大的队伍，促进全印起义。他告诉农民，仅仅反对高利贷者和地主是不够的，农民要根本改变贫困地位，就要推翻英国殖民统治。他还说自己是农民的儿子，和农民息息相通，努力使农民信任自己。在他的日记中记载有一段他和农民的谈话："我们告诉农民并要他们转告自己的朋友：我们的队伍是为穷人利益斗争的，不要害怕我们。他们应该知道，农民幸福的日子即将到来。这个看法大家都同意，认为是这样的。"在另一个村庄，他对农民说："如果你们像慈父一样地帮助我，那我也要尽一个儿子的义务帮助和酬谢你们。"① 在他参加农民斗争之前，分散的农民武装没有提出任何明确的斗争纲领。他为农民运动定了纲领，其内容除反对高利贷者、地主的盘剥外，还包括建立共和国、发展民族工商业等要求。总之，他要把农民起义和民族解放运动结合起来并使前者成为实现后者目标的手段之一。

帕达开的行动对其他农民武装领导人有所影响。这些领导人虽然并不完全理解和接受他的观点，但也有人模仿他的做法制定斗争纲领，哈里·奈克就公布了一个类似纲领。

帕达开领导农民运动及农民武装斗争的发展引起殖民当局的惊恐。一支 1500 多人的军队被派来镇压，军区司令官亲临坐镇指挥。这年夏天，各支起义武装先后被击溃，被捕人数近 1000 人，哈里·奈克也被捕牺牲。当局悬赏捉拿帕达开，7 月 21 日他不幸被捕，判终身苦役。零星的武装力量到年底都被镇压。

19 世纪 90 年代的农民斗争较重要的还有阿萨姆农民起义（1893~1894）、马拉巴尔海岸毛普拉农民起义（1894、1896~1898）等，矛头都是指向封建主的，都遭殖民当局镇压。

六　殖民当局的租佃立法和土地转让立法

镇压起义是一方面，另一方面殖民当局开始用立法手段调整租佃关系

① 《对瓦苏德夫·巴尔万特·帕达开的审判报告》，浦那，1879，附帕达开日记，1879 年 2 月 24 日。

与土地买卖关系，从政治层面缓解农民的愤懑情绪。这是一种更巧妙的手段。由于大起义的阴影始终笼罩心头，殖民统治者认识到，防患于未然是维护帝国稳定的最好的办法。后来担任旁遮普省督的斯·热尔布恩在《旁遮普的穆斯林和高利贷》一书中就说，如果不预先采取必要措施，农民的不稳遇到荒年或民族主义者的鼓动，就会猛烈爆发而不可收拾。

第一项措施是制定租佃法。1859 年孟加拉租佃法是第一个这样的法令。孟加拉 1793 年在实行柴明达尔永久地税制时固定了地主的税额，但对农民的佃权却未做任何规定，事实上是把佃农完全交给地主宰割。柴明达尔为扩大自己的收入任意提高地租，在地租之外，勒索种种实物，还强迫农民无偿地为他们服劳役。随之而来的是夺佃现象的发生，农民不能满足其要求的，即把农民的佃耕地夺过来，交给别人耕种。孟加拉农民本来是他们耕种土地的世袭占有使用者，由于柴明达尔制的实行一夜之间世袭占有权被剥夺不说，还遭此种种雪上加霜的打击，不满情绪非常强烈。孟加拉农民在大起义中未能发动，是因为这里没有北印度、中印度那种有利于发动起义的综合条件。但农民情绪激昂，农村形势是很不稳的，所以殖民当局在处理了大起义留下的紧迫问题后，在 1859 年就来解决孟加拉随时可能爆发的租佃矛盾。

1859 年租佃法的具体内容是：禁止地主任意夺占欠租者的财产和抓走农民，允许连续耕种同一块土地满 20 年的佃农有永佃权，只有在特殊情况下经法院判决才能提高地租。这个法令只能惠及少数人，因为只有很少人能符合上述条件。法令颁布后出现的情况是：地主故意调换农民的佃耕地或中期夺佃，不让农民在同一块土地上连耕 20 年。所以这个法令颁布之初只是使少数符合条件的农民得到了佃权，以后很少再有可能扩大。它不能解决尖锐的租佃矛盾，这从 1873 年帕布那、博格拉农民反抗斗争的爆发就可以看出。这场斗争几乎发展为农民起义表明了问题的严重性。殖民当局不得不再次立法。这就是 1885 年孟加拉租佃法产生的背景。

1885 年新的租佃法规定，连续佃耕同一地主的土地（无须是同一块地）满 12 年者都有永佃权，其地租只能在 15 年内提高一次，在任何情况下增加的地租不能超过原地租额的 12.5%。这个法案使较多佃农有了佃权，但他们和原来获得佃权的佃农加在一起，也只占佃农中的少数。

孟加拉成了其他实行柴明达尔税制的省效仿的对象。1873 年西北省制定了租佃法，1885 年阿格拉制定了租佃法，1886 年奥德制定了租佃法，1887 年旁遮普制定了租佃法，虽然具体规定各有不同，但总的精神是相同的。结果，农民都被分成了三类：有永佃权和固定地租权的农民，有永佃权和限制提高地租权的农民，无佃权且地租可随时提高的农民。

殖民政权制定的另一类法案是关于土地转让和信贷等方面的。1879 年德干农民救济法和 1900 年旁遮普土地转让法旨在缓解商人高利贷者大量兼并土地引起的严重矛盾。鼓励商人高利贷者兼并土地原是殖民政权为实现工业资本剥削而采取的一项政策，但兼并过快则会带来政治不稳，这也是当局要防止的。德干农民救济法主要是对高利贷剥削和兼并土地做些限制，规定法院在允许土地抵偿债务前要调查债务性质的具体情况；扩大法院对高利贷者债务关系的监督，规定仲裁办法，限制土地转卖，并规定法院有权降低利率和决定债务分期偿还办法。旁遮普土地转让法对商人高利贷者这些“非农业阶级”兼并土地同样做了限制。主要内容是非农业阶级不准再从农业阶级那里买地；抵押土地满 20 年者取消债务，土地归还。同样的限制也以立法形式在西北省、孟买省和本德尔坎德地区实行。这些法案对商人高利贷者的兼并起到了某些限制作用。但商人高利贷者想出种种办法逃避规定，所以法令的内容并未能完全执行。

农民的极端贫困使他们不得不接受高利贷盘剥，接受高利贷就很难避免土地落入放债人手中。1883 年殖民当局颁布了土地改良贷款法，1884 年颁布了农业贷款法，主要是对农业投资（包括兴修水利、购买牲畜、种子）提供贷款，以减少农民对商人高利贷者的依赖。但贷款数量有限，手续复杂，还有种种附加条件，农民很少能从中得到实惠，只有少数富裕农民得到好处。

殖民当局以上措施多少缓解了租佃矛盾和土地兼并的矛盾。租佃立法给没有佃权的农民以希望，使得到佃权的农民希望得到更多保障。土地转让立法造成了殖民政府捍卫农民利益的印象。这样，尽管这些矛盾都还存在，离真正解决还相当远，但农民对殖民政权的不满情绪得到了缓和。19 世纪 80 年代到 20 世纪初没有大的农民起义爆发与此有密切关系。殖民政权的立法可以说在一定程度上收到了预期效果。

第十一章
第一批小资产阶级民主主义者的出现

就资产阶级政治运动说，大起义后的60~80年代是其迅速发展时期，政治上、经济上要求改良是运动的主调。然而，就在这一时期，出现了印度最早的一批小资产阶级民主主义者，他们开始宣传民族革命思想，有的还直接到下层群众中进行革命活动。这批最早的革命者人数不多，但所起的作用很大。他们的活动为资产阶级政治运动带来了新的因素——革命的因素，尽管在一段长时期内，这种因素不占主导地位。

一 阶级基础和主要代表人物

小资产阶级民主主义者的主要阶级基础是小资产阶级上层和民族资产阶级下层。这两部分人的阶级地位很接近。具体说，包括小企业主、小商人、小地主、富裕农民以及普通知识分子，如青年学生、职员、小自由职业者等。这个阶层在60~80年代急剧扩大是英国殖民政策新阶段印度社会经济变化的结果。

近代大工业与小企业、小手工工场同时发展是印度资本主义结构的一个突出特点。前者虽占主导地位，但数量很少，主要集中于一些大城市，而后者量多，分布于城乡各地。大量的小企业资金微薄，设备简陋，比大工业更加突出地感受到当局歧视政策和英资排挤的压力。小企业在原料和产品销路上仰赖英国资本家及印度大商人，受他们控制，又常常受高利贷者盘剥，因而处境比民族资本大工业更为艰难。工业发展上的困难促使印度有产阶级不是把更多资金投入工业部门，而是投入商业和购买土地，这就导致了商业资本发展的很大程度上的独立性。城乡出现了大量商人或商人兼地主，其中有资本较多的，但小商人更多。这些小商人本小利微，处处受英国商人和印度大买办商人控制，收入没有保障。60~80年代，由于城乡商品经济的发展，手工业与农业相结合的自然经济基本解体。手工业和农民经济逐渐向形成小商品生产结构的方向发展。城市手工业者的队伍由于市场经济的发展而大大壮大，专业化手工业中心得以更多地形成，富裕的手工业者上升为手工工场主的情况增多。在农村，60~80年代出现了一批由富裕农民转化而来（通过购买贫苦农民的土地）的小地主或小富农，他们和市场联系密切。在永久地税制地区，佃农中出现了富佃。随着农业中商品经济关系的发展，这些人生产面向市场，有的还采取雇用短工的方式经营土地。小商品生产自发产生资本主义倾向，这是使资本主义关系的产生成为一种经常趋向的肥沃土壤。但在小商品生产基础上产生的这种资本主义自发倾向，在发展道路上，同样受到殖民主义和封建势力的阻挠，如地税或地租不断提高，英国资本家和印度大买办商操纵市场、控制价格，税收方面的歧视等。他们强烈要求打破这种限制。

19世纪60~80年代也是小资产阶级知识分子阶层形成时期。自50年代加尔各答、孟买、马德拉斯三所大学开办以来，大学毕业生增多，一大批人获得了学位。1857~1871年这三所大学所属33个学院就有人文科学、社会科学专业毕业生2523人，其中获得学士学位的816人，获得硕士学位的146人。又如1870年，在三个管区，获得硕士和博士学位的（各科在内）就有175人，1880年是404人，1884年是407人。三个管区中，马德拉斯较落后，但该管区1857~1866年大学毕业生（各科在内）也达937人，其中学士149人，硕士62人；1867~1876年得到进一步发展，大学毕业生增至4968人，其中学士1371人，硕士401人。随着入学人数增多，学生的来源扩大了，包括了许多出身并不十分富裕的人。这些毕业生当时尽管还不存在出路问题，但在殖民政权文官职位由英人把持和印度资本主义还不够发展的情况下，他们中能谋到较好职位的人数比例，随着毕业生越来越多而日益降低。大学毕业生的文凭贬值，只有获得硕士以上学位者才有得到较好职位的可能。一般毕业生的出路是，或在殖民政权中当普通雇员，或在英印企业中当职员，或成为自由职业者。所有这些人中，工资高的不多，大多数人生活不那么富裕且政治上受英人歧视。这样的社会地位决定了他们成为小资产阶级要求的反映者，甚至同情下层劳动人民的某些要求。小资产阶级期望国家走上独立发展资本主义道路，因为只有在这种情况下，他们才能得到最充分的发展空间。应该说，他们比资产阶级更早地表达了资产阶级的根本愿望。不过，和资产阶级不同，他们希望这个过程带有更民主的性质，使普通群众也能较多得益。

第一批小资产阶级民主主义者的出现除了有社会经济前提外，在一定程度上也是受了60~70年代农民起义的推动。这些起义在大起义被镇压不久就重新点燃斗争的火炬，表明当局的高压政策并没有把人民吓倒。这给了刚形成的小资产阶级知识分子阶层以极大鼓舞，把他们推上了政治斗争的舞台。

第一批小资产阶级民主主义者主要出现在孟加拉，其次是孟买管区。这是由于这里民族教育和民族资本最先发展，小资产阶级最先形成，土地关系最先变化，农村阶级分化最为强烈。总之，民族矛盾和地主与农民的阶级矛盾在这里表现得最尖锐。经济发展的不平衡导致政治发展的不平衡。当从这里开始的民族改良运动还在向全印扩展时，这里又首先出现小资产阶级民主主义者的革命活动。这是合乎规律的现象。19世纪60~70年代出现的第一批小资产阶级民主主义者在孟加拉或许可称为一个政治派别，在孟买管区还是凤毛麟角，从全印来说还称不上一派。印度小资产阶级民主派的形成是19世纪末期的事。

第一批小资产阶级民主主义者代表人物在孟加拉有什什尔·库马尔·高士（1840~1902）、哈里斯·钱德拉·穆克吉、阿克苏·钱德拉·萨尔卡尔、哈里那什·马宗达、邦基姆·钱德拉·恰特尔吉等，在孟买管区有瓦苏德夫·巴尔万特·帕达开和维斯努·夏斯特里·契普隆卡（1850~1882）等。

什什尔·库马尔·高士，当过乡村教师、督学，后在殖民政权中当税收官。1868年，和自己的兄弟一起办《甘露市场报》，由于观点激进，使该报成了孟加拉最有影响的报纸之一。哈里斯·穆克吉在一个军需部门担任书记官。从1855年起任《印度爱国者报》编辑，直到去世。他是青年孟加拉派的重要成员，《印度爱国者报》在他当编辑时期是孟加拉另一份最负声望的报纸。60年代轰动孟加拉乃至全印的蓝靛鼓动（支持蓝靛农民的斗争）就是从这家报纸首先发端的。他被称为“一个使孟加拉的官僚、白人殖民者和种植园主感到畏惧的人”。[①] 从这时起，他成了小资产阶级民主主义者。阿克苏·萨尔卡尔原为律师，后任《大众报》编辑。该报纸在孟加拉被公认为具有亲佃农倾向。哈里那什·马宗达是《乡村通讯》编辑。这是一份以农村居民为主要对象的报纸，主要反映农村中、下层群众的疾苦和愿望。哈里那什·马宗达家世清寒，几乎没有上过学，完全是靠自修学会英语并在文学上达到一定造诣的。他曾在农村高利贷者的办事处当过职员，也为当地一个柴明达尔服务过，因而就像他自己所说的那样，他“从内脏”了解孟加拉农村的阶级压迫状况。他编辑的《乡村通讯》强烈反映了农民的要求。[②] 上述几人主要是以报刊为阵地进行革命宣传。邦基姆·恰特尔吉、维斯努·夏斯特里·契普隆卡略有不同。他们虽然也办有杂志，如邦·恰特尔吉办有《孟加拉哲学》，契普隆卡办有《文坛》，但主要是用文学作品进行宣传鼓动。邦·恰特尔吉大学毕业后被任命为焦苏尔县的副治安长官和税务官，此后一直在殖民政权中任职，直到1891年退职。虽然身为政府官员，他的很大精力却用在文学创作上，一生写了14部小说、大量散文和诗歌。他是第一个利用历史题材小说宣传反殖民思想，从而在文学领域开辟了反殖民斗争的新阵地的人，他也利用宗教灌输民族主义思想，孟加拉新毗湿奴运动的思想家就是他。契普隆卡在孟买管区的浦那，同样以文学为阵地进行宣传，不过影响不及恰特尔吉。他主要是写散文，寓政治宣传于文学作品中。他原在官办学校任教。但因渴望用爱国主义精神教育学生和人民，逐渐感到官方控制是个“镣铐”。1879年，当刚从大学毕业的提拉克、阿格尔卡表示希望和他一起办报办学，开展爱国主义宣传教育工作时，他终于摆脱了这副“镣铐”，全力投入新的工作。后来成为提拉克重要斗争工具的《狮报》、《马拉特人》报就是他和提拉克等人一起创办的。

孟买管区的瓦·帕达开与上面所有人不同，他把直接发动起义提到首位。在印度历史上他是第一个试图与农民运动相结合、发动反英起义的小资产阶级民主主义者，仅此一端就确立了他的重要历史地位。他出身于破落贵族家庭，受过英语教育，在浦那殖民政权当过下级官吏，亲身感受到

---

① 那塔纳江：《印度报刊史·报刊委员会报告第二部分》，德里，1955，第71页。

② U. 古普塔：《1870~1880年的印度报刊：新闻世界》，《近代亚洲研究》第2卷，牛津，1977年，第225页。

印度知识分子的屈辱地位。70 年代德干农民起义的浪潮打开了他的眼界。他由憎恨殖民统治者进而决心发动起义推翻殖民统治。起义失败后，他死于囚室，但在人民心目中留下了不可磨灭的印记。

第一批小资产阶级民主主义者各自为战，当时不存在任何组织上的联系，相互之间也很少配合。他们的活动范围不同，方式有别，但有明显的共同点。正是这些共同点清楚地表明了他们的小资产阶级属性，把他们和当时资产阶级的政治代表区别开来。

二 小资产阶级民主主义者与资产阶级政治代表的区别

小资产阶级民主主义者和当时资产阶级政治代表的区别首先在于，他们不认为英国统治印度是神的赐福，相反，认为殖民统治是印度的不幸，因而对它不是歌功颂德，而是持反对态度。

由于经济地位不同，小资产阶级民主主义者对英国统治的感受自然与资产阶级和自由派地主不同，他们不是没有看到英国统治给印度社会变革创造了客观条件，然而严酷的事实使他们认识到，英国殖民者是专门靠吸吮印度人民的血汗而自肥的，绝不会乐意促进印度的社会发展。他们指出，土地税榨取的不断加强，扼杀印度民族工业的差别关税政策，英国经理行的专横跋扈，官僚的为所欲为，大量金银流水般地输往英国，印度的债台高筑，1877 年数十万人活活饿死的灾荒，……所有这一切都说明，英国殖民者是个吸血恶魔。资本主义制度固然先进，英国在印度的殖民统治却依然是一种专制统治。由此他们得出结论：殖民统治绝不是好事，而是印度一切灾难的根源。契普隆卡就是从这个立场出发激烈抨击启蒙思想家戈帕尔·德斯穆克的。德斯穆克在自己的著作中提出，印度丧失独立，由英国统治，在现阶段是好事，弊少利多，英国人给印度带来了廉洁政治、组织能力等。[①] 针对这种说法，契普隆卡在《我国的状况》一文中回答说："我们在英国统治下的第一个和最大的损失，就是丧失了独立。无须解释，在独立国家中生活要比在外国人奴役下好得多。两者的区别就

① C. 塔克尔：《19 世纪马哈拉施特拉印度教徒的变化和民族主义者的思想体系》，《近代亚洲研究》第 10 卷，1976 年，第 337 页。

如同一只自由飞翔的鸢和一只关在笼子里的鹦鹉一样，尽管这个笼子是金的并且镶满了珠宝。”[①] 他指出，英国资本主义制度固然值得学习，但英国人在印度的统治使印度人民贫困化，更有害的是腐蚀了印度人民的自尊心。他主张印度不依赖英国而独立发展资本主义，同时借鉴英国制度的一切好的方面。帕达开更是一针见血地指出了殖民统治的严重恶果。在被捕前不久的日记中，他写道，英国统治是印度一切苦难的根源，它使这个古老的国家处于一个外国的任意宰割下，外国统治者所做的一切都是为了攫取这个国家的财富，把它变成自己的造币厂。这批小资产阶级民主主义者大都受过西方教育，在宣传中注意借鉴世界各国的历史。邦·恰特尔吉看到各国殖民者同样贪婪，提出一个重要的看法。他说：“欧洲人的爱国主义信条是掠夺别国财富养肥自己。为自己不惜牺牲别国利益——这就是它的格言。”[②] 他认为英国是个典型，对它不应抱有幻想。

第一批小资产阶级民主主义者向往恢复印度的独立。但对于独立后的印度应当是什么样的国家，他们考虑得不多。帕达开时而提出要“建立共和国”，时而又主张恢复马拉特国家。他在起义过程中分发给报馆和殖民政权的呼吁书中自称是“西瓦吉二世的大臣”。[③] 邦·恰特尔吉和契普隆卡主张恢复马拉特国家。契普隆卡还主张恢复婆罗门种姓在社会上的领导地位。这反映了在印度资本主义处于诞生之际，即便是小资产阶级先进思想家也没有摆脱旧思想的束缚。不过他们绝不是主张原封不动地回到过去。帕达开主张独立后广修铁路，发展民族工商业，以使成千上万的贫民有工作可做。博隆纳拉·钱德拉主张在独立前就应动手“建立民族学校、民族报刊、民族银行和商店，建立自己的工厂、市场、农场和造船厂”。[④] 契普隆卡主张独立后要广泛发展现代教育，讲授现代科学知识，使广大群众都能接受现代教育。可见，尽管他们对以往的封建帝国形式还有所留恋，但实际上他们是主张印度社会沿着资本主义方向发展的。而且他们还强调，在未来独立国家中要考虑下层人民的利益，这是资产阶级代表人物很少考虑的。

---

① C. 塔克尔：《19 世纪马哈拉施特拉印度教徒的变化和民族主义者的思想体系》，《近代亚洲研究》第 10 卷，1976 年，第 346 页。

② 那拉哈里：《孟加拉民族解放运动》，俄译本，莫斯科，1956，第 97 页。

③ 《印度时报》1879 年 5 月 12 日。

④ 那拉哈里：《孟加拉民族解放运动》，第 95 页。

第一批小资产阶级民主主义者争取独立的思想当时还只是作为一种个人想法反映出来，还没有形成一个用以指导运动和发动群众的明确的政治纲领。这个纲领是提拉克 19 世纪末才提出来的。

怎样才能实现独立？在这个问题上第一批小资产阶级民主主义者多数并没有认真考虑，认为还不是日程上的事。但是有些人已经有了明确的想法。邦·恰特尔吉就主张独立要靠武装斗争来实现。由于不可能直接宣传起义思想，他就用写历史题材小说的办法隐晦地暗示。他所写的小说有不少是宣传这个主题的。如《姆丽娜里妮》描写 12 世纪印度人民反对突厥侵略者的斗争，《上校的女儿》描写 17 世纪印度人民反对阿富汗侵略者的斗争，《朗吉·辛格》描写拉其普特人对莫卧儿征服者的抵抗，《欢乐的寺院》则描写了 18 世纪孟加拉印度教徒反对穆斯林统治者的斗争。所有这些小说都着重描述受压迫的印度教徒不畏强暴，勇敢地起来反对凶恶的侵略者或压迫者，并且强调武装的敌人只有用武装力量才能打倒。在所有这些小说中《欢乐的寺院》影响最大。这部小说出第一版时本来写的是孟加拉印度教徒起来反对英国人，为避免当局抓到把柄，以后各版才改为反对穆斯林统治者。① 这部小说最集中地反映了作者的反英武装起义思想，武装起义在这里披上了宗教外衣。书中揭露了穆斯林统治者的残暴，以迦里女神作为印度的象征，并就她的形象揭示了印度蒙受的苦难。书中写道：“迦里是印度苦难的象征。她是黑色的，因为国家蒙受巨大的不幸。她是赤裸的，因为印度被剥夺了所有财富。她戴的花环是由人的骷髅编成的，因为整个国家已经变成了墓地。”② 该书指出，印度教徒要拯救自己的国家，只有手执武器把压迫者赶走，并说他们这样做时会得到神的护佑。书中还有一首名为《向祖国致敬》的著名诗歌。在这首诗歌里，作者把祖国和女神视为一体，热烈鼓吹坚决斗争思想。其中说：“当七千万人发出怒吼，七千万双手中宝剑飞舞，你握有各种力量，啊，祖国，谁还能说你软弱可侮！”③ 这里表明，邦·恰特尔吉相信，虽然英国力量是强大的，但只要群众武装起来了，弱者可以变成强者。他为武装起义思想披上宗教外衣，就是想以宗教

---

① J. 麦克伦：《印度民族主义与早期国大党》，波士顿，1977，第 337 页。

② B. 马宗达：《政治思想史》，第 407 页。

③ 斯里奥若宾多：《邦基姆—提拉克—达耶难陀》，加尔各答，1940，第 6 页。

来激发印度教徒的感情。作者显然是考虑到了1857年大起义的教训，强调起义者事先要有严密的组织。小说所描述的武装斗争是由一个组织严密的、精干的秘密武装斗争集团进行的。这个精干的集团在作者的笔下是一个托钵僧组织。所有参加者必须离开自己的家园，全力投入斗争，严格遵守纪律，直到斗争胜利方能回家同家人团聚。但小说里并没有描写怎样去发动群众、武装群众。可见尽管邦·恰特尔吉在《向祖国致敬》一诗中设想到群众掌握武装，但他的武装起义的具体设想却没有这方面的内容。他的设想只是集中于少数革命家奋不顾身的斗争。

如果说在邦·恰特尔吉那里，武装起义还是一种设想，那么瓦·帕达开却打算立即把它变为现实。帕达开起义为我们提供了一个现实的例子，从中可以看到印度最早的小资产阶级民主主义者怎样发动起义。帕达开在自传中写道："我脑海里充满了铲除英国政权的思想……即使是在梦中，推翻英帝国的思想也一直萦绕在我的脑海……我学会了射击、骑马、刀枪剑术等。"[①] 由于对殖民者抱有这样的仇恨，他决心把自己的一生无保留地献给祖国解放事业。70年代德干地区不断爆发农民起义。帕达开深受鼓舞，决定借助这支力量创造条件，达成更高的目标——推翻英国殖民统治。为此他到农民中去参加并领导起义。帕达开对农民的境遇深表同情，在自己的纲领中反映了农民的要求。当时农民起义力量很分散，没有明确的反殖民目标。帕达开本来可以充分发挥组织者的作用，把分散的农民武装力量集中起来，把农民的斗争引向更高阶段，但他没能这样做。虽然置身于农民起义中，他并没有深刻懂得农民起义在反殖民斗争中的地位和作用。他不是认真考虑怎样进一步发展农民起义，更关心的是借农民起义的力量筹集经费，以便能组织若干支数百人的精干的职业军队，同时攻击殖民统治中心，发动全国起义。他设想，一旦起义开始，当局便会张皇失措，铁路、邮电系统都会失灵，监狱会被打开，囚犯和其他群众会自动参加起义。这样，"我们建立共和国的目标就会实现"。[②] 这个想法未能吸引起义农民，他就想雇佣土邦的职业军人来实现。1879年4月他来到海得拉巴土邦，与一个封建首领达成了雇佣200名骑兵的协议。这个盲目的不切实际的计划自然

① 《对瓦苏德夫·巴尔万特·帕达开的审判报告》，第3页。

② 《对瓦苏德夫·巴尔万特·帕达开的审判报告》，第3页。

不可能实现。帕达开的行动表明了小资产阶级的盲目性。他把起义看得过分简单，完全不懂得起义需要深厚的群众基础和周密的组织准备。可以说，和农运结合并不是帕达开自觉实行的根本战略方针，而是寻求支持所采取的一项策略。他的武装起义思想本质上仍然是少数革命家蛮干的道路。

第一批小资产阶级民主主义者并不是都赞成武装起义，对帕达开式的武装起义多数人更不赞成。然而，和资产阶级政治代表（这些人对帕达开持指责态度）不同，他们对帕达开的爱国主义精神给予高度评价。什·高士在《甘露市场报》上写道："他的心充满了对印度的热爱。有哪一个人能冷淡地对待这样一颗心呢？他的日记渗透着自我牺牲精神"，他比一般人高大得多，"就像喜马拉雅山比萨特普拉山（孟加拉境内的一条山脉）要高大得多一样"。[①] 这也可以说是小资产阶级民主主义者之间道义上的一种相互支持吧！

第一批小资产阶级民主主义者和资产阶级政治代表的第二个不同点是，虽然他们也都是（帕达开例外）利用合法形式进行斗争，虽然也认为当前工作的重点是对群众进行爱国主义教育，但他们着重强调要以斗争精神来武装群众，唤醒印度人民的民族自信心。

邦·恰特尔吉 1883 年就已经对当时资产阶级政治代表采取的申请、乞求的斗争方式无情地进行了嘲讽，认为这只能助长民族自卑感。关于这点，20 世纪初小资产阶级革命派领导人奥若宾多·高士（1872～1950）曾经写道："他（指邦·恰特尔吉）——我们第一位伟大的政论家了解当时流行的政治鼓动方式的狭隘性和无济于事，在其著作《世间奥秘》和《卡马拉康德办公室》中以无情的嘲弄口吻揭露了这一点。""他告诫我们，在鼓动方式上要像狮子怒吼，而不是家犬吠鸣。"[②] 恰特尔吉在创作文学作品时，是按照自己的方针行事的。他的一部部作品像一支支犀利的匕首刺向敌人。有一段时期，他甚至准备以 1857 年大起义中的英雄章西女王为主人公写一部历史小说来激励人民，只是考虑到斗争策略才搁置了这个计划。他说，他写小说的目的是唤醒人民起来斗争，"当孟加拉人民心中产生了要求得到民族幸福的美好愿望，当这个愿望变得非常强烈，为了实现它人民准备贡

① 巴·哈达斯：《争取自由的武装斗争》，浦那，1958，第 84 页。
② 斯里奥若宾多：《邦基姆—提拉克—达耶难陀》，第 11 页。

献自己的生命时”，他们就“一定会变得坚强有力”。[①] 他号召印度教徒和伊斯兰教徒团结起来共同斗争。

在对殖民统治进行斗争方面，什·高士的《甘露市场报》、哈·穆克吉编辑时期的《印度爱国者报》和阿·萨尔卡尔的《大众报》都表现得非常突出。在大起义后白色恐怖的沉闷气氛下，这些报纸配合下层人民的斗争，公开向殖民者挑战，在人们心中重新点燃了希望的火花。

小资产阶级民主主义者的报刊首先是在蓝靛鼓动中表现出了突出的战斗精神。在这以后，《甘露市场报》等报刊又对阿萨姆茶叶种植园工人所受的非人待遇以及治安长官帮助种植园主压迫工人的罪恶事实给予了淋漓尽致的揭露。什·高士还利用这些事实向人民指出，在殖民统治下，印度人民的命运就像中世纪的农奴，生命安全也得不到保障。

小资产阶级民主主义者的报刊注意抓住殖民当局一些突出举动，引导人们深思英印矛盾的不可调和。1871 年，孟加拉殖民政府加征道路附加税，税额为地税的 3.5%。资产阶级政治代表也反对这项额外剥削，但只是递交陈请书，要求撤销。《甘露市场报》不同，它公开表示抗议，指出“这是可耻的勒索”，并指出这种不断找借口增加勒索是要毁灭印度经济，毁灭印度民族。[②] 1875 年殖民当局以巴洛达土邦王公企图毒死英国统监为名，掀起了歇斯底里的仇印叫嚣，意在吓倒印度人民。《甘露市场报》针锋相对地指出：“政府为了能够专断地进行统治，可以阉割整个民族。确实，毒死一个微不足道的上校算不了多大罪行。”[③]《甘露市场报》这种强硬态度使英国印度事务大臣感到震惊。1875 年 6 月 9 日他在致印度总督的信中责成总督密切注视这家报纸的“倾向性”。

印度殖民政权早就想对《甘露市场报》下手。孟加拉副省督阿西莱企图先用软的一手收买什·高士。他召见什·高士，提出要和他“共同治理”孟加拉，条件是《甘露市场报》要按政府当局的指示精神来办，在刊登任何批评政府的文章以前，必须把文稿送他过目。什·高士不为所惑，冷静地答道：“谢谢好意，但我认为孟加拉至少应当有一个正直的新闻工作者。”

---

① 邦基姆·恰特尔吉：《朗吉·辛格》，俄译本，莫斯科，1960，第 7 页。
② 阿努瓦拉：《1858～1909 年印度争取自由的斗争》，第 46 页。
③ S. 密拉特：《英印研究》，孟买，1913，第 347 页。

阿西莱大怒，紧跟着就是印度语种报刊法的颁布。殖民当局并不隐讳，这个法令首先就是针对《甘露市场报》的。然而，什·高士在一个星期内，也就是在这个法令生效前，就把《甘露市场报》完全变成英文报刊，从而使殖民当局的恶毒打算落了空。阿西莱恼羞成怒地说，如果《甘露市场报》晚一个星期变成英文报纸，他就能用勒令缴付巨额保证金的办法，一举置它于死地。①

《甘露市场报》的编辑们坚持启发人民民族主义觉悟的办报方针，不受利诱，不怕威胁。有一次，这家报纸因为支持一项受到欧洲人和印度有产阶级上层反对的收入税法案而丧失了大量订户，以至于必须用流动车售报。加尔各答高等法院一法官乘机要挟，要什·高士不要再刊登“散布不满和反叛情绪”的文章。什·高士回答说，创办《甘露市场报》的目的就是教育印度人民认识到他们的屈辱地位，向他们灌输爱国主义感情。“他们现在还处在沉睡状态，需要唤醒，因而我们必须大声疾呼并使用犀利的语言。”②

第一批小资产阶级民主主义者重视唤醒民族意识，强调斗争精神，这是很可贵的。之所以能做到这一点，是因为他们的地位与一般群众比较接近。但是，既然他们主要是靠报纸宣传和写作文学作品来进行这项工作，而报刊和文学作品只是在社会上、中层和知识界才有可能阅读，因此他们的声音只能在社会上、中层有影响，广大农民、工人、手工业者是很难听到的。这不能不说是他们活动方式的一大缺陷。

小资产阶级民主主义者不同于资产阶级政治代表的第三点，也是最突出的一点，是具有鲜明的反封建倾向。他们同情农民的境遇，热烈支持农民反对英国种植园主、柴明达尔地主和商人高利贷者新地主的斗争，在个别情况下甚至直接领导农民起义。

支持蓝靛鼓动是第一个突出的例子。孟加拉首批小资产阶级民主主义者正是在这场斗争中崭露头角。也可以说，蓝靛鼓动是小资产阶级民主主义者登上政治舞台的标志，是他们向殖民者发起进攻的信号。蓝靛作物种植园的黑幕外间早有风闻。1859 年孟加拉蓝靛暴动得到印度各界的同情，给予最有力支持的，正是第一批小资产阶级民主主义者。《印度爱国者报》

① 那塔纳江：《印度报刊史·报刊委员会报告第二部分》，第 83 页。
② 那塔纳江：《印度报刊史·报刊委员会报告第二部分》，第 73 页。

在哈·穆克吉编辑下首先披露了蓝靛农民斗争的消息，揭露了种植园主的镇压罪行。什·高士1860年在这家报纸上发表了12封信，揭露了种植园主对农民的残酷压榨。哈·穆克吉在整个蓝靛暴动时期，坚持不渝地捍卫农民的权利。1860年5月他在该报上写道："孟加拉完全可以为它的农民感到自豪。在缺乏权力、财富、政治知识甚至领导的情况下，孟加拉农民实现了一场革命，其规模和重要性不比任何国家社会史上的革命逊色。……尽管政府反对他们，法律反对他们，舆论反对他们，报刊反对他们，但他们取得了成功。社会各界和我们世世代代子孙都将从他们的行动中受益。"[①] 由于满腔热情支持农民斗争，哈·穆克吉被誉为"农民利益的英勇捍卫者"。英国殖民当局决定除掉他，对他提出了指控。1861年他在忧愤中去世。蓝靛起义期间出现了一部以揭露种植园主，反映蓝靛农民苦难为题材的著名剧本《蓝靛的镜子》。作者迪恩班杜·米特罗是殖民政权的下级官吏，与邦·恰特尔吉关系密切。剧本是匿名发表的，它对种植园恐怖制度的揭露入木三分，以至于每次演出都成了对种植园主和殖民当局的控诉。蓝靛起义在小资产阶级民主主义者大力支持下终于取得了胜利。这场斗争使刚诞生的小资产阶级民主主义力量受到战斗洗礼，大大鼓舞了他们斗争的勇气。《甘露市场报》后来在谈到这次起义时把它称为"英国人到来以后孟加拉的第一次革命"。[②]

蓝靛鼓动毕竟只是反对英国种植园主的，更能表明他们的反封建倾向的，是他们支持孟加拉帕布那、博格拉地区农民反对柴明达尔地主的斗争。对这次起义的态度是块真正的试金石。以英印协会为代表的自由派地主曾经是蓝靛鼓动的支持者，如今完全站在柴明达尔立场上谴责农民。资产阶级政治代表固然不赞成柴明达尔无限制地提高地租，但也谴责农民的革命行动。正如1873年11月2日《大众报》上的文章所揭露的，孟加拉许多报纸杂志的著名编辑"总是异口同声地力图证明佃户们的过错……连篇累牍地谴责农民的行动，把抢劫、杀人等罪名都扣在农民的头上"。[③] 这时，只有小资产阶级民主主义者站在农民一边，同情和支持农民的斗争。小资产

① 布·克林：《1859~1862年孟加拉蓝靛暴动》，费拉德尔菲亚，1966，第145页。

② R. C. 马宗达：《印度自由运动史》第1卷，第355页。

③ 阿马兰都·德：《19世纪孟加拉分离主义的根源》，加尔各答，1974，第104页。

阶级民主主义者的报纸，如《大众报》、《甘露市场报》、萨拉达·巴达查利亚的《月光报》等都热烈赞扬农民的革命行动。《甘露市场报》的文章高度赞扬穆斯林农民能够联合起来反抗柴明达尔的压迫，赞扬他们的革命勇气和组织能力，并指出他们的起义符合“整个国家的利益”。[①] 阿·萨尔卡尔更进一步。他在《大众报》上写道：“帕布那农民燃起的火焰没有熄灭，它正在燃烧着……我们主张革命。只有革命才能给社会带来生命。”[②] 农民起义在资产阶级政治代表看来是暴行，在小资产阶级民主主义者眼中却是革命；在资产阶级政治代表看来有碍社会安定，在小资产阶级民主主义者眼中能给社会带来生命。资产阶级政治代表不赞成它，小资产阶级民主主义者拥护它。没有什么比这更能说明小资产阶级民主主义者与资产阶级政治代表的区别了。小资产阶级民主主义者尽管同情农民处境，也讲到农民起义的革命作用，但他们并不真正了解农民问题在资产阶级民族革命中的意义，并不了解农民在资产阶级民族革命中的作用。他们一般说还只是一个同情者、支持者，并没有把解决农民土地问题、发动和组织农民斗争看作自己的任务。帕达开虽然前进了一步，但他的出发点主要是反殖民，而不是自觉地把反殖民和反封建斗争恰当地结合起来。

小资产阶级民主主义者不仅在农民起义时表示支持，在平时也经常在自己的政论文章和文学作品中反映农民的要求，揭露殖民当局和地主、高利贷者的压迫。例如，米尔·马什拉夫·侯赛因所写的剧本《柴明达尔的镜子》，深刻揭露了柴明达尔的横暴行为。这个剧本在孟加拉上演，影响很大。又如邦·恰特尔吉 1872 年发表的著作《孟加拉农民》深刻地道出了农民的苦难。他以一个贫穷印度教徒和一个贫穷穆斯林为典型，说明所有孟加拉农民处境的悲惨，指出农民贫困的根源是殖民统治和地主的无情剥削。在《国家的进步》一文中，他用讽刺的口吻写道：“我们已指出，这个国家进步可真不小！农业繁荣！财富增长！政府、柴明达尔、商人、高利贷者彼此合作共享这个果实，这个果实给他们带来幸福。只有农民一无所得。……1000 人中有 999 人一无所得！让那些愿意吹嘘这种进步的人去吹嘘吧，但我们不会这样做。在我看到这 999 人获得好处以前，我是不会参加

---

① 阿马兰都·德：《19 世纪孟加拉分离主义的根源》，第 49 页。

② S. 森：《1872~1873 年帕布那农民斗争》，《新世纪》1954 年 2 月号。

他们的吹牛大合唱的。”①

小资产阶级民主主义者的反封建宣传和行动受到殖民当局和地主的忌恨。正像《乡村通讯》文章所说，“他们这样做无疑冒着很大的个人风险”,② 但他们并不畏惧。

在减轻农民痛苦方面，他们提出了一些主张。有人认为应该取消柴明达尔制，实行莱特瓦尔制，这和帕布那、博格拉地区农民的要求是一致的，也许他们是互相影响的。恰特尔吉在《孟加拉农民》中说：“永久地税制应该以农民为对象订立税约，而不是与柴明达尔订立税约。如能这样做就不会出问题了。”然而，他认为“1793 年铸成的这个错误要纠正已经不可能，因为现在的孟加拉社会就是建立在那种错误的基础上。如果改变这个制度，孟加拉社会就可能大乱”。他自称不是社会革命的支持者，“不主张社会革命”。③ 小资产阶级民主主义者更主要的是主张限制柴明达尔的压迫，保障佃农权利。1885 年殖民当局颁布孟加拉租佃法，他们非常赞成，但同时批评该法在保障佃农权利上做得太少，认为它本来还应对柴明达尔的专横做更多的限制。小资产阶级民主主义者虽然还提不出很具体的主张，但他们倾向鲜明，态度激进，这在当时已经是很难能可贵了。

三　资产阶级政治代表对小资产阶级民主主义者的排斥

19 世纪 60~70 年代小资产阶级民主主义者的出现意味着民族运动中产生了一支新的力量，虽然还只是一个幼芽，但其思想和主张已经在影响群众。资产阶级和自由派地主此时正大力发展改良运动，不喜欢任何激进观点出现。为保证运动不受干扰地按自己敷设的轨道发展，他们从一开始就对小资产阶级民主主义者抱排斥态度。

这一时期是资产阶级建立自己的政治组织的时期。小资产阶级力量微弱，还谈不上单独建立组织。孟加拉一些小资产阶级民主主义者正打算和资产阶级一起建立民族组织。当时，孟加拉最有影响的英印协会主要代表

① 邦基姆·恰特尔吉：《朗吉·辛格》，第 6~7 页。

② 阿马兰都·德：《19 世纪孟加拉分离主义的根源》，第 76 页。

③ 阿马兰都·德：《19 世纪孟加拉分离主义的根源》，第 138 页。

自由派地主利益。资产阶级政治代表苏·班纳吉打算另建一个中产阶级政治组织来取代它。什·高士则希望用改变英印协会成分的办法把它变成既反映资产阶级和自由派地主利益又反映小资产阶级利益的组织。1872 年他向协会领导人建议把会费降低 90%，以便小资产阶级也能参加，遭到拒绝。在这以后他的兄弟、和他一起编辑《甘露市场报》的海曼塔·库马尔·高士访问了孟加拉许多地方，主张成立一个全孟加拉的资产阶级、小资产阶级民族主义组织，也没有得到资产阶级政治代表的响应。直到 1875 年，代表资产阶级利益的加尔各答大学生联合会才同意与小资产阶级民主主义者一起建立一个组织，叫印度联盟。在制定它的纲领时，小资产阶级民主主义者并没有坚持把自己的观点写入纲领。尽管如此，这个组织成立不久，以阿南达·摩罕·高士和苏·班纳吉为首的资产阶级代表还是认为与激进的小资产阶级民主主义者共处一个组织不是长久之计而分离出去，于 1876 年单独建立了印度协会。印度联盟因而瓦解。小资产阶级民主主义者没有自己的组织，一些人只好参加印度协会，也有些人改变了立场转到资产阶级方面。在孟买管区，帕达开起义失败被捕，契普隆卡病故，本来数量有限而又分散各地的小资产阶级民主主义者更没有可能组织起来。70 年代至 80 年代初，资产阶级建立政治组织的活动不断发展，最终促使印度国大党建立。资产阶级和自由派地主把运动的领导权稳稳操在自己手里。小资产阶级民主主义者虽然有些参加了国大党，但直到 90 年代中期在国大党内几乎无声无息。资产阶级、地主的改良要求形成巨大声浪，盖过了一切。60~80 年代一度活跃的第一批小资产阶级民主主义者被民族改良的浪潮淹没，他们的活动仿佛一颗流星，在政治舞台上一掠而过。

这是可以理解的。60~80 年代民族资本主义刚诞生不久，客观上还不具备进行资产阶级民族革命的条件。在这种情况下，资产阶级改良运动是进步的历史运动，带有深入进行启蒙活动的性质，有充分的潜力可以发挥。小资产阶级民主主义者虽然观点更激进，但由于进行革命还不是当务之急，人民民族意识的增强需要有一个过程，所以不可能很快得到普遍响应。财力上的困难对小资产阶级民主主义者来说几乎是无法克服的，这大大限制了他们活动的进一步开展。资产阶级、地主大力资助自己的政治组织和宣传媒介，对小资产阶级民主主义者的报刊不给任何帮助。哈·穆克吉办《印度爱国者报》没有钱，只好靠从自己担任殖民政权下级官吏的薪金中每月拿100卢比维持报社运转。《大众报》编辑阿·萨尔卡尔请不起助理编辑，靠自己年迈的父亲帮助工作。《月光报》创办者萨·巴达查利亚是个穷苦大学生，靠一个思想进步的作家资助。《乡村通讯》经费无着，以致债台高筑，欠了1200卢比。《甘露市场报》编辑为了买一台印刷机，只好当中介人替一个柴明达尔告贷，从中取得800卢比佣金作为经费。财政困难使他们寸步难行。为了解决这个困难，他们常常需要做出让步。《甘露市场报》1871年在一篇社论中就说：柴明达尔大多数是“没有事业心的、懒惰的、懦弱的、无知的、暴虐的、自私自利的”，但是“我们必须支持他们”，因为“只有柴明达尔有钱资助公共活动”。[①] 显然，在这种情况下，有些报刊改变观点是不可避免的。

四　第一批小资产阶级民主主义者活动的意义

第一批小资产阶级民主主义者的活动在印度民族运动发展史上起了重要作用。

第一，在资产阶级只要求局部改良时，小资产阶级民主主义者既提出了民族独立思想，又提出了反封主张，这就把资产阶级本应提出而没有提出的印度独立发展民族资本主义的一些根本要求提了出来，为资产阶级的近期改良主张补充了远景目标。用这样的思想教育群众，就大大加深了资产阶级启蒙运动的内涵，对提高印度人民的民族民主意识起了非常有益的作用。

第二，小资产阶级民主主义者的活动对这一时期资产阶级改良运动的顺利发展起了重要的推动作用。他们的“狮子般怒吼”，既唤起更多人参加运动，也为软弱的资产阶级壮了胆。他们的激进态度成了资产阶级手里另一张向殖民当局施加压力的王牌，殖民当局怕资产阶级转到小资产阶级民主主义者立场，宁肯向资产阶级的改良要求做些让步。资产阶级改良运动就是在这种背景下迅速发展的。

第三，小资产阶级民主主义者的活动继承了大起义的革命传统，最先举起了资产阶级革命民主主义的火炬，它的斗争精神又被19世纪末20世纪

① J. 麦克伦：《印度民族主义与早期国大党》，第219页。

初新一代革命民主主义者继承并发扬光大，终于揭开了印度民族运动史的新篇章。20世纪初孟加拉秘密革命组织的成员把邦基姆·恰特尔吉看作导师，以《欢乐的寺院》中的秘密革命组织作为他们的秘密组织的原型。《欢乐的寺院》成了他们的教科书。警察在破获秘密组织时，常发现这部著作。奥若宾多·高士是20世纪初小资产阶级革命派领袖之一，是主张暴力革命的。他把恰特尔吉看作“引导民族走向复兴和独立的新精神的鼓舞者和政治导师”，并说他从恰特尔吉著作中得到的主要启示，“正是无畏的精神和暴力的福音”。[①] 20世纪初小资产阶级革命派领袖提拉克受了帕达开和契普隆卡很大影响。帕达开高尚的爱国主义精神深深激励着他，对他确定自己的生活道路起了关键作用。契普隆卡的文学作品对提拉克爱国主义思想的形成有很大影响，也使他看到了对群众进行爱国主义教育的重要性。正因为如此，提拉克大学毕业后决定和契普隆卡一起开展工作。提拉克把什·高士看作导师。他说：“当我们办我们的方言报刊（指《狮报》）时，我们力图遵循《甘露市场报》编辑的榜样行动。”[②] 他这里指的是向什·高士学习既要坚持办报的革命方向，又要善于进行合法斗争，灵活应变。最后还可以确定这样一个事实，即邦·恰特尔吉所著《欢乐的寺院》中的著名诗歌《向祖国致敬》成了1905~1908年印度民族革命运动高潮中最流行的爱国主义歌曲，在激励人民斗志方面起到了同《马赛曲》一样的伟大作用。

① 邦基姆·恰特尔吉：《邦基姆—提拉克—达耶难陀》，第11页。

② 那塔纳江：《印度报刊史·报刊委员会报告第二部分》，第111页。

第十二章
印度国大党的成立和早期活动

印度资产阶级争取改良的运动在19世纪70~80年代无论在深度上还是广度上都有很大发展。这可以说是早期资产阶级政治运动开展得最有声有色的一个时期，不仅运动的组织性大大增强，而且民族主义开始理论化，理论认识开始向实际行动转化。这一切的直接结果和结晶是全印民族主义组织——印度国大党的成立，它为印度民族运动的发展提供了一个领导、一个中心、一个有潜力的发展基础。国大党的成立标志着资产阶级政治运动已发展成为印度民族运动的主流。资产阶级已登上政治舞台的中心，成为民族运动新的历史时期的领导力量。

一　民族主义要求的理论化

19世纪上半期，资产阶级政治运动的阶级基础是刚刚诞生的工业资产阶级、主张印度发展工商业的商人和自由派地主。60~70年代，随着民族资产阶级的诞生，资产阶级政治运动获得了真正的名副其实的阶级基础，同时商人和自由派地主的支持依然如故。这意味着运动基础得到夯实和加固。由于实践地位的不同，工业资产阶级比商人（更不要说自由派地主了）有更强的民族主义要求。商人固然受到英国商业资本的竞争排挤，但还可以兼营买办贸易，在印度内部贸易领域还有发展机会。工业资本则不同，英国货的竞争，英资控制贷款、设备，等于扼住它的咽喉，它是一筹莫展的。工业发展要有市场、原料、能源，要有一系列经济部门的配合，工业资本家视野较商人开阔，因而也能更深刻地体会到殖民统治给印度经济发展带来的困难和危害。

这样，他们对英印在经济方面的尖锐对立以及殖民政权的压迫就能有较深入的认识，从而在政治上表现为比商人和自由派地主有更强烈的民族要求。这就是资产阶级政治运动在60~80年代迅速发展的内部原因。

殖民政权的反动政策从反面促进了运动的发展。大起义后，当局把巩固与封建主的联盟摆在首位，以为只要做到这点，殖民统治就有了安全保障，资产阶级改良活动是掀不起巨浪的。所以，它施展的拉拢手段，是针对封建主的。在任命各级立法会议的印度成员时，主要是任命王公、地主。资产阶级改良活动家本来对参加立法会议抱有很大期望，但1861年当局的任命使他们甚感惊异和失望。封建主参加立法会议不过是去当应声虫，徒有其表。《孟加拉人》报1881年4月16日一篇文章讽刺地写道："在加尔各答，住在附近的三四个罗阇，定期应召到立法会议会场，会见总督和他的欧洲同僚；第二等的封建首领同样应召会见马德拉斯和孟买省督。作为一个形式上放弃外国统治的排他性的象征，这是好事。但谁能相信，这就是在外国统治者和民族意志之间分享权力呢？"① 大起义后，虽然继续在伦敦举行印度文官考试，参加者的年龄资格却限制更严。原来规定23岁以下方可参加考试，1859年降低到22岁以下，1866年降低到21岁以下，1877年更降低到19岁以下。这使印度人进入文官殿堂的大门更加狭窄。李通任总督时，为了加强对印度的控制，1878年接连颁布了武器管制法和印度语种报刊限制法，矛头直接指向资产阶级运动。1879年又决定取消英国商品的进口税。这一切使资产阶级活动家感到，大起义后当局对资产阶级政治运动更多的是采取压制态度，不满情绪在他们中间日益增长。

19世纪70~80年代民族运动的一个突出进展，是把资产阶级民族主义要求理论化，揭露殖民统治的本质，从理论上论述民族运动的必然性和必要性，为以往和未来的政治经济要求提供理论依据。这就是关于印度贫困与复兴道路的学说，是由两位著名的思想家和民族运动领导人达达拜·瑙罗吉和马哈底瓦·伦纳德提出的。

达达拜·瑙罗吉是印度民族解放运动早期最著名的活动家，国大党奠基人之一。他一生都在为争取印度的自由和权利而斗争，在人民中享有很高威望，被誉为印度民族解放运动的元勋。

① 《孟加拉人》报1881年4月16日。

图 12-1　瑙罗吉

瑙罗吉，帕西人，出生在孟买一个祆教士家庭，在爱尔芬斯顿学院毕业后不久就被任命为这个学院的数学和自然哲学教授，是最早在大学里任教授的少数印度人之一。当西印度资产阶级启蒙运动开始发展时，瑙罗吉就是主要活动家之一。他建立的社会改革和文化教育团体总计 30 多个，影响遍及孟买管区。还主办《真理之声》杂志，宣传进步思想，号召和组织人民向陈腐的社会习俗宣战，争取印度社会的进步和发展。50 年代后，他把注意力转向政治改革。1852 年，他和几位志同道合者共同建立了孟买协会，其目标是要求殖民政权实行“改进国家状况和社会福利的措施”。这是孟买管区最早出现的较有影响的社会政治组织。这个组织把孟买的一批进步知识分子团结在自己周围，积极开展争取改良的活动。这样，到 50 年代，瑙罗吉就成了孟买民族主义者公认的领袖。1855 年后，他作为卡马公司的合资经营人和代表常驻伦敦，这使他有可能更深入地考察英国资本主义的发展与殖民政策的关系。1865 年，他建立了伦敦印度协会，后该协会与东印度协会合并，他担任主席。这个组织在英国积极开展活动，其成员到 1871 年发展到千人以上。1869 年在国内的加尔各答、孟买等地也设立了分支。

就是在英国期间，他深入剖析英国对印度的殖民剥削政策及其对印度的影响，提出了“财富外流论”（或称“经济耗竭论”），深刻揭露了英印关系的实质。这个理论是 60 年代他在伦敦东印度协会演讲时第一次提出的。此后继续进行深入研究，1873 年写了《印度的贫困》一书，对英国的剥削政策及其结果进行全面剖析。1876 年，在对这本书做进一步修改补充时，他的理论已完全成型。这套理论在 1901 年出版的他的著作集《印度的贫困和非英国式统治》一书中得到了最全面的阐述。

瑙罗吉认为，英国统治印度固然给印度带来了统一和秩序，但代价是无休止地榨取印度财富。他说：“英国统治者站在印度的大门口，让世界相信，他们在保卫印度免受外来人的侵犯，而实际上，却通过后门把他们在前门所守卫的那些珍宝尽行偷走。”[①] 英国人在印度既是达官显贵，又是投资者、企业主和商人。英国人每年做官和经营工商业得到的薪金与各种津贴、利润、利息以及英印政府的各种行政、军事花费，都是印度人民创造的财富。英国人（官员、企业家和商人）每年要把在印度所得大部分汇回英国。加上以英印政府名义在英国支付的“内务花费”（包括偿付外债利息），印度财富年年大量外流。其数量1867年估计为800万英镑，占当年印度税收的四分之一。1870年估计为1200万英镑，1883~1892年十年间估计平均每年为3.59亿卢比，1905年则估计达到5.15亿卢比。这么多的财富年年流往国外，就如同年年被大量抽血，这就是印度贫穷和遭受各种痛苦不幸的根源。瑙罗吉把英国在印度的榨取和以往外来入侵者的掠夺做了对比，认为英国的榨取更严酷，英国是“最坏的外来入侵者”。[②] 以往的入侵者多半是在印度掠夺，在印度消费，而英国是把掠夺所得大部分输往国外；以往的入侵者是一种突袭性的掳掠，即便输往国外，也有一定限度，英国是长期榨取，根本不允许印度有恢复创伤的机会。他打比方说，以往的入侵者像是屠夫，东砍一刀西剁一刀，而英国人像是用锐利的手术刀直取心脏。这样，“印度的命运就极其可悲了”，“被弄得一贫如洗的印度民族没有任何机会恢复损伤的元气”。[③] 大量财富的外流给印度社会发展带来极为严重的后果，它破坏了印度资本的正常积累，妨碍了民族资本的发展，使英国资本得以轻而易举地垄断印度几乎所有经济部门。而且，输往英国的大量财富很大部分又被转化为资本重新投放到印度，这样无休止地榨取，印度是永无出头之日了。除了物质财富外流，瑙罗吉指出，还有一种精神财富外流。他认为，英国人垄断了所有行政、司法、军事、经济、工程技术等部门的最高职位，当他们退休时，也就把管理国家各部门的经验和知识统统带走了，印度人到头来一无所得。瑙罗吉对英国剥削政策的揭露是比较彻底的，但当问题触及如何对待英国殖民统治时，却又态度温和。他仍然相信英国人“有公平、正义的本能”，认为之所以出现上述情况，是因为

---

① 达达拜·瑙罗吉：《印度的贫困和非英国式统治》，伦敦，1901，第212页。

② 达达拜·瑙罗吉：《印度的贫困和非英国式统治》，第224页。

③ 达达拜·瑙罗吉：《印度的贫困和非英国式统治》，第224页。

英国在印度的殖民统治背离了英国的正义原则，是“非英国式的统治”，那些在印度榨取的人并不知道，他们这样做不仅损害印度利益，也从根本上损害了英国利益。他相信，只要向英国舆论呼吁，申明大义，英国人就会考虑英印双方利益的大局，改变在印度的殖民政策。他说：“如果能使英国人醒悟到他们的责任，真正按英国公平、正义的本能行事，英国和印度都将会有此刻所想象不到的伟大和光荣的未来。”① 他提出的具体办法是：降低税收，减少开支，殖民政权帮助发展印度民族工业，对民族资本一视同仁，实行保护关税，高级公职尽量由印度人担任。在斗争方式上，他主张宪政鼓动，即用上书、请愿和集会等合法的斗争方法提出印度人的要求。

这个理论的提出在英国和印度产生强烈反响。英国统治者竭力反驳和辩解，百般美化自己；印度民族主义者则感到很受启发，思路因之开阔。正如尼赫鲁后来所说，瑙罗吉的《印度的贫困和非英国式统治》一书“在我国民族思想的发展中起了革命作用”，“给我们的民族主义提供了政治经济理论基础”。② 一位英国人写道，他的论点从每个讲坛都可听到，他的理论“造成了一种反对和不满气氛”。③ 瑙罗吉因此也就成了全印度民族主义者公认的领袖之一。

民族主义理论另一创立者马哈底瓦·戈文达·伦纳德（1842~1901）是孟买管区资产阶级运动的另一位领袖，也是国大党奠基人之一。他在大学毕业后进入文官系统，担任法院的法官，这种身份使他不能直接参加国大党的活动（最初当局不禁止），但并没有阻止他参加民族运动。他实际上在幕后参与国大党决策。

伦纳德出生于孟买管区那西克城附近的一个婆罗门家庭，在爱尔芬斯顿学院取得文学和法学硕士学位。进入文官系统后先后担任法官、治安长官、孟买管区高等法院法官，直至逝世。他在学校时就深受瑙罗吉思想的影响。他选择文官道路是出于为祖国服务的考虑。在他那个时代，很多人都认为担任公职是为祖国服务的途径之一，两者并不矛盾。

70年代，伦纳德在浦那担任法官，参加了该地刚成立不久的政治组

---

① 达达拜·瑙罗吉：《印度的贫困和非英国式统治》，第Ⅻ~ⅩⅢ页。
② 《尼赫鲁自传》，新德里，1952，第426页。
③ B. 普拉沙德：《奴役与自由》第1卷，第282页。

图 12-2 伦纳德

织——浦那人民协会，并很快成了它的实际负责人，领导开展了多种活动。与此同时，他注重理论研究，结合印度实际，钻研了亚当·斯密、马尔萨斯、李嘉图和李斯特等著名西方经济学家的著作。正是在这个基础上，他吸收了这些名家学说的思想内容，对印度的贫困和振兴道路提出了自己的一套学说。这套理论可以称为“农业附庸论”或“工业振兴论”。

他也和瑙罗吉一样，认为英国殖民剥削是造成印度贫穷和经济落后的根本原因。但他不认为财富外流是关键，而认为关键是英国压制印度工业发展，把印度变成它的农业附庸国。1893 年他写道：“庞大的印度殖民地被当作一个种植园，种植原料供英国人用英国船运出，用英国技术和资本加工成制造品，再由英国商人输出到殖民地，给他们在印度和别的地方的相应的英国公司销售。”① 他说，印度人口众多，工业得不到发展，主要靠农业生存，而农业经营条件和技术水平非常落后，税负又重，承受不了过重的压力，因而造成连年饥荒。它反过来又影响工业，使工业发展缺乏资本、原料和市场。他认为改变印度经济落后状况的根本出路是发展民族工业，实现工业化。为此，印度人要有进取精神，敢于投资兴办民族工业和商业，特别是办大机器工厂，认为只有大生产才能和外国竞争。他要求殖民政权考虑印度的长远利益，给民族工业的发展提供各种方便，如实行保护关税政策，发放低息贷款，用补贴的办法鼓励发展新工业部门，向印度工厂加工订货，兴办技术学院培养高级技术人才等。还要求英国资本家来印度投资，帮助实现印度的工业化。在农业一时不能很快发展的情况下，他甚至设想印度可以进口原料加工。他说：“我们必须学会通过有组织的合作和外国人竞争，我们可以从国外进口我们所需数量的原料，在印度加工成制造品输往国外。”这样不但能促进工业发展，改变贸易构成，还能为过剩劳力提供就

① 比潘·钱德拉：《近代印度民族主义和殖民主义》，新德里，1979，第 106 页。

业机会。[①] 此外，他还主张改善信贷系统，使之现代化，以便于资金周转，适应工业发展的需要。

土地问题在他的经济理论中占有重要地位。1880~1883 年他写了许多文章阐述自己的主张。他认为，土地问题的解决原则必须和实现国家工业化的总目标一致，也就是说必须促进农村资本主义的发展。具体主张是“必须顺应不可避免的土地资本集中的潮流”,[②] 不应采取任何措施干预。土地兼并会产生大地主，但只要鼓励和引导他们在农业上投资，改进农业经营条件，就有可能使地主转变为农业资本家，这正是国家工业发展的要求。他还主张把农民从债务罗网中解脱出来，以防发生阶级对抗，办法是广泛发展农村工业，容纳过剩劳力；建立农村信贷网，向农民提供信贷。总之，他发展农业资本主义道路的主张是以发展地主土地所有制为前提，然后逐步向资本主义经营方式转变。这实质上是普鲁士道路。伦纳德的理论和瑙罗吉的理论基本上是一致的，两者相互补充，构成了一个理论整体。印度资产阶级经济学家正是把他们两人作为印度经济理论的奠基人，他们的理论后来为国大党所遵循，成了它制定经济政策的依据。

二　新的地区性民族主义组织的建立和政治鼓动

70~80 年代民族改良运动的另一突出进展，是新的地区性民族主义组织的建立和大规模政治鼓动的开展。大起义以后，原来存在的民族主义组织大都陷于停顿状态，这是因为其构成太狭窄，斗争方式太软弱，完全缺乏对新形势的适应力。70~80 年代，大批青年知识分子从大学里源源不断地涌现。他们中有不少人投入民族改良运动，成为新生力量。资产阶级维护自己阶级利益的强烈要求主要通过他们反映出来。但原来的改良活动家中有些人满足于先前提出的主要反映商人和自由派地主利益的温和要求，不愿再前进。他们把持旧组织，不愿接纳新涌现的青年知识分子。于是，就出现了建立新的基础较广泛的地区性民族主义组织的要求。

孟加拉新组织的建立是和苏伦德拉特·班纳吉的名字联系在一起的。

---

① 维·马哈江：《民族主义运动领导人》，第 66 页。
② 马·伦纳德：《印度经济学论文集》，马德拉斯，1906，第 227 页。

班纳吉出生在孟加拉一个婆罗门家庭，大学毕业后去了英国，以优异成绩通过了文官考试，被任命为孟加拉一个县的治安长官，但不久就被当局借故除名。他再去英国，想学习法律，却被告知除名文官没有进入法学界的资格。这一连串的打击使他逐渐醒悟，认识到他的遭遇正是一个在外国统治下备受歧视、政治上没有丝毫权利的民族的缩影。从此他投身民族运动，决心为争取印度人的权利而斗争。他在一个学校任教，参加了阿南达·摩罕·高士建立的大学生联合会，热情宣传爱国主义思想，很快就受到广大青年知识分子和学生的拥戴。由于英印协会范围狭窄，又侧重反映自由派地主利益，他感到需要建立一个新的组织，这个组织按他的说法，应该主要反映中产阶级的要求，广泛吸收中产阶级和青年学生参加，并能“引导大众参与当前的重大政治运动”。[①] 1876 年，他和阿南达·高士共同建立了这样的组织——印度协会。这个组织在孟加拉各地迅速发展，到处建立分支，影响范围甚至扩展到北印度许多地区，很快盖过英印协会，成为孟加拉第一大组织。在孟买管区，最先成立新组织的地区是马哈拉施特拉。这里原来的德干协会陷于瓦解。1870 年成立了浦那人民协会，领导人是加涅什·瓦苏德夫·卓施，后来还有伦纳德。卓施和伦纳德在马哈拉施特拉最早领导了提倡国货运动。卓施带头建立国货商店，自己还每天纺纱，穿土布衣服，甚至穿着这种衣服去德里参加工业展览会（1877），影响很大。浦那人民协会还有富裕农民参加。孟买原来的组织孟买协会也在成立不久后就停止了活动，继之成立的东印度协会也没有存在多久。1885 年，一个新的组织——孟买管区协会成立，它比以往的组织更为活跃，主要领导人是梅塔、帖兰和提亚勃吉。在马德拉斯，发生了同样的变化。原来的马德拉斯本地人协会瓦解，1878 年几个年轻的民族主义者一起创办《印度报》，它成了新的聚合民族主义者的轴心。在这个基础上，1884 年成立了新的组织，叫马德拉斯士绅会，主要领导人是 G. 苏布拉曼尼亚·阿叶尔、维腊腊加瓦·恰里阿尔、阿南达·恰鲁等。到 1888 年，这个组织在马德拉斯已有 82 个分支。

新成立的这批组织，其基础都比老组织广泛，得到工业资本家的积极支持，大批新涌现的青年知识分子参与其中。这批组织强烈要求取消民族

---

① 苏·班纳吉：《一个民族在形成中》，加尔各答，1925，第 30 页。

报刊限制法和武器管制法；要求放宽文官考试年龄限制并在印度同时举行考试，使印度人真正有机会参加；要求立法会议中的印度成员应通过选举产生，不应采取任命方式，以便中产阶级的代表能进入立法会议；要求扩大立法会议职权，使它不致成为一个徒有其表的花瓶；此外，还强烈反对当局为满足兰开夏工业巨头的要求对印度棉织品征收出厂税。可以看到，这些主张鲜明地反映了资产阶级的要求。值得注意的是，在提出这些主张时，印度协会、浦那人民协会开始采用大规模政治鼓动的斗争方式。印度协会的报刊、由苏·班纳吉任编辑的《孟加拉人》报1882年2月11日发表文章指出，光靠上书陈请是不够的，必须“进行持续不断的鼓动，提出那些能给我们同胞带来持久利益的要求”。[①] 班纳吉是个出色的演说家，他在各种集会上，深刻揭露印度人民在英国治下所遭受的歧视和屈辱，号召青年们起来争取印度的权利与自由。为了用生动的形象鼓舞青年，他讲述各国人民的斗争史，介绍英雄人物的事迹，最常讲的是意大利民族英雄马志尼。他并不赞成马志尼的革命方法，但认为拥有高尚的爱国主义理想和献身精神的马志尼是印度青年学习的榜样。他要求青年们学习马志尼的精神，用宪政鼓动方法，争取印度人应有的权利。他的演说吸引了成千上万的青年，激起了他们心中对自由的强烈渴望。1877~1878年，为反对当局降低文官考试年龄标准，苏·班纳吉专程去北印度、旁遮普、孟买和马德拉斯进行巡回演说，呼吁各地区民族主义组织和报刊一致行动，展开全国性的政治鼓动，要求放宽文官考试年龄限制和在印度同时举行考试。他的活动得到各地区民族主义组织的热情支持，形成了有史以来第一次全国性的大规模政治鼓动。许多中小城镇、边远地区以前不曾卷入政治斗争浪潮的，这次都卷进来了。民族主义要求在这些地方开始得到传播，就像亨利·柯顿在一篇文章中所说，苏·班纳吉在木尔坦青年中受到了如同在孟加拉青年中受到的热烈的崇敬。1878年殖民当局又颁布了两项镇压民族运动的法令：武器管制法和印度语种报刊法。班纳吉立即领导印度协会开展反对这两项法令的新的政治鼓动，还同来访的浦那人民协会的代表一起召开民族报刊会议，协调应对办法。

在伦纳德加入浦那人民协会后，这个组织也采用了政治鼓动方法。

---

① 《孟加拉人》1882年2月11日。

1872~1873年他和卓施在领导提倡国货运动中，多次在群众集会上演讲，论述发展民族工业、使用国货的重要意义。1896年他积极促进在加尔各答举办第一次国货展览会，还在浦那德干学院做了论印度政治经济学的演讲，轰动了舆论界。要求让更多印度人参加立法会议是他开展政治鼓动的另一内容。1874年他领导的浦那人民协会向英国议会、政府和报界递交了一份关于在印度建立宪政制度的陈请书，提出应当让印度人参加国家管理，英国议会应当有印度代表参加，议会在决定与印度有关的重大问题时应取得印度代表的同意，代表应通过选举产生。伦纳德征集了数千人在陈请书上签名。他知道英国统治者不会采纳他的要求，但还是这样做了。据他说，这是为了对人民进行政治教育，使印度人必须参与国家管理的思想在人民中间得到传播。浦那人民协会章程规定，所有成员每人至少要代表50个成年人，成为他们的发言人，以加强这个组织与广大群众的联系。70年代到80年代初，这个组织在向当局提出各种改良要求时，也反映农民的呼声。例如1870~1875年，当孟买地区发生灾荒时，它每年征集数千名农民签名，向当局请愿，要求延期缴纳土地税。70年代后期，伦纳德又领导鼓动反对降低文官考试年龄标准的运动。当孟加拉的班纳吉来这里鼓动时，他给予积极支持，亲自主持会议，通过决议，支持班纳吉的活动，使后者旋风般的访问取得成功。伦纳德的这些活动使当局很不满，他们甚至认为他和浦那人民协会有叛逆倾向。当时还没有禁止官方人士参加群众团体，对伦纳德并没有超出法律范围的行动他们无法阻挠，只有从官场上来打击他。他被从浦那调到外地。1880年他本来可以从低级法官晋升为专区法院法官，但当局以“活动不轨”为由不予晋升。首席法官米切尔·维斯特罗普在给他的信中说：“你的言论挡住了你晋升的道路。如果你希望获得擢升，就别再干那种蠢事了。”伦纳德没有动摇，他坚定地回答道：“感谢您，先生，关于我个人，我没有多高要求，但当事情涉及我的祖国的幸福时，我是非说话不可的。”① 这里他鲜明地表明了爱国主义立场。英国当局见硬的不行，考虑到他在群众中的影响，又换了一种手法：擢升他。1885年他被任命为孟买省立法会议成员，后又任孟买高等法院法官。但高官厚禄依然没有能阻止他参加民族运动。

---

① 维·马哈江：《民族主义运动领导人》，第58页。

瑙罗吉在英国也广泛开展政治鼓动。他利用各种机会向英国公众揭露殖民统治对印度的危害。1895 年他被邀请参加英国皇家委员会调查印度政府开支情况。他利用做证的机会提供大量材料，揭露英印殖民政权把侵略邻近国家甚至侵略阿比西尼亚的战费都加到印度头上。调查结束后，他和委员会的少数成员单独提出报告，详细地列明了英国政府财政上对印度的榨取，提出了改革建议。他的积极活动赢得了一部分英国公众的支持。1892 年他参加英国大选，当选下院议员，成为进入英国议会的第一个印度人。他利用各种场合积极开展鼓动，争取更多人同情印度的要求。

三 建立全国统一组织的趋势

70~80 年代民族运动的第三个突出进展是出现了建立全国统一组织的要求。这是运动发展的必然趋势。当新的一批地区性民族主义组织出现时，这种趋势就鲜明地表现了出来。从本质上说，这是随着民族资产阶级产生，印度各民族开始向近代民族转化，资产阶级民族主义意识有了进一步增长的结果。印度各民族向资产阶级民族转化的过程受到了殖民统治的阻挠和压抑。在西方，资产阶级民族的形成是和资产阶级逐步取得经济、政治统治地位的过程相一致的。在印度，两者是完全脱节的。例如，国内市场上不是印度商品而是英国商品占支配地位；在政治上，印度资产阶级处于无权地位。这样形成的近代民族不是真正意义上的资产阶级民族，而只是资产阶级民族的殖民地变种。民族资产阶级不能忍受这种状况，他们虽一时没有夺取民族统治权的目标，但希望争夺国内市场，参与国家管理。在他们心目中，此时已把印度这个多民族国家看成一个民族整体，他们迫切需要有一个统一的组织来集中全国力量，步调一致地进行斗争。资产阶级这时还无意发动与组织下层群众。他们认为，加强自己力量的途径不在于纵向发展，而在于横向联合，只要把现有各省的民族主义力量联合起来，形成全国性的民族主义组织，就能有效地维护自己的利益。这样，正是资产阶级民族主义意识的发展，为建立全印统一组织提供了思想基础。

建立统一组织的要求来自三大管区的许多民族主义组织，来自许多改良活动家，其中最早采取行动的是苏·班纳吉和他领导的印度协会。

苏·班纳吉在发起印度协会时，就已认识到建立全印统一组织的必要。由于其他管区原来的那些组织多陷于停滞状态，没有条件联合建立全印组织，他就想以印度协会作为基础，逐渐扩展，把它变成未来“全印运动的中心”。[①] 该组织取名印度协会，用意即在此。事实上，从这时起，班纳吉的视线就不是仅仅集中于孟加拉，而且是面向全印。他访问印度各地，就文官考试年龄限制等问题做巡回演讲，就是为了“使全印在共同的政治要求下团结起来”。[②] 这个任务出色地完成了。1882 年 5 月 27 日，他在《孟加拉人》报上著文，提出召开由全国各民族主义组织参加的国民会议的主张。他写道：“迄今我们的共同团体都还是孤立活动，而只有协调一致的行动才能使我们的公共运动具有真正的代表性。现在是时候了。我们应该每年一次召开国民会议，实现紧密团结，为全国各政治团体就共同的政治运动采取统一行动准备道路。”[③] 1883 年发生了艾尔伯特法案事件。在英国执政的自由党政权希望用自由主义手段平息印度人民的不满。印度总督会议立法成员艾尔伯特在总督雷滂支持下，拟定了一项法案，规定欧洲人犯罪也可以由印度法官审理。这个法案准备提交立法会议讨论。不料它却激怒了几乎所有在印的英国人。他们建立了统一组织，采取威吓利诱等一切手段，对艾尔伯特进行攻击。印度民族主义者支持这个法案，但由于组织分散，显得软弱无力。结果，英国保守势力得胜，不但法案受挫，连总督也被迫辞职。这件事从反面进一步使印度民族主义者意识到，印度人要形成强大的力量，非得有全国统一的组织不可。班纳吉采取坚决的步骤朝这个目标前进。在围绕艾尔伯特法案的斗争尚在进行的时候，他就积极推动筹建全国民族基金的工作。之后，又前进一步，于 1883 年 12 月以印度协会的名义，在加尔各答发起召开第一次印度国民会议。参加会议的除印度协会在孟加拉各地以及在北印度一些地区的地方组织的代表外，还有孟买和马德拉斯管区的个别民族主义者。会议通过的决议包括：要求让印度人参加国家管理，改革文官考试制度，扩大立法会议，实行地方自治等。从内容上说，都属于全国性的要求。但由于其他地区组织参加者极少，这次会议基

---

① 苏·班纳吉：《一个民族在形成中》，第 38 页。

② 苏·班纳吉：《一个民族在形成中》，第 38 页。

③ B. 普拉沙德：《奴役与自由》第 1 卷，第 252 页。

本上还是印度协会的一次扩大的会议。这个时候，其他地区的民族主义者也在积极推动全国民族主义组织的联合，但他们不赞成班纳吉以印度协会的名义召开全国会议的做法，而希望实现全国真正的联合。在怎样联合、建立什么样的统一组织的问题上，当时有两种意见。一种意见，如孟加拉《印度之镜》报编辑拉兰德拉纳特·森和孟买年轻一代民族主义者所主张的，是在各管区现有组织的基础上，定期在各中心城市召开全国代表会议，由各管区组织派代表参加。森把这种组织叫全印国民大会。另一种意见，如马德拉斯士绅会机关报《印度报》编辑 C. 苏·阿叶尔所主张的，是建立民族党。这两种意见在许多报纸上公开讨论。这就表明，建立全印统一组织已经是大势所趋。

当印度民族主义活动家正致力于推进印度组织的统一时，还有一种力量也在朝着这个方向运动，这就是以休姆为代表的少数英国激进自由主义者的活动。他们从维护英国根本利益出发，也主张建立全印政治组织。

休姆原为印度高级文官，曾任印度税收和农商部秘书，因在税收改革等问题上与最高当局看法不同，被总督降职，1882 年退休。他在政治上是个资产阶级激进自由主义者，对殖民当局采取的许多镇压民族运动的措施不以为然。他的基本态度是：英国在印度的殖民统治必须维护，但维护之道不在于一味镇压，而在于逐步实行改革，把印度引上宪政发展道路；对中产阶级、知识界要重视，争取他们的合作和支持是实现宪政发展的必不可少的条件。当时，李通总督的一系列镇压措施激起广大人民不满。休姆很为英国统治当局担心。70 年代末德干农民起义中有小资产阶级民主主义者帕达开参加，他认为这是一个危险的信号，表明如果当局不改变策略，资产阶级运动和下层人民起义就有合流的可能。在退休前，他根据自己看到的一些材料，认定印度处在可能爆发另一次起义的危险中，因此力主当局改变对资产阶级运动的态度。他说，如果知识界被驱使“领导人民运动，就会给它以自觉的方向，把它变成民族起义”。[①] 正因为这样，当新任总督雷滂实行带有自由主义色彩的新政策（如取消报刊限制法、制定艾尔伯特法案等）时，他是积极支持的，成了雷滂的顾问和联系印度改良活动家的桥梁。雷滂在辞职后把他介绍给新任总督杜富林。杜富林并不赞成雷滂的

---

① 拉·拉伊：《青年印度》，伦敦，1917，第 73 页。

政策，但在开始时不得不摆出自由主义的姿态。这时休姆了解到印度资产阶级活动家正趋向于建立统一组织，他也希望有一个这样的组织，作为英国殖民当局和印度中产阶级之间联系的渠道。印度中产阶级可以利用它合法地表达自己的意愿，这样资产阶级民族运动就会被控制在安全轨道上，不至于和群众的斗争结合。这个组织可以发挥政府的合法反对派的作用，并成为疏导人民群众不满的“安全阀”。[①] 他向印度许多活动家透露了自己的想法，得到赞同，因为当时所有印度资产阶级活动家所希望建立的统一组织，也不过是这样一个能起合法反对派作用的组织，在目标上没有什么不同。对于英国自由主义者参与推动组织，休姆则是求之不得的。这样，休姆很快就取得了发起建立统一组织的主导权。他广泛接触印度的活动家，商讨计划，并在英国上层人士中进行疏通，为国大党的成立开拓道路。休姆的活动对促成国大党的建立是起了积极作用的。固然他的目的是维护英国统治，但他的活动在当时符合印度改良活动家的要求，促进了这个要求的实现。印度资产阶级活动家对他抱有相当好感，尊称他为“国大党之父”，选举他担任国大党秘书长直到 1906 年。称他为“国大党之父”是过分夸大了他的作用，事实上他只是顺水推舟，促使酝酿很久的事情成熟。过去学术界还有另一种看法，认为他是殖民当局的别动队，或说国大党是殖民当局指使他组织的，这都是杜撰。

四　印度国大党的成立

1884 年 11 月，利用集聚孟买欢送总督雷滂的机会，孟买和马德拉斯的代表商讨了召开全印会议的问题。12 月，在马德拉斯来自印度各地的著名活动家共 17 人参加了神智社的会议，对成立全印组织的必要性取得一致看法。1884 年至 1885 年初，休姆利用各种机会和孟买、浦那、马德拉斯及阿拉哈巴德等地的民族运动领导人接触，商讨具体计划，又会见总督杜富林，征得其同意和支持。之后，不迟于 1885 年初，休姆与印度的活动家一起建立了印度国民同盟，并发出通告，定于 12 月在浦那召开印度国民同盟成立大会。1885 年 12 月 28 日，印度国民同盟成立大会在孟买召开（因浦那发

---

① 威廉·韦德布恩：《亚伦·奥克塔维恩·休姆——印度国大党之父》，伦敦，1913，第 77 页。

生疫情），正式改名为印度国民大会，这就宣告了印度国大党的诞生。参加成立大会的有达·瑙罗吉、费·梅塔、伍·彭纳吉、G. 苏·阿叶尔、帖兰、伦纳德等。大会通过的决议包括：请求英国政府派皇家委员会调查印度行政管理情况；取消英国印度事务大臣会议；扩大立法会议在财政和税收方面的立法和监督职权；各省立法会议增加民选成员名额；在英国、印度同时进行文官考试，放宽报考年龄限制；等等。这里并没有什么新内容，只不过是把先前各个组织提出的政治、经济要求集中起来。大会主席伍·彭纳吉是孟加拉著名律师，他的主席发言强调忠于英国统治，说："所有国大党的要求归结为加宽统治基础，给人民以参与管理的应有的合法权利。"[①] 瑙罗吉也在大会上说："我们对这个外国政权比对我们自己过去的统治者更为忠诚，因为英国是自由和代议制的摇篮，我们作为它的臣民和孩子，有权享有自由和代议制的果实。"[②] 会议结束时参会人员还在休姆提议下向英国女王起立致敬。这表明，它和以往地区性的民族主义组织相比，在性质上并没有什么变化。

图 12-3　国大党成立大会

但这次会议有两点是有重要意义的。第一，参加大会的 72 名代表来自全国各省，这使这个组织真正具有全国代表性。孟加拉来的代表较少，因

① R. C. 马宗达：《印度自由运动史》第 2 卷，第 550 页。

② 《达达拜·瑙罗吉演说和著作集》，孟买，1887，第 320 页。

为就在国大党成立大会召开前两天，以印度协会等孟加拉组织的名义召开的第二次印度国民会议在加尔各答开幕。两个会议同时举行，但印度国民会议一结束，班纳吉就代表它宣布参加国大党，承认国大党为全印统一组织。这样，班纳吉为实现全印组织统一，在孟加拉和北印度多年进行的卓有成效的努力便也纳入国大党的统一轨道，这就大大加固了国大党的基础，使它作为一个全国组织具有不容挑战的权威性质。第二，这次大会立下了一条不成文的规定，即大会只讨论政治、经济问题，不讨论容易引起摩擦的社会、宗教问题；只讨论全国性问题，不讨论地方性事务。大会还突出强调印度民族大团结的重要性。伍·彭纳吉在主席致辞中说，国大党的中心使命是以民族团结的感情代替种姓、宗教信仰和地方偏见的分裂因素，以便使整个印度民族得到进步发展。这一原则的确立使国大党成为广泛容纳各宗教、各社会阶层的不带宗教色彩的民族主义政治组织有了可能。这两点显示了国大党的未来发展方向。

国大党的成立对印度资产阶级民族解放运动的发展具有重大意义。这不是说它一成立就为运动提供了新的强有力的领导，这种情况并没有出现，而是指，第一，一个统一的全印组织成了全国民族主义力量的聚合点，成了传播和培育资产阶级民族主义的中心。印度人民从它的成立看到了希望，从它那尽管还甚温和的活动中感受到了新潮流的强烈气息，受它吸引，受它鼓舞，越来越多的人自觉地投入这令人振奋的新潮流中。人们把国大党的成立看作印度民族新生的标志。正如马德拉斯著名活动家维腊腊加瓦·恰里阿尔所说："我们现在开始认识到，尽管在语言、社会习俗上存在差别，我们具有了各种因素，使我们真正形成一个民族。"① 另一位活动家 G. 苏·阿叶尔也说："从今以后，我们能够用比以往任何时候都更确定的口吻谈论统一的印度民族，表达民族意见，反映民族期望。"② 第二，国大党的成立，宣告了印度资产阶级民族主义运动进入了一个有组织的全国性发展的新时期。资产阶级民族主义催生了国大党，国大党又以自己的活动滋润着、培育着资产阶级民族主义。在两者的相互作用中，资产阶级民族运动得以一步步向前发展。

---

① 布·马丁：《1885 年的新印度》，第 298 页。
② 布·马丁：《1885 年的新印度》，第 298 页。

五 国大党的阶级构成

国大党成立后，在前二十年，其活动仍限于要求局部改良。在传播民族主义思想、推进民族要求、组织民族力量等方面，虽做了许多工作，取得了一定成绩，但和人们的巨大期望相比，进展是微不足道的。是什么因素阻碍它更快地前进呢？这要从它最初的阶级构成上寻找答案。

对国大党的社会成分缺乏准确的统计。这是因为：第一，它成立以后很长一段时期并不是一个完全意义上的政党，毋宁说只是一年一度的政治集会。所有社会政治团体都可以派代表参加它的年会。它没有自己的各级组织，也没有自己的固定成员。第二，要考察它的社会成分，只能考察出席年会的代表的成分。但出席年会的代表只是登记职业，职业和成分并不完全一致，一个知识分子同时可以是商人、工厂主或地主，况且当时这种交叉的情况确实很普遍。所以按职业来统计社会成分很不准确，至多只有参考价值。

第一次年会到会代表 72 人中，以职业分，律师 40 人，编辑 9 人，教师 3 人，医生 2 人，前文官 1 人，政治组织秘书 3 人，商人 7 人，地主 6 人，1 人不详。其中 45 人上过大学，至少 25 人取得了学位。第二次年会到会代表 434 人中，130 人是地主，166 人代表法律界，40 人代表报界，其余是商人、工厂主等。第三次年会到会代表 607 人中，地主 161 人，知识分子 302 人，商人 123 人，工厂主 5 人，其他 16 人。总计前三次年会，出席代表总人数中，知识分子占 50%，地主占 25%，商人、工厂主占 25%，这个比例直到 20 世纪初都没有太大变化。例如，1892～1909 年，出席历届年会代表总数 13839 人中，地主占 20%，知识分子占 49%，其余是商人、工厂主等。由此可知，国大党年会代表主要是知识分子、地主、商人和工厂主，其中知识分子所占比重最大。这大致上可以看作这一时期国大党的阶级构成。当然只是大致上说，如果从严格的阶级意义上说，则上述各职业集团中都包括一部分地位比较低，只相当于上层小资产阶级的人。

资产阶级（包括工厂主和商人）是国大党的主要支柱。他们通常是通过知识分子来表达自己的政治、经济要求，本人并不都去参加国大党年会。但也有些人直接参加。例如孟加拉富商喜马恰拉等参加了国大党最初几年的年会。马德拉斯商会领导人肖·切提阿尔、富商巴德肖，拉合尔银行家希达尔·辛格等也都参加了国大党最初几年的年会。特别是当年会在孟买管区的一些工业城市举行时，商人、工厂主参加的人数就更多。例如，1902年国大党年会在阿默达巴德召开，同时举办工业展览会，古吉拉特的商人和阿默达巴德的棉纺织厂主大量参加。阿默达巴德195人的代表团，大多数成员是工厂主代表和商人。他们既参加年会，又参加工业展览会。资产阶级对国大党年会的支持更主要地表现在财力资助上。最突出的是孟买的资产阶级。1904年国大党年会因遇到财政困难，不能在原计划地点召开，孟买民族主义者在资产阶级支持下，主动邀请年会在孟买举行，并承担一切费用。由于资产阶级大力襄助，筹集的经费除满足年会开支外还绰绰有余。这里提到资产阶级时把商人和工厂主放在一起，是因为此时他们之间的分野不甚清晰。许多商人在成为工厂主后依然经商，甚至依然从事买办性贸易活动。商人向工厂主转化的过程对他们来说只是开始，他们的身份还只是部分质变。这也就决定了他们的政治经济要求同以往比虽然有些不同，但不可能发生根本性的变化。

自由派地主构成国大党的第二支力量。他们人数上占有一定比例，对国大党政策的形成起着相当重要的作用。自由派地主最集中的地区是孟加拉。这是由于英国的地税政策造成一个多半是由商人高利贷者或原公司的职员、雇员转化而来的地主阶层，如泰戈尔家族、德布家族、乌塔帕拉穆克吉家族、拉哈家族等，也有些是原来的王公柴明达尔，如卡锡姆巴扎尔罗阇家族、布德万罗阇家族等。他们中除婆罗门种姓外，有的是商人种姓。自由派地主同时兼有商人、高利贷者身份的不在少数，因而和资产阶级有许多共同的要求。60~70年代，英印协会主要代表自由派地主的利益。国大党成立后，英印协会参加了国大党，希望国大党除反映资产阶级和自由派地主的共同要求外，也能关心自由派地主的特殊要求。在组织问题上，自由派地主与资产阶级不同，希望保持相对独立。这表现在英印协会不希望把国大党变成一个真正有严格组织的政党，怕受约束而损害自己利益。他们希望保存自己的组织。这个意见被否决，但英印协会还是有条件地留在国大党内。毕竟他们和资产阶级利益共同性的一面是主要的。在孟买省和马德拉斯省，随着大量兼并农民土地，出现了大批商人高利贷者地主，许多人参加了国大党活动。不过由于他们的商人身份更突出，故没有像孟加拉那样形成自己的单独组织。作为自由派地主，其力量也不如孟加拉强。其他地区因商品经济发展程度较低，自由派地主较少，参加国大党的也少。一般来说，自由派地主中老地主较少，新地主较多；大地主较少，中等地主较多；有称号的较少，无称号的较多。有称号的大地主中之所以也有些人成了自由派地主，或者是因为他们接受了近代教育，思想较开通，或者是因为自己卷入了工商业活动，有切身利益要求，因而同情国大党。但由于所处的地位特殊，行动比较小心，通常不直接出面参加国大党的活动，而是从资金上给予资助。如 1888 年国大党要在阿拉哈巴德召开年会，但受当局刁难一时找不到开会地点，达尔班加的玛哈罗阇拉·辛格就买了一幢房子供国大党作为会址。1893 年国大党资金困难，他捐赠了 15000 卢比。国大党英国委员会在英国办的刊物《印度》缺乏经费，他每年捐款 10000 卢比予以资助。又如苏·班纳吉从罗阇比·德布、维吉那格拉姆的玛哈罗阇和卡锡姆巴扎尔的玛哈罗阇夫人那里得到大量资助。比·德布帮助他把《孟加拉人》报由周刊变成了日报（1899）。南印度罗姆拉德的罗阇也给了国大党和南印度的民族主义组织很大帮助，仅 1894 年就捐了 1000 卢比，1897 年邀请国大党年会在马杜赖召开，答应免费提供一切服务。1893 年辨喜赴美参加世界宗教会议也是得力于他的资助。他也资助过《印度报》。英国殖民当局 1899 年曾以制裁相威胁，阻止地主支持国大党，取得了某些成功。90 年代，自由派地主参加国大党年会的人数减少，对国大党的资助也减少了。但国大党依然从孟加拉的泰戈尔家族、比·德布、比哈尔达尔班加的玛哈罗阇、西北省的拉姆帕尔·辛格、旁遮普的狄尔·辛格·马吉日亚、马德拉斯的赛义德·穆罕默德、罗姆拉德的罗阇等人那里得到支持。他们公开允许被称作国大党人。这就表明，自由派地主仍把国大党看作自己的组织而乐意加入。自由派地主在国大党内的积极性受国大党政策的影响，而他们的态度反过来又影响国大党领导人的决策。国大党总是尽可能照顾他们的要求，在两者有矛盾的时候，通常是寻求相互都可接受的妥协办法。

国大党中第三支力量是资产阶级知识分子，国大党的主要领导核心和骨干力量就是由他们构成的。这里讲的领导核心，是指一些在党内最有影响的人物，通常是由他们在国大党年会上实际决策，其中有瑙罗吉、苏·班纳吉、费·梅塔、G. 苏·阿叶尔、马·伦纳德（在幕后）以及后来的戈帕尔·克里希那·郭克雷等。他们（不包括伦纳德）都担任过国大党年会主席。国大党历届年会主席（英国人除外）都是党内比较有影响的人物，都可以看作广义的领导成员，他们全是知识分子。据统计，1885~1905年担任国大党年会主席的16名印度人中，有11人是著名的律师，其余是前文官、教育家和报界人士。其中相当多的人在英国留过学。这些知识分子由于广见博闻，能较早地顺应时代潮流，关心国家的进步，反映民族资产阶级的要求。由于最先得益于英语教育，他们在职业上也已取得显赫地位。他们把这都归功于英国统治，对英国是抱有相当好感的。这些知识分子中占主导地位的是一些律师，他们收入丰厚。像伍·彭纳吉、费·梅塔、提亚勃吉、曼·摩罕·高士、拉尔·摩罕·高士等，每年收入数千上万英镑，可以和英国大律师相比。从事其他自由职业的人以及普通律师收入不及他们，但也远远超出一般印度人。这些知识分子在生活方式上不同程度地模仿西方，少数人如伍·彭纳吉甚至改宗了基督教。彭纳吉说，他已是一个"完全变了的人，外表变了，服装变了，语言变了，习惯变了，思想方式变了，简言之，一切都变了"。[①] 其他人虽未像他那样英国化，但在生活方式上也都有很大变化。少数收入最丰厚的生活相当奢侈。如孟买国大党活动家、著名律师维斯努·拉纳扬·曼德利克，出庭办案经常租用专门列车。梅塔1901年出席国大党加尔各答年会也包了一列专车。他带了大量仆人，俨然一个土邦王公。伦纳德1886年带家属去避暑胜地西姆拉，雇用仆役20多人，以至连路人也问是哪位王公来了。拉合尔国大党领导人哈·拉尔住的房子像宫殿，自己有两部汽车，还有双套四轮马车。这样的优越地位使他们在思想感情上和本国劳动人民有相当远的距离，而对于英国统治者则颇有亲切感和感恩的心态。苏·班纳吉1894年曾对一英国人说："切断印度和英国的联系对我们来说有百害而无一利。我们获得的地位、威望都是因为受了英语教育，掌握了英国文化。如果你们离开印度，我们的英语教育和文化知识便丧失了价值。我们不会寻求这种政治自杀。"[②] 这决定了这些资产阶级知识分子不可能坚决反英，他们只会成为资产阶级和自由派地主的较温和主张的代言人。当然，以上讲的是知识分子上层。普通知识分

---

① 伍·彭纳吉：《彭纳吉的一生》，加尔各答，第14~15页。

② 丹尼尔·亚戈夫：《印度民族运动中的温和派和极端派》，孟买，1987，第56页。

子并不像上面说的这些人那样有地位，但他们在国大党内一般也不掌权。

国大党早期构成中，还包括一个人数有限但影响颇大的特殊集团——一些英国激进自由主义者，其主要人物除休姆外，还有亨利·柯顿（前文官）、威廉·韦德伯恩（前文官）、乔治·耶尔（加尔各答商会主席）、阿尔富莱德·韦伯（议员）等。他们原来都身居显赫地位，同情国大党，希望殖民当局实行改革，归根结底是为了巩固英国殖民统治，这和当时国大党领袖的政治主张并无根本区别。国大党领袖对他们特别倚重。除休姆长期担任该党的秘书长外，在前二十年中有 4 个英国人（亨利·柯顿、威廉·韦德伯恩、阿尔富莱德·韦伯、乔治·耶尔）被选为国大党年会主席。国大党希望利用他们在英国和印度上层中的广泛联系和影响，赢得英国人的同情，争取英国当局的让步。这个特殊集团对国大党制定政策有直接的影响。

从以上分析可以清楚地看出，国大党是资产阶级和自由派地主的政党。它的参加者在早期主要是社会上中层，至多有一些上层小资产阶级分子参加。这种阶级性质和构成就能说明，为什么在一个长时期内，它把自己的活动仅仅局限于要求局部改良。资产阶级本身当时还很软弱，又没有完全脱离原来的买办商人身份。国大党内的自由派地主比资产阶级还保守。此外，还有更保守的势力在起制约作用，那就是以休姆为代表的英国人。这样构成的国大党，要提出激进的斗争目标自然是不可能的。

六　争取实现改良要求的斗争

国大党创建者们建立这个组织的目的，是希望它能起到“英王陛下政府的合法反对派”的作用。国大党成立后前二十年是遵循这个总方针行事的。本来，有了这个全国统一的组织，资产阶级便可以在新的基础上把运动推向深入，但是他们没有这样做。目标还是要求改良，斗争方式还是限于合法范围。不仅如此，甚至连在国大党成立前苏·班纳吉的印度协会曾经采用的大规模鼓动方式也被搁置一边。之所以如此，是因为：第一，国大党领导人以为，有了这个全国组织代表全民陈请，殖民当局不能不重视，政治鼓动就不再是必需的了；第二，新组织立脚未稳，他们不愿采取任何可能招致当局不满的斗争手段，以免激怒当局，危及自身存在；第三，更主要的，国大党已不同于印度协会，党内各种力量互相牵制，即便有人主张使用较激烈的斗争方式，也是通不过的。这样，国大党的活动也就只能归结为年复一年地通过各式各样的决议了。

国大党前二十年所提出的要求，基本上没有超出60年代至80年代上半期各地政治组织的要求范围。在政治方面主要是：增加各级立法会议印度成员名额并扩大立法会议权限，放宽文官考试年龄限制，在英国、印度同时考试；实行陪审员制度，反对司法上的种族歧视；反对歧视性的武器管制法；等等。前两点最重要，实际上是国大党前二十年的政治纲领。这两点被提到首位，突出地反映了资产阶级及其知识分子迫切要求参与国家管理的心情。印度国家机构重要职位由英人垄断的现象在19世纪末20世纪初并没有多大改变，虽然有些印度人去英国通过了文官考试，虽然1870年又在印度建立了低一级的印度文官系统，但担任中高级职务的印度人仍然寥寥无几。国大党领导人以大量统计材料揭露了这个事实，并指出这种做法必然会造成恶劣的后果。例如，1895年郭克雷在英国皇家委员会做证时指出，印度民政、军政等部门中年薪在10000卢比以上的官员有2388人，其中印度人只有60人；年薪为5000~10000卢比的官员4172人，其中印度人只有535人。他指出这是对印度人露骨的种族歧视。在1904年国大党年会上，苏·班纳吉列举了到20世纪初印度人在中高级官员中所占比例，在月薪1000卢比以上的官员中，印度人占14%；月薪500卢比以上的官员中，印度人占17%。他激烈抨击这种歧视做法：“国家是我们的，钱是我们的，人口大部分也是我们印度人，可是只有14%~17%的高级职位落到我们印度人头上。”[①] 他说，这种情况无论怎样也称不上是公允的，印度人决不能接受。瑙罗吉从理论上概括了英国人垄断高级官职的危害。他说，这不仅加剧了印度物质财富外流（英国官员工资特别高），而且造成了精神财富外流，后者对印度来说同样是一种“极其可悲的损失”。[②]

国大党的经济纲领是以瑙罗吉和伦纳德的经济学说为基础的，它在经济方面的要求就是达成这两位思想家提出来的目标。在国大党几乎历届年会上都通过决议，要求降低军事行政开支，反对由印度承担在印度境外作

① 拉·拉伊：《印度的政治未来》，英文版，1919，第398页。
② 维·马哈江：《民族主义运动领导人》，第48页。

战的费用，降低税收，固定土地税，国家金融信贷系统向民族工业提供贷款以及实行保护关税等。1894 年国大党通过决议，强烈反对殖民当局在恢复英国纺织品进口税的同时，对印度棉织品加征出厂税，并尖锐地指出，这种举世罕见的措施很明显是为了“扼杀年轻的印度工业”，“牺牲印度的利益以讨好兰开夏的工业寡头”。[①] 1903 年，罗梅什·钱德拉·杜特根据多年研究，写出了《英属印度经济史》。在这部著作中，他进一步贯彻和发挥了瑙罗吉财富外流论的思想，用大量翔实的材料揭露英国统治在工业、农业、商业、金融业等各方面对印度的剥削榨取及其严重后果，使财富外流论得到更具体、生动的说明和论证，也使人们更深刻地认识了英国统治的本质。由此杜特成了国大党另一位享有盛名的经济学家。除了向殖民当局坚持提出各种要求外，国大党还积极采取措施，鼓励发展民族工商业，例如举行工业展览会，孟买、浦那、阿默达巴德、加尔各答等大城市都先后举办，展出了各种民族工业产品，对促进民族工商业发展起了一定作用。

国大党领导人在提出上述政治、经济要求时，所用语言是极为温和的，并且照例伴随对英国统治表示感激和效忠的言辞，也伴随着决不赞同武装斗争的保证，希望用这种方式换得殖民当局的谅解和让步。然而，出乎他们意料的是，殖民当局不久竟对国大党持敌对态度。曾经向休姆表示赞同建立这个组织的总督杜富林，转而对国大党采取打击政策。这是因为，第一，国大党宣布自己是“印度民族的代表”，以印度民族的名义提出要求，这是英国殖民当局所不能容忍的。英国统治者一向标榜自己是印度全民利益的代表，决不允许国大党插手，代表印度和自己对话。第二，尽管国大党对殖民当局态度温和，但它坚持提出一系列改革要求，年复一年，态度坚决，在全国产生相当影响。它的决议得到各地政治组织的赞同和支持，各民族主义报刊广为宣传，实际上为全国的运动提供了指导，起了定音笛作用。第三，尽管国大党此时基本上是中上层阶级的组织并且没有发动群众，但不少青年知识分子和小资产阶级对它的活动抱有热情。国大党年会旁听人数越来越多。1888 年、1890 年、1903 年的年会都有 5000 多人旁听，1906 年的年会旁听人数达 20000 多人。为适应这种情况，会上允许用地方语言讲话（以往都用英语）。这样，国大党的影响就开始深入小资产阶级。

---

① R. C. 马宗达：《印度自由运动史》第 1 卷，第 409~410 页。

国大党和下层群众在前二十年还没有结合，但这种可能性是殖民当局最害怕的。他们还不认为国大党对其统治已构成威胁，但想采取主动防止这种情况出现。国大党头几年年会官员都出席祝贺，甚至举行招待会款待代表。从1888年起，殖民当局开始采用各种手段刁难、打击国大党，其手段之一是故意微词贬损，造成舆论对它的蔑视。西北省省督柯尔文说，国大党只代表"一小撮特殊阶层"，只是印度社会巨大车轮中的一根小辐条。[①] 1888年，总督杜富林说："怎么能想象，英国政府会允许这微不足道的少数人来左右它对一个堂堂帝国的治理呢？"他公开叫嚷说："我们不能允许国大党继续存在。"[②] 国大党提出的要求，当局都置之不理（只是把文官考试年龄的上限恢复到23岁）。还做出规定，不准有官方身份的人参加国大党活动，禁止王公支持国大党，对在财力上支持国大党的王公和有名望的地主进行威吓要挟。此外，还在开会地点百般设置障碍，企图破坏年会。但国大党并没有屈服，没有从自己要求改革的立场上后退。殖民政权见压制手段不能奏效，又转而采取拉拢手段。这突出地表现在1892年立法会议改革上。这次改革的结果是国大党许多著名活动家进入了中央和省立法会议。这是殖民当局在国大党成立前二十年中对它所提要求的一次最有实际意义的回应。国大党热烈欢呼这项改革，把它说成是和平的陈请式的斗争方式的胜利，并欢迎英国当局改变对国大党的态度。此时他们更坚持自己的既定方针，相信只要持之以恒，就能够取得所要求的让步。为了争取英国舆论支持，1889年在英国建立了国大党委员会，创办了刊物《印度》，宣传国大党主张。直到1905年，国大党对英国殖民统治者的态度和斗争方式就稳定在这个基调上。

七　国大党对地主阶级的态度

国大党对地主阶级（这里主要指自由派地主以外的那部分封建地主）的态度，可以用一句话来概括，这就是以之为友，争取所有地主同情和参加民族运动。

---

① 布·马丁：《1885年的新印度》，第331页。

② 布·马丁：《1885年的新印度》，第332页。

地主阶级中只有少数自由派地主参加和支持国大党，大多数地主对国大党持冷漠、不信任和敌视态度。原因有三：（1）国家的资本主义发展与他们无关，他们关心的只是维护自己的既有利益。大起义后英国殖民当局宣布维护封建主阶级的财产和特权地位，退回了一批没收的土地，又对大起义中效劳有功者赐地封爵，这就使地主阶级中的多数人死心塌地地跟殖民统治者走，而对任何可能损害殖民统治地位的政治运动抱反对态度。（2）国大党成立前，在孟加拉，小资产阶级民主主义者以及印度协会的一些成员对柴明达尔的残酷剥削做过揭露。印度协会有些成员还到农民中活动，甚至帮助组织农会。1883 年讨论孟加拉租佃法草案时，印度协会持支持态度，后来还批评当局对柴明达尔妥协。在马德拉斯也有过类似情况。这就使地主阶级中多数人对资产阶级政治运动怀有戒心。（3）地主阶级中多数人从国大党的政治主张中看到一股新潮流的涌起，预感到将在社会政治制度上发生巨大变化，从而影响自己的地位，他们是很不希望这种情况发生的。上述几点决定了地主阶级中多数人宁愿和殖民统治者站在一起来维护现存的殖民统治制度和封建制度，他们是站在反动立场上敌视国大党的。

国大党领导人对地主阶级却不抱敌视态度。他们既没有推翻殖民统治者的想法，对地主阶级作为殖民统治支柱也不以为非，唯一希望的是吸引他们也参加到争取改革的运动中来。在殖民统治下的印度，由于民族矛盾是主要矛盾，国大党认为，可以团结所有印度人一道争取改革。地主阶级本来是资本主义发展道路上的障碍，是应该铲除的，但伦纳德所提出的普鲁士道路的设想，使地主阶级的存在也成为可以接受的了。按他的设想，农村资本主义的发展要通过发展地主所有制，然后再逐渐改变经营方式。正因为这样，国大党公开宣称，他们代表全民利益，其中包括地主阶级。国大党在自己的经济要求中完全不谈土地兼并和租佃问题。它提出来的涉及农民利益的要求只有实行固定土地税一项，从 1889 年的年会起，几乎每年都重复这个要求。这个要求矛头其实是指向殖民统治者的，对地主阶级也有好处。

19 世纪 80~90 年代，农村的租佃关系和土地兼并引起的矛盾已相当尖锐，殖民当局不得不以立法手段调整关系。地主阶级、商人高利贷者是激烈反对当局的立法的。国大党虽自称是全民利益的代表，在对待这些立法的态度上，却抛弃了农民利益，站到了地主阶级、商人高利贷者一边。例如，国大党 1899 年勒克瑙年会通过决议，强烈反对正在讨论中的旁遮普土地转让法草案，认为实行这个法案会破坏农村正常信贷关系，降低土地价格，打击商人高利贷者向土地投资的努力，也妨碍商人积累资本。会后一个国大党人在一本小册子里向当局质问道："为什么你们热情保护不会精打细算的喜好花钱的农民，却要惩罚善于算计、善于投资的高利贷者?"他呼吁说："高利贷者同样有权受到保护。"① 1900 年，当这个法案草案提交印度立法会议讨论时，所有国大党成员都拒绝参加讨论以示反对。这个法案还是照样通过了，殖民当局还不失时机地抓住这件事尽情嘲笑国大党，指责这个"全民利益的保护者"只保护地主不保护农民。

国大党中也有一些人认识到，需要采取措施保护农民利益以扩大在农民中的影响。1898 年，殖民当局应地主要求，在孟加拉立法会议上提出一项放宽对提高地租的限制的法案，国大党立法会议成员一致反对。1899 年，在罗梅什·钱德拉·杜特主持下，国大党年会通过一项决议，要求在实行固定土地税的同时，也实行固定地租，并希望殖民当局以租佃立法来确定这一点。这个举动得到农民拥护，却遭到地主阶级，包括国大党内的自由派地主大多数人的激烈反对。所以关于固定地租的要求，从此以后在国大党讲坛上再也无人提起。这是国大党前二十年唯一直接替佃农说话的决议。

国大党牺牲农民的利益来争取地主，原因有三：第一，这是党内自由派地主的要求。这个阶层和大多数地主的利益共同点大于不同点，在决定国大党对地主阶级的政策上起主要作用。第二，国大党内许多商人、工厂主、知识分子也都兼有地主身份或和地主有紧密的社会联系。工商业者中兼有土地者非常多，这是因为投资土地在当时是商业资本增值的重要途径之一。至于资产阶级知识分子，很多人或者家庭就是地主，或者用积蓄的钱买土地，成了自由职业者兼地主。例如马德拉斯省著名律师苏·苏·阿叶尔就买了大量土地。这种现象在马德拉斯很普遍，以致 1898 年马德拉斯立法会议在讨论一项租佃法案时，5 名印度成员无一例外地都站在地主一边，连殖民当局也讥讽说"没有人能比他们更好地代表"地主的利益了。②第三，对国大党领导人来说，当时发动农民的问题还不在考虑之列，他们

① J. 麦克伦：《印度民族主义与早期国大党》，第 253 页。

② J. 麦克伦：《印度民族主义与早期国大党》，第 238 页。

需要的是地主阶级的支持和财力资助。在他们看来，地主阶级在殖民者眼里是有地位的，取得他们的支持就能扩大国大党的影响，增加国大党决议的分量；地主有钱有势，可以为国大党提供财力支持。所以，认为争取地主比争取农民要重要得多。

地主阶级对国大党要求固定土地税以及在租佃立法、土地转让立法问题上站在他们一边是感到满意的。维恩卡特吉里的罗阇（有称号的大地主）因国大党提出的固定土地税的要求符合他的心意，1887 年向国大党捐款 500 卢比，1898 年又捐 200 卢比。他是个大地主，捐钱如此微少是因为他并不热心于国大党的活动，只是表示对其某些政策的赞赏。

尽管国大党做出种种努力维护地主利益，但它和地主阶级客观上还是有矛盾的一面。虽然国大党一再声称和地主利益一致，但地主阶级并不这么看。当时表现出来的最主要的矛盾是国大党主张的代议制和选举原则以及国大党在群众中影响的扩大，明显地威胁到地主阶级的政治地位。以前，地主由于是殖民者的主要依靠对象，不少人被任命为立法会议和地方市政局的成员。但在实行国大党主张的选举原则后，他们因政治态度保守、思想陈旧，得不到群众支持，常常落选，其席位常被国大党夺走。例如 70 年代加尔各答市政局主要成员是地主阶级的代表，90 年代变成主要是国大党成员。立法会议也是如此，每次选举总是对地主不利。如 1893 年孟加拉第一次立法会议选举，6 名印度人中有 2 名是地主代表、4 名是国大党人及其支持者。1895 年第二次选举，1897 年第三次选举，都没有一个地主代表当选，所有代表都是国大党人及其支持者。最初，地主阶级从选举失败中还只是感到政治地位的下降。后来，1898 年，当涉及租佃问题的法案提到立法会议上讨论，国大党成员反对地主的要求时，地主阶级突然感到，国大党成员在立法会议中占多数会影响立法，从而危及他们的经济利益，因而对国大党的敌意更是急剧增长。他们公开反对国大党的政治主张，请求殖民当局保护他们的经济利益和政治地位。有些省成立了地主阶级的政治组织，向国大党发起进攻。如阿拉哈巴德的大地主在英人怂恿下于 80 年代末组织了印度人爱国者联合会。它宣称国大党提出的“民主商标”不适合印度国情，说低等阶级的人和高等阶级的人坐在一起讨论国家大事“是不可想象的”，也反对在英国、印度同时进行文官考试，说印度贵族决不接受出身低等阶级的文官来统治他们。[①] 贝拿勒斯的许多大地主也卖力地鼓噪，攻击国大党的政治主张。

这样，国大党虽把地主阶级当作朋友竭力争取，地主阶级中的多数人却以国大党为异己，宁愿依靠英国统治者也不愿接近国大党。只有少数自由派地主支持或直接参加国大党的活动。

八 国大党对土邦王公的态度

土邦王公是英国统治的支柱，绝大多数人对国大党抱不信任和敌视态度。这不仅因为他们不愿打乱现行的英国统治的秩序，还因为他们特别害怕国大党代表的新潮流波及土邦，危及他们自身的统治地位。

但是，有少数土邦王公同情国大党，积极提供财力帮助。如西印度的巴罗达、印多尔、瓜辽尔、科哈浦尔、朱纳格、巴伏那加尔、冈达尔等的土邦王公都向国大党、其他民族主义组织或活动家捐过款。巴罗达的盖克华1873年给在伦敦的瑙罗吉50000卢比作为活动经费。90年代，他和冈达尔的王公为瑙罗吉提供了更多款项，资助其在英国活动和参加议员竞选，据某些英国报纸报道，瑙罗吉得到28000英镑。驻巴罗达的英国驻扎官也报告说，90年代前几年，有10万卢比从巴罗达国库流出，去向不明。这些数字可能夸大了，但长期捐款资助确有其事。在南印度，迈索尔、特拉凡柯尔、科钦等土邦王公资助过国大党。迈索尔王公1887年给国大党1000卢比。杜富林曾亲自警告迈索尔王公的迪万（首相），今后不得再继续捐款。

这些王公资助国大党原因是多种多样的。有的王公本人就是民族企业的投资者，或本人受过西方教育，思想比较开明，也希望在全印度和自己的土邦实行改革，因此支持国大党的活动。如巴罗达、迈索尔的王公都受过西方教育，在土邦内实行了一些改革措施。科哈浦尔的王公80年代初在赴英期间与印度改革协会成员一起工作，支持放宽文官考试年龄限制的要求，回印后支持国大党的活动。有的王公是想通过资助国大党取得国大党政治上的支持，来抗衡英国驻扎官的专横干涉。也有的王公是为了换取开明的外表，提高自己的声望，以加强自己的统治地位，消除人民的不满。

---

① J. 麦克伦：《印度民族主义与早期国大党》，第108页。

无论属于哪一种，他们的财力援助国大党都是极为欢迎的。

国大党对王公的态度并不做区分，而且对待王公也并不因为是否提供援助而有根本区别。它的基本态度是，把土邦看作还残留的印度自主地位的可贵象征，用伦纳德的话说，是“还在跳动的印度心脏”，[①] 希望土邦王公能在英国统治者面前维护内政自主地位，并以良好的治理成绩向英国人显示，印度人在管理国家政权的能力方面并不比他们差。换言之，他们希望土邦能成为他们的政治主张可行性的实际佐证。所以，每逢土邦王公与英国驻扎官发生纠纷，他们总是站在土邦王公一边，反对英国殖民统治者的干涉。例如，当英国驻扎官专断地干涉巴罗达、海得拉巴和克什米尔内政时，他们便提出抗议。1896~1898 年国大党年会连续通过决议，谴责殖民当局废黜王公。国大党并不准备把改良运动扩大到土邦，避免通过任何涉及土邦内政的决议，但真诚地希望土邦王公自动改革内政，发展经济，跟上时代潮流。巴罗达、迈索尔王公自动改革内政，发展经济，跟上时代潮流，他们的改革政策国大党非常赞成。国大党有些著名活动家在参加国大党前就在土邦供职，如瑙罗吉、费・梅塔、罗梅什・杜特、奥若宾多・高士等，或担任迪万，或担任部长、大学校长，都曾为土邦的改革做过努力。国大党一些活动家（如提拉克）还设想未来的印度采取联邦政体，现有的土邦都将作为成员参加这个联邦。

国大党对土邦王公的期望是过高估计了他们。事实上，绝大多数王公只是过时的封建制度的遗老遗少。他们满足于英国主子的庇护，过着奢侈的生活，但求维持现状，对国家的前途是很少关心的。对于政治经济改革这类新事物，他们很少能够接受。就是有些比较开明的土邦王公，也只是做表面文章，如模仿建立立法会议、兴办近代教育等，事实上英国驻扎官也不会允许他们实行真正的改革。所以，尽管国大党以友善甚至讨好的态度对待王公，王公大多数还是对国大党抱有恶感。例如，贝拿勒斯的王公指责国大党提出的民主要求是西方结构，不适合建立在种姓基础上的印度教社会。他以讥讽的口吻问道：“你怎么能让下层种姓的人成为我们的统治者呢？”[②] 海得拉巴王公秘书赛义德・侯赛因・比尔格拉米则呼吁所有土邦

---

① 那塔纳江：《一个世纪的印度社会改革》，伦敦，1959，第 101 页。

② J. 麦克伦：《印度民族主义与早期国大党》，第 108 页。

王公和封建地主行动起来，积极维护社会上层的“最高权力”和“旧有的思想传统”，以对付“盲目地居心叵测地模仿欧洲激进主义”的势力的“破坏活动”。[①] 海得拉巴的王公向反对国大党的地主阶级的组织印度爱国者联合会大量捐款，资助它的活动。又如，国大党反对英国把在印度境外作战的军费加到印度头上，王公们却予以支持，并大量捐款资助英国在印度境外的侵略战争。瓜辽尔的王公马德浩·拉奥·信地亚提供一艘医疗船随英军侵略中国、镇压义和团起义，因而被授予骑士勋章和少将军衔。英国统治者经常拿土邦王公的忠顺态度向资产阶级改良活动家示威，并压制后者的改革要求。

九　国大党组织系统的建立

国大党成立时，它的创建者并没有想要建立一个严格意义上的政党，而是要建立一个类似议会的组织。这与当时他们所抱的有限目标是一致的。在发起召开这个组织成立大会的通告中写道，建立这个组织的直接目的，是使民族进步事业的工作者能相互熟悉，共同讨论和决定应该采取的政治行动，间接目的是“构成民族议会的胚胎”，并逐步使之成熟，以回击那种认为印度人不适合代议制的谰言。[②] 国大党名字（印度国民大会）本身就表明了这个宗旨。在成立后一段时期内，它只是一年一度在不同城市举行集会，各社会政治团体都可派代表参加，会上选举一位主席主持会务，会议结束后他的任务也告结束。当时国大党没有自己的组织系统，在中央，只有一名秘书长作为这个实体的象征和联系人，没有领导机构；在地方，原来各组织照样存在。没有专职干部，所有人参加国大党工作都是一种业余活动。这种没有组织的组织很快就显露出自身的缺陷，特别是在殖民当局发动进攻后更是如此。想要顶住高压，就需要加强自身的组织性，这就迫使国大党开始按政党模式改建和强化自己。1886 年，国大党年会通过决议，要求重要城市建立国大党常设委员会。有些城市建立了，多数城市没有执行。90 年代要求加强组织建设的呼声高涨。为适应形势需要，1898～1899

① J. 麦克伦：《印度民族主义与早期国大党》，第 108 页。

② 安妮·贝桑特：《印度怎样为自由而斗争》，马德拉斯，1915，第 3～4 页。

年国大党完成了两项重要任务。一是建立国大党的组织系统，1899 年成立了中央机构——印度国大党委员会（1908 年后称为国大党全印委员会），在各省建立了国大党省委会，其职责是召开省政治会议，贯彻国大党年会决议，并向下届年会提出工作报告。组织系统只建立到省一级，省以下仍保留原来各政治组织。二是制定党的章程，1899 年通过，这是国大党成立 15 年后制定的第一个党章，党的奋斗目标是“用宪政手段促进印度帝国人民的利益和幸福”。从此，国大党具有了政党雏形，为以后进一步发展为完全意义上的政党打下了基础。

十　国大党早期活动评价

国大党早期活动最主要的成就有三。第一，顶住了殖民当局施加的巨大压力，国大党自己生存下来，维护了民族运动已取得的成果，保住了这面旗帜。第二，由于它坚持不懈地提出资产阶级政治经济改革要求并发动强大的舆论配合，殖民当局由不把资产阶级力量放在眼里变为不能不重视它，不能不采取更有力的应对之策。1892 年扩大立法会议就是典型例证。这次改革不同于 1861 年，那次是为了安抚封建势力，这次则主要是为了拉拢资产阶级。这个变化表明资产阶级政治运动已为自己争得了被殖民当局当作主要政治对手看待的地位。这是它的光荣。第三，在不断提出资产阶级政治、经济要求和批评殖民政策的过程中，资产阶级观念和主张也传播到了群众中。虽然在内涵上还有很大局限，在传播范围上不超出社会上中层和上层小资产阶级，但还是起到了深入进行启蒙的作用，对促进民族意识的发展和民族团结起了很大作用。

然而，国大党早期活动也清楚不过地表明了它政治上的软弱性。这种软弱性的根源就在于资产阶级和自由派地主领导民族运动的阶级局限性。当然，与资产阶级还很年轻、力量不够强、政治上缺乏经验也有关系。总起来说，这一时期国大党还是一个民族改良主义政党，并无印度独立要求，甚至连自治的要求也没有。对待封建势力方面，连改良的要求也没提出，只是希望它自动向资本主义方向转化。由于根本没有发动群众的考虑，以及采取的斗争方式只是反反复复地通过决议、陈请，它本身没有多大力量，所以，在成立后的前二十年，尽管通过的决议堆积如山，但它提出的有限要求大部分都没有达到。国大党的成立本来给民族运动的发展提供了较之过去更有利的条件，人们本来期望它做更多工作，进一步开拓局面，发展大好形势，19 世纪末的客观形势也提出了这样的要求，然而，令人失望的是它没有做到。这二十年期间它基本上是原地踏步，即使有进展也是很微小的。

资产阶级和自由派地主满足于 19 世纪后半期经济上得到的发展和政治上得到的某些参政权利。他们希望得到更多，但还无意改变英印关系现状。追求眼前利益妨碍了他们随形势发展主动前进。国大党领导层代表了这种趋向，由生气勃勃变得因循守旧，不愿把运动继续引向深入。国大党领导层渐渐落后于形势，要使国大党前进就需要有新的力量来推动。

第十三章

穆斯林启蒙活动的开始及其变化

19 世纪上半期，当印度开始进行资产阶级启蒙活动时，参加者主要是印度教徒和袄教徒，穆斯林没有回应。孟加拉的穆斯林基本上没有参加当地的社会政治组织，没有卷入改革运动。孟买的穆斯林有少数知识分子如提亚勃吉等和印度教徒、袄教徒一起活动，一起建立社会政治组织，但因人数很少，影响有限，在穆斯林中没有多大代表性。这种情况一直延续到 19 世纪中期。

一 启蒙活动的开始和主要活动家

穆斯林启蒙运动开始较晚，是因为穆斯林经济发展和近代教育的发展相对来说落后于印度教徒和袄教徒。19 世纪 60~70 年代，印度出现的印资大工厂基本上是印度教徒和袄教徒建立的，穆斯林建立的极少，参与投资的也不多。在商业领域，占支配地位的也是印度教徒（马尔瓦利商人、古吉拉特商人等）和袄教徒（帕西商人），只是在孟加拉、德里、孟买、信德有较多穆斯林商人。自由派地主中穆斯林也不多，这是必然的，在商业不发展的情况下，穆斯林地主从事工商业的更寥寥无几，也不存在大量商人兼并土地的可能性。到 19 世纪中期，穆斯林中出现的资产阶级知识分子也很少。这不仅是因为经济落后，更重要的是穆斯林封建主和宗教上层对西方教育抱抵触态度。在莫卧儿帝国时期，穆斯林统治者握有政治权力，伊斯兰思想文化处于唯我独尊的地位。政治权力丧失后，穆斯林贵族还不愿放弃在思想文化上原有的优势地位，不愿屈尊接受西方教育，这点和印度教徒是不同的。这样做也有宗教上的理由。他们很害怕接受英语教育会腐蚀维系穆斯林内聚力的纽带，危及伊斯兰教在印度的地位。由于上述诸原因，19 世纪前几十年，当罗姆·摩罕·罗易等启蒙活动家积极促进建立近代学院时，穆斯林没有做出类似的努力。1828 年在德里新建的一所近代学院开始教授西方知识，也没有引起穆斯林的兴趣，穆斯林中只有少数人入学。1829 年，加尔各答的穆斯林宗教学院开始设置英语系，但学生很少。直到 50 年代，近代学校还被伊斯兰宗教上层视为异端，阻止穆斯林子弟入学。这样，穆斯林封建主和宗教上层就用宗教壁垒把穆斯林社会与外界隔绝，力图使之保持旧有状态。

这种人为隔绝要保持长久是不可能的。19 世纪 60~70 年代，随着商品经济和民族资本主义的进一步发展，穆斯林封闭性被冲破，资本主义关系在其间逐渐发展起来。穆斯林商人增多了，在商业发展的基础上，少数穆斯林开始投资办工业。穆斯林地主中有些人与市场联系加强。如在孟加拉，随着英资黄麻工业的发展，许多商人从事黄麻贸易，不少地主、富佃的土地用来种植黄麻，其中包括穆斯林。有些穆斯林开始感到学习西方思想和科学技术的必要，开始送子弟到教授英语的学校学习。50 年代殖民当局创办加尔各答、孟买、马德拉斯三所大学后，就读的穆斯林子弟日益增多。据孟加拉教育学监报告，1871~1872 年孟加拉 1287 名大学生中，有 52 人是穆斯林，占 4%。其他各省比例较小。据 1878 年统计，全印法律、文学、工程、医学等学科的毕业生中，印度教徒 3115 人，穆斯林 37 人，占 1.1%强。1858~1878 年，印度教徒获得学位的有 3000 人，穆斯林有 57 人。1373 名文学学士中，穆斯林有 30 人；331 名文学硕士中，穆斯林有 5 人。尽管穆斯林所占比例还十分低，但毕竟从中产生出了资产阶级知识分子，这就为穆斯林开始进行启蒙活动提供了可能性。

当穆斯林资产阶级知识分子开始迈出这一步时，印度的政治形势和 20~30 年代印度教徒开始进行启蒙活动时相比，已有很大不同。这对于穆斯林启蒙运动的发展产生了很大影响。

第一，这是在大起义之后，大起义遭到残酷镇压使民族矛盾进一步激化。英国殖民当局为巩固其统治地位，千方百计地利用印度社会的各种矛盾，包括宗教矛盾。对穆斯林启蒙运动，它不但不阻挠，反而从一开始就加以拉拢，摆出亲穆斯林的姿态，希望将其引入亲英轨道。穆斯林启蒙运动的特点使穆斯林活动家很难抗拒这种拉拢。

第二，到19世纪60~70年代，主要由印度教徒进行的启蒙活动和争取改良的运动取得了相当进展。他们建立了地区性政治组织，正积极争取通过选举进入各级立法会议和地方市政局。已有一批大学毕业生进入政权机构，还有相当多的人取得了律师资格。穆斯林由于毕业生少，能担任这类职务的很少。1852~1862年，在任命的240名高等法院的辩护士中，只有1名穆斯林。1871年，行政、卫生、警察等部门官员中，印度教徒为681人，穆斯林只有92人。在这种情况下，穆斯林启蒙活动家在看到整个印度人民在英国殖民统治下处于无权地位的同时，更强烈地感受到穆斯林在政治、经济、文化上的落后。这样，他们的活动从一开始就有双重的出发点，一是振兴印度，一是促进穆斯林的发展、提高穆斯林的地位，着重点是在后者。这两个目标本来是一致的，但由于他们把着重点放在后者，就潜藏着很大的矛盾，不过在一开始，一致的方面还是主要的。

穆斯林最主要的启蒙活动家是北印度的赛义德·阿赫默德汗和孟加拉的阿布杜尔·拉蒂夫、赛义德·阿米尔·阿里。赛义德·阿赫默德汗（1817~1898）出生于德里一个贵族家庭，原在殖民政权中任法官，1870年退休，全力以赴从事穆斯林复兴活动。阿布杜尔·拉蒂夫是作家，曾任加尔各答穆斯林学院英语和阿拉伯语教授，担任过县副治安长官。赛义德·阿米尔·阿里是一名法官。他们都认为，改变穆斯林落后地位的关键是传播西方教育。为此，必须与殖民当局接近、合作，争取支持。阿布杜尔·拉蒂夫1853年在加尔各答穆斯林学院改组时就强调对穆斯林进行英语教育的必要性，要求将英语—波斯语系升格为学院。1863年，他在加尔各答建立了文学社。这是第一个穆斯林启蒙团体，明确规定其宗旨为关心当代政治、了解现代思想和知识。① 这个组织积极提倡学习英语，研究西方思想和文学。赛义德·阿赫默德汗在北印度做了同样的工作，1864年他建立了科学社（最初叫翻译社），主要任务是把西方著名哲学、史学和经济学著作译成乌尔都语，供穆斯林阅读。他强调翻译有关西方近代国家兴起的历史著作以及介绍这些国家政治制度和法律制度的书籍。他说，印度穆斯林“由于对世界历史无知，就无以指导他们未来的行动。由于对过去的和今日的

---

① 布鲁特:《雷滂统治下的印度》，伦敦，1909，第27页。

事件无知，由于不了解许多年轻的民族怎样变成了强大的繁荣的民族，……他们就不能吸取教训，从中得到益处”。[①] 这清楚表明了他要翻译这类著书的用意。1868～1870 年，他专程去英国，了解其教育制度和政治制度。回国后，他创办了《社会改革家报》，大力鼓吹学习西方先进思想和科学技术，同时提倡用穆斯林一般群众使用的乌尔都语作为文学语言，来代替只有少数上层人掌握的波斯语和阿拉伯语。他用乌尔都语写了许多著作，这样就使他的主张能够直接为一般群众所了解。在这方面，他起了和罗姆·摩罕·罗易倡导孟加拉散文文学同样的作用。赛义德·阿赫默德汗更有意义的活动是 1877 年在阿里加建立了穆斯林英语—东方语学院，即著名的阿里加学院。这是第一所近代类型的穆斯林学院，目标是培养既掌握东方知识又掌握西方科学文化的穆斯林，其作用相当于印度学院和爱尔芬斯顿学院。

图 13-1　赛义德·阿赫默德汗

推广西方教育，建立阿里加学院，在当时遭到穆斯林封建正统势力的激烈反对。保守的乌里玛（宗教学者）认为这些行动和伊斯兰教义不相容，要求任何人都不要给赛义德·阿赫默德汗以帮助。赛义德·阿赫默德汗在重重困难面前没有气馁。他竭力论证《古兰经》不反对接受外来思想，和西方人接近并不违反教规，并严厉批判正统派的盲目自大。他写道：“盲目偏见阻碍了他们吸收西方的教育和科学技术成果。伊斯兰社会错误地崇拜那些顽固傲慢的分子，以为世界所有民族都在他们之下。殊不知世界上任何民族都不能光靠独自的努力取得物质进步和精神幸福。”他嘲笑顽固势力像井底之蛙，以为世界只有他们的眼界那么大，并激愤地指出“偏见和进步是水火不相容的”。[②] 尽管他遭到正统派怒骂，被宣布为“异端”“叛逆者”，但穆斯林知识界和青年中还是有许多人拥护他。

① 编纂局编《印度自由运动史》第 2 卷，卡拉奇，1961，第 484 页。

② 《近代亚洲研究》第 7 卷，1968 年。

赛义德·阿赫默德汗要求改革伊斯兰教的陈腐旧规，以适应新的环境。他宣传的改革主张包括改革宗教仪式、宗教教育与世俗教育相结合、取消多妻制、解放妇女。在经济方面，他强调促进贸易，采用西方科学技术，在农村采用现代科学耕种方法等。他还要求伊斯兰教各教派团结起来，求同存异，不要因看法不同而争执不休。他说："信仰上的差别不应成为不睦的根源，一个穆斯林只要相信真主和先知穆罕默德，就是我们的兄弟，就应该用真主赋予我们的爱爱他。"① 他的阿里加学院既有逊尼派学生，又有什叶派学生，各自保持自己的信仰，互不干预。这些都反映了穆斯林中倾向发展资本主义的新兴力量要求振兴伊斯兰社会的强烈愿望。

80 年代上半期以前，赛义德·阿赫默德汗是印度各宗教、各民族大团结的拥护者。他建立的科学社中有印度教徒，阿里加学院也有印度教徒学生。1883 年，他说："印度教徒和穆斯林共同呼吸印度的空气，共饮恒河和朱木拿河水，共食印度大地上出产的粮食，……印度教徒和穆斯林实际上属于一个民族。"② 又说："要记住，印度教徒、穆斯林只是宗教称呼。换言之，所有住在这个国家的印度教徒、穆斯林，甚至基督徒构成一个民族。那种只考虑宗教区别，把一个国家的居民看作两个不同民族的时代已一去不复返了。"③ 他还举例说："我们的祖国印度就像一个新娘，她的两个美丽的闪烁着光彩的眼睛就是印度教徒和穆斯林。"④ 又有一次他讲道："印度教徒和穆斯林是住在同一土地上，受同一个统治者统治，风雨同舟，患难与共。""我们应当同心协力一致行动，如果联合就能相互支持，如果彼此反对就会共同灭亡。"⑤ 这些话反映了他最初的民族主义立场，当时赢得印度教徒和穆斯林的一致赞扬。

赛义德·阿赫默德汗和阿布杜尔·拉蒂夫、赛义德·阿米尔·阿里也分别提出一些政治改革方面的要求。赛义德·阿米尔·阿里 1877 年在加尔各答建立了一个穆斯林协会，后改名为中央伊斯兰教协会，目的是团结所有穆斯林，用合法的和宪政的手段，促进穆斯林以及整个印度人民的利益。

① 《近代亚洲研究》第 7 卷，1968 年。
② 塔拉·昌德：《印度自由运动史》第 2 卷，新德里，1974，第 357 页。
③ 罗姆·戈帕尔：《印度穆斯林》，孟买，1959，第 48 页。
④ 塔拉·昌德：《印度自由运动史》第 2 卷，第 358 页。
⑤ 奈特逊：《著名穆斯林活动家》，伦敦，第 23 页。

这是穆斯林第一个社会政治组织，它提出了一些改革要求，影响逐渐扩大。80年代有53个分支，主要分布在孟加拉，在孟买、马德拉斯、旁遮普也有个别分支。阿米尔·阿里也希望印度各民族主义组织协同行动，所以1885年和印度协会等组织一起发起召开第二次印度国民会议。不过，印度协会等组织参加了国大党，它没有参加，它认为国大党纲领虽值得同情，但没有考虑穆斯林的利益。赛义德·阿赫默德汗的政治改革要求在他1860年写的《印度叛乱的原因》一书中就已提出来了。这本书指出印度反叛是英国殖民当局政策失当，“损害了印度人的民族自豪感”的结果。[①] 其中包括制定政策法令时无视印度人民的期望，统治者与被统治者之间缺乏沟通渠道，鼓励传教士传教等。他要求殖民当局吸取教训。在之后写的备忘录中，又特别提出印度总督立法会议应有印度人参加，以使印度人有机会表达自己的观点和要求。赛义德·阿赫默德汗对印度由英国统治是欢迎的，认为英国的政治原则是法治，比莫卧儿的君主专制要好。但他也指出，由于不愿倾听印度人民的呼声，英国的法制“也是专制主义的”。[②] 1866年他提议建立一个组织，率直地向英国议会提出印度的要求，他渴望印度民族获得平等权利。他说：“一个民族只要没有获得与统治种族平等和参与管理自己国家事务的权利，就不配获得荣誉和尊敬。”[③] 1877年，印度协会特使苏·班纳吉访问北印度，进行关于反对降低文官考试年龄标准的鼓动，得到他的支持。他亲自主持会议，由班纳吉演讲。受1884年艾尔伯特法案鼓动，他也和其他印度资产阶级活动家站在一起。对孟加拉在民族运动中走在最前列，他深为赞赏，称孟加拉知识界是民族解放运动的先锋，说正是“由于他们的工作，知识和自由得以复兴，爱国主义感情得以在全国传播……他们确实是印度整个民族的精华”。[④]

赛义德·阿赫默德汗等启蒙活动家的这些活动，打破了穆斯林长期以来与外界脱离的闭塞状态，使他们开始接触新思潮，认识到自己的落后并奋起直追，这对促进广大穆斯林的政治觉醒，对促进印度民族运动的发展都起了有益作用。

---

① 赛义德·阿赫默德汗：《印度叛乱的原因》，阿里加，1957，第39页。

② 《近代亚洲研究》第7卷，1968年。

③ 罗姆·戈帕尔：《印度穆斯林》，第48页。

④ 维什诺·巴格万：《印度政治思想家》，德里，1976，第95页。

二　与国大党分歧的出现

然而，穆斯林启蒙活动未能沿着这个方向继续前进。就在他们开始活动不久，一个重大的转折发生了。

转折发生在国大党成立后。当国大党的宪政改革主张在社会上获得越来越大的反响时，启蒙活动家却认为这对穆斯林未来的地位构成了威胁。从这时起，他们的活动改变了方向，将民族主义的内容弱化，突出强调伊斯兰教派的利益。由此引出了一系列矛头指向国大党的言论和行动。

第一，提出“两个民族”说。这是为强调穆斯林的独特利益制造理论依据。赛义德·阿赫默德汗、阿布杜尔·拉蒂夫和阿米尔·阿里在国大党成立后都说，穆斯林和印度教徒宗教信仰不同，文化、语言不同，习俗不同，他们各自构成单独的实体，各自形成独立的民族。这种按宗教划分民族的新说法显然与他们原来的见解背道而驰。这表明，在他们心中，教派利益已上升到首位，印度整体利益已降到了次要地位。

第二，提出代议制原则不适合印度国情论。赛义德·阿赫默德汗说，代议制也许是印度从英国统治者那里学到的最宝贵的东西，但不适用于印度，因为实行代议制需要有统一的民族、大致相同的文化水平，而印度并不是统一的民族，也没有同一的文化程度，因而，“引进代议制不能产生任何好的结果，只会妨碍这个国家的和平、安定与繁荣”，使人民中先进部分“奴役落后部分”。还说，国大党提出这个要求是“无视历史和现实”，这个要求“对印度各民族，特别是对穆斯林充满危险和痛苦”。[①] 他也反对文官考试制度，认为印度“没有种族混合，宗教区别很明显，现代意义上的教育并没有在民众中取得同等的或合乎比例的进展”，在这种情况下举行考试，只会使印度教徒垄断绝大部分职位，而使穆斯林“处于依附地位”。[②] 阿布杜尔·拉蒂夫也强烈反对立法会议和市政机构实行统一选举制度和文官考试制度。他说，穆斯林不希望使印度发生“不适合于印度条件和各种

---

① 《印度传统史料》，德里，第746~747页。

② 维什诺·巴格万：《印度政治思想家》，第97页。

相互冲突的利益”的变化。[①] 1888 年，在讨论立法会议成员产生办法时，赛义德·阿赫默德汗和阿布杜尔·拉蒂夫都主张由官方任命。而国大党表示反对，指责他们拥护专制统治。穆斯林报刊《穆斯林观察家报》《穆斯林先驱报》等起而反击，指责国大党的主张危害穆斯林利益。自此以后，穆斯林许多报刊便公开宣布，国大党的宪政改革要求它们是不赞同的，决不能接受。

第三，把国大党说成印度教徒组织及为印度教徒谋私利的工具，号召穆斯林不要参加国大党，并联合印度教地主势力，开展反对国大党活动。国大党成立后，部分穆斯林参加其活动。第一次国大党年会 72 名代表中有 2 名穆斯林，第二次年会 434 名代表中有 33 名穆斯林，第三次年会 607 名代表中有 81 名穆斯林。孟买著名穆斯林活动家巴·提亚勃吉就是国大党的积极参加者之一。他向他的孟买管区协会的同事们保证说，“在政治问题上”，穆斯林将“和他们的祆教徒兄弟、印度教徒兄弟永远站在一起”。[②] 积极参加国大党的著名穆斯林活动家还有孟买的萨亚尼，马德拉斯的胡马雍·琼·巴哈杜尔、赛义德·马哈默德·尼扎密丁，孟加拉的阿·拉苏尔，比哈尔的玛扎哈尔·哈克，勒克瑙的拉扎·阿里、汗·巴哈杜尔等。其中，汗·巴哈杜尔在第二次国大党年会上说：“印度教徒、穆斯林、祆教徒、锡克教徒是一个整体，……我们的公共利益是一致的，不可分割的。”[③] 但是，参加国大党的穆斯林主要来自孟买和马德拉斯地区，旁遮普、联合省和孟加拉参加国大党的较少。这主要是因为这些地区的穆斯林启蒙活动家对国大党不抱好感。他们号召穆斯林不要参加国大党活动，说“印度教徒和穆斯林的某些目标是不同的，甚至是相反的”。[④] 1886 年，赛义德·阿赫默德汗发起召开穆斯林全国教育会议，一年一次，与国大党年会同时举行，其目的除推广西方教育外，还在于吸引穆斯林的注意力，阻止他们参加国大党活动。国大党对吸引穆斯林参加运动是比较重视的，提名提亚勃吉为第三届国大党年会主席候选人，就是希望利用他的影响，积极地对穆斯林开展工作，解释国大党的目的，消除他们的疑虑。孟加拉的阿米尔·阿里在

① 威廉斯、波茨：《印度史札记》，伦敦，1973，第 94 页。
② 维·马哈江：《民族主义运动领导人》，第 78 页。
③ 罗姆·戈帕尔：《印度穆斯林》，第 65 页。
④ 维什诺·巴格万：《印度政治思想家》，第 98 页。

得知提亚勃吉成为国大党下届年会主席候选人后，极力劝说提亚勃吉不要接受这个提名，不要参加国大党年会，希望他参加中央伊斯兰教协会召开的会议，并告诉他说，穆斯林会议将是“极为温和的，适合于我们的进步发展”，不会讨论“敏感的政治问题”。[①] 提亚勃吉拒绝了他的劝说，回信说：“如果说印度教徒比我们先进，那么我们的任务是尽可能使自己获得更大进步而不是妨碍别人去享有他们应享有的权利。”[②] 在国大党第三届年会主席致辞中，他强调印度教徒和穆斯林根本利益的一致性，并指出，对穆斯林来说，“正确的道路是加入国大党，从我们自己的角度来参与它的决策”。[③] 为了消除穆斯林的疑虑，这届年会通过一项专门决议，规定任何关系到一个教派的问题，只要该教派的代表不管是多数还是少数表示反对，都不应提交国大党年会讨论。会后，提亚勃吉又写信给赛义德·阿赫默德汗，希望他参加国大党，和印度教徒一起，就关系国家前途的重大问题共同做出决策，还特别提到在立法会议问题上，如果穆斯林不希望用选举办法产生成员，也可以讨论别的办法。他说：“这样，我们既可以推进印度总的进步，同时又可以捍卫我们自己的利益。”[④] 赛义德·阿赫默德汗拒绝了他的邀请，在与国大党第三届年会同时举行的穆斯林教育会议上，他说，穆斯林参加国大党对他们自己是个灾难，“我们的责任是保护我们的教派不受印度教徒和孟加拉人的攻击。可以肯定，他们正打算损害我们的利益”。[⑤] 在给提亚勃吉的回信中，他进而写道：“我不大了解国民大会党一词是什么意思，能够设想住在印度的不同种姓、不同信仰的人属于一个民族或者成为一个民族吗？他们的目的和期望能够一样吗？我认为这是完全不可能的。只要它是完全不可能，就不会有什么国民大会，它也不能代表所有人的利益。”他宣称，国大党的活动不仅对穆斯林有害，“而且对整个印度有害”。[⑥]

1888 年，赛义德·阿赫默德汗联合穆斯林和印度教封建地主势力，建立了一个叫印度爱国者联合会的组织，其主要任务就是攻击国大党。赛义

---

① 维·马哈江：《民族主义运动领导人》，第 78 页。
② 潘迪：《1885~1947 年印度民族主义运动文件选编》，伦敦，1979，第 15 页。
③ 维·马哈江：《民族主义运动领导人》，第 81 页。
④ 维·马哈江：《民族主义运动领导人》，第 82 页。
⑤ 贾米尔-乌德-丁·阿赫默德：《穆斯林自由运动》，《巴基斯坦时报》1967 年 7 月 9 日。
⑥ 《印度自由运动史原始材料》第 2 卷，孟买，1958，第 71 页。

德·阿赫默德汗在给大封建主格拉阿姆的信中承认："我正在担负一项繁重的任务，即反对所谓的国大党，并已建立了一个组织。"① 这个组织喧嚣一时，把国大党说成穆斯林的敌人，把殖民统治者说成自己的保护者，宣称该组织的目标就是要加强英国统治，消除国大党煽起的反英情绪。1893 年，他又和英国人一起建立了穆斯林英印防卫协会，公开宣布其目标是防止国大党在穆斯林中进行政治鼓动，促进效忠英国的精神。这两个组织产生了有害的影响。不过，尽管采取了这些措施，穆斯林中还有部分人继续参加国大党活动。1888 年国大党年会 1248 名代表中，穆斯林有 221 人。1889 年的年会代表 1889 人中有 254 人是穆斯林。

第四，提出维护穆斯林利益的根本道路是依靠英国统治者保护的主张。这是上述几种观点的必然延伸。穆斯林启蒙活动家既认为国大党的要求是损害穆斯林利益的，又看到国大党影响的扩大势不可挡，于是认为要维护穆斯林的利益，只有请求英国统治者庇护和照顾。他们要求各级立法会议成员不是通过选举而是由当局任命；如果实行选举，就要求给予穆斯林和印度教徒对等名额。1890 年，赛义德·阿赫默德汗征集了 70 个城市的 40000 名穆斯林联名上书英国下院，要求在立法会议组成上照顾穆斯林。拉蒂夫的穆斯林文学社同样提出了申请。赛义德·阿赫默德汗等还主张，官员不是经过考试取得资格，而是由当局选择任命。还特别请求，在任命时照顾穆斯林，给予他们更多担任公职的机会，以便与印度教徒平起平坐。

第五，提出穆斯林的当前任务是办教育，不是搞政治的口号。在这个问题上，阿布杜尔·拉蒂夫、赛义德·阿米尔·阿里和赛义德·阿赫默德汗的观点是不同的。前两人主张穆斯林应当参加政治斗争。他们的出发点是，不带领他们参加政治斗争，广大穆斯林就会被国大党吸引走，另外也应该正面提出穆斯林的要求。他们力图把中央伊斯兰教协会变成全国穆斯林统一的政治组织，用来和国大党对抗。赛义德·阿赫默德汗却认为号召穆斯林参加政治斗争是无益的，只能增强国大党对他们的吸引力，扩大国大党的影响。他强调穆斯林应集中精力于推广教育，促进本教派文化、经济的发展，以便在政治上提高自己的地位，在未来的改革中能和国大党分庭抗礼。推广教育是必要的，在这方面赛义德·阿赫默德汗的努力也确实

① 《印度自由运动史原始材料》第 2 卷，第 67 页。

取得了一定成果，但把教育和政治斗争人为地分开是错误的。赛义德·阿赫默德汗的真实思想是要遏制国大党在穆斯林中的影响。把政治和教育对立起来，用教育把穆斯林的视线从政治问题上转移开，这就是他的“集中力量办教育”口号的实际含义。

赛义德·阿赫默德汗、阿布杜尔·拉蒂夫和赛义德·阿米尔·阿里的活动在印度所有穆斯林中都有很大影响。不但旁遮普、联合省、孟加拉的多数穆斯林跟他们走，就是在孟买和马德拉斯，也有许多穆斯林把他们看作权威，按他们的要求行事。国大党最终还是未能把全国多数穆斯林争取过来。

三　启蒙活动家态度变化的原因

启蒙活动家态度发生如此大的变化是有深刻的历史和现实原因的。这个原因可用一句话概括，那就是伊斯兰社会和印度教社会经济发展差别性的增强造成上层利益的冲突日益加剧，这个冲突被殖民统治者有意加以利用并扩大化、尖锐化，造成了教派主义的恶性发展。

穆斯林的资本主义关系虽然在19世纪中期后有所发展，但程度还极其微弱，而同时期资本主义关系在印度教社会的发展要快得多。当资产阶级势力在印度教社会逐渐扩大阵地并向全国发展时，穆斯林中的封建势力的统治地位还没有根本动摇。这就是问题的关键。穆斯林地主和宗教上层力图维护在教派内的统治地位，把资本主义和资产阶级政治运动在全国的发展看成对自己的势力范围和自己的利益、地位的威胁，力图利用宗教筑起壁垒来加以阻挡。广大穆斯林长期处在他们的影响下，宗教意识强烈，和外界接触很少。穆斯林中刚产生的微弱的民族主义力量在强大的传统势力的影响下站不住脚，只好妥协。如赛义德·阿赫默德汗原是赞成文官考试制度的，以及赞成在担任公职方面的平等原则，1887年在穆斯林教育会议上观点却完全变了。讲到国大党关于扩大立法会议的要求时他对会议参加者（很多是封建主）说：“我肯定你们不会愿意让一些平民，即便他们有硕士、学士学位，坐在立法会议中，对你们行使统治权。”讲到国大党要求在英国、印度同时举行文官考试时，他又说：“印度高等阶级是不会容忍一些普普通通的人（他们很了解这些人的出身）成为他们的统治者的。”① 显然，在这里，他的立场已转到封建贵族一边，这些话原是王公和封建地主常说的。穆斯林微弱的资本主义力量转向教派主义还有自身利益的考虑。由于自身力量的弱小，以及感到和印度教资产阶级自由竞争没有可能，他们便希望保住穆斯林阵地，不让印度教资产阶级进入自己的势力范围。

穆斯林启蒙活动家最初是把教派利益和民族利益并列，如今终于把教派利益置于民族利益之上。“宁要英国统治，决不要印度教徒多数统治”，这句话成了他们的座右铭。赛义德·阿赫默德汗在一次讲话中说：“现在让我们设想一下，如果所有英国人都离开印度，谁将成为印度的统治者？两个民族——穆斯林和印度教徒在这种情况下能够平起平坐、共享权力吗？肯定不能。必然是一个征服一个，一个把另一个踢到一边。”② 所以他始终认为，英国的统治对维护穆斯林利益是必不可少的。

穆斯林启蒙活动家转向教派主义也是英国殖民统治者长期挑唆的结果。分而治之政策是英国统治者惯用的伎俩。大起义后，莫拉达巴德地方驻军司令官琼·柯克中校在一份文件里写道：“我们的态度是尽力维护现在的宗教和种族分裂，而不是使之弥合。分而治之应该是印度政府的原则。”③ 孟买总督爱尔芬斯顿也毫不隐讳地讲到这点。1859 年 5 月 14 日，他在一份备忘录中写道：“分而治之是古罗马的座右铭，也应当是我们的座右铭。”④ 这就清楚地表明，这个原则是殖民者统治印度的一项根本方针。大起义前后，英国统治者重点打击对象是穆斯林封建主。当时英国统治者认为，他们对丧失政权不会甘心，随时有可能举兵反抗，是英国统治的主要威胁。到了 70 年代，情况起了变化。一方面，大起义后穆斯林封建主势力受到了最严重的打击；另一方面，英国殖民者看到，新兴的资产阶级民族运动的主体是印度教徒，于是就想拉拢穆斯林上层，利用穆斯林来牵制印度教徒的活动。这个转变最早反映在 1871 年出版的英国殖民当局官员维·亨特尔写的《我们的印度穆斯林》一书里。作者明确提出，70 年代的形势不同于大起义之后，必须在穆斯林上层中寻找和培植殖民统治的新支柱。70 年代末 80 年

---

① 罗姆·戈帕尔：《印度穆斯林》，第 66 页。

② 维什诺·巴格万：《印度政治思想家》，第 98 页。

③ 拉其普特：《穆斯林联盟：昨天和今天》，拉合尔，1948，第 13 页。

④ 拉其普特：《穆斯林联盟：昨天和今天》，第 14 页。

代初，殖民当局开始采取这种新的政策。赛义德·阿赫默德汗等启蒙活动家提出的与当局合作，争取当局支持的方针，正满足了殖民统治者接近穆斯林的需要。阿里加学院的建立就得到了英国殖民当局的赞助。总督瑙思布洛克给予10000卢比的资助，作为奖学金。继任总督李通参加了奠基典礼。殖民当局希望把这个学院变成一个强有力的穆斯林活动中心。西北省省督约翰·斯柴奇说："你们有完全的权利享有一个民族的期望，没有权利忘记你们的过去。"① 他又在一本书中得意忘形地写道："各种敌对信仰同时并存是我们在印度的政治地位所以强有力的因素之一。"② 允诺照顾穆斯林"特殊利益"，是殖民当局拉拢穆斯林上层的重要手段。例如，当中央伊斯兰教协会要求总督在选用文官上优先照顾穆斯林时，总督杜富林1885年就做出决定，要各级地方殖民政权尽力这样做，并授意高等法院在任命法官时也这样做。1894年中央伊斯兰教协会又派代表晋见总督，要求立法会议选举和任命成员时照顾穆斯林，总督兰兹唐尼回答道："保证给穆斯林以合理数量的席位。"③ 赛义德·阿赫默德汗1878年、1881年两次被任命为总督立法会议成员，1889年又被授予勋章，这都是殖民当局经过精心考虑做出的安排。英国殖民当局还阴险地挑唆穆斯林上层反对国大党。当国大党正在做争取穆斯林的工作时，总督杜富林居心叵测地说："一些大的教派，对这个自立的团体（指国大党）把自己置于这些教派和严格保持不偏不倚态度的英国统治者中间的做法，感到惊讶。"④ 西北省省督柯尔文也攻击国大党把印度分裂成两个敌对营垒，说穆斯林不满国大党，是因为国大党只代表印度教徒。这种挑拨加深了穆斯林上层与国大党的矛盾。80年代，对赛义德·阿赫默德汗影响更直接的是一个叫伯克的英国人。他担任阿里加学院院长，主编学院刊物，是赛义德·阿赫默德汗最信任的人，而他就是英国殖民者的忠实代表。他竭力使赛义德·阿赫默德汗相信，和民族主义者站在一起对穆斯林不利，支持殖民当局才是穆斯林的利益所在。他主编的阿里加学院刊物连篇累牍地发表文章攻击国大党，并威吓穆斯林说，如果

---

① 《现代评论》1907年1~6月，第588页。

② 约翰·斯柴奇：《印度》，1894，第240页。

③ 威廉斯、波茨：《印度史札记》，第108页。

④ 布·马丁：《1885年的新印度》，第334页。

国大党的要求实现了，它“将成为比任何穆斯林皇帝都更残酷的专制暴君”。[①] 1888 年赛义德·阿赫默德汗建立反国大党的印度爱国者联合会，1893 年又建立另一个反国大党的组织——英印防卫协会，其间他都是主要谋划者，还亲自担任后一组织的秘书。他在赛义德·阿赫默德汗身边所起的作用，只要看看下面一段他写的极富蛊惑性的文字就一目了然。他写道："国大党的目的是把这个国家的政权从英国人手里转到印度教徒手中。……对穆斯林和英国人来说，迫切的任务是联合起来，和这个鼓动者做斗争，防止引进任何不适合印度需要和特点的民主统治形式。"[②] 不难看出，他正是英国分而治之政策的一个不带官方头衔的执行人。

穆斯林启蒙活动家态度的变化使启蒙活动改变了方向，不利于印度民族运动的发展。穆斯林投入政治活动原可以为印度民族运动增添力量，促进它实现更大发展。然而，由于引导的错误，这支新崛起的力量却有自己的独特方向，在一定程度上对国大党的活动起了牵制作用。

国大党从成立之日起就想要争取穆斯林的支持，但它低估了这个任务的复杂性，不是坚持不懈地积极尝试，如加强和穆斯林各界人物的接触、协商，而是故作乐观，看到一些穆斯林参加国大党年会就宣称享有多数穆斯林的支持，以致与穆斯林上层距离越来越远，为英国殖民统治者插手挑拨留下了很大的余地。

---

① 《阿里加学院学报》1888 年 7 月，阿里加，第 813 页。

② 罗姆·戈帕尔：《印度穆斯林》，第 72 页。

第十四章
英国对印度的剥削进入帝国主义阶段

英国自工业革命以来，在近一个世纪里，挟其经济发展的优势，建立起了世界上最庞大的号称“日不落”的殖民帝国。它从世界各国人民身上榨取脂膏。各国的金银财富年复一年地从四面八方滚滚流向英国。其中印度财富占有相当大的比重。若分国计算，英国对印度的榨取量当排第一。无怪乎在英国统治者和工商业、金融业大亨眼里，印度成了帝国王冠上最璀璨的明珠。

19世纪中期，英国的资本主义已开始具有帝国主义的某些特征。19世纪最后30年，完成了向帝国主义的过渡。英国成了世界上经济实力最强的帝国主义国家。

随着进入帝国主义时期，英国殖民政策也进入了一个新阶段。资本输出成了占第一位的剥削形式，它又带动了商品输出和原料掠夺。殖民地除成了宗主国的商品市场和原料产地外，还成了宗主国的投资场所。这个变化在印度表现得最典型。50年代英国对印度已有少量资本输出，70年代起资本输出剧增，到19世纪末上升为主要剥削手段，这标志着英国对印度的殖民剥削正式进入帝国主义阶段。

一　印度成为英国资本输出场所

英人在印度投资额（包括从英国输出资本和把在印度剥削所得就地转化为资本）缺乏精确统计。现有的零星材料只是学者们的推算、估计。由于推算方法不同，所得结果也很不一致，它们都只能提供一个近似的指标。

据爱德加·克拉蒙德估计，1896 年英人在印投资[①]额为 2.94 亿英镑。迪利斯·巴塔恰利亚估计，20 世纪初投资额为 2.5 亿~3.5 亿英镑。乔治·派斯估计，1909~1910 年度在 3.65 亿英镑以上。霍华德估计，1910 年为 4.5 亿英镑。迪·巴塔恰利亚估计，第一次世界大战前在 4 亿英镑以上。霍华德把英人的卢比投资也折算在内，所以数额较大。撇开这个因素，他的估计和乔治·派斯、巴塔恰利亚的估计接近。如果我们把霍华德的估计数与 1896 年克拉蒙德估计的数字做个计算，则可以看出，15 年中，英国投资额增加了 1.56 亿英镑，即增长了 53%。印度经济学家 Y. 潘迪特在他的《1898~1913 年印度的负债差额》一书中，列举了 1908~1909 年度至 1913~1914 年度外国资本年增加投资额，其逐年数额为：1.795 亿卢比，2.138 亿卢比，1.859 亿卢比，0.451 亿卢比，0.396 亿卢比，0.288 亿卢比。总计 6.927 亿卢比，约合 0.461 亿英镑。以 5 年平均，则每年增加额为 922 万英镑。这段时期年增长量少于 1000 万英镑是因为第一次世界大战前几年形势不稳对海外投资有不利影响。

巨额投资为英人带来巨额收益。据霍德华的《印度与金本位》一书估计，1910 年英人在印投资所得的利润、利息加上佣金、汇费、保险费及其他银行收入，总计为 4000 万英镑，已大大超过 1913 年英国在印度得到的商业、制造业和航运业的利润总和，即 2800 万英镑。这说明资本输出已成了剥削印度的主要手段。

在印度的投资并非都直接用于生产领域。据乔治·派斯 1911 年 1 月在英国《皇家统计学杂志》上发表的估算材料，如以 1909~1910 年度投资总额为 100 计算，则投资项目构成为：殖民政府的英镑公债 50，铁路 37.4，种植园 6.6，矿产、石油 1.8，电车 1.1，银行 0.9，工商业 0.7，金融、地产等 0.5，其他 1。从这则材料中可以看到，投资额的一半是殖民政府的借债。殖民政府欠英国的债务 1858~1859 年度为 15089277 英镑，1900~1901 年度增至 133435379 英镑，到 1913 年增至 1.77 亿英镑。固然这笔钱中的相当部分被用来回收私人铁路以及作为国家修建铁路和水利工程的投资，但纯属行政、军事开支的部分仍占相当大比重。上述材料还表明，生产领域投资主要是用于修铁路、建种植园，投资于工矿企业的比重是微乎其微的。

---

① 包括在锡兰的投资。

各类投资（债券除外）大都是通过在印度建立各类公司来进行。此外还有一批在英国注册而在印度经营的公司。公司及其资本数量的增长可以看作投资增长的显示器。1900 年，在印度注册的公司有 1360 家，实收资本 36280 万卢比。到 1907 年，增至 2661 家，实收资本增至 50810 万卢比。1914，降为 2552 家，实收资本却增加到 72100 万卢比。这些在印度注册的公司有相当部分是印度人办的，但英国资本占大多数。

关于这些公司按经济部门的资本分布情况及英国资本在其中的比重，可以以 1906 年的统计数字予以说明。

据 1906 年 3 月统计，在印度注册的股份公司共 1728 家，实收资本总额为 2790 万英镑。其中：

银行和保险业	300 万英镑
贸易和航运	570 万英镑
采矿和采石业	200 万英镑
工厂和原棉初步加工	1360 万英镑
茶叶和其他种植园	240 万英镑
其他	120 万英镑

这些公司有一半以上属英人。就资本说，几乎所有茶叶公司[illegible]矿公司都属英资，大部分保险公司、航运公司和银行也是如此。在[illegible]资本中，英资约占一半。这就表明英人投资在公司全部实收资本总额[illegible]2/3 以上。

在英国注册而在印度经营的公司均属英资。1905 年[illegible]的公司有 165 家，实收资本 6900 万英镑，是同年在印度登记的公司[illegible]资本总和的两倍多，表明其实力的雄厚。这些公司主要投资于铁路[illegible]矿、采金等工业部门，是在印度经营的势力最强大的企业。

铁路的修建 19 世纪末 20 世纪初加速进[illegible]到 1913 年铁路里程已达 34656 英里，在亚洲殖民地半殖民地国家中[illegible]领先。新铁路的修建一部分仍由私人公司承担，仍实行保证利润制，[illegible]利润率降为 2.5%～3%。对于铁路投资，印度每年向英国人支付的利[illegible]和保证利润，在 1901～1902 年度就达 642 万英[illegible]1913 年接近 10[illegible]万英镑。此项收益成了英人通过投资攫取的超额利润的最[illegible]源。

兴建大型水利工程是投资的另一重大项目。1900~1901 年度投入 39 个大型工程的资本总额为 3.6637 亿卢比。在旁遮普一省投资额就达 1.073 亿卢比，利润率高达 10.5%。1900~1901 年度国家水利工程获纯利 2071 万卢比。不过水利工程方面的投资与兴建铁路的投资还是不能相比的。1901 年铁路投资总额达 2.26 亿英镑，水利工程投资仅为其 1/10 左右。

20 世纪前十年特别是第一次世界大战前，英国资本在工矿企业方面的投资有一定增长。黄麻业依然是主要投资部门。黄麻业因其产品畅销欧洲，在 19 世纪末到第一次世界大战前的近 20 年中有很大发展（见表 14-1）。

表 14-1　19 世纪 80 年代到一战前印度黄麻业发展情况

	1879~1880 年度	1900~1901 年度	1913~1914 年度
工厂数(家)	22	36	64
织机数(台)	4964	15340	36050
纱锭数(枚)	70840	317348	744789
雇用工人数(人)	27494	111272	216288

1908 年印度黄麻制品产量已超过英国的丹地，此前后者是世界最著名的黄麻纺织工业中心。

这一时期，英资开办的其他工厂数量也有增加。1915 年英资企业及其使用工人数见表 14-2。

表 14-2　英资企业发展情况

工业部门	棉纺织	制糖	黄麻纺织	毛织	建材及冶铁	砖瓦	造纸	印刷
企业数(家)	34	8	72	2	—	27	2	17
使用工人数（千人）	56.4	3.5	250.8	5.2	22.8	8.9	3.6	4.6

注：英资开办的工厂还有机车修理厂、水泥厂、制革厂、玻璃厂、碾米厂等，因统计材料短缺未列入本表中。

采矿业是另一重要投资部门。1911 年，孟加拉省有煤矿 153 个，煤产量 1900 年为 600 万吨，1913 年达 1600 万吨。采煤的机械化程度很低，大量矿井靠手工开采。在中央省和比拉尔，1892 年开始开采锰矿，1911 年有 20

个矿，1913 年产量达 815000 吨，居世界第一位。在比哈尔、奥里萨，有 14 个云母矿。在海得拉巴、迈索尔有 8 座金矿。

对种植园的投资继续增加。除茶叶、咖啡种植园外，19 世纪末英国资本家在南印度开辟了橡胶种植园，到 1913～1914 年度，产量已达 2600 万磅，几乎全部出口。茶叶种植园的规模继续扩大。1909～1910 年度至 1913～1914 年度，每年出口平均达 2.66 亿磅，在英国市场上的销售量已几倍于中国茶叶。

这些企业有相当大部分是通过经理行创办的，并受其控制。第一次世界大战前已有一批大经理行发展成有相当势力的垄断集团。

作为资本输出另一条重要渠道的银行业，这一时期也有发展。孟加拉、孟买、马德拉斯三个管区银行 1870～1900 年吸收存款额增长 1.3 倍，其中包括印度人的大量存款。汇兑银行到 1900 年增加到 8 个，1870～1900 年资本总额增长了 6 倍多。由此汇兑银行成了英国大银行直接伸向印度的触角，控制了印度外汇市场。

资本输出极大地加强了英国对印度的经济控制。英国资本家既同殖民政权一起垄断了印度几乎所有现代化交通手段，又有大经理行、大公司支配着国民经济的一系列部门，还掌握着作为金融中心的大银行。这样，就牢牢控制了印度的经济命脉。

正像过去把印度变成英国商品市场和原料产地需要殖民政权帮助一样，把印度变成英国投资场所也需要殖民政权开路。最重要的是要营造一个适合英国投资的最佳环境。除了需要各种鼓励投资的优惠措施外，19 世纪末亟待解决的问题是卢比币值不稳定的问题。为此殖民当局实行了财政改革。

19 世纪 70 年代以来，世界白银价格不断下跌，90 年代跌幅更大。受其影响，以银为本位的卢比对外汇率不断下跌。这对于增强印度棉纺织品在国外市场上的竞争力原是有利的，但是卢比汇率下跌意味着英国资本家在印度赚得的卢比折成英镑时受到损失增大。英国资本家急切要求殖民政权解决这个问题。他们说："卢比外汇牌价涨落不定，大大损害商业往来，并限制了在印度的投资，从各方面考虑，必须抑止卢比对黄金的跌价。"① 正

① 《关于 1901～1902 年及此前九年间印度的精神和物质进步及社会状况的报告》，伦敦，1903，第 128 页。

是为了英国商人和投资者的利益，印度政权于1893～1899年实行了货币制度改革。首先是关闭私人铸币厂，停止自由造币，强制割断卢比同白银市场的联系，以使货币相对增值。然后在1899年把卢比与英镑的比价硬性固定为1卢比兑换16便士。而按照当时白银市场价格计算，1卢比只相当于12便士。这个改革使卢比失去了银本位而依附于英镑，变成了汇兑金本位制。由于用这种办法强行提高并固定卢比汇率，英国投资者的担心解除了，这才有20世纪初英人投资不断增长的局面。

二 通过外贸加大掠夺

资本输出和财政改革进一步促进了英印间不等价贸易的发展。英国成本低廉的大工业制造品，倚仗英国在印度的独占外贸地位，在印度高价出售。19世纪末以来，印度广泛修筑铁路需要大量机车、车厢、钢材和各种建筑材料，印度兴办大工业需要各种机械设备。这样，以远远高出成本的价格把重工业产品推向印度市场，成了英国资本家攫取高额利润的重要手段。英国一家机械制造公司在25年内就售给印度1793台机车，获得了暴利，而当印度当局要购买较便宜的德国机车时，该公司出面强烈反对。棉布、棉纱、毛织品、丝织品等轻工业产品继续涌向印度市场，随着铁路的通达，向内地城乡推进。即便在印度自己的近代纺织业已有一定发展的情况下，这几项产品进口值仍占进口总值的40%左右。进口的绝对量在继续增加。如棉布进口1901～1902年度是20.42亿码，1906～1907年度增加到21.93亿码，1911～1912年度又增加到23.62亿码。

从出口贸易看，帝国主义时期英国对印度原料的需求更是有增无减。出口的农产品除鸦片、蓝靛外，其余原来出口的项目，输出量都在增加。特别是粮食，80年代以后占出口农产品的首位。1913～1914年度粮食出口值占出口总值的20%以上。20世纪初棉花由于取得了欧洲和日本市场而出口量迅速增长。茶叶出口持续上升。英国政府为取得重要的战略物资橡胶，还积极鼓励资本家在印度开办橡胶种植园。这一时期的输出中属于矿产原料的部分有了很大增长，如锰、云母石等。英国人还想从印度得到石油，1899年成立了阿萨姆石油公司，但产量很低。

在印度成立的英国大公司，有相当部分主要从事进出口贸易，如海尔兄弟公司在种植黄麻、小麦、油料等作物地区设有 168 家分公司，收购各种产品，同时推销兰开夏的棉布。这些大公司广泛利用印商、高利贷者作为中介人，形成了触角伸及全国城镇甚至穷乡僻壤的庞大商业网。这些大商人得到英国银行的支持，有的还办工业、开经理行，集工业、商业活动于一身。

1893~1898 年，由于受卢比币值不稳的影响，印度对英进出口贸易额都较前有所下降。1893~1898 年平均年进口额为 3570 万英镑，出口额为 2450 万英镑。财政改革后情况迅速改变。1899~1903 年平均年进口额为 4080 万英镑，比上一时期增长 14.3%；年出口额为 3080 万英镑，比上一时期增加 25.7%。1904~1908 年增长幅度更大，年进口额为 5690 万英镑，比前 5 年增长 39.5%；年出口额为 3900 万英镑，比前 5 年增长 26.6%。大量资本输出带动更大量的商品输出和原料榨取，这就是帝国主义时期金融资本剥削印度的鲜明特点。资本输出和财政改革最终完成了把印度转变为英国商品市场和原料供给地的任务。

19 世纪末到第一次世界大战这段时期，虽然英印贸易绝对量不断上升（见表 14-3），英国在印度外贸中长期近乎垄断的地位却日益受到德、美、日这些新起的帝国主义国家的挑战。这些国家工业发展迅速，急于向世界扩张，19 世纪末起就以自己的廉价工业品打入印度市场。到第一次世界大战前，其渗透程度已相当高。印度日益被卷进多边世界贸易中，不再仅仅是英国的市场。其进出口贸易额因此有了进一步增长。1908~1909 年度至 1911~1912 年度，进口总值从 0.785 亿英镑增加到 1 亿英镑，出口总值从 1.112 亿英镑增加到 1.61 亿英镑。然而，英国在印度进出口贸易中所占比重却大大降低了（见表 14-4）。

表 14-3　印度进口总值中各国所占比重的变化

单位：%

时间	英国	德国	美国	日本	其他国家
19 世纪末	69	2.4	1.7	0.6	26.3
1913~1914 年度	64.1	6.9	2.6	2.6	23.8

表 14-4　印度出口总值中各国所占比重的变化

单位：%

时间	英国	欧洲其他国家	远东国家	美国	其他国家
20 世纪初	29	25	24	7	15
1913～1914 年度	24	29	17	9	21

可见，英国虽然在印度进口贸易中还占支配地位，但所占比重已大为降低。在印度出口贸易方面，到第一次世界大战前英国所占比重已不及总输出额的 1/4。德、美、日商品打入印度市场使英国统治当局甚感不安，促使它不得不考虑采取措施来维护自己的榨取专利，这在第一次世界大战中体现出来。

三　加重税收榨取

税收制度这部庞大的压榨机在继续不停地运转。这是殖民统治永不枯竭的一大财源。

在各项税收中，最主要的仍是土地税。19 世纪末 20 世纪初，土地税继续增长，其速度有时超过全部赋税收入增长的速度。1891～1892 年度地税总收入为 2400 万卢比，1901～1902 年度为 2740 万卢比，到 1911～1912 年度增加到 3000 万卢比。增长途径除扩大耕地面积、扩大灌溉面积外，主要是在非永久地税制地区提高税率，按偏高的价格把农产品折算成现金。据孟买省统计，1899 年完成修订土地税的村庄（占全省一半左右）税收总额比修订前提高了 30.4%，其中最高的达尔瓦尔县，修订前一年实收税额 129865 英镑，修订后征额为 187253 英镑，提高了 44.2%。塔纳县提高 41%，纳西克县提高 37.5%。在旁遮普，小资产阶级活动家莫拉克·拉姆说，20 世纪初修订地税使某些地区税额“比过去提高了一倍”。[①] 1902 年，国大党活动家罗梅什·杜特谈到 20 世纪初南印度马拉巴地区修订地税的结果时指出，这次修订使帕尔哈特税额提高了 85%，卡利库特提高了 55%，克鲁姆布拉那德提高了 84%，瓦尔那杜提高了 105%。殖民政权不放过每次修订地税的

① 《印度时报》1907 年 6 月 8 日。

机会加大榨取，农民处境每况愈下。

在印度进出口贸易额十分巨大的情况下，关税收入本来应该是一项非常可观的收入，任何一个国家从财政收入角度，以及从保护民族工商业角度，都会征收适量的甚至稍高的关税。然而，印度的殖民政权唯英国政府之命是从，不愿损害英国资本家利益，关税征得很轻，甚至有的一度取消征收，丢失了很大收入。对富人财产和收入征收高额累进税本是近代西方一般国家常情，印度却对富人征税很轻，因为富人多为英国资本家、英籍高级官员和印度王公。殖民政权不愿触动他们的钱袋。既然这些大宗财源该收不收，殖民政权要增加财政收入便只有在一般民众身上加强榨取。如对印度工厂纺织品征出厂税，对进口设备征收高关税，对商人手工业者增收各种苛捐杂税等。鸦片专卖收入和税收作为一个罪恶的特殊财源当局也抓住不放，直到20世纪初才因出口减少而逐渐失去其重要性。

20世纪初，每年纯税收总额在4400万英镑左右。其中约一半用来供养军队，1/3汇往英国作为“内务花费”，用作英国印度事务部的经费，偿还外债利息等。两者就占3400万英镑左右。300万英镑用来支付在印度的英国官吏的薪俸，剩余的主要用于行政开支，能用作建设投资的为数很少。军费开支和行政开支的主要项目是购买军需品和办公用品。直到第一次世界大战前，殖民当局的方针是，所有军需品、办公用品以及政府办的工厂所需要的设备、材料，不管印度能否生产，都尽量在英国购买。这就为英国商品提供了官方消费这个大市场，把税收榨取所得的更多部分转移到英国资本家手中。至于由税收收入支付的官员薪俸、津贴，不用说大部分都流回了英国。这样，印度税收收入每年流往英国的就超过税收总额的1/3。

英国每年通过投资、外贸和其他收入从印度榨取的财富究竟有多少是无法统计的。著名的《今日印度》一书作者帕姆·杜德估计，1913~1914年度，英国从印度榨取财富总和不少于7500万英镑（相当11.7亿卢比），其中投资利润和印度的直接贡赋就占5000万英镑（7.5亿卢比）。英国一年的榨取量几乎相当于印度两年的税收收入。

四　民族工业艰难发展

19世纪末到第一次世界大战前，印度民族工业有了初步发展。除了资产阶级办实业的不屈不挠的进取精神这个因素外，1905~1908年爆发的抵制英货和司瓦德西运动[①]对民族资本的发展起了强有力的推动作用。

棉纺织业依然是民族资本发展的主要部门。1886~1905年，印度棉纺织厂总数由95个增加到197个，纱锭由2262000枚增加到5163000枚，织机由17000台增加到50000台，工人数从74000人增加到195000人。这些厂绝大多数属于民族资本，属于英国资本的不到1/3。到第一次世界大战前（1913~1914年度），印度棉纺织厂增加到264个，有纱锭6620600枚、织机96700台、工人260800人。新增加的基本上均属印度资本。印度棉纺织业的规模在亚洲已居第一位。印度工厂出产的棉布，1900~1901年度是4.206亿码，1912~1913年度增至12.141亿码，增长了近两倍。印度棉布在国内消费总量中所占比重迅速上升（见表14-5）。

表14-5 印度棉布和进口布在消费总量中的比重变化

年度	供应国内市场的棉布总量（百万码）	进口布（百万码）	在总消费量中占比（%）	印度布（百万码）	在总消费量中占比（%）
1901~1902	3256	2042	62.7	387	11.9
1906~1907	3883	2193	56.5	588	15.1
1911~1912	4377	2362	54.0	1020	23.3

国内棉布消费总量中，除印度工厂产布和进口布外，其余的是手工织造的布匹，表14-5未列入。可见，印度工厂产布在国内市场消费总量中所占比重在1906~1912年由不到1/6上升到近1/4，这是个比较大的进展。不过，直到第一次世界大战前，印度消费总量中进口布仍占半数以上。1913年印度消费的外国布约有30亿码，而消费国内生产的棉布包括手工织布在内也只有21亿码。

印度棉纺织业的发展不仅受到英国布的竞争，还受到其他许多方面的排挤。例如，产品向远东销售要靠英国船运输，英人便大幅度提高运费。1908年孟买工业家瓦查说：“由于在半岛和东方航运公司主持下四家主要外

① 司瓦德西为自产之意，司瓦德西运动即提倡国货运动。

国航运公司签订了协议，运费高涨到往往吞没了全部利润的程度。”① 这给外销带来很大困难。印度棉纺织业发展还受到殖民政权财政改革的严重打击。卢比人为增值不利于印度纺织品在国外市场的竞争。关闭私人铸币厂使许多银行破产，其中大银行就有 4 家，使印度工厂获得流动资金更加困难。一位印度大企业家说：“对我们印度人来说，关闭造币厂，我们认为是比饥荒、地震、瘟疫和边界战争严重得多的事情。”② 19 世纪末 20 世纪初，日本纺织品逐渐占领中国和远东市场，许多原来以生产棉纱外销为主的印度棉纺织厂不得不转内销，于是争夺国内市场成为十分突出的问题。在这种情况下，印度棉纺织业所受的种种歧视，特别是 3.5%的出厂税、差别运费等，严重削弱了它的竞争力，成了更难以忍受的枷锁。1901 年，有 16 家印资棉纺织厂倒闭。为了争取扩大国内市场，印度棉纺织工厂主和棉纺织手工业者力图建立经济合作关系，即工厂生产适合于手工织布的棉纱供应手工业者。这样，工厂可以以他们为市场，而他们可以得到廉价合用的棉纱生产粗布，供应下层人民。这种合作既帮助工厂主渡过了难关，又促进了手工纺织业的发展。20 世纪前十年，手工织布在国内棉布消费总量中占很大比重，1901~1902 年度占 25.4%，1906~1907 年度占 28.4%，1911~1912 年度占 22.7%。

1905~1908 年开展的抵制英货和司瓦德西运动使印度棉纺织业特别受益。英国布输入锐减和使用国货热潮的兴起给民族纺织业的发展打开了道路。许多新工厂建立起来，老工厂产量激增。尽管为时不久，随着运动被镇压英国布又卷土重来，它树立的使用国货风气却留在人们心中，成为鼓励创业和推动民族业因不断发展的永久因素。1908 年后棉纺织业因面临兰开夏纺织品的竞争又陷于困境，1911 年上半年有 20 家工厂停工。不过由于抵制和司瓦德西运动中购置的新设备陆续投产，在战前时期，印度棉纺织业仍然有相当发展。

除棉纺织业外，这一时期在其他工业部门也建立了一些民族资本的工厂，据 1911 年官方调查材料，新建的工厂有轧棉、碾米、磨面、榨油等农产品加工厂，还有少量制糖厂、玻璃厂、造纸厂。开采的煤矿数以百计。

---

① 《抵制英货论丛》，孟买，1908，第 119 页。

② 《印度币制委员会 1898 年证词记录》第 19 卷，伦敦，第 221 页。

不过这些厂矿规模都很小，设备简陋，建得快垮得也快。例如玻璃厂，在司瓦德西运动推动下建立了 16 个，但 1914 年只有 3 个开工。

这一时期民族工业最有意义的发展，是塔塔家族开始创办重工业企业，特别是塔塔钢铁厂的建立。20 世纪初，孟买的一些工业家为谋求印度独立发展工业的能力，拟订了发展钢铁、电力、航运等行业的计划，但因遇到种种困难，多数人知难而退，唯有詹姆谢特吉·塔塔决心不变。他为建立第一家印资钢铁企业，先是向英国要求资金和技术援助，遭到拒绝后，又去德国、美国求援。美国一家钢铁公司提供技术人员，德国则同意出售机器设备，但都不提供贷款。詹姆谢特吉决心自行筹集资金。不久他去世，他的继承人道拉勃·塔塔继续这一工作。1907 年建立了塔塔钢铁公司。当他正犯愁筹集资金时，抵制英货和司瓦德西运动爆发。他趁机发行价值 163 万英镑的股票，3 个月内被认购一空，认购者达 8000 人，又补充发行用作流动资本的英镑债券，全部由瓜辽尔王公认购。塔塔钢铁厂建立在比哈尔西南的坎奇（今名詹姆谢德浦尔），1911 年正式投产，1911 年出铁，1912 年出钢，标志着印度民族资本重工业发展的开始。在此以前，英国人做过建立钢铁厂的努力，效果不大。塔塔钢铁厂是印度当时唯一的有一定规模的钢铁厂。殖民政权同意前十年内每年向它购买两万吨钢轨。公司也接受国外订货。战前职工人数达 9000 人，其中欧籍技术人员和管理人员 125 名。年生产能力为生铁 16 万吨，钢材 10 万吨。在建立钢铁厂的同时，塔塔家族还开始兴办电力工业，1910 年建立了第一家印度电力公司——塔塔水电公司。最初资本为 125 万英镑。全由印人持股，其中几个王公就提供了全部资本的 2/3。1915 年，该公司的洛那瓦拉电力站开始发电，孟买纺织工厂所需电力得到供应。1912 年，塔塔家族还建立了一家水泥厂。塔塔家族带头突破禁区，兴办重工业，为民族资本向新部门发展奠定了基础。但这个基础还是很脆弱的。塔塔的企业要承受种种歧视政策，如铁路差别运费政策、外国钢铁品进口的低关税政策、政府订货价格偏低等，使它的经营受到很大损害，在与进口产品的竞争中处于不利地位。

印度人创立近代银行始于 19 世纪 80 年代。第一家银行是奥德商业银行，1881 年建立。1894 年成立了旁遮普民族银行。1901 年成立人民银行，有 100 多个分行。银行的创办者多为原商人高利贷者，他们原来的信贷系统和机制已不适应新的要求，在熟悉西方信贷机制后，便也模仿英国人，集股建立银行。这也是民族工业资本发展急需的，因为当时民族工业要获得周转资金是相当困难的。1905 年司瓦德西运动的开展给创建银行以新的推动力，印度资本开始较多地投入金融领域。1906 年建立了印度银行，1907 年建立印度的银行，1908 年建立巴罗达银行，1909 年建立孟买商业银行，1911 年建立印度中央银行，1913 年建立迈索尔银行。到 1913 年，类似这样较大的银行有 18 家，资本都在 50 万卢比以上，个别的超过 100 万卢比，资本和储备金总额达 3.64 亿卢比。此外，还有中等银行 23 家，各拥有 10 万~50 万卢比的资本，其资本和储备金总额为 500 万卢比。小银行更多，1905~1912 年建立了 120 家，主要在孟加拉、马德拉斯、旁遮普等省，被称为“蘑菇银行”，其中只有 20 家资本超过 5 万卢比。这些大中小银行面临的共同问题是资金不足、存款量不大，结果只能向印度资本家提供商业贷款，能提供工业贷款的很少，没有一家能提供长期工业贷款。印度银行家竭力用唤起印度人民族主义感情的办法吸引投资和存款。如当时最大的印度中央银行的发起人波奇克哈纳瓦拉在浦那马哈拉施特拉银行开幕式上说：“依我看来，真正的爱国主义不仅在于争取政治权力，还在于从事更困难的事业——复兴祖国的企业，恢复我们在财政经济领域丧失的阵地。”① 然而，成果是有限的，响应者没有多少钱，有钱的王公很少响应。年轻的印度银行受到英国银行竞争的严重压力很难得到发展。有些银行家想为工业发展提供资金也力不从心。1905~1917 年民族运动遭到镇压后，有许多在运动中受政治热情驱使而匆忙建立的商业公司倒闭，影响到银行，造成了 1913~1917 年的印资银行危机。1913 年印度正金银行倒闭，引起连锁反应，1914 年有 55 家银行破产，到 1917 年破产的银行达 95 家，其实收资本共 1750 万卢比，占印度股份银行总资本的 34%。其中有 5 家中等银行，资本为 1180 万卢比。

民族资本的这种处境不可避免地导致它与殖民统治矛盾的加剧，在资本家中对英国殖民政策的抨击已经是不绝于耳了。

五　城市劳动人民的贫困化

印度资本主义发展的突出表现之一是城市的变化。到第一次世界大战

① 萨弗卡尔：《印度联合储备银行》，孟买，1938，第 138 页。

前，有更多城市从行政中心变成了商品集散中心和资本主义生产中心。印度社会两个新阶级——民族资产阶级和无产阶级主要集中在城市及郊区。大批小商品生产者聚集在城市，如绍拉普尔是织布业中心，手工业者就占人口的一半。城市是商业和货币信贷中心，大量中小商人是市民的重要构成部分。最后，城市还是新兴的文化教育中心，这里居住着大量的各种自由职业者，还有人数更多的学生。

19 世纪 80 年代，中国赴印官方使者黄懋材、马建中及同行的吴广霈在他们的游记中都记载了在印度大城市旅游的印象。讲到加尔各答，说它馆舍宏敞，逵衢矢直，高楼对起，皎如白雪，水陆舟车，百货辐辏，欧洲商人悉萃于此，为西南洋第一大码头。讲到孟买，说它为百货所萃，万艘鳞集，有大造船厂，能造巨型商舶，西印度货物都由这里输进输出，是印度最大的海港商埠。他们还记载了在城市看到的各种新兴设施，表明西方近代城市的公共设施已传到印度。不过，城市的另一面也没有为他们所忽略。据记载，在加尔各答，不少街区“市场卑狭，秽垢不堪，囚头跣足之徒就地铺片席以货杂物”。在孟买，高楼闹市之外，“俄过一处，街层低狭”，“土娼无数”。[①] 这些虽然只是察之表面，却也反映了城市性质的变化和贫富分化的实况。

城市里的富商巨贾过着奢侈生活。中等商人和工厂主经济地位虽不能和他们相比，却也相当优裕，收入丰厚，生活舒适，还能积累越来越多的财富。小企业主、小商人和下层劳动人民的地位就很不同了。

大量小企业、小作坊、小店铺与大工厂、大商号同时并存是印度新兴城市中的突出现象。据官方调查，1911 年不完全统计，印度人办的轧棉、打包厂有 472 个，原麻加工厂 45 个，砖瓦厂 298 个，碾米、磨面厂 192 个，榨油厂 115 个，印刷厂 190 个，制漆厂 46 个，制革厂 64 个，茶厂 31 个，玻璃厂 27 个。这些厂绝大部分都是数十人的小企业，使用的机械设备有限，与手工工场区别无几。这些小企业部分在乡镇，大部分在城市，成为大工业的补充。小企业主、小商人在英国资本与印度资本激烈竞争的夹缝中求存，获利微薄，却要担负沉重的苛捐杂税。物价稍为波动，他们的脆弱的经济就会受到震动。这些小企业主许多是为原料出口服务的，收购加工品

① 黄懋材：《西辅日记》，吴广霈：《南行日记》，《小方壶斋舆地丛钞》再补编，第 10 帙。

的英国大商人通过印度中介商竭力压低价格，常常使他们遭受沉重损失，处于破产边缘。在印度，靠办小企业上升为大工厂主的绝无仅有。

比他们地位更差的是手工业者。手工业者人数在大工业兴起后不但没有减少，反而大量增加，这也是印度资本主义发展中的一个突出现象。例如，纺织手工业者1911年在业人数达2907100人。尽管市场上英国布充斥，但还有大量印度工厂产品，对手工织布的需求在一个长时期内仍居高不下。这是因为进口洋布质地细薄不适宜于下层人民穿着，而印度工厂产品价格较贵，超出他们的购买力。手工织布既结实又便宜，依然是下层人民的首选。这样就使织工人数（用工厂纱）一直保持在较高数量。其他的手工业者还有制革、制陶、木匠、铁匠、五金匠等。1911年，各类手工业在业人数共有1750万人。手工业者大部分住在城市，处在收购商支配下。市场稍有变动，他们就会陷于失业、饥饿境地，靠借贷度日。殖民当局实行的财政改革使白银不再能自由铸币，这使得所有印度人民手中的银首饰大幅度贬值。据估计，大约贬值1/3。有一位货币专家后来在官方调查时做证说："我在阿拉哈巴德遇见一位从灾区来的人，他有一批银首饰，按重量计算价值相当于2000卢比。如果在往年，他可以用这批首饰换得1980卢比钱币。可是因为关闭了造币厂，……大家只愿意给他33卢比换取按重量值100卢比的白银。"① 这对所有用辛勤劳动积攒下一点银首饰的下层人民都是一场浩劫，而受打击最重的就是手工业者和小商人。因为正是他们有较多一点积蓄，惯常换成银首饰储存备用。20世纪初手工业者大量破产的现象不断出现，1901~1911年有将近50万手工业者丧失生计。

无产阶级处在城市最底层，生活是最困苦的。到20世纪初总人数达100万人。20世纪初他们的生活条件没有得到改善，工资依然极其低下。例如在孟买，19世纪末20世纪初，一个普通劳动力的价值（包括维持家庭费用）是每月40~45卢比，但该市20余万产业工人中，约有13万人每月工资仅有8~12卢比，75000人是12~20卢比，只有5000人每月能拿到20~30卢比。这就是说，最熟练的工人，其工资也只相当于劳动力价值的50%~70%，而一般工人的工资只及劳动力价值的1/3。工资既如此微薄，女工、童工就依然大量存在。据《印度时报》报道，孟加拉的胡格利黄麻纺织厂，

① 《印度财政与币制皇家委员会证词记录》第2卷，伦敦，1914，第33页。

4000 名工人中童工就占一半，还有不少女工。童工、女工工资更低。据 1907~1908 年度工厂调查委员会报告，女工工资一般为每月 5~12 卢比，而童工只有 2.5~4.5 卢比。工人劳动时间不但没有缩短，反而因为电灯照明的采用更加延长，一般为 12 个小时，最长的达 15 个小时。殖民政权煞有介事地通过一个又一个工人立法，但除了限制童工年龄外，什么问题都未能解决。

除了上述各阶层外，城市里还住着印度新兴知识分子阶层。他们的经济地位悬殊，少数大律师富若王公；一大批自由职业者和公司职员收入有保障，生活安定甚至称得上优越；更多的知识分子则为下层自由职业者、下级职员，收入微少，生活清苦，面临失业威胁。90 年代末，由于大学毕业生大量增加，找工作已变得困难。许多孟加拉毕业生连一个月薪 30 卢比（相当于一个熟练工人工资）的职位都谋不到。在加尔各答，3054 名教师中，有 2100 人月薪不到 30 卢比。小学教师月薪只有 8 卢比。这种情况在 20 世纪前十多年没有改变。结果，大学毕业生的日益增多只不过是扩大知识分子失业半失业的队伍。

总之，20 世纪初印度社会经济的变动，城市是一个鲜明的显示器和缩影。一方面，它体现了经济的发展、进步和一定的社会繁荣，另一方面又体现了无情的竞争、残酷的榨取和令人触目惊心的贫困。城市的这种两重性使它蕴藏着反殖斗争的巨大潜力，成为培植民族主义新兴力量的基地。

六 农民地位进一步恶化

19 世纪 80 年代后的租佃立法和土地转让立法虽使少数佃农得到佃权，并使商人高利贷者兼并土地的速度略为减缓，但并没有根本解决农民失地的问题。19 世纪末 20 世纪初，随着英国资本输出和原料掠夺的加强，多数农民的地位继续恶化。农村存在的三大矛盾都在继续发展。第一，税赋加重成为定势。除通过修订税率提高税赋外，以各种名目征收的附加税也越来越多。连官方派出的灾荒调查团也承认，“地税制度的严厉”是农民贫困的原因。[①] 1902 年，国大党著名活动家罗梅什·杜特在谈到南印度修订地税

① 《印度灾荒委员会报告》，伦敦，1901，第 107 页。

结果时就一针见血地指出：这样提高地税肯定会扼杀农业经济的发展，并使农民陷于无法摆脱的慢性贫困状态。第二，高利贷猖獗，农民土地被兼并的过程继续恶性发展。据孟买省 4 个县统计，到 1899 年，被兼并土地占农民土地总数的比例为：阿马德那加 35.02%，浦那 24.42%，萨特拉 12.53%，绍拉普尔 21.72%。1901 年灾荒委员会报告估计，整个孟买省大约“已有四分之一农民丧失了土地”。[①] 1905 年《印度时报》推算，孟买管区“大约上等土地的一半已转到高利贷者手中”。[②] 在旁遮普，由于商人高利贷者兼并土地，1891~1901 年，农民占有的土地在总耕地中所占比重从 54%降到 45%。大约同时（1891~1901 年），全省佃农耕种的土地面积从 1160 万英亩增加到 1525 万英亩，其中有约 1000 万英亩是由无权佃农耕种的。其他地区土地兼并也在加剧。据国大党领导人郭克雷估计，到 1906 年，全国已有 1/3 农民失去土地，成为“高利贷者的农奴”。[③] 当局 1900 年在奥德、1903 年在本德尔坎德，也颁布了土地转让法，说明那些地区土地兼并也成了政府必须干预的问题。然而土地兼并靠立法限制是无济于事的，因为赋税苛重，遇到歉收或其他原因，农民不借债便不能缴税，这使他们明知是火坑也不能不往里跳。据孟买省 1901 年统计，全省 80%的农民负债。高利贷利率 19 世纪末一般为年利 24%~36%，如果借粮食，则利率为 100%。一个英国官员曾提到，有个人借了债，经过几年利滚利，本息总数竟超过最初借款 32 倍，而且借户越穷利率越高。在中央省，富裕农民借债，利率为 18%~24%，贫苦农民为 37%~50%。在这种情况下，陷入债网的农民不卖地又何以还债？第三，地主对农民的榨取日趋加强。由于少数农民得到佃权，地主一面千方百计规避实现租佃法的规定，一面趁无佃权的农民在可能取得佃权前，加强对他们的榨取。增租、夺佃成为普遍现象。据孟加拉一个英国税收官记载，由于地主蛮横地要求加租，佃农“联合起来拒绝缴租。地主和农民之间经常发生冲突，一再酿成严重的农民骚动”。[④] 在莱特瓦尔制、村社地税制地区出现的新地主对佃农的剥削更是敲骨吸髓。这些新地主大多采取分成制方式剥削佃农，也就是说，佃农要把总产量的

① 《印度灾荒委员会报告》，第 355 页。

② 《印度时报》1905 年 11 月 11 日。

③ 《1906~1907 年印度财政报告》，伦敦，1906，第 163 页。

④ 斯克林：《孟加拉各下层阶级物质生活状况》，加尔各答，1892，第 5 页。

一半（对半分）或更多（如倒四六、倒三七）作为地租缴给新地主。佃农对耕地没有任何权利，地主可随时加租或收回佃耕地。1905 年《印度时报》说，失去土地的农民“现在支付的地租相当于过去向政府缴纳的土地税的 2~5 倍”。[①] 这个数字肯定是夸大了，但它也反映了农民变成分成制佃农后处境的进一步恶化。分成制佃农成了印度佃农的最下层，生活最为困苦。

① 《印度时报》1906 年 11 月 11 日。

第十五章

国大党内外小资产阶级民主派的形成

19 世纪末 20 世纪初，英国在经济上加强对印度榨取的同时，政治上的控制也强化了。把印度转变为英国的投资场所引起了印度社会的巨大变动，带来了复杂的后果：一方面广大工农小资产阶级贫困化并严重损害民族资产阶级利益，另一方面又创造了商品经济进一步发展的环境，使资产阶级经济实力得以增长。广大下层人民改善经济地位的强烈要求与资产阶级争取更好的发展条件的要求相契合，表现为对英国统治的不满情绪急剧发展。英国当局力图以强化控制来保持局势的稳定。然而，这时的印度已不同于往昔，殖民政权越是强化控制，人民的反抗情绪越是高涨。就是在这种背景下，19 世纪末 20 世纪初在国大党内外形成了一个小资产阶级民主派。它继承和发扬了民族运动中第一批小资产阶级民主主义者的斗争传统，在新的条件下反映了广大人民的要求，以比资产阶级活动家更激进的态度展开反殖民斗争，成了新时期民族斗争的推动力量。

一　英国殖民压迫的加强

19 世纪末 20 世纪初英国力图强化在印度的殖民统治，除了印度国内原因外，还有更深一层的考虑，这就是英帝国战略利益的考虑。

印度对大英帝国的重要性是多重的，除经济价值外，从一开始就还有极其重要的战略价值。印度幅员辽阔，人力物力资源雄厚，又处于欧亚非的交通孔道上，自 19 世纪中期以来，就被英国当作在亚洲和东非扩大侵略的基地，被称为“东方海上的英国兵营”。从印度派出的军队参加过侵略中国、伊朗、阿富汗、缅甸、印尼、马来亚、毛里求斯、埃塞俄比亚、索马里、乌干达、苏丹和南非地区的战争。而且，绝大部分军费也由印度承担。关于这点，1904 年印度总督寇松曾经厚颜无耻地在英国公众面前摆功。他说："我想讲一讲印度所能起的作用，不，是讲它实际上在帝国中所起到的作用。……当你们要拯救纳塔尔殖民地免遭可怕的敌人蹂躏时，你们请求印度帮助，它帮助了你们；当你们迫切需要救援驻北京的白人公使馆人员免遭屠杀时，你们请求印度政府派遣远征军，它派遣了；当你们在索马里的迈德穆拉作战，很快发现印度部队和将领最适宜于承担这个任务时，你们请求印度政府派部队和将领去；当你们希望保卫帝国的任何前哨阵地和海军据点，诸如毛里求斯、新加坡，以及中国香港、天津或山海关时，正是印度部队为你们效劳。"① 总结这一切后他认为，英国在亚非地区的扩张，与印度作为军事基地的作用是分不开的。到了帝国主义时期，列强为瓜分世界、争夺霸权展开了你死我活的斗争，甚至发动世界大战，印度作为英帝国的兵员和物资供应地，在英国的世界战略中更占据突出地位。这是英国无论金融寡头还是白厅决策者，无论执政党还是在野党都看得明白的。所以，维护和巩固对印度的统治在英国上层被列为头等重要的任务。寇松就直言不讳地说："我们绝不会放弃我们的印度领地，我们的子孙后代也绝不会有任何这样的打算。"② 19 世纪末 20 世纪初，亚洲人民的反殖民斗争呈日趋发展之势。中国爆发义和团运动，又出现了以孙中山为代表的革命派，菲律宾爆发反西班牙的独立战争。英国统治者对印度国大党的活动感到不安。他们虽不认为国大党已构成现实威胁，但是担心它的温和宣传日积月累也会起助燃器的作用，导致有朝一日出现控制不了的形势。正是出于维护英国金融寡头在印度的利益和大英帝国世界战略利益的考虑，英国决策者在 90 年代末期决定采取政治攻势，摧垮国大党，瓦解民族进步力量。1899 年野心勃勃的狂热的帝国主义分子寇松被任命为印度总督，交给他的就是这样的任务。寇松露骨地扬言："我相信国大党正摇摇欲坠。我的抱负之一就是促使它寿终正寝。"③ 在他走马上任前夕，英国事务大臣汉密尔顿

---

① 伯恩奈特：《帝国观念》，伦敦，1904，第 346 页。

② 福拉塞尔：《寇松及其以后时期的印度》，伦敦，1911，第 24 页。

③ 塔拉·昌德：《印度自由运动史》第 3 卷，第 300 页。

拍着他的肩膀说："如果国大党在一年或两年内垮台了，你就是促其灭亡的主要功臣。"①

寇松上任伊始，就颁布了加尔各答市政局法，把民选代表比例裁减一半，加强官方控制，使加尔各答民族主义力量凭借多年斗争在这个机构中争取到的支配地位化为乌有。为抗议这一措施，减裁后留下的 28 名印度民选成员全体退出。1904 年，他修改了原来制定的《国务机密法》，扩大适用范围，把民族报刊置于当局更严密的钳制下。新法规定，凡登载批评殖民当局的文章，都被看作"煽动对政府的怀疑和仇恨"，编辑和作者都要被监禁。同年，又颁布《大学法》，增加学费，使不太富裕人家的子弟进不了校门；限制各校评议员和校董人数，使评议会中由殖民当局推荐的人员占多数，大学监督机构 4/5 的成员由政府委派，英国人占多数。这样，就把学校变成实际由官方控制的机构。1905 年还改组警察局，在各省成立刑事侦缉部，又在中央内务部下设置中央情报局，把密探撒向各地，加强对人民的控制和镇压。寇松还露骨地宣扬白人种族优越论，企图使英国人垄断高官职位永久化。在加尔各答一次集会上他说，高级文官只有英国人适合担任，部分因为英国人天生聪明，部分因为他们受教育程度高，非印度人所能比。他还着意拉拢土邦王公，专门设立了王公学院，培养王公子弟，使他们在未来能更好地效忠英国。最后，也是最恶毒的一项措施，就是分割孟加拉省（孟加拉省包括孟加拉、比哈尔、奥里萨），即一分为二，把孟加拉东部几县划出，和阿萨姆一起构成东孟加拉和阿萨姆省，余下的孟加拉县与比哈尔、奥里萨构成西孟加拉省。分割的理由是该省太大，不便管理。实际上这只是个借口，其真实目的一是分裂孟加拉这个民族运动最发展地区的民族主义力量；二是制造宗教对立的两个省，使之自相水火。孟加拉全省有 7800 万人，印度教徒占多数，按照分割计划，东孟加拉和阿萨姆因穆斯林居住集中将成为穆斯林占人口多数的省，西孟加拉是印度教徒占多数，两个省因多数居民的宗教不同会产生矛盾，这样就能转移斗争的大方向。正像寇松后来在英国议会所说的，"分治把极端派和鼓动家的政治计划劈成两半，这些人在争取让步的斗争中总是想寻找机会促使全体孟加拉人民起

---

① 塔拉·昌德：《印度自由运动史》第 3 卷，第 296 页。

来反对英国政府”。[1] 这段话供出了他分割的真实目的。

寇松的倒行逆施引起印度人民的强烈反对。国大党领导人郭克雷指责他“倒拨时针”，把他的统治称为英国统治以来“最黑暗的时代”。国大党活动家丁·瓦恰愤怒地说：“寇松比李通勋爵更恶劣。他必将在一片唾骂声中永远滚出印度。”[2] 1903 年底，分割孟加拉的打算宣布后，人民的反分割斗争随之开始。头两个月，东孟加拉就举行了 5000 次群众集会，散发了 50000 本批评分割的小册子。1903~1905 年共举行各种抗议集会 2000 多次，参加者最多时达 5 万人，递交了大量抗议书，有的抗议书上有 7 万人签名。一半是由于人民反应的强烈出乎意料，一半也由于在军权问题上与军队总司令主张有分歧而后者得到内阁支持，寇松于 1905 年 8 月辞职，明托继任。

二 国大党领导层的态度

对寇松的反动措施，国大党在各种会议上都做出了谴责。1903 年和 1904 年的年会都专门通过决议，反对分割孟加拉的计划。国大党活动家分别组织各种群众集会表示抗议。但是，所有这些抗议都是就事论事，对寇松政策的强烈不满并没有推动国大党领导层在新形势下重新审定对英国统治的基本态度。正因为这样，他们也完全没有采取新的斗争方式的考虑。

直到 1904 年，国大党历届年会通过决议，除了反对寇松的新措施外，基本上是重复历年提出的经济、政治改良要求。如果说有什么变化，那就是在英国资本大举输出的情况下，对新的经济形势更重视，在这方面提出了更强烈的要求。

保护和促进民族工业发展是这一时期国大党讲坛发出的最强音。20 世纪初，国大党领导人戈帕尔·克里希那·郭克雷就是因为这方面活动突出而获得很高的声望。郭克雷出生于孟买省一个婆罗门家庭。在大学时就崇拜瑙罗吉和伦纳德，为他们的经济理论所吸引。大学毕业后，参加浦那民族主义者建立的德干教育协会，在其创办的学校任教，该校发展为费尔盖逊学院后任教授、院长。伦纳德十分器重他，让他担任浦那人民协会秘书

---

① 《英国议会议事录·议会辩论集》第 4 辑第 191 卷，伦敦，1905，第 511 页。

② 萨塔拉林甘：《印度民族主义的历史分析》，新德里，1983，第 148 页。

长。90 年代他担任国大党秘书，进入了国大党孟买地区领导人和全国领导人行列。1897 年他被派遣去英国，在一个调查印度状况的皇家委员会做证。他用大量事实揭露印度民族经济特别是工业发展在英国统治下受到的阻挠和破坏，强烈要求当局改变政策，保护和促进民族工业的发展。他严厉谴责英国榨取印度的贪婪和不义。他说，印度像一座房子，里面有很多珠宝，但主人是个残疾人，外人闯进来，抛给主人少量食物却弄走了所有珠宝。当委员会成员反驳说，英国在印度盖了工厂、修了铁路时，郭克雷答道："这都是我们的资源，为什么只由英国人投资？国家的资源是我们的，土地是我们的，每样东西都是我们的！"① 他坚决要求给印度民族工业以发展机会。1899 年，郭克雷被任命为省立法会议成员。每次讨论财政问题，他都是国大党主要发言人。他谴责英国人只知榨取，从不关心印度的经济发展；批评当局把庞大的军费开支加在印度头上是毁灭印度的经济。他对当局为了扩大收入不断提高土地税和盐税进行严厉指责。他说，英国通过各种形式从印度榨取财富，印度每年要丧失 3 亿~4 亿卢比。"这种不断抽血的过程是我们现在必然遇到的经济病症的根源"，"如果这部分资金作为工业资本留在我国"，印度的面貌就会截然不同。② 他强烈要求给印度人民以监督财政的权利，使印度的税收收入能用在发展印度经济上。在另一次讲话中，他提出了实行保护关税以保护印度民族工业的主张。他说：印度产品在其生产初期质量上要次于舶来品，或者价格偏高，或者质量既低、价格又高，这就要求政府实行保护关税"这种各国政府都采取的国家促进本国工业发展的方法"。③

保护民族工业的呼声 20 世纪初响彻全国。瑙罗吉在英国也同样大声疾呼。他说，因为印度工业大大落后于英国，"我们应先进行公平的竞争，然后再进行自由竞争"。④

这些要求本身是有积极意义的，但在 20 世纪初的印度，在殖民政权把加强对印度的控制作为首要的战略任务看待时，期望殖民政权接受和实现这些要求是不切实际的幻想。对寇松的反动政策，国大党内出现了要求采

---

① 阿努瓦拉：《印度争取自由的斗争》，英文版，德里，1956，第 110 页。

② 《戈·郭克雷演讲集》，马德拉斯，1920，第 965 页。

③ 《戈·郭克雷演讲集》，第 973 页。

④ 《1909~1910 年度印度财政报告》，伦敦，1909，第 158 页。

取有力对策的强烈呼声。然而国大党领导层对此置若罔闻。

资产阶级此时只是希望得到更多权利，还没有更高的要求，这就是国大党领导层宁愿墨守成规、抱残守缺而不愿再继续前进的原因。

三　国大党内小资产阶级激进派的出现

在新的形势下，在国大党内，主张对殖民统治采取坚决斗争态度的，是新兴的小资产阶级。他们在 19 世纪末就开始活动，到 1905 年正式形成为一个政治派别，即国大党内的小资产阶级激进派，史称极端派。

19 世纪最后十年，随着国大党影响的扩大，大批小资产阶级和青年知识分子加入国大党，为它注入了新鲜血液，扩展了社会基础。与资产阶级上层、自由派地主及代表他们利益的知识分子不同，小资产阶级及其知识分子由于所处的阶级地位，更积极地要求变革。特别是小资产阶级知识分子，正如毛泽东在论述中国的情况时所说，其社会地位比较接近劳动人民，“他们或多或少地有了资本主义的科学知识，富于政治感觉”，故在解放斗争中“常常起着先锋的和桥梁的作用”。① 90 年代中期小资产阶级知识分子就在国大党内和群众中开始进行革命宣传活动，最初是零散的，没有组织的。随着活动的开展，越来越多的小资产阶级被吸引加入，在 20 世纪初其发展成为一个有影响的，虽无正式组织但彼此有紧密联系的派别。

小资产阶级激进派活动中心之一是马哈拉施特拉，其领导人是后来成为全印极端派领袖的提拉克。马哈拉施特拉之所以成为中心，是因为这里的马拉特人曾顽强抗英，留下了斗争传统；70 年代这里不断爆发农民起义，许多事迹还在民间流传；这里还是印度第一批小资产阶级民主主义者活动的地区，人们对帕达开领导农民斗争记忆犹新，而契普隆卡 80 年代仍在继续工作，培养新一代接班人。

巴尔·甘加达尔·提拉克（1856~1920）出生在马哈拉施特拉一个婆罗门家庭。父亲多年担任教师、学监，属小资产阶级知识分子上层。提拉克从小就从祖父那里听到关于印度民族大起义的描述，对其中涌现出的民族英雄甚为钦佩。70 年代，他在孟买上大学，深刻感受到处处凸显的民族矛

① 《毛泽东选集》第 2 卷，人民出版社，1991，第 641 页。

盾。他看到1877~1878年饥荒中数百万人饿死，而英国殖民者却挥霍无度，为女王兼任印度皇帝大搞庆典，感到愤愤不平。帕达开领导农民起义使他产生了强烈的激情。从此，反对殖民统治、争取民族解放的思想在他心中扎下了根。契普隆卡的爱国主义宣传对他有很大吸引力。大学毕业后他就和好友阿格尔卡一起拜访契普隆卡，提出和他合作，办学办报，从事爱国主义活动。1880年，他们一起在浦那创办了新英语学校。第二年创办了《马拉特人》报（英文）和《狮报》（马拉特文）。1884年，又成立德干教育协会，他在费尔盖逊学院任教授。不久，教育协会分裂，他退出，以私人资金购得《马拉特人》报和《狮报》的所有权，把主要精力放在办报上。办报使他广泛接触社会，开阔了眼界，越发认识到殖民统治的严重恶果。他痛心疾首地说："印度是被戕害的民族"，"正在外国人的压迫和暴虐下受苦"。[①] "我们丧失了我们的独立国家……商业凋敝，工业衰败，光荣成了过去，财富损失殆尽。"[②] 他得出结论：印度落到这步田地，关键是丧失政治独立；要复兴印度，必须首先恢复政治独立。他说："只有一种药能治印度人民的病，这就是政权。它应当掌握在我们自己手中。"[③]

国大党成立不久，提拉克就参加了它的活动。使他失望的是，直到90年代中期国大党领导人还是只有改良要求，根本不愿考虑印度独立这个根本问题。既然不能指望他们提出这方面的要求，提拉克就把这个任务自行担当起来。

图15-1　提拉克

小资产阶级激进派活动的第二个中心是孟加拉。这里民族运动发展得最早，第一批小资产阶级民主主义者活动的影响最大，自然有充分条件成为新一代小资产阶级民主主义力量的诞生地之一。婆罗马班迪哈夫·乌帕底西亚是最早的代表人物。

① 《印度之声》1886年1月。

② 苏联科学院东方研究所：《印度民族解放运动与提拉克的活动》，俄文版，莫斯科，1958，第526页。

③ 《印度民族解放运动与提拉克的活动》，第563页。

他是加尔各答《索菲娅》周刊的创办者和编辑。1900 年当八国联军疯狂镇压中国义和团运动时，他在《索菲娅》上撰文，谴责列强暴行，把各国传教士与殖民政权的勾结称为“肮脏联盟”，明确表示站在中国人民一边。这一勇敢的正义行动激怒了殖民当局，他被迫出国。1903 年回到加尔各答，创办了《晚报》，尖锐抨击殖民统治，成了激进的领导人之一。孟加拉极端派的主要领导人是比平·钱德拉·帕尔和奥若宾多·高士。比平·钱德拉·帕尔（1858～1932）出生在孟加拉一个印度教正统派家庭。早年参加了梵社，主张印度教改革。大学毕业后做了多年中学校长。1887 年第一次参加国大党年会，对国大党斗争目标和方法上的保守很不满意。1897 年他公开批评国大党脱离群众。他写道：“国大党只代表受过教育的阶级，并非群众的真正代表，而在目前印度政治斗争中，最后的胜利是完全取决于群众的支持的。”① 1901 年 8 月他创办了英文周刊《新印度》。从寇松一系列反动措施中，他更加认清了殖民统治的实质。1904 年起，该刊以激进的态度，加入反分割斗争。1904 年 12 月，他在一篇文章中写道：“人们曾认为英国会自动帮助印度人摆脱长期所处的奴隶状态，建立它应该具有的自由的政治结构。这个希望现在成了泡影。印度真正需要的是改变现有的国家结构，以便印度人能像其他民族一样建立自己的统治，……决定他们自己的命运。”② 从这时起，他成了孟加拉激进派思想家和领导人。奥若宾多·高士是孟加拉反分割运动兴起后，1906 年由巴罗达来孟加拉而成为激进派领导人的。他出生在孟加拉一个医生家庭。父亲希望儿子受到较好的西方教育，在他 7 岁时就送他去英国上学。在剑桥大学毕业后他参加文官考试（1890），虽成绩优异但未被录取，真正的原因是他在剑桥大学发表过几次爱国主义的演讲，英国当局不喜欢他。亲身经历这种歧视进一步激发了他的爱国主义思想。离英回国前，他在伦敦参加了一个由印度爱国学生成立的叫“莲花与短剑”的秘密组织，宣誓要为解放祖国贡献力量。③ 1893 年他回到印度，在巴罗达土邦政府部门服务，后任巴罗达学院副院长。奥·高士在英国时，原以为印度民族运动一定开展得有声有色，然而回印后看

① 比平·钱德拉·帕尔：《我的生活与时代回忆录》第 2 卷，加尔各答，1950，第 269 页。
② 维·马哈江：《民族主义运动领导人》，第 126～127 页。
③ 印度文化关系委员会：《斯里奥若宾多》，新德里，1972，第Ⅷ页。

到的却是国大党活动的冷冷清清、死气沉沉。这使他感到困惑。在用几个月时间观察形势后，他得出了结论。1893 年到 1894 年初，他写了一组文章，标题为《除旧布新》，匿名发表在孟买《印度教之光》周报上，对国大党的路线做了尖锐批评。文章说："说到国大党，我要指出，它的目的（局限于要求改良）是错误的。它用以指导运动的精神不是真诚的，也不是全心全意的。它使用的方法不是正确的方法。它选择的领导人不配做领导人。简言之，现在给我们带路的人是瞎子，纵然不是完全瞎了，至少也是个独眼龙。"① 他认为国大党既然不重视发动群众，就"不代表人民群众，而只代表一个人数有限的阶级。它不能被公正地称为国民的组织"。② 这组据他说目的是"唤醒民族意识到未来"③ 的文章，使国大党领导人感到震惊，这家报纸编辑被警告，此后不准再发表他的文章。19 世纪末，激进主义潮流在印度涌起使他无限兴奋。1902 年他首次参加国大党年会，晤见了提拉克，对其主张表示完全支持。从这时起，他就做好了准备，随时回孟加拉参加斗争。

图 15-2　提拉克（中）、比·帕尔（右）和拉·拉伊（左）

---

① 《斯里奥若宾多》第 1 卷，本地治里，1972，第 15 页。

② 哈瑞迪斯·穆克吉、乌玛·穆克吉：《斯里奥若宾多的政治思想》，第 99、107~120 页。

③ 奥·高士：《斯里奥若宾多·高士论自己和神母》，本地治里，1953。

图 15-3　奥若宾多·高士

小资产阶级激进派第三个活动中心在旁遮普。这里是圣社活动地区，圣社具有爱国主义色彩的宗教改革运动在人们心中留下强烈印象。旁遮普极端派领导人是拉拉·拉吉帕特·拉伊（1865~1928）。他出生在旁遮普卢迪亚拉县，拉合尔学院肄业，后当律师。最初加入梵社，1882 年加入圣社。1888 年第一次参加国大党年会。1893 年与提拉克接触。此后，对国大党改良主义方针持批评态度，讥笑国大党领导人是“节日爱国者”（国大党每年在圣诞节星期举行年会），“关心名誉、排场甚于国家利益”。[①] 1896 年，他写了马志尼、加里波第和西瓦吉小传，把这些民族英雄形象传播到群众中，树为楷模。1901 年参加国大党加尔各答年会后，对国大党批评加强，强调印度民族解放的问题不能仅仅用演讲和通过决议的办法解决，需要的是准备为国家利益做出牺牲。1904 年他创办《旁遮普报》，在宣传激进民族主义的同时，进一步批评国大党的错误领导方针。他指出，国大党“缺乏一个民族组织应有的素质”，是一个“犹豫不决的、半心半意的组织”；国大党以爱国主义为名，鼓励“反对派主义”和“交易”；国大党缺乏人民运动的本质，领导人和群众脱离；国大党要求的是让步而不是自由，它严厉批评官僚制度但真诚维护英国统治。[②] 拉·拉伊活跃在政治舞台上，赢得了“旁遮普之狮”的美名，成了北印度激进主义者公认的领导人。

小资产阶级激进派在中印度也有部分力量。他们与马哈拉施特拉的激进派联系密切。在南印度，马德拉斯省也有激进派，领导人为契达姆巴拉·皮莱，是一名律师。这里的激进派积极开展活动，表现十分活跃。

---

① 维·马哈江：《印度民族运动领导人》，第 139 页。

② 《印度民族主义运动和思想》，第 59 页。

四　小资产阶级激进派的革命活动

1905 年前，各地的激进派各自开展活动，努力为自己打开局面。马哈拉施特拉的激进派最为活跃。提拉克表现出一个思想家、革命家的卓越才能。他根据面临的形势，为印度民族运动提出了革命的政治、经济目标，规划了新的斗争道路，并通过积极的宣传鼓动，在群众中传播新思想，同时力促国大党领导人改变态度，重新制定国大党的方针路线，领导人民起来斗争。

1905 年前，分散在各地的激进派所做的工作，归纳起来有以下四方面。

（一）提出司瓦拉吉政治纲领

1895 年 4 月，提拉克在《狮报》上发表文章，发起纪念马拉特民族英雄西瓦吉活动并为修复西瓦吉墓举行募捐。一名大学生最先捐款，数额虽不多，但精神可嘉。6 月 4 日，提拉克在该报上写道："这表明司瓦拉吉唤醒了这个大学生的自豪感。"[①] 他在一系列文章中号召印度人民要像当年西瓦吉反对莫卧儿帝国统治那样，起来争取印度的司瓦拉吉。司瓦拉吉作为政治斗争纲领就这样被提出来了。司瓦拉吉一词在吠陀经典中就已经有了，意为"自主"，提拉克此时把它作为一个纲领口号提出，并以西瓦吉作为它的象征，显然意指争取独立。这个口号一经提出便得到广泛响应。一时间，纪念西瓦吉的活动获得了意想不到的声势和规模。马哈拉施特拉激进派立即把这个口号作为自己的斗争旗帜高高举起，倡议一年一度举行纪念西瓦吉的活动。这个活动成了对人民群众进行爱国主义教育和宣传司瓦拉吉的真正课堂。这一点，从纪念活动中发表的演讲、文章、诗篇中可以看出。1897 年纪念西瓦吉时，《狮报》刊登了一首诗，借西瓦吉之口说："我建立司瓦拉吉，拯救了宗教，解放了祖国。……天哪！天哪！我此刻看到的一切，是我的国家的毁灭！……多么惨重的蹂躏！人民终日不得温饱，紧勒裤带，艰辛劳动，渡过难熬的日子。……我怎能看这令人心酸的情景！"[②]

---

① 《印度时报》1895 年 9 月 10 日。

② M. 布奇：《印度战斗的民族主义的成长》，第 30 页。

这年纪念活动中，提拉克的一个拥护者巴尼说，印度人民特别尊崇西瓦吉，“因为我们也正努力争取重新获得失去的独立”。提拉克接着说：“神并没有把刻在不朽的铜牌上的印度斯坦的证书给予外人。西瓦吉努力把他们从他诞生的土地上赶走。”[①] 这清楚地表明，提拉克号召人民争取独立。他后来在讲到他发起纪念西瓦吉活动的目的时说：西瓦吉“生在整个民族需要从暴虐统治下获得解放的时候，他用他的自我牺牲精神和勇气向世界表明，印度并不是被神遗弃的国家。……西瓦吉在他的时代采取了勇敢的立场反对他那时的暴虐统治”。他的精神“应当作为一个好传统武装我们正在成长的一代”。[②] 提拉克强调印度教徒和伊斯兰教徒应当团结起来，说纪念西瓦吉并不是因为他是印度教徒，而是因为他是反侵略的英雄，又说西瓦吉并不是反伊斯兰教，而是反侵略者。

《司瓦拉吉纲领》口号连同纪念西瓦吉的活动形式迅速传到孟加拉、中印度、马德拉斯及旁遮普。这些地区的激进派接过这个口号广为宣传。这样，印度各地的激进派就有了斗争目标，开始在司瓦拉吉旗帜下携起手来共同战斗。

此后，激进派的目标是力争把《司瓦拉吉纲领》变成国大党的行动纲领。提拉克在《狮报》和《马拉特人》报上批评国大党舍本逐末，提出应该把零打碎敲的要求变成一个总要求，即争取实现司瓦拉吉。他进一步用西方资产阶级人权学说来解释司瓦拉吉要求，响亮地宣布：“司瓦拉吉是我们的天赋权利，我们一定要得到它。”[③] 殖民统治当局对他的活动感到恐慌，1897 年第一次以叛逆罪把他投入监狱。然而 1898 年他出狱后立即表示：“决心继续为实现我们的目的——司瓦拉吉而工作。”[④]

（二）积极主张实现经济独立

民族经济独立的要求并不是这时才提出来的，但以提拉克为代表的激进派是这个要求的坚定的拥护者和鼓动者。早在 1886 年，提拉克就在《马拉特人》报上写道：人民贫穷的原因是“我们的农村手工业完全被消灭”。

---

① 维・奇若尔：《巴尔・甘加达尔・提拉克》，伦敦，1910，第 46~47 页。

② 帕尔瓦塔：《巴尔・甘加达尔・提拉克》，阿拉哈巴德，1958，第 124 页。

③ 苏达：《印度民族运动与宪政发展》，1956，第 93 页。

④ 塔曼卡尔：《洛卡马尼亚提拉克》，伦敦，1956，第 99 页。

“现在对我们来说，实际需要的是……自己的工业和发展国内商业”，“除非恢复已瓦解的工业，巩固现有的阵地，并在现代科学发明的基础上建立新的工业部门，没有别的手段能拯救我们的国家免于财富耗竭，能拯救人民免于贫困”。[①] 发展资本主义工商业，恢复农村手工业，这就是提拉克宣传的经济纲领。这个时候，他对于帝国主义剥削的本质特征——资本输出还缺乏认识，但对于英国处心积虑要把印度变成它的商品市场和原料产地，永远作为它的农业附庸国这一点看得很清楚。他写道：“为什么我们应当永远让英国来充当工业品生产者的角色呢？”“我们也要成为工厂主，并且出卖自己的产品。”[②] 为了促进民族工业的发展，他号召印度有钱人“要有点爱国主义”，“不仅口头讲，而且要付诸行动”，如拿钱办工业。他借悼念詹姆谢特吉·塔塔的机会，称赞他投资办工业、资助科研做得对，同时批评印度买办商人只知赚钱，完全置民族利益于不顾。他说：“在孟买有很多人作为输出入贸易中介人积累了大量财富，但是他们中间考虑国家利益的人是很少的。”[③] 是否投资民族工业在他看来是个爱国还是不爱国的问题，他要求一切有爱国心的商人都来办工厂，这是对发展民族工业最强烈的呼吁。

（三）主张发动工农群众参加民族运动

要进行革命斗争就要发动群众。然而，直到20世纪初，国大党的活动仍限于会议厅内。国大党上层根本不愿去发动群众。在他们看来政治是上层人物的事，愚昧的劳动群众不配谈政治。他们此时根本没有革命的要求，当然不认为有发动群众的必要。

激进派相反。提拉克一开始就主张民族解放运动必须是亿万人民群众的斗争。他是第一个主张把资产阶级政治运动扩大为群众运动的人。早在1885年国大党召开成立大会时，《马拉特人》报就提到，它“以千百万迫切需要组织起来的人的名义，向这个运动的发起者表示祝贺”。[④] 可见提拉克一开始就主张国大党应成为千百万人的组织，成为领导群众斗争的工具。1886年，即国大党成立第二年，他又明确提出：“必须这样来确定我们的政

① 《印度之声》1886年2月。
② 《印度之声》1889年2月。
③ 帕尔瓦塔：《巴尔·甘加达尔·提拉克》，第294页。
④ 《印度之声》1886年1月。

策和纲领，即引导工人和农民加入国大党，使他们热心于实现它的决议。”[①] 他说，工农是印度的“基本要素”，印度就意味着“这些工人和农民”。1895 年他进一步提出，国大党应成为“人民的国大党”。[②] 他和他领导的激进派就是沿这个方向积极开展工作的。

提拉克首先着眼于农民群众。吸引农民群众参加资产阶级政治斗争由他开始。1896 年他写道：“这个国家的解放只有通过消除笼罩在农民头上的冷漠的阴云才能实现。农民是印度的中坚。为此，我们必须使自己和农民完全一致。我们必须认识到，我们和他们是不可分的。”[③] 讲到德干地区的农民时，他说农民是这个地区的“脊骨”。这表明他对农民在民族运动中的地位是有一定认识的。要发动农民，必须关心他们的疾苦，努力争取改善他们的境遇，提拉克在这方面迈出了第一步。1881 年《马拉特人》报的一篇文章提出了印度人民当前五项紧迫的战斗任务，其中头两项就是反对现行的不固定的地税制，反对耗竭性的税收。1887 年 12 月 4 日，提拉克在为《马拉特人》报写的一篇文章中正式提出了固定土地税的要求，认为这是解决农民贫穷和国家贫困问题的关键性措施之一。固定地税的要求 1889 年提到国大党年会上讨论，得到一致赞成，成了国大党的主张。不过对固定土地税的解释，则有所不同。有人要求在全印推进孟加拉式的永久地税制，即把全印土地都确定给地主所有，由他们负责纳税。提拉克反对这种主张，而是要求在现有税制基础上实行固定地税制。他在 1893 年国大党年会上说：“我们力求帮助的……是穷人阶级。我强调，作为孟买省的代表，我捍卫的不是柴明达尔而是孟买农民的利益。”[④] 国大党多数人赞同他的主张。为推动国大党重视发动农民，他带头到农民中开展工作。他的活动 19 世纪末在全印堪称首屈一指。1896~1897 年，马哈拉施特拉发生了可怕的饥荒，而殖民当局催缴地税照样如狼似虎。国大党领导层虽不赞同却不置一词。这时提拉克挺身而出，号召给农民以实际支持。此时他取得了对浦那人民协会的领导权，就以这个组织为中心，组织一批工作者分赴灾区，他自己也参加了，要求殖民当局减轻地税，号召受灾农民在当局拒绝时奋起抗税。他

① 帕尔瓦塔：《巴尔·甘加达尔·提拉克》，第 267 页。
② 帕尔瓦塔：《巴尔·甘加达尔·提拉克》，第 152 页。
③ 塔曼卡尔：《洛卡马尼亚提拉克》，第 73 页。
④ 《提拉克言论集》，马德拉斯，1918，第 11~12 页。

在《狮报》上写道："看来政府官员打算用恐怖手段对付人民，以便从无助的农民身上榨取土地税。……人民必须下决心，准备宁死也不缴税。"[①] 他的勇敢号召得到农民热烈响应。农民手持枯萎的禾苗涌上孟买街头示威游行，反对照样征税。浦那县助理税务官报告说，该县农民应该在1896年12月10日上缴的地税，届时"没有一文缴给政府"。在达尔瓦尔县，受灾地区的农民也拒绝缴税。在科那巴县，税务官报告说，他的办公室被农民包围，要求暂停征收或减免地税。[②] 这次抗税运动由于取得一定成果，在农民心中留下深刻印象，所以，当1899~1900年孟买省再次发生饥荒时，许多县的农民都再次起来抗税。除领导抗税斗争外，提拉克还要求知识分子到农民中去，宣传《司瓦拉吉纲领》，并"了解他们，组织他们，帮助他们改善生活条件"。还说："认为我们自己念了几本书就和人民不同，这是愚蠢的。我们是他们中的一部分，必须待在他们中间。"[③]

提拉克重视手工业者和城市贫民。他的《狮报》经常登载反映手工业者和小商贩要求的文章，反映他们的苦难，呼吁组织他们为改善生活条件而斗争。

提拉克同样重视工人阶级。在他看来，工人群众受苦最深，具有强大的反抗潜力，且居住集中，便于开展革命宣传，是一支可以依靠的重要力量。90年代，他在《狮报》上不断刊登反映工人疾苦和要求的文章，号召工人起来对殖民统治者进行斗争。

提拉克重视发动下层群众参加运动，体现了小资产阶级民主派对劳动人民疾苦的一定程度的关心。1890年提拉克在《狮报》上写道："一个国家大多数群众是由以体力劳动为主的人构成的，只有使他们感到幸福和满足，他们的国家才称得上是繁荣和进步的。"[④] 另外，他重视发动群众也是使资产阶级民族运动获得力量所必需的。他希望把广大下层群众吸收到运动中来，建立一个由资产阶级和小资产阶级革命派领导的统一战线，利用广大人民的力量来达到资产阶级民族运动的目的。关于这一点，奥若宾多·高士和他的看法是一样的。高士在1894年写的文章中号召知识界与"遭受饥

① 塔曼卡尔：《洛卡马尼亚提拉克》，第71页。

② J. 麦克伦：《印度民族主义与早期国大党》，第29~30页。

③ 帕尔瓦塔：《巴尔·甘加达尔·提拉克》，第267页。

④ 帕尔瓦塔：《巴尔·甘加达尔·提拉克》，第266页。

饿和压迫的痛苦达到无以复加地步”的农民、工人联合起来共同斗争。他认为这是关系民族运动成败的大问题。他把印度社会区分为衰落的贵族、思想狭隘的中产阶级和无产阶级（泛指下层人民）三个阶级，强调虽然中产阶级构成国大党的领导核心，但“无产阶级是局势的真正关键。这个阶级还在沉睡中，还没有行动起来，还不是积极的力量。但是谁能认识和发动这支力量，谁就会成为未来的主人”。①

（四）主张“不要乞讨要战斗”②

对国大党采取的斗争方式，激进派很早就提出尖锐批评。提拉克也像邦基姆·恰特尔吉当年嘲讽改良活动家一样，把国大党的斗争方式称为“政治乞讨”。他说：“没有一个人靠乞求能得到什么东西”，“当鼻子没有被捏住的时候，嘴巴是不会张开的”。又说：“温和派认为，政治权力可以靠说服赢得。我们认为它只能通过强大的压力获得。”③

怎样施加压力？怎样战斗？这是激进派在批评国大党时不能不考虑的问题。

开展政治鼓动，广泛发动群众，形成大规模的群众性的政治运动，这是激进派各地领导人都同意的。超出这个范围就有了分歧，关键是要不要开展武装斗争。比·帕尔、拉·拉伊不赞成武装斗争，认为这在印度行不通，他们主张只进行合法斗争。而奥若宾多·高士认为合法斗争、武装斗争都是需要的。当合法斗争不能达到目的时，武装斗争是不可避免的，也认为武装斗争只要组织得好是可行的。因此，他主张一面利用国大党来进行合法斗争，广泛发动群众；一面建立秘密革命组织，准备武装斗争。他实际上就是这样做的。他自己在国大党内活动，20世纪初派他的弟弟到孟加拉建立秘密革命组织。提拉克介于这两种主张之间，在相当长一段时期内反复斟酌而不能决断。最初，当帕达开起义时，他也在浦那学习射击（浦那有秘密组织存在），说明武装起义的方式吸引了他。当90年代他提出《司瓦拉吉纲领》后，在重视合法斗争方式的同时也宣传武装起义思想。如

① 哈·穆克吉、乌·穆克吉：《印度民族主义的发展》，加尔各答，1957，第121页。

② 塔曼卡尔：《洛卡马尼亚提拉克》，第112页。

③ 多维尔：《剑桥印度史》第6卷，剑桥，第607页。

1895 年在他主持的纪念西瓦吉群众集会上，他的拥护者之一即席赋诗，表示要学习西瓦吉，进行“民族战争”。1897 年他主持纪念会，又有他的拥护者发言，主张“以战斗摆脱枷锁”。就在这次会上，提拉克说：“如果窃贼进入我们屋内，而我们无力赶走他们，难道我们不应当毫不犹豫地把他们关在屋里活活烧死吗?”[①] 英布战争爆发后，1902 年他在《狮报》上发表一组题为《游击战争》的文章，把布尔人对英战争估价很高，实际上是隐晦地号召学习布尔人抗英。尽管做了这些宣传，但他认为，在最近的将来，根本不可能组织武装起义，因为英国的军事力量是世界上最强大的，而印度人民还“没有组织，没有武装，而且没有团结起来”。[②] 如果不采取武装斗争方式，还有什么方式能充分地发挥群众斗争的威力？这是他一直苦苦思索的问题。直到 20 世纪初，在斗争道路问题上，激进派还没有形成统一的认识。

五　激进派与宗教

激进派领导人都是受过西方教育的知识分子，都崇拜资产阶级民主自由，渴望摆脱外来统治，实现印度社会的独立发展。他们发动群众使用的主要思想武器是爱国主义、革命民主主义和自由平等博爱思想。在宣传鼓动中注重借鉴世界革命斗争史，从各国的经验中汲取营养，如拉・拉伊就用马志尼、加里波第的事迹鼓舞群众。但这只是一种形式。从一开始就还有另一种形式，即利用宗教和传统为民族斗争服务。这在提拉克、奥若宾多・高士和拉・拉伊那里表现得尤为突出。这些激进派领导人认为，单纯袭用西方思想不利于运动的复兴。西方的先进思想要吸收，但印度的民族运动应该扎根于自己的文明和传统，应该和悠久的历史相联结。用奥・高士的话说，“未来的伟大应当建筑在过去的伟大的基础上”，[③] “过去的理想的伟大是未来更伟大的理想的前提”。[④] 他们强调要以印度文明的价值为标准重建印度，而所谓印度文明他们认为就集中地表现为印度的宗教和传统。

---

① 维・奇若尔：《印度的动乱》，伦敦，1910，第 47 页。

② 塔曼卡尔：《洛卡马尼亚提拉克》，第 130 页。

③ 奥・高士：《〈巴尔・甘加达尔・提拉克著作和言论集〉序》，马德拉斯，1922，第 7 页。

④ 奥・高士：《印度文明的基石》，纽约，1953，第 37 页。

扎根印度文明在他们看来好处有二。第一，激发对自己宗教的热爱是激发爱国主义感情的媒介。基督教传教士对印度教的贬损、攻击是英国奴化印度民族的一部分，捍卫宗教和拯救民族是紧密联系在一起的，因为宗教热情很容易转化为爱国热情。而且，在广大群众特别是下层人民还保有浓厚宗教观念的情况下，通过这种途径灌输爱国主义观念是最便当的办法，有利于吸引广大群众积极参加民族运动。第二，有利于提高印度人的民族自尊心和自信心。有些知识分子受奴化教育毒害，崇拜西方的一切，主张全盘西化，对民族文化传统抱虚无主义态度。正如拉·拉伊所形容的，"一时间，会英语的印度人以模仿主子为荣，他们穿西服，抽雪茄，叼烟斗，用刀叉，吃牛排，连房屋也按英国式样建造和摆设。他们憎恶印度人的一切，因自己英国化了而感到高人一等"。[①] 提拉克痛心地说："从英国统治开始以来，趋炎附势和崇洋媚外的恶劣风气滋长、蔓延，每一个正直的人都会看到它对我们国家的真正利益的严重危害。"[②] 另一个表现是在知识界中追求官位之风盛行，不少人嘴上说是为印度服务，实际是追逐官宦显贵，谋求飞黄腾达。这些人既求官运亨通，在思想上自然对殖民统治者抱崇敬态度，唯恐高攀不上。提拉克愤然地说："追求官位之风正在腐蚀我国最有希望的知识分子。他们为了几个卢比而出卖自己的身体和灵魂，堕落为心甘情愿的奴隶。"[③] 他认为这种恶劣风气盛行是精神蜕化的表现，是英国殖民统治对印度人民思想腐蚀的结果。在知识界中还有更多的人，看到印度各方面的落后，看到印度宗教和传统的种种弊端，对比西方，对印度的进步失去信心，产生了严重的自卑感，对殖民压迫逆来顺受，不敢反抗。提拉克说："一个人如果没有对自己宗教的自豪感，怎么能有民族自豪感呢？"[④] 用印度文明的价值和优点鼓励、教育群众，在激进派领导人看来有助于打破崇洋媚外心理，增强人们的民族自尊心与自信心，鼓舞他们起来参加斗争。

他们怎样用宗教为民族斗争服务呢？

---

① 塔曼卡尔：《洛卡马尼亚提拉克》，第 59~60 页。

② 塔曼卡尔：《洛卡马尼亚提拉克》，第 26 页。

③ 塔曼卡尔：《洛卡马尼亚提拉克》，第 60 页。

④ 巴帕特编《提拉克著作言论选集》，浦那，1962，第 326 页。

（一）用宗教哲学来论证《司瓦拉吉纲领》，为现实的政治斗争目标罩上神圣光环

选用“司瓦拉吉”一词而不用“独立”一词作为纲领口号就是因为这个词易于为印度各阶层群众所理解和接受。在以“梵我如一”为最高理想的印度教思想体系中，司瓦拉吉（自主）占有重要地位。这种体系强调，人和万物各有其本身的“达摩”（即法、特性、本分），都应根据它行动，而要能自觉地这样做，条件就是司瓦拉吉（自主）。没有司瓦拉吉，就不能自由地选择正确行动，也就不能达到最终与神冥合的目的。提拉克把这个思想运用到政治领域，与神合一就是印度的独立发展，其条件就是司瓦拉吉——摆脱殖民统治，实现政治独立。他说：“司瓦拉吉是我们的达摩”，“我说，享有自治是我们的权利。但这是一个历史的和欧洲人的提法。我再进一步说，它是我们的达摩。你不能把司瓦拉吉和我们分开，就像你不能把热与火分开一样。两者是不可分割地联系在一起的”。[①] 他又说，司瓦拉吉不但是“我们的达摩”，而且是按照达摩行动的根本条件，“没有司瓦拉吉，我们的生活目的和我们的达摩是无法实现的”。[②] 这样，他就把作为现实政治斗争纲领的司瓦拉吉和印度教思想体系中的司瓦拉吉等同起来，看作一回事，为这个政治纲领提供了宗教依据。在实际宣传鼓动中，人们既把它看作政治纲领，又认为这是宗教要求，这样就更增强了这个纲领对群众的号召力。

（二）对古老的印度教典籍做出新解释，用来号召群众

最典型的是对《薄伽梵歌》的新解释。《薄伽梵歌》是印度著名史诗《摩诃婆罗多》中的哲理插话。至少从公元 6 世纪起就被看作印度教最权威的经典之一，受到所有印度教教派的共同尊重。不同的教派学派都通过对它的诠释，利用它的权威来论证自己的主张。这些解释虽然各有特点，但共同点是强调通过禁欲、修炼、消极遁世等修持途径来达到梵我合一。提拉克和他们相反。他从《薄伽梵歌》中发现了另一面。他破天荒地对它做

---

① 《提拉克著作言论集》，马德拉斯，1922，第 256 页。

② 巴帕特编《提拉克著作言论选集》，第 333 页。

了积极的解释，用来宣传自己的观点。

史诗《摩诃婆罗多》写的是般度族的王位被俱卢族篡夺，般度族国王坚战的弟弟阿周那在经历了长期放逐后，带领人马打败俱卢族，光复了自己的国家的故事。阿周那是个刹帝利，他决心尽自己的义务。但当和俱卢族对阵时，他看到敌阵中许多人是自己的亲友和师长。他不愿这场战争伤害他们，因而感到为难和沮丧。这时，毗湿奴大神的化身、化作御者的克里希那教导他要按照达摩去战斗，强调为正义事业而战是没有罪过的。阿周那照他的指点做了，终于收复了自己的国家。以往《薄伽梵歌》的解释者回避克里希那主张行动、主张为正义而战的教导。提拉克强调的正是这个方面。他指出贯穿《薄伽梵歌》的基本精神就是强调行动（即有为）、不妥协的行动。在《薄伽梵歌奥秘》一书中，他说："我和所有诠释者不同，我认为《笈塔》（即《薄伽梵歌》）教导要在这个世界上行动。"① 还说，"积极行动应该成为我们生活的准则"，而行动的目的是为"最大多数人的最大利益服务"。②

在日常宣传中，他正是拿这个有为的思想号召群众。他指出，在殖民统治面前无所作为就是背弃自己的达摩，就是怯懦行为，这是神所不齿的。他说："谁也不能期望神保护那些袖手而立、让别人代劳的人。神不能帮助无所作为者。你必须做一切适合于你做的事，然后才能指望神的护佑。"③ 在《薄伽梵歌奥秘》中，他虽然没有直接提到反对殖民统治（在狱中不可能这样写），但只要联系现实，任何读者都不会误解作者的用意。

不仅仅是一般的号召行动，提拉克在他的早期活动中还用《薄伽梵歌》中克里希那的教导来宣传人民有权进行武装斗争的思想。90 年代中期，当他主持前几次西瓦吉纪念会时，他本人和他的拥护者就公开赞扬西瓦吉的武装斗争和暴力行动。西瓦吉曾经用计谋在一次谈判中杀死了入侵军队的统帅阿夫札尔汗。这件事过去被许多人认为是不义的行为。但是在这几次纪念活动中，提拉克引据《薄伽梵歌》为西瓦吉的行动辩护。他说："西瓦吉杀死阿夫札尔汗是不是一个罪过，这个问题的答案能在《摩诃婆罗多》

① 《提拉克著作言论集》，第 260~261 页。

② 《提拉克著作言论集》，第 260~261 页。

③ 《提拉克著作言论集》，第 277 页。

中找到。克里希那在《笈塔》中教导我们，如果我们的行动不是为了自私自利的目的，那么即使杀死自己的师长也没有罪过。”① 这不是在暗示赶走侵略者的正义性吗？他这样利用宗教做政治鼓动，把群众的爱国主义感情和宗教感情同时激发出来，引起强烈共鸣。后来殖民当局发现《薄伽梵歌》成了革命者的“圣经”，一度曾考虑把它列为禁书。

（三）发起纪念甘奈希节，作为教育和团结群众的一种活动形式

甘奈希（象头神）是印度教的智慧和吉祥神。甘奈希节原来就是印度教节日之一，只不过不采取大规模公共庆祝方式。1893 年起，提拉克发起把它变成公共庆祝活动，一年一度，持续十天。内容包括宗教演讲、学术讨论、文娱活动、宗教游行等。所有印度教群众，不分种姓、阶层、性别都可参加。

发起这个节日的目的有二。一是借助于人民易于接受的宗教活动形式对群众进行爱国主义教育。提拉克并不希望节日活动过多地直接谈论政治。在他看来，宗教性的演讲、学术讨论和文娱活动，既然都是宣扬民族文化传统，本身就带有政治性，就有助于增强民族自豪感。在他提出《司瓦拉吉纲领》后，他号召利用这个节日活动，以群众喜闻乐见的形式宣传《司瓦拉吉纲领》。1896 年 9 月，为了回答有人对他利用宗教的责难，他在《狮报》上发表两篇文章，主题就是讲知识界有义务从群众的实际出发帮助他们提高觉悟。文章说，应该遵循实践证明无害的好传统，这叫“健康的保守主义”。打算一切都从创新开始是空想，你只能改造山河面貌而不能重新改装地球。把甘奈希节变成“教育群众的一个有效手段”，② 这就是他的目的。二是利用宗教节日活动，增进印度教群众的大团结。种姓制度是印度教团结的最大障碍，由于人们的社会交往受种姓限制，印度教社会被分割成许许多多相互封闭的小圈子，没有一种活动能让所有人都无拘束地参加，这就妨碍了印度教整体意识的形成，也妨碍了知识界（多出身高级种姓）接近工农群众。当提拉克希望发动群众参加民族斗争时，他深切感到这个屏障必须打破。于是他发起了这个公共活动。他希望这个节日活动能提供

---

① 《巴尔·甘加达尔·提拉克》，第 128 页。

② 塔曼卡尔：《洛卡马尼亚提拉克》，第 61 页。

一个机会使印度教群众突破种姓界限，互相接近，联络感情，共同为实现司瓦拉吉而斗争。他尤其希望节日活动能够提供场合使民族运动领导者直接到群众中去，和群众互通声息。然而，国大党领导层不愿参加。提拉克气愤地说，到群众中走走，直接向群众呼吁，比你坐在屋里整天祈祷要有用得多。

广大群众积极参加节日活动，很快甘奈希节就变成了马哈拉施特拉规模最大的群众性活动。1896 年节日活动时，仅浦那一地就有 50 多个活动中心，城乡都有。不到两年，它就扩展到印度每个省。节日宣传活动的效果很明显。英国《泰晤士报》记者维·奇若尔写道："印度教神话被巧妙地用来激起对外国人的憎恨"，"随着甘奈希节扩展到各地，提拉克的宣传阵地也扩展到各地"。[①] 这样，甘奈希节确实如提拉克所预期的那样，成了"在印度社会宗教生活条件下促进社会进步的有益工具"。[②]

（四）主张建立寺庙革命基地

这是奥若宾多·高士个人的设想。20 世纪初，他写了《巴瓦尼女神庙》一书，用宗教虔诚鼓舞青年参加爱国斗争。孟加拉流行印度教巴瓦尼派，这一派信奉霞克提（力量），认为霞克提由女神赋予并由她体现，在当代，这个女神就是巴瓦尼。奥若宾多·高士写道："我们的祖国是什么？……它是强大的霞克提"，"是三亿人民的霞克提的活生生的统一体"。[③] 印度的衰弱是因为印度人民抛弃了霞克提，结果被女神抛弃。要想使印度重新获得霞克提，就要用实际行动敬奉女神巴瓦尼。为此，要选择适当地点建立巴瓦尼女神庙。这个女神庙按奥若宾多的意思就是一个革命基地。革命者要抛弃个人的一切，集中到这里来。他们应当被分别派到下层人民、中等阶级和富裕阶级中从事宣传，努力唤醒人民的民族意识。这本书虽然没有直接讲到暴力革命，但这个主题体现在字里行间，使人很容易联想起邦基姆·恰特尔吉的《欢乐的寺院》，那是一本著名的宣传武装起义思想的历史小说。《巴瓦尼女神庙》其实是一本用宗教术语阐述秘密革命组织行动计划

---

① R. C. 马宗达：《印度自由运动史》第 1 卷，第 428 页。

② 维·奇若尔：《印度的动乱》，第 44 页。

③ 普拉尼：《斯里奥若宾多生平》，本地治里，1960，第 89 页。

的福音书。奥若宾多·高士希望这样把政治斗争置于宗教观念的沃土上，同时激发人们的爱国热情和宗教热情，从而为扩大秘密组织的工作打开一条道路。但这个设想因为太脱离实际未能实现。

激进派利用宗教为民族斗争服务，强调国家的进步发展要扎根于民族传统中，从主观愿望说有积极的一面。他们的种种努力，在发动群众上，在促进民族斗争的发展上，是收到一定效果、起了积极作用的。奥若宾多·高士有一段评价提拉克的话，可以作为对激进派这方面活动的总结。他说："国大党长期以来在思想、特点和方法上是西方式的，局限于少数受英国教育的人。""提拉克是第一位政治领导人，他……在现在和过去之间架起了一道桥梁，恢复了民族生活的连续性。他发展了一种语言和精神。他使用的方法使运动印度化了并把它扩展到群众中。"① 激进派当时都是这样看的。

然而，把宗教因素引入政治斗争中却有严重的副作用。从宗教学说中固然可以发掘某些相对有用的思想，但在广大群众还缺乏分辨能力（甚至激进派本身也如此）的情况下，宗教鼓动必然会造成鱼龙混杂、泥沙俱下，把积极的和消极的因素一并搅起，这对群众思想的健康成长是十分不利的。利用宗教虽然有利于发动印度教群众，却不自觉地伤害、疏远了穆斯林群众，加深了两大宗教群众之间的裂痕，归根结底不利于全面发动群众，不利于实现印度人民反殖民斗争的大团结。

六　秘密革命组织的出现

在国大党内形成激进派的同时，国大党外的革命者建立了秘密革命组织。这两者可说是同源同流，只因观点不同，形成了一股潮流的两大分支。

早在 19 世纪 70 年代前后，当印度第一批小资产阶级民主主义者出现时，孟加拉就出现过若干规模不大的秘密革命组织，帕达开在浦那也建立了秘密团体，但都是昙花一现，没有留下多大影响。秘密革命组织大量出现是在 19 世纪末 20 世纪初，和国大党激进派的形成大致同时。

1895 年，当提拉克在马哈拉施特拉发起纪念西瓦吉活动，并提出了争

---

① 《提拉克著作言论集》，奥若宾多·高士所写序言，第 5~6 页。

取司瓦拉吉的纲领后，马哈拉施特拉的青年积极响应，热情地参加他领导开展的活动，许多人加入国大党。但是，也有一部分青年虽同样受到了提拉克宣传的影响，但不愿参加国大党。他们因国大党领导人坚持改良路线而不信任它。如恰帕卡尔就嘲笑国大党领导人是“虚伪的爱国者”，① 不相信他们能改变立场。此外，这些青年认为，要争取司瓦拉吉就得立即着手准备武装斗争。他们说：“仅仅背诵西瓦吉的故事并不能争得独立。必须行动起来，像西瓦吉那样进行殊死斗争。”② 他们认为国大党根本不适合也不可能担负起这个任务，要完成这个任务，就得建立单独的秘密组织。最早出现的一个最有影响的秘密组织是1895年恰帕卡尔兄弟在浦那建立的印度教维护会。这个组织的成员利用纪念西瓦吉活动公开进行武装斗争的宣传。恰帕卡尔兄弟在一次集会上慷慨激昂地诵诗，讲到要拿起剑和盾，“拼死走向民族战争的战场”。③ 1897年，恰帕卡尔兄弟刺死一个暴戾的殖民官吏，这个组织遭到摧残。1899年，在那西克城也出现一个组织，叫友谊社，这就是以后那西克城著名秘密革命组织新印度社的前身。在哈德瓦尔，一些青年在提拉克宣传影响下，90年代末建立了一个叫雅利安兄弟社的秘密组织，还在别的地方建立了分支。

孟加拉从20世纪初起，也一年一度举行纪念西瓦吉的活动。对国大党改良路线的批判加强了。也正是在这个方兴未艾的浪潮中，一些有志于从事暴力斗争的青年，效法马哈拉施特拉青年，建立了秘密组织，以合法的体育俱乐部等组织作为外围。1901年在加尔各答出现了秘密组织进步社。这年，在巴罗达土邦任教的奥若宾多·高士也派贾·邦奈尔哲和自己的弟弟巴·高士来孟加拉宣传革命思想，建立秘密组织。贾·邦奈尔哲到加尔各答后建立了一个小组，不久与进步社合并，以普·米特拉为主要领导人。除进步社外，在孟加拉还有别的革命组织建立。

这样，秘密革命组织和国大党激进派就在同一个浪涛中兴起，前者多少乘了后者宣传的东风。两者都是从人民群众爱国主义热情中吸取营养，都要推动印度的民族运动。两者的政治目标实际是相同的，分歧在于秘密

① 赖可夫：《印度的觉醒》，俄文版，莫斯科，1958，第42页。

② 《印度历史杂志》1976年12月号。

③ 《叛乱调查委员会报告》，伦敦，1918，第2页。

革命组织主张立即着手准备武装斗争，而国大党激进派则认为武装斗争不可行，或至少不是最近的将来的事，当务之急是发动群众进行合法斗争；秘密革命组织主张单独行动，而国大党激进派主张在国大党内活动，把它变成反殖民统一战线组织。两者多少存在个人间的联系。秘密革命组织成员对提拉克都很尊崇，设法争取他的指导。孟加拉秘密组织请比·帕尔上过课，更是将奥若宾多·高士视为自己的领导人。这样，国大党激进派和秘密革命组织实际上是为了共同的事业而在不同方面展开工作，两者共同构成了印度政治舞台上一支新兴的力量——小资产阶级民主派。

随着小资产阶级民主派的出现，印度民族运动地平线上出现了新的曙光——一个民族革命运动的新时期即将到来。

第十六章

1905~1908年民族革命运动高潮

当小资产阶级民主派自下而上积极进行革命发动时，国大党领导层还不想迈出这一步。这是因为民族资产阶级虽然对英国金融资本变本加厉的控制感到不满，但还是希望借助英国资本在各方面的扶助发展自身实力，害怕激烈的行动会引起英国的报复，妨碍民族资本主义的发展。孟买著名工业家萨马尔达斯的话很有代表性。他说，虽然在原则上他并不反对激烈的行动，但相信在现有条件下，这种行动对他的阶级有害。“关于机器和工厂设备，我们在许多年内要靠外国市场。正是由于这个原因而不是别的原因，我们最好不要鼓吹采取那些容易引起报复的措施。”① 瑙罗吉也表示担心激进的要求和行动会导致英国停止向印度出口机器。

资产阶级不愿与英国对抗，只希望以一定压力逼迫英国做出让步。英国当局却蔑视他们的愿望，蔑视印度民意，坚持分割孟加拉。群众反英情绪激昂，已非国大党领导层所能控制，连他们自己也不得不有所前进。这样，从1905年起，以反对分割孟加拉为导火线的一场民族革命运动风暴就在印度掀起。这是印度自资产阶级登上历史舞台领导民族运动以来的第一场革命运动，与同时期菲律宾、中国、伊朗、土耳其等亚洲国家爆发的资产阶级革命同为亚洲觉醒的标志。不同的是，印度这场斗争不是由资产阶级领导，而主要是由小资产阶级民主派领导；不是革命力量有计划的发动，而是殖民当局的攻势逼迫人民起而反抗；不是采取武装起义形式，而是采取消极抵抗形式。这场运动虽遭镇压，但对印度

---

① 《印度时报》1905年10月21日。

后来的历史发展影响巨大，成了民族斗争一个新时期——民族革命运动时期的开端。

一　分割孟加拉与抵制英货运动

孟加拉人民以及全印人民已经用请愿、集会、报刊谴责等方式明白地表示坚决反对分割孟加拉。殖民当局却一意孤行，宣布分割法令将于 1905 年 10 月 26 日生效。1905 年 7 月 13 日，孟加拉周刊《复兴》以《我们的决心》为题发表社论，首次提出抵制英货，作为促使殖民当局取消分割法令的手段。7 月 7 日，《甘露市场报》也强烈鼓吹采用抵制手段，对当局施加强大压力。当人们对这个手段的可行性还有疑虑时，传来了 1905 年中国人民抵制美货取得成功的消息，它起了催化剂作用，帮助印度民族主义者最终做出抵制的决定。7 月 19 日《巴里萨尔之友》报写道："孟加拉能效仿中国人抵制外国货吗？如果他们能做到这点，他们就能大步前进。"[①] 提拉克也拿中国人民的斗争作为范例，鼓舞印度群众。他强调说："中国人民抵制美国货" 表明，一个被压迫的民族 "能够用团结、勇敢和决心来战胜他们的高傲的统治者"。[②] 他号召印度人民向中国人民学习。抵制英货的主张迅速得到广大群众的热烈赞同。8 月 7 日，孟加拉各地区各阶层代表 12000 人在加尔各答举行大会，通过了著名的抵制英货决议。与之相应的，是提倡司瓦德西，即使用国货。大会之后，抵制和司瓦德西运动便在孟加拉如火如荼地开展起来。英印报纸《国务活动家》最初还故作镇静，以嘲讽和漫不经心的口吻说道：那些对形成抵制决议负责的人无疑是受了中国人的榜样的激励。他们是太乐观了，竟至认为抵制欧洲货能够像中国人抵制美国货那样有效，况且中国人抵制美国货的效果也只是表面上的，这种想象只能使欧洲人感到可笑。[③] 然而，不久它就发现抵制运动不是使他们感到可笑，而是感到赫然可畏了。

国大党领导层最初也曾站在运动前列。1905 年，正是国大党孟加拉领导

---

① 苏・班纳吉：《一个民族在形成中》，第 186 页。

② 《印度历史杂志》1976 年 12 月号。

③ 乔普拉：《印度争取自由的斗争》，第 49 页。

人苏·班纳吉、阿·马宗达等组织了加尔各答“八七”大会。阿·马宗达在会上慷慨陈词：“随着分割孟加拉，这个国家的政治运动进入一个新阶段”，“我们一直使用的鼓动方式表明没有效果。……现在我们必须转变想法，从思想领域进到行动领域，我们必须实现自尊，以便使那些惯于鄙视我们的人尊重我们”。[①] 国大党领导层参与组织各种集会，带领群众游行，苏·班纳吉还想出了在每次群众集会上举行抵制英货宣誓的办法，得到推广。

10 月 26 日是孟加拉分割法生效的日子。这一天被孟加拉各民族主义组织宣布为“国丧日”。整个加尔各答商人罢市，学生罢课，居民成群结队涌向街头，高呼“祖国万岁”口号，高唱《向祖国致敬》歌，举行示威游行。根据年轻的泰戈尔（即后来的印度著名诗人）的倡议，人们清早涌向恒河沐浴，举行传统的缠腕带活动，象征东、西孟加拉团结。泰戈尔还特意写了一首歌，歌词为：“所有孟加拉兄弟姐妹，让我们永远心连着心，永不分离。”这天，还举行了抗议分割大会，通过了人民宣言，其中讲到要尽一切努力，反对肢解孟加拉，保持民族的团结一致。

图 16-1 郭克雷

孟加拉抵制英货运动开展得轰轰烈烈。到处成立了主要由爱国学生组成的志愿服务队。他们用各种方式宣传抵制英货的意义，并在经营外货的商店门外设置纠察线，劝说人们不买英货。对拒绝响应的商人实行社会抵制。各个城市都出现了国货商店，其中有些是激进派建立的。

抵制和司瓦德西运动由孟加拉扩展到其他地区。其中开展得较好的有孟买省、旁遮普省、联合省以及马德拉斯的泰米尔纳杜地区，激进派在其中起了重要作用。在马哈拉施特拉，提拉克不仅号召各阶层群众广泛参加抵制，还号召因地制宜多办小工业，生产国货，供应市场，并且积极促进建立民族商店，设立司瓦德西市场，

① P. 穆克尔吉：《有关分割的方方面面》，加尔各答，1909，第 92 页。

使司瓦德西落到实处，以支撑抵制运动的持久开展。在旁遮普，拉·拉伊带头发动抵制英国糖的运动。在南印度，契·皮莱富有成果的宣传，使这里建立了司瓦德西轮船公司。组织志愿服务队的做法也由孟加拉推广到各省。1905 年底在国大党召开的年会上，主席郭克雷在致辞中支持孟加拉的抵制英货运动，并号召把司瓦德西的福音传遍全国每个角落。大会发言者对当局开除参加运动的进步学生、迫害进步报刊、驱散群众集会和殴打参加者等镇压行动表示强烈抗议。

二　“四点纲领”的提出

国大党领导层参加运动只是以撤销孟加拉分割法为目标，抵制英货只被当作实现这一目标的特殊手段。他们不希望把抵制扩大到孟加拉以外地区，更不希望运动超出抵制和司瓦德西运动范围。以提拉克为代表的激进派却把反分割运动看作促进革命的大好时机。运动开始不久，提拉克就在《狮报》上提出一个“四点纲领”，要求国大党领导层采纳，以之指导运动。“四点纲领”即司瓦拉吉、司瓦德西、抵制和民族教育。他强调说，这四者地位不是平行的，司瓦拉吉是运动的目的，其他三项是实现目的的手段。关于抵制，他说抵制固然是迫英撤销分割法，但印度人受歧视、受压迫并不仅仅是这一点。印度人民只要仍处在英国统治下，那么撤销这个法令还会有另一个法令出现。关于司瓦德西，他说：“司瓦德西不是为了弄钱或仅仅为了弄钱。司瓦德西的目的是教育人民相信自己，使他们能够迫使统治当局停止损害印度的活动。”① 又说：“如果我们不想当白人的奴隶，我们应该强有力地推进司瓦德西运动”，“运动的目的，就是要消除欧洲人把我们当奴隶看待的那种制度”。②

国大党领导层拒绝接受“四点纲领”，主要是拒绝接受司瓦拉吉目标。激进派不得不在党内开展艰巨的斗争，促其改变态度。1905 年国大党举行年会时，提拉克的发言着重强调争取司瓦拉吉的必要性，但当时还没有条件通过这样的决议。年会期间，激进派第一次举行了自己的会议，交换观

① 雷斯涅尔等：《印度民族解放运动和提拉克的活动》，俄文版，莫斯科，1958，第 254 页。

② 《印度历史杂志》1976 年 12 月号。

点，统一策略，决定开展积极的宣传活动，争取下届年会能接受“四点纲领”。从这时起，全国各地的激进派建立了紧密的联系，成为国大党内一个正式的派别——极端派。提拉克、比·帕尔、拉·拉伊、奥·高士是主要领导人。国大党领导层及其拥护者则被称为温和派。

1906 年，激进派不顾国大党领导层的反对，利用各种形式，在群众中大力宣传“四点纲领”。他们的打算是，只要这个纲领在群众中生根，就会在国大党内开花结果。这年，孟加拉发行大量反英传单和小册子。一份名为《谁是我们的国王》的传单在历数英国殖民者罪行后说：“他们吸吮的是我们的鲜血，他们靠榨取我们的金钱而脑满肠肥。为什么我们应服从这些邪恶的统治者?”“现在我们要站立起来，我们必须管理自己的国家。”另一份名为《金色的孟加拉》的传单，号召孟加拉人不分宗教，团结奋起，“把外国老爷们从城乡赶走，把政权掌握在自己手里”。[①] 这年，奥若宾多·高士从巴罗达土邦来到孟加拉，很快成为激进派领导人之一。他受比·帕尔委托，主编《向祖国致敬报》，把它变成“四点纲领”最坚强的宣传阵地。奥·高士着重强调，没有司瓦拉吉，民族的一切都没有保障。1907 年，他写道：“对于一个民族来说，由外国统治是反自然的，是有致命后果的。”外国统治者自然会为了自身利益百般摧残这个民族，“因而，民族独立对于一个民族的发展是绝对必需的”。[②] 他在另一篇文章中指出，英国资本家涌入印度是因为他们得到各种便利剥削印度，只要这些便利继续存在，他们就不会自动放弃既得利益。解救的唯一办法是“铲除这个弊端的根源，即外国人的统治权”。[③] 1906~1907 年，比·帕尔在孟加拉各地以及南印度广大地区做巡回演讲。在兰格浦尔一次大会上，他说：“如果你把一个鸟关在笼子里，它总想飞出去。”难道人不如鸟，“愿意保持消极和忍受禁锢?”他要听众重复三句话：“我们是三亿，他们（指英国人）是三十万；我们是强者，他们是弱者；真正有力量的是人民，国王的力量是虚假的。”[④] 他还说，他在美国看过“一分钟人”雕像。这些战士听到集合号响就毫不犹豫地奔

① 阿努瓦拉：《1858~1909 年印度争取自由的斗争》，第 286 页。

② 哈·穆克吉、乌·穆克吉：《斯里奥若宾多和印度新政治思潮》，加尔各答，1964，第 51 页。

③ 乔德哈利：《印度民族主义的成长》第 1 卷，新德里，1962，第 248 页。

④ 阿努瓦拉：《1858~1909 年印度争取自由的斗争》，第 339~340 页。

赴战场，对我们来说，“这样一个时刻来到了”。[①] 他的演讲扣人心弦，使《司瓦拉吉纲领》深入人心。

1905 年运动兴起后，激进派采取了积极的步骤发动工农，以扩大运动范围。对发动工人给予了特别的重视。在激进派力量较强的大城市，如孟买、浦那、加尔各答、阿默达巴德等，派出了大量工作者到工厂鼓动。这些工作者深入工棚，散发传单，召开秘密会议，在工人集会上讲话。《泰晤士报》就曾报道说，在孟买，许多提拉克的拥护者“渗入大多数工人居住的工棚活动，甚至到某些工厂做工，这使得他们有可能成功地进行活动”。[②]《印度时报》也报道说，在加尔各答，鼓动者在工人中散发传单，还“力图把工人组织起来”。[③] 激进派领导人在各种集会上，指出工人阶级改善地位的根本前提是实现司瓦拉吉。如契·皮莱在提涅维里工人集会上说：工人受压迫是因为英国统治限制了这个国家的经济发展，“只有实现司瓦拉吉，才能改善工人地位”。[④] 提拉克在孟买一次讲话中，说明了参加抵制和司瓦德西运动对工人阶级的直接好处。他说：“司瓦德西的真正意思是，这个国家应当有更多工业，更多和更繁荣的工业，这样你们就可以获得更好的工作和更优厚的工资。”[⑤] 激进派还向工人群众介绍俄国无产阶级在 1905 年革命中的作用及无产阶级的斗争方法。奥·高士说：“一系列巨大规模的罢工”导致“俄国自由的第一次胜利”。[⑥] 提拉克说，政治总罢工是俄国无产阶级创造的“政治斗争方式”，“既然英印殖民政权是沙皇式的专制独裁政权，那么，对印度人民来说，最好的办法就是向俄国人学习，看看我们该怎么办”。[⑦]

在进行政治鼓动时，极端派没有撇开工人阶级当时正在进行的经济罢工和组织工会活动。他们热情地参加进去。这是因为，他们正确地认识到，经济斗争是通向反殖民政治斗争的门槛。孟加拉《向祖国致敬报》1907 年写道，现时的罢工运动尽管是经济斗争，但它增强了工人的民族自尊心，

① 阿努瓦拉：《1858~1909 年印度争取自由的斗争》，第 340 页。
② 雷斯涅尔等：《印度民族解放运动和提拉克的活动》，第 528 页。
③ 雷斯涅尔等：《印度民族解放运动和提拉克的活动》，第 256 页。
④ 《印度时报》1908 年 4 月 21 日。
⑤ 塔曼卡尔：《洛卡马尼亚提拉克》，第 135 页。
⑥ 奥·高士：《消极抵抗学说》，本地治里，1952，第 219 页。
⑦ 《印度自由运动史史料》第 2 卷，第 219 页。

“工人一旦懂得自尊，就一定会意识到自由对民族繁荣是绝对必要的。而当他们觉悟到这个必要性时，争取自由的斗争就不再是分散的、孤立的，因而民族主义者应当注意罢工，并使之取得成效”。[①] 也正是认识到经济斗争与政治斗争的相互关系，奥·高士意味深长地说：“印度工人斗争的每次胜利都是我们民族的胜利，他们的每次失败都是我们运动的失败。”[②] 组织工会的活动得到激进派积极推动。比·帕尔就是孟加拉最早出现的东印度铁路工人联合会的组织者之一。《印度时报》也提到：“某些孟加拉律师和抵制英货的积极鼓动者……利用业余时间，在欧洲人开办的大企业中，建立他们所宣称的工会。”[③] 提拉克写了许多文章，说明组织工会的必要性，要求知识分子帮助开展这一工作。1906 年在浦那一次集会上，提拉克提出要在全国建立类似英国、美国和俄国那样的工会，以便在民族斗争中反映工人利益。

激进派发动工人的工作不久取得显著成效。1905 年前，印度工人的罢工完全是经济斗争。从 1906 年起，工人的罢工开始带有反殖政治斗争的内容。1906 年 7 月东印度铁路孟加拉段工人罢工除提出经济要求外，第一次提出了印度人和英国人地位平等的要求。1906 年 8 月加尔各答克莱武公司所属黄麻厂罢工，也特别提出反对英籍管理人员歧视印度工人。这两次罢工都是在激进派积极参与领导下开展的。《泰晤士报》惊呼这是首批“直接和公开地与政治运动结合在一起的罢工”。[④] 激进派领导人比·帕尔就后一次罢工兴奋地写道：印度工人已经觉醒，他们不再是驯顺地供欧洲人役使的奴隶，而是“具有自尊心，认识到自己的权利、决心维护自己的尊严并且能够以共同行动捍卫自己的权利的真正的人”。[⑤]

发动农民的工作要薄弱一些，但也做了相当努力。1905 年运动兴起后，提拉克积极号召把运动扩展到农村。他要求激进派到农村宣传，“使每个农村都来讨论这个自治或司瓦拉吉的题目”。[⑥] 孟加拉、马哈拉施特拉和旁遮

① 《印度时报》1908 年 1 月 4 日。

② 哈·穆克吉、乌·穆克吉：《斯里奥若宾多和印度新政治思潮》，第 288 页。

③ 《印度时报》1906 年 7 月 28 日

④ 雷斯涅尔等：《印度民族解放运动和提拉克的活动》，第 255 页。

⑤ 《印度时报》1906 年 8 月 25 日。

⑥ 塔曼卡尔：《洛卡马尼亚提拉克》，第 134 页。

普的激进派都有一批人去农村工作。正像发动工人一样，他们主要进行爱国主义教育，说明农民困苦是殖民统治造成的，只有实现司瓦拉吉才能改变农民的地位。所有激进派去工作的地区，农民都在一定程度上发动起来了。在孟加拉、马哈拉施特拉有些农村，农民经常举行集会，听“城里来的人”演讲。农村市场上的英国货受到抵制销售不出，农民普遍要求供应国货。英国报刊报道，孟加拉的抵制运动已扩展到遥远的乡村。

农民的发动是不会仅仅限于抵制英货的。在东孟加拉，据官方报告说，司瓦德西运动激发了农民的斗争精神。“经济原因也起了作用。歉收和普遍的贫困使骚动加剧，……分成制佃农拒绝耕种缴实物地租的土地，他们要求扩大自己应得的份额”。[①] 在许多地区，农民和地主发生冲突，地主不得不请求警察镇压。孟加拉流传的《谁是我们的国王》的传单，号召把反殖民反封建斗争结合起来。传单在讲到对农民的压榨时说，英国殖民者“夺我田园，攘我果谷，使我贫无所依”，“投掷我于饥馑疠疫之火口”，同时也揭露封建地主为虎作伥，残酷压榨农民。传单号召农民“凡诸赋税，当抗弗与，若地主以力压制，当致死以争之”。[②] 这是 1905～1908 年运动中罕见的带有鲜明反封建色彩的宣传品。

工人、农民一定程度的发动扩展了运动规模，他们把自己的阶级要求和斗争方式带到运动中，为它增添了新的内容，加强了运动的战斗性。工农的发动也使小资产阶级激进派的力量得到加强，从而壮大了运动左翼。

由于激进派的努力，1906 年要求司瓦拉吉已成为普遍呼声。激进派还提名提拉克为国大党 1906 年的年会主席候选人，显然是要夺取国大党领导权。国大党领导层鉴于提拉克威望日隆，无法阻挡，只得请在英国的国大党元老瑙罗吉前来压阵。瑙罗吉被一致选举为 1906 年年会主席。然而，这位元老也不能不反映新气候。20 世纪形势发展和他多年的斗争实践已使他得出结论：英国殖民统治是印度的“主要祸害”，“自治是把印度从灾难和错误中拯救出来的唯一道路”。[③] 他在主席讲话中说，印度人民的要求，“整个来说，可以归结为一句话：自治或司瓦拉吉”。他说：“我不知道在我有

---

① 《印度时报》1908 年 10 月 31 日。

② 《民报》影印合订本，第 4 册第 21 号，第 106 页。

③ B. 普拉沙德：《奴役与自由》第 1 卷，第 307 页。

生之年还有什么好运在等待着我。如果我能留下一句善意和虔诚的话给我的国家和同胞，那就是团结、坚持和实现自治，以便使我的被贫穷、灾荒和瘟疫折磨得奄奄待毙的数百万同胞，以及挨冻受饿的数千万同胞能得到拯救，印度能再一次在世界最伟大最文明的民族行列中占据像昔日那样的骄傲地位。”[①] 就在这次年会上，国大党终于前进一步，第一次通过了要求印度自治的决议，并通过司瓦德西、抵制和民族教育等决议。这意味着国大党领导层终于接受了“四点纲领”，同意运动的目标是争取司瓦拉吉。提拉克高兴地说，国大党终于和司瓦拉吉的要求结合起来。“这种结合并不是那些被称为国大党缔造者的人完全同意的，但是既然这种结合已成为事实，没有一个人有力量拆散它或妨碍它达到最终目的——实现司瓦拉吉。”[②]

三 消极抵抗道路

随着运动的深入发展，实现司瓦拉吉的道路问题成了亟待解决的理论和实践问题。抵制和司瓦德西运动使提拉克受到启示。在充分考虑了印度现实条件后，他提出了消极抵抗道路，作为实现司瓦拉吉的基本途径。

抵制运动开始不久，他就指出抵制是“战争的代替物”，[③] 不应局限于英货，而应扩大到一切领域，最充分地发挥其威力。比·帕尔也说：“抵制不仅仅是经济运动，没有经济运动是纯经济的。政治和经济在各国都是不可分割地连在一起的。印度也是一样。”他说，抵制必须扩大到政治领域。其目的是“在群众中创造能用否定手段实现司瓦拉吉的力量”。[④] 沿这个思路，激进派不久就提出全面抵制的主张，即在经济、文化、政治、军事等各方面都实行抵制。与此相联系，他们对司瓦德西也做出了解释，指出司瓦德西不仅指提倡国货和发展民族工商业，而且包括建立民族学校、民族法庭，使用民族语言，发扬民族文化，最后是建立民族政权。这就是“全面司瓦德西”。提拉克说：“司瓦德西一词含义广泛”，“真正的司瓦德西运动必须包括一切方面——工业、经济和政治。总的目的是把我们的民族提

① 《国大党成立前25年历届主席讲演集》，马德拉斯，1935，第724页。
② 塔曼卡尔：《洛卡马尼亚提拉克》，第123页。
③ 塔曼卡尔：《洛卡马尼亚提拉克》，第107页。
④ 《比平·钱德拉·帕尔演讲集》，马德拉斯，1907，第105~106页。

高到文明民族的地位”。[①]

全面抵制和全面司瓦德西是一个问题的两个方面。全面抵制必然要求实现全面司瓦德西。前者是否定，后者是肯定；前者是破，后者是立。逐步实现“两个全面”，就会把殖民统治者从四面八方围困起来，把它逼入死角。

“两个全面”的主张鲜明地表现了极端派把运动引向深入的决心。正是从“两个全面”的主张中，提拉克受到启发，逐渐产生一个想法，即如果这“两个全面”真的能够逐步实现，就可以无须使用暴力而争得司瓦拉吉。他认为这是很有可能的，故把这种斗争方式叫作消极抵抗。1905 年，在国大党年会期间极端派单独举行的会议上，他首次提出这个想法，大家都感到新颖可行，一致赞同。消极抵抗思想是建立在这样的认识基础上，即为数不多的英国人之所以能对这个有三亿人口的大国实行统治，是由于得到印度人的协助。如果印度人都起来说“不”，英国统治就会垮台。提拉克说：“我们将拒绝用印度人的鲜血和金钱协助他们在印度境内外作战，拒绝协助他们维持治安，将建立自己的法庭，当时机到来时，将拒绝纳税。”只要大家一致行动，通过消极抵抗就能“创造使英国官僚统治成为不可能的条件”。[②] 他要求人民不怕入狱，准备受苦。

这一思想提出后，极端派即广为宣传，并努力把正在开展的抵制运动变成实现消极抵抗的开端。1906 年 8 月比・帕尔在《向祖国致敬报》上写道：一百多年来英国人之所以能掠走印度的钱财，使印度人民挨饿，就因为得到了印度人的默许。“如果印度人不同他们合作，他们就不能做什么事情，他们不能把印度人都杀掉。印度人民不应当害怕坐牢，他们必须准备在任何时候高喊着‘向祖国致敬’的口号走向监狱。”[③] 在宣传中，一些人又做了自己的发挥。比・帕尔提出，消极抵抗应包括放弃一切公职和称号，抵制国家机关、法庭、国立学校，还主张建立平行的国家政权机关。他说，否定性的工作要做，积极训练也要做。“我们的纲领还应包括建立人民的权力机关，它应独立于现存的机关，与它平行活动。”[④] 奥若宾多・高士的发

---

① 巴帕特编《提拉克著作言论选集》，第 73 页。

② 塔曼卡尔：《洛卡马尼亚提拉克》，第 115 页。

③ 维・马哈江：《民族主义运动领导人》，第 128 页。

④ 比・帕尔：《司瓦德西和司瓦拉吉》，加尔各答，1954，第 138 页。

挥更富有创造性。他提出了著名的消极抵抗可以转变为武装抵抗的论点。他的想法见于 1907 年他写的以《消极抵抗学说》为题的一组文章。文章说，一个被压迫民族对外国统治实行有组织的反抗有三种手段：消极抵抗、积极抵抗和武装抵抗。采取哪种手段争取自由要依具体情况而定。三者是可以相互转化的。消极抵抗指拒绝做任何事情帮助殖民统治者统治这个国家。积极抵抗是做某些能做的事来积极反对殖民当局的统治。无论消极抵抗还是积极抵抗都采取非暴力方式，并不加反抗地承受可能遭到的惩罚。但如果殖民当局采取暴力手段镇压运动，武装抵抗就会成为势所必然。“对一个依附民族来说，赢得自己国家的自由是首要的任务，为此可以采取一切手段，并不惜任何牺牲。”① 这样，消极抵抗在他那里就超出了提拉克原来设想的范围而和武装斗争思想衔接起来。按照他的解释，消极抵抗实际上成了未来武装斗争的准备阶段——最广泛发动群众的阶段。

消极抵抗的两种解释（提拉克的和奥・高士的）都在全印传播开来。人们把自己参与抵制和司瓦德西运动都看作实现消极抵抗的一环，这就使运动具有了更强的目的性。

1906~1907 年抵制英货运动发展到高峰，司瓦德西呼声回响全印。在许多城市，堆积如山的英国纺织品和烟、糖、盐被当众焚烧。熊熊烈火伴随着震耳欲聋的欢呼声冲向天空。孟加拉的抵制运动形成了一种十分壮观的局面：收入微薄的下层群众宁愿多花钱买土布，也不要削价洋布；大学生不惧迫害，跃然街头，宣传抵制；志愿服务队跋山涉水，风尘仆仆，送货下乡；一个五岁的少女把亲戚送给她的一双鞋退回，因为是英国货；另一个六岁的男孩在高烧中还说不服外国药。对那些不听劝告坚持买卖英货的人，人们不约而同地对其实行社会抵制，不给做饭、理发、开车、扫厕所，不给执行宗教仪式，甚至其子女的婚嫁都有困难。《甘露市场报》写道：“我们愉快地看到一个民族的诞生。”② 比・帕尔也说：感谢神，寇松成了推动印度觉醒的主要工具。③ 1906 年，抵制运动逐渐超出抵制英货范围，向其他领域发展。

---

① 奥・高士：《消极抵抗学说》，第 73~74 页。

② 阿努瓦拉：《1858~1909 年印度争取自由的斗争》，第 299 页。

③ 阿努瓦拉：《1858~1909 年印度争取自由的斗争》，第 299 页。

四 秘密革命组织活动的开展

1906 年运动进展的另一突出表现是秘密革命组织的发展和积极活动。1905 年运动开始后，一些青年原来参加抵制和司瓦德西运动，后来对合法斗争方式感到失望，转而参加秘密组织，使后者迅速扩大。

孟加拉的秘密组织发展得最快，规模也最大。此时最重要的组织有两个。一个是以加尔各答为中心的“朱甘达尔”集团。它并不是一个严密的统一体，而是若干组织的联盟，这些组织共同围绕在巴·高士 1906 年创办的《朱甘达尔报》（《划时代报》）周围，故而得名，其主要领导人是巴·高士、布·达多等。奥若宾多·高士被认为是其思想家。这个集团由于《划时代报》的杰出宣传获得很高声望。另一个重要组织是进步社（此时以它原来的达卡分支为中心），在孟加拉各地有 500 多个分支，成了全印最大的秘密组织，总领导人是普·达斯。此外，还有些地方性的组织，如巴里萨尔的人民幸福社，博格拉的人民之友社等。孟加拉革命组织还派出成员到比哈尔、奥里萨、贝拿勒斯等地，帮助建立秘密组织。

在马哈拉施特拉，1905 年后最主要的秘密组织是萨瓦尔卡兄弟在那西克建立的新印度社。它在马哈拉施特拉各地建有分支 30 个，在巴罗达、海得拉巴、瓜辽尔等土邦也有分支。它很注意在浦那、孟买高等学校中活动，结果学生毕业后到哪里，就把这个组织扩大到哪里。1906 年维·萨瓦尔卡去伦敦后，这个组织由其兄甘·萨瓦尔卡领导。

在旁遮普，1904 年建立了一个秘密组织，基地在如尔奇，成员多为大学生，其中包括阿吉特·辛格。1905 年起这个组织积极活动，建立了一些分支。阿吉特·辛格又是旁遮普国大党内激进派领导人之一，他和拉·拉伊热情地做发动群众的工作，还领导农民进行抗税斗争，深受群众爱戴。另一著名的秘密组织领导人哈尔·达雅尔在英国留学期间得知印度民族斗争高潮兴起，赶忙回国参加，1907 年建立一个秘密组织。后国内形势骤变，他再度出国。

在贝拿勒斯，萨尼阿尔建立了秘密组织青年社。在马德拉斯的提涅维里，也有秘密组织出现。

国内的大好形势影响了在国外的印度侨民。在伦敦、巴黎、旧金山，

1905 年以后都出现了印度侨民革命者的组织和报刊。在伦敦，印度革命民主主义者希·克里希那瓦尔玛 1905 年建立了印度自治社，创办了《印度社会学家报》，宣传革命思想。克里希那瓦尔玛毕业于剑桥大学，曾任律师，在几个土邦服务过，因亲身体会到英国驻扎官的专横暴虐，转向反英。1897 年到英国。他公开要求印度自治，主张用非暴力手段达到这个目标，如果行不通，就依靠暴力斗争。1906 年维·萨瓦尔卡到伦敦，这里出现了印侨革命者的秘密组织。这个组织积极利用克里希那瓦尔玛建立的“印度人之家”和《印度社会学家报》开展革命活动。1908 年后，因受英国当局迫害，在伦敦的印侨革命者主要领导人转到巴黎。在巴黎，以拉纳和女革命家卡玛夫人为核心的印侨革命者建立了革命组织，创办了《向祖国致敬报》，宣传革命思想。拉纳和卡玛夫人与法国社会主义者及侨居巴黎的俄国布尔什维克都有接触，还参加了 1907 年第二国际斯图加特大会，在国际讲坛上发出了要求印度独立的呼声。在美国，印度革命者、原进步社成员塔·达斯 1908 年创办了《自由印度斯坦报》，在侨民中进行革命宣传。所有在国外的革命者都与国内秘密革命组织保持接触，不断秘密运送革命宣传品到印。秘密革命组织也不断派人至国外学习军事技术，包括制造炸弹的技术。

1905 年运动兴起后，秘密组织成员参加到抵制和司瓦德西运动中来，如加尔各答秘密组织成立了大学生司瓦德西商店，在米德纳普尔建立了分店。激进派提出“四点纲领”后，秘密组织的报刊都表示赞同与支持，还派出自己的宣传员，参加各种群众集会，进行鼓动。当然，这都不是秘密组织的特色，其特色是从运动一开始，就积极为未来的武装斗争做准备工作。秘密组织是以印度解放为目标，以武装起义为主要斗争手段的革命组织，加入组织要举行宣誓仪式。有一个组织的誓词说：“为了把印度从外国奴役下解放出来，我要贡献自己的一切。”① 这些组织有极严格的纪律，为防止敌人破坏，使用暗号、密语，不同部门不同分支间的活动相互间不许打听。这些组织的成员经常进行政治学习和军事训练。政治学习包括研究形势，学习外国斗争历史经验，学习英雄人物事迹等。军事训练是从学习拳术、剑术、棍术、骑术开始的，在获得武器以后也练习射击。

秘密组织开展的主要活动是宣传武装起义思想、筹集经费、搜集武器、

① 雷斯涅尔等：《印度民族解放运动与提拉克的活动》，第 293 页。

在军队中策反以及制订未来实行武装起义的战略计划等。

秘密组织的宣传活动包括报刊宣传和秘密散发宣传品两种。报刊的公开宣传主要是激发群众的民族主义热情。武装起义思想要靠秘密宣传品传播，如那西克城新印度社领导人甘·萨瓦尔卡写了一本小册子宣传起义的必要性。其中一首诗号召人们“拿起剑，为推翻外国统治而战”。[①] 另一首诗题为《谁获得独立不经过战斗?》，告诉人们尼德兰、希腊和意大利是经过暴力斗争才获得民族独立的。1907年是印度民族大起义50周年。革命组织抓住这个时机进行武装斗争传统教育，号召准备以新的起义争取自由。阿拉哈巴德的《司瓦拉吉报》发表了该报编辑比·哈里写的纪念大起义的诗篇：“啊！亲爱的祖国，为什么你还在啼哭？外国人的统治就要结束。他们即将被赶走，民族的羞辱和不幸将被清除。自由之风就要刮起，老年人、青年人都在渴望自由。当印度成为自由的印度时，‘哈里’也将享受他的自由。”[②] 伦敦的印侨革命组织传到印度来的一份秘密传单报道了那里举行集会纪念大起义的盛况，集会者以先烈后代的名义立下誓言：“1857年的鲜血会白流吗？印度的儿子会背叛他们的父辈的观点吗？决不会。”[③] 维·萨瓦尔卡在英国搜集了大量材料，撰写了《1857年印度独立战争》一书，宣传武装起义思想。虽然在这本书出版之前殖民当局就宣布它为禁书，但还是得以在荷兰出版，并秘密传到印度。

关于未来武装起义的战略，还没有一个组织提出明确的设想。普遍的认识是：需要做较长期的准备工作，包括在军队中策反，以待时机成熟再发动全民起义。西印度秘密组织雅利安兄弟社提出要建立一支革命武装部队，并自行制造武器，但也只是个粗略设想。

对军队的策反工作，所有秘密组织都是非常重视的。联系到1857年大起义，他们认为这完全有可能。《划时代报》自编文集《拯救之路》中讲道：“尽管这些战士由于谋生原因被迫为统治者服务，但他们仍然是有头脑的人，知道如何思考。因而当革命者向他们说明国家的苦难和不幸后，他

① 《叛乱调查委员会报告》，第8页。

② 哈里，这里为双关语，一指神，一指己，指印度人民。古普塔：《印度革命运动史》，第36～37页。

③ 乔普拉：《印度争取自由的斗争》，第44页。

们在适当时候就会带着统治阶级发给他们的武器参加革命队伍。”① 秘密组织用偷运、窃取、自行制造（炸弹）等各种办法获取武器，效果甚微，只能把解决武器问题的希望寄托在军队起义上。军队策反的办法主要是秘密散发宣传品，利用宗教信仰的相同向士兵做说服工作等。一份给锡克教士兵的传单用生动的语言写道：“有些兄弟说：‘我们吃了政府的盐，怎么能不忠于政府？’这是傻话。事实是，外国统治者吃的是你们的盐，不仅如此，他们从这里掠走每一样东西，通过掠夺我们，填满了他们的家室。”传单中还说：“锡克士兵们，你们是这个国家的利剑。你们的敌人正在靠这支利剑的帮助镇压人民。”“师尊戈文德当初铸造这支利剑是为了杀戮敌人，如果你们今天不挥舞这支利剑来消灭外国统治者，那将是你们的耻辱。”② 在旁遮普、马哈拉施特拉和孟加拉，秘密革命组织都派人深入士兵中开展“工作”，在这方面取得了一定成果。例如，进步社对驻加尔各答第十团队的“工作”就很有成效。有些战士加入了进步社，还准备在一次总督举行午宴时炸毁舞厅，因消息泄露，有关人员被捕，计划未能实现。又如，旁遮普革命者对锡克士兵的工作也很有成效。《泰晤士报》1908 年写道：“大量宣传反叛思想的图书、报刊流入北印度，在土著团队特别是锡克团队中散发。”③ 1907 年在菲鲁兹普尔，几百名锡克战士响应革命者号召参加反英群众集会。这年，在拉瓦尔品第和拉合尔，被派来镇压农民的锡克战士拒绝向农民开枪。

秘密组织的活动与国大党激进派的活动领域各有侧重，起了相互补充的作用。秘密组织是民族斗争高潮中的一个重要方面军，虽然其作用不能和广泛的群众政治发动所起的作用相比，却是使殖民统治者最感到不安的。这样，这个方面军的参战就大大增强了这场运动对英国殖民统治的打击力度。

五 运动的深入与国大党的分裂

1906~1907 年运动扩大到教育领域，出现了抵制公立学校、兴办民族教

---

① 《叛乱调查委员会报告》，第 23 页。

② 乔普拉：《印度争取自由的斗争》，第 408 页。

③ 《印度自由运动史原始史料》第 2 卷，第 554 页。

育的热潮。孟加拉走在前列。比·帕尔、普·米特尔、阿·班纳吉 1905 年就提出普遍抵制公立学校的号召。加尔各答《晚报》积极鼓吹抵制加尔各答大学。黎明社领导人、著名教育家萨·穆克吉号召抵制加尔各答大学考试。有 3 名该校的优秀生发表宣言，宣布抵制学位考试，并号召所有同学一同参加抵制。1905 年 10 月 25 日《晚报》报道，大约有 1000 名学生集会，集体宣誓抵制公立学校。抵制公立学校的同时是建立民族学校。加尔各答、达卡、迪纳吉普尔等市县首先建立了民族学校，不少商界人士和自由派地主解囊资助。1906 年 3 月成立了由各民族主义组织代表和教育界名流组成的民族教育会议，来规划、领导全省的教育运动。此后，兴办民族教育工作就在全省铺开。

民族教育会议决定建立一所民族大学，作为全省民族教育的中心和培育人才的基地。1906 年 8 月建立了包含文科、理科、工科的民族学院，作为建立大学的第一步。奥若宾多·高士担任院长。他原来在巴罗达任高等学院副院长时月薪 750 卢比，到这里只领 75 卢比的生活费。由于经费不足，教员的薪金也很低，但仍有一批造诣高、有威望的学者前来任教。学院办得很有生气，洋溢着浓厚的爱国主义气氛，并强调学以致用。1908 年在校学生有 450 名。奥·高士因要全力投入政治斗争，于 1907 年辞职，由教育家萨·穆克吉接任。1906 年孟加拉另一个叫促进技术委员会的民族组织建立了一所民族技术学院，主要培养兴办实业的技术人才。1907 年在校学生有 182 人，各县建立民族中学的情况是：东孟加拉到 1908 年约 40 所，学生人数 2500~3000 人；西孟加拉 13 所，学生人数 400 余人。在孟加拉以外，民族教育运动开展得较好的是孟买省和马德拉斯省。孟买省、县的民族主义组织都通过了开展民族教育的决议。孟买各界人士对孟加拉民族教育会议慷慨捐助，有些文艺团体还专门举行募捐义演。

1907 年，工农群众的斗争加强了。在孟加拉和旁遮普，某些地方的斗争已带有自发的武装斗争的性质。

1907 年，旁遮普殖民当局在重定地税时大幅度增加税额和加征水税，并颁布土地征用法。依照该法，灌溉区许多新垦土地的农民将失去土地使用权。激进派领导人拉·拉伊、阿·辛格号召农民拒绝纳税，得到热烈响应。阿·辛格建立了印度爱国者协会，在农民中开展活动，被誉为“农民的保护人”。农民政治积极性空前高涨，积极参加抵制英货和各种反英集会。阿·辛格因势利导，在拉瓦尔品第的一次群众集会上，号召印度教徒、锡克教徒、穆斯林、印度士兵、政府职员等团结起来，抵制殖民政权，实现司瓦拉吉目标。殖民当局惊惶不安，图谋迫害运动领导人，结果引起5月1日拉瓦尔品第的群众抗议示威，有3000人参加，其中包括铁路工人，他们是第一次停止工作，和学生、城市贫民、郊区农民一起进行斗争。当警察企图驱散游行队伍时，示威群众以棍棒、石头自卫，几乎发展成武装起义。只是在当局调来军队后，才把群众的反抗镇压下去。拉·拉伊、阿·辛格被逮捕并被秘密流放。

在孟加拉，群众的反英情绪越来越高涨，运动进一步向农村发展。《泰晤士报》1907年5月报道孟加拉农村地区状况时写道："商业活动已经停顿，农村正常秩序已被破坏，……全体居民处于强烈骚动状态中。"①

城市人民的斗争也日趋激烈。1907年9~10月，加尔各答群众为抗议当局逮捕比·帕尔，接连举行集会示威。10月2日的示威演变成和警察的街垒战。冲突持续到第二天，市内交通中断，不少警察倒戈，加入群众行列。当局动用很大力量才把群众的反抗镇压下去。激进派另一领导人婆·乌帕底西亚也被系狱，不久病逝狱中。1907年是印度民族起义50周年，许多地方举行纪念活动。人们盛传这年要发生武装起义，全国政治气氛异常紧张。

此时，对运动的深入发展忐忑不安的国大党领导层不愿再前进了。在英国殖民当局的拉拢、挑拨下，他们决心遏制运动。1906年，自由党在英国执政，宣布打算在印度实行立法会议改革。温和派乘势抓住这个伸过来的橄榄枝，谋求与当局妥协。1907年，苏·班纳吉亲率代表团觐见总督，要求当局控制局势，并攻击激进派行为过火。同年，郭克雷在英国与印度事务大臣摩莱达成默契，以答应与激进派分道扬镳为代价换取改革。正是在这种背景下，在1907年苏拉特年会上，国大党领导层利用当时发生的事端，制造分裂，把激进派排除出国大党，自己退出了运动。

1907年围绕国大党年会主席选举展开了激烈斗争。提拉克提名刚流放回来的拉·拉伊为候选人，温和派推举拉希·比哈里·高士，结果高士当选。大会开幕前，风传温和派要在会议上修改1906年年会通过的司瓦拉吉等项决议，从现行立场后退。激进派在大会开幕式上就一些问题

① 《泰晤士报》1907年5月10日。

提出异议，结果引起争执，发展成扭斗，使会议中断。温和派乘机单独召开会议，擅自订立国大党新章程，规定国大党只能采取宪政方法争取自治，这意味着否定一切群众运动，包括抵制。还规定每个参加国大党者必须做出书面保证。这是蓄意把激进派排除出去。激进派除拉·拉伊外拒绝接受这个非法的章程，因此都被关在门外。国大党的分裂严重影响了运动的进一步发展。在退出运动后，温和派把持的国大党变成了一个僵死的封闭的小团体，降低到无足轻重的地位。总督明托在国大党分裂后兴奋地写信给英国印度事务大臣摩莱说："国大党的垮台是我们的伟大胜利。"①

温和派既然把激进派排除出国大党，就把推进运动的最积极的力量暴露在殖民政权面前。殖民当局自运动开始就把主要打击矛头指向激进派和秘密组织。在国大党还保持统一的时候，他们的所作所为还不能不有所顾忌。国大党分裂后，他们便肆无忌惮地对革命力量发动进攻。1907~1908 年，孟加拉 9 位领导人包括阿·杜特、克·密特拉被流放。1908 年初，南印度提涅维里激进派领导人契·皮莱、苏·希瓦因号召工人参加政治斗争被投入监狱，皮莱被判终身监禁，希瓦被判 10 年徒刑。6 月，当局颁布报刊法，查封了全部激进报刊，激进派许多编辑和出版商被捕。此后，又颁布刑法补充条例，各地义务纠察队组织均被取缔。这种疯狂镇压导致秘密组织走上个人恐怖道路。1908 年后暗杀成风。被杀者主要是令人痛恨的殖民政权官吏、法官、警官等。个人恐怖行动只能为当局进一步疯狂镇压提供口实。1908 年 5 月，当局对孟加拉秘密组织进行了大搜捕。朱甘达尔集团被破坏，大批革命者被捕，奥若宾多·高士也同时被捕。此后，进步社、新印度社也相继遭到破坏。1908 年 7 月，当局以"煽动叛乱"罪名逮捕了提拉克。至此，激进派和秘密组织主要领导人几乎全部入狱。

六　孟买工人政治总罢工

契·皮莱、苏·希瓦的被捕在南印度的提涅维里和土提科林市引起了群众抗议示威（1908 年 2~3 月）。科奈尔纺织厂的工人与学生、市民一同

① 兰达·郭克雷：《印度温和派和英国统治者》，德里，1977，第 293 页。

参加，多次与警察冲突，几乎发展为武装起义。

逮捕和审判提拉克在全印引起了更强烈的抗议风暴。孟买、浦那、阿默达巴德、加尔各答等大城市学生罢课，商人罢市，工人罢工，到处举行抗议集会。这一次是孟买工人阶级站在最前列，他们用政治总罢工这种斗争形式有力地表达了人民的愤怒。

孟买是印度最大的工业城市，有产业工人 20 余万人，其中纺织工人 12 万人。孟买工人的特点是集中在一些大工厂中，大多数是马拉特人，信仰印度教，大多数来自农村低级种姓。这些特点为全市工人的团结行动提供了便利。更重要的是，孟买是小资产阶级激进派开展工作基础最好的地区之一。1908 年 8 月《泰晤士报》报道，激进派在孟买工人中活动“已经有好长时间了，他们的目的是控制许多大工厂的工人，组织罢工和骚乱，以便必要时向政府施加压力”。① 小资产阶级激进派在许多厂都派有自己的人。正因如此，提拉克被捕的消息一传出，孟买工人便最早行动起来，援救自己的领导人。

孟买高等法院在 7 月 13 日对提拉克开庭审讯。从这天起，每天都有部分工厂罢工。罢工工人涌向法院附近，举行抗议集会和示威游行。在 10 天的审讯中，当局派出军队，在交通要道布设防线，荷枪实弹，随时准备镇压。但孟买工人不为所惧，罢工的工厂数发展到 60 多家，罢工人数达 65000 人。这场斗争的组织者是激进派。英国记者维·奇若尔根据从官方搜集的材料写道：“从提拉克被捕时起，他的信徒就在工人中到处宣传，说他入狱是因为他是工人之友，主张为改善工人地位而斗争。在审判提拉克的过程中，他的一些拥护者扬言，提拉克被判几年刑，就以几天的流血斗争来回敬。”②

7 月 22 日，高等法院宣布对提拉克判刑 6 年，罢工的领导者们当即决定举行 6 天总罢工，同时呼吁全市各界实行总罢业。7 月 23 日，声势浩大的总罢工开始了。孟买商人、学生和居民也罢业罢课。

在 6 天的总罢工中，参加的纺织工人、铁路工人、码头工人和城市运输工人等共 10 余万人，几乎所有工厂、铁路、码头都停止了活动。孟买成了

① 《泰晤士报》1908 年 8 月 19 日。

② 《印度民族解放运动和提拉克的活动》，第 529 页。

一座死城，但同时，它又成了沸腾的战场。罢工工人高举提拉克像，高呼“提拉克万岁”“祖国万岁”口号，高唱爱国歌曲，举行集会和示威游行，还散发传单。一份用古吉拉特语写的传单印有提拉克像和“提拉克万岁”的口号。传单写道，提拉克是“民族的心脏和灵魂”，正是他通过发动司瓦德西运动，打开了通向印度繁荣的大门。传单号召坚决捍卫提拉克，捍卫工人的利益，争取司瓦拉吉的胜利。

6 天总罢工中，工人面对当局镇压，毫不畏惧，多次和全副武装的军警搏斗，有好几次冲突演变成了街垒战。工人们以木石沙袋为工事，石头瓦片做武器，顽强地战斗。27 日，谢赫·麦龙街的战斗最为激烈。《印度时报》报道说：“石块像倾盆大雨，落到法律和秩序的代表头上”，“持续时间之长，……是前所未见的”。在这些街垒战中，指挥者有工人，也有激进派成员。有一个叫凯·库古的 25 岁的古吉拉特商人，在一次战斗中担任指挥。他英勇果敢，临危不惧，多次指挥工人队伍打退军警的进攻，最后光荣牺牲。在 6 天总罢工中，有 200 名工人牺牲，300 多名工人被捕。

惊恐不安的英国殖民当局竭力向孟买大商人和工业资本家施加压力，要他们开市，并劝诱工人停止罢工。有些大商人屈服了，但工人们仍坚持预定计划。青年学生、小资产阶级群众和部分中等商人与工人们并肩战斗。直到 7 月 29 日，才按照预定计划，自动停止罢工。工人阶级这一壮举是 1905~1908 年斗争高潮的最高点，也是运动的终点。

七　运动失败的原因和历史意义

1905~1908 年运动失败首先是因为资产阶级此时还没有革命的要求，在被汹涌的大潮推着前进，始终三心二意，顾虑重重，唯恐运动深入会引起英国报复，阻碍民族资本主义的发展。小资产阶级激进派要求司瓦拉吉是要求独立，资产阶级不愿接受又不能不顺应潮流，不得已才提出自治要求。这与其说是他们此时的真正期望，不如说是为了和激进派提出的独立目标抗衡，因为他们仍把自治看作遥远未来的事。运动开始后，他们对反分割和司瓦德西热情最高，对抵制视如玩火，战战兢兢。在从抵制和司瓦德西运动中初步得到经济实惠后就心满意足，只求保持现状。他们的积极性与运动的发展程度成反比，运动越深入，他们越感到不安。1907 年工农运动的发展和秘密组织活动的展开使他们感到似乎大祸就要临头，于是便迫不及待地寻求与当局妥协、收缩运动。在这场斗争高潮中，资产阶级不是积极的领导者，甚至连参与领导都是被迫的。这与同时期亚洲其他国家爆发的革命形成鲜明对比，那些国家的革命多为资产阶级领导。印度资产阶级此时的软弱不是因为它比其他国家资产阶级弱小，而是因为它已有了一定发展。由于是处在英国这个世界资本主义最发展的国家直接统治下，由于英国又善于玩弄自由主义，它觉得在英国统治下，印度民族资本主义可以得到相当发展，不愿打乱这个秩序，造成连它自己也无法控制的局面。

运动的失败还由于小资产阶级及其知识分子本身的软弱。在印度，由于资产阶级在经济上有相当实力，政治上控制国大党，小资产阶级在各方面都依附于资产阶级。由于认识到这点，激进派从来没有想过要独立领导运动，他们总是希望推动资产阶级来领导。在资产阶级不愿领导，他们迫不得已起来争夺领导权时，也仍然希望拉着资产阶级一同行动。运动开始时，激进派一面联合温和派，一面发动工农群众，从两方面获得力量。温和派退出运动使他们失去一只臂膀，这时，只有更紧密地和工农结合，才能维持和壮大自己的力量。为此，就要求他们提出革命的反封建纲领，把反殖民反封建斗争结合起来。然而，阶级的历史局限性使他们做不到这点。他们只讲反殖民，不讲反封建（少数例外），错误地认为反殖民统一阵线可以包括所有阶级、所有人，认为提出反封建要求会削弱全民团结，削弱反殖民斗争。他们还接受伦纳德的理论，说反封建斗争会影响土地和资本集中，妨碍农村资本主义的发展。由于有这些认识，所以他们虽然去做发动农民的工作，但农民的发动在深度和广度上都是十分有限的。在被摒除出国大党后，他们始感到势单力孤。有人主张建立单独的政党，提拉克反对，认为分裂是暂时的，极端派必须尽快回到国大党中。国大党分裂后激进派领导人对继续领导运动失去了信心。提拉克把重点转移到搞禁酒运动上，奥·高士则提出“宗教民族主义”新说①给人民打气壮胆。这些措施当然不能使运动起死回生，以至于当殖民当局 1908 年把奥·高士和提拉克等激进派领导人及一大批激进派报刊编辑投入监狱后，极端派顷刻瓦解，成了一盘散沙。

① 见林承节《印度民族独立运动的兴起》，北京大学出版社，1984，第 302 页。

小资产阶级及其知识分子的缺陷在秘密革命组织身上暴露得更明显。秘密组织主要成员是青年知识分子。这些人虽有饱满的革命热情，但比极端派更缺少磨炼。最初，他们把发动群众准备武装斗争估计得过于简单，遇到困难后产生了急躁情绪，面对殖民当局的镇压，这种情绪就转变为个人英雄主义狂热。这就是1908年起个人恐怖活动成风的原因。这种错误行动导致秘密组织几乎全部瓦解，严重破坏了武装斗争转变工作，也败坏了秘密组织的名声。

小资产阶级两个政治派别虽起了相互补充、相互配合的作用（提拉克与一些秘密组织领导人有接触，曾帮助秘密组织派人出国接受军事训练，还曾考虑建立军械厂①），但策略上的重大分歧使两者在一定程度上力量互相抵消。如极端派多数人强调武装斗争道路不适合于印度，秘密组织则强调消极抵抗行不通。两股力量不能结合，在一极造成越来越多的人盲目崇信合法主义斗争方式，在另一极则促使个人暗杀活动盛行。个人暗杀活动是暴力斗争的歪曲反映，是要求暴力革命的潮流得不到支持、找不到正确出路的表现。

这就表明，小资产阶级虽然可以在一个时期充当革命的突击力量和领导者，但要他们独立担当起革命领导重任是不可能的。

这场运动失败的第三个原因是殖民当局挑动宗教冲突，在革命运动内部造成另一巨大裂痕。关于这方面，以下另有专章论述。

1905~1908年运动是一场民族革命运动。和此前的资产阶级运动相比有质的不同：斗争目标已经不是争取局部改良，而是要摆脱英国殖民统治；参加运动者已不再局限于少数人，是千百万人民群众；在斗争方式上，虽然是以抵制为主，但它是群众性的大规模的政治运动，抵制已被看作“战争的替代物”；激进派提出了消极抵抗路线并开始以之指导运动，秘密组织则把准备武装斗争作为实践任务。由此可见，这场运动已不是以往改良运动的继续，而是面目一新的民族革命运动了。

以提拉克为首的小资产阶级激进派是这场运动的主要领导者。他们的创造性工作成功地把一场反分割运动转变成一场革命斗争，推动了历史的发展。提拉克作为民族革命运动奠基人受到全国人民爱戴。

---

①　林承节：《印度民族独立运动的兴起》，第263页。

这场运动在印度民族解放斗争史上占有十分重要的地位。

它标志着印度民族的觉醒。这场运动是小资产阶级群众、工人、农民与资产阶级、自由派地主共同进行的斗争。工人、农民在资产阶级民族主义旗帜下奋起（尽管范围有限），这在印度历史上还是第一次。他们追求民族革命目标，也多少提出了自己的阶级要求。这意味着广大群众的政治觉醒，意味着政治觉醒已经由资产阶级、小资产阶级革命派扩展到广大下层群众，而形成民族觉醒。这是资产阶级民族民主意识的觉醒，是资产阶级、小资产阶级民主派多年宣传鼓动的结果。

1905~1908 年的斗争实现了印度民族运动由改良运动阶段到革命运动阶段的转变，并成为这个转变的标志。小资产阶级激进派在 19 世纪 90 年代中期提出的民族革命纲领，正是在这场运动中得到广泛传播，成为广大群众为之斗争的目标。这是第一场革命实践。正是这场斗争在许多方面（如提出《司瓦拉吉纲领》和开展司瓦德西运动，发动广大群众参加斗争，以及抵制的多种内容等）为后来甘地领导的更大规模的群众运动奠定了基础。

这场斗争还给了印度民族资本发展以直接推动。抵制英货带动了司瓦德西运动，促进了民族工商业和银行业的发展。英国布堆满库房无法脱手，印度布虽涨价 8%左右，但仍行销如飞。阿拉哈巴德和孟买 1905~1908 年新建了 22 个棉纺织厂。东孟加拉 1905~1906 年新建了 11 家工厂。正是借助司瓦德西运动的春风，塔塔钢铁厂得以顺利建成。1905~1908 年还出现了一批新建的印资银行和航运公司。据孟买工业会议主席说，1906 年在孟买和阿拉哈巴德新建银行有 15 家，资本 4000 万卢比。新建航运公司 5 家，资本 1250 万卢比。近代印资最大银行之一的中央银行就是在这一时期建立的。印度民族工商业一向受到压抑，从来没有遇到这样的有利形势。1905~1908 年的抵制和司瓦德西运动成了推动它发展的第一个强有力的杠杆。印度资本家兴奋地称抵制为“印度人民自己创立的保护关税”。

1905~1908 年印度民族解放运动是 20 世纪初亚洲觉醒的重要组成部分。它和菲律宾、中国、伊朗、土耳其的民族解放运动一起，强有力地显示了亚洲人民反抗殖民统治的决心，谱写了亚洲资产阶级民族民主革命的历史新篇章。

八　摩莱-明托改革和分割孟加拉法案的撤销

在镇压了 1905~1908 年运动之后，殖民当局向温和派许诺的立法会议改革启动了。1909 年 5 月，英国议会通过了新的《印度参事会法》。因其系据英国印度事务大臣摩莱和印度总督明托的提议制定，故这次改革史称“摩莱-明托改革”。这个法案最显著的特点，是对立法会议的组成和职能做了某些变更。它规定扩大中央立法会议和省立法会议规模并提高民选成员比重。中央立法会议成员由 15 人增至 60 人（最高），其中官员不超过 28 人，总督推荐成员 5 人，其余 27 人为民选的非官方人士，占总数的 45%。27 人中有 14 人分别由穆斯林选区、地主选区和孟买、加尔各答英国商人选区选出，其余 13 人由普通选区选出，其成员限于各省立法会议的非官方成员。各省立法会议的人数最高为 50 人，也是官方成员加官方推荐成员，总数稍高于民选成员，只有孟加拉省民选成员略占多数。各省的民选成员由地方团体、同业公会、大学选出，有很高的财产资格，有选举权者人数甚少。关于立法会议职能，规定可对政府预算进行讨论，做出决议，但总督、省督仍握有否决权。军事、外交、土邦等问题仍不得讨论。这个法案较 1892 年法案有了进步，但幅度不大。为达到拉拢温和派的目的，1909 年还第一次任命印度人萨蒂因德拉·普拉森纳·辛哈为总督行政会议成员（主管法律）。有的省也任命了印度人为省督行政会议成员。

国大党上层有更多人进入中央和省立法会议，并为取得这微不足道的让步而洋洋得意，把这次改革夸张地称为“向代议制政治前进了一大步”。①

1905~1908 年运动被镇压后，极端派群龙无首，陷于瓦解。秘密组织虽遭摧残，却不断有新组织出现。1909 年后，在孟加拉出现拉贾·巴札尔社、巴里萨尔社；在联合省，以贝拿勒斯为中心的青年社在康浦尔、勒克瑙、阿拉哈巴德等地建立了分支；在德欧邦德，穆斯林激进主义者围绕宗教学院建立了第一个穆斯林秘密组织，领导人是左翼思想家穆罕默德·哈桑，其成员多为瓦哈比派信徒。这些革命组织的活动仍以个人恐怖和在军队中策反为主。1911 年孟加拉共发生暗杀活动和政治抢劫（为了筹集经费）18

---

① 《国大党成立头 25 年历届主席演讲录》，第 783 页。

起。总督哈定说，1909~1912 年“平均每两星期发生一次政治暗杀事件”。[①] 个人恐怖还扩大到国外，在伦敦，1909 年也发生了暗杀英国官员事件。在当时严重的白色恐怖下，这些行动被群众视为爱国义举受到喝彩。许多落入敌手的革命者大义凛然走向绞架，其英雄气概更赢得人民称颂。秘密组织的活动成了 1909 年后印度政治中的突出元素。

殖民当局采取了最严厉的高压措施，1910 年颁布了更加严厉的出版法，1910~1911 年扩大了《取缔聚众叛乱法》的适用范围，1913 年采取了针对秘密组织的补充立法措施。

殖民统治者知道，仅仅靠高压不能解决问题。考虑到秘密组织的活动是由分割孟加拉引起，也考虑到是分割孟加拉引发了一场革命风暴，而孟加拉人民和印度人民一直没有放弃反分割的要求，伦敦决策者 1911 年安排了一场筹划周密的安抚行动：英国新即位国王乔治五世访问印度（这是第一位访印英王），在古都德里举行豪华的觐见大典，英王在会上加冕为印度皇帝；就在这个庆典上隆重宣布，撤销东、西孟加拉省建制，改为分设三个行省，即孟加拉省、比哈尔和奥里萨省、阿萨姆省；把英属印度的首都由加尔各答迁至德里。前者实际上撤销了分割孟加拉法令，是为了消除人民不满的热点，后者是为了给人造成一种继承印度传统的印象，以取得印度人特别是穆斯林的好感，并安抚对撤销分割孟加拉法可能不满的穆斯林。英国当局在以强硬手段镇压运动的同时，终于不得不同时做出一定的让步。从这个意义上说，1905~1908 年运动的反分割目标还是实现了。

温和派对英王无限感激。在国大党讲坛上把取消孟加拉的分割宣布为现代印度最光荣的立宪斗争的胜利。秘密组织活动家则从这个让步中看到了英国当局以退为进的新策略。当 1912 年哈定总督的迁都队列鼓号齐鸣、威风凛凛进入德里时，一颗向他抛去的炸弹轰然爆炸，他身受重伤。这就是秘密组织对英国当局新的安抚策略的回答。

---

① 哈定：《我的印度经历》，伦敦，1948，第 79 页。

第十七章
全印穆斯林联盟的成立

全印穆斯林联盟是在 1905~1908 年印度民族解放运动高潮中产生的，但它不是作为一个推进民族运动的组织出现，而是作为一个教派政治组织出现，把维护穆斯林封建主利益作为自己的最高目标。这样的方针与印度资本主义和民族主义发展的总趋势是不相符合的。所以，成立不久内部就出现了革新力量，他们得到广大穆斯林群众的支持，成功地转变了联盟的方向，使它成为印度民族主义力量的一个组成部分。

一　穆斯林联盟成立的背景

19 世纪末 20 世纪初，印度穆斯林群众的大多数继续受以赛义德·阿赫默德汗为代表的教派主义路线控制。赛义德·阿赫默德汗 1898 年病故。他的继承人穆辛-乌尔·穆尔克继续奉行他的路线。部分参加国大党活动的穆斯林继续呼吁印度教徒和伊斯兰教徒团结，但没有效果。19 世纪末穆斯林与国大党的关系越来越复杂化。这是因为，第一，小资产阶级民主派利用印度教激发人民民族感情的做法带来了副作用，在穆斯林那里引起了强烈反感和更大的猜疑。这种情况被殖民统治者不失时机地利用来进一步挑拨穆斯林和国大党的关系。英国记者奇若尔臭名昭著的《印度的动乱》一书就是证明。这本书虽然出版较晚（1910），但其中反映的思想，即把印度的革命运动说成印度契特帕文婆罗门种姓恢复昔日统治地位的企图，则代表了 19 世纪末印度官方人士的一般说法。这种蛊惑性的宣传大大加剧了穆斯林的疑惧心理。第二，圣社发动而为印度教正统派广为支持的保护母牛运动，把一个极为敏感的宗教问题带到政治斗争的旋涡中，造成了更大的混乱，引起了穆斯林更大的戒心。国大党虽没有支持这种宗教要求，但它的某些成员参与了这个运动。第三，90 年代印度教徒与穆斯林之间又发生了语言上的冲突。在联合省部分穆斯林占人口多数地区，印度教徒要求印地语也应和乌尔都语一样被允许在法庭上使用。穆斯林坚决反对，认为这是降低乌尔都语的地位。在殖民当局接受前者要求后，穆斯林举行一系列集会，激烈地表示抗议。所有这些冲突，不能不影响双方群众的情绪。加上殖民当局的挑动，19 世纪 80~90 年代在一系列城市印度教徒与穆斯林发生流血冲突，伤亡很大。穆斯林领导人与国大党政见上的分歧至此已演变为印度教与伊斯兰教两大宗教群众的冲突，这是前所未有的。这种局面的形成对民族解放运动的发展造成严重威胁。然而，对玩弄分而治之手段的老手英国殖民统治者来说，这还不过是他们挑动宗教对立的第一步。

前已述及，英国殖民者 1905 年分割孟加拉，其目的之一就是进一步挑动宗教冲突，阻止孟加拉民族运动的发展。按照他们的打算，把孟加拉一分为二，新成立的一个省（东孟加拉省）穆斯林人口占大多数，就可以把这个省变成由穆斯林起支配作用的省，以便和西孟加拉相抗衡。对于英国统治者的分割决定和随后印度人民开展的反分割运动，穆斯林上层是什么态度呢？

最初，孟加拉的穆斯林上层担心分割也会损害自己的利益，加之当时风传分割后会改变永久地税制，所以也反对拟议中的分割法案。例如，中央伊斯兰教协会在 1904 年 2 月会议上就强烈谴责分割计划，并向总督递交了反对分割的呈请书。总督寇松 1904 年专程去东孟加拉访问，向穆斯林封建主和知识分子说明分割计划对他们有利，特别指出，分割将使东孟加拉穆斯林得到一个“他们自从昔日的穆斯林省督和国王的统治垮台以来未曾有过的实体”,[①] 这将保证他们在政治上获得主导地位并影响全印政治。寇松还向他们保证，分割不会导致永久地税制的任何改变。当了解这一点后，不但东孟加拉，而且西孟加拉大多数穆斯林封建主和知识分子都转到支持分割的立场上。最典型的是达卡的纳瓦布萨里穆拉。他是东孟加拉最有影

---

① 编纂局编《印度自由运动史》第 3 卷第 1 部，第 9 页。

响的穆斯林领导人，原来激烈反对分割，说分割是“人面兽心的安排”。[①]但在寇松访问后（大约与此同时，殖民当局给了他10万英镑的低息贷款，把他从破产的危机中挽救出来），他转变立场，成了穆斯林支持分割最积极的带头人。新省成立后，在他发起和支持下，东孟加拉穆斯林大封建主成立了省穆斯林协会，提出在新省立法会议的印度成员中要保证穆斯林占多数。萨里穆拉被任命为立法会议成员，后又被任命为总督立法会议成员。1907年当局又给他31.5万卢比低息贷款。总督明托说，“这笔贷款是政治性的”，是“印度政策的一种象征”，[②] 实际上就是犒赏。中央伊斯兰教协会这个很有影响的穆斯林知识分子、地主和商人的组织，也在寇松访问后转到了英国殖民统治者一边支持分割。穆斯林文学社也发表声明，把分割说成给穆斯林的“礼物”，要求穆斯林“尽一切可能，衷心支持政府这一政策，不要参加任何反分割的政治会议和鼓动”。[③] 以阿里加学院为代表的孟加拉以外地区的穆斯林多数持同样立场。

于是就出现了这种情况：当印度各界奋起反对分割的时候，穆斯林上层和知识界多数人却出面为分割辩护，甚至为分割欢呼。1906年、1907年，每逢10月16日，即分割法生效的日子，孟加拉群众举行“国丧日”，以示抗议，穆斯林上层却把它作为节日来庆祝。穆斯林参加国大党年会的人数急剧减少。1905年国大党年会出席代表756人中穆斯林只有17人。许多穆斯林商人继续卖英货。穆斯林上层还竭力影响农民。由于在孟加拉，地主和商人高利贷者中印度教徒居多，很多佃农是穆斯林，穆斯林上层就利用这种阶级矛盾，挑动穆斯林农民反对印度教徒。1906年，不少地区发生两大宗教群众的流血冲突。印度教庙宇里的迦里女神像被取走，代之以牛头。

不过，无论在孟加拉还是在孟加拉以外地区，都还有一部分穆斯林，不受这股逆流的影响，积极参加了反分割斗争。例如，1905年9月23日，加尔各答部分穆斯林集会，表示同情反分割鼓动，完全赞同司瓦德西运动。萨里穆拉的兄弟阿提奎拉，不但继续参加国大党活动，而且在1906年国大党年会上提出反分割决议案。1906年1月，孟加拉律师阿布杜尔·卡西姆

---

① 罗姆·戈帕尔：《印度穆斯林政治史》，孟买，1959，第92页。

② 利·克劳林：《英国在孟加拉的政策和统治》，加尔各答，1977，第116页。

③ 编纂局编《印度自由运动史》第3卷第1部，第17页。

批评拉贾夏拉穆斯林协会禁止穆斯林参加司瓦德西运动，被殖民当局骂为“加尔各答收买的鼓动者”。[①] 在孟加拉以外的有些地区，穆斯林和印度教徒一起参加司瓦德西运动和抵制运动。如西印度杜拉地区（属马哈拉施特拉）的穆斯林响应提拉克关于开展司瓦德西运动的号召，1905 年 11 月举行了一次由地方穆斯林领导人和商人参加的会议，研究如何在当地开展司瓦德西运动。在孟买，这样的情况并不少见。后来成为穆斯林最著名领导人的真纳，参加了 1906 年国大党年会，并担任年会主席瑙罗吉的秘书。但总的来说，持这种立场的穆斯林在全印的穆斯林中是少数。

尽管殖民当局百般制造障碍，孟加拉反分割运动还是轰轰烈烈地开展起来。殖民统治者一计不成又生一计，决定用加剧两大宗教群众政治上对立的办法来破坏运动。1906 年英国印度事务大臣摩莱放出风来说打算改组立法会议，增加印度人选举代表名额。在拟议具体方案过程中，英印殖民当局通过阿里加学院的英国人院长，授意阿里加穆斯林领导人立即组织一个穆斯林代表团，向总督提出穆斯林的希望和要求，穆辛-乌尔·穆尔克心领神会，随即发起组织了这个代表团，共有 34 人参加，几乎全是各地有名的大封建主和宗教上层，由阿加汗（贵族）率领，于 1906 年 12 月晋见总督，提出如下要求：在确定穆斯林在各级立法会议应享有的席位时，不但要考虑穆斯林所占人口比例，而且要考虑其政治重要性；不通过竞争考试，直接任命穆斯林担任各级文官；等等。这些要求，总督都在原则上给予应允。这时他已有为穆斯林建立单独选区的想法。整个晋见活动安排得煞有介事，事后又被大肆渲染，似乎这一切全是穆斯林的主动。英国官方人士并不隐讳地说，这实际是一场由总督自导自演的闹剧。总督明托自己也承认，这样做是为了把穆斯林“制造成”一个能与国大党抗衡的对立物。这一蓄意加剧国大党和穆斯林上层之间政治上对立的做法，使两者的分歧发展到更严重的阶段。

这次晋见后，穆斯林领导人决定立即建立一个全印穆斯林政治组织，以便在即将到来的立法会议选举中代表穆斯林利益，使穆斯林“作为一个民族中的民族，争取得到英国当局独立的政治承认”。[②] 事实上，自从孟加

① 利·克劳林：《英国在孟加拉的政策和统治》，第 106 页。

② 阿加汗：《回忆录》，伦敦，1954，第 70 页。

拉开始反分割斗争以来，在穆斯林中就有人提出了建立政治组织的要求。他们既然认为国大党是代表印度教徒利益的，就希望也有自己的全印组织。以往由于遵循赛义德·阿赫默德汗的不参加政治斗争的方针，这样的组织迟迟未能出现，赛义德·阿米尔·阿里的中央伊斯兰教协会影响地区主要是孟加拉，在别的地方虽有分支，但人数有限，还不是全印组织。所以，孟加拉的萨里穆拉利用1906年各地穆斯林领导人在加尔各答举行全印教育会议的机会，提出建立全印穆斯林政治组织的倡议后，立即得到普遍赞同。1906年12月30日，在穆斯林教育会议结束后召开了政治会议，会上成立了全印穆斯林联盟。1907年12月，穆斯林联盟在卡拉奇和阿里加召开首次年会，通过了联盟章程，成立了中央理事会，阿加汗当选为常任主席，穆辛-乌尔·穆尔克是最早的秘书。这样，全印穆斯林的政治组织就在“坚决维护穆斯林利益”的口号声中出现了。

二　穆斯林联盟的早期活动

穆斯林联盟成立后前几年的活动可归纳为以下三点。

第一，支持分割孟加拉，反对反分割鼓动和抵制英货运动。1906年12月30日穆斯林联盟成立会议上就通过了一项决议，认为分割孟加拉对穆斯林有利，表示反对一切反分割的鼓动，也反对抵制英货。1907年穆斯林联盟年会又对孟加拉群众性反分割斗争进行抨击，认为这个运动“损害了穆斯林的利益”，号召穆斯林不要参加。1908年穆斯林联盟又通过决议，欢迎分割，说分割拯救了孟加拉穆斯林，并要求当局坚决顶住反分割的压力。同年召开的年会激烈攻击当时正在开展的司瓦德西运动和抵制运动是“叛乱鼓动”，其参加者是“邪恶势力”。穆斯林上层的某些宣传品还提出了“司瓦贾提”[①] 的口号，与司瓦德西口号相对抗。一本小册子甚至号召抵制印度教徒开办的司瓦德西商店和民族学校。这些鼓动不是没有结果的。孟加拉穆斯林多数人退出了运动。这样，穆斯林联盟的活动就不是促进反分割运动的发展，而是便利了英国统治者扼杀方兴未艾的运动。

第二，把要求划分穆斯林单独选区作为首要任务。1892年立法会议选

---

① 司瓦贾提，意为本集团的，即穆斯林教派的。

举中，穆斯林得到的席位低于人口比例，穆斯林上层很不满意，所以穆斯林联盟成立后强烈要求当局建立单独的穆斯林选区并增加穆斯林代表名额。这正符合总督心意。他知道，答应这个要求就是表示官方赞同穆斯林上层提出的“两个民族论”，就是在印度教徒和穆斯林中打进一个很难拔除的楔子，将两者隔离，不但使国大党争取穆斯林的希望化为泡影，也将使国大党丧失全民代表的形象。显然，利用这个问题在国大党和穆斯林中间制造对立，比利用其他任何问题都更有力。由穆斯林联盟提出这个要求，殖民当局还可推卸责任。这就是西姆拉英国官方导演那出接见闹剧的真正目的。总督明托手下一个官员当晚在一封信里得意扬扬地说：“这是使用政治手腕的杰作，将长期影响印度历史。这等于把 6200 万人拽住，使之不致加入反叛者行列。”① 穆斯林上层被利用还沾沾自喜，在穆斯林联盟成立后，一直把注意力放在这上面。整个 1907 年和 1908 年，围绕单独选区问题，穆斯林联盟和国大党展开了激烈论战。双方都在全国范围内举行了一系列集会。穆斯林联盟还在伦敦建立分支，宣传自己的主张。其基本论点还是过去提出的“两个民族论”“实行普遍选举只利于印度教徒论”等。国大党反驳这种论点。穆斯林知识分子中也有人持不同观点。如 1908 年穆斯林联盟年会主席赛义德·阿里认为单独选区会使穆斯林与印度教徒完全疏远。他主张继续实行共同选区制，认为穆斯林不应计较席位多少。② 又如，律师萨迪克·阿里汗在勒克瑙一次会议上说：“按阶级和宗教划分单独选区选举代表的原则是极其有害的。……从穆斯林的观点看，我认为这个原则也是充满危险的。”③ 还有少数人清楚地看到，穆斯林联盟领导人坚持这个要求是入了殖民当局的圈套，呼吁他们正视走这条道路的危险。④ 然而，这些呼吁都未使穆斯林联盟领导人头脑清醒。1909 年，英国殖民当局正式颁布立法会议改革法，既规定了实行穆斯林单独选区制，又给了穆斯林高于人口比例的席位。穆斯林联盟领导人把这看作自己的胜利。在国大党领导人中，当时只有郭克雷赞成单独选区制。他看到两大宗教的鸿沟越来越深，认为只

① 玛丽·明托：《印度、明托和摩莱》，伦敦，1934，第 47~48 页。

② 编纂局编《印度自由运动史》第 3 卷第 1 部，第 45 页。

③ 《印度斯坦评论》1909 年 4 月。

④ 麦克唐纳：《印度的觉醒》，第 129 页。

有用这种妥协办法来争取穆斯林。他把它称为“不可避免的弊端”。[①] 国大党绝大多数领导人对1909年改革法实行穆斯林单独选区制都是坚决反对的。马拉维亚后来在谈到这个法案时说，它是“在英国统治印度的历史上第一次承认宗教作为选举的基础，这就在印度教徒和伊斯兰教徒中永远筑起了一道隔开两者的长城”。[②]

第三，阻止穆斯林参加国大党，号召继续保持对英国殖民当局的忠顺。国大党的产生是为了从英国殖民统治者那里争取改革，而穆斯林联盟的产生则是为了使这种改革有利于穆斯林。所以，从一开始，它就认为自己的利益和国大党的利益是对立的，认为保证穆斯林利益的关键在于发展自己的力量，遏制国大党的影响。在当时，单靠自己的力量是做不到这一点的，于是它自觉继承了赛义德·阿赫默德汗的路线，向英国殖民者乞求庇护和照顾。这也就是它从一开始就把“在印度穆斯林中促进忠于英国统治的感情，清除任何对它采取措施的意图可能产生的误解”，[③] 作为头一项宗旨列入联盟章程的原因。关于这点，穆斯林联盟有些领导人的个人讲话说得更明白。如联盟秘书札卡·乌拉说：“我们和国大党人没有共同的政治目标。他们热衷于从事削弱英国统治的行动，他们要求代议制，而这意味着穆斯林的死亡。他们希望实行文官竞争考试制度，这将剥夺穆斯林担任文官的机会。因而，我们不需要和他们在政治上结合在一起。联盟的任务，是通过谦恭地陈请，向政府表达穆斯林的愿望。他们不应像国大党那样号召抵制，在讲坛上、报刊上发表激烈言词，发动群众反对他们仁慈的政府。”[④] 联盟另一领导人瓦卡尔-乌尔·穆尔克也说：“如果英国在印度的统治垮台了，印度教徒将成为我们的统治者，我们的生命、财产、荣誉就会处在经常的危险中。唯一拯救之路在于帮助维持英国统治，使之长治久安。如果穆斯林真诚地和英国人站在一起，英国的统治就能持久下去。”并说：“让穆斯林把自己看作一支英国部队，随时准备为英王而流血牺牲吧！”[⑤] 宣布忠于英国统治，这也是早期国大党的路线，穆斯林联盟这样做本不足为怪。

---

① 玛丽·明托：《印度、明托和摩莱》，第20页。

② 奈特逊：《穆斯林联盟》第2卷，第955页。

③ 阿拉纳编《巴基斯坦运动史文件集》，拉合尔，1977，第22页。

④ 拉尔·巴哈杜尔：《穆斯林联盟》，拉合尔，1979，第43页。

⑤ 编纂局编《印度自由运动史》第2卷，第245页。

但有两点是很不同的：（1）国大党是用宣布效忠换取改革，其目标是削弱殖民统治。而穆斯林联盟则是用宣布效忠求得庇护，目标是削弱国大党。穆斯林联盟把殖民统治者倚作靠山，而把国大党视若仇敌，这就颠倒了敌我关系。（2）20 世纪初的形势已经和 19 世纪 80~90 年代不同了，国大党上层忠于英国统治的路线正遭到党内外小资产阶级革命派的谴责。1905 年开始的斗争正在向革命运动转变。在这种时候，再以英国殖民统治维护者的形象出现，把反分割行动说成对殖民统治者“良好意图的误解”，并以“消除这种误解”为己任，那就是完全站到革命运动的对立面上，帮助英国殖民者扑灭革命运动的烈火。联盟领导人主观上是教派利益第一，客观上则成了殖民统治者手里的工具。整个 1907 年、1908 年，几乎在一切问题上，联盟都和国大党唱对台戏。当时流行一种说法，似乎任何由国大党发起的活动，都不可避免地自然带有反穆斯林利益的倾向。这使猜疑国大党的情绪迅速蔓延。其结果是，穆斯林参加国大党遭到非议和谴责，甚至像阿布杜拉·苏拉瓦底在英国参加克里希那瓦尔玛的“印度自治社”也受到谴责，理由是该组织的主要参加者是印度教徒。这种敌视气氛不能不影响到那些一直参加国大党活动的穆斯林。其中许多人未曾动摇，但也有一些人看到，由于穆斯林联盟出现并成为全国穆斯林的政治组织，国大党要把穆斯林争取过来是再也不可能了，为了不致招惹指责，为了不致失去在本宗教内的广泛社会联系，他们也就不再参加国大党的活动。

总的来说，穆斯林联盟成立前几年的政策对印度民族解放运动没有起好的作用。英国殖民当局利用宗教冲突破坏运动，它是被利用的主要工具之一。英国印度事务大臣摩莱就曾把它称为国大党的“天然反对派”。[①] 之所以如此，是因为在这个地主资产阶级政治组织中，地主和宗教上层势力占据统治地位。这个力量对国大党掀起的政治运动忧心忡忡，唯愿维护自己和本教派现有地位不受影响，因而把殖民当局投来的诱饵当作礼物，心甘情愿地跟着它的指挥棒走。穆斯林资产阶级势力太软弱，此时在这个组织中起不了作用。当然，不只是穆斯林联盟，印度教内出现的把维护印度教利益放在首位的教派主义组织——“光荣印度教协会”（1906 年建立），也是英国殖民统治者利用的工具。后者把伊斯兰教作为

① 塔拉·昌德：《印度自由运动史》第 3 卷，第 345 页。

主要攻击对象，转移人民视线，在加剧两大宗教的冲突方面，同样起了恶劣的作用。1906 年 4~5 月在米曼辛格，1907 年在柯米拉发生的大规模宗教流血冲突，就是殖民当局假双方教派主义者之手共同酿成的。

三　穆斯林联盟内资产阶级力量的兴起

从 1913 年起，穆斯林联盟的政策发生了重大变化。虽然它仍然坚持教派主义的原则，但民族主义倾向大大加强，提出了和国大党团结的问题，终于在 1916 年通过了著名的国大党与穆斯林联盟《勒克瑙协定》，两大组织建立了合作关系。

这是穆斯林联盟政治方向的重大转变。促成这一转变的原因如下。

第一，20 世纪初，特别是经过司瓦德西运动后，资本主义关系在穆斯林中得到一定发展。尽管穆斯林联盟反对司瓦德西和抵制英货运动，但是，穆斯林依然有部分人参加，从中得到了益处。孟买、孟加拉和北印度的穆斯林商人在这一运动中积累了更多资本，有一些人投资办工业，成为工厂主。封建主在工商企业中认股的也增多了。与此同时，资产阶级知识分子的队伍扩大了。据统计，1898~1902 年，穆斯林大学毕业生就有 1283 人，其中毕业于阿里加学院的有 220 人，毕业于阿拉哈巴德各院校的有 410 人，毕业于加尔各答各院校的有 398 人，毕业于旁遮普各院校的有 255 人。有些人还去英国留学。部分大学毕业生成了政府官员。据统计，1898 年联合省担任副税收官和副治安长官的穆斯林有 94 人（印度教徒有 116 人），担任首席法官的有 8 人（印度教徒有 14 人）。更多毕业生成了自由职业者。有的还投资于工商业，如著名的穆斯林活动家邵克特·阿里就给一家轧棉厂投资 15 万卢比。① 这样，到第一次世界大战前夕，穆斯林资产阶级及其知识分子已经是一支有力量的队伍。和穆斯林封建上层不同，穆斯林资产阶级较多地感到了和英国殖民统治者的矛盾，较多地看到了整个印度的无权地位，在他们的思想中，民族主义倾向逐渐加强，因而对联盟领导人执行的路线越来越感到不满。

第二，殖民当局 1911 年取消对孟加拉的分割，使许多穆斯林对英国统

① 编纂局编《印度自由运动史》第 3 卷第 1 部，第 164 页。

治者的盲目信赖破灭了。分割和取消分割，对英国殖民者来说都是从维护自身利益出发。在 1905~1908 年运动被镇压下去后，殖民当局确定了拉拢温和派、打击革命力量的方针，但看到分割一举使温和派耿耿于怀，特别是使秘密革命组织得到了适宜发展的土壤，因而决定取消分割，以安抚温和派、瓦解秘密组织。在穆斯林联盟成立后，宗教冲突的雪球已滚动起来，殖民统治者知道，即使取消分割，它也不会停止滚动，因此做出了取消分割的决定。当初，穆斯林相信，殖民者是为他们的利益着想决定分割的，把殖民者视为“知己”；如今看到了这个一再向他们保证“永不变更既成事实”的统治者，根据自己的需要，连个招呼都不打，一夜之间就尽弃前言。这使许多穆斯林有识之士看清楚了，原来英国殖民者关心穆斯林利益是假，追逐自己利益才是真。这就促使许多人转而采取了反英立场。当然，还有一些人虽抱怨英国殖民者出尔反尔，但依然相信英国统治者，只是恳求他们今后不要再做背弃穆斯林利益的事。

第三，英国对待西亚、北非伊斯兰国家的态度使印度穆斯林感到气愤。印度穆斯林的泛伊斯兰主义倾向本来并不突出。莫卧儿皇帝们不承认哈里发，帝国崩溃后才有人承认，大起义后增多，主要是瓦哈比派。赛义德·阿赫默德汗和后来的穆斯林联盟领导人并不提倡泛伊斯兰主义。穆辛-乌尔·穆尔克 1906 年曾公开宣布，印度穆斯林不承认奥斯曼帝国皇帝的哈里发地位。他强调印度穆斯林只忠于英国统治。泛伊斯兰主义倾向在 20 世纪初突然变得强烈起来，其实是穆斯林中部分人对英国信任破灭的一种表现。英国支持巴尔干国家对奥斯曼帝国统治者作战，默许意大利侵占的黎波里，默许奥地利占领奥斯曼帝国的部分欧洲领土，这些在印度穆斯林看来，都是蓄意打击奥斯曼帝国，损害哈里发的地位。他们把这些国际事件和英国殖民者取消分割孟加拉的决定联系起来，感到英国是典型的利己主义者，不是穆斯林的朋友。

第四，20 世纪初，广大穆斯林下层群众生活越来越贫困。在孟加拉，穆斯林农民有相当大部分没有永佃权，地主时常加租夺佃，农民处于生活无保障的境地。在北印度，失地农民有相当部分是穆斯林。都市的穆斯林手工业者和小商人在英资排挤下，在高利贷者压榨下，处境困难。穆斯林青年学生毕业而得不到就业者与日俱增。穆斯林上层希望英国提供保护，给予更多做官机会，广大穆斯林下层群众是从中得不到实惠的。他们对殖民统治当局不满，要求当局采取措施改善他们的地位。

上述可见，不满的因素来自各个方面。虽然出发点各有不同，但合起来构成了对英国殖民者的强大的离心力。这个新倾向首先通过一批年轻的资产阶级知识分子反映出来。这批知识分子被称为“青年穆斯林”，其代表人物有阿布尔·卡拉姆·阿扎德、德罕默德·阿里·真纳、阿里兄弟（邵克特·阿里和穆罕默德·阿里）等。

阿布尔·卡拉姆·阿扎德（1888～1958）出生在一个著名学者家庭，年轻时就力图摆脱宗教的束缚，阿扎德就是他给自己取的笔名，意为“自由”。1905～1908年，他接触了当时孟加拉秘密革命组织活动家西·恰克拉瓦蒂，后加入秘密组织，在穆斯林青年中开展工作。1908年他到伊拉克、埃及、叙利亚、土耳其访问，接触了伊朗、土耳其的革命者，还受了泛伊斯兰运动领导人赛义德·贾马尔-乌德·丁的强烈影响，认为英国是穆斯林的敌人。回到加尔各答后，广泛结交各界人士，先后担任过好几家报社的编辑。他参加了穆斯林联盟，但对其主张并不赞成。1912年，他在加尔各答创办《新月报》，开始大力宣传自己的观点。他认为，穆斯林只有参加争取独立的斗争才能获得真正利益，印度只有争得自治才有进步繁荣，并认为印度获得自由对整个伊斯兰世界的进步发展也是必不可少的。他激烈抨击英国对伊斯兰国家的态度，也反对穆斯林联盟与英国统治者合作而与国大党对立的政策，要求穆斯林成为“爱国者”和“战士”，和国大党团结起来，共同为争取印度的自由而斗争。这些新主张强烈地震动了穆斯林各阶层。他的报纸6个月内发行量达11000份，一年后达25000份，成为印度最受欢迎的报纸之一。第一次世界大战爆发后，他因为继续谴责英国对伊斯兰国家的政策而受到迫害。《新月报》被迫停刊，他被逐出加尔各答，在比哈尔遭到软禁，直到1920年才解除。穆罕默德·阿里·真纳（1876～1948）出生于商人家庭，原籍卡提阿瓦半岛，后迁到卡拉奇。1892年去英国留学，毕业于林肯法学协会，1896年回国后在孟买当律师。在英国期间，他深受瑙罗吉的民族主义观点影响，所以回国后对赛义德·阿赫默德汗的主张不以为然。孟加拉掀起反分割斗争后，参加了国大党，为1906年国大党年会主席瑙罗吉担任秘书。他对穆斯林联盟的方针完全不赞成，不参加其活动，相反，他认为自己作为一个穆斯林，有责任说服穆斯林联盟领导人转到民族主义立场上来。这种态度受到穆斯林青年知识分子的热烈称赞。1912年他应邀出席了穆斯林联盟的年会，发表演说，阐述自己的观点。他的主张引起了许多人的共鸣，有力地推动了当时正在穆斯林中酝酿的新思潮的发展。1913 年，穆罕默德·阿里·真纳和联盟秘书赛义德·瓦济尔·哈桑力劝他参加穆斯林联盟，他答应了这个请求，条件是对穆斯林联盟和穆斯林利益的忠诚在任何情况下都不应妨碍他“忠于占更重要地位的国家利益”。[①]此后，他更积极地为促进穆斯林联盟和国大党的合作而工作，被国大党领导人郭克雷称作“印度教徒与穆斯林团结的最好使者”。[②] 1916 年，他当选为穆斯林联盟主席，成了穆斯林领袖。阿里兄弟出身封建主和官吏家庭，都是阿里加学院的毕业生。穆罕默德·阿里（1878~1931）曾留学英国，回国后在巴罗达等土邦任职。1910 年来到加尔各答，创办《同志报》。他认为穆斯林联盟反对穆斯林参加民族解放运动的政策已经过时，要求改变政策，与国大党合作。他在一篇文章中写道：“我们无党无派，是所有人的同志。我们深深感到，不同种族不同信仰间日益激烈的争论孕育着极大的危险，热切地希望印度对立的不同政治团体相互取得更好的谅解”，在平等的基础上为印度的共同利益而斗争。[③] 他有泛伊斯兰主义倾向，第一次世界大战爆发后，当局把他和邵克特·阿里（1873~1938）一起拘禁，直至 1919 年底方才释放。

这股新思潮来势甚猛，1910 年就有人在穆斯林联盟年会上批评乞求英国保护以及与国大党对立的政策，要求把实现印度自治作为斗争目标。反响很热烈。这促进了 1911 年穆斯林联盟与国大党开始接触。然而，新思潮的涌现并非没有遇到阻力。真纳、阿扎德受到联盟某些领导人以及宗教正统势力的冷嘲热讽。英国殖民统治者也竭力阻挠，绝不愿失去挑动宗教冲突这张王牌，绝不愿看到国大党、穆斯林联盟两大组织的合作。他们竭力支持联盟中老的领导人维护自己的阵地。联盟主席阿加汗就固执地反对把争取印度自治作为目标。他说，现在要求自治是“摘苹果于未熟”，自治实现那天，“将是印度历史上最不幸的日子”。[④] 在联盟领导人怂恿下，反对新思潮的叫喊声喧嚣一时。有些人说，国大党是反英的，不可能跟他们合作。

---

① 萨罗吉妮·奈都：《穆罕默德·阿里·真纳——一个团结使者》，马德拉斯，第 11 页。

② 博莱索：《真纳——巴基斯坦缔造者》，第 75 页。

③ 编纂局编《印度自由运动史》第 3 卷第 1 部，第 147 页。

④ 编纂局编《印度自由运动史》第 3 卷第 1 部，第 57 页。

也有些人提出，与其穆斯林联盟被导向反英立场，不如立即解散。然而，真纳等并未气馁，在穆斯林中做了大量说服工作。毕竟新思潮反映了全国广大穆斯林的要求，拥护者越来越多。穆斯林联盟常任主席阿加汗 1912 年辞职，并停止了对穆斯林联盟的财政资助。阿米尔·阿里、萨里穆拉等最有影响的人物也先后退出。

四　穆斯林联盟确立新的政治方向

穆斯林联盟内部新旧两种势力的斗争在 1913 年迎来了一个历史性的转折点。从这年起，新势力确定地占了上风，穆斯林联盟的政策发生了明显的转变。从此，它成了以资产阶级为主的地主资产阶级政治组织。

转变的标志是穆斯林联盟新的斗争目标的确立。1913 年 3 月 22 日，穆斯林联盟勒克瑙年会通过了要求印度自治的决议。其中规定，穆斯林联盟的奋斗目标是通过宪政手段，争取“建立适合印度的自治制度”，并强调要“通过与其他教派合作来实现这一目标”。[①] 会议对国大党 1906 年年会上通过的自治决议表示支持。这是这个组织第一次明确提出民族主义的政治目标，标志着它的政治方向发生了根本性转变。以印度自治为目标，就意味着它的活动已不限于为穆斯林争取更多的席位和担任文官的机会，而是提出了包括穆斯林在内的印度人民掌握自己命运的问题；意味着它的视野已超出本教派的狭隘范围，开始从印度民族的角度考虑问题；还意味着它的立足点已由与殖民当局合作对付国大党，转变为与国大党一起，共同提出民族要求。这年 12 月在阿格拉举行的穆斯林联盟年会上，主席易卜拉欣·拉赫玛图拉在致辞中说，像印度这样的大国，政治上不会永远受人控制，总有一天它会取得完全的自由。[②]

以往穆斯林联盟的年会，听到的是对英国殖民统治的一片颂扬声，如果有指责，那也是怪当局对穆斯林利益照顾不够。这不是指责而是抱怨。这次年会上许多人发言，对英国在印度的剥削和压迫政策提出了严厉批评。

---

① 阿拉纳编《巴基斯坦运动史文件集》，第 25 页。

② G. 阿拉纳：《伟大领袖真纳——一个民族的经历》，袁维学译，商务印书馆，1983，第 66 页。

既然在争取自治的目标上和国大党趋于一致，两大组织合作的问题就提了出来。许多发言者强调印度的政治前途“有赖两大教派的携手合作”。这个主动的表示得到国大党的热烈响应。国大党这年年会通过决议，对穆斯林联盟确立争取印度自治的斗争目标和与国大党合作的主张表示赞赏。这样就形成了良好的气氛，使两大组织的接触有取得成果的可能。

自然，穆斯林联盟政治方向的转变并不意味着它不再是穆斯林的政治组织。只要它依然是教派的组织，维护本教派利益的宗旨就不会完全改变。何况穆斯林联盟内依然存在封建势力，他们没有退出，但也不愿完全接受新主张，而希望把两者折中调和。穆斯林联盟新的斗争目标在自治前面加上了“适合印度的”这个定语，就是这种折中的反映。它暗示穆斯林联盟对自治的解释有特定含义，与国大党要求的自治是有所不同的。又如，对穆斯林单独选区制，穆斯林联盟仍十分坚持，并把国大党接受这点作为与之合作的前提条件。这些对穆斯林联盟的未来政治发展都产生了严重影响，并为穆斯林联盟与国大党实现真正的持久的合作设置了障碍。

第十八章

第一次世界大战中印度民族资本和民族运动的发展

1914 年 7 月底，第一次世界大战爆发，印度作为英国殖民地，被英国宣布参加对德作战，成了英国的兵员、物资和财力的供应基地。大战造成的突然变化的形势给印度资本主义和民族运动发展带来双重影响。不利一面是主要的，但也有客观上有利的一面。总的趋势是：最初，不利的一面突出，印度经济和民族运动的发展进程骤然被打断，造成了很大混乱，但不久，客观上有利的一面，在印度资产阶级和民族力量的积极利用下开始发挥作用。不利、有利两面并存，使印度在从持续四年的战乱中走出时，一面是满目疮痍，一面却又显露出生机。民族经济和民族主义运动较之战前都有了进步，为战后斗争新阶段的到来准备了新的条件。

一　英国战时掠夺及战争对印度经济发展的影响

英国从战争一开始，就最广泛地利用印度的人力和物力资源来满足它的军事需要。战前英印军队中印籍士兵总共不超过 23 万人，大战中，征募新兵 1161789 人，派往海外作战的（包括原来的士兵和新兵）1215338 人，死伤 101439 人。这不但使印度失去大量青壮劳力，而且军费开支每年约为 3000 万英镑，数量之巨，前所未有，到 1918 年 3 月，英印当局战争花费已达 12780 万英镑。战争期间英国对印度的物资掠夺是耗竭性的。农产品方面，主要是粮食、棉花、原麻、生丝、植物油、毛皮、茶叶等。对小麦实行国家统购，1915 年底到大战结束共输出 300 多万吨；此外，还输出各类粮食500万吨。植物油输出250万吨，原麻输出200万吨。为取得战争所需要的矿物资源，突击式地开采各种矿藏。印度是协约国唯一的锰矿产地，战争期间共出口锰200万吨。此外，云母石运往英国的有6000吨，硝石运出的有90000吨。英国军队的军需品很大部分由印度供给，包括军服、棉被、制造皮靴需要的皮革、麻袋、麻布等。仅麻袋就出口30亿条，麻布出口40亿码以上，总值共达13700万英镑。还从印度向近东战场大量输出钢材、铁轨。塔塔钢铁厂因是英属印度洋地区唯一的大型钢铁企业，战时提供给英国当局将近30万吨钢材和1500英里的铁轨。印度总督蔡姆斯福德曾说："如果塔塔钢铁公司不为我们的美索不达米亚、埃及、巴勒斯坦和东非战场提供钢铁，很难想象我们将怎么办。"① 整个战争期间，从印度共输出1800英里的铁轨、13000英尺的桥梁结构、200台机车、6000套机车车辆。其中有的是从印度生产的，有的是从印度抽调的，有的干脆是从印度拆走的。所有出口原料和成品都是压价收购，不仅物资被掠走，生产者在经济上也蒙受很大损失。

除了掠夺物资，英国还巧立名目，直接掠夺印度国库。英国当局和印度殖民当局大演双簧，由后者代表印度向前者"馈赠"1亿英镑，作为"战时贡献"。1918年又决定进行新的捐赠，总额为4500万英镑。英国动用了1550万英镑。两者合计，英国实际取走11550万英镑。这个数字超过大战期间印度每年平均赋税收入总额。土邦王公另有贡献，仅现金就有210万英镑。连总督哈定都不得不承认，整个印度被英国作战部"搜罗一空"。

自然，殖民政权所有的"捐赠"都被转嫁到印度人民头上。税收猛增，1914~1915年度至1918~1919年度，税收总额从8110万英镑增加到12330万英镑，增长50%以上。对日用必需品首先是食盐课征重税，大大加重了人民负担。

用发行公债来广泛吸收印度有产阶级的游资，是获得现金的另一办法，为了抵补第一次献金，发行了两次战时公债。第一次"馈赠"战时贡献的结果，使印度债台升高了30%，到战争末期达37000万英镑。

实行通货膨胀是战争后期殖民掠夺的主要方式。从英国运来大量白银，铸造成货币发行，用来购买输出物资。1918年还向美国借贷2亿盎司白银，

① S. K. 森：《塔塔家族》，加尔各答，1975，第45页。

使通货膨胀更为加剧。

战争爆发之初，印度经济发展受到严重影响。由于已经建立起来的外贸关系突然被打乱（英印贸易急剧减少，德国不再是贸易伙伴），农产品输出急剧减少，农产品价格暴跌，农民货币收入减少，民族工业产品的国内市场大大缩小，加之工厂生产过程所需的某些辅助材料（如纺织业的化学品）进口困难，战前就已开始显现的印度企业危机更加严重，直到 1915 年底才得到缓解。英国要求印度大量供应战争物资，改变了输出不振的状况，但也造成国内某些原料的涨价，增加了成本，使市场上的销售发生困难。交通运输状况恶化也成了大问题，因现有运输设备被用来调运战争物资，民族工业的原料和产品常常积压，贻误生产。而最主要的也是无法克服的困难，就是得不到修复磨损机器所需要的零部件和建设新工厂所需要的机械设备。所以，整个战争时期，增加的设备和新建工厂的数量都很少。

但是，战争的爆发和持续却也给印度工厂、企业带来了好处：来自英国产品的竞争削弱了，军事订货和供应军需扩大了企业的国内外销路；农产品原料价格总体上下跌；由于进口货减少，工业品价格上涨；等等。这一切都刺激了生产的发展。

大战期间，在印度（包括土邦）登记的股份公司（包括英资和印资）由 2545 家增至 2789 家，资本额由 8.07 亿卢比增至 10.661 亿卢比。大量公司是从事贸易的，也有些开办了工厂、企业，但由于进口设备困难，大多只能建立小工厂。大战中新建工业重要的有化学、电力等。

大战中受益最大的是现有的主要工业部门——黄麻纺织业、棉纺织业和钢铁业。这些部门得到的军事订货最多。黄麻纺织业供应麻袋、炮衣、帐篷、绳索等，需要量非常大。1913~1914 年度，印度共有 60 个麻纺织厂，纱锭 691800 枚，织机 33500 台，工人 208400 人，到 1916~1917 年度，工厂增至 74 个，纱锭增至 824300 枚，织机增至 39600 台，工人达 262500 人。1913~1914 年度，黄麻业实收资本 7930 万卢比，到 1918~1919 年度增至 10640 万卢比。1918~1919 年度产量比 1914~1915 年度增长了一倍。黄麻厂都是英国人办的，源源不断的订货给它们带来极为丰厚的利润。1915 年利润率为 58%，1916 年为 75%，1917 年为 49%，1918 年为 73%。1914~1918 年，棉纺织业工厂由 271 家减为 262 家，纱锭由 660 万枚增加到 680 万枚，织机由 104000 台增至 116000 台，工人由 26 万人增至 28.2 万人。织机较大增加，多为战前已购置安装，战争时期投入使用。但是，促使战争中产量提高的主要因素是最大限度地利用现有设备，延长劳动时间。布匹产量1914~1915年度为11.76亿码，1917~1918年度增加到16.16亿码，几乎增长1/3。印度棉布在全印棉织品总消费量中所占比重1911~1912年度为23%，1916~1917年度上升到35.4%。同期进口布比重由52.9%降至48.3%。棉纺织厂主获得了巨额利润。1905~1915年平均每年股息为10.5%，1915~1922年达53%，上升了42.5个百分点。塔塔钢铁公司因有军事订货保证销路，便在现有设备生产能力下开足马力生产，1916年生产了147500吨生铁、139500吨钢、98700吨钢材。虽然政府包购其产品，但收购价压得很低使其蒙受约6000万卢比的损失，公司获得的利润仍是非常可观的。1912~1916年，公司净利润2350.9万卢比，已超过股份资本额，而1917年以后的几年，年利润高达1000万卢比以上。财源滚滚的塔塔家族，用赚得的利润在1916年和1919年又相继建立了安得拉河谷供电公司和塔塔电力公司。连同战前建立的塔塔水电公司，这三家发电公司垄断了印度中部、西部部分铁路干线及孟买地区工厂、城镇的照明用电的供应。塔塔家族拥有的纺织厂、水泥厂也都获得很高利润。塔塔财团作为印度近代第一家财团此时已经形成。

大战中供应战争物资也刺激了商业的发展。原来在出口贸易上占支配地位的英国大商人，此时成了战争物资的主要供应商。印度少数大商人也利用这个机会更多地插足出口贸易，寻求更大发展。构成近代印度另一最大财团的比尔拉家族，就是在大战中靠经营黄麻、棉布出口而奠定其庞大资产的基础的。这个家族属马尔瓦利人，19世纪50~70年代在孟买经商，后迁至加尔各答，1898年创办了进出口商行，并充当英人开办的安德鲁·尤尔公司的黄麻掮客，与英国、中国、日本以及东南亚国家都有贸易往来。大战开始后，比尔拉家族抓住时机扩大黄麻、棉布和其他商品出口，成了印度三大黄麻出口商中唯一的印度商人。四年战争中，其资产就从200万卢比猛增到800万卢比，这使其有充足的资金在战后投资办工业。大战期间，由于进口货减少，印度国内的商业联系加强，各省间的商品流转额战前平均每年为5.46亿英镑，1917~1918年度增加到6.84亿英镑，1918~1919年度增至8.13亿英镑。仅这部分（还不包括省内贸易）就超过了对外贸易额1.5倍，这表明国内商品货币关系有了进一步发展。国内贸易并不都是收购、转运出口物资。它的范围更宽，包括销售印度工厂产品和各地互通有无。在印度内贸领域，印度商人占主要地位。印度工业家在积累大量货币资本后无法扩大再生产，许多人就把资金用在扩大贸易上。

大战期间得到一定发展的民族资产阶级，进一步意识到了自己的力量和作用。为了巩固已取得的地位并争取获得进一步发展的有利条件，他们开始要求得到制定经济政策的权利，进而在政治上开始要求印度自治（自治领地位）。1905~1908 年斗争高潮中，他们接受自治要求是勉强的，如今则是自觉的，并希望战后不久能够实现。大战结束不久，参加财政委员会的五位印度社会活动家和资本家在该委员会的报告中特别提出了这个看法。他们写道："我们愿意指出，印度早就存在实现工业化所必备的一切。如果在 30 年前印度就实行保护关税政策，如果让印度同样获得像有自主权的自治领所拥有的规定财政政策的自由权利，那么到现在，印度在工业化方面一定已经有了长足的进步，而不至于像目前我们看到的这样依然处于经济落后状态。"① 这段话虽然是 1921 年说的，但它反映了大战后期资产阶级态度的变化。

资产阶级在战争时期得到了好处，劳动人民的生活状况却更加恶化。经济作物输出减少使农产品价格下跌，而进口商品减少则使工业品价格上涨，收入大大降低的农民因这两类产品价格差距的扩大而饱受痛苦。大战期间英国大量输出粮食使粮价不断上升，非粮农固然深以为苦，粮农也得不到好处，因为地主和商人高利贷者压价收购，操纵市场，尽夺其利。城市人民深为物价高涨和税收加重所苦，商人囤积居奇，投机倒把，更造成市场紊乱和生活必需品的匮乏。大战期间，农业连年歉收。1918~1919 年度粮食减产 2000 万吨，政府照样征税，照样出口，结果形成了全国性的大饥荒。瘟疫随之流行，在北印度、中印度、西印度尤为严重。1918 年 6 月至 1919 年 6 月一年间，饿死病死者就达 700 万人，群众的处境苦不堪言。大战开始以后，当局实行严格的战时管制，群众的任何反抗行动都被说成是"破坏国防"而受到严厉镇压。尽管如此，从 1917 年起，工农群众还是自发地开展了争取改善经济地位的斗争。这年，铁路工人、纺织工人、邮政工人都举行了罢工，工资稍微得以提高。受灾农村地区的民众要求减免税收，有些地方甚至发生了饥饿暴动。

① 《印度财政调查委员会报告》，伦敦，1912，第 17~18 页。

二 国大党、穆斯林联盟对战争的态度

对英国对德作战和把印度拖入战争，国大党和穆斯林联盟都抱支持态度。

国大党温和派支持英国作战不难理解，自国大党分裂后，他们一直坚持以效忠换取改革的立场。1914 年 12 月他们把持的国大党在年会上通过决议说，英国政府应考虑“印度人民在目前危机中所表现的高度的明确的忠诚”，“采取适当措施，承认印度为帝国联邦的一个充分自由地享受应有的一切权利的组成部分”。这就是说，在新的条件下，他们要以支持英国作战的效忠行动换取英国在印度实行进一步的宪政改革。决议中连要求自治领地位都没有明确提出，表明他们政治上的怯懦。

极端派也支持英国作战，这在当时是令人震惊的。其实不奇怪，他们持这种态度有其一定的理由。1914 年 6 月，在饱受六年铁窗折磨之后，提拉克回到浦那，但仍处于警察的严密监控下。提拉克要重新投入斗争，但不为当局所允许。第一次世界大战爆发后，他认为形势变了，斗争策略应该做相应的改变。大战前夕，即 8 月 27 日，他以致《马拉特人》报编辑部公开信的形式发表宣言，指出这次大战是德国挑起的，德国是比英国更具侵略性、更残暴的国家；在英德两雄相争中，没有印度自立的余地，如果英国失败，德国就会取代英国统治印度，那对印度人民来说是更坏的结局。他呼吁在这种新形势下，所有印度人应一致帮助处于困难中的英国，打败德国。还讲到战争时期可以和政府合作，实行改革，争取战后达到自治目的，并表示相信英国会以德报德，战后允许印度自治。这个宣言固然是在被监视的情况下为争取获得行动自由而付出的代价，但也确实反映了提拉克对大战的性质和在新形势下印度民族主义力量应采取的态度的看法。出狱之后，他看到民族队伍已被殖民者镇压和收买，支离破碎，在一个时期内，重新发动革命运动已无可能。他认为，现实唯一可行的办法，是助英取胜，通过帮助英国渡过困境，使它能在战后允许印度自治。提拉克的愿望是真诚的，不过他的认识并不正确。英国参战，和德国一样也是抱着帝国主义目的。它和德国同是这场世界大战的挑起者，都是为了争夺殖民地，维护自己的世界霸权。提拉克对战争性质的判断显然是错误的，美化了英

帝国主义。但他制定的方针反映了当时的实际情况。这当然迎合了英国的需要，是英国当局求之不得的。他也因此获得了行动自由。

这个新方针得到了分散在各地的极端派的普遍赞同。这不是偶然的，反映了国大党分裂后极端派政治热情的退潮。大战前几年，除提拉克一直关在曼德勒监狱外，其他领导人大都出狱了。奥若宾多·高士出狱后虽未立即断绝政治活动，却转到宗教立场，声称神给了他新的使命：促进人的精神进化。1910 年，在得知当局打算再次迫害他时，他逃到法属本地治里，从此不问政治，成为潜心实践瑜伽的宗教神秘主义者。比·帕尔坐了半年牢，国大党分裂后去往英国，参与国外印度革命者的宣传活动。这时他的观点也发生了重大变化，认为印度独立思想“是危险的自杀的想法”。1911 年 9 月，在离英回国前，他宣布：“如果神要我在印度绝对独立和帝国范围内自治这两者间做一选择，我会毫不犹豫地选择后者。”① 至于拉·拉伊，在国大党分裂后，他还是坚持留在温和派把持的国大党里，赞同温和派制定的新党章。1913 年他参加一个国大党代表团到英国活动，后去美国，1920 年才回国。1915 年他在一本小册子中写道：“我在英国的逗留和我的经历使我对印度的政治前途很悲观”，“我倾向于认为，现在在印度，任何人进行任何建设性的工作，都是不可能的”。② 比·帕尔和拉·拉伊在国外时，那里的印侨革命组织都曾主动找他们联系，希望合作，但都被他们拒绝。如果我们把提拉克上述公开宣言也考虑在内，那就可以说，极端派所有主要领导人的观点都从“四点纲领”后退了，尽管后退的原因不尽相同。极端派领导人观点的改变反映了小资产阶级的软弱性和动摇。此外，他们所代表的小资产阶级上层在司瓦德西运动后经济地位上升，更倾向于追随资产阶级。阶级基础的这个变化也不能不在其代表人物的政治态度上有所反映。

极端派支持英国作战和温和派一样不遗余力。提拉克甚至志愿担当起动员印度青年参军的任务。“英国的困难就是印度的机会”成了风行一时的口号。他们和温和派如果说还有什么差别，那就是他们虽不再提独立要求，但坚持主张战后印度应该得到自治领地位。

---

① M. N. 罗易：《转变中的印度》，日内瓦，1920，第 199 页。

② 拉吉帕特·拉伊：《对印度政治局势的反应》，拉合尔，1915，第 47~48 页。

穆斯林联盟领导人对战争的心情是矛盾的。从泛伊斯兰主义的角度考虑，他们是不愿意同土耳其作战的，但是为了换取未来印度的改革，赢得当局对穆斯林要求的让步，又不能不违背心意这样做。作为一种精神上的自我安慰，他们要求英国当局答应在取得胜利后不损害哈里发的地位。

印度民族主义力量为支持英国作战，把它描绘成“正义事业的维护者”“弱小民族的救星”。人们争先恐后，各尽所能，都要利用这个效忠机会贡献力量。这使英国也感到意外。英国当局得意扬扬地炫耀印度的“忠顺”。1914 年国大党在马德拉斯举行年会时，马德拉斯的英国省督亲临会场表示对国大党的赞赏和感谢。

三　秘密革命组织策划发动武装起义

大战时期，在民族运动中，对英国殖民统治者持反对态度的唯一有组织的力量，是秘密革命组织和国外的印度革命组织。他们不但不支持英国作战，相反，提出要利用英国的困难处境，不失时机地发动武装起义，推翻英国统治。他们也说“英国的困难就是印度的机会”，然而，同一个口号由他们赋予的含义与极端派的解释正好相反。

秘密组织是付出了沉重的血的代价才认识到个人恐怖手段的无益的。战前在北印度散发的一份传单中说，即便谋刺了一个总督也“只能使暴君震惊，而不能使你们达到预期目的”。传单号召革命者不要白白浪费宝贵时间，要为“伟大的革命事业”做“真正必要的工作”。[①] 警察查获的巴里萨尔社的文件也指出，不应再进行有害无益的暗杀活动，而应准备进行公开的武装起义。[②]

由于殖民当局的残酷镇压，到大战前夕，还存在秘密组织的地区主要是旁遮普、联合省和孟加拉。旁遮普只有一些小组，力量微弱。联合省以贝拿勒斯为中心的青年社继续发展，在许多城市建有分支。1914 年，谋刺总督哈定行动（1912）的领导者、被通缉的拉希·比哈里·鲍斯应邀秘密来到贝拿勒斯担任青年社领导，使这个组织面貌一新。拉·鲍斯已放弃个

① 《近代评论》1966 年 3 月，加尔各答。
② 《泰晤士报》1913 年 6 月 6 日。

人恐怖策略，转到积极准备武装起义的立场上。在孟加拉，还保有较多秘密组织。东孟加拉的进步社还在继续活动，西孟加拉至少存在 10 个以上不大的秘密组织，它们形成一个松散的联盟，叫“朱甘达尔党”，领导人是贾廷·穆克吉。东、西孟加拉组织间有一定程度的合作，战前都已从主张个人恐怖转到主张武装起义的立场上。

大战前夕，国外的印度革命组织也进入了准备武装起义的轨道。在这方面做出了最大贡献的，是卡德尔党。它是著名的印度革命家哈尔·达雅尔在美国积极促进建立的印度侨民革命者的组织，正式名称为“太平洋岸印度人协会”，1913 年 4 月 21 日成立，本部在旧金山，因出版《卡德尔》报（《起义》报）而得名。哈尔·达雅尔是一个思想激进的爱国者，富有革命热情。1907 年由伦敦回国参加斗争，因形势变化未能立足，只好再度出国。1911 年到美国。当时在美国的印侨因受当地上层的种族歧视，深感殖民地的印度人地位之屈辱，产生了联合斗争的要求。哈尔·达雅尔和别的革命者一起，因势利导，促进了卡德尔党的建立，并担任这个组织的秘书长，负责主编《卡德尔》报。党的许多重要决议都是他起草的。关于党的斗争目标和道路，在他起草的章程中规定为：“以武装革命推翻英国殖民统治，建立自由平等的共和国。”① 关于当前的具体任务，规定为：宣传民族革命和武装起义思想，培训革命者，为未来的起义做各种准备。卡德尔党处在国外，能够成为公开的组织。它以广大印侨为基础，完全摆脱了宗教色彩。它的领导成员包括各种宗教信仰者：主席苏哈·辛格·巴哈克那是锡克教徒，秘书长哈尔·达雅尔是印度教徒，另一领导成员巴拉卡杜拉是伊斯兰教徒。《卡德尔》报以多种文字出版，使卡德尔党的主张在世界各地的印侨中得到广泛传播。大战前，卡德尔党已在美洲、亚洲、欧洲数十个国家（包括中国）建立了支部。1914 年哈尔·达雅尔因受美国政府迫害离美赴欧，党的领导工作由拉姆·钱德拉接任。

巴黎印侨革命中心也积极为未来的武装斗争做准备，主要是通过报刊、小册子宣传武装起义思想。第一次世界大战爆发前，受法国当局迫害，这个中心瓦解。卡玛夫人和拉纳被监禁，其余领导人或转到柏林，或转到瑞士。

---

① 德奥尔：《卡德尔党在民族运动中的作用》，德里，1969，第 58 页。

在柏林，形成了一个新的印侨中心。1914 年秋建立了印度之友协会，1915 年改组为印度独立委员会，出版了周刊《剑》，主要领导人是札多巴塔雅、布·达多、恰·皮莱等，哈尔·达雅尔来柏林后也参与领导。印度革命者和德国政府签订了双边协定，其中规定德国政府向印度革命者提供武器和经费，为印度革命者的活动提供方便和支持。德国方面的全部花费作为贷款，在印度独立后如数偿还，印度革命者要利用英德矛盾为己服务，德国当局同样要利用印度革命者在英国后院点火，以削弱英国的作战能力。

大战开始后，国内外革命组织一致认为发动起义的时机到了，并立即开始具体筹划工作。卡德尔党、印度独立委员会和国内秘密组织总的行动计划是：由卡德尔党向国内输送革命者；由印度独立委员会和卡德尔党从德国方面得到经费，购买武器，秘密运到印度；国内的秘密组织积极做起义的安排，在得到武器后立即组织起义。

卡德尔党大力推行输送革命者回印的计划，响应非常热烈。党的成员和领导人踊跃报名要求回国。一批党的骨干，包括党主席巴哈克那被选派回印担任领导。1914 年底，已有 4000 人从美洲回印，还有 2000 人准备在起义爆发后回来。尽管有近 3000 人（包括巴哈克那）回来后就被捕或在家乡遭到软禁，但还有一大批革命者巧妙地避开敌人的盘查，分散到各地，以饱满的热情投入工作，补充了秘密革命者的队伍。回来的革命者中锡克教徒居多，所以很大部分到了旁遮普，充实到原来的秘密小组中或另建新的组织。也有些人加入了贝拿勒斯的青年社。这些秘密组织一面发展成员，扩大组织；一面大力做军队策反工作。在米鲁特、康浦尔、阿拉哈巴德、费扎巴德、贝拿勒斯和勒克瑙的驻军中，都有秘密组织派去的人员活动。在旁遮普，革命组织在拉合尔、拉瓦尔品第、菲鲁兹普尔等地驻军中开展工作。菲鲁兹普尔的驻军军官和秘密组织约好里应外合进攻军械库。拉合尔的第 23 骑兵团已约定准备参加起义。

印度独立委员会和卡德尔党积极执行购买和偷运武器的计划。有几次这样的重大行动，但没有一次成功。国内的革命组织原希望很快得到武器和经费，可是直到 1915 年初，未见一枪一弹运到。

大战初期是英国统治最困难的时期，也是起义最有利的时期。为不致错过这个机会，北印度和旁遮普的革命组织决定不等武器运到就开始起义。

1915 年 1 月，贝拿勒斯秘密组织青年社领导人拉希·比哈里·鲍斯和维·平格莱（卡德尔党骨干）来到旁遮普的阿姆利则，会见了这里的革命者，召开了会议，决定于1915年2月21日（后改为2月19日）发动旁遮普和北印度总起义。在拉合尔设立了指挥中心。计划在规定起义的日子，北印度驻军同时操戈，消灭英军，夺取武器库，切断电线，接管国库，打开监狱，释放政治犯，然后建立革命政权。各秘密组织派得力成员分头到各地和各驻军单位布置，并派专使告知孟加拉秘密组织，后者答应供给炸弹并做了配合性的安排。就在准备工作顺利进展之际，一个钻到秘密组织内部的暗探向当局告密。当局立即在拉合尔等地实行大逮捕，并把驻军调离。秘密组织的大批骨干被捕，整个组织遭到破坏，起义计划便以流产告终。拉希·比哈里·鲍斯虽逃脱了逮捕，但不得不流亡国外。殖民当局对革命者实行残酷镇压，进行了长时期的歇斯底里的审讯，有42人被判死刑，207人被判流放和各种徒刑。这就是臭名昭著的“拉合尔审判”。

1915年2月北印度总起义计划失败后，剩下的最有力量的秘密组织就是孟加拉的朱甘达尔党和进步社了。它们没有气馁，这年6月又制订了在孟加拉起义的计划。这次，起义的策划者是以贾廷·穆克吉为领导的朱甘达尔党。1915年3月，得知载有3万支枪和1200万发子弹的货船“马维尼克”号正在来印途中，这个组织就派人去巴达维亚，说服德国方面同意把这船武器交给孟加拉革命组织。贾廷·穆克吉和他的助手立即制订了孟加拉起义计划，并在预定的交货地点赖曼加尔秘密潜藏，准备接收。然而，这艘船一直未到，革命者望眼欲穿。就在等待期间，英国当局发现了整个起义计划。秘密组织被破坏，许多重要的领导人被捕。贾廷·穆克吉及几位助手的潜藏地也被发现。在抗击警察追捕的枪战中，贾廷·穆克吉身受重伤，被俘不久后牺牲。他的几个助手或牺牲，或被捕。就这样，孟加拉起义计划又告流产。接着，照例是对大批革命者的审讯、判刑、绞死……

革命者在法庭上、在绞架前，视死如归，大义凛然，表明了印度人民争取自由的意志是压不倒的。例如，在拉合尔审判中，维·平格莱和卡塔尔·辛格宣布，他们就是起义计划的策划者。法庭庭长要他们考虑后果。卡塔尔·辛格说：“什么后果，先生！你无非要把我处死，我不怕这个。我的唯一抱负是看到我的祖国获得解放。”① 法庭宣判那天，革命者唱着歌昂

① 达马·拉维：《哈尔·达雅尔和他那时的革命运动》，1970，第210页。

首阔步走上法庭，并一起做了最后祈祷。祷词说：“啊，母亲，我们没有能挣断您的镣铐。如果我们中谁还能活着，他将为了您的光荣、自由和印度人的平等继续斗争到底。”① 当审判官宣布他们中21人被判死刑后，他们全体以跳舞来回答，让敌人知道能为国捐躯是他们的莫大光荣。行刑官在临绞死维·平格莱时问他还有什么希望，他昂然回答道，我的唯一希望是“我们坚定地为之牺牲的使命能够实现”。② 阿西卡奎拉汗在走上绞架前留下一封致同胞书，其中说，想到自己是七千万印度穆斯林中第一个为印度自由而被绞死的革命者，他感到非常骄傲。他说迄今他家没有为印度自由做出牺牲，现在这个污点洗清了，他热烈祝愿印度独立，同胞幸福。③ 革命者字字铿锵的豪言壮语，以及这种气贯长虹的牺牲精神，给人民群众留下了宝贵的精神遗产，为印度民族运动史增添了光彩。

两次筹划起义失败使秘密组织几近全部瓦解。国外革命组织也遭重大挫折，卡德尔党一再受到迫害，损失很大。柏林的印度独立委员会在大战后期也告瓦解，国外革命者又重新分解为许多小集团，再也没有形成统一的力量。

这样，民族运动中主张以武装斗争取得印度独立的一翼的一次认真的努力便以失败告终。

四　自治运动的兴起

国大党温和派及暂处党外的极端派对秘密革命者筹划武装起义的做法都不赞同，但都认为他们是值得尊敬的爱国者，并谴责殖民当局残酷镇压。秘密革命者的勇敢行动对他们中一些人，特别是极端派起了鼓舞作用，这种作用不久就在自治运动的兴起中得到体现。

国大党温和派、极端派在积极支持英国作战的同时，都指望英国当局会对印度人民的善意迅速做出应有的反应。然而，他们注意到，伦敦决策者在欣然领受印度的支持后，却丝毫无意对英国在印度实施宪政改革的时

---

① 达马·拉维：《哈尔·达雅尔和他那时的革命运动》，第210页。

② 达马·拉维：《哈尔·达雅尔和他那时的革命运动》，第215页。

③ 苏·乔德哈里：《印度民族主义的发展（1857~1918）》第1卷，新德里，1973，第222页。

间表做重大改动。在一阵充满希望的效忠热情过后，有些领导人开始清醒过来，认识到想让英国以德报德是不可能的。在秘密组织斗争的鼓舞下，他们感到要实现印度人民期望实现的目标，不能光靠效忠和坐等，而要行动，要斗争。最先醒悟的民族主义者包括提拉克，在发动自治运动这场新的斗争中，又是他起了最突出的作用。

在战争时期，提出独立的要求是当局不允许的，恢复群众运动的可能性也不存在。如果要在法律范围内行动，唯一的可能是开展以争取自治为目标的宣传鼓动。鉴于爱尔兰自治同盟在宣传鼓动上很有成效，当局欲镇压而不能，结果影响日益扩大，提拉克决定以它为榜样，在印度建立争取自治同盟，开展争取自治的鼓动。在当时的情况下，摆在他面前的第一位的任务，是把分散的极端派重新集结起来，作为开展新的斗争的依靠力量。由于先前联结全国极端派的纽带已经断裂，他不可能在全国范围内做这一工作，于是就首先在他所在的孟买省和邻近的中印度进行。

提拉克的想法得到他的主要助手的赞同。在一次民族主义者会议上，由孟买省极端派领导人巴布蒂斯塔出面，首先提出建立自治同盟的建议，反响热烈。1915 年 12 月，在浦那召开了孟买省、中央省和比拉尔民族主义者会议，由提拉克主持，正式讨论建立自治同盟和开展自治鼓动的可能性，得到绝大多数人的赞同。在做了充分准备后，1916 年 4 月 28 日，自治同盟正式成立，巴布蒂斯塔任主席，克尔卡尔任秘书。提拉克不便担任正式职务，但不用说，他是这个组织的灵魂。同盟章程规定，其宗旨是用一切宪政手段争取实现在英帝国范围内的自治，并为此目的动员和组织这个国家的公众舆论。提拉克不顾当局的威胁，去了很多地方巡回演讲。他大声疾呼：实现印度司瓦拉吉的时刻来到了，“我们今天所缺少的就是这个。一旦我们得到了司瓦拉吉，其余的事情就能由我们自行安排了”。[①] 还说自治的实现不会自动发生，必须积极起来争取。自治同盟在马哈拉施拉特、孟买、中央省、卡纳塔克、比拉尔等地建立了 6 个支部。原来这些地区的极端派成了各地自治同盟的主要领导人和参加者。同盟在成立不久就出版了 6 本马拉特语小册子、2 本英文小册子，售出 47000 份。

大约与此同时，马德拉斯神智社领导人、英国人安妮·贝桑特也同样

① R. C. 马宗达：《印度自由运动史》第 2 卷，第 366 页。

在南印度酝酿建立自治同盟，开展争取自治的鼓动。贝桑特夫人是新近参加国大党活动的。她曾经把这个设想提交温和派控制的国大党 1915 年年会讨论，希望得到支持，但毫无结果。在几经迁延之后，她终于在 1916 年 9 月自行建立了全印自治同盟，并很快在印度南部、东部、北部许多地区建立了分部。到 1917 年 3 月，成员有 7000 人。他们也大多是原来各地的极端派和新毕业的青年学生。从政治上说贝桑特夫人当时持激进自由主义观点。她并不隐讳，她的活动不只是为印度着想，也为英帝国利益着想，而且归根结底对英国更有利。她说，只有让印度获得自治，它才能坚定地支持英国的战争，“英帝国的命运取决于印度，因而给它自治使之满足是最明智的政策和最谨慎的行动”。[①] 她的态度较激进，在国大党内受到欢迎，她也成了风云一时的人物。

两个自治同盟参加者的主体由于同为极端派，因而在行动上能相互配合、相互支持。提拉克与贝桑特夫人建立了密切合作关系。贝桑特夫人的主要宣传工具是她和她的助手创办的《新印度报》和《公益报》，提拉克则继续以《狮报》和《马拉特人》报为宣传阵地。两个组织都要求英国当局战后立即实现印度自治。

自从 1905～1908 年运动被镇压后，人民已经很长时间没有听到要求自治的呼声了。大战开始以来鼓噪一时的，是对英国统治的美化和表示效忠的声音。当以提拉克为代表的极端派重新吹响争取自治的号角，是多么令人振奋！其实，自治运动的宣传内容并没有什么新的东西，和 1905～1908 年运动中的宣传鼓动比较起来要温和得多。但时期不同了，客观条件不同了。在经过令人窒息的沉闷局面后，即便提出这种并不太激进的口号，也是春风化雨，同样润人心田。一时间，两个自治同盟都得到迅速发展。一些持温和派观点的人，一些穆斯林中上层知名人士也参加进来。提拉克的自治同盟在成立头一年，成员就发展到 14000 人，还有更多的同情者和支持者。连总督都惊恐地说，自治运动“吸引了很多迄今观点并不太激进的人，这个鼓动对全国公众的思想感情产生了极有害的影响”。[②] 总督参事会内务部在一份秘密报告中也说：“局势是严重的，温和派领导人在其影响的各阶

① 安妮·贝桑特：《新印度建设者》，伦敦，1917，第 75～76 页。

② R. C. 马宗达：《印度自由运动史》第 2 卷，第 372 页。

层中已得不到支持，后者都成了提拉克和贝桑特夫人的支持者。”① 殖民当局用种种办法限制提拉克的活动，如阻挠他率自治同盟代表团赴英活动，禁止他到外省开展工作，责令他为自己的报刊“不进行有害鼓动”缴纳巨额保证金，没收保证金等。由于都不见成效，1916 年下半年，当局黔驴技穷，再次故伎重施，以叛逆罪对提拉克提起公诉，但因缺乏法律根据（提拉克的活动未超出法律范围）未能如愿以偿。殖民当局惧怕的，还不是这个运动本身。这个运动毕竟只是一种政治鼓动，参加者主要是资产阶级、小资产阶级及知识分子，其声势、规模远不及 1905～1908 年运动。他们怕的是这个运动会在下层群众中重新造成影响，从而为极端派重新与下层群众结合或下层群众自发起来反抗提供土壤。

五　国大党的重新统一

提拉克非常希望极端派重进国大党，实现国大党两派的统一。因为国大党毕竟是印度唯一的全国性的资产阶级政治组织，而提拉克一直主张把它变成一个全民的反殖民统一战线组织。当初极端派被迫离开国大党，他就很不情愿，但不能放弃原则，接受温和派制定的新信条。他不去单独建立政党就是希望有朝一日能回来。如今，在他和他领导的极端派在原则上与温和派已经没有多大差别的时候，他更感到没有理由留在国大党外，让国大党由温和派把持而无所事事。他痛心于温和派领导人思想僵化，使国大党成为一潭死水，希望彻底扭转这种局面，把这个死组织变活。他认为，正在开展的自治鼓动需要国大党领导，以扩大其影响面，而国大党也正可以从自治运动中汲取力量，重获生机。只要温和派接受自治鼓动，以此为契机，就可以实现两派重新统一。这一想法得到极端派多数人的赞同，但也有些人不同意。有人认为重进国大党是个“耻辱”，有人则认为，与温和派统一是重新给自己带上镣铐，限制自己的活动自由。提拉克耐心地向他们解释，说明这是团结斗争的需要，是考虑全局利益的需要，终于使极端派达到了认识上的一致。

国大党重新统一的呼声在温和派一般成员中也出现了。在国大党年会

---

① 卡马卡尔：《提拉克》，第 260 页。

上，在报刊上，越来越多的人提出这个问题。他们说，极端派开展的自治鼓动，温和派没有理由不赞成，况且极端派已放弃抵制策略，国大党分裂的理由已不复存在。因此，当贝桑特夫人出面就重新统一问题在两派中斡旋时，得到温和派多数人的扶持。只有少数领导人如梅塔、郭克雷等持僵硬的反对态度。1915 年梅塔、郭克雷相继去世，统一的道路廓清了。国大党相应地对章程做了修改，以便极端派重新加入。1916 年当国大党年会在勒克瑙开幕时，两派统一终于实现。提拉克在主席台上出现受到极其热烈的欢迎。雷鸣般的掌声伴随欢呼声响彻会议厅，经久不息。出席这次年会的代表有 2310 人。

从这次年会起，提拉克成为国大党最负众望的领袖。国大党宣布完全赞同自治同盟的活动，这促进了自治鼓动的进一步发展。从重新统一之日起，极端派、温和派的区分也就消失了。提拉克领导国大党直到 1920 年他去世。这段时期被称为提拉克时代。

国大党重新统一的实现归根结底反映了资产阶级的要求。这个阶级在大战中得到了经济实惠，力量有所发展，开始把要求自治作为实践目标来考虑。这是它在政治要求方面向前迈进的一步。正是适应这个需要，它必须在政治上统一自己的力量，重新修复国大党因温和派政策而破产的全民利益代表者的形象，以对殖民当局施加影响，并巩固对群众的控制。统一之所以能实现，一方面是因为极端派自大战以来已退到资产阶级立场上，失去了小资产阶级政治派别的属性；另一方面是因为温和派受他们推动，也有了前进一步的要求。两派统一正是在这个新的基础上的重新结合。

国大党统一对印度民族运动的发展具有重大意义。由于统一，它又重新振作起来，重新获得了力量，重新成为领导全国运动的中心，这就为战后掀起民族斗争的新高潮准备了条件。

六 国大党与穆斯林联盟的合作

就在 1916 年国大党两派重新统一时，国大党与穆斯林联盟也第一次实现了合作，在双方年会上，同时通过了共同制定的行动纲领——《勒克瑙协定》。这是印度民族运动史上又一重大事件，其意义可以和国大党重新统一相媲美。

两大组织合作的实现是双方共同努力的结果。穆斯林新兴资产阶级代表在这方面起了非常突出的作用。

1913 年穆斯林联盟通过新盟章后，两个组织的私下接触增多。1915 年 12 月，国大党预定在孟买召开年会。真纳要求穆斯林联盟也在同一时间在孟买举行年会，以便两大组织领导人建立直接接触。这一创造性的建议受到穆斯林联盟、国大党双方的热烈赞赏，但也受到宗教正统派的反对。真纳努力说服穆斯林联盟内的反对派。他呼吁说：穆斯林联盟和国大党都确立了自治目标，“难道我们不能埋葬我们的分歧，形成一个统一战线吗？……那将使印度教的朋友们更尊重我们，使他们觉得我们更有资格和他们并肩站在一起”。[①] 1915 年 12 月 30 日，穆斯林联盟年会在孟买召开。国大党领导人苏·班纳吉、瓦恰、安妮·贝桑特、奈都夫人和刚从南非回国的甘地，同真纳及年会主席玛扎哈尔·哈克一起坐在主席台上。这是自两大组织成立以来国大党领导人第一次参加穆斯林联盟年会。奈都夫人为此盛赞真纳是“谋求团结的无畏战士”。[②] 主席玛扎哈尔·哈克在致辞中批评英国政府不愿让印度处理自己的事务，结果印度得不到世界上其他国家的尊重。他最后强调，只有成立民族政府，印度人民的尊严和印度的威望才能得到恢复。会上表现出的团结热情从一位在场者的下面一段记述中即可看出，“1915 年 12 月 30 日下午出现的激动人心的场面，在历史上是罕见的。在热烈的掌声和口号声中，老资格的国大党领导人走向前去同自己的穆斯林联盟的朋友们拥抱”。[③] 殖民当局不希望看到两个组织的合作，操纵流氓恶棍到会场捣乱，但双方

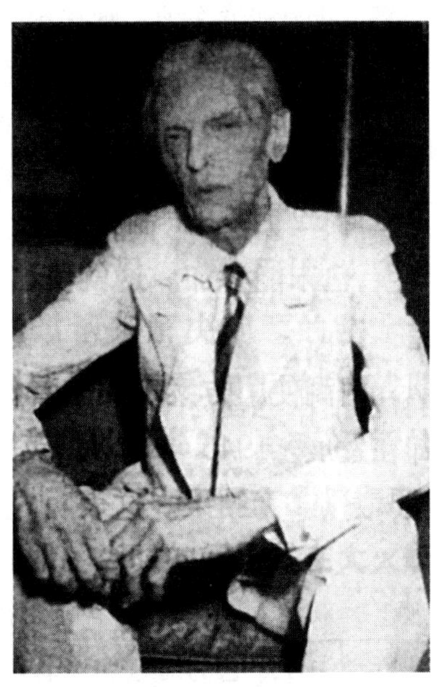

图 18-1　真纳

① 博莱索：《巴基斯坦的缔造者真纳传》，李荣熙译，商务印书馆，1977，第 81 页。
② 博莱索：《巴基斯坦的缔造者真纳传》，第 81~82 页。
③ A. A. 拉伍夫：《会见真纳先生》，拉合尔，1946，第 54 页。

团结的努力并没有因此而受损。

就在这次年会上，穆斯林联盟根据真纳提议，决定成立一个委员会，与国大党商讨制定以实现印度自治为目标的政治改革方案，作为两大组织向殖民当局提出的联合要求。国大党赞成，也相应地成立了一个委员会，与穆斯林联盟的委员会合作，共同制定方案。两大组织的主要分歧是穆斯林单独选区问题和立法会议席位分配问题。关于前者，真纳一直呼吁国大党接受。1916 年在孟买省政治会议上，他说："就我所知，分区选举不是一个政策问题，而是穆斯林的需要。为了把穆斯林从长期麻木沉睡的状态中唤醒，分区选举对他们是必不可少的。因此，我呼吁印度教的兄弟们，在目前情况下应该争取穆斯林的信任。穆斯林在全国毕竟是少数。"还说："印度问题的核心就是要用民主政权来代替官僚政权。这一目的只有通过印度教徒与穆斯林的团结才能实现。"① 以往国大党在这个问题上持强硬反对态度，没有协商余地。这次国大党领导人认为，从全局利益着想，在这个问题上可以让步。两个委员会经过充分讨论达成协议，同意实行穆斯林单独选区制，并逐省拟定了穆斯林在立法会议中占有席位的比例。总的原则是，穆斯林占人口多数的省，其席位比例略低于人口比例；穆斯林占人口少数的省，其席位比例略高于人口比例。两个委员会联合制定的方案须经双方年会批准。

1916 年 12 月，国大党和穆斯林联盟同时在勒克瑙举行年会。这时，极端派回到国大党，年会主席是阿姆比卡·马宗达；在穆斯林联盟方面，真纳当选年会主席。两个年会都批准了改革方案，即著名的《勒克瑙协定》。其要点是：重申印度人民的斗争目标是实现自治；提出了一系列具体的改革要求，如扩大立法会议权限、提高民选成员比例等；在立法会议选举问题上，双方达成的协议也包括其中。这个改革方案实际上是两个组织的共同行动纲领。它的通过意味着印度在实现民族团结的道路上迈进了一大步。这是具有战略意义的进步，正如真纳在评价时所说，这个协定象征着"团结的印度的诞生"，并说："印度的未来，印度的团结和我们争取获得宪政自由的共同理想的命运，在很大程度上依赖于这个协定的实施。"②

---

① G. 阿拉纳：《伟大领袖真纳——一个民族的经历》，第 71 页。

② 卡鲁·安卡兰：《现代印度政治趋向》，第 240 页。

《勒克瑙协定》的要求虽未被殖民当局接受，但国大党和穆斯林联盟的合作开始了。这就为战后甘地支持基拉法运动，穆斯林组织与国大党共同开展不合作运动奠定了基础。提拉克的《狮报》欣慰地写道：协定的签订和国大党的统一，清楚地表明了“民族意识的增强，它融化和瓦解了所有有害于民族和社会的分歧”。接着说：“我们要正告官僚们，既然印度团结一致的声音已经向他们发出了走开的最后通牒，它的日子已是屈指可数了。”①

自然，并不是两个组织、两大宗教（印度教、伊斯兰教）所有人都赞成《勒克瑙协定》。穆斯林联盟和伊斯兰教中还有不少人对与国大党合作存疑。而在国大党和印度教中，有更多的人反对接受穆斯林单独选区制，认为这是一种“过了头的让步”，是“牺牲印度教徒利益讨好穆斯林”。提拉克对他们解释说，承认单独选区制是为了争取穆斯林“衷心支持自治的要求”，“如果没有他们的帮助与合作，我们就不能取得进展”，② 但这种解释并没有收到很大效果。所以，两个组织的合作中还潜藏许多矛盾，基础还是很不牢固的。

七 《蒙太古宣言》的发表

《勒克瑙协定》通过后，印度出现了前所未有的大好局面，国大党、穆斯林联盟一致支持两个自治同盟要求实现印度自治。两个自治同盟在勒克瑙年会后召开联席会议，有 1000 多名代表参加。贝桑特夫人、提拉克都发表了演讲，欢呼《勒克瑙协定》通过，号召两个同盟的广大成员在群众中进一步开展宣传工作，为促使当局接受协定中所提出的改革要求而努力。

自治运动在 1917 年逐渐由知识界、社会中上层向下层群众扩展，参加同盟的人越来越多。仅孟买自治同盟一个组织到 1918 年初就发展到 44000 人，贝桑特夫人领导的自治同盟在南印度马德拉斯省尤为活跃，对殖民当局漠视印度民意的态度加以强烈指责。大批青年学生支持自治同盟的观点，参加它的各种会议。1917 年夏，当局下令禁止学生参加自治同盟召集的群

① 塔曼卡尔：《洛卡马尼亚提拉克》，第 246 页。

② R. C. 马宗达：《印度自由运动史》第 2 卷，第 384 页。

众大会。当自治同盟就此举对当局提出尖锐的抨击后，殖民统治者下令把贝桑特夫人和她的助手阿奎恩达雷软禁。两个自治同盟和国大党对当局这一镇压措施立即提出抗议，提拉克还提出，如果当局拒绝撤销软禁令，就采取消极抵抗的斗争方式，直到达到目的。更多活动家，包括甘地、苏·班纳吉、真纳、马拉维亚都参加了自治同盟，并表示坚决反对当局的镇压。

英国统治者知道，印度人民的激烈情绪并不仅仅是针对软禁贝桑特夫人，而且反映了对英国拒不答应印度自治的强烈不满。为了缓和印度人民的反英情绪，保证印度对英国作战的继续支持，新任印度事务大臣蒙太古 1917 年 8 月 20 日在英国下院发表了一个重要的政策宣言。他说："国王陛下政府的政策……就是要使印度人越来越多地参与统治机构的各部门，以便在作为英帝国的一个不可分割部分的印度，进一步实现责任政府。"① 对贝桑特夫人及其助手的禁令也随之解除。国大党接着选举贝桑特夫人为 1917 年国大党年会主席，以表示对她的活动的高度赞赏。

《蒙太古宣言》的发表是印度民族斗争道路上取得的一个重要胜利。这个宣言当然不意味着英国准备很快承认印度自治，宣言连"自治"一词都没有使用；讲到目标是建立责任政府时，又规定为实现此目标要经过一系列宪政改革步骤，每一个步骤的内容及日程都要由英国政府规定。这个宣言较之印度民族主义力量要求的自治还相去甚远。在当时，起搪塞作用是主要的，并无很快实行之意。然而，这毕竟是英国政府第一次宣布要在印度逐步实现责任政府，事实上是承认了要逐步给予印度自治领地位。这表明，印度民族斗争的战略全局开始出现微妙的转折：印度民族运动的强大压力终于迫使英国转入战略上的逐步退却阶段，而在 1909 年实行立法会议改革时，当时的印度事务大臣摩莱还断然宣称，他的改革与逐步实现印度自治毫不相干。

---

① V. P. 梅农：《在印度的权力移交》，普林斯顿，1957，第 16 页。

第十九章

第一次世界大战后到第二次世界大战前印度工商业的发展

第一次世界大战后，英国虽然作为战胜国重又显赫一时，但实力已大为削弱。在工业方面，它的世界霸权地位已经丧失。在贸易和资本输出方面，也出现了美国、日本这样的强大竞争者。这种变化表现在印度，则是它的控制能力减弱，剥削印度的独占地位进一步受到挑战。从战略利益考虑，英国离不开印度的支撑。由于意识到自己的外强中干，它开始调整政策，略为放松对印度民族资本发展的压制，以便与印度资本“携手发展”印度经济，适应英帝国世界战略的需要。这样，印度工业包括民族资本工业在内，就进入了一个较快发展的时期。

一　英国殖民政权的新工业政策

直到第一次世界大战前，英国殖民政权在制定经济政策时，只是考虑如何把印度开拓成自己的商品市场和资本投资场所，从未通盘考虑（甚至从剥削角度）如何发展印度的经济特别是工业的问题。第一次世界大战时期开始发生变化。战争暴露出，一方面，印度工业不发展，一旦与外部世界的联系受阻，就会发生经济混乱；另一方面，多亏印度工业有了一定发展，才能帮助英国解决战时战略物资和军需品供应的困难。英国统治者开始从新的角度审视自己的政策，认识到发展印度工业的必要性。从军事上说，未来国际冲突加剧甚至爆发新的世界大战都是可能的，印度只有工业得到相当发展，才能最充分地起到英国的战争供应基地的作用。从经济上说，为保证英国资本有更适合的投资环境并抵御其他国家的渗透，要求印度本身有较大的工业发展，一则可以更多吸收英国投资，二则可以尽量减少对其他国家商品的需求。从政治上说，工业得到更大发展是印度资产阶级和国大党的强烈要求，为防止战后民族运动的发展，给予一定让步是必需的。1916 年 5 月，英印当局第一次任命一个工业调查委员会，考察印度工业发展的潜力，就如何充分利用这种潜力、国家应采取什么政策提出报告。当调查还在进行之际，1917 年 4 月，作为战时应急措施，成立了印度军需局，一面协调各方面对物资的需求；一面利用印度工业资源开发产品，以满足战争需要。军需局大量购买印度产品供应战争，供应行政机构和铁路，也帮助一些要建立新企业、扩大老企业的公司和私人尽量设法从国外进口设备，聘请技术人员，提供商业信息。还强调发展“关键”工业。在它的促进下，印度第一次建立了化学工业。军需局成功的活动对工业调查委员会形成自己的看法起重要影响。1918 年发表的工业调查委员会报告对印度工业发展提出两个基本建议：政府应在工业发展中起积极作用；建立相应的管理机构并发展科技力量。它的具体建议包括：国家帮助大工业，实行保护政策，帮助调查和利用资源，给予贷款和发展科技力量。还建议中央、省建立工商业部，负责规划、协调和管理。英印当局基本上赞同这个报告，但英国制造业主强烈反对。此外，印度财政上没有自主权妨碍了立即实行报告中提出的建议。但无论如何，英国经济政策的转变从这时开始了。

第一次世界大战后到第二次世界大战前，在这个新方向下主要采取的措施如下：（1）调整和建立相应机构。按照 1919 年《印度政府法》的规定，各省把工业管理作为移交部门之一，交由对省立法会议负责的工业部部长管理。总督参事会建立了工业部，起总协调作用，其职责包括制定有关政策、法规，发展技术教育，开办示范工厂等。（2）总督参事会下设立了物资购买委员会，促进政府各部门在印度购买物资，实行政府订货。（3）提高进口税（主要是为增加政府财政收入着想）。1916 年，商品进口税总税率由从价的 5%提高到 7.5%。1917 年进口棉织品税率由 3.5%提高到 7.5%，对印度工厂产品征收的出厂税税率维持 3.5%不变。1921 年，商品进口税总税率和棉织品进口税税率都上升到 11%，1922 年上升到 15%。对黄麻、茶叶、生皮开始征出口税。取消某些为印度工业发展所迫切需要的产品的入口税（如锌、某些工业设备等），以鼓励化学、钢铁等工业的发展。（4）实行保护关税。这是最重要的。战后除英货又大量输入外，日本、美国的商品也力图用倾销的办法打入印度市场。印度工业面临激烈竞争，要求实行保护关税的呼声日益高涨。1918 年工业调查委员会报告提出保护问题，因涉及财政权限，未得落实。1921 年英国政府答应英印殖民政权有财政自主权，障碍被扫除。10 月，印度事务大臣任命一个财政调查委员会调查实行保护关税的可能性。委员会发表的报告主张对有发展前途的工业实行保护。所谓“有发展前途”，指原料、市场不成问题；属急需产品，但没有保护难以发展；最初需要保护，经过一段时期可独立发展。这就是实行保护的三原则。这种政策被称为“区别保护”或“选择性保护”政策。英印政府接受这个建议，1923 年建立了关税局负责审批。结果，部分工业部门获准享受保护。它们是：钢铁业：1924 年第一个获准保护，1922 年钢铁进口税为从价的 10%~15%，1924 年上升到 33.3%，还对钢轨、鱼尾夹板、货车的生产按产量给予补助金。钢铁业面临的竞争者主要是德国、比利时，保护关税的矛头所指，是它们的产品。1927 年、1934 年两次重订税率，因为钢铁为国防急需，所以保护关税得以延续。棉纺织业：印度资产阶级早就要求实行保护关税，因进口产品中英货居多，当局迟迟未予采纳。1917 年后进口税增加，出厂税不变，1926 年取消了出厂税，这是对印度资产阶级的让步，但并不解决外货竞争问题。不仅英货，日货、美货的涌入势头也甚迅猛，对印度棉纺织业构成严重威胁。主要是出于抵御日货、美货倾销的考虑，当局在 1930 年才批准对棉纺织业实行保护关税。进口税率规定为非英货 20%，英货 15%。1931 年非英货税率上升到 31%，英货为 25%。1932 年非英货税率上升到 50%，1933 年上升到 75%。日本进行报复，抵制进口印度原棉。1934 年英日签订贸易协定，规定了双方进口额，多进口可以相应地多出口，非英货进口税率降至 50%，英货仍为 25%。造纸业：1925 年获准保护。火柴业：1928 年获准保护。制糖业：1932 年获准保护（主要打击对象是爪哇糖）。30 年代获准保护的还有化学、金线、丝纱和丝织品等工业部门。到 1939 年，受保护的部门共 9 个。保护关税减轻了外货的竞争压力，帮助这些部门度过了困难时期，促进了它们的发展。不过，保护关税的实施范围过于狭窄，许多部门提出申请，但均遭拒绝。如 1924 年要求对生产机车实行保护没有被批准。玻璃、水泥、采煤、毛纺织等部门都要求保护，均被用这种或那种理由拒绝。这些部门的发展很受妨碍。此外，按当时规定，只对已建立的工业部门实行保护，有些部门印度需要建立但对是否能获准保护没有把握，因而没有人敢问津。

实行选择性保护关税使在印的英资企业同样得益。抵御其他国家产品倾销对英国维持在印度的贸易地位同样有好处。当然，凡属保护部门有英货输入者，英货也属排斥对象。这自然引起这些产品的生产者和经营者的强烈反对。殖民政权无意损害英国这些部门资本家的利益。为了把他们的损失降到最低，特别是使保护关税不致弱化英印之间现有的经济联系，殖民当局在实行保护性税率时，采取了一项并行的办法，就是对英货特惠制。例如，1924 年对钢铁业实行保护关税后，对英国钢铁入口所征税比非英国货要低。棉织品入口税的差别更明显。对英国货征的税只及非英国货的 50%。这种单方面优惠，其歧视性过于明显，遭到印度民族主义力量强烈反对，其他国家也对英国提出指责。为了掩饰，英国当局变换手法，把印度拉入英帝国特惠制体系。1932 年 8 月，在渥太华英帝国会议上，英印代表签订贸易协定，规定印度的棉纺织品、黄麻制品、皮革、大米、茶叶、咖啡、花生、植物油等输到英国免税（原来征 10%），英国的汽车输印征 7.5%的入口税，其他 163 种商品输印征 10%的入口税。这个协定主要对英国有利，因为印度只有少数几种货物输英免税，代价却是几乎所有英货输印都只征低关税。由于印度立法会议中大多数印度成员激烈反对，1936 年这个协定到期后没有重订。但是 1939 年 3 月又签订了一个英印贸易协定，对英货实行特惠的范围缩小，对英国棉织品征的入口税也降低了（征 15%~17.5%），规定了英国棉纺织品输印和印度原棉输英的限额。印度其他原料或半成品输英征 10%~20%入口税，有些免税。印度民族主义力量同样激烈反对，但当局不予理会。1935 年《印度政府法》还规定在印英国资本企业在一切方面享有印资企业享有的待遇，使印度民族力量为印度资本争取到的一切保护措施都惠及英人。

二 两次大战间印度工业的发展

第一次世界大战后到第二次世界大战前的二十年中，印度工业得到了相当大的发展。这段时期大致可分为两个阶段：

（一）战后工业较大发展时期

工业勃兴的原因是不难理解的，第一，战后转入和平轨道，百废待兴，市场广阔，利润率高，是创业的绝好机会；第二，战时供应军需使英、印资本家手里都积累了大量资金。那时扩大产业的势头受客观条件限制（无法进口机器、原料缺乏、运输手段严重不足等），不能实现。一旦限制撤销，这个被压抑已久的力量必然会突然迸发而形成创业热潮。

战后各种公司如雨后春笋般出现，其增长速度之快、规模之大是前所未有的（见表 19-1）。

表 19-1　1918~1922 年在印度（包括土邦）登记的公司增长情况

年度	公司数(家)	实收资本数(千万卢比)
1918~1919	2789	106.6
1919~1920	3668	123.2
1920~1921	4708	104.4
1921~1922	5189	230.5

这些公司并不都是工业企业，商号、银行、航运公司、保险公司也包括在内，兼跨几个领域的也不少。但是兴办工业的公司在公司总数中所占比例越来越高，这是战后公司增长中的一个突出现象。

正因为这样，战后工厂数的猛增就像公司数的猛增一样引人注目。据统计，印度拥有 50 人以上的动力机械工厂，1914 年有 2874 家，从业工人 950273 人；1921 年达到 3965 家，1266395 人。不过，90%以上的工厂规模很小，真正的大工厂数量还是很有限的。

原来的大工业部门，战时苦于进口设备困难，只有开足马力生产，机器的磨损很严重。战后出现了更新设备、改建扩建厂房热潮。如棉纺织业，仅从孟买港进口的纺织机械，1920 年就达 3000 万卢比，1921~1922 年每年为 6000 万卢比，1923 年为 4500 万卢比。结果在短短几年中，纺织业就向前迈进了一大步。和 1918~1919 年度比较，1925~1926 年度工厂数由 277 家增至 303 家，织机从 116094 台增至 154591 台，实收资本由 2.444 亿卢比增至 4.75 亿卢比。1917~1918 年度棉布产量为 16.141 亿码，1922 年增至

17.13亿码，到20年代中期增至20.86亿码。印度资本在棉纺织业仍占绝对优势，英国人在棉纺织业的投资也有增加。1924~1925年度，属于英资的纺织厂占纺织厂总数的30%，纱锭占总数的31%，织机占总数的30%。黄麻业方面，战后军需订货减少，但市场需求量（特别是对麻袋）还是很大。战后大量增加设备，新建了一批工厂，因此产量不但未减，反而继续增长。从1920~1921年度到1922~1923年度，工厂从77家增至86家，纱锭由86.99万枚增至100.28万枚，织机由41600台增至48500台，工人数由288400人增至321200人。1918~1919年度实收资本为1.06亿卢比，1922~1923年度增加到1.725亿卢比。1922年输出产品价值4亿卢比，1925年达6亿卢比。这种繁荣一直保持到1928年。黄麻业继续由英资占绝对支配地位，但已不再是垄断地位。1919年，比尔拉家族在加尔各答建立了第一家印资黄麻公司。到1937年，印度105家黄麻厂中印度人开办的有16家。此外还有一些印人在英资黄麻公司中持股。钢铁业方面，大战中得到较大发展的塔塔钢铁厂，战后产量继续增加。1923年生铁产量达61.3万吨，钢产量达15万吨。战后还进行了扩建，提高钢的生产能力，1924年完成。原来的炼钢设备年产能力为125000吨，扩建后增至420000吨。1924年实产248000吨，1925年增至320000吨。其他部门也有不同程度的发展。如水泥业，大战前有3个厂，总产量不超过1000吨，大战中受军事订货刺激产量提高，战后生产继续增长，1924年产量达24万吨。

英印资本家都从战后创业高潮中获得极高利润。孟买棉纺织厂1918年红利是23.7%，1919年是40.1%，1921年许多公司超过50%，最高的达100%以上。黄麻业利润更高，1915~1924年每年平均利润为90%。塔塔油脂厂股票售价相当于票面值的574%。

（二）动荡发展时期

战后初期高潮未能持久，20年代中期开始进入动荡时期。战后外国货卷土重来，其势凶猛，很快对印度几乎所有工业部门构成严重威胁。国内市场需求量受消费能力限制，并非如想象的那样大，许多产品滞销，造成资金大量积压，影响生产的正常进行。设备进口也不是一帆风顺，价格抬得过高，使创业花费过重，生产成本增加。所有这些因素都阻碍了工业持续发展。许多企业经受不了这样的压力垮掉了，如采煤业，1925年有煤矿

1810 家，到 1929 年只剩下 548 家。又如钢铁业，由于外国钢材重新大量进口，价格低廉，塔塔公司产品滞销，1921～1922 年利润率只有 4%，1922～1923 年普通股无红利，1924 年连优先股也失去所有收益。棉纺织业面临英国货、日本货两面夹击，销路大受影响。制糖业遇到爪哇糖的竞争，处境艰难。正是在这种情况下，一大批工业部门提出实行保护关税的申请。钢铁、火柴、造纸三个部门首先获得允准，境况有了改善。其他更多的部门只能在逆境中奋力拼搏。

1929～1933 年，世界经济危机的影响波及印度，给工业发展带来了新的打击。经济危机降低了国外市场对印度农产品的需求，造成了农产品价格的大幅度跌落，严重影响了国内购买力，加重了棉纺织等工业销售方面的困难。更有甚者，日本依靠通货贬值在印度倾销其纺织品，作为转嫁危机的一种手段。棉布价格几与原棉相等，很快抢去了印度的一部分市场。这一切使棉纺织业及其他工业面临严重危机。只是在保护关税范围扩大到棉纺织、制糖、丝织等部门后，这些部门才得以渡过难关。更多部门申请保护遭到拒绝，如果说没有垮掉，也处于停滞不前的状态。

1937～1938 年，新的世界经济危机再次冲击印度，造成印度工业发展新的动荡。由于农产品输出受到严重影响，国内市场再度萎缩，造成许多厂开工不足，生产下降。只是第二次世界大战爆发才使局面有所改变。

这一段时期，有动荡也有发展。如果英国殖民当局能在更多部门实行保护关税，整个形势会好得多。不过，整个说来，没有出现企业大面积破产现象。主要的工业部门棉纺织业、钢铁业等，由于享受保护关税，还有发展。如棉纺织业 1929 年至 1938 年，纱锭由 870 万枚增至 970 万枚，织机由 17 万台增至 19 万台，从业人数由 35 万人增加到 44 万人。1929～1933 年危机期间，棉纺织品产量有所降低，但危机过后又有回升。到 1938～1939 年度，棉布产量达 42.69 亿码。1930～1931 年度印度有 310 个棉纺织厂，1939～1940 年度增加到 355 个。1933～1934 年度印度工厂供给全国棉布总消费量的 56%，手工织布占 28%，输入布占 16%。到 1939～1940 年度，三者比例进一步改变为：印度工厂布 61.4%，手工织布 29.4%，输入布 9.2%。这就是说，到第二次世界大战前，输入布在印度市场上已降低到无足轻重的地位。钢铁业方面，塔塔钢铁厂 1929～1932 年每年产钢 60 万吨，1936～1938 年每年产钢 70 万吨以上。1929 年塔塔钢铁厂提供的钢占印度总消费量的30%，到1939年上升到75%，这也是可观的进展。

大工业中，这一时期有较大发展的是制糖业、水泥业。这两个部门很快发展为印度工业的新支柱。其他部门也有发展，但比较缓慢。至于小企业，20年代中期至30年代末期，波浪式起伏，动荡不定，有生有灭，但总的趋势仍是大量增加。1934年全印工厂共8658家，从业人数108.7万人，到1939年，工厂数增至10466家，从业人数增至175.1万人。在印度登记的公司数的增长也能说明问题。1924~1925年度公司有4821家，实收资本26.62亿卢比；1938~1939年度，公司数达10070家，实收资本27.54亿卢比。公司数增长一倍以上，资本数量仅增长3.4%，说明新增加的都是些小公司。

到1939年，印度大工业主要产量如下：钢78.1万吨，棉纱12.64亿磅，棉布41.16亿码，黄麻制品118.9万吨，食糖69.5万吨，水泥172万吨，煤2776.8万吨，硫酸58.7万吨，电力25.32亿度。

之所以能在动荡中发展，除保护关税的原因外，国大党倡导的司瓦德西运动也起了至关重要的作用。司瓦德西运动鼓励人们使用国货，也推动有产者扩大对工业的投资。两者都被视为爱国行动。1931~1935年正是第二次不合作运动时期，马德拉斯的印度资产者建立了31家纺织厂。甘地关于全面发展乡村工业的呼吁正是数以千计的小企业出现的重要原因。

三 银行业、外贸和交通建设的发展

战后印度银行业也有相当发展。由于大战中英、印资本家赚得大量利润，战后银行存款额成倍增长。1913年印度银行存款总额仅为97.5万卢比，1920年增至235.3万卢比。其中有1/3存入孟加拉、孟买、马德拉斯三个管区银行。另2/3中有一半存入15家汇兑银行，另一半存入76家印资银行。这种分布表明英资银行在银行业中继续居统治地位，印资银行只是二等角色。

直到战后，印度仍无中央银行。三个管区银行虽被授权执行某些国家银行职能，具有半官方地位，但只是在各自管区起作用，并不能起中央银行的作用。经济的发展对金融信贷业务提出了越来越高的要求，国家的金融职能也必须有特定的银行来行使，这就促使殖民当局在1921年把三个管区银行合并，建立印度帝国银行，作为建立中央银行的第一步。它还是私人商业银行性质，资本和储备金共1.5亿卢比。殖民政权授权它执行部分中央银行职能，如享有政府保护，经管国库收入、政府债务，使用政府资金免息等。它的中央理事会的两名总裁由政府任命，总督参事会财政成员是理事会当然成员。在涉及政府财政事务时，中央理事会必须接受政府指示。印度帝国银行不能发行钞票，不能管理外汇，仍然是半官方银行，其商业活动主要是存放款和与内贸有关的信贷业务。它在各地设有分行，1926 年有 162 个分行。

印度帝国银行仍然只是在原私人商业银行的基础上附加某些国家银行职能，仍不能有效地起中央银行的作用。于是，殖民当局采取了又一步骤，1935 年建立了起中央银行作用的印度储备银行。当时，在英国金融界和实业界占主导地位的观点是，中央银行国有会使它过分屈从政府压力，于国家财政不利。所以，印度储备银行仍定为私人股份制银行，资本 5000 万卢比，每股 100 卢比，在全国发行。中央董事会中有 5 名董事由总督任命，银行总裁和两名副总裁都由总督根据董事会推荐任命。储备银行被授予所有中央银行职能，包括发行钞票以及成为银行的银行，同时被禁止直接参与各种商业信贷活动（期票贴现除外）。印度现代银行系统的发展至此趋于完备。印度储备银行成立后，原授予印度帝国银行的国家金融职能都转归储备银行。印度帝国银行又复成为纯粹私人商业银行。但它与储备银行签订协议，在经营自己业务的同时，成为印度储备银行在全国各地的代理行。印度储备银行的建立进一步巩固了英国资本在银行业中的统治地位。

30 年代，印度实力最雄厚的商业银行是印度帝国银行，实力最强的汇兑银行是劳合银行、麦加利银行、有利银行、印度国民银行等。这些英资银行，再加上印度储备银行，构成印度银行巨头，成为印度金融活动的神经中枢。

战后初期的工业发展也使印资银行一度复兴。1920 年，资金在 50 万卢比以上的印资银行有 25 家，在 10 万～50 万卢比的银行有 108 家，在 10 万卢比以下的小银行更多。然而，工业动荡时期的到来也造成了印资银行的动荡。1922～1931 年有 154 家银行（资金在 10 万卢比以下的小银行占多数）破产。1938～1939 年又是一个危机时期，印资银行有 64 家负债或破产。能够在危机中站稳脚跟的只有一些较大的银行。这些较大的银行甚至还有发展。如塔塔家族 1917 年建立的工业银行资本为 700 万卢比，后几年增加到 2500 万卢比，1938 年，50 万卢比以上资本的印资银行增加到 43 家，10 万～50 万卢比资本的印资银行增加到 122 家。

印度的对外贸易在第一次世界大战后至第二次世界大战前这段时期波动很大，变化很大。总的趋势是，英国要竭力维持和充分利用它的印度大市场，而随着工业发展，印度对英国经济上的依附程度已在逐渐减弱。

战后初期，因军事订货停止，外国货重新涌入，印度形成输出锐减、输入激增的局面。世界经济危机波及印度后，输出进一步跌落，输入在1920~1921年度达到高峰后也逐渐减少（因印度购买力降低以及实行保护关税）。1928~1929年度输出总值为33.915亿卢比，输入总值为26.34亿卢比，到1933~1934年度，输出总值降至15.117亿卢比，输入总值降至11.73亿卢比。以后两者都略有回升，但在第二次世界大战前的经济危机打击下都再度下跌。1938~1939年度输出总值仅及1928~1929年度的一半，输入总值仅及1928~1929年度的60%。

在对外贸易上印度多年来是顺差。贸易结余被用来支付印度欠英国的债务和“内务花费”等。输出入总值的连续下跌，特别是输出总值下跌幅度大于输入总值，使贸易结余绝对数额急剧减少，结果对英国的正常支付成了问题。1931~1937年，为向英国支付，大量动用黄金，输出总值达2.41亿英镑，使印度蒙受重大损失。

输出入的剧减固然给印度经济发展带来不利影响，但也并非全无好处。它意味着原料较少流出国外，外国消费品较少进入印度市场。这对印度经济面向国内调整，对促进印度工业发展都有积极的作用。

20世纪20~30年代印度工业的发展使印度外贸构成发生了明显的变化（见表19-2）。

表19-2 20世纪20~30年代印度外贸中各类货品价值所占比重的变化

单位：%

	货品种类	1920~1925年 年平均值占总值比重	1935~1940年 年平均值占总值比重
输出	食物、饮料、烟草	24.0	21.8
	原料	50.2	46.7
	制造品	24.8	30.0
输入	食物、饮料、烟草	14.1	14.0
	原料	7.4	19.8
	制造品	76.7	64.4

可见，20 世纪 20~30 年代总的趋势是输出原料减少、输出工业产品增多；输入工业制造品减少，输入原料增多。输入工业制造品中包括消费品和生产资料两类。据另外的统计，前者在 1925~1926 年度占输入总值的 54%，1938~1939 年度降到 33%；后者在 1925~1926 年度占 23.2%，1938~1939 年度上升到 25.9%。这说明输入消费品减少，输入机器设备增多。

贸易构成的这种变化正是印度工业发展的反映。它清楚地表明印度自身工业的发展已使它作为英国商品市场和原料产地的意义相对减弱。

这段时期，英国由于本身经济实力的减退，已经不能有效地抵御其他外国势力对印度的经济渗透。保护关税起了减缓渗透速度的作用，但起不了阻挡作用。这样，到 30 年代后期，英国在印度外贸中所占的地位就进一步受到削弱（见表 19-3）。

表 19-3　1937 年印度外贸中各主要国家所占比重

单位：%

国别	在印度输入总值中占比	在印度输出总值中占比
英国	30.0	34.0
美国	7.0	10.0
日本	13.0	10.0
德国	9.0	6.0

这项统计说明，英国在印度输出输入中仍占首位，但两者在总值中所占比重都已降到 1/3，支配地位已经减弱。印度和许多国家建立了贸易关系，这表明它在经济上对英国的依附程度开始有所减轻。

第一次世界大战后到第二次世界大战前这 20 年中，印度的交通建设有了进一步的发展。铁路战前已修建 34600 英里，战后又开始新的修建。战前修建的铁路大部分已收归国有，还有部分私有。属于国有的，有些仍由私人公司管理。战后要求所有铁路由国家管理的呼声日益高涨。1920 年，当局任命一个委员会调查铁路情况。该委员会报告中指出私人管理铁路弊端很多，如运费高、各路段各自为政、章程不一，造成很多不便，有碍经济发展。报告书主张全部由国家接管。英印政府虽未明确表示采纳，但 1925~1930 年先后将东印度铁路、大印度半岛铁路、南旁遮普铁路收归国家管理。所有新铁路的修建也一律由国家承担。总之是向着国家管理所有铁路的方向前进。在航运业方面，英国继续控制远洋贸易。1938～1939年度，印度港口来往货船中，英国船只占66.6%，印度船只占3.4%。印度海岸运输的大部分也由英资控制。1933～1934年度至1938～1939年度中，海岸运输的货船属印资航运公司的只占28%。为打破英国垄断，1885～1935年有50家以上印度航运公司组建而又破产，损失数千万卢比。第一次世界大战表明，印度既然要作为英国的供应基地，没有自己的远洋船队是不行的。战后任命的一个海运调查委员会主张印度建造高吨位轮船，遭到当局拒绝。英国造船业主不愿印度造船业发展损害自己利益。英国商人也非常担心印度有自己的船队后，他们就再也控制不了印度的外贸。

交通建设方面，这段时期最引人注目的新进展，是1932年首次开辟了国内航空线。1939年有3个公司经营空运业务。第二次世界大战前，与欧洲、远东的国际航空线也已开通。30年代开始使用无线电技术，建立了国家广播电台。交通设施的多方面发展需要协调。1937年建立了交通部，统管一切交通行政并协调各方面的关系。

四　英国资本输出的增长和经理行势力的发展

战后大创业局面和英国殖民政权经济政策的调整，对英国资本输出是个强有力的刺激。当局制定的保护关税政策使英资、印资企业同样受益，也鼓励了在印度的英人就地扩大投资。银行系统的趋于完备、银行在资金方面的有力支持解除了许多投资者的后顾之忧。最后，存在着行之有效的方便资本输出和就地扩大投资的经理行制度。所有这一切，导致了战后英国在印度投资急剧膨胀。

战后初期是英国资本输出势头最猛的时期。1921～1923年每年平均输出额为3020万英镑①，占英国海外输出总额的23.7%。在英国对印资本输出史上，这是最高的几年。20年代中期后，因工业勃兴难以持续，投资额便大幅度降低。1925～1927年平均每年为210万英镑，占英国海外投资总额的

① 其中包括对锡兰的输出。

1.7%；1932~1934年平均每年为420万英镑，占3.1%；1934~1936年平均每年100万英镑，占3.3%。英国本身受经济危机打击，经济衰退，也是对印投资大量减少的重要原因。30年代，从英国输出的资本虽然减少，在印英人就地扩大投资却大幅度增长，所以英国投资绝对量仍持续上升。

英国在印度投资总额没有精确统计。据英国《金融时报》估计，到1929年，投资的总量至少达5.83亿英镑，更可能是7亿英镑。V. 拉奥估计为6.375亿英镑，G. D. 比尔拉估计为10亿英镑。到1939年，英国经济学杂志《统计学家》估计总投资额为10.71亿~11.2亿英镑，B. R. 森诺则估计为8.298亿英镑。由于学者们采用的方法不同，所得结果自然会有出入。不过，即便取最低数也能表明，到第二次世界大战前英国投资额比第一次世界大战前（约4亿英镑）增长1倍以上。第二次世界大战前和大战初期是英国在印投资总量的巅峰期。

无论从英国输出资本还是在印就地扩大投资，最主要的途径都是通过经理行投资。这个在资本输出阶段应运而生的特殊组织形式，在这一时期得到了最充分的发展。一个个大经理行都成了包罗万象的垄断财团。30年代初，25家英国最大的经理行控制了各种公司373家，其中黄麻业45家，茶叶种植和加工141家，电力和建筑24家，运输38家，制糖8家，采煤75家，其他42家。安德罗·尤尔公司是最大的经理行之一。它一家就控制了54个公司，内黄麻10个，茶叶18个，运输3个，制糖1个，采煤14个，其他8个。到1939年，英国经理行势力进一步增长。32家大经理行控制了701家公司，其中马克·里奥德公司控制的公司最多，有60家，实收资本950万卢比；邓肯兄弟公司控制54家，实收资本135万卢比；迦丁-汉德逊公司控制22家，实收资本2500万卢比，其中包括一些印度最大的企业；马克·奈尔-柏里公司控制52家，实收资本2050万卢比；肖·华莱士公司控制32家，实收资本1500万卢比。这些大经理行实力雄厚，与英国垄断资本关系密切，成了声势显赫的经理行巨头。

经理行在一定程度上促进了生产集中。如30年代在黄麻业中，安德罗·尤尔公司等8个经理行控制33个公司，经理行在每个企业中持有的股票最高达72%。在采煤业中，安德罗·尤尔等6家经理行控制47家公司，在每个公司中握股率最高达99%。又如孟买格里夫斯-考登公司在英国大公司普拉特兄弟公司等支持下，创办棉纺织厂，供应纺织机械设备，20世纪初控制了 8 个厂，有 30 万枚纱锭。不过绝大多数经理行并不是仅仅或主要在一个部门活动，而且是同时在许多部门扩展势力。所以与其说它们促进了生产集中，倒不如说主要是促进了资本集中。大经理行通过控股和各种经理活动，不但自身积累大量资本，还控制了大量并不属于经理行的其他企业的资本。如安德罗·尤尔公司的首脑大卫·尤尔 1928 年去世时，他在印度的资产包括各种公司股票共 1 亿卢比，他控制下的资本总额比这个数目还要多几倍。

大经理行还与大银行关系密切，一般都在大银行中投资，握有大量股票。如原孟加拉管区银行的股票大部分掌握在一些大经理行手中，董事会就主要由一些大经理行的代表组成。经理行本身虽也从事信贷业务，但取得大银行的支持，在资金流转、外汇使用等方面对它更为有利。经理行在大银行中控股，表明了英国工业资本与银行资本的某种初步融合。但由于大经理行、大银行各有英国垄断组织作为后台，在印度各有广阔活动余地，所以两者并没有走向完全融合。

经理行制度对促进英国资本在印度创办企业起了重要作用。但它腐朽、寄生性的一面也很突出。强大的经理行一旦涉足某个部门，建立和控制了一批公司，就力图在这个部门实行垄断，排斥其他人建立新企业。这对于印度资本家建立新企业的努力尤其是个障碍。经理行由于在生产、流通、金融等各领域向企业索取高额报酬，造成了大量的并非必要的额外开支，大大增加了产品的成本费用，这些费用最后还是分摊在消费者身上，同时经理行对所控企业的多方索取妨碍了企业提高效益，损害了企业投资者的利益。例如经理行在创办企业后常常规定按产量提取创业利润，而不管产品价值是否能实现。结果，经理行的收入总是远远高出企业投资者的收入，甚至出现企业借债向经理行支付利润的现象。在这种制度遭到英国投资者越来越强烈的批评下，1936 年，殖民当局颁布法令，对经理行制度做了某些限制，包括：经理合同不能超过 20 年，发现严重问题可提前解除；经理行利润只能建立在企业纯利润的基础上，禁止根据总量或总销售额取酬；对辅助性服务，报酬要适当限制；经理行任命企业的董事人数不得超过总人数的 1/3；等等。经理行采取种种手段逃避这些规定，但这个法令还是起了一定作用。

五 民族资本工业的发展和印度垄断财团的形成

第一次世界大战后到第二次世界大战前的二十年，印度民族资本获得了较大幅度的增长。工业投资绝对量的增长比不过英国资本，但增长速度比英资工业要高。到第二次世界大战前，在印度注册的股份公司的总股本中，已有55%左右属于印资。不过英国人还拥有在英注册而在印度经营的公司的全部资本，因此在全部公司股本中，英资仍占绝对优势。

增长较快的原因不仅在于和英资一起利用了战后复兴和殖民政权调整的有利形势，还在于利用了战后民族运动进一步带动起来的司瓦德西运动热潮，后者成了推动民族工业发展的强大精神力量。

民族工业发展的阻力还是相当大的，如英资经理行在一些部门的垄断地位，英国货的竞争，缺乏长期贷款（英资银行拒绝供应，印资银行没有力量），社会游资很大部分被英资银行吸走，进口设备困难，国内市场狭窄等。就印度有产者来说，在保持半封建剥削制度的情况下，商业高利贷资本在农村有广阔的活动天地，而且相当有利可图，这阻碍了资本由低级形式向高级形式转变。这种种束缚使民族工业的发展在范围和速度上都很受影响，不是说所有有利形势都能充分利用。

战后民族工业发展的路线，是巩固已有阵地，积极向新领域扩展。棉纺织业由沿海发展到内地，各产棉区附近都兴建了工厂区，布局渐趋平衡。塔塔钢铁厂不仅更新设备，扩大生产能力，而且购置了附近大片煤田，保证了产量稳步上升。电力供应方面，塔塔家族的电力公司独占鳌头，这个优势一直保持。采煤业中民族资本占有较小比重，但它仍是民族资本中一个重要部分。1938 年全国煤产量 283 万吨中有 1/4 属于印资煤矿开采。

第一次世界大战后到第二次世界大战前，民族资本获得长足发展的新工业部门是制糖、水泥和化学。1925~1926 年印度有 23 家糖厂，1932 年有 32 家，主要是民族资本的小企业。大糖厂较少，属于英资。糖产量加在一起仅能供给全国消费量的 10%，90%要靠从爪哇进口。1932 年对制糖业实行保护关税后，比尔拉、达尔米亚、辛哈尼亚、塔帕尔、纳兰等印度大工业家迅速向这个领域投资，建起了一大批新工厂，有的规模很大。比尔拉 1931~1935 年就建了 5 个。到 1939 年，印度糖厂增加到 145 家，产量达

1350000 吨，比 1932 年产量（151700 吨）增长近 8 倍。新建糖厂绝大部分属印资。1937 年印资厂从业人数占制糖业工人总数的 84.3%。印度糖产量迅速达到自给有余，1936 年后开始向中东、缅甸出口。输入糖从 1932 年前的 100 万吨降到 1938 年的 14000 吨。大量新糖厂的建立导致相互激烈竞争。1937 年建立了糖业辛迪加，统一控制产销数量和价格。这是印度民族资本最早的行业垄断组织。水泥业的发展和制糖业一样快速。塔塔家族在第一次世界大战前已开始建立水泥厂，领导水泥厂的是塔塔的印度水泥公司。大战后，因受建筑工业发展的推动，英、印资本家竞相兴建水泥厂，很快出现热潮。1936 年塔塔等 10 家主要生产者（包括英资厂）合并成立联合水泥公司。1936~1937 年市场的兴旺促使一系列新公司成立，这些公司被达尔米亚-贾因集团控制，组成了达尔米亚水泥公司。这就形成了水泥业两大公司竞争的局面。第二次世界大战前水泥产量已能满足印度消费，输入量由 1913~1914 年的 17 万吨降至 1938~1939 年的 2.1 万吨。化学工业的发展主要得益于塔塔家族投资。1931 年在这个部门实行保护关税后，塔塔家族建立了化学公司。它的规模较大，有相当生产能力，成为和英资的帝国化学公司并驾齐驱的两大公司之一，在化学工业界共占支配地位。此外，在造纸、油脂、肥皂、制革等部门也都出现了一批印资工厂企业。民族资本家还做了很大努力争取在航运业打开局面。第二次世界大战前，印资轮船公司已担负内河航运量的 21%。瓦尔昌德 1919 年创办信地亚轮船运输公司，大胆地设想开辟孟买至伦敦航线，但受英国航运业主和商人、工厂主抵制失败。只有公司开辟的印缅航线得以维持下来。

第一次世界大战后至第二次世界大战前，民族资本发展的一个最突出的表现是垄断财团的形成。它也是在经理行的基础上发展起来的。印资经理行供给了民族工业资金的相当部分。据印度中央银行 1930 年统计材料，在孟买 64 家工厂和阿默达巴德 56 家工厂中，经理行提供的资金在资本总额中的比重分别为 21%和 24%。经理行的资金来自它的资本和存款。1925 年西印度印资棉纺织业有经理行 33 个，控制工厂 56 家。在当时，印资经理行一般规模较小，控制工厂数量有限，许多经理行只领导一两家工厂。但是随着民族资本向新领域推进，经理行也越出一个部门，向跨部门方向发展。这样，逐渐出现了少数大经理行，正是这些大经理行形成了印度最早的垄断财团。

第一个垄断财团是总部在孟买的塔塔财团。塔塔家族 60~70 年代建立起最早的一批纺织厂后，1887 年建立了经理行塔塔父子公司，总管塔塔家族企业。到第一次世界大战结束时，已拥有纺织厂、钢铁厂、电力站、水泥厂、油脂厂等一大批企业而成为印度第一个康采恩垄断财团。战后，塔塔财团继续扩大经济实力，向新领域进军，建立了印度水泥公司、印度标准金属公司、塔塔化学制品公司、新印度保险公司和印度投资公司等。到第二次世界大战前，塔塔父子公司共控制 25 家公司，实收资本达 1.046 亿卢比。作为一个经理行，其实力已远远超过任何英资大经理行。印度民族工业的发展苦于得不到长期贷款，塔塔财团试图解决这个问题。1917 年建立了工业银行，办理长期工业贷款业务。但因财力不足，1922 年不得不停办。之后，工业银行与印度中央银行合并，这个银行成了塔塔财团的神经中枢。塔塔财团既拥有众多企业，又有自己的银行，体现了工业资本与银行资本的融合，这使它能在印度民族工业发展中一马当先，成为民族资本的魁首。从 1938 年起 J. R. D. 塔塔成为这个财团的首脑。

30 年代后期，又有几个大财团形成。据印度学者 R. K. 拉伊统计，1937 年英属印度有 47 家大经理行，实收资本共 6.41 亿卢比，其中属欧洲资本的 29 家，资本 4.076 亿卢比；属印资的 17 家，资本 1.569 亿卢比；混合资本的 1 家，资本 0.765 亿卢比。又据《今日印度》月刊材料，到 1939 年第二次世界大战前夕，印度大经理行有 76 家，内英资 32 家，控制公司 701 家；印资 44 家，控制公司 239 家。后者中有棉麻纺织厂 31 家，煤矿 19 家，制糖和食品厂 18 家，发电厂 16 家，茶叶种植园 13 家，化学品和肥料厂 10 家，投资、信贷和保险公司 17 家，银行 2 家。这两项统计资料所列的大经理行其资产数额相差很大，特别对印资大经理行来说是如此。事实上，印度再找不出第二个大经理行有塔塔财团那样雄厚的资本。但是在第二次世界大战前，在印资大经理行中，有几个资本已达数百万甚至千万以上卢比，已能称得上垄断财团了。它们是：比尔拉兄弟公司，总部在加尔各答，控制公司 44 家，实收资本 0.179 亿卢比；达尔米亚-贾因公司，总部在达尔米亚纳加尔，控制公司 13 家，实收资本 0.160 亿卢比；杰格吉拉尔·卡姆拉派特公司，总部在康浦尔，控制公司 38 家；瓦尔昌德公司，总部在孟买，控制公司 22 家；塔帕尔公司，总部在旁遮普，控制公司 14 家。

比尔拉兄弟公司在这几个财团中位居榜首。这个经理行是比尔拉家族

1919 年建立的。从这时起，比尔拉家族进入工业领域，在一系列部门投资建厂。到第二次世界大战前已拥有黄麻公司、棉纺织公司、轮船公司、造纸公司、工具公司等一批企业及 5 家糖厂，还买进了印度斯坦时报公司。到 1939 年控制的公司已达 44 家，成了印资第二大财团。其首脑 1920 年起是 G. D. 比尔拉。达尔米亚-贾因公司由马尔瓦利商人达尔米亚家族和贾因家族建立，拥有达尔米亚水泥公司、煤矿、糖厂、纺织厂、造纸厂等多种企业。杰格吉拉尔·卡姆拉派特公司由马尔瓦利商人辛哈尼亚家族建立。这个家族 19 世纪 80 年代起就开始创办工业企业。第一次世界大战前已拥有糖厂、面粉厂、榨油厂、轧棉厂等企业，战后又建立了 4 家棉纺织厂、1 家黄麻厂并进入机械制造业和保险业领域，实力不断增强。塔帕尔公司是塔帕尔家族（旁遮普人，在加尔各答经商）1919 年建立的，30 年代拥有 6 座煤矿、1 家造纸厂和 2 家糖厂，此外还有化工厂、保险公司等。

民族工业的发展和印度垄断财团的出现意味着英国在印度已为自己制造了一个很大的竞争对手。英国资本在经济领域已从统治地位的顶峰下降，由绝对优势变为相对优势了。

第二十章

第一次世界大战后到第二次世界大战前印度农业和土地关系的发展变化

英国在印度实行的农业政策的基本方针，是在维护农村半封建体制的基础上保证尽可能高的土地税榨取，并通过改变农业经济的自给自足性质，取得足够数量的原料供输出。这个方针自 19 世纪以后一直在执行。第一次世界大战后，出于得到更多粮食出口和稳定农村形势的考虑，采取了一些新的措施。但由于基本方针未变，也由于新的措施贫乏无力，所以农业经济的发展依然十分缓慢，无论是在生产技术、经济结构还是在经营管理方面都没有大的变化。虽有资本主义新因素出现，但程度微弱。农业与工业发展不同步，成了印度经济发展中的一个严重问题，而且越到后来农业跛腿的现象越突出。

一　战后英印政权的农业政策

战前殖民当局在发展农业方面所做的工作甚少，可归结为：19 世纪 80 年代各省设立了农业部，中央内务部设税收、农业和商务秘书，1901 年设农业总监（后撤销）；1905 年政府决定每年拨款 200 万卢比用于农业研究和教育，在普萨（比哈尔）设农业研究所（后迁至德里），主要研究改良和推广优良品种；在浦那、康浦尔、那格浦尔等地建立农业学校，培养技术人员；建立了畜牧和制酪研究所、兽医研究所及若干实验场。此外，国家兴建大型水利工程的做法 19 世纪 70~80 年代一直在继续。这些措施中，除兴修水利效果比较明显外，其他措施在促进农业发展上成效甚微。

战后采取的新措施首先是根据1919年印度改革法的规定，把农业划作移交项目，交由对省立法会议负责的农业部部长管理。中央只管协调，只管几个研究所，对各省的农业发展不承担花费。1926年，英国任命一个皇家委员会调查印度农业状况。根据该委员会报告的建议，1929年成立了帝国农业研究会，各省也成立了研究会，负责各种农业技术的研究和推广。20~30年代所做的工作是引进小麦、棉花、黄麻、花生、甘蔗的优良品种，试验推广。此外，当局新建了一批水坝、运河，进一步扩大了灌溉面积。

战后改进农业的另一项措施，是继续实行租佃立法和促进农村建立信贷合作社。后者的目的是寻求缓解农民在信贷上的困难，以保证农业生产的稳定。组织信贷合作社的做法1904年就开始了。这种合作社的资金来源包括社员集股、接受存款、政府给予一定的农业贷款。加入合作社的农民有困难者可向信贷合作社借款，利息较低。战前已经成立了一些信贷合作社。战后进一步推广这种做法。1932~1933年度信贷合作社已有105000个，参加者420万人。农民多少得到了些益处，减少了对高利贷的依赖，但由于信贷合作社普遍缺乏资金，在帮助农民发展生产上起不了多大作用。

20年代，旁遮普、马德拉斯、孟买、联合省、孟加拉等省都出现了将土地抵押银行的情况，发放5~30年的长期贷款，利率为6%~9%，以土地抵押，到期不能偿还者土地归银行所有。殖民政权认为这种做法有利于促进农业投资，改善农业经营，因而给予支持。如旁遮普中央土地抵押银行发行股票由政府担保。然而，这个措施并没有收到预期效果。借款者有之，但有效改善农业经营的并不多。

总之，战后当局虽然采取了一些新措施，但由于导致农民极端贫困的诸多因素没有改变，由于半封建体制继续受到保护，也由于政府农业拨款极少，所以对农业发展没有起到有力的推动作用，生产力没有显著提高，经营方式没有多大改变。20世纪初至独立，印度农业产量年均增长率为0.8%，主要是经济作物，粮食生产几乎没有增加。1939年全印（不包括土邦）的产量为：大米2390万吨，小麦1000万吨，糖原料340万吨，棉花510万吨。粮食产量依然是20世纪初的水平。由于粮食播种面积减少而每年还要照常大量出口，从战后初期起就出现的缺粮现象已成为越来越严重的问题。

二　土地关系的变化

英属印度全部耕地中，由殖民当局的税制确定归柴明达尔所有的土地占 48%，归农民所有的土地占 52%。19 世纪 30 年代后，莱特瓦尔制和马哈瓦尔制地区出现新地主，到 20 世纪初，新地主兼并土地已占英属印度耕地总面积的 17%强。这样，新老地主占地面积相加，在 20 世纪初就已达 65%强。新地主逐渐成为地主阶级中堪与老地主并驾齐驱的部分，因为新地主不仅出现在莱特瓦尔制和马哈瓦尔制地区，在柴明达尔制地区，也有相当部分老地主被商人高利贷者新地主取代。第一次世界大战后，总的发展趋势是：地主进一步增加，农民进一步分化，产权进一步集中，使用进一步分散。在莱特瓦尔制和马哈瓦尔制地区，尽管对土地兼并已在立法上做了某些限制，但阻挡不了地主土地所有制的继续发展。土地兼并继续进行。如旁遮普省佃农耕种的土地 1921～1922 年度为 1320 万英亩，占全省总耕地的 45.9%，1941～1942 年度为 1530 万英亩，占全省总耕地的 49%。这表明又有 200 多万英亩土地从自耕农手里失去。孟买省 1917 年到 1943 年，又有 500 万英亩土地转到商人高利贷者手中。

农民分化日益加剧。莱特瓦尔制和马哈瓦尔制下的自耕农少数地位上升，成为富农、地主；多数地位下降，成为分成制佃农或农业工人。在柴明达尔制地区，得到佃权的少部分佃农处境有所改善，大致相当或接近自耕农地位，其中少数人地位上升，成为富佃；没有佃权的农民地位继续下降，有的佃耕地被兼并沦为分成制佃农，有的成了农业工人。据统计，1931 年英属印度农村人口中，地主有 3257000 人，占 3.4%，农民（所有者和佃农）有 61180000 人，占 63.8%，农业工人 31480000 人，占 32.8%。另有材料说，1931 年印度 6460 万自耕农和佃农中，自耕农有 2840 万人，占 43.96%，佃农有 3620 万人，占 56.04%。

租税沉重和高利贷猖獗依然是导致农民进一步分化、土地进一步集中到地主手里的主要原因。此外，有两点需要特别指出，一是两次世界经济危机给印度农民带来沉重打击。资本主义世界工业的萧条造成对农产品的需求大幅度缩减，价格暴跌，使印度农民蒙受严重损失。在这种灾难面前，殖民政权对农民没有任何保护措施，征税一如往常。农民为了按时纳税交租，除了借高利贷，别无他途。据印度中央银行调查委员会报告，英属印度各省农村负债1924年总额为60亿卢比，1930年，亦即1929~1933年世界经济危机开始不久，就迅速上升到90亿卢比，1937年更增加到180亿卢比。负债的并不都是农民，但农民只要负债，相当部分除了卖地是永远无法解脱的。二是人口增长导致土地负荷大大超重，分割越来越细碎。印度人口1921年为305700000人，1931年增至338171000人，1941年近4亿人。人口增长过猛而工业、服务业不能容纳，大量的过剩人口只能都挤在农业上。农民所有者和佃农的人均土地随人口增加而越来越少。据统计，1891~1892年度英属印度实际从事农业的人口人均土地为2.23英亩，到1939~1940年度，只有1.9英亩。这些土地不够养活一家人，于是越来越多的过剩劳力只有当农业雇工，挣些额外收入养家糊口。如果农民的小块土地要在几个儿子中分割，那就不是一家而是每家都不能光靠这豆腐干大的土地生活了。

三 租佃关系的变化

随着土地大部分集中到地主手里，封建剥削的沉重成为农民普遍不满的焦点。战后在孟加拉、马拉巴尔、联合省和其他一些地区不断出现佃农反对地主的自发斗争，如马拉巴尔地区的斗争还具有一定规模。保持农村稳定的必要性促使殖民当局进一步实行租佃立法。

到第一次世界大战结束时，实行柴明达尔制的地区大都颁布了租佃法，莱特瓦尔制和马哈瓦尔制地区则未颁布。柴明达尔制地区的佃农在租佃立法后已形成地位不同的三部分人。第一部分是有佃权的佃农，约占佃农总数的10%，他们获得的权利大小不等，有的对其佃耕地既有世袭使用权，又有固定地租权；有的只有前者而无后者，地租在一定条件下还可以提高；有的连世袭使用权也没有，只有终身使用权。对佃耕地的转让，一般都加有限制或额外要求。第二部分是尚未获得佃权的佃农。由于租佃立法规定了获得佃权的条件，他们不符合或地主故意不让符合，尚未获得佃权。这两部分人都是实行柴明达尔地税制时被剥夺了土地的世袭使用权而成为佃农者。第三部分是无权获得佃权的佃农，包括分成制次佃农（即实行柴明达尔地税制以后新租种柴明达尔土地者和转租佃农的佃耕地者，他们都采取分成方式交租）和耕种地主自营地的佃农。这部分人受剥削最重，地位最低下。据马德拉斯省一个村的调查，分成制有三种情况：种地主地，自备耕畜、农具、肥料者，地租为净产量的2/3；除土地外，地主还供应部分肥料者，地租为净产量的3/4；地主提供全部生产资料者，地租为净产量的7/8。分成制佃农人数越来越多，在佃农中所占比例越来越高。上述三部分佃农除了第一部分中那些已获得充分佃权者外，都要求得到或扩大佃权。要求最迫切的自然是最后一类无权佃农。

20~30年代，英属印度各省政府又陆续颁布了新的租佃法。其中有1920年中央省租佃法、1921年奥德租佃法修正法、1926年阿格拉租佃法、1928年孟加拉租佃法、1936年奥里萨租佃法等。主要内容为：使上述第一部分人中原来得到佃权不充分者，程度不同地增加了权利；使第二部分人中有一些人得到程度不同的佃权。此外，又做了些新规定。如1928年孟加拉租佃法规定佃耕地可转让，转让者要向地主缴纳20%的转让费，地主有优先收买权。奥里萨租佃法规定不准在地租外额外勒索。但这些租佃法仍然没有给分成制次佃农和地主自营地佃农以任何权利。在莱特瓦尔制、马哈瓦尔制地区仍无任何租佃立法。殖民当局不愿过多触犯地主利益。他们也认为只要稳住佃农中一部分人，就不用担心农民会联合反抗。

1937年国大党自治省政府建立后，各省颁布了新的租佃法。其中包括：1938年孟加拉租佃法、1938年比哈尔租佃法、1939年联合省租佃法等。这些立法较英印省政府的立法前进了一步，不但使上述第二部分佃农大多数人获得佃权，对上述第一、第二部分已取得佃权但不充分的人，又做了些新的规定。如1938年孟加拉租佃法取消地主的非法额外榨取，取消转让佃权时向地主缴转让费和地主有优先收买权的规定，中止提高地租10年，降低尾欠地租利率，不准因尾欠地租而拍卖土地。1938年比哈尔租佃法规定1911~1936年提高的地租一律取消，粮价下跌时按比例降低地租，土质退化的土地完全免租或部分减租。1939年联合省租佃法规定占有权可世袭，不许地主扩大自营地（限50英亩内），不得因欠租逮捕农民，对尾欠地租的利率做了限制。自治省政府的立法还有两点与以往立法不同。一是有个别省政府第一次使分成制次佃农得到了佃权。如1938年比哈尔租佃法规定给连续耕种转租的佃耕地12年的次佃农以永佃权。二是莱特瓦尔制地区的国大党自治省政府有的也开始实行租佃立法，就是说第一次把租佃立法扩大到莱特瓦尔制地区。如1939年孟买省颁布的租佃法规定，佃农连续耕种地主的土地6年以上者有永佃权，可以世袭，但地主若要自营或作他用可以收回佃耕地。不过国大党自治省政府在第二次世界大战爆发后就集体辞职，其颁布的法令并未完全实行。

20~30年代的租佃立法使实行柴明达尔地税制地区的佃农大部分得到了佃权，虽然程度不同，但他们的处境有不同程度的改善。特别是有永佃权和固定地租权的佃农，因粮价上涨得到的好处更多。然而，英印政府继续把柴明达尔制地区的分成制佃农、地主自营地佃农和莱特瓦尔制地区的佃农排除在外，国大党自治省政府也只有个别省把佃权扩大到佃农，绝大多数佃农仍然处于无权地位。佃农以及大量的无地农业雇工依然遭受地主的苛重盘剥，处于贫困无助的境地。

四　农业商品经济的发展与资本主义经营方式的出现

战后印度农业卷入商品经济的程度进一步加深，而且逐渐获得了国内社会劳动分工这个实在的基础，不再单纯是英国掠夺原料政策人为造成的产物。19世纪中后期，农业商品经济发展主要受原料输出刺激，服务于外贸。到20世纪20~30年代，这个因素虽然依旧存在，但随着工业发展和城市人口增加而形成的国内需求增长，也已成了推动农业商品经济发展的新的重要杠杆。从全国来看，农业发展与国内工业和贸易的发展开始结合，为后两者提供了基础。

农业商品经济发展的重要标志，是经济作物种植面积的扩大、农业地区专业化的发展和各种农产品上市率的提高。20世纪初英属印度经济作物播种面积约占全部耕地面积的15%，到30年代上升到19%。30年代小麦产量的商品部分占总产量的55%。40年代马德拉斯稻谷产量的商品部分占总产量的65%。据印度储备银行调查资料，第二次世界大战前，农作物产量的商品部分平均占总产量的35%。

印度农业由自然经济向商品经济转化，这是社会一大进步，是资本主义发展的必要条件。然而在20世纪上半期，这个转化还不完全是正常的、自然的发展进程。为输出原料服务这个不自然的因素不仅存在，而且仍然占主导地位。从这个意义上说，英国殖民统治形成的工业英国、农业印度的强制分工仍然是印度农业商品化的主要推动力。另一个突出的现象是，经济作物产品上市量的增多不是农业生产技术改进和生产力提高的结果，而是靠缩小粮食播种面积、扩大经济作物种植面积的途径实现。这也是不自然的、反常的，结果生产能力依旧，粮食不够，只得靠进口弥补。第二次世界大战前，年输入粮食约 140 万吨，创印度有史以来进口粮食的最高纪录。农业商品经济靠这种办法发展，其繁荣是虚假的，仍带有很大的人为的成分，且潜藏着随时都可能爆发大饥荒的危机。

英、印资本家对把近代资本主义大工业移植到印度积极性很高，但在农业方面，却迟迟没有人这样做。由于在现有生产方式下，从市场上可以得到足够的原料供应输出，没有英国人对在印度建立现代化农场感兴趣，他们至多是办特种农产品的种植园，但种植园是靠使用最落后的生产手段经营。印度商人和地主也很少有人愿意经营现代化农场。原因之一是这是一件比办工厂困难更大的事。经营大农场需要拖拉机等农业机械和化肥，这些国内很少制造，需要进口，技术人员也需要外聘。土地需要大面积集中，才便于机器操作。还需要便利的交通工具和道路设施。要解决这些问题并非易事。原因之二是农业和工业不同，因受气候条件制约，经营农业风险要大得多。原因之三也是最重要的，维护半封建体制的稳定是殖民统治者和地主的共同希望。当局租佃立法之所以从来不涉及分成制次佃农和地主自营地佃农，就是故意要给地主留下一块足够大的空间，使他们继续有利可得，使他们感到经营土地依然收益丰厚，从而对维持现状表示关切。既然用多余的钱去买地、放高利贷或经商都有利可图，又有谁愿意冒险去做没有把握的事情呢？他们情愿维持现状，不愿改变现行的经营方式。半封建剥削体制的有利可图和殖民政权对这种体制的维护是印度农村资本主义发展的最主要的障碍。由此可见，资本主义在农业中的产生和发展比发展工业困难更大、障碍更多。

尽管如此，当商品经济发展到一定程度后，半封建体制要完全包纳它已不可能了。出现了冲击这个体制的因素。大量农业雇工的出现就是其一。

农民丧失土地后，并不是所有人都能继续佃耕原属自己的土地。此外，人口的增长也远远超过土地资源承载能力。这样，大量过剩劳动力不得不在市场上找主顾。工厂的发展不足以容纳所有过剩劳力，很大一部分过剩劳力便只有当农业雇工。19 世纪英人兴办种植园，就部分使用了农业雇工。到20世纪20~30年代，几乎所有农村都出现了农业雇工。有地主雇的，也有富裕农民、富裕佃农雇的。有长工也有短工。据统计，农业雇工人数1921年是2780万人，到1931年达4220万人，占全部农业劳力的38%。

农业雇工的大量出现是否就是农业资本主义生产方式的出现呢？不能这样认为。这牵涉什么是农业资本主义生产方式的问题。生产方式是生产力和生产关系的统一体。而雇佣劳动制只是一种经济关系，在奴隶社会、封建社会都可以存在。这种经济关系只有和使用先进技术结合并为获取利润而生产，才构成资本主义生产方式。正如恩格斯所说："包含着全部资本主义生产方式萌芽的雇佣劳动制，是自古就存在的；……但是只有必需的历史前提已经成熟时，这一隐藏着的萌芽方能发展为资本主义生产方式。"① 运用这个观点分析，就可以看到，农业工人的大量出现不等于资本主义生产方式出现，它本身至多不过是形成资本主义生产方式的一种因素而已。

庞大的农业雇工队伍可分为四部分：种植园工人，无地长工，有少量土地或佃耕地但经常靠打短工补充家庭收入的下层农民，半奴隶半农奴性雇农。后者是由原村社奴隶和债务奴隶构成，他们或获得少许实物作为生活费用，或得到一小块土地耕种，用其收入糊口。这四种人中，种植园工人是一种契约苦力，带有强制性质；第三种是半贫农半雇农，并非全职农业工人；第四种是变相奴隶。这三种人都不是真正的农业工人；只有第二种是普通的农业雇工。这四种人代表着由农民向农业工人转化的各个不同阶段，多数还处在转化过程中。这是就劳动力本身而言。另外，这四种人无论哪一种，都依然是使用以往的简陋工具，生产方式并没有变化。这种雇佣制如果说与租佃制有什么不同，那不过是领取报酬的形式不同而已。

但是，大量廉价雇工的存在对追逐利润的工业家、商人和与市场联系紧密的地主不能不产生一定的诱惑。极少数思想活跃、有探索精神的人开始考虑，既然办大工业获利较高，为什么不可以试试办大农业？何况办大农业所需要的机器和设备也不是买不到。他们开始尝试着行动。这样，在

① 《马克思恩格斯文选》第2卷，人民出版社，1958，第140页。

第二次世界大战前的时期，资本主义农场在印度农业中终于出现，虽然还只是开始，还只是星星点点，犹如沙漠中之绿洲。

英国皇家农业调查委员会在20年代中期调查了印度情况。它在1927年发表的报告中概述了20年代印度农业的发展变化，包括经营方式的某些改变。从这个报告中可以看到印度已出现资本主义农场的典型例子。如西印度大工业家瓦尔昌德1927年在调查委员会前做证说："四年以前，我从事农业，把它作为实业的一部分。我拥有1800英亩土地，其中700英亩得到灌溉。从个人的观点看，这可以看作巨大的农场，而农民的各种困难，如耕地的细碎分散等则是它所没有的。它是在现代化的基础上发展起来的，并且几乎完全机械化了。我可以把它称为现代化农场。我们购买了5台拖拉机。不仅耕作和其他田间劳动是借助于现代的工具进行的，甚至甘蔗的压榨和粉碎也是用现代化的方法进行。"① 他在这个农场投资325000卢比，农场中种植了棉花、甘蔗、烟草、红辣椒、香蕉等各种经济作物。

报告书提供的典型材料还有：

中央省地主兼高利贷者阿马纳特·阿里在布罕浦尔县有地产950英亩，另从政府租地300英亩。他拿出800英亩自营，雇工耕种，实行货币工资。农场已办5年，主要种植棉花、小麦、甘蔗等。使用拖拉机耕地。用柴油机水泵抽井水灌溉。同时办有畜牧场，养公牛120头、母牛160头。农场产品直接运到附近市场出售。其余土地出租给分成制佃农，用地租所得补充农场资金。

旁遮普省的商人兼地主柯尔有7500英亩土地，其中1000英亩自营，雇工耕种，有6台拖拉机，1个农机维修站。还办有1个种马场。主要种小麦，收获后直接运到卡拉奇港出售。其余6000英亩土地租给分成制佃农。

联合省的商人兼工厂主萨达尔·克帕尔·辛格在戈拉克浦尔县有地产1万英亩。他用600英亩办农场，雇工经营，种植甘蔗和小麦。有1台拖拉机。挖了5口井，用柴油机抽水浇灌。设有甘蔗压榨厂，生产食糖。除用农场甘蔗外，还购买附近出产的甘蔗加工。产品直接运到城市销售。

同样的例子还有不少。这些农场经营者多为大工业家、大商人高利贷

① 《印度皇家农业委员会报告书》第2卷第2部，伦敦，1928，第518~519页。

者，他们都属新地主之列，表明新地主中有些人最有可能成为改变农业经营方式，实行资本主义生产的带头人。新式农场都只是这些新地主的大地产的一小部分，带有试验性质。他们和旧的半封建剥削方式还没有分离，然而他们的试验体现了一种难能可贵的创业精神，昭示了未来印度农业经济发展的新的前景。

第二十一章

甘地取得民族运动领导权

第一次世界大战结束后，英国仍希望像战前那样统治印度，完全无意让印度实行自治。印度各界人民指责英国背信弃义，连资产阶级上层也觉得不能容忍。战后民众的反英情绪前所未有地普遍高涨。新的形势要求新的斗争策略。甘地就是在这个新高潮中，提出适合资产阶级需要的策略，建立起自己的领导权的。甘地领导权的建立就是甘地道路的确立，标志着主要代表资产阶级利益的国大党终于按自己的方式担负起了领导印度民族革命运动的历史任务。

一 第一次世界大战后的政治形势

印度被拖入大战使人民饱受祸殃。战争期间，印度承受帝国主义经济榨取和供应战争双重负担。国库年年被搜刮一空。为了弥补赤字，殖民当局便滥发货币并巧立名目增加税收。战争时期税收总额增长50%以上。许多生活日用品因税收加重而涨价，加上商人囤积居奇，市场农产品奇缺，造成物价全面暴涨。如以战前物价指数为100，则1919年的指数为：粮食193，布匹290，土布160。城市劳动人民的生活陷于极度窘困之中。在农村，由于运输手段的缺乏和商人把持市场，农产品的收购价到处被压得很低。粮价上涨的好处农民得不到，只是助长了商人的投机活动。由于租税苛重，加上许多省份连年受灾，高利贷异常猖獗，农民负债现象比战前更为严重。生活在饥饿线上的农民无法抵御任何灾害的侵袭，仅1918年6月到1919年6月一年，流行性疾病就夺走了700万人的生命。1918年第一次世界大战结束，英帝国主义者欢庆胜利，却没有采取任何手段改善劳动人民的处境。所以，工人、农民和城市手工业者在战争一结束就愤然而起。工人广泛开展罢工，如孟买纺织工人125000人于1918年底至1919年初举行了罢工。1919年罢工扩及全国，几乎包括一切生产部门。农民和手工业者进行各种形式的自发斗争。从前线归来的印度士兵常常参与其中，给人们讲述海外新事物，以致英国当局惊恐地称他们为“未来的叛乱分子和革命者”。

第一次世界大战使印度民族资本主义在夹缝中得到发展。资产阶级的力量随着民族资本主义的发展大大增强。然而，战争结束后英国资本又力图恢复对印度经济的全面控制，使民族工业的发展前景蒙上厚厚的阴影。资产阶级很担心已经冲开的大门又被重新关闭。为了保证民族资本能够继续发展，他们开始把要求实现印度自治作为实践任务提上日程。

印度资产阶级当初一致支持英国对德作战，所希望的就是英国能知恩图报，同意战后给予印度自治地位。当初在战争困难时期，英国当局为了笼络人心，曾以宣言形式《蒙太古宣言》答应战后在印度逐步建立责任政府。虽然《蒙太古宣言》也讲到责任政府的建立是个长过程，但印度国大党领导人仍想当然地把它看作战后英国很快给印度自治领地位的承诺。然而，当大战临近结束，人们翘首期待英国做出具体安排时，1918年当局公布的《蒙太古-蔡姆斯福德改革方案》使他们大为失望。方案清楚地表明，已渡过难关的英国统治者忘恩负义，根本不打算很快让印度自治。国大党和穆斯林联盟政治家对此莫不感到愤慨。

《蒙太古-蔡姆斯福德改革方案》是1917年11月蒙太古来印度与总督蔡姆斯福德一起会见各界领导人后拟定的，1918年7月由他们两人联署发表。1919年底英国议会通过了以这个方案为蓝本的新的《印度政府法》，1921年开始实施。

新方案的序言部分重复了《蒙太古宣言》的内容，即把在印度逐步发展自治结构、建立责任政府（仍未用自治一词）作为宪政改革的目标。同时强调，这个目标只能通过一系列发展阶段实现，只有英国议会有权决定每个前进步骤的内容和时间。实际上这依然是把实现自治推向遥远的未来。

方案规定当前这一步的改革内容如下。

立法机构方面。总督立法会议改由两院制的立法机构即国务会议和立法大会代替，两者具有同等的立法权。国务会议类似西方国家的上院，主要是复议机构；立法大会相当于下院，是初议机构。国务会议成员至多60人，其中总督指定官员20人（总督参事会成员可任两院中任何一院的成员），指定非官员7人，其余33人由选举产生，也就是说，非官方选举成员占半数以上（55%）。立法大会定额145人，其中指定官员25人，指定非官员17人，其余103人由选举产生，后者占大多数（71%）。两院应选举产生的成员均通过直接选举产生。选民有很高的财产资格限制，特别是国务会议选民。据统计，立法大会注册选民909874人，国务会议注册选民只有17364人。选区分为普通选区、社团选区和特殊选区三类。其中，社团选区包括穆斯林选区、锡克教徒选区、基督徒选区，以及印欧人选区，特殊选区包括地主选区、工商业者选区、欧人选区。这是把单独选区制更加扩大化。国务会议设主席一人，由总督从其成员中指定。立法大会设主席、副主席各一人，前四年指定，以后选举产生。国务会议每届任期5年，立法大会为3年。中央立法机构职权范围为：有权为整个英属印度制定法律，只有涉及军事、土邦、税收的法案须事先征得总督同意才能表决，总督有权以安全为由，阻止讨论某些法案。在财政方面，可以讨论预算，拒绝或减少某些项目的开支，可以对预算提出补充建议并表决通过。政府所有涉及全国的征收新税的计划须经立法机构批准。政府每年拨款要以申请批准方式，由立法机构投票表决。

省立法机构仍采取一院制，即保留原立法会议。立法会议成员增加。最多的孟加拉省定为139人，最少的阿萨姆省有53人。这些成员中，指定官员不超过20%，指定非官员不超过10%，选举成员至少要有70%。任期三年。选区分类和选举办法与中央立法机构相同。据注册统计，选民人数共5345870人，约占英印人口的2.5%。后来在实施中，降低了财产资格，选民人数增加，妇女也有少数人得到选举权。立法会议主席前四年任命，之后选举产生。立法会议职权为：制定有关本省事项的法令，涉及移交部门的法令都要由它通过；涉及保留部门的法令省督可自行制定。

和1909年立法会议改革相比，新法案的进展在于中央和省立法机构中选举产生的成员都占了多数；立法机构职权进一步扩大；首次采取了直接选举制（有财产资格限制）。这有利于印度民族主义力量的代表在立法机构取得更多发言权，在维护民族利益、反映民族要求上起更大作用。当然这不会在根本上影响殖民当局对立法的控制。除了在一些方面立法机构的权限受到限制外，最重要的，总督和省督对立法会议通过的任何决议仍握有否决权，使得立法会议不可能制定任何有损于殖民统治的法律。

行政体制方面。总督参事会仍是中央政府，总督仍然只对英国议会负责，不对印度中央立法会议负责。变化只在于总督参事会成员增加，吸收3名印度人参加；实行中央和地方分权，中央管国防、内务、外交、交通、货币、公债、商业、民法刑法、宗教、兵役等，其他方面事务由省管理。税收来源和岁入项目也在中央和省划分了范围。

省行政方面变化较大，主要是实行双头制，即把省政府部门分为两类：一类为"保留部门"，包括治安、司法、田赋管理、水利、森林、饥荒赈济、工厂检查等；另一类为"移交部门"，包括工业、农业、地方市政、教育卫生、公共工程等。前者由省督参事会分工管理，只对总督负责；后者由省督从省立法会议成员中任命部长（多为印人）管理，这些部长对省立法会议负责，要向省立法会议报告工作，取得信任，不受信任的，由省督撤换。省督也保留干预这些部门管理的权力。双头制的实施使省一级在移交部门范围建立了一定程度的责任制政府。虽然任命的印度人部长绝大多数还不是民族主义者，而是自由派，但从长远看，它标志着英国向印度逐步移交权力过程的开端。

新法案虽然比1909年改革前进了一步，但距印度民族主义力量的要求较远，民族主义力量要求的是很快自治，而不是这种蜗牛爬行式的小进展。对于殖民当局以些微改革来敷衍塞责的做法，国大党和穆斯林联盟都提出了严厉指责。

印度穆斯林对英国不满还有一个独特的原因，那就是英国当局在处置土耳其问题上的食言。印度穆斯林的泛伊斯兰情绪在大战中继续发展。为维护哈里发的地位，他们强烈要求英国在与土耳其签订和约时，为土耳其保留伊斯兰教圣地和阿拉伯属地，不要损害哈里发的地位。英国在战时也曾含糊地在原则上应允，然而战后明确表示不打算兑现这个诺言。这使印度穆斯林产生了一种受辱感。在1918年穆斯林联盟年会上，已有人提出穆斯林应立即行动起来为维护哈里发地位而与英国斗争。

印度各阶层对英国的不满急速发展，1918年7月罗拉特委员会报告的发表起了火上浇油的作用。大战结束后，战时实行的《印度国防法》失效，殖民当局希望制定新的镇压法令，阻止革命形势的发展，为此任命以英国法官罗拉特为首的委员会调查并提出方案。它的报告书主张采取高压手段，如授权殖民当局拘捕任何被怀疑为“反政府”的嫌疑人，并可不经审判而监禁，不经辩护而判刑。1919 年 3 月，殖民当局不顾印度各界的强烈反对，通过了以这个建议为基础的两项镇压法令。战后群众性的反英斗争高潮就是在反罗拉特法的怒吼声中拉开了帷幕。

二　甘地思想体系的初步形成与反罗拉特法斗争

值得注意的是，发起群众性反罗拉特法斗争的不是国大党，也不是穆斯林联盟，而是甘地。

国大党和穆斯林联盟领导人在新形势要求做出有力反应的时候，都表现得极其软弱无力。国大党这时的主要领导人有提拉克、奇塔兰占·达斯、莫提拉尔·尼赫鲁、马丹·摩罕·马拉维亚、拉吉帕特·拉伊、安妮·贝桑特等。群众对他们抱有很高的期望。然而，他们却完全不能适应新形势的要求。在他们的领导下，国大党虽对《蒙太古-蔡姆斯福德改革方案》提出激烈批评，说它“令人失望”，却宣布准备接受，在实现这些改革的基础上，再争取实现自治目标。在对待殖民政权的态度上，提拉克提出响应性合作的策略，即在可以合作的地方合作，在应该反对的地方反对。国大党内以苏·班纳吉和瓦恰为首的少数人甚至连这种态度都觉得过于激进，他们主张对《蒙太古-蔡姆斯福德改革方案》无条件接受。1918 年少数人退出国大党，另建自己的组织——自由同盟，蜕变为自由派。国大党对罗拉特委员会报告也是反对的，但斗争方式仅限于举行集会、通过决议和呈递请愿书，眼看着这个镇压法令通过，除表示谴责外一筹莫展。对穆斯林维护哈里发地位的斗争，提拉克认为应该支持，以加强国大党和穆斯林联盟的合作，但多数人不同意，认为那是宗教运动，不应混同政治。国大党和穆斯林多数领导人的关系因此陷于若即若离的状态。总之，国大党在新形势面前依然是执行旧策略，暴露出它策略的贫乏和领导思想的落伍。

提拉克为什么不能提出更有效的行动纲领来领导斗争？不是因为他不想，而是因为他不能。第一，国大党此时刚统一不久，而且因对《蒙太古-

蔡姆斯福德改革方案》认识不一，又有一部分人分裂出去，这使他小心翼翼，避免提出任何会引起新的分裂的动议。第二，对他来说，如果要采取较激烈的斗争方式，那就是抵制和消极抵抗。当初温和派不愿接受这种斗争方式，造成了分裂。在新的形势下固然有变化，但也不是所有人都愿意接受。1917 年因抗议英国当局软禁贝桑特夫人，提拉克曾经提议必要时采取消极抵抗措施，国大党中央让各省委员会考虑这种可能性，结果只有极少数省赞同，多数省断然反对，自上而下很快就分成意见对立的两个营垒。以后形势稍有变化，消极抵抗之说就被搁置，再无人提起。这件事给他的印象深刻，使他不敢再提出这个问题。

穆斯林联盟领导人真纳等对《蒙太古-蔡姆斯福德改革方案》提出了尖锐批评，但也准备接受。对罗拉特法的通过，真纳致函总督提出谴责，称它为“黑法”，并辞去中央立法会议成员职务以示抗议，此外再无良策。在维护哈里发地位问题上，穆斯林联盟内部有不同看法。1919 年孟买的穆斯林建立了基拉法（Khilafat）委员会，宣称要为维护哈里发地位而战斗，得到许多地区穆斯林的赞同。同年 11 月 23 日在德里召开了全印第一次基拉法会议，决定采取坚决行动，向英国殖民当局施加压力，要它考虑穆斯林的要求。还有人提出必要时对英国殖民当局开展“圣战”的可能性。穆斯林联盟内有些活动家是哈里发运动的积极倡导者。不过穆斯林联盟主要领导人真纳等对这种泛伊斯兰主义活动并不十分热心，他们强调要把注意力放在争取印度的宪政改革上，但他们并不准备采取任何激烈的行动。

国大党和穆斯林联盟的策略都不能表达人民的强烈不满，也不能令资产阶级满意，资产阶级此刻希望有较强大的力量向英国当局施加压力，迫使它尽早允许印度自治。正是在这种情况下，甘地带着新的思想、新的斗争策略赫然出现在印度政治舞台上，立即引起了资产阶级的关注，受到人民群众的拥戴。

莫汉达斯·卡拉姆昌德·甘地（1869~1948）出生在西印度卡提阿瓦半岛波尔邦达的一个土邦高官家庭。其家族属吠舍种姓，但从甘地祖父起便弃商从政，连续担任过几个小土邦的首相，甘地的父亲、叔父也都做过波尔邦达土邦的首相。甘地的家人特别是他的母亲对印度教很虔诚，这对他后来的思想成长有很大影响。1887 年甘地在念完中学后考取萨玛达斯学院，1889 年赴英留学，在伦敦大学攻读法律，取得律师资格。正是在英国，他不仅受到西方资产阶级思想影响，也初次接触到各种宗教经典。基督教的《新约》特别是《登山宝训》给了他极其深刻的印象。他决心“以后要多读宗教书籍，以求熟悉所有主要的宗教”。[①] 1891 年他回到印度，在孟买、拉吉科特当律师，因业务不兴，1893 年应印度一富商之聘赴南非为其处理债务纠纷。连他自己也没有想到在南非一住就是 20 多年，而且在那里他的人生目标和生活道路完全发生了改变。

在南非，印度侨民受到严重的种族歧视，甘地作为一个“有色人种律师”，也饱尝了这种滋味。应广大侨民的要求，他放弃了律师的地位和收入，全力领导他们进行反歧视斗争。正是在这场斗争中，他开始形成非暴力思想，提出了“萨蒂亚格拉哈”，即坚持真理的斗争方式（他当时又称之为消极抵抗），并努力不分宗教、种姓，团结所有印侨开展斗争。还办了凤凰村和托尔斯泰真理学院，作为非暴力抵抗运动的基地。这期间，他读了俄国著名文学家托尔斯泰的《天国在你心中》、英国作家罗斯金的《直到这最后一个》、美国作家梭罗的《文明抵抗》等著作，对宣传爱的福音的资产阶级人道主义和主张社会改革的小资产阶级社会主义产生浓厚兴趣，感到与自己的想法合拍。他吸收了其中许多观点，把它们与宗教观念相糅合，逐渐形成了独特的非暴力思想体系，在南非的反种族歧视斗争取得了一定胜利。1915 年初，带着在南非建树的崇高声誉，也带着为祖国解放事业贡献力量的一颗赤诚之心，他终于回到了印度。据 D. 克尔《圣雄甘地：政治圣贤和非暴力先知》一书说，1915 年 1 月 27 日吉·夏斯特里在一次欢迎会上第一次称他为“圣雄”（“伟大的灵魂”之意）。后来著名诗人泰戈尔也称他为圣雄。从此这一尊称就和他的名字不可分割地联系在一起，成了人们表达对他的敬仰的一种自然方式。

回到印度后，他以国大党温和派领袖郭克雷为政治导师，认为郭克雷比较强调在政治斗争中宣扬爱的福音，与自己的观点较为接近，经过一段熟悉情况的过程，他开始活跃在国大党舞台上，成了民族运动中一位独具一格的活动家。

到 1919 年底，他的主张和政治态度可归纳为如下几点。

---

① 《甘地自传》，杜危、吴耀宗译，商务印书馆，1985，第 61 页。

图 21-1 甘地在萨巴玛蒂真理学院

（一）对宗教与政治关系的看法

甘地和一般政治家不同，他的宗教意识是十分浓厚的。宗教和政治在他看来可以合而为一，也必须合而为一。他常说政治离不开宗教，离开宗教的政治只是一具失去灵魂的待焚的僵尸，又说宗教绕不开政治，不和政治结合的宗教，就谈不上实现任何理想，就是一种虚幻，他自称其毕生使命就是实现这种结合。无怪乎孟加拉省省督 R. G. 卡塞说："也许人们能说，他是圣人中的政治家，或者政治家中的圣人。"① 他则时而自称为从事政治的宗教家，时而又自称为"力图成为圣人的政治家"。②

作为一位宗教家，他并不是要创立新教派，也不是单纯要做教义教规上的改革。他的活动目的是要人们把宗教的道德伦理方面提到首位，作为人类的社会行为规范。政治斗争也要灌注这种宗教精神。

把政治和宗教结合起来需要有恰当的结合点。甘地提出了"神即真

① D. 克尔：《圣雄甘地：政治圣贤和非暴力先知》，孟买，1973，第 739 页。

② D. 克尔：《圣雄甘地：政治圣贤和非暴力先知》，第 174 页。

理”“真理即神”的论断，他认为把为真理而斗争和虔敬神等同起来，就从根本上解决了这个问题。神即真理，真理又是什么？按他的解释是实在、正义、和谐、美满。这正是他憧憬的道德伦理原则和政治目标。这些原则和目标再通过“真理即神”的转换又都神格化了，也都成了宗教追求的目标。

如何实现真理呢？他又提出了非暴力学说。他自己说是在探索真理的过程中发现了非暴力。这样，非暴力作为坚持真理的手段，即认识神的手段，也成了他的宗教信仰的一部分。值得提出的是，在他的观念里，作为宗教信仰的非暴力和爱是同义词。他从两个方面来论证非暴力的必要性。一是说非暴力即爱是人的本性，是人类的法则，正如暴力是兽类的法则一样。当这种解释不能说明为什么世界上到处都发生暴力时，他又有另一种说法，即把非暴力说成印度教的特性、印度文明的传统。和提拉克不同，他强调《薄伽梵歌》经典的主旨是教导非暴力。有时，他也从政治权衡、力量对比的角度谈论为什么要采取非暴力。例如，说印度人民没有武装，不可能和世界上最强大的英国对抗。但他一再重申，他倡导非暴力并非从斗争策略考虑，他的出发点是爱。爱一切人，不以任何人为敌，相信一切人都有内在的人性，坚持以爱制恶，以德报怨，以自苦感化别人，以精神力量反对物质力量，这就是他的非暴力学说的要旨。他强调说，暴力斗争只能滋长仇恨，不但实现不了真理，而且会与之背道而驰，愈走愈远，人类和社会到头来都会因暴力而沉沦。

（二）他的司瓦拉吉观和未来理想社会

甘地赞成《司瓦拉吉纲领》，但有自己独特的解释。司瓦拉吉在他看来不仅指政治自主或独立，而且指人的精神完善和社会协调。两者紧密联系在一起，互为条件。他认为印度丧失独立，过错在印度人自己。如果当初商人不与英国人贸易，帝王不给他们特权，王公不邀请他们干涉内争，士兵不为他们打仗，英国人就不可能征服印度。如果印度人都不接受他们统治，他们也统治不下去。所以印度与其说是被英国用剑征服，不如说是自己拱手相送。据此，他认为，印度要取得司瓦拉吉，必须克服自身缺陷，达到精神完善和社会协调。否则即便英国退出，也会出现王公暴虐、相互厮杀或新的外族入侵。

精神完善的更重要意义在于它是实现未来理想社会的根本条件。在甘地看来，实现司瓦拉吉也是为实现未来理想社会扫除障碍，未来理想社会对人的素质的要求是很高的，不能在取得司瓦拉吉后再去培养，而必须从现时的斗争中开始造就。

甘地的理想社会是很独特的，与印度所有民族运动领导人的想法都不同。1909 年他在《印度自治》一书中第一次清晰明确地勾画了他的理想国蓝图。此后在一些观点上虽有变化，但原则上没有改变。在设想未来时，他的出发点和目标是反对近代文明，要建立一个与近代文明针锋相对的，以印度文明的真谛——精神为基础的社会，后来他称之为真理和非暴力社会。与别的政治家不同，他认为近代西方社会一切弊端的根源在近代文明的发展，它也是世界动乱、侵略压迫和战争的温床。他以最严厉的词句谴责物质主义，认为这是“反宗教的文明……在这种文明之下的人，已变成一种半疯狂的状态”，只知追求物质享受而精神堕落，这是“魔鬼的文明”，是“黑暗的时代”。[①] 他认为，可怕的是，这种文明的传染病已蔓延到印度，“印度并不是压抑在英人铁蹄之下，而是压抑在近代文明之下”。[②] 农业、工业的破坏，大城市的兴起，铁路和大工业的发展，大量失业人口的出现，已使印度成了西方近代文明的可悲的仿制品。他写道：“与其在印度发展工厂，倒不如把钱送到曼彻斯特去……用曼彻斯特布，我们还只是损失了金钱；但在印度也产生出一个曼彻斯特，则我们虽留住了流出去的金钱，却必换去了我们的血肉。因为我们的生存的道德的基础就要被掘毁了。”又说：“如果臆想一个印度洛克菲勒比那个美国洛克菲勒要善心些，那一定是很愚蠢的。贫穷的印度尚可以得到自由，但要使一个由不道德以致富的印度再获得自由，那是一件很难的事情了。”[③] 因此，他得出结论说，争取司瓦拉吉斗争的实质就是反对近代文明的斗争。未来印度美好、和平、安宁的保证就在于杜绝近代文明，重建以精神为基础的社会。在这个社会里，不再有大工业的发展（后提出允许有限度的、以服务社会为目的的少量大工业的发展），现有的大工业要改变经营目的，为社会服务。富人要把钱

① 甘地：《印度自治》，谭云山译，商务印书馆，1935，第 28 页。
② 甘地：《印度自治》，第 35 页。
③ 甘地：《印度自治》，第 113 页。

贡献出来，帮助恢复农村手工纺织业。大城市这种“社会的毒瘤”“罪恶的渊薮”应改变为只是为农村服务而存在。印度农村是真正的印度，建设乡村是建设印度的根本，应大力恢复手工纺织和其他乡村工业，恢复农业、手工业相结合的自然经济。在政权体制上，采取联邦形式，实行代议制，要把国家变成一个非暴力组织，没有军队，警察只执行非暴力职能。尽量缩小中央权力，实行最大限度的权力分散，一个个乡村成为一个个小共和国那样的自治实体。所有人不分性别、种族、宗教和职业，一律平等。人人参加体力劳动，不占有超过需要的财物，没有剥削，平等友爱，人的精神完善，达到很高程度。他反复强调，真理和非暴力社会也就是以爱为最高宗旨的社会，这个社会只能建立在自食其力的小生产的基础上，小生产者相互间没有剥削与倾轧，故只有这种小生产制度才能体现非暴力，才能实现真理。这就是他基于真理与非暴力信仰而构筑的理想王国的蓝图。

（三）对殖民政权的态度

直到1919年，他仍认为，印度面临的首要任务不是立即结束英国人的统治，而是追求自身精神完善。追求精神完善指培养自助、自洁、自苦精神，加强纪律性，实行宗教团结，取消贱民制等。这就是后来他提出的建设性纲领的胚胎。他认为只要印度人能够作为强者站立起来，就会有政治上的自主。这就是以追求自身完善来感化统治者的道路，这正是他主张的非暴力斗争道路的实质。追求精神完善是个较长的过程，在这个过程中，对英国统治应采取既合作又反对其错误（通过坚持真理运动）的方针。他说，英国人本质上是热爱正义的，英国官僚在印度做出种种错误行为是背离英国人的本质，是可以促其改正的。大战期间，他对英国作战的支持比国大党其他领导人更坚决。当得到英王授予的服务印度甲级勋章时，他甚以为荣。战后他仍持合作态度，说能够“通过它（指殖民政权）的合作”，获得司瓦拉吉。[①] 对《蒙太古-蔡姆斯福德改革方案》，他持无条件支持态度。罗拉特委员会报告发表后他感到震惊，但仍认为这是英国某些人一时犯下的错误，并没有动摇对英国的信任。他说：“因为他们始终热爱正义，

---

① 《圣雄甘地全集》第16卷，德里，第410页。

甚至在背离了正义的时候也仍然如此，所以，可以比较容易地使他们感到羞愧，从而改正错误。”①

（四）对群众的态度

他主张实现印度各阶层、各宗教的大团结，吸引尽可能广泛的群众参加坚持真理的斗争，一则壮大民族运动的力量，再则也可使尽可能多的人在斗争中提高精神境界，增强自制、自助、自救能力。对于下层群众生活的困苦他是很同情的，有要帮助他们争取改善的迫切愿望，当然，这要按照他的模式进行。一战后期（1917~1918），他领导了比哈尔昌帕兰地区蓝靛农民反对种植园主压迫的斗争、古吉拉特阿默达巴德工人争取提高工资的斗争和凯拉地区农民要求荒年减税的斗争，都是采取坚持真理斗争方式，取得了一定成果。他又是国大党著名活动家中最早支持并参与领导基拉法运动的人，他认为这是反对英国的错误，应该支持，尽管对泛伊斯兰主义他并没有特别的兴趣。他也认为，这个运动有利于吸引广大穆斯林群众参加斗争，使他们自身得到提高，也有利于促进印度教徒和穆斯林的接近，对实现印度的宗教团结起有益的作用。这些活动使他在社会各界特别是印度教下层群众和穆斯林中享有很高威望。他所以能这样做，与在南非的经历有关，在那里，他与下层群众联系紧密，一直共同进行斗争，深知群众中蕴藏着巨大的力量。回印后又广泛接触社会各界群众，对他们的要求都比较了解。以提拉克为首的原极端派在重返国大党后，已很少到下层群众中活动。所以在大战结束时，印度没有一位政治家像甘地那样广泛接触群众，受到各界群众的敬重。

甘地的上述政治态度有和国大党相同的一面，也有根本不同的一面。对于他的思想体系国大党政治家没有人赞同，认为过于理想化，是复古倒退，把政治和宗教混同为一，荒谬而唐突。所以，尽管对他的精神和品格人人敬佩，对他的政治主张多数人则不屑一顾。

然而，正是这个在政治上不为国大党和穆斯林联盟领导人看重的甘地，却在国大党和穆斯林联盟领导人面对罗拉特法的通过一筹莫展之际，令人意想不到地采取了反击行动，进而引发了群众斗争高潮。

① 甘地：《青年印度》，纽约，1924，第175页。

1918 年，当从报上看到罗拉特委员会报告书后，他认为“有自尊心的人决不能屈从这些建议”，[①] 随即组织签名反对，并决定如果当局不顾印度人民反对，把这些建议变成法律，“就应当马上进行非暴力抵抗”。[②] 在当局这样做之后，甘地把誓言变成了行动。他号召于 3 月 30 日（后改为 4 月 6 日）全国举行总罢业，停止工作，举行祈祷与绝食。他说这是一个神圣的斗争，要印度人民坚信真理能战胜邪恶。这个号召得到了超乎他预料的热烈响应。3 月 30 日，德里因未得到更改日期的通知首先发动。商、学、工各界举行总罢业。人们涌向街头，抗议示威，遭军警镇压，8 人被枪杀，受伤者甚众。4 月 6 日，孟买及许多城市举行总罢业。运动迅速向全国扩展。旁遮普是斗争最激烈的地区之一，许多城市发生武装冲突，当局在那里宣布实行紧急状态法。4 月 13 日，阿姆利则市的近万名群众在贾利安瓦拉-巴格集会，听民族主义领导人演讲。英国将军戴尔率部队包围了现场，不经警告就下令向人群开枪，血腥的大屠杀持续了十多分钟。仅据官方数字，就有 379 人被打死，1200 人受伤。这就是骇人听闻的阿姆利则惨案。事件发生后，当局始则封锁消息，后来消息泄露，在全国各界人士强烈抗议下，才装模作样地进行调查。戴尔却被英国上层视作英雄，资产阶级为嘉许他，还募集了两万英镑奖金给他。孟买和阿默达巴德等地群众为抗议英国当局暴行举行示威，许多地方发展成与军警的激烈冲突。甘地对英国当局的暴行十分愤慨，同时对运动发展成为暴力斗争感到不安与失望。他说：“在人民还没有取得这样的资格以前，我便号召他们发动文明的不服从运动，这个错误在我看来，就像喜马拉雅山那么大。”[③] 他于是决定后退，宣布停止进行非暴力抵抗运动。国大党组织了一个平行的调查团，调查旁遮普惨案真相，甘地是其主要成员。反罗拉特法的斗争成了战后民族斗争高潮的序曲。

三　非暴力不合作策略的提出

反罗拉特法斗争只是反对英国的一项法令，并不是反对殖民统治本身。

---

① 《甘地自传》，第 398 页。

② 《甘地自传》，第 398 页。

③ 《甘地自传》，第 411 页。

运动中止后，形势的演变把甘地进一步推向前进，终于把他由一个对英国统治的合作主义者转变成一个不合作主义者。

促成这个根本性变化的最后因素，是5月14日英国对土耳其和约草案的公布和5月28日英国调查旁遮普惨案的亨特尔委员会报告的发表。前者表明当局决心要背弃诺言，肢解奥斯曼帝国；后者则为刽子手百般辩护，并反诬印度人民要对这次屠杀负责。甘地看到英国当局在这两大问题上蓄意侮辱印度人民的感情，理性的呼吁丝毫打动不了他们的心，因而感到“一切希望都成了泡影”。[①] 他得出结论说，英国当局行动如此“不谨慎、不道德、不正义”，再也不配享有印度人民的好感和合作。[②] 由此，他提出了不合作思想。

不合作思想首先是就哈里发问题提出的。1919年11月23日，他参加在德里召开的第一次全印基拉法会议，在会上提出，如果英国当局拒不考虑穆斯林的要求，就号召穆斯林完全撤销与政府的合作。会上成立一个委员会具体考虑在必要时采取不合作的步骤，甘地是主要成员。1920年6月初，新成立不久的中央基拉法委员会按照甘地设计的不合作方案，决定从8月1日起开展不合作运动。其内容包括放弃荣誉称号、抵制立法会议、抵制法庭和公立学校等。甘地号召印度教徒也积极参加。这时，他把基拉法问题和旁遮普问题联结起来，作为开展不合作运动的两个理由，要求国大党也考虑开展不合作运动。国大党全印委员会决定召开一次特别会议讨论这个问题。在这个会议召开前，基拉法委员会发动的不合作运动准时于8月1日开始。甘地带头退回英国勋章，穆斯林群众积极参加运动。这就迫使国大党必须明确表示态度。

从合作到不合作，这是个革命性的变化。甘地发动不合作运动最初提出的目的，是“使政府瘫痪，迫使它实施正义”，纠正在基拉法和旁遮普问题上的错误，[③] 并没有把实现司瓦拉吉作为运动目标。表面上看，它也只是一个目标有限的运动。但是这个目标的有限性只是出于吸引广泛的阶层参加运动的策略考虑。事实上，如果有力量迫使政府纠正自己的错误，那么，

① 西塔拉马伊亚：《印度国大党史》第1卷，孟买，1936，第239页。

② 甘地：《青年印度》，第219~220页。

③ 甘地：《青年印度》，第174页。

迫使它承认印度的司瓦拉吉就是其自然结果。

不合作运动将是广泛的群众运动，但它必须是非暴力的，这是甘地坚持的一个原则。他一再强调，非暴力就是追求精神完善，这是不合作运动的前提和灵魂。非暴力不合作的本质是依靠心灵的（精神的）力量战胜暴力，以自我牺牲感化统治者。没有非暴力，开展不合作就没有意义，还会把人引入歧途。

甘地知道，要求国大党人、穆斯林政治家以及广大群众都像他那样把非暴力当作宗教信条是不可能的。他不回避这个事实，不介意现时国大党人和穆斯林仅仅把它作为策略考虑。他期望他们在实践过程中能加深信仰。对此他是抱有信心的。

作为一种策略，非暴力不合作比国大党此前奉行的响应性合作策略明显具有许多优点：第一，它是直接行动的策略，具有强大的打击力量。它的多种抵制内容可以使社会各界在各条战线上以各种方式同时行动，而且各条战线的斗争浑然成为一个整体，开展起来有声有色，能够有力地表达人民的不满情绪，对英国当局施加强大压力。第二，它是既能发动群众又能控制群众的策略，能够把人民的反英运动控制在安全线内，以保证领导权掌握在资产阶级手中。第三，这是使资产阶级得利大风险小的策略。不合作促进了司瓦德西运动的开展，能带来很大经济利益。政治上即便遭到当局镇压，也不会像它对暴力斗争的镇压那样激烈。

资产阶级立即称赞这种策略，表示支持。他们欢迎这个策略，不但因为它具有不合作的一面，还因为它的非暴力一面也正是资产阶级所需要的。印度资产阶级与亚洲其他国家资产阶级不同，不但它的上层反对用武装斗争方式争取独立，下层亦然。这个看来奇怪的现象其实并不奇怪。因为在他们心目中，英国的资本主义制度是最好的制度，他们希望摆脱英国控制，但不希望切断与它的联系，相反，还希望取得它的帮助发展资本主义。就军事力量说，他们看到英国是当时世界上最强的国家，有畏惧心理。此外，他们知道印度社会内部矛盾很多，特别是教派冲突不断，担心武装斗争弄得不好会诱发教派间的内战或下层人民起义。资产阶级的态度对促使国大党接受甘地的策略和领导起了决定性作用。

四 甘地领导权的建立

对甘地策略的优点，国大党多数政治家开始时并没有认识或不愿去认识。不合作策略为国大党接受是经过一番激烈的斗争的。

甘地发动不合作运动，最初是以基拉法运动为基本阵地，以穆斯林中一些激进的政治家为主要依靠力量。其代表人物有阿布尔·卡拉姆·阿扎德、穆罕默德·阿里、邵克特·阿里、阿布杜尔·巴利等。最早表示拥护开展不合作运动的，还有甘地曾领导开展坚持真理运动的比哈尔和古吉拉特地区的资产阶级知识分子和他们影响下的群众，其代表人物有拉金德拉·普拉沙德、伐拉白·帕特尔等。在国大党特别会议召开前，正是古吉拉特政治会议首先通过了赞同开展拥护不合作运动的决议。

国大党大多数政治家最初对不合作政策抱激烈反对态度。有些人原则上赞同，但怀疑它能否行得通，提拉克就属于这种情况。据甘地说："提拉克不是不相信我的方法，我荣幸地享有他的信任。他在逝世前两个星期，当着几位朋友的面对我讲的最后的话是，我的方法很好，就看是否能够使人民实行。但是他说他有些怀疑。"① 这是提拉克的最后表态。在国大党特别会议召开前，1920 年 8 月 1 日，这位为印度民族解放斗争贡献了毕生精力的领袖与世长辞。

国大党多数政治家持反对态度的理由是：认为完全的不合作不需要，毕竟当局在逐步改革，国大党应抓住机会扩大影响，而不是抵制立法会议，放弃好不容易争到的地盘；认为不合作行不通，如放弃公职，一人放弃会有十人顶补；抵制公立学校在他们看来会影响青少年智力上的健康成长，破坏社会的正常发展。真纳就说，呼吁抵制学校就是提倡"无知和文盲，只能造成社会混乱"。② 他由于反对不合作，1920 年退出了国大党。国大党多数活动家反对不合作策略，还因为他们担心运动一旦发动起来，对群众的行动是很难用非暴力的框框来限制的。比哈尔的哈桑对甘地说："你自己的纲领是没有暴力因素的，但我不相信你的纲领会被人民遵循。我已看到

① 甘地：《青年印度》，第 785 页。

② 鲍利饶：《真纳》，伦敦，1954，第 84 页。

不合作带来暴力的危险。你的某些最坚决的支持者的言论使我更相信这点。只要指出邵克特·阿里一个人的名字就够了，他毫无顾忌地讲到暴力和阿富汗入侵的可能性。”[①] 孟加拉的国大党领导人也说，过去的消极抵抗引发了暴力斗争，“再不能玩这种游戏了”。[②] 对不合作策略反对最激烈的是原来民族主义运动较发展地区的领导人。这些地区运动开展较早，宪政鼓动方式在当地政治家那里已形成传统，这种斗争方式已取得一定成果，要他们抛弃这种习惯的方式，转而采取新的不合作策略是困难的。他们认为这是冒险，弄得不好会前功尽弃。

对国大党多数活动家的反对态度，甘地是有思想准备的。甘地利用1919年由他接手的周刊《青年印度》和自己创办的周报《新生活》，大力宣传非暴力不合作思想，针对各种反对意见，从各方面阐述不合作运动的必要性和现实可能性。这种宣传在各阶层中产生了强烈影响。《青年印度》最初发行量至多2500份，后来达40000份。除了报刊宣传外，他还访问许多地区，和各地民族主义运动领导人直接接触，交换看法。所有这些，为国大党最后决策做了准备。

1920年9月4日至9日在加尔各答举行的国大党特别会议是一场激烈的斗争。出席会议的代表共5800多人，包括几乎所有国大党著名领导人。当甘地去参加这次会议时，他感到前景未卜，甚为茫然。正像他后来所说：“我的处境实际上很困难。我像处在茫茫大海中，不知谁将支持不合作决议，谁将反对……我只是看到众多老资格的战士云集一堂准备战斗。”[③]

会前，国大党政治家已集结为两支力量，准备联合反对不合作策略。一支力量以莫提拉尔·尼赫鲁、真纳、奇塔兰占·达斯和马拉维亚为核心，另一支以比·帕尔、卡帕尔蒂、莫·高士为核心。甘地在会上提出了他的不合作决议案。在前言中指出殖民政权已完全不值得信任，拟议中的改革计划是个危险的圈套，是保持奴役这个国家的镀金的锁链，印度人民不能再受骗。他提出的不合作计划包括放弃称号和荣誉职位、抵制立法会议和官办学校等。在议题委员会讨论中，又根据一些人的建议，把司瓦拉吉明

① 布朗：《甘地上升到权力地位》，剑桥，1972，第276页。

② 《孟加拉人》1920年9月11日。

③ 《甘地自传》，第416页。

确地列为不合作运动的目标，又把抵制外货列为不合作措施。会上，代表们热烈发言，表达了对不合作的赞同。反对者不能公开反对不合作原则，就支持比·帕尔提出一项修正案，其主要内容是采纳甘地决议案中没有争议的各点，其余各点留待以后研究决定，同时派代表团赴英，要求英国同意印度自治。这实际上是拖延不合作的实施。然而，比·帕尔的修正案在议题委员会和全体会议上都被否决，甘地的决议案在两个场合都得到通过。表决结果是，议题委员会：144∶132，全体会议：1855∶873。支持甘地的力量，一是来自各省的普通代表，其阶级地位多属资产阶级下层、普通知识分子和上层小资产阶级。他们没有听从他们地区有名望的政治家的指挥，而是向甘地伸出了双手。他们的态度反映了下层人民的愿望。二是来自受甘地影响最直接的地区和原来政治上不太发展的地区的代表。联合省、旁遮普、比哈尔和古吉拉特的代表投票赞成甘地决议案的比例最高。联合省赞成甘地决议案的与赞成帕尔修正案的比率为9∶1，旁遮普为7∶3，比哈尔为9∶1。联合省是基拉法运动最早的发展地区之一，旁遮普是阿姆利则惨案发生地区，比哈尔和古吉拉特是甘地领导坚持真理运动的地区。这些地区政治运动的发展都得力于甘地前一段的领导，资产阶级和下层群众对他都是衷心拥护的。三是参加大会的孟加拉、孟买的资产阶级的代表。孟加拉、孟买的代表团中都有一部分大商人和工厂主。他们是不合作策略的积极支持者。《孟加拉人》报就指出，孟加拉代表团多数代表支持甘地，“是由代表团中那些在这里经营实业的马尔瓦利和印度斯坦商人的态度决定的”。[①]《孟买纪事报》也指出，孟买省支持甘地的票数因“某些棉布商投赞成票”而大大增加。[②] 四是国大党内的穆斯林代表。穆斯林为了促使国大党采取支持不合作运动的态度，很多人积极争取当选为代表出席这次会议。如马德拉斯参加议题委员会的代表几乎一半是穆斯林。在全体会议上，穆斯林的影响也显而易见。孟买省投票赞成甘地决议案的代表中，穆斯林几乎占20%，以致这个地区民族运动领导人巴布蒂斯塔和卡帕尔蒂怒气冲冲地说甘地在会上使用了“基拉法委员会的达摩克利斯之剑”。[③] 上述四部分

---

① 《孟加拉人》1920年9月10日。

② 《孟买纪事报》1920年9月10日。

③ 布朗：《甘地上升到权力地位》，第269页。

人支持甘地，说明甘地的策略得到从资产阶级到下层人民的广泛拥护，他们都希望对殖民统治采取更有力的斗争手段。这就为国大党接受这一策略提供了广泛的群众基础。原来持反对态度的政治家在这个强大的潮流面前不得不重新考虑自己的态度。有的开始转变，如莫提拉尔·尼赫鲁，他在会议后期首先转到支持甘地的立场上，起了良好的作用。

但多数老政治家还不准备后退。按照规定，特别会议通过的决议须经国大党年会最后认可。所以他们决定在年会上做最后的斗争。

特别会议之后，首先面临的是抵制立法会议问题，因为在年会之前就要举行立法会议选举。抵制开始实行，国大党上上下下，包括不赞成甘地决议案的老政治家（个别人除外）都按加尔各答大会决议要求参加了抵制。这是不合作威力的首次集中显示。由于大批人拒绝投票和作为候选人，选举在许多地方成了滑稽剧。例如，中央省只有 22%的选民投票，52 个选区中有 7 个没有候选人，有 33 个选区只有 1 名候选人。其他省参加投票的选民比例也大都在 20%～30%。孟加拉较高，印度教徒投票的也只占选民的 40%。穆斯林投票人数占比在城市是 16.1%，在农村是 26.6%。由于国大党许多政治家对不合作还三心二意，加尔各答会后，不合作运动在其他方面还没有认真发动，但已有一批人率先行动。据不完全统计，1920 年共有 44 名律师抵制出庭，46 名治安长官放弃职位，33 名市政机构成员退出市政机构，61 人退回勋章或放弃荣誉称号，120 名政府职员和公立学校教员放弃公职。在资产阶级和商人中，对不合作运动的支持表现突出。阿默德纳加尔县治安长官不安地指出，“在富裕的古吉拉特和马尔瓦利商人中出现了热衷不合作的倾向”。[①] 孟买城郊商人、工厂主也普遍表示支持不合作。更有意义的是，原来很少受到宪政鼓动影响的许多小资产阶级群众也积极参加到运动中来。这些人既无勋章可以退回，又无职位可以放弃，他们的发动表现为热情拥护甘地领导，批评国大党某些老政治家的保守态度。据《纳雅克报》报道，孟加拉许多落后地区的群众开始批评“民族主义绅士们”只知“玩弄外交手腕争取名声”，对下层人民意愿很少注意。[②] 在浦那地区，广大乡村的小地主、小商人都支持不合作，拒绝选民登记。在古吉拉特，

① 布朗：《甘地上升到权力地位》，第 281 页。

② 布朗：《甘地上升到权力地位》，第 280 页。

下层群众把甘地看作“印度的救星”，“感到只有甘地想到群众”。[①] 在中央省，据殖民当局说，反对不合作运动的律师们“遭到不合作者的诽谤，在群众中的影响丧失殆尽”。又说，现在的运动“是由不负责的没有地位的一伙鼓动者领导，他们用攻击政府的办法吸引群众”。[②] 总之，不合作运动吸引了越来越多的人参加。卡帕尔蒂失望地说，群众“已无法掌握，他们不想别的，只想不合作”。[③] 英国殖民当局一个高级官员在内部报告中也说道：“现在甘地已被很多印度教徒和穆斯林看作一个半神半人的人物。”[④]

1920 年 12 月国大党那格浦尔年会出席代表 14582 人，创有史以来最高纪录。各方都争取有自己更多的拥护者参加会议。这时，那格浦尔所在地的中央省已完全转到甘地一边。参加大会的来自全国各地的代表中有很多工商业资本家和大量小资产阶级群众。甘地的优势从会议前一天就显露出来：选举议题委员会成员中，除孟加拉外，其他所有省份的代表都是甘地支持者占多数。这次会议没有经过艰巨的斗争，甘地的不合作纲领就获得了胜利。持反对意见的一些著名领导人本来已做了各种联合起来反对的准备，但会上的倾向性如此明显，他们只好服从多数人的意志，转向甘地，寻求妥协。结果出现了把甘地原来的不合作决议案加以修改补充，作为一项新的决议案，由奇·达斯提出，甘地附议，比·帕尔、拉·拉伊、穆罕默德·阿里等多位领导人支持的盛况，显示了两边已达成基本的一致。新的决议案在欢呼声中通过。它肯定了加尔各答会议决议。这样，甘地的不合作策略便被国大党年会批准，成了指导国大党行动的总路线。

这次年会还通过了甘地主持起草的新党章。关于国大党的斗争目标，新党章规定为“用一切合法的和平的手段实现司瓦拉吉”。这里所以用司瓦拉吉这个含义不十分明确的词语是甘地的主意。他解释说，用这个词包含两种可能性：如有可能，在英帝国范围内自治，如有必要，就脱离英帝国而独立。这仍是个弹性目标，不过较 1908 年党章的规定已迈进了一大步，那个党章仅仅把自治作为目标。

新党章对国大党体制进行了重大改革。内容包括：建立由 15 人组成的

---

① 布朗：《甘地上升到权力地位》，第 281 页。

② 《中央省和比哈尔省政府工作报告》，那格浦尔，1922，第XVII页。

③ 《卡帕尔蒂日记》，英文版，1920 年 9 月 9 日。

④ 布朗：《甘地上升到权力地位》，第 289 页。

国大党工作委员会（包括国大党主席在内），作为中央执行机构，领导日常工作；国大党省级组织改为按语言区建立；党组织建到县一级，如有可能，建到税区一级；国大党年会代表和国大党全印委员会成员由各省按人口比例选举产生；在群众中大量发展党员，党员要注册，缴纳党费。这样改革的结果是国大党真正具有了群众性、代表性和能动性。新党章的突出特点是，力求把原来很少为国大党上层注意的普通群众和政治上落后地区的群众吸收到党内来，并使各省在党内决策上具有同等地位。这就打破了原来构成上的狭隘性，以及由孟加拉、孟买等少数省少数头面人物把持国大党决策的局面。这个变化对甘地领导地位的巩固是有重大意义的。它意味着最积极拥护不合作策略的力量将在国大党中取得重要地位。这就为今后贯彻执行不合作决议提供了组织保证。

甘地在那格浦尔会议上的胜利是如此巨大，以致《孟买纪事报》把这次年会称为“甘地的大会”。[①] 英国殖民当局也注意到了这个事实。一个高级官员给总督写信说：“这次大会的一个显著事实是建立了甘地个人对所有政治领导人及其追随者的统治。他没有经过任何重大修正就使他为国大党制定的政策得到通过。所有反对意见都被轻而易举地击败，因为多数代表和列席者在他掌握之中。对他们来说，他的话就是法律。”[②]

从加尔各答会议到那格浦尔会议，甘地的不合作策略终于在国大党内得到确认。这个过程也就是甘地在国大党内的领导权逐步确立的过程。他的领导就是他的不合作策略路线的领导，这比形式上担任最高职务更为牢固有力。

甘地领导地位的确立说明了当时最能适应资产阶级需要的斗争策略终于被资产阶级政治家共同接受（极少数人仍不赞成）。甘地和他的反对者之间的斗争，实际上是资产阶级内部在新形势下统一思想、共同探讨新的斗争策略的过程。在这个过程中，有认识上的不一致，即新旧思想的矛盾，也有利益的冲突，即个别利益和整体利益、眼前利益和长远利益的矛盾。斗争一时是很激烈的。但资产阶级的共同利益、长远利益终于在他们的政治决策中占了上风。有两个因素促成了这个斗争结局。一是广大小资产阶

---

① 《孟买纪事报》1920 年 12 月 27 日。

② 布朗：《甘地上升到权力地位》，第 300 页。

级群众和下层劳动群众因为对殖民统治不满支持甘地，这就使反对者处于劣势，如果他们固执己见，就有丧失群众的危险。二是英国当局在基拉法和旁遮普问题上一意孤行，不留任何妥协余地，使不同意甘地策略的人后退无路，不能不承认不合作策略是剩下的唯一可供采用的斗争手段。

其实，如果就思想体系而言，最能代表资产阶级愿望和要求的，是国大党多数政治家在印度建立资本主义社会的主张，而甘地的思想体系是小生产者的乌托邦，与发展资本主义的要求背道而驰。然而，由于各种因素的巧合，在战后特定形势下，恰恰是甘地的策略最能适应资产阶级的政治要求，为资产阶级实现独立目标找到了一条适合的道路。这样，印度政治舞台上就出现了一个令人完全想象不到的重大变化：甘地这位半政治家半宗教家居然被推上国大党的领导位置，成了全印民族运动的领袖。

当然，资产阶级和国大党多数政治家只是有保留地接受他，只是接受他的非暴力不合作主张，对他的思想体系则根本不予考虑。就是非暴力不合作主张，也纯粹是作为策略看待，绝不像他自己那样视为宗教信条和原则。甘地与国大党多数政治家之间有一种不成文的默契，那就是甘地不把自己的思想体系包括对非暴力不合作的宗教式信仰强加给国大党；国大党必须坚持非暴力，但怎样理解那是国大党人自己的事。甘地不强求国大党赞成自己的观点，但衷心希望并相信，在实际斗争中，会有越来越多的人受他的影响。国大党与甘地的结合是一种奇特的结合。质言之，国大党与甘地是一种同路人的关系。甘地渴望他的国家获得自由，他的同胞摆脱苦难，但他的航行的终极目标与国大党的目标甚不相同。甘地成为民族运动的领导者给运动带来活力，使之蒸蒸日上、面目一新。然而，思想体系的不同，在这位领导者和国大党多数活动家中间形成了无法消除的隔膜，这就使他们在日后的共同斗争中不可避免地时常发生摩擦和冲突，给运动的发展带来了不利影响。

第二十二章

第一次不合作运动和工农运动

国大党那格浦尔年会后，第一次不合作运动就成了它和基拉法委员会共同领导的全国性运动。两个组织间建立了紧密合作关系，总领导人是甘地。从这时起，第一次不合作运动进入高潮，发展成为近代以来资产阶级领导的最广泛的群众反英革命斗争。印度民族解放运动由此进入了一个历史新时期。

一　“一年实现司瓦拉吉”口号的提出

不合作运动提出的目标有三：纠正英国当局在哈里发和旁遮普问题上的错误、实现司瓦拉吉。三者中旁遮普问题只是个局部问题；哈里发问题已是既成事实，国际条约无法改变。所以，实际上不合作运动的主要目标是争取司瓦拉吉。

加尔各答会议和那格浦尔年会上，在通过不合作决议时，也根据甘地的要求号召普遍开展手工纺织，实现印度教徒和穆斯林团结，取消不可接触制。这些构成了后来他提出的建设性纲领的基础。按照甘地的要求，这些工作与不合作运动应同时开展，互为补充。这说明，他要按照自己独特的思想体系来领导运动。对他来说，不合作用以反对英国统治，建设性工作则用来促进印度人自身的精神完善和社会协调，两者缺一不可。

在1920年加尔各答会议上，甘地郑重提出，只要他的非暴力不合作计划和提倡手纺等建设性工作能得到实现，印度就可以在一年内获得司瓦拉吉。那格浦尔年会上，他重复提出这个奋斗目标。1921年2月又一次提出这个目标，呼吁全国人民以共同的努力实现。这一次，他把实现普遍手纺、印穆团结，以及消除贱民制作为实现司瓦拉吉的前提条件。

“一年实现司瓦拉吉”的口号当时是多么鼓舞人心！国大党许多政治家感到疑惑，但不合作运动是新事物，谁也不能预测运动一旦开展会出现什么情况，所以大家都向前看，期待有好的结果。

甘地提出这个不切实际的目标可能是出于以下两种考虑：第一，他确实以为，运动一旦开展，全国人民会一致行动，坚持不懈，从而一举使殖民统治瘫痪；第二，提出这个口号可以鼓励全国人民按照他的要求加倍努力，特别是赋予自身精神完善和社会协调以优先地位。他期望用人们对司瓦拉吉的迫切要求作为杠杆，推动他们加速实现自身完善和社会协调。甘地的主观愿望是积极的，但作为运动领导人，把不现实的愿望定为斗争的实践目标是不妥当的，把建设性工作的普遍开展作为政治斗争的前提同样是不切实际的。上述两种考虑，如果说前者属于对新事物缺乏经验，后者却是甘地思想体系的特色在起作用了，这个特色贯彻甘地领导运动的始终，此时不过是端倪初露。

二 1921 年不合作运动的进展

1921 年不合作运动获得蓬勃发展。不但知识界和资产阶级，而且广大下层群众都以不同形式投入斗争。甘地和阿里兄弟（穆罕默德·阿里、邵克特·阿里）在全国各地巡回演说，鼓舞群众的斗志，号召人们克服恐惧心理，自己起来掌握自己的命运。国大党和基拉法委员会的各级组织也层层贯彻不合作决议和开展建设性工作决议，号召人们根据自己的情况，采取各种适合自己的不合作形式，投入斗争。群众响应热烈。正如贾瓦哈拉尔·尼赫鲁所说，当时笼罩印度的是一种奇特的紧张气氛，“大家有一种如释重负，获得解放和自由的感觉。压迫人们低头的恐惧心理减退了，人们挺起腰，抬起头来”进行斗争。又说：“我们忙于国大党纲领的人们一直都感到兴奋，我们充满了乐观和热情，我们感到为主义而奋斗的快乐。我们没有疑惑或犹豫的苦恼。我们的道路明确地摆在我们面前，我们互相鼓励互相帮助着前进。”① 他还写道：“偏僻市集的老百姓也在纷纷谈论国大党和

① 《尼赫鲁自传》，张宝芳译，世界知识出版社，1956，第 78 页。

自主问题以及旁遮普和基拉法所发生的事情。基拉法这个字在大多数农村中的人们听来带有奇特的意义，人们以为这个字是从乌尔都文 khilaf 转来，它的意义就是‘对抗’或‘反对’，因此人们认为所谓基拉法就是反对政府。不消说，人们也谈论自己在经济方面的具体的痛苦，各种集会和会议使群众受了很好的政治教育。”①

在抵制方面取得了不同的进展。

放弃称号、职位。1921 年 1 月底有 24 人放弃，到 3 月底达 87 人。在阿里兄弟被捕后，10~11 月，联合省有 37 名穆斯林警察辞职，孟加拉有 40 名穆斯林警察辞职，孟买也有 17 人辞职。不辞职的人都发现他们受到舆论压力，处境困难。

抵制法庭。成果较前者为大。到 3 月初，参加抵制的律师有 180 多人。其中有全国第一流的著名律师和地区著名律师，如莫提拉尔·尼赫鲁、奇塔兰占·达斯、拉贾戈帕拉恰雷、拉金德拉·普拉沙德、伐拉白·帕特尔、阿萨夫·阿里、赛福丁·克其鲁等。他们放弃丰厚的甚至王公般的收入，响应不合作号召。这种牺牲精神对全国人民是很大的鼓舞。莫提拉尔·尼赫鲁为参加运动，准备进监狱，还练习睡地板，其精神之至诚感人良深。在抵制的同时，许多地区建立了民族仲裁法庭。在有些地区，这样的法庭获得很高的声望，如比哈尔、奥里萨。据内务部 1921 年的报告说，一天就有几百件诉讼案从县、省法庭撤销，转到民族仲裁法庭。

抵制公立学校。成果更大。1919~1920 学年公立文科学院有 150 所，学生 52482 人。1920~1921 学年，学院增加到 160 所，学生人数却降为 48170 人。1921~1922 学年，学院增加到 167 所，学生人数进一步降低到 45933 人。公立中学也是同样情况。1919~1920 学年，学校为 8708 所，学生 1281810 人。1920~1921 学年，学校增加到 8923 所，学生减至 1254525 人。1921~1922 学年，学校再增至 8987 所，学生再减至 1239524 人。这就是说，两年内由于抵制公立学校，公立文科学院学生减员 6549 人，公立中学学生减员 42286 人。

除抵制公立学校外，有些从政府领取补助金、依属于政府的私立学校，其学生也力促学校与当局脱离关系。如加尔各答一批这种学校的学生就呼

---

① 《尼赫鲁自传》，第 78 页。

吁全省私立学校脱离对政府的依属关系。

在抵制公立学校的同时，一大批民族学校和学院开办起来。甘地在古吉拉特建立了民族大学。孟加拉重建了民族学院，由苏巴斯·钱德拉·鲍斯任院长。各省建立学校数和学生数如表 22-1 所示。

表 22-1　1921~1922 学年民族学校数和学生数

省份	学校数	学生数
马德拉斯	92	5072
孟买	189	17100
孟加拉	190	14819
联合省	137	8476
旁遮普	69	8046
比哈尔和奥里萨	442	17330
中央省	86	6338
阿萨姆	38	1908
西北边省	44	120
其他地区	10	1255
合计	1257	80464

资料来源：巴姆福尔德《不合作与基拉法运动史》，德里，1974，第 104 页。

上述学校中有些因经费、师资缺乏或其他原因中途停办，到 1922 年坚持下来的为数不多，但这些数据毕竟能够说明抵制公立学校和兴办民族教育在当时已初步形成了高潮。

抵制英货。获得显著成效。主要抵制对象是英国布、烟、酒等。1920~1921 年度进口布总值为 10.2 亿卢比，1921~1922 年度降到 5.7 亿卢比。抵制是在全印范围展开的，最激烈的地区是孟加拉、孟买、马德拉斯和联合省。如阿拉哈巴德市各行各业都参加抵制。商人也成立商会，决定不购进不销售外国布，违者罚款。少数大布商不愿意参加，群众就对他们实行社会抵制，迫使他们参加。孟加拉 1905~1908 年开展了轰轰烈烈的抵制运动，人们对此记忆犹新。这次很快又掀起高潮。孟加拉马尔瓦利商人中有许多人一向经营英国布进口贸易，这次马尔瓦利商会也做出决定不售英国布。甘地还号召群众把自己的外国布衣服付之一炬，并把这说成一种精神自主的表现。1921 年初他巡回演说时，火车经过一个小站停下，成百上千的人拥挤在站台上欢迎他。他说，对他真正的欢迎是响应他的呼吁，不穿洋布衣服。人们立刻把戴的洋布头巾、穿的洋布外衣脱下，很快堆成小山，当火车开动时，烈火已在熊熊燃烧。在各个城市，到处都可看到集中焚毁外国货的场面。穿洋服的首先在民族主义者中绝迹了，在街面上也越来越少见。抵制英国酒的活动开展得同样激烈。如比拉斯普尔政治会议专门通过决议，开展禁酒运动，并明确提出，要使当局收不到一文酒税，从财政上打击当局。禁酒运动使旁遮普省征收的消费税减少 330 万卢比，比哈尔省减少 100 万卢比，孟买省减少 60 万卢比。马德拉斯省督 1922 年 2 月承认："我们的处境是真正令人沮丧的。我们今年度的赤字已达 650 万卢比。这主要是由甘地关于消费税（指酒税）的宣传造成的。"① 商店货架上的酒瓶落满尘土，销售不出，当局捉襟见肘，只好由自己来充当推销商。比哈尔和奥里萨省政府甚至发传单，说莎士比亚、拿破仑、格拉斯顿、俾斯麦都爱喝他们省产的名酒，欢迎各界人士品尝！禁酒运动中广泛实行了社会排斥这种斗争手段。如在加雅，一个继续卖酒的酒店店员死了，找不到人帮助办理丧事。在芒吉尔，一名女仆拒绝伺候女主人，直到她丈夫戒酒为止。

抵制运动的开展，像 1905～1908 年一样，出现了志愿服务队，主要由青年学生组成，负责纠察，劝阻人们不买外货，帮助组织集会游行，为民族运动募捐等。据 1921 年 8 月官方估计，这样的志愿队有 345 个 15186 人，另有社会服务组织 404 个 15269 人。这个数字明显偏低。有材料说，孟买管区 1922 年 1 月有 125 个志愿队，每队 10 人至 100 人不等，而联合省有 80000 名志愿队员。还有材料说，1920～1921 年志愿队员有 15 万人。有些原秘密组织成员也参与组织，如在孟加拉，曾被监禁的普纳·达斯就组织了 400 人的志愿队。志愿队成了运动的中坚力量，在群众中威望日高。在加尔各答，他们甚至说服了 50 名警察辞职。

建设性工作也取得很大成绩。1921 年 1 月，国大党工作委员会决定在民族学校教授印度斯坦语和手纺。3 月底 4 月初，工作委员会和全印委员会进而决定，在全印实行三项任务：募集提拉克司瓦拉吉基金 1000 万卢比，发展党员 1000 万人，推广纺车 200 万辆。规定在 6 月 30 日前完成。这个决定得到印度各界人民热烈支持。到 6 月 30 日，募集基金的任务超额完成。

① 巴姆福尔德：《不合作和基拉法运动史》，第 108～109 页。

这项基金主要用来资助国大党的活动和民族运动，1918 年只有 7234 卢比，1919 年为 29469 卢比，1920 年为 43873 卢比，而自工作委员会发出募捐号召后，3 个月就募集了 1000 万卢比。从认捐款来源看，社会各界，包括商人、工厂主、知识分子、普通城市居民和农民都参加了捐献。孟加拉马尔瓦利商人 1921 年 1 月捐了 10 万卢比。著名的马尔瓦利商人贾姆纳拉·巴贾吉一人在 1921～1922 年就捐了 20 万卢比，支持参加抵制法庭的律师。艾洛尔的一个黄麻厂主捐了一大笔钱，官方说他原是“一个不带色彩的人，很少参加他家乡艾洛尔以外的公共生活，英语懂得也不多”。[①] 参加捐款的还有农民，例如联合省费扎巴德的佃农。他们被告知，如果农民都支持甘地，几个月就可获得司瓦拉吉，那时佃农就不会再遭到逐佃，无地农民也将获得土地并免除地税。

到 6 月 30 日，国大党发展党员约 500 万人，虽未达到原定指标，但已基本做到党组织遍及农村。到年底，国大党党员已接近 1000 万人。

图 22-1　甘地纺纱

手纺车的推广到 6 月 30 日也基本达到指标。手织土布大量上市。土布衣服、甘地帽成了民族运动的制服。甘地要求每个国大党领导人都带头

① 布朗：《甘地上升到权力地位》，第 322 页。

手纺，他自己身体力行，天天纺纱，走到哪里就把纺车带到哪里。他用通俗易懂的语言向农民宣传恢复手纺的意义，形象地说，手纺能纺出自尊、自助、自爱、自强的崇高精神。若人人手纺，罗摩时代——印度的黄金时代就会在印度重新出现。正像尼赫鲁所说，“甘地很懂得怎样去打动群众的心，他用群众熟悉的东西，用群众的宗教意识激励群众”。[①] 甘地有成效的宣传和200万辆纺车的推广把广大农民深深吸引进了国大党领导的运动中来。

实行建设性工作所起的政治作用在于不仅壮大了国大党的财力、人力和影响，而且使国大党领导的运动深入下层群众中，建设性工作成了国大党联系群众的桥梁。这也就是国大党多数政治家虽然有些勉强，但仍答应甘地要求，重视开展建设性工作的原因。甘地自己可能也没有想到，他从促进精神完善角度强调的建设性工作，正像他的不合作思想一样，在一定范围内，正好起了适应资产阶级政治需要的积极作用。当然，也有些人对他过分强调建设性工作的做法抱将信将疑态度。

三　工农运动及其与不合作运动的关系

实行不合作和开展建设性工作，这是甘地为运动划定的两大行动范围。这两大范围都包括发动工农参加。除此之外，甘地不希望工农有别种性质别种形式的发动。然而，工农一旦发动，就不会限于甘地划定的范围，他们势必还根据自己的需要，以自己的方式开展斗争。1921年前后就是这种情况。这时的工农运动有反对殖民统治和压迫的，也有反对地主资本家残酷剥削的。这种工农斗争与不合作运动是平行的两个运动。不过有些工农斗争，受不合作运动影响，已与后者交错在一起，很难截然分开。

有些工农的发动在甘地发起不合作运动之前就已开始。例如工人的罢工斗争，1918年就蓬勃开展，1919年有191次，1920年有200余次，1921年有400余次。又如农民运动，联合省1918年就有了农民协会，领导农民开展反封建斗争。费扎巴德、雷巴雷利等地的农民还开展了武装斗争。1921

---

① 《尼赫鲁自传》，第82页。

年1月，农民零星的武装斗争已扩大到该省更多地区。例如，在奥德地区，农民建立了武装组织“爱卡”（团结），时常袭击地主高利贷者的宅邸。工农斗争在不合作运动兴起后仍持续不断。不过与不合作运动完全没有关系的已经是绝无仅有了。

甘地和国大党领导层对工农自发斗争的态度可归纳为以下三点。

第一，不提倡、不赞成工农在甘地划定的两大范围外进行反殖民斗争，更不赞成他们搞阶级斗争。甘地认为，反殖民斗争在内容上要有统一的步调，在现阶段，应集中力量实现不合作决议规定的内容，超出这个内容不仅分散民族斗争的力量，分散目标，而且可能出现有损全局利益的局面。至于以暴力斗争反英，甘地和国大党都是坚决反对的。关于工农自发的阶级斗争，甘地认为这只会激发仇恨，激发暴力。他主张，工人的困苦可以通过申诉由劳资双方协商仲裁解决，仲裁无效时方可罢工。他要求农民不要自发抗税抗租，同时呼吁地主主动采取措施改善农民处境。协商、仲裁、呼吁都是无济于事的，甘地、国大党的这种主张实际上是压制工农斗争。国大党既要发动工人群众参加运动，又要保持对工人运动的控制，为此，它采取了主动的行动来掌握工人运动。1919年国大党年会通过决议，要求各省党组织帮助组织工会。1920年10月31日，在各地成立一大批工会的基础上，建立了全印工会大会，首任主席是国大党著名活动家拉·拉伊。这是第一个全国性的工会组织，在政治上处于国大党影响下。1921年1月国大党还建立了负责工人运动的专门机构。

虽然国大党领导人总的态度是这样，党内有少数领导人或因受所在地区已经开展的工农运动的推动，或因观点比较激进，或出于希望加强运动对当局的压力，在一定程度上出现越轨的情况。如孟加拉的奇·达斯就号召支持工人罢工，并要求国大党人深入农村，体察农民疾苦，帮助农民改善处境。初出茅庐的贾瓦哈拉尔·尼赫鲁在这方面表现突出。1920年6月，联合省帕太卜伽地方的200名农民步行50英里来到阿拉哈巴德，要向甘地和国大党领导人反映农民的悲惨情况。由于甘地不在这里，莫·尼赫鲁（贾·尼赫鲁的父亲）又不在家，贾·尼赫鲁便接待他们并和几位同事一起，去他们所在的农村做了三天考察。这是他有生以来第一次亲眼看到在地主残酷剥削下贫苦农民生活的悲惨，也第一次感受到农民要求改变现状的强烈愿望。他发现由于不合作运动的鼓舞，“整个农村充满炽烈的热情和奇妙的激动”,[①] 感到解决农民问题被国大党忽视是很不应该的。他提出“到农村去”的口号，从此自己常去农村，接近农民，在大小集会上发表演说，对农民的处境和改善地位的要求表示同情。对中小地主，他认为“只要给他们好的教育和训练，就可以改造他们成为良好的公民”；对欺压农民最凶狠的大地主，他是很反感的，认为这部分人“在身体和知识方面都堕落了，可以说早就应该灭亡了”。[②] 不过，他在公开场合言论还是很谨慎的。他要求农民积极参加国大党领导的不合作运动，更广泛地组织起来，通过合法途径提出自己的要求，不要采取暴力行动。同时，他强烈呼吁国大党领导人重视解决农民问题。1920 年 10 月，在尼赫鲁等国大党人和农民运动领导人的共同努力下，在奥德地区建立了奥德农民协会，下属分支有 33 个。这个农协既号召农民参加不合作运动，又号召农民拒耕地主夺佃的土地，拒绝无偿地为地主服劳役。结果，农民运动在这片地区更广泛地开展起来，并和不合作运动交织在一起。如费扎巴德的农民既参加国大党组织的反英集会游行，又袭击大地主的宅邸，抢夺钱财，在这样做时，还认为是实现甘地不合作的教导。奥德的农民运动还有相当部分处在奥德农协控制之外。1921 年底，在哈多、巴拉奇、西塔浦尔等县出现“爱卡”运动。农民成立武装小分队打击地主。这部分农运不受国大党宣传的影响而独立发展。

第二，不合作运动的地方化对工农运动的发展起了某些促进作用。国大党各地方组织为了吸引群众参加不合作斗争，常常联系当地人民疾苦和关心焦点，宣传与开展不合作运动，这就使不合作运动带上了地方色彩。在这种鼓动下，工农群众越来越多地运用不合作武器为改善自身境况而斗争，这就使一些地方原已存在的工农自发斗争进一步发展起来。例如，阿萨姆的茶叶种植园剥削苛重，苦力工人十分不满。国大党在鼓动不合作时讲到他们的处境。工人们在听到宣传后，开始用不合作的武器与种植园主斗争。1921 年 5 月，有 6000~7000 名工人成群结队离开种植园，回他们的比哈尔或联合省老家。种植园主对离开的工人开枪，孟加拉的民族主义者立即发动轮船和铁路工人罢工支持他们。报刊广为宣传，要求改善种植园工人待遇，造成很大影响。在阿萨姆还有些县殖民当局设置固定市场拍卖

① 《尼赫鲁自传》，第 51 页。

② 《尼赫鲁自传》，第 66 页。

欠税农民的土地财产，农民十分愤恨。一些国大党人号召以不合作手段抵制这种市场，以制止当局的暴行，削减当局的财政收入。结果许多县开展了这种抵制。在比哈尔，英人种植园主蛮横剥夺农民在荒地上放牧的权利。荒地放牧问题是农民和种植园主长期斗争的一个重要问题。国大党工作人员在宣传不合作时，经常以此为例说明殖民者的专横。在这种鼓动影响下，农民反对种植园主的斗争强化，有几千农民甚至烧毁了昌帕兰一个种植园主的制糖厂。1921 年 6 月，英国殖民政府一个官员在给蒙太古的信中综合各地情况说："各色各样的不合作运动工作人员在农村进行频繁的宣传，造成大量动乱。以甘地名义讲的和做的各种事情，如果这位先生本人听到哪怕一点零头，也足以感到震惊。"① 1921 年联合省也报告说："不知道将会发生什么事情。局势已非政治家和宗教学者所能控制。"②

第三，对已开展起来的大规模农民斗争，国大党插手，竭力把它们纳入非暴力不合作轨道。1920~1922 年，旁遮普发生锡克教阿卡利派运动。阿卡利，不朽之意，是锡克教内一个新兴起的派别。它要求收回锡克教僧侣封建主霸占的庙宇土地，把它交给锡克教团支配。在殖民当局公开表示支持马汉蒂（僧侣）封建主后，这个运动又带有反殖民性质，阿卡利派也因从事反殖民斗争逐渐形成为阿卡利党。甘地不赞成国大党参与其事，但为防止它走上暴力斗争道路，只好给予有保留的支持。国大党人参加了这个运动的领导机构，号召以非暴力方式实现自己的目标。阿卡利党每个成员被要求宣誓不采取暴力，不反对警察。他们照样做了。然而，1921 年 2 月，当阿卡利党成员试图和平地占领南卡纳庙时，遭到马汉蒂武装人员的大屠杀，200 多人被杀死。当局进而逮捕阿卡利党领导人。在运动有可能升级为暴力斗争时，国大党大力施加影响，使之保持在非暴力轨道上。据旁遮普殖民当局报告说，锡克运动"越来越具有政治性"，"现在几乎完全被不合作主义者控制"。③ 5 月中旬，阿卡利党领导机构通过决议，决定对英国殖民当局实行不合作。旁遮普当局报告还指出，在国大党、基拉法委员会和阿卡利党之间建立了紧密联系。不过，阿卡利党内部并不是都赞成非暴力

---

① 布朗：《甘地上升到权力地位》，第 326 页。
② 布朗：《甘地上升到权力地位》，第 327 页。
③ 布朗：《甘地上升到权力地位》，第 326 页。

不合作方式。1922 年，一部分激进成员分化出来，另成立秘密组织“阿卡利雄狮”，号召进行暴力斗争。

毛普拉起义（1921～1922 年初）是这一时期发生的最重要的下层群众的自发斗争。毛普拉人是早先到马拉巴尔海岸地区定居的阿拉伯人后裔，信仰伊斯兰教，多为农民。这里的地主高利贷者是印度教徒，剥削苛重。毛普拉农民在不合作运动和基拉法运动双重鼓动下积极行动起来，成立佃农协会，一面要求当局立法，规定减轻地租；一面要求维护哈里发地位。甘地、阿扎德和邵克特·阿里到这里访问给了他们极大的鼓励。到处举行集会，反英情绪高涨。1921 年 2 月 5 日，当局颁令禁止举行基拉法会议。18 日，有 4 名在这里活动的基拉法运动和国大党运动领导人被捕。愤怒的群众在各地举行抗议集会，激烈谴责殖民当局的行动，又遭镇压。8 月 21 日，在卡利卡特以南的提鲁兰加迪，殖民政府官员闯入清真寺逮捕基拉法运动参与人员。当来自四面八方的会集的群众要求当局放人时，警察开枪，打死多人。这一暴行激起农民起义，起义迅即扩展到马拉巴尔大部分地区。起义者袭击警察局、法院及其他政府机关。一些为非作歹的民愤很大的地主高利贷者也受到打击，其地契、借据等文书被烧毁。起义者宣布建立哈里发王国，领导人初为阿里·穆萨利亚尔，他被捕后是库恩哈麦德·哈季。一般印度教徒受到保护。殖民当局调来大批军队镇压，许多印度教地主帮助殖民当局，这使毛普拉起义者产生了反印度教倾向。迫害印度教徒、强迫改宗的事件大量出现，为起义涂上了教派斗争色彩。到 1921 年 12 月，起义被镇压。据官方宣布，起义者死 2337 人。非官方估计人数超过 10000 人，45404 人被捕或投降。毛普拉起义超出了非暴力轨道，因而一开始就受到甘地、国大党和基拉法委员会的谴责。甘地和穆罕默德·阿里听到起义消息后，决定去马拉巴尔，把它导向非暴力道路。但殖民当局害怕此行只会加强毛普拉人的斗争，没有准许他们前去。9 月，国大党工作委员会通过决议，对毛普拉起义表示遗憾，号召用非暴力方式进行斗争。

总之，由于甘地和国大党不赞成、不积极领导，工农独立发动的事例不多，更多的斗争是在不合作范围内开展的，成了不合作运动的一部分。

四　殖民当局的对策

随着不合作运动的深入开展，殖民当局承受的压力越来越大。一部分人主张赶紧镇压，但决策者迟迟不敢动手，因为不知道印度军警会做何反应。此外，也担心过早镇压、过早逮捕甘地会激起民愤，出现控制不了的局面。1921 年上半年当局采取静观政策，不做反应。不合作运动中较激进的领导人（尤其是穆斯林激进主义者）认为运动的冲击力不够，开始要求运动升级。这表现在：第一，有的穆斯林领导人公开谈论武装斗争的可能性。如穆罕默德·阿里在 1921 年 5 月讲到一旦阿富汗进攻印度，穆斯林给予协助的可能性，在穆斯林中引起强烈共鸣。这使甘地和国大党一些领导人感到不安。在当局扬言要逮捕穆罕默德·阿里后，甘地与总督里丁会谈，答应说服穆罕默德·阿里就上述谈话内容表示歉意并保证在他们参加不合作运动时不鼓吹暴力，交换条件是不得迫害他们。穆罕默德·阿里不得不接受这个提议，同时对甘地的做法甚为不满。他宣布，他不是向当局致歉，只是就坚持非暴力向甘地重新承诺。里丁此举是想在甘地和穆罕默德·阿里之间打进楔子，但未能得逞。7 月，在卡拉奇举行的全印基拉法会议上，在阿里兄弟领导下通过一项决议，提出在英印军队中服役对穆斯林来说是违背宗教义务的，号召穆斯林退出军队，并要求把这个决议在军队中广为宣传，做到人人知晓。殖民当局害怕军心不稳，9 月 14 日逮捕阿里兄弟，开始了直接镇压。穆斯林和国大党人群情激愤。这一次，甘地最强烈地支持阿里兄弟。9 月 19 日，他公开宣布："我很遗憾，这次具有历史意义的卡拉奇会议我不在场。如果我在场并得到允许的话，我也一定是这项决议的支持者之一。"[①] 10 月 4 日，他主持了孟买的一次跨党派会议，会上通过宣言，宣布对所有印度人来说，为英印政权服务，无论是作为文职人员还是军人，都是"与民族尊严相违背的"，号召文职人员和军人断绝与当局的联系，另谋职业。[②] 宣言签名者包括甘地等 47 名国大党和基拉法运动负责人。接着国大党各级组织开会，通过类似决议。当局不敢动手全面镇压，只好视而不见。甘地这样做，并非想真正发动军人参加运动，他只是要维护不合作权利，并安抚穆斯林和国大党内的激进情绪，防止运动分裂。尽管甘地做了这种姿态，但穆斯林中主张暴力的倾向仍在发展。第二，和这个倾向相联系，有的进而要求修改国大党章程，主张明确提出独立目标并允许

① 《印度教徒报》1921 年 9 月 22 日。

② 《青年印度》1921 年 10 月 6 日。

采取一切可能的手段达到目的。这个倾向在1921年底国大党阿默达巴德年会上表现出来。国大党联合省委员会主席哈斯拉特·摩哈尼在会议前夕公开要求搁置非暴力政策。当被告知这涉及国大党章程规定的目标、道路时，他就在全印委员会会议上提出改变国大党章程的建议，主张把“用和平的、合法的手段实现司瓦拉吉”一语，改为“用一切可能的和适当的手段争取完全独立”，但被否决。从投票结果看，是200∶52，说明这已不是个别人的要求。摩哈尼又在国大党年会全体会议上、在基拉法委员会会议上提出同样要求，也都被否决。穆斯林多数政治家仍认为追随甘地是必要的，还不愿超出不合作运动范围。第三，在这种情况下，越来越多的穆斯林激进领导人和国大党领导人主张尽快实行不合作计划的第二阶段即抗税、不服从当局的法律，以此来加强对当局的压力，同时疏导、化解暴力倾向。这样的要求在基拉法委员会9月会议上就有人（以阿扎德为首）提出来了。国大党会议上，这种呼声也越来越高，同时还提出扩大志愿服务队，进一步发展抵制运动。9月，当局在一些省宣布志愿服务队非法。孟加拉国大党领导人奇·达斯号召藐视当局，抵制关于取缔志愿服务队的法令。他让他的妻子、儿子公开宣布参加志愿服务队，两人立即被捕。很多人仿行也遭逮捕，不久，被捕人数达数千人。12月10日他本人也被捕。在这之前，他在一次演讲中说：“我感到了手铐和脚镣的沉重。这是束缚的苦痛。整个印度是个监狱。国大党的工作必须进行下去。我是否被捕没有关系。我个人生死算得什么！”① 这种充满激情的豪言壮语，深深地打动了每个爱国者的心，鼓舞他们无所畏惧地起来斗争。

甘地对不合作运动的第二阶段态度是犹豫的。因为他知道，抗税即不服从税法，等于向殖民当局宣战。当局必然会残酷镇压从而激化人民的仇英情绪。在这种情况下要保持非暴力是很难的。当初他在不合作计划中列入这项内容，不过是想握一张王牌，并不想轻易打出去。他知道他主张的非暴力在群众尤其是穆斯林眼里不过是一种应时的策略，随时可能被抛弃。所以尽管受到党内外压力，他仍迟迟不考虑实行。7月28~30日，国大党工作委员会根据他的提议通过决议，规定在抵制英货和手纺未普遍实行前，不应实行运动的第二阶段的措施。对手纺如此强调，其重要原因之一是要

① 《尼赫鲁自传》，第96页。

借以培养非暴力精神。他说：“手纺车是非暴力的象征。”“我坚信，只有通过纺轮和伴随的行动，印度才能够成为一个非暴力的国家。”①

8月至9月，殖民当局的镇压变本加厉。来自党内外要求实行抗税的呼声越来越高。10月5日，国大党工作委员会决议仍坚持7月决议，认为条件不成熟，但同意可以实行在国大党省委会授权下的个人不服从。

这是不解决问题的。当党内外压力进一步强化后，11月4日国大党工作委员会和全印委员会决定授权各省开展包括抗税在内的不服从运动，条件是任何打算开展这种运动的地区，必须实现工作委员会规定的前提条件。各省开始选定地区，准备试点。

11月17日，英国王位继承人威尔士亲王访印。国大党号召各界人民抵制与亲王访问的一切有关庆祝仪式，在亲王到来时实行总罢业。阿拉哈巴德、加尔各答成功地做到了这点，亲王看到的是空荡荡的街道。但孟买群众示威时与警察发生流血冲突。群众中有少数人参加欢迎仪式，与抵制者也发生冲突。三天中有59人死亡，甘地以绝食反对，暴力才停止。事后，甘地立即要求工作委员会收回对各省开展不服从运动的授权，理由是国大党还不能完全控制群众，防止暴力的发展。11月23日工作委员会通过这样的决议，并指示各省的国大党省委会必须保证“绝对非暴力的气氛”。

殖民当局就国大党抵制亲王访问进一步实行镇压。12月，志愿服务队在全印被宣布为非法。国大党和基拉法委员会一些著名活动家如莫提拉尔·尼赫鲁、拉·拉伊等被捕，贾瓦哈拉尔·尼赫鲁也被捕。群众响应甘地号召，掀起“入狱运动”，自愿进监狱，抗议当局的迫害。被逮捕人数超过3万人，监狱人满为患。当局禁止公共集会，在加尔各答向群众开枪，在达卡、阿里加武力驱散集会，在拉合尔等地杀害志愿服务队人员和群众，抢夺、焚烧属于国大党的土布、纸张，搜查国大党、基拉法委员会办公处，又停发许多报刊，对出版物实行严格管制。

五 甘地决定开展抗税运动

到1921年底，不但甘地“一年实现司瓦拉吉”的目标再也无人提起，

① 甘地：《我的观念中的社会主义》，阿默达巴德，第131、133页。

连在英国统治下最低限度的民主自由都要重新争取了。这自然使许多人对甘地的领导产生严重不满情绪。现实使甘地认识到，如果再不采取有力措施，激进的穆斯林领导人就会离他而去，至少有一大批群众会追随他们。1921 年底国大党阿默达巴德年会根据甘地建议，宣布准备开展文明不服从运动即实行抗税，前提条件不变，同时授权甘地为领导这一运动的唯一权威。

准备开展不服从运动的决定得到热烈拥护，各省都在积极工作。甘地决定选择孟买省苏拉特县的巴多利税区作为试点。巴多利国大党组织按工作委员会规定的先决条件做了充分准备：征集 300 人在不服从誓约上签名，手纺车得到普及，在群众中做了充分酝酿，人人表明了坚持非暴力和斗争到底的决心。

有些自由派人士为了阻止不服从运动的开展，要求总督改变镇压措施。国大党工作委员会决定暂缓开展运动，等待他们的谈判结果。这也表明，甘地仍希望避免运动的开展。

但谈判毫无结果。1922 年 2 月 1 日，甘地向总督里丁发出最后通牒。其中说，如果当局不答应一周内释放政治犯，取消对不合作运动的镇压和对报刊的限制，就将在巴多利开始不合作运动的最后阶段——抗税。甘地来到巴多利做准备工作，并要求全国各地集中视线于巴多利，听从指挥，不要自发开展。

此时印度局势异常紧张。即将开始不服从运动的决定扣人心弦。全国各地都在等待消息。殖民当局坐立不安。许多欧洲人慌忙武装起来，做应变准备。然而，就在这时，一个突发的偶然事件改变了整个形势。

六　不合作运动的中止

1922 年 2 月 5 日，在联合省戈拉克浦尔县的曹里曹拉村，发生了烧死警察的暴力事件。事情的起因是群众的和平游行遭到警察的突然袭击，愤怒的群众放火烧了警察署，有 22 名警察被烧死。2 月 8 日，甘地从报纸上看到这则消息后，立即决定停止开展不服从运动。应他的要求，2 月 11～12 日在巴多利举行的国大党工作委员会会议以“在印度对非暴力行动还没有足够的准备”为由，决定停止开展以抗税为中心的不服从运动，代之以实行包括提倡手纺、印穆团结及消除贱民制等内容的建设性纲领。不服从运动的停止开展也就意味着第一次不合作运动的中止。尽管基拉法委员会宣布继续进行不合作运动，但国大党停止运动使它势单力孤，很难再开展下去。

从以上叙述中可以看出，甘地对开展抗税运动本来就是勉强的，是在不得已的情况下决定实行的，因而态度突然 180 度转变就不足为怪了。

在解释停止运动的原因时，甘地说：如果不中止运动，“那么我们领导的就不是非暴力不合作斗争，而是真正的暴力斗争了”。[①] 又说：马拉巴尔事件（指毛普拉起义）已经“给我敲响了警钟，而我没有理会。但是通过曹里曹拉事件，神意已经很清楚”。再不停止运动就是“违反我们的誓言和对神犯罪”。[②] 这是他的真实想法。

国大党主要领导人此时大多数在狱中，对甘地的决定感到愕然，纷纷加以谴责。奇・达斯、莫・尼赫鲁、拉・拉伊等都从狱中写信给甘地，愤怒地表示抗议。他们认为，个别地区的暴力事件在所难免，不应影响斗争全局，相反，应趁大好形势，发展运动，争取胜利结局。莫・尼赫鲁质问道：“如果科摩林角（指印度最南端）上的一个村庄没有遵守非暴力的原则，难道喜马拉雅山脚下（指印度最北端）的城市就应该受到惩罚吗？曹里曹拉事件应当单独看待，个人的和群众性的和平抵抗运动应继续进行。”[③] 贾瓦哈拉尔・尼赫鲁在自传中写道：“当时我们似乎正在巩固阵地，各方面向前顺利推进，忽然听说斗争停止了，不由得感到愤怒。”[④] 苏巴斯・钱德拉・鲍斯在《印度的斗争（1920~1934 年）》一书中也记述道：“独裁者的命令被执行。但是，它在国大党阵营引起了真正的反对。谁都不能理解，为什么圣雄一定要利用曹里曹拉的个别冲突来结束全国的运动。由于圣雄认为没有必要和各省的代表商量，由于全国的形势对文明不服从运动的胜利非常有利，所以人民的不满情绪更加高涨。当人民的情绪达到沸点时，下令退却是真正的民族灾难。”[⑤]

---

① B. 普拉沙德：《奴役与自由》，第 360 页。

② 南布迪里巴德：《圣雄甘地与甘地主义》，何新译，三联书店，1961，第 32 页。

③ 坦杜尔卡：《圣雄甘地传》第 2 卷，新德里，1969，第 87 页。

④ 《尼赫鲁自传》，第 91 页。

⑤ 苏・鲍斯：《印度的斗争（1920~1934 年）》，伦敦，1935，第 90 页。

国内外学术界大都赞成多数政治家的看法，认为甘地匆忙结束运动是不妥当的（也有少数人对甘地的决定持肯定态度）。那么，为什么甘地非停止运动不可呢？为什么他对曹里曹拉事件如此看重呢？有的学者认为，当时工农的反英情绪白热化，资产阶级害怕控制不了工农，害怕丢掉领导权，急于中止运动，甘地反映了这种心态。这种解释是很勉强的。当时工农基本上处在国大党影响下，国大党牢牢掌握领导权，不存在受工农斗争威胁、丢失领导权的问题。个别暴力斗争不妨碍国大党对全国的控制。也有学者认为，资产阶级、自由派地主担心抗税会引起抗租，非常不愿走这一步，甘地反映了他们的忧虑。这种解释也没有充足理由。资产阶级、自由派地主固然有这种担心，但相信在国大党基本控制住群众的情况下，这种转化未必会发生。在甘地决定停止运动前，国大党内并没有人反对开展抗税运动，这就是明证。退一步说，即使甘地也担心会引起抗租，那也不能说明为什么他会退却，因为在发生曹里曹拉事件前，他决定试点，态度也是很认真的。甘地此举的真正原因只能从他自己独特的思想体系中去寻找。对国大党多数政治家来说，发生某些暴力斗争，只要不碍大局，根本无须介意；对于甘地来说，这却是原则问题。他一再强调，非暴力不但是达到目的的手段，而且是目的本身（从未来建立真理和非暴力社会考虑）。他说，如果司瓦拉吉要用暴力取得，他宁肯不要司瓦拉吉。这就是曹里曹拉事件在他心目中占如此重要地位的原因。

资产阶级看中甘地的非暴力不合作，是要用这个武器对英国当局施加压力，迫使它答应尽早给印度自治地位。不合作运动在第一阶段达不到这个目的时，需要进入第二阶段来加强压力。甘地骤然停止运动使这把锋利的剑还没有显露锋芒就被搁置库中，不合作运动的潜在力量不能充分发挥，对殖民统治就没有足够的打击力量。这对资产阶级是不利的。停止不合作运动不但不是反映了资产阶级的利益和愿望，相反，是有损于资产阶级利益的，违背了他们的愿望。资产阶级既然选择甘地来领导民族运动，在享受他带来的甜美果实时，也不免要吞下他的独特思想体系带来的苦果。此时真正反映了资产阶级利益和愿望的，是在狱中的国大党多数政治家的主张。

不合作运动作为甘地策略的第一次实践没有达到预期目的。实践暴露出这个策略存在两个重大缺陷。第一，这个策略要求行动一致，参加抵制的人越多越有力量。但是阶级地位和实践地位的不同，使人们不能一致，有参加抵制的，有不参加的，有放弃职位的，有做替补的。这样，运动像个慢慢泄气的皮球，始终无法胀满。第二，实践表明，光靠开展第一阶段的各种抵制，是没有足够的打击力量的，不可能使殖民政权陷于瘫痪。需要采取像抗税这样更有力的手段，但甘地又不敢放手去实现。这就注定了这种武器的实际效用是有限的。它能起打击作用，但不能指望一次运动就能取胜。

殖民当局总算渡过了惊涛骇浪。它可以放心大胆地实行镇压了。1922年3月10日，当局终于逮捕了它一直不敢逮捕的甘地，判处他6年监禁。

第一次不合作运动虽然半途而废，但在印度民族运动发展史上仍具有重大意义。第一，它发动起全国各地区各阶层群众参加民族斗争，其动员面之广泛是以往无法相比的。尤其令人鼓舞的，是实现了印度教徒和穆斯林的团结合作，使这次运动真正成了全民运动。在1905~1908年运动中农民的发动只是开了个头，发动面还很窄。这次运动在较大范围内把这个死角打开，使广大农民登上政治舞台。贾·尼赫鲁记述道：甘地“派我们到农村去，农村地方就有了无数传播新的行动真理的人在生气勃勃地活动着。农民被摇撼醒了，并且开始从他们的静寂无为的蜗壳中挣脱出来了”。[①] 长期以来，妇女是很少参加政治斗争的，这次运动中，在城市和农村，开始有广大妇女参加。第二，这次群众的广泛发动使人民消除了恐惧心理，一扫自1905~1908年运动失败以来压抑在人民心头的沮丧情绪。正如尼赫鲁所说的：在运动之前，印度人民的“主要心情就是恐惧，是一种普遍渗透的使人窒息的绞勒一般的恐惧。怕军队，怕警察，又怕广布各地的特务；怕官吏阶级，怕那意味着镇压的法律，还怕监牢；怕地主的代理人，怕放债人，又怕经常待在门口的失业和饥饿。正是为了针对着这弥漫一切的恐惧，甘地的镇静而坚决的口号响起了：不要怕。……于是，人民肩头上的一层恐惧的黑幕就这样突然地揭掉了。”[②] 群众斗志昂扬，不再视坐牢为可怕的事情，这是运动得以广泛开展的重要原因。最后，这次不合作实践表明，靠一次运动虽不足以威胁殖民统治，但它的震撼力是很强的。当局经

① 贾瓦哈拉尔·尼赫鲁：《印度的发现》，齐文译，世界知识出版社，1956，第447页。

② 贾瓦哈拉尔·尼赫鲁：《印度的发现》，第472~473页。

历了这次不合作运动像是经历了一次地震，不但事后心有余悸，而且对运动将来还可能爆发的前景感到恐惧。这样，不合作运动就像 1857~1859 年大起义一样产生了威慑作用，即便在未开展时，也存在于殖民统治者心头，促使他们对印度民族的要求不得不认真对待，不得不做出更多的让步。

第二十三章

20 年代中后期民族主义政治力量的分野及各自发展

第一次不合作运动的中止给印度民族运动带来严重后果。把各种民族主义力量联结在一起的纽带是不合作运动。它的停止使这个纽带突然断裂，于是，好不容易集合在一起的力量复分崩离析，多种势力平行存在并相互冲突的局面重新出现，民族运动陷入低谷。不过，20 年代中后期并不是只有民族力量分解的一面，也有重新组合，总结经验教训，准备新的斗争的一面。由于各方的共同努力，民族运动在 20 年代后期终于步出深谷。

一　国大党内主变派、不变派的出现

因不合作运动的中止遭到损害的，首先是国大党。政治斗争既然停止，群众对国大党的热情便骤然下降。国大党党员 1923 年由原来的近千万人降到只剩下几十万人，县以下党组织基本瓦解。

在低潮时期，国大党应当采取什么方式继续进行民族斗争？在这个问题上，党内出现严重分歧。领导人（除甘地外都已陆续出狱）形成了两派。一派坚持甘地的主张，即暂停政治斗争，全力以赴实施建设性纲领，包括推广纺车、促进印穆团结、消除不可接触制、禁酒、促进民族教育等，为以后时机到来发动新的不合作运动准备条件。这一派被称为不变派，主要代表人物有伐拉白·帕特尔、拉金德拉·普拉沙德、拉贾戈帕拉恰雷等。这些领导人持此主张并非同意甘地的思想体系，而是认为在低潮形势下，这是保持群众对不合作的信念，从而保持国大党在群众中的影响所必需的。

不变派中，自然也包括甘地思想体系的追随者，但他们人数极少，在党内不占重要地位。另一派以奇塔兰占·达斯和莫提拉尔·尼赫鲁为首，得到穆斯林领导人哈基姆·阿吉玛尔·汗支持，认为既然不合作停止了，对一些具体做法就有重新考虑的必要。他们强调没有必要再抵制立法会议，主张重新参加选举，争取国大党有更多人进入立法会议，并宣称，这样做是把不合作斗争转移到立法会议内部，是从内部实行不合作，使立法机关瘫痪。为了表明自己没有放弃不合作原则，并保证支持实施建设性纲领，在与不变派辩论中，他们强调，在低潮时期做这种变动是绝对必需的，否则，国大党就会自行脱离政治舞台，丧失群众影响。这一派被称为主变派。他们不是主张改变不合作原则，而是主张改变具体做法。

主变派的出现，实际上是部分资产阶级政治家根据第一次不合作的实践经验，首次起来对甘地的不合作策略提出修正。不仅是在具体内容上修正，而且是反对甘地把重心放在建设性工作上，他们认为这不合乎政治斗争的游戏规则。不变派反对主变派的主张，理由主要是策略方面的考虑：认为只要参加立法会议就是在一个方面合作，就会腐蚀群众对不合作的总体信念，给下一次开展运动造成困难。

从1922年下半年起，主变派就要求国大党改变方针。这年在加雅召开年会，奇·达斯任主席，他竭力呼吁大会接受主变派主张。但是主变派的提案被否决（1748票对890票），年会通过的决议仍要求国大党人全力以赴实行建设性纲领。1923年1月1日，主变派不理会不变派的反对，在国大党内成立了司瓦拉吉党，达斯任主席，莫·尼赫鲁任秘书。他们宣布加雅年会决议不能使印度获得自治，决心排除一切阻力，推行自己的主张。两派斗争白热化，几乎到了分裂地步。不变派不得不做出让步。1923年9月国大党德里特别会议允许国大党成员以个人名义参加这年11月举行的立法会议选举。司瓦拉吉党在选举中取得很大成功，在中央立法会议中获得将近半数席位，在中央省立法会议中占大多数，在孟加拉省名列前茅，在孟买省、联合省立法会议中也取得一定数量的席位。广大群众对他们参加选举感到振奋，以原来拥护不合作的热情支持他们。

1924年2月5日，当甘地因病提前获释，他面临的就是这样的一个局面。在狱中时，他是坚决反对主变派的观点的。出狱后，在既成事实面前，他不得不让步。这年5月，达成了“甘地-达斯协定”。达斯保证司瓦拉吉党在立法会议中行动要符合不合作原则，并表示支持建设性纲领。甘地则同意国大党德里会议决议，但要司瓦拉吉党人在立法会议中把工作重点放在促进实现建设性纲领上。甘地和不变派仍力图维护自己的阵地。在1924年6月底召开的国大党全印委员会会议上，甘地使与会成员接受了他提出的以手纺纱缴党费的决议案。他还要把每日纺纱和实行包括抵制立法会议在内的各种抵制作为担任党内领导职务的条件，遭到司瓦拉吉党成员激烈反对，但提案仍获通过。这意味着不许司瓦拉吉党成员担任党内领导职务。这次会后，两派斗争加剧。为防止党的分裂，甘地不得不再做让步。这年11月6日，签订了“甘地-达斯-尼赫鲁协定”。甘地同意司瓦拉吉党作为国大党一部分代表国大党参加立法会议，达斯、尼赫鲁同意支持建设性纲领和以手纺纱缴党费的决议。司瓦拉吉党成员不能担任领导职务的规定事实上被取消。不变派认为甘地此举是投降，甘地则说这是必要的让步。1924年12月国大党比尔高姆年会（甘地担任主席）批准了这个协定。不变派中许多人见甘地态度转变，便也转变了立场。1925年9月，全印委员会巴特那会议决定国大党不应再把自己的活动局限于实现建设性纲领，而应把政治工作，包括在立法机构中的工作，当作主要任务。以手纺纱缴党费的规定被取消了。1925年10月，建立了全印手工纺织协会，作为国大党组织的一部分，由它负责手纺的宣传、推广工作，以便国大党把主要注意力放在政治工作上。

从不允许参加立法会议，到宣布参加立法会议是国大党现时的主要任务，这表明在两派斗争中，主变派占了上风，甘地和不变派改变了态度。除了维护党的团结的考虑外，还有两个因素促使甘地转变。群众的情绪和维护国大党在群众中的影响是他必须考虑的第一点。不合作运动停止后，国大党在群众中的威望江河日下。广大工农和小资产阶级的政治热情已被激发起来，他们要求行动，而不是停下来只搞自身建设。对司瓦拉吉党的支持说明了这一点。如果国大党不去领导，他们就会抛开国大党，或站在司瓦拉吉党旗帜下，或自行行动，寻求新的领导。孟加拉青年已有这种倾向，秘密组织开始复苏。如果任由这种倾向发展，非暴力不合作就会在群众中失去吸引力。正是为了防止这种情况出现，甘地和他的支持者宁肯对司瓦拉吉党让步，接受参加立法会议的策略，这样，可以通过司瓦拉吉党的活动，继续保持对群众的影响。促使甘地转变态度的另一重要因素是调整策略的考虑。经过第一次不合作运动的实践，国大党多数政治家和甘地本人都认识到，不合作运动不可能一举实现司瓦拉吉。既然如此，就会有高潮、低潮的交替。低潮时期总要有一种保持低水平政治斗争的办法，实施建设性纲领是自身建设，起不了这种作用。在这种情况下，利用立法会议的经常性斗争，揭露殖民统治的压迫实质，维护民族利益，扩大政治影响，就是一种有效的方式。在立法会议中的活动应该以不合作思想为指导，但在行动上，不能采取一概阻挠议事的做法，那会限制自己可能起的作用，必须是有阻挠，有创议，使在立法会议中的活动能对准备未来的高潮起积极作用。甘地是在实践中由不自觉到逐步自觉地认识到这一点的。1924 年他给司瓦拉吉党规定的在议会活动的方针，标志着他已经有了自觉的认识。他要司瓦拉吉党在立法会议中奉行“竭力加强国大党建设性纲领的力量”的路线，不要一概地阻挠议事，而要提出议案。例如，“要求中央和省政府按照具体情况，首先做到全部购买手工织的土布；其次，对外国布匹课以禁止性关税”。① 此后他经常指导他们的工作，即赞同在低潮时把实行建设性纲领和在立法会议内进行斗争结合起来，在时机到来时再开展新的不合作运动。在立法会议内的斗争既是不合作，又是合作。这就是说，在低潮时期，在保持不合作的总策略之下，部分合作是允许的，以便在高潮到来时，再实行全面的不合作。这个修正更适合实际需要，得到主变派、不变派一致赞同。

主变派与甘地的论争，实质上是资产阶级政治家与甘地独特的领导思想的一次激烈交锋。资产阶级政治家不满甘地的实际上以追求精神完善为重点的领导思想和方式，要求向资产阶级常规政治斗争模式靠拢，结果取得了部分成功。这对印度未来的胜利有积极作用，甘地在国大党的领导地位也因他及时进行这个策略调整而得以稳定下来。

甘地虽然对不合作策略做了这样符合资产阶级政治家要求的调整，但他自己在思想上仍认为立法会议中的斗争只是一种外在的努力，不是争取司瓦拉吉的根本。他仍坚持认为，要取得斗争的胜利，根本的保证是自身的建设，是通过自尊、自洁、自制，通过坚持真理来实现自我完善和社会协调。因此，他本人不参加立法会议的活动，而是把实行建设性纲领作为自己的活动领域。不变派跟着他行动，也不参加立法会议。这样，国大党在行动上就分成两条战线，司瓦拉吉党和不变派形成分工，各在一个领域

---

① 坦杜尔卡：《圣雄甘地传》第 2 卷，第 129 页。

活动。

1925年，甘地奔走全国各地，大力宣传实行建设纲领的必要性和好处，尤其是突出强调手纺。国大党建立的全印手工纺织协会在他的关心和指导下，不仅从事土布宣传，而且担负供应原料、收购产品、推广技术的任务。他自己和国大党许多重要人物包括帕特尔、贾·尼赫鲁等都参加了这个组织的领导机构。手工纺织迅速在全国范围内得到推广。反对不可接触制也取得了一定成绩。1924~1925年，一个非婆罗门领导人 K. 梅农在种姓歧视最严重的地区之一特拉凡柯尔的维科姆发动坚持真理运动，反对禁止贱民使用一条属于庙宇的道路，斗争得到甘地支持，取得胜利。印穆团结的宣传，在第一次不合作运动停止后具有紧迫的重要意义。因为随着不合作运动的停止，国大党和穆斯林联盟的关系又趋紧张，教派流血冲突连连发生。甘地以诚恳的劝说甚至绝食反对这种自相残杀，对缓和紧张气氛起了一定作用。1927年上半年，他又一次去全国各地巡回演讲，号召再接再厉，进一步实行建设性纲领，并号召妇女更广泛地参加这一运动，使建设性纲领在全国各地开花结果。

甘地在推行建设性纲领中，重视强调这个纲领对改善群众自身状况的种种好处。如果说在此以前他强调的重点是精神价值，这一时期他的宣传则偏重经济价值，强调改善下层人民的经济地位。他深入群众，研究下层人民的状况，从他们的贫困讲起，通过算细账，指出推广手工纺织在解决农民生活困难、就业和抵御外国布竞争方面的作用。这种很实际的宣传讲解，拨动了广大贫苦群众的心弦，使他们感到温暖，愿意按他的教导行动。广大群众敬仰甘地，尤其是因为他人品的伟大。他甘贫乐道，生活像普通百姓一样俭朴。他不是一个空谈家，凡是要别人做的事，自己都身体力行。自从回到印度后，他就建立了他曾在南非建立的那种真理学院，起初在阿默达巴德的科奇拉布，后迁到萨巴玛蒂。他一家就住在这里，和所有成员一样劳动和生活。20年代他改变衣着方式，光着上身，只系腰布，目的是要像最贫苦的下层人民那样生活，因此被丘吉尔讥讽地称为“半裸体的游方僧”。他外出从来都只乘三等车，不要任何人对他有特殊招待。1931年税务部门开了一份他的财产清单，全部财产只有6个纺轮、1套餐具、1个羊奶罐、6块系腰和沐浴兼用的手织粗布巾。他说群众听得懂的方言，对群众宣传力求深入浅出，引人入胜。这种崇高品德赢得广大人民的衷心爱戴，这也是群众愿意听他的话、按他的教导行动的重要原因。正如尼赫鲁所说，“甘地能够支配国大党和整个国家，并不完全因为他所主张的意见，……而是他的独特的人格”。[①]

群众接受建设性纲领，还因为甘地指出，实行这一纲领就是以实际行动为未来的斗争做准备。当群众的反殖热情因停止不合作斗争而受到压抑的时候，甘地的建设性纲领让不同的人都还有某种事情可做，使他们感到自己是在为未来的斗争做准备，因而多少保持了政治热情。

这样，甘地和不变派 1924~1928 年为实施建设性纲领而进行的工作，对于维持国大党在停止不合作运动后和群众的联系、保持群众的爱国主义热情，是起了一定的积极作用的。

1924 年后，司瓦拉吉党在立法会议中的斗争对保持国大党在群众中的影响，也起了一定作用。例如，对殖民政权的预算案给予尖锐的谴责，指出其榨取性质；当局提出的某些财政案被否决；孟加拉当局拟定的用来加强镇压人民的刑法补充法案也被否决。这些都在民族主义报刊上广为宣传，人心振奋。然而，由于立法会议权力有限，上述否决只能起宣传作用，并不能真的阻挠法案通过。例如孟加拉刑法补充法，立法会议否决，省督照样批准实施。当局鉴于司瓦拉吉党影响扩大，还制造理由，对其中较激进者加以迫害，苏巴斯·钱德拉·鲍斯等青年领导人被捕。党的总部办公处也遭搜查。司瓦拉吉党以退出会议相威胁也无济于事。资产阶级和社会舆论对司瓦拉吉党的活动渐渐感到失望。1926 年选举，司瓦拉吉党席位大减。在司瓦拉吉党内，有人公开要求放弃不合作原则，采取议会反对派的方针；有人公然违反誓言，接受殖民当局委任的职位，如泰姆比接受中央省参事会成员职位。在这种情况下，1926 年，国大党全印委员会指示司瓦拉吉党离开立法会议，只在个别情况下才出席。1929 年底正式退出。奇·达斯 1925 年 6 月 16 日病逝。莫·尼赫鲁继续领导司瓦拉吉党，对党内机会主义的抬头是开展了斗争的。他也承认，参加立法会议的作用是很有限的，赞同国大党全印委员会的决定。奇·达斯和莫·尼赫鲁都是爱国政治家。他们不但放弃律师业务全身心投入运动，还都把自己的豪华住宅捐赠给国大党使用，自己住较次的房屋。他们对民族事业的忠诚深得印度人民敬佩。

---

① 贾瓦哈拉尔·尼赫鲁:《印度的发现》，第 79 页。

二　国大党左翼的出现

当实行建设性纲领和在立法会议内的斗争都表明不能取得令人满意的结果时，在国大党内，又开始了新的分化组合。司瓦拉吉党和建设派的界限渐渐消失。同时，从持激进观点的青年知识分子中（原在两派中的或超越两派的）产生了一个新的左翼。这个左翼对两派的活动都感到失望，力求探索新的出路。就阶级性说，它代表资产阶级中下层和上层小资产阶级的利益。战后初期的工业勃兴过后，印度经济发展进入动荡时期。资产阶级上层由于实力较雄厚和得到保护关税的支持，经济上得到发展，资产阶级中下层和上层小资产阶级却遭到冲击，受到很大损失。这些阶层具有较强烈的反殖民情绪，对国大党政策的软弱颇为不满。他们的活动反映了广大下层人民的愿望。左翼的出现在一定程度上也是受了中国大革命的影响。北伐战争的胜利号角响遍世界，印度民族主义革命力量从中受到激励。沉睡的雄狮已经醒来，印度人民也该是积极行动、准备新的斗争的时候了，这就是他们的结论。

左翼最主要的领导人是贾瓦哈拉尔·尼赫鲁（1889~1964）和苏巴斯·钱德拉·鲍斯（1897~1945）。

贾·尼赫鲁出生于阿拉哈巴德，从小就受父亲莫提拉尔·尼赫鲁开明思想的影响，其家庭属婆罗门种姓，但并不拘泥于宗教与种姓习俗。1905年他被送到英国求学。在剑桥大学毕业后进入一法学院学法律，取得了律师资格。在英国期间，除受资产阶级思想熏陶外，还多少受了费边派和其他各种社会主义思潮的影响。他关心政治运动。剑桥的印度留学生组织了一个学术团体，经常讨论政治问题，尼赫鲁常去参加。那几年正是印度资产阶级民族运动第一个高潮时期，尼赫鲁赞同提拉克和极端派的观点，这使他和当时持温和派观点的父亲发生冲突，这种冲突一直延续到第一次不合作运动前。1912年秋尼赫鲁回国，在阿拉哈巴德当律师。这年底，他第一次参加国大党年会，对这个当时由温和派把持的“每年开会一次，通过一些不痛不痒的决议，很少有人注意”的组织不感兴趣。[①] 大战期间，他同

① 《尼赫鲁自传》，第31页。

时参加了提拉克和安妮·贝桑特分别建立的自治同盟，投身于争取自治的宣传鼓动工作。1916年国大党年会上，他第一次见到久负盛名的甘地，甚为钦佩。当1919年甘地发动反罗拉特法斗争时，他便积极参加，在联合省起了领导作用。阿姆利则惨案发生后，他参加了国大党调查团，甘地是这个调查团的主要成员，这使他有更多机会接触和了解甘地。尼赫鲁的思想与甘地的思想体系完全不同。他公开说："我的政治思想是我的阶级——资产阶级——的政治思想。"① 使印度成为一个独立的现代化的国家是他憧憬的目标。他的世界观是世俗的，认为政治就是政治，宗教就是宗教，不能混淆。对甘地的思想体系他自然是不赞同的，但对甘地坚持真理意志之坚定、态度之真诚，对甘地的伟大人品，他是极为敬仰的。阿姆利则惨案后事态的迅速发展使他也和当时许多人一样，焦急地盼望采取有力的斗争措施。当甘地提出非暴力不合作主张后，他感到如沐春风，茅塞顿开，立即为这个主张叫好。莫提拉尔·尼赫鲁一时不能接受，这使得他们父子因政见的冲突几乎发展到闹翻的地步。据说，莫提拉尔·尼赫鲁后来的转变，与儿子的说服有一定关系。像国大党多数政治家一样，年轻的尼赫鲁也只是把非暴力不合作作为策略看待，并不接受甘地的思想体系。他参与抵制法庭，放弃了律师工作，全身心投入运动，成为国大党最活跃的工作者之一。尼赫鲁追随甘地，但并不是那种亦步亦趋的追随，他善于独立思考，发挥首创精神。这一点在第一次不合作运动中就表现出来。去农村访问是一次偶然的机会促成的，但观察到农村的情况后，他从民族运动角度看到了解决农民问题的迫切必要，把两者紧密联系在一起，这种认识是甘地当时所没有的。"到农村去"的口号也是他提出的。在狱中，听到甘地停止不合作运动，他感到愤怒。1923年1月出狱后，他担任国大党联合省秘书，同年底被任命为国大党秘书长。主变派、不变派的论争在党内出现后，尼赫鲁对两派的活动都不满意。他后来在自传中写道："当时国大党内存在的两派——主变派和不变派都不能吸引我。主变派显然倾向于改良和立宪主义，我认为这条路走不通。不变派……过多地重视甘地学说的表面意义而忽视了它的精神。他们都缺乏活动力，实际上他们大多数都是庸庸碌碌的

① 《尼赫鲁自传》，第55页。

社会改良主义者。”① 他感到彷徨，希望寻找新的出路。1926 年 3 月，他陪妻子去欧洲看病。在那里，他得知中国北伐战争凯歌行进的消息，精神为之一振。当听到 1927 年 2 月将要在布鲁塞尔召开被压迫民族大会，而且中国将派代表团参加的消息后，他立即写信给国大党工作委员会，建议国大党派代表参加。工作委员会授权他代表国大党出席。他在会内会外积极接触各国代表，特别是与中国代表多次晤谈，详细了解中国革命的进展情况和经验。1927 年 11 月他访问莫斯科，感受到了苏联社会主义建设的热火朝天气氛。1926~1927 年的欧洲之行对他思想的新发展起了关键的作用。他接触了欧洲工人运动和世界被压迫民族运动的大潮，接触了科学社会主义，开阔了眼界，从而能够在更广阔的世界背景下，考察印度的问题，从世界潮流的发展看印度的走向。他的民族主义观点开始趋向激进，并与一种开始萌生的模糊的社会主义观念交织在一起。他的激进立场从此形成。1927 年底回到国内后，他开始为传播激进民族主义思想奔走呼号，得到大量的国大党党员特别是青年的热烈拥护。

苏巴斯·钱德拉·鲍斯出生在奥里萨首府库塔克。家庭属卡亚斯塔种姓。父亲是有名的律师，是孟加拉立法会议成员。鲍斯 1913 年进加尔各答大学管区学院学法律，因从事学生运动，1916 年被开除；后进一教会学院，毕业后按父亲意愿，于 1919 年去伦敦准备参加文官考试。他先进入剑桥大学。那里的自由思想风气对他影响很大。在学习欧洲哲学、历史课程中，他读了许多资产阶级思想家、政治家的原著，开阔了视野。1920 年参加文官考试，以优异成绩（第四名）通过。但是印度正在掀起的战后民族斗争高潮深深吸引了他，奥若宾多·高士的榜样鼓舞着他。1920 年 9 月 22 日，他在给兄长萨拉特的信中说：“担任文官可以带来各种荣华富贵，但是这些不是要以灵魂的丧失为代价吗？……受文官职务的束缚是不能最好地、最充分地为祖国服务的。简言之，民族的、精神的期望和服从文官职务的约束是水火不相容的。”② 在 1921 年 1 月 26 日的信里，他直截了当地说，他不能接受做一个过时的、保守的、自私的、残忍的外国统治机器的零件。1921 年 2 月 16 日在给萨拉特的信中又说：“奥若宾多·高士的道路对我来

① 《尼赫鲁自传》，第 171 页。

② 南达·穆克吉：《苏巴斯·钱德拉·鲍斯》，加尔各答，1981，第 3 页。

说是更高尚的、更令人鼓舞的、更崇高的、更无私的”，尽管这条道路“布满荆棘”。还说：“奥若宾多·高士的光辉榜样给我指明了道路。我觉得我已做好准备做出像他那样的牺牲。”① 这位热血的爱国青年不顾家人反对，毅然放弃了文官资格，于1921年6月底回国参加不合作运动。就像他在给家人信中说的，他认为，“只有在牺牲和痛苦的土地上，我们才能建筑起民族的大厦。如果我们都迷恋自己的职业，寻求自己的利益，就是再过50年，我们也不可能得到司瓦拉吉”。②

1921年7月16日他到了孟买，当天就去拜见甘地。甘地介绍他去见孟加拉国大党领导人奇·达斯。后者很器重他，让他担任孟加拉民族学院院长，并负责志愿服务队的工作。因为不服从当局关于志愿服务队的禁令，他于12月被捕，被监禁了6个月。这是他奉献给祖国的第一个见面礼。不合作运动被中止，他也很不满。奇·达斯建立司瓦拉吉党后，他是达斯的重要助手，在加尔各答主编《前进报》，又组织了孟加拉青年同盟，被选为主席。1923年任孟加拉国大党秘书。他还协助达斯负责加尔各答市政局的工作。这些活动使他很快赢得声望。1924年10月当局借口他与恐怖活动有牵连，再次将他逮捕，直到1927年5月才被释放。这时达斯已去世，鲍斯便成了孟加拉民族主义者的领袖。在他还在狱中时，就被选为孟加拉省立法会议成员。1927年11月当选为国大党孟加拉省委员会主席。同年底，和尼赫鲁一起被任命为国大党秘书长。这时。在孟加拉激进民族主义者特别是青年中，正酝酿着变动。正如鲍斯所记述的，“全国各地青年的活跃是这年最令人鼓舞的事实。青年们对老一辈的宗派主义已感到失望，力图用民族主义的纯洁气息洗刷社会生活。各省都产生了青年活动。它们的名称不同，但动机都一样。这是对事物现状的不可容忍和愤怒，是对国家的责任的自重和自觉”。③ 鲍斯站在这个潮流前列，成了他们的代表者和领导人之一。

1927年底，印度政治生活渐趋活跃。这年11月，英国政府宣布派西蒙调查团来印，就宪政改革下一步可能采取的步骤进行调查，提出建议。印

① 南达·穆克吉：《苏巴斯·钱德拉·鲍斯》，第6页。

② 苏·鲍斯：《印度的一位朝圣者》，孟买，1965，第5页。

③ 苏·鲍斯：《印度的斗争（1920~1934年）》，第146页。

度人民要求的是司瓦拉吉，不是局部改革，此举引起人民激愤。加之调查团清一色由英国人组成，没有让一个印度人参加，更起了火上浇油的作用。国大党、穆斯林联盟都宣布抵制西蒙调查团。这种形势推动了左翼明确提出较激进的纲领，开始在国大党内外为实现新主张积极斗争。

左翼新主张中最重要的，是要求国大党明确提出印度民族运动的目标是争取独立。国大党1920年制定的党章规定运动的目标是实现司瓦拉吉。正因为它是个弹性目标，运动参加者各有各的解释，不能形成统一认识。资产阶级上层只希望争取自治，不希望实现独立。在他们看来，自治既可赋予印度内政特别是财政上的自主权，又可以延续现行的英国与印度的密切关系，这对印度资本主义的发展最为有利。国大党多数政治家迎合资产阶级上层的愿望，把司瓦拉吉目标等同于争取自治。甘地在停止不合作运动后也只认可争取自治。他认为民族运动一再出现暴力，表明印度人民在精神完善方面还非常欠缺。在这种情况下，不要说实现独立，就是实现自治，条件也不成熟。1922年民族运动进入低谷时期后，当时要解决的问题是如何保持运动不绝一线，没有人去谈论自治还是独立这个目标问题。当英国宣布派西蒙调查团来印后，宪政改革问题包括印度民族斗争的目标问题又被提上日程。左翼抓住这个机会，明确提出了争取独立的目标。他们强调指出，仅仅要求自治是不够的。在英帝国范围内，自治领与英国地位并非完全平等，自治领的发展还要受制于英国。同时指出，独立不等于和英国断绝关系，在平等的基础上，两国完全可以保持政治、经济上的联系。鉴于西蒙调查团即将来印，他们认为，必须让殖民当局看到印度人民的斗争决心，必须在这个立场上来准备对策。1927年底，在国大党马德拉斯年会上，尼赫鲁提出了印度民族运动的独立目标的决议案，其中说："本届国民大会宣布，印度人民的目标是实现完全的民族独立。"这个决议案得到与会绝大多数代表的热烈拥护而获得通过。这是国大党成立以来第一个明确要求独立的决议。它的通过正如尼赫鲁所说，反映了"一种广泛的、日益发展的情绪"。[①] 国大党多数领导人并不赞成通过这项决议，但已控制不了局面。甘地没有在场，当事后得知通过了要求独立的决议后，他很不赞成，

① 《尼赫鲁自传》，第190页。

认为这样做是“过于匆忙的，欠考虑的”。[①] 他说，印度不具备实现独立的条件，通过这样的决议只能成为笑柄。甘地这种态度鼓励了国大党多数领导人，他们无视这个决议，继续坚持要求自治的立场。这次年会决定由国大党发起召开各党派会议，一起商讨、共同制定印度未来的宪法原则，提交英国当局，以与西蒙调查团对抗。1928 年 5 月举行了这样的会议，国大党、穆斯林联盟、印度教大会、锡克教徒领导人、自由派等都参加了。会上成立了以莫提拉尔・尼赫鲁为首的委员会负责文件起草工作。起草的文件 1928 年 8 月在各党派会议上通过（穆斯林联盟因对其中若干点有不同意见未签字），史称《尼赫鲁报告》。其中关于印度斗争的目标，只定为争取自治领地位。由于是各党派共同制定的文件，其性质较温和是不足为奇的。但国大党若批准这样的文件，显然是与刚刚通过的要求独立的决议相违背，等于否定这个决议。贾・尼赫鲁和鲍斯领导的印度独立同盟在各大城市设立分支，广泛开展宣传活动，谴责拟议的文件降低斗争目标，敦促国大党坚持独立要求。国大党许多地方委员会也谴责《尼赫鲁报告》。莫・尼赫鲁等国大党领导人拒不让步，独立同盟则表示要斗争到底。1928 年加尔各答年会上，两派形成僵持局面。甘地鉴于这种形势，不得不出面斡旋。他要求年会批准《尼赫鲁报告》，同时宣布赞成这个文件不妨碍进行争取印度独立的宣传，还提出如果英国当局在 1930 年 12 月 31 日前没有接受印度自治的要求，就开展文明不服从运动争取独立。贾・尼赫鲁、鲍斯表示反对。甘地又把时限提前一年，改为 1929 年 12 月 31 日前，就是说以一年为期。左翼为避免国大党分裂也做了妥协。结果大会通过了甘地上述提议。这尽管是妥协，但也是前进。由于要英国一年内允诺印度自治是不可能的，所以实际上甘地和国大党多数领导人接受了独立目标。一年等待正好可以为文明不服从运动的开展做准备工作。值得注意的是甘地态度的变化。他体察群众情绪，认识到要求独立已是普遍呼声，因而不再坚持独立条件不成熟的说法，表示愿意领导群众开展新的斗争。甘地虽然始终保持自己独特的思想体系不变，但在实际斗争中有时也是很讲现实主义的，能够审时度势对自己的计划、想法做某些调整。1924 年对主变派的态度变化是一个例子，1928 年在左翼推动下的调整又是一个突出的典型。

---

① 苏・鲍斯：《印度的斗争（1920~1934 年）》，第 205 页。

左翼提出的另一主张是重视改善工农处境，把社会经济改革作为民族斗争的社会目标。在1927年马德拉斯年会上，左翼成员就积极要求国大党领导层重视倾听工农呼声，要求国大党纲领包括改善工农处境的内容，以便广泛地吸引工农参加即将来到的斗争。在讨论抵制西蒙调查团决议案时，他们建议抵制活动不但包括示威游行，而且应包括在各地发动工人总罢工。这些提议遭到国大党领导层阻挠被否决。不过国大党领导层也不能不表示要更多考虑工农的要求。1928年国大党在巴多利领导了抗税运动（由帕特尔领导），取得一定胜利，影响很大。1929年国大党年会通过了关于改善农村工作和农民状况的决议。虽停留在纸面上，但毕竟说明做了一番考虑。

尼赫鲁在第一次不合作运动中就开始重视农民问题。欧洲之行后，因受社会主义思想和中国革命的影响，对解决工农问题的认识有了新的理性的升华。他认为，改善工农境遇，不仅是个吸引工农参加运动的问题，也关系到国家未来的经济发展和实现社会平等的目标。他思想上的一个重大变化是把实行经济改革、改善工农地位（他称为社会解放）作为民族运动的更高目标看待。他说："政治自由和独立当然十分需要，不过它们只是朝着正确方向前进的步骤而已。"① 这个正确的方向，按他的说法就是实现社会解放。从此，他把实行社会经济改革和争取独立并列，作为两大奋斗纲领。在去欧洲前，他主持国大党联合省委员会制定一个土地纲领，其中宣布现行的土地制度必须废除，国家和耕种者间不应有中间人。② 1928年他讲到有偿没收有产者财产的问题，讲到反对地主过分压榨农民的问题。1928年，针对各党派会议制定的宪法原则中关于保护达鲁克达尔的条文，他提出尖锐批评，指出这是讨好大地主。这些都表明尼赫鲁思想上已考虑到未来要有偿地取消地主土地所有制。这个想法后来体现在他推动国大党制定的经济政策上。不过在20年代末他并未形成具体的要求，在宣传鼓动方面仅仅停留在呼吁国大党领导层重视社会经济改革的意义上。在对待工人运动方面，他参加了全印工会大会1928年的年会，并被选为1929年的年会主席。在这两次大会上，在工会左翼和右翼围绕是否抵制英国政府派来的劳工调查委员会等几个问题进行的针锋相对的斗争中，他支持左翼的立场。

① 《尼赫鲁自传》，第188页。
② 《尼赫鲁自传》，第207页。

他也积极主张改善工人处境，呼吁国大党领导层给工人斗争以积极支持和帮助。鲍斯虽然没有像尼赫鲁那样突出强调重视工农问题的意义，但在实践上对工农的斗争是同情和支持的。塔塔钢铁厂工人大罢工得到他的支持，他甚至被选为塔塔钢铁公司工会的名誉主席。在工运内部左右翼的斗争中他也支持左翼，被选为1930年全印工会大会主席。左翼呼吁重视改善工农处境，得到广大工农群众的拥护。这就加强了国大党在工农群众中的影响。左翼成了甘地之外国大党联系广大群众的新桥梁。甘地在比较守旧的农民中根底最深，左翼则把政治上比较开放的工农群众团结在自己周围，弥补了前者之不足，从而使国大党的群众基础真正得到巩固和拓展。

左翼不仅重视发挥民族运动的内部潜力，还积极主张与世界其他被压迫民族的斗争建立联系，加强团结与合作。对印度民族运动领导人来说，这是第一次把眼光由国内扩展到国际，把印度的运动看成世界民族解放运动的一部分，认识到加强国际合作的必要性。这是一个重大的进步。尼赫鲁在这方面的贡献最为突出。他建议国大党派代表出席世界被压迫民族大会，在大会上不仅与各国革命者积极接触，还特别与中国国民党代表廖焕星、广东革命政府代表熊光瑄讨论加强两国人民合作的办法。经过磋商，制定出了许多措施，如中国在印度设立新闻局，提供新闻，互派代表访问和列席会议，举行中印代表双边会议等。以这个协议为基础，中印两党代表在大会上发表了联合宣言，强调两国人民在反帝斗争中加强合作的必要性和决心。尼赫鲁还与中国代表、英国劳工和左翼领袖一起拟就了一个英国、印度、中国三国代表联合宣言，其内容包括英国劳工组织支持印度的民族斗争。尼赫鲁的创造性工作为印度民族斗争争取到不少朋友，奠定了印度与世界革命运动合作的基础。他在大会上被选为世界被压迫民族反帝同盟名誉主席之一和执行局成员。回国后他积极宣传世界被压迫民族团结合作的思想，促成了国大党马德拉斯年会通过与反帝同盟建立联系的决议。1929年国大党加尔各答年会进而决定国大党参加反帝同盟，作为这个组织的正式成员。

尼赫鲁在国际舞台的活动，甘地和国大党多数活动家都是支持的。从这时起，甘地就把国大党的对外事务委托他负责，尼赫鲁也就成了公认的国大党对外事务权威。

以尼赫鲁、鲍斯为首的左翼的出现给国大党带来了勃勃生机。到20年代末不但把低谷时期丧失的群众又争取回来，而且吸引了更多新的支持者站到国大党的旗帜下。国大党在左翼和广大群众推动下逐步走向激进。

甘地从现实中清楚地认识到了左翼所起的重要作用。当他被选为 1929 年国大党年会主席后，他坚辞不就，力荐尼赫鲁担任。一则是表示对尼赫鲁和左翼的活动成就的赞赏，一则也是希望左翼处于领导岗位后，能从全局考虑，协调全党行动，不至于走得太远。这也是他既要继续发挥左翼作用又要控制左翼的一个精心安排。尼赫鲁本不愿接受这种荐任的主席荣誉，但出于对甘地的尊敬，只好勉强从命，并希望利用担任这个职位之便来推动全党迎接民族斗争的新高潮。

三 秘密革命组织活动的恢复

秘密革命组织在大战中被破坏殆尽，大批成员被关进监牢。战后一批人获释，也都加入了不合作运动。他们不相信非暴力能争得司瓦拉吉，但对不合作作为一种斗争形式究竟能产生何种结果，都抱着试试看的态度。不合作运动的停止结束了他们与国大党的短暂合作。

秘密组织首先在旁遮普、孟加拉、比哈尔得到恢复，而后又扩大到联合省和马德拉斯。

在旁遮普，1922 年建立了“阿卡利雄狮”组织，主要领导人是克文·辛格，他原是锡克团队一名军官，1921 年在不合作运动中放弃了职务。领导人中还有一名锡克军队的书记官和两名回国的卡德尔党成员。他们都认为，对殖民统治最有效的斗争方式，是恢复卡德尔党准备武装起义的老传统。这个组织基地在贾拉恩德哈县，在旁遮普各地设有分支，共约 500 人，主要是卡德尔党回国成员、阿卡利运动参加者、退役战士等。他们秘密出版《阿卡利雄狮报》，宣传起义思想，口号是“起义！推翻压迫者”，并派人在锡克团队中活动及设法搜集武器。由于此时运动处在低潮中，这种武装起义的一般号召不能发动群众，而这个组织又提不出别的口号，所以响应者无几。它只好又诉诸个人恐怖，1924 年遭到镇压，克文·辛格被绞死。

在孟加拉，两个老的秘密组织——进步社和朱甘达党在 1923 年初已经恢复活动。此外，又建立了一些新的组织，其中最重要的是吉大港共和军（由秘密组织老成员苏尔贾亚·森领导）。这些组织秘密制造炸弹，又开始了恐怖活动。英国殖民当局从1924年起就加紧镇压，1925年实行了大搜捕，许多秘密组织遭到破坏。甘地、奇·达斯等领导人对秘密革命者的爱国精神表示称赞，但不赞成他们的行动。甘地称他们为“误入歧途的爱国者”，号召回到非暴力道路上来。

当孟加拉秘密组织在1924~1925年遭到挫折，陷入瓦解之际，在联合省出现了新的组织。1924年10月在康浦尔建立了印度斯坦共和协会。它由孟加拉秘密组织派人来这里建立的两个小组合并而成。1924年在联合省有分支23个，其成员仅仅在贝拿勒斯就有数百人。它制定了章程，发表了宣言，并在从白沙瓦到印度东部边境的广大区域散发它的纲领性文件——《革命者》，影响很大。不久它的组织扩大到旁遮普、拉其普他那、比哈尔甚至孟加拉。如果说，旁遮普和孟加拉复兴的秘密组织虽然采用了一些新方法（如注意发动群众，重视利用合法活动），但基本上还是在原地踏步，那么印度斯坦共和协会带有时代的新特点，反映了秘密组织演化的一个新阶段。这些特点是：（1）受了社会主义思想影响，带有社会主义的倾向。协会的章程说，它不仅要争取独立，而且要“建立一个使人剥削人成为不可能的社会”。[①] 宣言中写道，协会要建立一个承认工农权利的政府。1924年在另一份文件中又说，协会的目的是“宣传社会主义革命和共产主义原则”。[②] 所有这些想法显然是受了十月革命和马克思主义传播的影响。警察在秘密革命者手里曾查获俄文版的图书。还有个革命者叫阿瓦拉库拉曾打算去苏联考察。自然，他们并不真的了解社会主义，只不过对它有一种向往，且表明他们对工农在革命中的地位有了一定认识。（2）和所有先前的秘密组织不同，它对于未来的独立国家的政体也有明确的设想，主张建立合众国，实行共和政体。合众国意味着取消土邦的分立，实行联邦制的统一。这个组织以共和协会命名，用意在此。（3）它明确宣布，“印度革命者不是恐怖主义者，也不是无政府主义者。……恐怖主义从来不是党（指协会）的目的”，[③] 并说协会的目的将通过“有组织的武装革命”达到，还禁止对印度人实行政治抢劫，只允许对英国当局这样做。这表明，它已脱离

① 《新世纪》1968年12月号，第15页。

② 《新世纪》1967年10月号，第5页。

③ 《人民之路》1967年9月，第43页。

了个人恐怖主义的误区，走上正常道路。（4）协会章程规定，要组织工人和农民，并“在可能的条件下利用国大党和另外的政治活动”。[①] 这是组织群众运动和建立统一战线思想。这种思想在以往秘密组织的活动中是找不到的。

上述几点表明，小资产阶级秘密组织活动家在自己的活动中力求吸收新潮流的因素。他们的指导思想、活动方式都随时代前进有所改变。然而，协会内部并不是一致的。上述特点主要体现者是协会内部的年轻一代，老派领袖仍对过去秘密组织的传统策略恋恋不舍。由于他们在领导层中占有相当地位，协会在行动上依然把重点放在少数人的秘密活动上，并没有如章程规定的那样去做组织工农的工作。而且，由于缺乏活动资金，他们不久又开始对印度富人进行政治抢劫，并组织袭击殖民当局的邮车。1925 年 8 月 9 日，在离卡柯里车站不远的一次袭击中打死两名英国人。殖民当局对共和协会大举镇压，29 名革命者被判刑，4 人被绞死。协会活动受到很大打击，1927 年后实际上陷于瓦解。

就在这时，在协会内青年成员中涌现出一个新的领导者，叫巴格特·辛格。他把坚持斗争并具有社会主义倾向的青年成员团结在自己周围，于 1928 年对共和协会进行改组，建立了一个新的组织，取名印度斯坦社会主义共和协会。这个组织摆脱了老一代的领导，较印度斯坦共和协会又前进了一步，成了 20~30 年代印度最大最有影响的秘密组织。

巴格特·辛格 1907 年出生于一个锡克教小土地所有者家庭。父亲是国大党活动的积极参加者，多次入狱。叔父阿吉特·辛格是 1905~1908 年旁遮普极端派领袖之一，也是秘密革命组织活动家，后流亡国外。巴格特·辛格还是小学生时就参加了反对罗拉特法的斗争。在旁遮普民族学院念书时，注重研究印度和西方革命史，对卡德尔党的活动十分钦佩。毕业后不久就参加了印度斯坦共和协会，是其宣言的起草人之一，又是协会的合法青年组织“青年印度同盟”的创立者和秘书长。在协会内部，他的社会主义倾向是很突出的，和坚持传统的老一代领导人意见不一。当局大搜捕时，他得以逃脱。鉴于协会濒于瓦解，1928 年 9 月，他和一些志同道合者一起，秘密发起在德里召开协会代表会议。会上经过激烈斗争，决定把协会改组

---

① 赖可夫：《印度的觉醒》，俄文版，莫斯科，1969，第 156 页。

成一个新组织。据巴格特·辛格说，协会名称冠以“社会主义”是“为了宣布我们的目标是社会主义”。①

新组织中以巴格特·辛格为首的领导者实际上还都只是激进民主主义者。他们虽坚决表示要实行社会主义，但对社会主义实质并不了解。新组织比旧组织先进之处，不在于理论而在于实践。

新组织与当时已成立的印度共产党、工农党建立了某种合作。巴格特·辛格后来的记述讲道：“他们（指共产党人）承认我们是革命者，我们在合法工作和秘密工作方面都和他们建立了紧密联系。”② 巴格特·辛格甚至一度提出了和共产党签订协议，把社会主义共和协会变成共产党领导的武装队伍的设想。他还和拉合尔、孟加拉的共产党人有密切交往。正是在这时期，他读了《资本论》，还准备访问苏联。和共产党人的接触推动他和整个协会开阔了视野。

新组织在把武装斗争作为自己的主要任务的同时，也积极参加全印政治运动，参加合法形式的斗争。当1928年抵制西蒙调查团的行动在全印蓬勃开展时，协会参加了这一行动，其中许多成员和青年印度同盟所有成员都参加了各种示威游行。

印度斯坦社会主义共和协会在群众中的影响迅速扩大，巴格特·辛格获得了很高声望。正像尼赫鲁所说：“没有几个月工夫，在旁遮普的每一个市镇和乡村，以及北印的其余部分，都流传着他的名字，无数歌曲歌颂他。这个人所造成的声誉实在是颇为惊人的。”③

然而，新组织仍坚持“直接行动”，立即开始实施武装斗争的策略。他们并没有打算在开展群众斗争的基础上建立工农武装。在对个人恐怖策略的态度上，他们甚至比旧组织还后退一步。虽然也说反对，但当民族斗争激化时，又认为受控制的个人恐怖是必要的。1928年10月底，当国大党领导人拉·拉伊在拉合尔领导反对西蒙调查团的群众游行时被警察殴打致死的事件发生后，协会立即决议刺杀两名英国警官。巴格特·辛格亲自参加，杀死了其中一人。

---

① 《新世纪》1967年11月号，第5页。

② 《新世纪》1967年11月号，第5页。

③ 《尼赫鲁自传》，第159页。

1928年，英国殖民当局接连颁布《社会安全法》《工业冲突法》，对共产主义运动、工人运动、民族运动大肆镇压。1929年3月又制造了"米鲁特审判"。巴格特·辛格和协会其他领导人决定采取一次特殊行动来回敬当局。1929年4月8日，印度中央立法会议开会期间，巴格特·辛格和巴·杜特潜入会议厅，散发传单，并向无人处投掷两枚炸弹，高呼"革命万岁"，然后自动受捕。传单说，采取这个行动是为了抗议政府镇压工运的法令以及逮捕共产主义运动和工人运动领导人，警告殖民当局，并向国大党领导人表明宪政手段和非暴力手段的无益。这次特殊行动虽不同于一般的个人恐怖，但本质上仍不脱其窠臼，与真正的武装斗争毫无相同之处。

这次行动之后，印度斯坦社会主义共和协会遭到严重摧残。大部分领导人和骨干被捕并被判刑，协会从此销声匿迹。巴格特·辛格在狱中回顾了自己的活动，终于认识到自己指导思想和行动路线的错误。在给印度革命者的诀别书中，他写道："一个民族只有依靠有组织的工人、农民和劳动人民的力量才能进行有组织的斗争。……我坚信，我们用炸弹和手枪什么也得不到。从印度斯坦社会主义共和协会的遭遇中已经明确了这一点。……我们的首要任务应当是组织工农。"① 巴格特·辛格和巴·杜特1930年英勇就义。

秘密组织的指导思想和行动路线过去表明是不成功的，在20年代群众运动大发展的新形势下就更不合时宜了。20年代秘密组织有所发展的地方，其实正是对秘密组织根本原则的否定。它之所以能又发展起来，不是秘密组织的传统思想对群众产生了新的吸引力，而是因为那些违背秘密组织原则的新发展在吸引群众。新旧两种思想、两条行动路线在它内部进行着尖锐的斗争。然而，这些组织的小资产阶级性质决定了它不可能完全转到新的方向上来。这就注定了它最终不可避免地要从政治舞台上消失。印度斯坦社会主义共和协会瓦解后，还有吉大港共和军在1930年做了最后一次努力。在它失败后，秘密组织的活动也就宣告结束。

20年代秘密组织的复苏不是没有积极意义的。它对殖民统治的坚决斗争的态度，对促进群众革命情绪的滋长、促进国大党左翼的形成都起了一定作用。

---

①　《新世纪》1955年3月号。

四　穆斯林联盟与国大党关系的逆转

不合作运动停止后，国大党与穆斯林组织的合作也告终结。基拉法委员会决定不受甘地影响，继续坚持不合作运动。然而，仅仅穆斯林实行不合作已没有多大意义。加之，穆斯林参加不合作运动主要是为了维护哈里发地位。1922年11月土耳其爆发基马尔革命，剥夺了哈里发的世俗权力，1924年又取消哈里发职位。哈里发运动成了无的之矢，也就自行结束。

当初把穆斯林组织和国大党紧密连在一起的是不合作运动。基拉法运动参加者认为甘地和国大党片面停止不合作是出卖穆斯林利益，对他和国大党十分不满。穆斯林纷纷离开国大党，连与甘地合作最默契的穆罕默德·阿里、邵克特·阿里1924年也离开了国大党。有一批穆斯林继续留在国大党内，在主要领导人中有阿扎德，他到印巴分治后都仍留在国大党内，是国大党高级领导人。他们坚持认为，穆斯林与印度教徒团结在一个组织内是实现民族任务的要求，对穆斯林进步发展也最为有利。但他们只是穆斯林中的少数。1921年国大党年会上穆斯林代表占代表总数的10.9%，到1923年的年会时下降到3.6%。穆斯林组织和国大党的关系变得疏远，先前的猜疑、对立情绪重新上升到首位。

英国殖民统治者高兴地看到国大党与穆斯林组织关系的逆转，并竭力拉大它们的距离。为了拉拢穆斯林上层，1922年公布了大战结束时印度总督里丁就哈里发问题给英国政府的信，其中要求英国政府在最后制定解决办法时考虑印度穆斯林的要求。一部分基拉法运动参加者认为总督对穆斯林还有同情心，对英国殖民当局的不满缓和，转到了要与殖民当局合作的立场上，期望当局在未来的改革中维护穆斯林利益。另一些领导人如穆罕默德·阿里和部分基拉法运动积极参加者保持反英情绪，但对国大党的不满使他们重新把穆斯林要求摆到首位。

在不合作运动时期，真纳领导的穆斯林联盟退居次要地位，基拉法委员会站在前列。基拉法运动停止后，穆斯林联盟重新成为穆斯林最主要的组织。不过，这时的穆斯林联盟成员数量有限，还称不上是真正的全印穆斯林组织。各地穆斯林上层热衷于发展地方穆斯林组织，并不都去参加穆斯林联盟。穆斯林的力量还是很分散的。

穆斯林联盟和国大党两个中心的局面重新出现后，以往的分歧又浮出水面。分歧的焦点仍然是权力分配问题。在《勒克瑙协定》中，双方曾就穆斯林单独选区制和席位安排问题达成协议。这是为了共同争取印度自治双方做出的妥协，但并未为双方的教派主义者接受。英国统治当局知道这是个最易引起双方纠纷的问题，在 1919 年《印度政府法》中，再次规定了穆斯林单独选区制，却把双方协定的席位分配抛在一边。印度教教派主义势力非常不满。穆斯林上层也并不满意，因为穆斯林单独选区制已经在实行，他们需要的是在立法会议席位分配上增加穆斯林比例。

这种形势促进了双方教派主义势力的抬头。印度教方面集中体现为印度教大会的活跃和积极活动。印度教大会成立于 1910 年，直到 1922 年，仍只是旁遮普、联合省正统印度教徒的松散组织。自 1923 年起，它突然活跃起来，把与穆斯林的斗争当作自己的主要任务，口号是“捍卫印度教”，分支遍布北印度。甚至国大党著名活动家拉·拉伊、马拉维亚等都以个人身份参加进来，成了这个组织的领导人。这个组织此时期的重要领导人还有原秘密组织著名活动家维·萨瓦尔卡。1925 年，这个组织参加立法会议选举，提出自己的候选人，俨然成了一个政治实体。印度教大会谴责国大党在穆斯林组织攻势面前软弱，攻击主张世俗政治的国大党领导人如莫提拉尔·尼赫鲁等对印度教不忠，力图使国大党放弃超脱宗教的原则，把维护印度教利益作为首要任务。印度教大会内宗教情绪更狂热的少数人，以海志瓦尔为首，甚至认为印度教大会也太温和，1925 年他们脱离出去，另建“国民志愿服务团”，宣布要对伊斯兰教的非分要求做不调和的斗争，为捍卫印度教和印度教民族的特性而奋斗。穆斯林的教派主义势力在这种情况下更加活跃。许多人把印度教大会和国民志愿服务团的活动说成是国大党支持和幕后操纵下对伊斯兰教发动的全面进攻，耸人听闻地大声疾呼：“伊斯兰在危险中。”1926 年立法会议选举，双方教派主义势力都竭力煽动宗教情绪，争取选票，使对立加深。

这种狂热气氛迅速蔓延到两大教派群众之中。前几年的宗教团结气氛不见了，代之而起的是互相猜疑和不信任。两个教派的神职人员都起来呼吁保卫自己的宗教。于是，像母牛保护问题、清真寺前游行奏乐问题、改宗反改宗问题都成了冲突的导火线。结果，从 1923 年起，在从旁遮普到孟加拉，从孟买到海得拉巴的广大区域，接连不断地发生大规模教派冲突。

1924年9月，在西北边省科哈特的一次冲突中，死伤150多人。甘地痛心地说："我们的不合作实际上不是和政府不合作，而是变成了我们自己彼此的不合作。"[①] 他和穆罕默德·阿里一起努力制止冲突，未能奏效。1924年9月，他以21天绝食来抗议这种自相残杀。在此情况下，各政治和宗教组织领导人达成协议，表示要互相尊重宗教圣地和习俗，不强迫改宗，不迫害改宗者，和睦相处。真纳也表示反对宗教残杀。1924年在穆斯林联盟拉合尔年会上通过决议，呼吁印穆团结。真纳强调："获得司瓦拉吉最根本的条件是印度教徒和穆斯林的团结。……我始终倾向于认为，印穆团结之日，就是实现自治领地位之时。"[②] 1924~1925年甘地和真纳两位领导人曾寻求解决矛盾的途径，但由于问题的核心——政治权力分配达不成协议，矛盾未能得到解决。因而，1925年后，事态仍在扩大。1926年4月到1927年3月，又发生40次大冲突，死197人，伤1598人。英国报刊竭力火上浇油，大肆渲染骚乱，挑拨敌对情绪，使冲突愈演愈烈。1925年穆斯林联盟年会上，主席阿布杜尔·拉希姆把印度教徒称为主要敌人。而这年召开的印度教大会则把组织全国印度教徒与穆斯林斗争定为主要任务。印度教大会领导人哈尔达亚尔·拉尔在拉合尔《力量报》上公开宣布："印度教徒的前途建基于四大支柱，即印度教团结，印度教的统治，穆斯林加入印度教，征服阿富汗和边境地带并使其居民信奉印度教。"[③] 这种咄咄逼人的叫嚣自然招来穆斯林狂热分子同样的充满火药味的回敬。

1928年，由于国大党和穆斯林联盟都对西蒙调查团实行抵制，情况有所改变。由于民族矛盾激化，大规模的教派冲突减少。国大党发起召开跨党派会议，制定宪法原则。穆斯林联盟内部分为两派。沙菲领导的一派采取和西蒙调查团合作的态度，不参加国大党发起的会议。真纳领导的一派对西蒙调查团实行抵制，参加了跨党派会议，而且参加了以莫·尼赫鲁为首的宪法原则起草委员会。在各党派会议上，真纳主张印穆团结。他说："我相信，在穆斯林和印度教徒没有团结起来之前，印度是没有可能获得进步的。"[④] 他代表穆斯林联盟提出了一个新建议，即穆斯林可以放弃单独选

---

① D. 克尔：《圣雄甘地：政治圣贤和非暴力先知》，第457页。

② R. C. 马宗达：《真纳和甘地》，加尔各答，2000，第26页。

③ B. R. 安姆贝德卡：《关于巴基斯坦的思想》，孟买，1941，第126页。

④ R. C. 马宗达：《真纳和甘地》，第47页。

区制，条件是：中央立法会议中穆斯林应有 1/3 席位；在孟加拉和旁遮普（这两省穆斯林人口占多数），穆斯林席位与人口比例相等；信德（穆斯林居住集中地区）由孟买省分出来单独建省；在其他穆斯林占人口少数的省，适当增加穆斯林席位；宪政方面此后的改革都必须经中央立法会议两院各以 4/5 的多数通过。国大党一些政治家表示准备考虑这个新建议，但印度教大会坚决反对，使国大党领导人下不了决心。结果在各党派会议上未能与穆斯林联盟进一步商讨，达成双方都能接受的协议，失去了改善两大组织关系的一次机会。宪法原则起草委员会起草的报告（被称为《尼赫鲁报告》）规定统一选举而不设任何单独选区，规定穆斯林在中央和省立法会议席位数都随人口比例而定（意味着在中央立法会议穆斯林只能有 1/4 席位，在穆斯林占人口少数的省不增加席位），真纳反对，没有在这个文件上签字。这个结局使他极为失望。他痛苦地说："从此我们要分道扬镳了。"①阿里兄弟也对《尼赫鲁报告》提出谴责。

穆斯林联盟认为，国大党的态度是漠视穆斯林利益，是不能容忍的，因而决定采取强硬立场。1929 年 9 月，真纳在穆斯林联盟特别会议上提出了一个新的"十四点要求"，表达穆斯林联盟对未来宪法原则的立场。它被称作穆斯林的"权利宪章"。其内容包括：建立以省自治为基础的联邦；实行穆斯林单独选区制；中央立法会议中穆斯林席位应占 1/3；在所有行政机构中穆斯林官员要占适当比例，中央和省政府部长职位穆斯林不少于 1/3；信德单独设省；任何一个涉及教派团体的决议案必须得到该教派团体在立法会议中 3/4 的成员赞成方能通过；促进伊斯兰文化教育；等等。显而易见，这个计划比真纳在各党派会议上提出的新建议严苛多了。这个计划却使沙菲派与真纳派达成合作协议，并使穆斯林各地组织加强了与穆斯林联盟的接近。"十四点要求"成了穆斯林各组织的共同纲领，穆斯林联盟在穆斯林群体中的地位由此提高。

---

① D. 克尔：《圣雄甘地：政治圣贤和非暴力先知》，第 500 页。

第二十四章

印度共产主义运动的诞生和早期发展

印度共产主义运动产生于第一次不合作运动时期，但在国外侨民中，1920年就已兴起。最早的共产主义者多半是原国内外小资产阶级革命组织成员和国大党的成员。作为小资产阶级革命者，从多年奋斗中，他们看到的是一个又一个挫折，秘密组织已陷入山穷水尽的境地，不合作运动也未能使印度获得新生，这使他们中很多人感到沮丧。十月革命的胜利给他们带来了马克思主义。在接触到马克思主义后，他们的世界观和立场发生了根本变化，决心要把马克思主义运用于印度，开辟一条实现民族解放和社会进步发展的新途径。这批最早的马克思主义者与印度工人运动相结合，产生了印度的共产主义运动。

一　十月革命对印度小资产阶级革命组织的影响

印度小资产阶级革命者得知十月革命胜利的消息后深受鼓舞。他们站在小资产阶级立场上理解十月革命，欢呼在苏俄发生的社会巨变。最使他们钦慕的是苏俄的民族自决原则和反帝立场。俄国革命中广泛的工农发动也给了他们以深刻印象和某种启发。他们以苏俄为友，向苏俄寻求帮助。1917年底，在德里秘密召开的一次穆斯林民族主义者会议上，通过了一项欢迎俄国革命的决议，并派萨塔尔·凯瑞和贾巴尔·凯瑞兄弟俩到莫斯科面交贺信，同时要求苏俄对印度的自由斗争给以援助。1918年11月23日，凯瑞兄弟受到列宁接见。回国后，他们通过秘密刊物广泛介绍在苏俄的所见所闻。1918~1919年，在阿富汗的印度革命者普拉塔普、巴拉卡图拉

(大战中他们在这里建立了“印度临时政府”，普拉塔普为主席，巴拉卡图拉为总理）也不止一次访问苏俄。1919 年访问时受到列宁接见。他们也在阿富汗印侨中广泛介绍苏俄政策，把苏俄称为“自然盟友”。巴拉卡图拉著有《布尔什维主义和伊斯兰民族》一书，在侨民中影响很大。1919 年，在阿富汗的另一革命组织“印度革命协会”也派代表团访问苏俄。代表团成员阿恰利亚和阿布杜尔·拉普 1919 年春都住在莫斯科，见过列宁，深受列宁思想影响。1920 年，这个组织致函列宁，祝贺俄国革命的成就。5 月 20 日列宁复信，号召伊斯兰教徒与印度教徒加强团结，共同斗争。复信说：“我们欢迎穆斯林和非穆斯林的亲密团结，真诚地希望看到这个团结扩大到东方所有劳动者中。”[①] 列宁对印度革命和东方各国革命的关怀更增加了印度革命者对俄国革命的同情和向往。

和苏俄的接触还不止这些。在柏林的印度民族主义组织印度独立委员会 1917 年春在斯德哥尔摩设立分会，由札多巴塔雅前去负责。他也很早就和苏俄建立了联系。札多巴塔雅到过莫斯科，受到列宁接见。他曾要求苏俄从经济上援助印度革命者。印度独立委员会瓦解后，苏俄曾尽力促进印度国外革命者的团结。1921 年在莫斯科举行印度革命者会议，但未能达成协议。

最早和苏俄接触的小资产阶级革命者对苏俄情况的介绍，在印度国内外产生了重要影响，对许多革命者后来接受马克思主义起了引导作用。不过，小资产阶级革命者转变成共产主义者的只是少数人，多数人依然保留原来立场，只是希望借鉴十月革命的某些经验。这在印度斯坦共和协会、印度斯坦社会主义共和协会身上表现得最为典型。

二　侨民共产党的建立

马克思主义首先是在国外的印度革命者中间传播。在最早的接受者和传播者中，最重要的是马纳本德拉·纳特·罗易（1887～1954）。这不是他的本名，他原名为那兰德拉纳特·巴塔恰利亚。巴塔恰利亚出生于孟加拉一个婆罗门家庭，早年接受民族主义思潮，因对国大党的领导不信任，1905～1908 年运动高潮中参加了孟加拉秘密革命组织，曾于 1910 年被捕，

① 《列宁选集》，俄文版，第 31 卷，第 138 页。

后获释。大战中，多次被派往国外设法获得军火。1915 年被派来中国，会见了德国大使。为了能得到德国贷款购买武器，他取道美国赴德，但滞留美国不能成行。在美国时开始用化名 M. N. 罗易。1917 年因被指控卷入“印德阴谋案”，便逃到墨西哥。他开始接触马克思主义是在美国。到墨西哥后首先参加了墨西哥社会党，后受共产国际代表鲍罗廷影响，转到共产主义立场，和社会党内的共产主义者一起创建了墨西哥共产党。1920 年，他作为墨共代表参加莫斯科共产国际第二次代表大会。因为是印度人，被要求回亚洲工作，并被任命为共产国际中亚局（后改为东方局）主要负责人之一（至 1927 年）。从这时起，他就住在苏俄的塔什干，后驻柏林，负责印度的共产主义运动。1922 年共产国际第四次代表大会上当选国际执委会候补委员，1924 年第五次代表大会上被选为执委会委员和主席团候补委员。

罗易首先在流亡塔什干的印度革命者中传播马克思主义。1920 年当基拉法运动兴起后，约 18000 名穆斯林响应宗教领袖号召，从印度出走，来到阿富汗喀布尔。在这里，印度革命协会成员阿恰利亚和阿布杜尔·拉普帮助其中部分人秘密越境来到苏俄，约 30 人就在塔什干住了下来。阿恰利亚也来到塔什干，在他们中建立了印度革命协会塔什干分会。这些人亲眼看到苏俄革命的成就，思想有很大变化。阿恰利亚进而在他们中间传播共产主义思想。当罗易来到塔什干后，一面建立军校，为未来武装斗争做准备，一面进一步在印侨中开展共产主义宣传活动。渐渐地，他们中有些人接受了共产主义。

1920 年 10 月 17 日，印度共产党在塔什干成立。最初只有 7 名党员，即罗易以及他的妻子伊芙娜·罗易，阿巴尼·慕克吉以及他的妻子罗莎，穆罕默德·阿里、穆罕默德·沙菲克和阿恰利亚。沙菲克为书记，他是穆斯林流亡革命者，1920 年 5 月主编报纸《柴明达尔》，宣传印度革命协会的观点。党的组织稍后有了发展，成立了执委会，由罗易、沙菲克和阿恰利亚组成，沙菲克仍任书记。1921 年春，当莫斯科东方劳动者共产主义大学成立后，塔什干的印共党员多来这里学习，在这里重新建立了共产党并加入共产国际。沙菲克仍为书记。成立了工作委员会，由罗易、沙菲克、阿巴尼·慕克吉组成。罗易是实际领导者。在这里又从来自塔什干的穆斯林流亡革命者中吸收了一些新党员。

侨民共产党是建立印共的第一步。据伊芙娜·罗易在一本小册子中说，最早的党员都明确，侨民共产党一切活动的目的都是在印度建立共产党。

罗易和阿巴尼·慕克吉印发了一些小册子和大量传单，宣传马克思主义，论述印度民族解放斗争的形势和任务。罗易编写的小册子有《过渡中的印度》《印度的问题及其解决办法》《我们需要什么》《不合作运动的一年》等。他还创办了《印度独立先锋报》（一度改名《前卫》），结合印度的形势，宣传印共主张。这些小册子、传单和报纸都被秘密运到印度散发。1922 年，罗易开始派遣党员回国工作，先后派遣 20 多人，其中有穆罕默德·沙菲克、费鲁札丁·曼苏尔、阿布杜尔·马季德、拉菲克·阿赫默德、邵克特·乌斯玛尼等。他们中大多数人回到了国内，或是参加了这里已经建立的若干共产主义小组的工作，或是开辟新的工作地区，建立新的小组，如邵克特·乌斯玛尼在康浦尔建立共产主义小组；有 9 人在进入印度境内后被捕。1923 年 5 月在白沙瓦对被捕者进行审判（被指控 10 人，9 人是党员），他们被判监禁或苦役，这就是殖民当局迫害共产主义者的第一次行动——“白沙瓦审判案”。

三　国内共产主义小组的出现

就在侨民共产党成立的同时，在印度国内，也有少数思想激进的知识分子接受了马克思主义，转变成了共产主义者。这些知识分子多半是国大党内具有革命情结的青年。他们大都积极参加了不合作运动，在实践中逐渐认识到资产阶级领导运动局限性的一面。在接触马克思主义后，他们对历史发展规律有了新的认识，了解了工人阶级的历史地位和使命，因而开始走到工人群众中，与工人运动结合。

印度工人阶级在第一次世界大战中队伍进一步扩大。战后率先掀起了大规模的罢工运动，并开始较普遍地建立工会组织。1920 年建立了全国性工会组织——全印工会大会。工人罢工和建立地区性工会多属自发性质，也有些工会是在国大党人帮助下建立的，全印工大的建立更与国大党关系密切。国大党为吸引工人群众参加不合作运动，积极在工人中做宣传工作，结果，大多数工会处在国大党影响下。国大党人向工人群众宣传民族主义、爱国主义，对启发工人群众的民族主义意识起了积极作用，却用劳资调和论阻挠他们阶级意识的发展，使他们只能成为资产阶级运动的追随者。印度最早的共产主义者决心改变这种状况，向工人群众灌输马克思主义，发动、组织他们，使之认识到自己的阶级地位和历史使命并为之斗争。这样，自 1921 年起，就出现了印度最早的共产主义小组。侨民共产党向印度派遣人员和秘密输送宣传品，促进了更多共产主义小组的出现。马克思主义与印度工人运动开始结合。

1921~1922 年，加尔各答、孟买、拉合尔、马德拉斯和康浦尔五个城市都建立了共产主义小组。加尔各答小组的创建者是穆札法·艾哈迈德。他是孟加拉激进报刊《新时代》的编辑，曾在加尔各答海员中工作。1921 年，他首先建立共产主义小组，并和罗易建立了联系。1923 年，他创办了孟加拉语报《人民之声》，宣传马克思主义。孟买小组的创建者是斯里帕德·阿姆里特·丹吉。其成员包括卡特。丹吉在大学最后一年时，就因为参加学生运动被开除。1920 年不合作运动开始后，他是积极参加者，但在发现自己不能同意甘地主义时，就在 1921 年写了《甘地与列宁》一书，对比列宁和甘地领导斗争的方法，批评甘地的纲领和策略。这本书得到一些思想激进的青年的赞成。结果，在孟买成立了共产主义小组。1922 年 8 月，他办了英文周刊《社会主义者》，这是印度第一份宣传马克思主义的刊物。孟买地区工人数量多，居住集中，丹吉积极做发动工作，成效显著。孟买工人阶级后来在印度政治舞台上一直是一支觉悟高、战斗力强的力量。丹吉本人继续留在国大党内，以便在知识界特别是青年知识分子中开展工作。拉合尔小组的创建人是古拉姆·侯赛因，他是白沙瓦一所学院的经济学讲师，受穆罕默德·阿里影响，放弃了大学职位，从事共产主义运动。他来到拉合尔，建立共产主义小组，创办了乌尔都语月刊《革命》，同时还担任西北铁路工人联合会书记。马德拉斯小组创建者是律师、国大党成员辛加腊威鲁·捷底阿尔。他在 1923 年创办了《工农报》，宣传马克思主义。不过他的合法主义倾向很重，这对党后来的发展产生了有害影响。康浦尔小组创建人是罗易派回的邵卡特·乌尼玛斯。

如果说，1920~1922 年初共产主义小组的活动还隐没在不合作浪潮中而鲜为人知，在甘地停止不合作运动后，共产主义宣传的号召力便清晰地显露出来。当局一手制造的白沙瓦审判案从反面起了宣传作用。有些原来不合作运动的积极参加者转而接受共产主义。如孟加拉不合作运动期间被捕的阿布杜尔·拉萨克·汗、入狱三次的阿布杜勒·哈里姆 1922 年都加入了

图 24-1 丹吉

加尔各答共产主义小组。1923～1925 年，不但原来的共产主义小组得到发展，在卡拉奇等地还建立了新的小组。各小组之间开始建立联系，同时又都与罗易保持联系，接受罗易的指导。

罗易在共产主义小组中提出了建党任务。1922 年他在共产国际刊物《国际新闻通讯》上发表文章，强调要在印度建立“一个无产阶级的共产主义政党”。1922 年 12 月 19 日，在给印度各小组的信中，他要求把共产主义小组联合起来，并提议各小组派代表到柏林会晤共产国际代表，建立一个全印党的核心并拟定党的纲领，但因各小组对此建议有不同意见，未能实现。当时各小组直接与罗易联系，他介绍辛加腊威鲁给丹吉，介绍丹吉给艾哈迈德，之后他们互相联系。1923 年，还指定丹吉为各小组的“中心”，此前还指定艾哈迈德的小组为秘密输入的小册子和《印度独立先锋报》的分发中心。

罗易还在他的论著中，提出了印度革命的战略策略思想，逐渐形成一个体系。他认为 19 世纪 20 年代中期英国殖民统治者已在印度实现工业化，印度资本与英国统治的矛盾弱化，资本主义发展起来，印度已是一个资本主义占统治地位的国家。在新的形势下，资产阶级不仅不再是革命力量，更成了革命的绊脚石。因此，民族革命只有同时突破资本主义的藩篱，才能取得胜利。换言之，必须由无产阶级通过共产党掌握领导权，并在反对资产阶级的阶级斗争的基础上进行才能成功。他指出，无产阶级要实现自己的领导权，并对妥协的、不革命的资产阶级展开斗争，就要大力发动工农，联合小资产阶级，推动中产阶级民主派前进，抛开资产阶级妥协的上层。就是说要建立一个排除资产阶级上层的统一战线。他认为可以对国大党开展工作，促使其内部领导成分改变，把它改造成这样的统一战线组织。关于争取民族独立的斗争方式，他主张在现阶段采取各种斗争形式，如政治罢工、农民抗租等，也可采取不合作不服从形式，要创造条件，为以后必然到来的武装斗争阶段做好准备。

根据这个战略策略思想，各小组通过自己的报刊并通过翻印、散发罗易的小册子及文章，大力开展宣传工作。重点是发动工人。对国大党人的争取工作主要由罗易进行，各小组积极配合。1921 年 12 月，罗易和阿巴尼·慕克吉联名发表了印度共产党致国大党第 36 届年会书。其中要求国大党把最有潜力的广大工农组织起来，发动他们参加斗争，并要求国大党提出“农民得到土地，工人得到面包”的口号作为发动手段。1922 年 7 月 15 日的《印度独立先锋报》又登载了一篇《致印度国民大会全国委员会书》，由罗易等署名，其中谴责了停止不合作运动，要求国大党改弦更张，必须实行依靠工农的斗争策略。1922 年 12 月国大党加雅年会前夕，罗易又草拟了一份名为《印度国大党应采取的行动纲领》的文件并广为散发，呼吁国大党人采纳。这个纲领提出的目标和措施包括实现民族独立，实行普选制，取消地主土地所有制，实行公用事业国有化等。这几次行动的目的主要在于争取国大党下层群众，暴露其领导人的资产阶级局限性并孤立他们，但收效甚微。罗易还组织力量对他认为是“中产阶级民主派”的国大党孟加拉领导人奇·达斯等做争取工作，但也毫无效果。这是不奇怪的，因为他对印度国情的估计，以及对印度资产阶级在民族革命中的历史作用的估计是错误的。印度资本主义虽有一定发展，但离实现工业化还很远，殖民地半封建的社会性质依然未变，民族矛盾不是减弱了，而是更加尖锐。资产阶级（包括其上层）继续受到殖民主义封建主义势力的压迫、排挤，因而具有革命潜力。国大党多年的斗争使它在群众中有了很深的根基，党的领导人甘地等受到广大人民尊崇。资产阶级局限性在国大党领导人身上确实是存在的，需要强大的群众力量推动它前进。但推动它前进与孤立他们、把他们排除在统一战线之外是两回事，而后者正是罗易的指导思想和行动目标。这即便是在国大党下层群众中也是难以得到赞同的。罗易对印度国情的错误认识和在理论上的错误，其实在共产国际第二次代表大会（1920 年 7~8 月）上，在他受委托起草《关于民族与殖民地问题的补充提纲》时就已表现出来。他起草的原稿中，讲到殖民地人民革命可以不经过资产阶级民主革命阶段而直接进行无产阶级革命，讲到无产阶级不应支持资产阶级所领导的反帝反封建的民主革命运动。这些有原则性错误的地方，都被列宁在修改时删去。在对待甘地和国大党领导的运动的看法上，他也受到列宁的尖锐批评。罗易认为印度资产阶级革命性已发挥殆尽，甘地的领导是有害的。恰恰相反，列宁认为甘地作为群众运动的鼓舞者和领导者是革命的。罗易表面接受，实际上观点并没有根本改变。

英国殖民统治者对共产主义运动在印度兴起深感不安，于是在“布尔什维克阴谋”的叫嚣声中，1924 年又对这个幼芽实行新的摧残。丹吉、艾哈迈德、乌斯玛尼、侯赛因、辛加腊威鲁等所有共产主义小组领导人均被捕。一共有 8 人（其中包括在欧洲的罗易）被指控犯了谋叛罪，丹吉、艾哈迈德、乌斯玛尼和古普塔（他被控传带秘密刊物）被判刑，侯赛因叛变，辛加腊威鲁因病免于起诉，还有两人不在国内。这就是“康浦尔审判案”。这次打击虽使几乎所有共产主义小组失去了主要领导人，但小组依然存在。

四　印度共产党的成立和初期活动

就在这时，康浦尔具有社会主义倾向的报刊编辑萨蒂亚·巴克塔于 1924 年 9 月宣布要建立一个合法的共产党，并宣称这个党将不和共产国际及任何其他国外革命组织发生联系。在得到当局许可后，他立即着手筹备召开印度共产主义者第一次全国会议。这个举动得到辛加腊威鲁支持。丹吉的秘书也积极地同巴克塔合作进行筹备工作。

这个突如其来的事态发展，使其他共产主义小组处于尴尬境地。因病提前获释的加尔各答小组负责人艾哈迈德决定参加。其他小组都由现行负责人参加，孟买小组参加者是卡特。会议于 1925 年 12 月 26 日在康浦尔公开举行。艾哈迈德在回忆录中写道：“为了这个，我们不能不受到国内国外的许多批评。我们应该受到这种批评。但是我们也没有办法。如果我们不参加康浦尔会议，萨蒂亚·巴克塔的共产党一定会给我们带来相当大的麻烦。”① 会上通过了建党决议，但在党的名称上，发生尖锐斗争。巴克塔和辛加腊威鲁主张定名为“印度的共产党”，以表示与共产国际不发生任何关系，并借此排除罗易势力。艾哈迈德、卡特及多数人坚决反对，主张定名为“印度共产党”，获得通过。会议选出的中央执行委员会包括印度各共产主义小组的负责人。辛加腊威鲁当选为主席，贝圭尔霍达和卡特为书记。巴克塔没有达到预定目的，1926 年离去，另建“民族共产党”。1925 年印

---

①　《新世纪》1958 年 4 月号。

共的建立标志着印度共产主义运动的重大进展，从此国内有了共产党。但这次会议是在成立合法党的目标下召开的，中央执委会公开组成，因而使印共的全部组织、全部领导人公开暴露，这给党后来的活动带来极大危害，便利了敌人的破坏与镇压，也助长了内部合法主义倾向的发展。

尽管印共此时没有加入共产国际（这是合法党存在的条件），但和共产国际事实上保持着联系。罗易继续指导印共的活动。此外，英国共产党根据 1924 年共产国际第五次代表大会关于资本主义各国支部应同各国殖民地建立密切关系的决议，在 1925 年成立印度局，此后也不断派人来印，直接参与指导印共的活动。英共政治局委员、《劳工月刊》主编雷杰尼·帕姆·杜德成了印度问题权威。这样，印共就处在罗易、英共双重影响下，前者影响逐渐减弱。1927 年起，在苏联的印度共产党成了印共的国外局。

印度共产党的第一个党章是 1926 年底公布的。其中说，党主张使印度从英国统治下解放出来，在生产方式和分配社会主义化基础上建立工农共和国。1927 年 5 月党的二大修改党章，确定最低纲领是：实现独立，废除地主制，实行国有化。还规定党员可以以个人身份加入国大党和全印工大，构成其左翼。

印共成立后，即把主要精力放在发展工人运动和组织工农党上，在这方面做了大量工作，取得了相当成绩。

印度工人运动受甘地中止不合作运动的影响，在 1922 年后陷入低潮，罢工次数和参加人数大大减少。但工会组织仍有所发展。1926 年全印有近 200 个大的工会组织，会员约 30 万人。其中 57 个工会属于国大党影响下的全印工大，会员 125000 人。

印共党员深入工人群众，既对他们进行民族主义教育，又进行阶级教育，启发他们的阶级觉悟。一批共产党领导和影响的左翼工会出现。根据党的团结工人大多数的方针，这批工会参加全印工大，和全印工大内原来的激进翼一起构成它的左翼。1927 年在康浦尔举行的全印工大第八次大会上发生了尖锐斗争，共产主义者和左翼力主全印工大参加红色工会国际，被否决，但在他们斗争下，大会也否决了参加阿姆斯特丹的“黄色国际”的提议。这次会上，共产党人冉加地被选为全印工大副主席，1927 年出狱的丹吉被选为总书记助理。

由于印共党员的积极工作，一批在他们领导下的左翼工会开始发挥越来越大的作用。最有影响的是孟买纺织工人红旗工会，它是由丹吉领导的，后来成了左翼工会运动的核心。红旗工会是1928年孟买纺织工人大罢工快结束时产生的。罢工目的是反对厂主降低工资、大规模解雇工人和歧视低级种姓工人。罢工席卷了全市所有纺织厂，有15万人参加，由4月持续到10月，震动了全国。绍拉普尔和另外一些工业城市和铁路工人举行了支援罢工。印度全国各地举行募捐，支援罢工工人。甚至在英国和苏联，也举行了募捐。厂方最后不得不做出部分让步，并承认红旗工会是孟买纺织工人利益的代表。红旗工会的活动在全国工运中产生很大影响。1928年，加尔各答的左翼工会也领导了黄麻业工人罢工。1928年印度共发生罢工203次，有50多万人参加，许多罢工是印共领导的。这样，印共就在发动工人群众特别是提高工人阶级觉悟方面做出了贡献。当时全印工会大会领导层明显地分为三个集团：右翼（工会改良主义者）、国大党人和共产党人及其同情者。右翼见印共影响增长，企图排除左翼工会，未得到国大党人支持，就于1929年制造分裂，退出全印工大，另建立了印度工会同盟。但跟着他们走的工会并不多，全印工大依然是全国性工会组织。

建立工农党是印共成立后另一项主要工作。这一方面是因为印共看到争取国大党改变性质的努力显然无望，需要另建一个革命群众统一战线组织，另一方面也因为印共是合法党，所有活动都暴露在敌人面前，当时想找到一个组织掩护党的活动，作为党的外围组织。建立工农党的想法，罗易早就提出来了，印共在实践中也感到了其迫切必要性。1926~1928年，孟加拉、孟买、旁遮普、联合省先后建立了工农党。它们大都是共产党人和其他左翼一起创建的。如孟加拉工农党（最早叫印度国民大会工人独立党）创建者是艾哈迈德的朋友、同情共产党人的诗人纳·伊斯拉姆、札·克图布定等，后者后来成为共产党员。1926年艾哈迈德领导的孟加拉党组织加入，艾哈迈德参与领导并担任其刊物《耕犁》（后改为《人民之声》）的编辑。孟买工农党1927年2月成立，米拉加尔任书记，党的刊物叫《革命》。旁遮普工农党领导人是苏汗·辛格·卓什（后成为共产党员），刊物有《工人》《工农》。联合省工农党领导人叫普兰·钱德拉·约希，他后来加入印共，是1935~1948年党的领导人。印共与工农党的关系是：印共成员都加入工农党，印共的各级领导参与到工农党的各级领导中，工农党的纲领实际上是在共产党人起主导作用下制定的，工农党是以共产党为核心的左翼统一战线组织。艾哈迈德回忆孟加拉工农党的情况时说：通常“我们在共产党内部决定的事情实际上是以工农党的政纲的名义来实行的。这个党的宣言都是由共产党中央委员会拟定的。在孟加拉，工农党里边的非共产党员比较多，但是我们的工作并没有因此而受到影响”。①

各地工农党的纲领都提出了争取印度完全独立、建立没有剥削压迫的社会的目标，主张实现工人、农民、小资产阶级的紧密联合并准备与其他党派合作。对国大党，各工农党都批评其领导的资产阶级局限性，要求它摆脱剥削阶级利益的束缚，重视工农和小资产阶级的要求。工农党采取各种形式在广大下层群众中宣传自己的主张，发展组织。如 1928 年孟加拉工农党有 125 名党员和约 10000 人的集体党员。工农党吸引广大群众参加政治斗争，党员在工人罢工中起了骨干作用。

1928 年 12 月，在各地工农党取得一定成绩的基础上，在加尔各答召开了第一次全印工农党代表会议，成立了全印工农党。苏汗・辛格・卓什当选为主席，他当时不是共产党员，第二年才加入印共。会上通过了争取印度独立的决议，并强调工人阶级应当在民族斗争中起领导作用。会议还强调深入开展工农阶级斗争的必要性。工农党的活动成了当时印度民族运动中一个活跃的积极的因素。

印共的活动刚刚得到开展，殖民当局又在磨砺武器准备给它以新的打击。1929 年 3 月 20 日，在印度各地逮捕了 31 名共产党和工会领导人。印共领导人几乎全部被捕。他们被指控“阴谋推翻英王对印度的统治”，被押解到米鲁特受审。这就是迫害共产党的又一个回合——“米鲁特审判案”。审判拖到 1933 年才结束，多数人被判刑。这一次打击使印度共产主义运动受到的损害比以往更重，工农党也陷于瓦解。但印共并没有被摧垮，不久又恢复了活动。

印度共产党的出现和活动标志着工人阶级作为独立的政治力量登上了舞台。从此，在民族运动中出现了一支新生力量，一支主张把反对殖民统治和反对封建主义结合起来并以实现社会主义和共产主义为最高目标的力量。年轻的共产党，顶住敌人一次又一次迫害的千钧压力，坚持下来了，

① 《新世纪》1958 年 4 月号。

表明了它具有强大的生命力。但前面的路不会是平坦的。在印度的国情之下，在国大党牢牢掌握民族运动的领导权而它所代表的资产阶级（包括上层）仍是一个有革命性的阶级的情况下，究竟应当怎样确定自己的政治路线和组织路线以及怎样去实现，这是一个十分复杂的问题。罗易（后来还有英共）这一时期对印共的指导是有成绩的，但也有很大偏差，最主要的问题是理论的不成熟和制定的战略策略脱离印度国情，认为民族运动必须在反对资产阶级的基础上进行就是最典型的表现。印共按这个原则行事使自己得不到更广泛的社会支持。这表明把马克思主义和印度实践相结合的任务还没有完成。而这个根本任务如果没有完成，印共要想真正得到发展是很困难的。1929 年底罗易因同德国布兰德勒集团的关系被共产国际开除，但他的思想的负面影响一直延续到 30 年代上半期。

第二十五章

1930~1933年的文明不服从运动

1930~1933年，印度民族运动出现了战后第二个高潮。甘地领导开展了一场新的比第一次不合作运动规模更大、斗争更激烈的不合作运动。这一次主要是采取不服从形式，因此又称为文明不服从运动。新高潮的征兆在1928年就已出现，由于国大党左翼的积极推动，到1930年终于形成高潮。

一　新高潮的背景和形成

新高潮的出现是20年代末印度各阶层群众与英国殖民统治者矛盾激化的结果。世界经济危机对印度经济和人民生活的严重影响起了雪上加霜的作用。

战后工业勃兴为时短暂，很快就被动荡时期取代。英国大举恢复对印度的商品输出，日本、美国也加紧对印度的商品输出，使民族工商业、小企业、手工业都处于十分困难的境地。殖民政权虽然被迫答应实行保护关税，但只在极少数部门实行，同时却用对英货片面优惠和人为保持卢比对英镑的高兑换率的办法，帮助英货输入。1929年世界经济危机爆发，印度农产品输出锐减，价格猛跌，而英国当局仍以关税优惠办法，促进英国滞销工业品强占印度市场，并人为地保持高价，使工农业产品价格的剪刀差急剧扩大。这种转嫁危机的措施进一步打击了印度民族工商业和手工业，而受害最深的是小企业主和下层劳动人民。资产阶级上层从保护关税中还多少得到点好处，小企业和下层劳动人民却不能指望殖民当局给予任何帮助。下层人民生活陷入极端困苦境地，小企业大批破产。这就能够说明为什么对西蒙调查团的抵制在群众中获得如此广泛的响应，这其实是各阶层人民对殖民统治强烈不满的反映。

西蒙调查团 1928 年 2 月 3 日抵印。国大党、穆斯林联盟、印共、全印工大等都宣布抵制。广大群众以及商会、工厂主协会都积极参加。调查团到处遇到打着黑旗的群众示威，听到“西蒙滚回去”的愤怒呼声。这种抗议给他们的印象如此深刻，以至于调查团诉苦说，在他们回到下榻的旅馆后，周围也有示威发生。尼赫鲁记载说：“据说有一次西蒙调查团的人住在新德里西方招待所的时候，在夜间也听见‘西蒙滚回去’的呼声。他们大为恼火，因为甚至在晚上也被人家这样追逐，不得安宁。事实上，这种声音是新德里附近荒凉地区野狼的叫声。”① 殖民当局出动大批警察镇压示威游行。大头棍到处挥舞。国大党著名活动家拉·拉伊便是在游行中挨打致伤，11 月17 日去世。尼赫鲁也遭警察大头棍殴打。这更加剧了人民的愤怒。

在民族运动重新活跃的气氛下，工农斗争和青年运动都开始呈现复苏和发展的迹象。1928 年孟买纺织工人大罢工、孟加拉黄麻厂工人总罢工和塔塔钢铁厂工人的罢工对全国有很大影响。农民运动在联合省特别是其中的奥德普遍开展，“在这里，佃农开会表示抗议的现象是家常便饭”。② 在古吉拉特，农民对当局提高地税极为气愤，以致国大党有可能在巴多利领导一次抗税运动。青年运动也蓬勃兴起。许多省建立了青年联盟。这些组织虽然政治倾向不尽相同，但都对当前的政治经济问题表示关心，经常开会讨论，而且一般是主张激进变革的。总之，正如尼赫鲁所说，“1928 年是内容丰富的一年，全国各地都很活跃。似乎有一种新的力量把人推着向前走，各种不同的团体和派别也表现了一种新的活跃现象。……这种现象到处都看得出，无论在产业工人中间、农民中间、中产阶级青年中间或一般知识分子中间都是这样”。③

以尼赫鲁、苏·鲍斯为首的国大党左翼的宣传鼓动工作对促成这个新气象的出现起了重大作用。争取独立的目标已深入人心，成了亿万群众的强大呼声。左翼队伍日益扩大。这种形势推动了甘地和国大党领导层向前迈进一步。1928 年国大党年会上做出了如英国当局一年内不允诺印度自治，

---

① 《尼赫鲁自传》，第 195 页。

② 《尼赫鲁自传》，第 194 页。

③ 《尼赫鲁自传》，第 193 页。

就开展新的更强有力的不合作运动争取实现独立目标的决定。

1929 年是为即将到来的斗争做思想准备和组织准备的一年。甘地和国大党左翼都呼吁全党团结一致，以最大的努力，在群众中开展宣传，发展组织。国大党县级组织在第一次不合作运动停止后都陷于瓦解，普通群众中的党员都不再参加国大党活动。这次提出要重建基层党组织，重新在群众中大力发展党组织，以便国大党能以更强大的组织力量来领导未来的斗争。这一年的准备工作成效显著。1929 年 5 月尼赫鲁在国大党全印委员会上说，经过几个月的发展，国大党党员人数已由低谷的 56000 人猛增到 50 万人。到年底又有了更大发展。

殖民当局自然不会接受国大党 1928 年年会的最后通牒。1929 年 5 月英国工党上台后，企图玩弄手腕欺骗印度人民。10 月 31 日总督欧文从伦敦回印后宣布：1917 年《蒙太古宣言》所允诺的在印度逐步实现责任政府就是指给印度自治领地位。这不过是一张长期支票，国大党没有上当，坚持要求一年内兑现。对此，殖民当局的回答是通过公共安全法，准备大肆镇压。

1929 年 12 月国大党年会在拉合尔举行时，它别无选择，只有起来进行坚决的斗争。这次年会由尼赫鲁担任主席。在群情激昂的气氛中，再次通过了争取独立的决议。甘地提议把党章中的司瓦拉吉目标解释为完全独立，获得一致通过。大会还决定授权工作委员会发动以争取独立为目标的新的群众性不合作运动，并决定国大党退出中央和省立法会议。工作委员会授权甘地全权领导不合作运动，由他规定运动的方式和开始时间。新选出的全印委员会还把 1930 年 1 月 26 日定为“独立日”。

二　文明不服从运动的开始

1 月 26 日“独立日”活动成了全国人民显示决心的大示威。这一天，在国大党领导下，在全国各大城市以及农村，到处举行大规模的群众集会。按照甘地的要求，会上举行宣誓，朗读国大党发布的独立日誓词（由贾·尼赫鲁起草）。誓词写道：“英国在印度的统治不仅剥夺了印度人民的自由，而且从经济上、政治上、文化上和精神上毁灭印度。我们认为，印度必须与英国断绝关系，实现完全的司瓦拉吉或独立。”又说，“争取自由的最有效方法不在于采取暴力”，而是开展群众性的不合作运动。① 许多城市在集会后举行了游行示威。在孟买、加尔各答等地，印度共产党领导的工会也组织工人群众参加集会和游行。孟买工人游行队伍中除国大党旗帜外，还有红旗。游行群众高举的有“独立万岁”“非暴力不合作是我们的道路”等标语牌，也有“革命万岁”的标语牌。

独立日的活动振奋了全国人民的精神。人民群众政治积极性的高涨前所未有。甘地确认，他已经把握住了群众的脉搏，行动的时机成熟了。

1月31日，甘地向总督欧文提出11点要求，其中包括地税降低50%，废除食盐专卖和取消盐税，降低卢比兑换率（恢复到1卢比兑换1先令4便士），削减军费至少一半，英国官员薪金减少50%，实行保护关税，禁酒，释放政治犯等。并说只要总督满足这些要求，就不会发动文明不服从运动。这一行动主要带揭露性质，目的是更广泛地吸引各阶层参加运动。果然，当局完全拒绝了这个要求。英国报刊对甘地和国大党发动了猛烈攻击并大肆谩骂。

于是，甘地决定开始发动文明不服从运动。

他选择从不服从食盐法入手。殖民当局实行食盐专卖，不许印度人自行制盐、售盐。盐价被抬得很高，影响到人民特别是穷人的生活。甘地认为，当局的食盐法最足以表明殖民政权的压迫性质，从不服从食盐法入手有利于发动最广泛的群众参加斗争。1930年3月12日，他率领从他的萨巴玛蒂真理学院学员中挑选出的78名成员，开始了著名的“食盐进军”。从萨巴玛蒂出发，目的地是海滨村丹地，全长240英里，他要在那里象征性地破坏盐法。此行目的在于扩大政治影响，吸引全国舆论的关注，并作为动员全国人民行动的信号。按照甘地的布置，在进军未到达目的地之前，不应有任何别的发动；一旦到了目的地，开始破坏食盐法，就实行全国总发动。甘地沿路对欢迎群众讲话，鼓舞他们的斗争热情。4月5日，在用了24天时间走完全程后，甘地一行到达丹地。4月6日至海边，捡起盐块以示破坏食盐法。甘地号召全国人民开展一场反对食盐法的群众性斗争，在有盐资源的地方到处制盐，自用或出售，同时普遍开展抵制英国布和禁酒运动。4月8日，甘地又进而号召：组织妇女志愿服务队担负抵制的纠察工作，焚

---

① B. 普拉沙德：《奴役与自由》第2卷，第391页。

毁洋布，家家户户纺纱，取消不可接触制，促进教派团结，抵制法庭和公立学校，放弃公职。这意味着把不服从和不合作结合起来，使运动在多层面同时开展。

图 25-1　甘地的“食盐进军”运动

甘地的号召在全国获得热烈响应。各种不合作和抵制迅速展开，形成汹涌洪流。小型“食盐进军”在许多有海盐产地的省进行，在孟加拉、奥里萨一些沿海县，当地居民开始生产海盐。据 K. P. 巴哈杜尔的《印度自由运动史》记载，全国有约 500 万人，在约 5000 个地点破坏食盐法。① 到处有群众集会，到处出现志愿服务队。妇女踊跃参加运动。甘地的夫人以及尼赫鲁的母亲、夫人和妹妹都带头参加并做妇女发动工作。许许多多从来不曾参加公众活动的妇女都投身运动中，参加集会、游行和纠察工作。

当局从一开始就实行严厉镇压，大肆逮捕运动领导人和积极分子。4 月 14 日，贾·尼赫鲁（该届国大党主席）被捕。事前他指定父亲莫提拉尔·尼赫鲁在他被捕后代理主席职务。莫·尼赫鲁立即负起领导责任。被捕者

① K. P. 巴哈杜尔：《印度自由运动史》第 3 卷，新德里，1988，第 156 页。

越来越多，监狱容纳不下，刑事犯被释放以便腾出地方给不服从运动参加者。加尔各答、马德拉斯和孟买接连不断发生警察向群众开枪事件，但人民斗志昂扬，不为所惧。中央立法会议主席、国大党活动家维·帕特尔在退出立法会议时给总督的信中严正指出，镇压是无济于事的，成千上万的人已做好牺牲准备，另有数以百万计的人准备入狱。坐牢在群众看来，不但不再使人畏惧，相反，是个光荣。这反映了群众政治觉悟的提高和斗争热情的高涨。

三 几处人民起义

4月中旬，运动进一步发展，在有些地方，开始转化为武装斗争。首先是孟加拉省吉大港发生武装起义。这次起义是那里的秘密革命组织吉大港共和军谋划和发动的。这个组织是30年代初印度仅存的少数秘密组织中影响最大的一个，领导人是恰克拉瓦底和苏尔贾亚·森。苏·森是不赞成个人恐怖活动而主张走武装起义道路的。随着革命高潮形势的到来，他和恰克拉瓦底积极进行起义的准备。按照计划，起义本应以在吉大港、米曼辛格和巴尔萨尔同时进攻军火库开始。然而只有在吉大港，起义得以按计划举行。4月18日夜，吉大港共和军开始进攻军火库，以所得武器武装自己，同时切断电信联络，破坏铁路交通，以阻止外来援军进入。起义爆发后有许多群众参加。起义者在10天内控制了城市，发表宣言，宣布要赶走英国统治者，号召广大人民支持，并宣布成立以苏·森为首的印度临时独立政府。然而，起义者未能占领吉大港港口。退到港口的英军与加尔各答联系，得到增援后开始反扑。起义者力战不支，退出城市，在附近一个山上坚持。因寡不敌众，最终失败，苏·森等领导人被捕，遭到杀害。这次起义是印度小资产阶级秘密革命组织自成立以来，在印度发动起来的第一次也是唯一的一次起义。利用不服从运动的有利形势是它能发动起来的原因。但是在国大党正致力于发动和领导群众进行非暴力斗争的情况下，这种武装起义很难得到群众支持，只能是孤立无援的起义，遭到镇压是不可避免的。

4月24日，西北边省的白沙瓦也发生武装起义。与吉大港起义不同，这次起义是群众自发进行的，是由不服从运动转变而成的。这里的不服从运动在4月下旬达到高潮，领导人是迦法尔汗。4月24日，当局逮捕迦法尔汗等领导人，激起民愤。数以万计的群众包围警察署，其中有来自边境的帕坦族农民。当局派装甲车前来镇压，愤怒的人群烧毁其中一辆，开始了起义。英军向起义者开火，大肆屠杀。但第18步兵团有两排士兵拒不服从开枪命令，转到起义者一边。当局恐引起更多士兵哗变，急忙解除当地所有印度土兵的武装，并把他们撤走。在近两个星期内，城市由起义者控制。英国统治者调大批军队前来镇压，还出动飞机狂轰滥炸。5月中旬才把起义镇压下去。但西北边境的形势由于帕坦人不断起义一直处于紧张状态。

白沙瓦起义还在进行时，孟买省的绍拉普尔又爆发了起义。这次起义也是参加不合作运动的群众在遭到当局镇压时爆发的，性质与白沙瓦起义相同。这是在5月5日，国大党地方委员会领导的游行示威与警察发生冲突，100多人被打死打伤。以工人群众为主的城市居民愤然起义，烧了1处军火库、6个警察局和英国殖民政权机关的建筑物。英国人都躲在火车站顽抗。城市建立了革命政权，升起了国大党党旗。所有工厂关闭。起义者控制城市达一星期之久。殖民政权派大批军队前来镇压，起义者英勇抵抗，进行激烈巷战。只是在所有领导人都被捕或牺牲后，起义才被镇压下去。

除这几个地区外，在米曼辛格、加尔各答、卡拉奇、勒克瑙、木尔坦、拉瓦尔品第、马尔丹等地，也都发生了规模不同的暴力冲突。

这些起义或暴力冲突增强了不服从运动的打击力量，使全国形势更加紧张。殖民当局感到惶恐，害怕这种趋势继续发展。除对起义力量实行血腥屠杀外，对不合作运动的镇压也更为严厉。不服从运动参加者被罚款、被没收财产成为普遍现象，野蛮殴打甚至枪杀也屡见不鲜。

四　不服从运动的发展

武装斗争的多地出现表明群众情绪的炽热化，这使甘地和国大党领导层也惴惴不安。不能因出现一些暴力斗争就停止运动，这是甘地事先许诺的，但也不能任其自流，必须采取有力的措施防止类似越轨行动的扩大。甘地在认真考虑后，决定采取一项新的非暴力的升级行动：他率领一批志愿队员，用非暴力形式进占政府的达拉沙拉盐场开仓取盐，以此为情绪激昂的群众树立一个坚持非暴力斗争的正确行动的样板。但是，在他把这个计划付诸实践前，5月4日，政府将他逮捕。

甘地被捕引起了全印抗议风暴。孟买5万工人举行大罢工，铁路工人也举行大罢工。商人罢业，把抵制英货推向高潮。在示威游行中多处地方发生武装冲突，上述绍拉普尔起义就是在这种背景下发生的。

国大党领导人决定继续执行甘地的进占达拉沙拉盐场计划。按照甘地事先所做安排，在他被捕后由提亚勃吉代替他指挥这次行动，如果提亚勃吉也被捕，就由萨罗吉妮·奈都接替指挥。提亚勃吉率领志愿队员从卡底出发，刚动身便被捕。奈都夫人继之率2000名志愿队员，步行150英里，于5月21日来到达拉沙拉盐场。进占盐场是一场惊心动魄的斗争，是非暴力方式的英雄主义的最典型的表现。盐场周围已布满荷枪实弹的士兵，并拉起了铁丝网，修筑了工事。铁丝网外布置了大批警察，都拿着带铁头的大头棒。志愿队员排成纵队，编成小组，一组一组地前进。按照奈都夫人的命令，无论遇到什么样的镇压，都绝不许还手。第一组前进了。在接近警戒线时，只听一声令下，一帮警察猛冲过来，劈头盖脸地疯狂毒打，所有队员纷纷倒下，顿时场地变成红色。没有失去知觉的人挣扎着爬起来，还想继续前进，又是一顿猛击，把他们打得不再动弹。当事先安排好的救护队把第一组伤员抬下后，第二组又前进了。又是同样场景的重演。接着是第三组、第四组……随后，志愿队改变战术，每25人组成一组，走近警察时便就地坐下。警察冲过来同样毒打，还把有些伤员抛进水沟。第一组被抬下后，第二组又照样前进。这种史无前例的单方面厮杀持续到中午，只因气温过高才停止。总计有2人被打死，320人受伤。奈都夫人也被捕。目睹这场暴行的美国记者密勒写道："在过去18年中，我到过20个国家采访，目睹过无数次公民骚乱、暴动、巷战与叛乱，还从没有见到过像达拉沙拉这样恐怖残忍的场面。"① 他描绘事件经过的文字在美国1350家报纸上披露，世界各大报纸转载，使世界舆论无不为之骇然。

进占盐场的斗争在全国不止这一处。在孟买郊区的瓦达拉盐场发生了同样的事情。为进占该盐场，从孟买先后派出四批志愿队员，前三批共800余人，或被捕，或被开枪打伤。最后一批志愿队员和群众共15000人，于6月1日不顾警察的狂暴殴打大举进攻，终于突破防线，进入盐场，并运走一批食盐。在卡纳塔克地区，1万人进攻沙尼卡塔盐场，同样遭到警察的殴

① 坦杜尔卡：《圣雄甘地传》第3卷，第41页。

图 25-2　甘地和奈都夫人

打。在马德拉斯，破坏盐法导致与警察多次冲突。4 月 23 日抗议集会被警察驱散，冲突中死 3 人。

和平进占盐场的行动在全国产生很大影响。国大党领导人一方面用它的参加者的英勇精神进一步鼓舞群众的斗志，同时也以它为榜样，号召全国人民恪守非暴力，不以武力而以坚强的团结和坚定的意志取胜。这个样板果然产生了效果，武装斗争的做法在运动后期没有再出现。

抵制英货的运动在全国进一步展开。无论在城市还是在农村，到处都能听见慷慨激昂的爱国歌曲，看到来来往往忙于纠察工作的志愿队员。在群众运动声势较大的某些地区，甚至汽车司机没有国大党所发通行证便不能载货通行。纠察队对货栈进行严密监视，查封库存洋货，仅孟买一地被纠察队查封的洋货价值就达 3 亿卢比。

在少数地区，国大党还领导开展了抗税斗争。地税降低 50%是甘地提出的“十一点要求”之一，国大党在农村通过各种形式大力宣传这项要求，还选定几个实行莱特瓦尔制的税区（在古吉拉特），有控制地领导开展抗税斗争。这是第一次不合作运动时不敢开展的。这时能开展是因为客观形势不同了。那时开展抗税斗争意味着全国的斗争迈进一个新阶段，从不合作转变为不服从。第一个试点一旦实行就是动员令，全国人民在不合作运动中还没有发挥出巨大潜力，就会在遍地开花的抗税斗争中迸发出来。甘地怕控制不了局势，故迟迟不敢开始。这一次运动一开始就是不服从。不服从盐法和不服从税法在性质上并无区别，区别只在于影响当局财政收入的程度。不服从盐法是对当局权威的藐视和挑战，表达了人民的强烈不满。在这种情况下，抗税的敏感性减弱，因而选择一些农村有控制地进行是完全可能的。在国大党选择的试点中最主要的还是巴多利。这里1928年已经开展过一次抗税，取得了一定胜利，群众基础较好。按照甘地“十一点要求”，国大党地方组织号召农民只纳税50%，抗缴另一半。当局以残酷的镇压对待抗税农民：没收财产，拍卖土地，大批农民入狱。然而，全体农民斗志昂扬，不为所惧，无法在这里生活，就暂时集体到邻近的巴罗达土邦的一个乡村居住。据曾往当地考察的一英人记载说，有几万人聚居在临时的帐篷里，而每一个帐篷中都悬挂着甘地像。在比哈尔有些地区，有一种专门供养乡丁的地方附加税。这些乡丁实际上是当局豢养的打手和密探。比哈尔国大党组织决定对这项税收开展抵制。农民普遍响应，形成热潮。当局采取严厉的镇压办法，许多农民的财产被没收，但他们不屈服，一直在坚持斗争。联合省的抗税斗争规模最大，影响也最大。这里是由出狱的贾·尼赫鲁参与领导和积极推动的。联合省有相当部分是大地主（柴明达尔、达鲁克达尔）土地所有制地区。大地主加租、夺佃的凶狠在全印都是很突出的。1930~1931年，仅阿拉哈巴德一县，被逐佃的就有12000家。这里也是佃农斗争持续不断的地区。解决佃农的问题势在必行。尼赫鲁1930年出狱后来此领导农民斗争。他提出的办法是要求当局减税50%，地主相应减租；如果当局不接受，就发动地主、佃农共同抗税，地主拒缴50%的地税，农民少缴50%的地租。殖民当局果然不理睬。阿拉哈巴德县便首先发动抗税运动。国大党组织召开了全县农民代表会议，有16000人参加，会上做出了抗税决定，并由全体代表分别到农村传达，做到家喻户晓。运动迅速掀起，并扩大到联合省其他地区。地主中有些人执行抗税决定，但多数人在当局压力下没坚持多久便如数缴纳。佃农们却态度坚决，不缴地租。这样，抗税运动在许多情况下便成了抗租运动。在一段时间内，政府当局和地主都无计可施。

殖民当局对国大党的镇压也变本加厉。尼赫鲁又被捕。6月30日，国大党代理主席莫提拉尔·尼赫鲁也被捕。接着，国大党工作委员会被宣布为非法。被捕的国大党各级领导成员达数千人。至 7 月底，有 67 家报馆、55 家印刷所被封闭。

五　《甘地-欧文协定》的签订与甘地出席圆桌会议

西蒙调查团的报告书 6 月公布。它的建议没有比早先总督发表的未来给印度自治领地位的空洞许诺前进半步。英国统治者知道这个报告书只能是火上浇油。为了缓和印度人民的不满情绪，工党政府在加紧镇压的同时，着力玩弄欺骗手腕，诱使国大党停止斗争。英国当局这次不是像往常那样，直接根据调查团的建议立法，而是宣布将在伦敦召开有印度各党派和各界代表参加的圆桌会议，由英国政府和印度各政党各界人士一起制定印度下一步的宪政改革方案，并声明最终目标是给予印度自治领地位。甘地和国大党领导人未予理睬。自由派、穆斯林联盟及其他各界人士（不包括印共）则表示欢迎并准备参加。1930 年 11 月至 1931 年 1 月，在伦敦召开了第一次圆桌会议。参加这次会议的有穆斯林联盟、印度教大会、锡克教派、自由派、贱民领袖以及英国当局指定的土邦王公代表。由于没有国大党参加，它成了一台没有主角的滑稽戏。这样的会议当然不能如英国统治者所预期的那样，削弱甚至瓦解不服从运动。会议没有什么结果。英国统治者继续谋求国大党参加。自由派的萨普鲁等在当局授意下，往来穿梭于甘地、尼赫鲁所在监狱与政府大厦之间沟通信息。甘地、尼赫鲁始则拒绝谈判，后来态度有了松动。为缓和国大党的对立情绪，1931 年 1 月 25 日，总督下令释放甘地及国大党工作委员会所有成员，并撤销对国大党工作委员会活动的禁令。甘地与其他领导人反复磋商，最后决定由甘地和总督直接谈判。甘地和国大党领导人之所以同意谈判是因为他们看到，不服从运动按甘地的部署开展，已达高潮，但并不能压垮殖民统治者；群众虽斗志昂扬，但难以经受持久的镇压，运动势头已出现减弱趋向。

甘地与总督欧文经过几轮谈判，1931 年 3 月 5 日在德里签订协议，这就是《甘地-欧文协定》，又称《德里协定》。协定规定，中止不服从运动；政府方面停止镇压，释放除犯暴力罪以外的全部政治犯（甘地也曾要求释放巴格特·辛格等，但遭到拒绝）；食盐专卖和盐税继续保持，但允许产盐区居民自制自用和在当地出售；抵制英货作为一种政治斗争手段将中止，此后提倡国货运动应以不违反法律的方式进行。对抗税地区没收的农民的土地，甘地要求归还，但总督只答应归还还没有转卖的部分，至于已转卖的，则只是空洞地答应研究解决方案。这是一个休战性的和议，甘地答应国大党出席第二次圆桌会议。

就协定内容说，甘地退让太多，所得甚微。运动开展了一年多时间，几乎又回到了原地。协定公布后，受到多方面的批评，广大群众表示失望。3 月 29 日，国大党在卡拉奇举行年会讨论这个协定。甘地赴会途中不断遇到打着黑旗的人们的抗议。在大会上争论也很激烈。但年会仍然批准了这个协定，同时重申国大党的目标是争取独立。尼赫鲁尽管对协定内容有所不满，仍赞成批准协定。

这次年会还通过了一项关于公民基本权利和民族经济纲领的决议。这是为国大党参加圆桌会议做准备的，其目的，据甘地所说，是“向世界和全国人民表明，国大党一旦掌权将要努力达到的目标”。① 在这时通过此项决议也能对不满《甘地-欧文协定》的左翼和广大群众起到某种安抚作用。决议案由贾·尼赫鲁起草，取得甘地同意。它实际上是对国大党纲领的补充。其中公民权利方面，包括实行言论、结社、信仰自由，男女平等，实行成人普选制，宗教平等，废除种姓歧视等；经济政策方面，包括实行保护关税、保障财产权、降低地税、取消食盐专卖、国家控制关键工业、矿产资源国有、削减军费、削减文官薪金等；社会福利方面，包括降低地税时要相应减少地租，禁止强迫农民无偿为地主服役，保护工人的各种权利，控制高利贷等。这是一个具有鲜明的资产阶级性质的纲领，就其民主性来说，比国大党前此制定的所有纲领性文件都前进了一步。这个纲领在改善工农地位方面提出的措施依然很温和，但把工农要求列入，这在以往却是没有的。这也是工农积极参加运动取得的某种承认。

1931 年 9 月 7 日，在伦敦举行第二次圆桌会议，甘地作为国大党代表参加。圆桌会议固然是个骗局，但它的召开本身也表明了印度民族运动的进展：英国当局已不得不同意以未来给予印度自治领地位作为会谈基础。甘地则声明，他是抱着争取独立的目标参加会谈的。这次会议一开始就表明不可能达成任何协议。那么多被英国当局弄到会上来的王公、地主、教

---

① 坦杜尔卡：《圣雄甘地传》第 3 卷，第 89 页。

图25-3　甘地出席伦敦第二次圆桌会议

派主义者、自由主义分子，他们更关心的是依靠英国庇护，维护自己的狭隘集团利益，对国大党则竭力牵制，不希望其势力发展。会议未触及问题的实质，却在枝节问题上争吵不休，毫无结果。这正是英国统治者安排这样的会议的险恶用心所在：既能迁延时日，拖垮运动，又能把达不成协议的责任推到印度人自己身上并加剧他们之间的冲突。会议于12月初结束，甘地两手空空返回印度。

六　不服从运动的恢复与最终停止

还在第二次圆桌会议期间，殖民当局就已经在破坏协议，恢复镇压。联合省、孟加拉和西北边省监狱里又关押了大批国大党人、志愿服务队员和抗税的农民。尼赫鲁在甘地返印前又被捕。甘地回国后要求会晤总督（这时已换为威灵顿），回复是不准提出上述镇压问题。在这种情况下，国大党工作委员会于1932年1月2日在甘地要求下举行会议，决定恢复不服从运动。这一次当局决定先发制人。1月4日，总督下令逮捕甘地和国大党主席帕特尔，继之实行前所未有的高压措施。国大党及附属的各种组织——农民协会、青年联盟、学生联合会等均被宣布为非法；成千上万人被捕，其中包括中央和省级领导人200多人；各组织办公处被查抄，财产被没收。当局颁布了新紧急法令，除马德拉斯、中央省和阿萨姆外，全国已实际上处于戒严状态。报刊被禁止发表任何有关反英运动的消息。国大党对此没有思想准备，而殖民当局则早有预谋。这种猝不及防的铺天盖地的镇压，使不服从运动虽宣布恢复，实际上并未能真正重新大规模开展。但运动还是有所恢复了。抵制、不服从又在各地展开，由尚在狱外的国大党各级组织领导人负责领导。前四个月又有 8 万人被捕，说明运动仍有相当规模。不过，由于遭到严厉镇压，运动很难发展下去。

镇压之外，工党政府又玩弄新的分化瓦解阴谋。这一次的武器是贱民问题。在第二次圆桌会议上，关于少数教派团体未来的选举办法因意见对立没有结果。1932 年 8 月 17 日，英国首相麦克唐纳就此发表裁决书，除继续规定穆斯林单独选区制外，还规定为贱民设立单独选区。甘地在狱中得知这一消息后极为震惊，宣布以绝食至死抗议英国统治者制造新的分裂的阴谋。绝食自 9 月 20 日开始，引起全国人民的极大关注。在舆论的压力下，印度教领导人与贱民领袖阿姆贝德卡经过紧急协商，于 9 月 24 日就贱民在未来立法会议中的席位问题达成协议，阿姆贝德卡放弃了为贱民设立单独选区的要求。这一协议的内容电告麦克唐纳后，他也只好宣布撤销这项裁定。9 月 26 日，甘地停止绝食。这以后他在狱中专注于解救贱民问题。1933 年 5 月 8 日，因为消除贱民制遭到正统派强烈抵抗，他又宣布为反对这种抵抗绝食 21 天。但当局不愿承担他绝食的后果，立即把他释放。出狱后他继续绝食直至期满。6 月底，他决定停止群众性不服从运动，只实行个人不服从。他宣布打算 7 月 31 日率领萨巴玛蒂真理学院的 33 名成员重新进行一次宣传性的进军，但一开始就遭逮捕。此后，他在狱中为争取得到继续指导贱民工作的条件，8 月 16 日再次宣布绝食，8 月 23 日被释放。由于他的注意力已经转移到贱民问题上，他宣布停止不服从运动一年。不服从运动至此实际上结束。1934 年 10 月，国大党孟买年会正式决定停止不服从运动。持续两年多的这场斗争就这样以失败告终。

七 第二次不合作运动的特点

和 1920~1922 年的不合作运动相比，这次运动在许多方面都有新进展，反映了 20 年代以来全国斗争形势的发展和民族组织与人民群众在政治上的进步。

这些新特点是：为独立而斗争的目标清晰明确。第一次不合作运动所定的司瓦拉吉目标是模糊的。司瓦拉吉是独立抑或自治，是要“到时候看看”再做决定的。加上甘地对司瓦拉吉有独特解释，结果参加运动的人对目标各有各的认识，这不能不影响到步伐的一致。正如尼赫鲁所说：“我们在兴奋心情的支配下干得很起劲，可是对于目标却没有认识很清楚。……我们大家都高谈司瓦拉吉，可是每个人对于司瓦拉吉的解释都不同。”“我们大多数领袖显然认为司瓦拉吉的意义比独立轻得多。在这个问题上，甘地故意含糊其词，他不鼓励大家把问题搞清楚。”[①] 这次运动不同，独立目标是清晰明确的，特别是经过独立日活动，已在全国传播，人人皆知。甘地这次的态度也是很明确的。在1929年拉合尔年会上，他说：“我们现在正在进入一个新纪元，完全独立是我们的目标，而不再是远景目标了。”有人顾虑争取独立的主观条件还不成熟，他回答说：主观条件不够可以在斗争中提高，“毕竟自由不是温室里培育出来的”。[②] 他还说：“必须知道，印度最大的民族主义政党决不能再忍受一个附属民族的地位。”[③] 英国印度事务大臣助理鲁塞尔宣称自治领地位对印度最合适，要印度人民放弃独立目标。1930年1月，甘地在古吉拉特大学讲话中批驳道，鲁塞尔是主张用金锁链代替印度身上的铁锁链。他说：“我觉得金锁链比铁的更坏。”它的闪闪发光的外表会使人忘记它依然是锁链。[④] 这表明了他争取独立的决心。国大党上层许多有疑虑者、信心不足者，在他的鼓舞下坚定了决心和信心，这次运动中，在坚持独立目标方面，全党上下空前一致，在群众中产生了很好的影响。

对非暴力运动中发生的个别暴力事件应如何对待的问题，这次采取了与上次完全不同的态度，这是这次运动的又一个新特点。当甘地获得领导运动的授权后，左翼期望他明确回答，会不会再因为发生个别暴力事件而停止运动。甘地从一开始就做了明确的否定的回答。1930年2月，他在国大党工作委员会上说：文明不服从运动“的危险在于暴力与它同时发生。

① 《尼赫鲁自传》，第85页。

② 坦杜尔卡：《圣雄甘地传》第3卷，第2页。

③ 坦杜尔卡：《圣雄甘地传》第3卷，第7页。

④ 坦杜尔卡：《圣雄甘地传》第3卷，第2页。

如果这样，我也有对付办法，不致像过去在巴多利时那样撤退。非暴力对抗暴力，不问其暴力来自何方，在自由战场的斗争中，将决不停止，直到战至最后一个人”。[①] 他又在《青年印度》刊物上撰文说：“群众运动发展到某一阶段，常会失去控制。这一次也可能会如此。所以我们必须尽一切可能阻止暴力。但文明不服从运动一经发动，便不应停止。只要还有人活着就要继续进行。”[②] 他还亲自对尼赫鲁和国大党许多活动家强调这点。尼赫鲁记述道：“这种保证给了我们很大的满足。”[③] 这表明甘地对现实状况的认识比他原来的认识有所前进，他修正了自己的方针来适应新形势，也表明他领导新运动有很大的决心。后来的运动发展证明他信守自己的保证。这次运动中发生的不是个别暴力事件，而是好几个地方起义。甘地对这些暴力斗争都是反对的，但并没有因此影响他对运动的领导。

这次斗争和上次相比具有较高的组织性，国大党自始至终控制着全国运动的脉搏。国大党组织在第一次不合作运动中得到了大发展，但那是在运动中后期才实现的。就是在中后期，国大党的基层组织也基本上是建立在县级，未曾深入农村。那时党员号称达 1000 万人，其实是把许多仅仅是国大党拥护者的人都算了进去，并不真实。这次运动情况不同。抵制西蒙调查团，领导巴多利抗税运动，左翼的独立同盟的宣传活动，国大党宣布以独立为斗争目标，独立日活动，所有这些使国大党在经历几年衰退之后，重新在群众中包括农民中获得威望。1929 年，国大党组织迅速在农村居民中和过去政治上不够开展地区的城市居民中建立和发展起来。基层组织建到了农村和街区。在 1930 年不服从运动开始的时候，国大党已成为一个在广大城乡中有着完整的组织网络的政党。它还有大量的各种各样的附属群众组织，它们是国大党联系各阶层群众的桥梁。这次运动前，国大党依靠这样的组织网络在全国各界群众中做了大量宣传工作，把它的指导思想和斗争部署传达到群众中。为适应斗争需要，在各地重新建立了以国大党青年党员为骨干的志愿服务队，它们成了各级党组织领导下冲锋陷阵的先锋队。不服从运动既是公开进行，领导人被捕就不可避免。为保持领导系统

① 坦杜尔卡：《圣雄甘地传》第 3 卷，第 13 页。

② 坦杜尔卡：《圣雄甘地传》第 3 卷，第 14 页。

③ 《尼赫鲁自传》，第 237 页。

的延续性，上自甘地和国大党主席，下至省县党组织负责人，都事先指定自己如果被捕谁是继任者，继任者又指定自己的继任者。还规定各级委员会成员入狱后，各级组织负责人都可临时指定人员补充。国大党希望这样能在当局大逮捕的情况下，保存其指挥系统。这在一定程度上做到了，成了这次运动能够得到一定发展的重要原因。从整个运动进程看，国大党自始至终掌握着主导权。除极少数情况外，运动基本上是受国大党中央统一指挥。这种全国行动的一致与第一次不合作运动的地方化恰成鲜明对照。

这次运动是不服从运动，即群众性地直接破坏政府法令，这是不合作运动中一种较激烈的斗争形式，因而具有较之不合作更强的打击力量。比较这两次运动中当局的镇压措施就可看出这点。第一次不合作运动从 1920 年 8 月 1 日起，经过一年，到 1921 年下半年才发生大规模逮捕。第二次不合作运动从一开始就发生了。到 1930 年 5 月被逮捕的有 8 万人，1930～1931 年被判罪的有 9 万人。1933 年被捕的又有 12 万人。国大党两次被宣布为非法。这表明这次斗争的激烈程度远远超过第一次不合作运动。在各种不服从中，最令当局感到担心的是抗缴土地税，因为这会把亿万农民充分发动起来，也会影响到政府最主要的财政收入。所以对国大党在试点开展的抗税斗争，镇压是特别凶狠的。在《德里协定》签订后，它最关心的是要国大党停止联合省的抗税运动。国大党不得不呼吁该省地主和农民执行协定，停止抗税，改为要求当局考虑歉收的实际形势适当减税，地主相应地适当减租。当局只同意减税 7%，并帮助地主强迫收租。有的地方的农民以暴动来回答，结果是遭到更残酷的镇压。

八 运动失败的原因和意义

学术界通常认为，运动失败的主要原因是甘地和国大党上层领导人经受不起镇压，只得向当局妥协，使运动半途而废。这种说法并未触及问题的实质。甘地和国大党是做了承受高压的充分准备的，不是高压使他们屈服，而是他们失望地看到，不服从运动开展起来后，也和不合作运动一样，没有力量一举压垮殖民统治势力。甘地在签订《德里协定》时，认识到了运动高峰已过开始走下坡路的事实。并不是害怕镇压驱使他奔往伦敦，而是鉴于当时形势，他认为，只有接受谈判，才能避免完全的失败。所以，签订《德里协定》固然可以说是妥协的表现，但不能说经受不住镇压是妥协的主要原因。

有人认为，甘地和国大党寻求妥协的主要原因是对工农运动的兴起感到恐惧。也有人说是资产阶级想在圆桌会议上取得未来宪政改革的好处。这两种说法都不能成立。当时，工农运动处在国大党控制下，并没有发展到令资产阶级不安的程度。而资产阶级对圆桌会议能带来好处也没有抱什么希望，多数人甚至不赞成参加。

甘地和国大党是在感到战场上胜利无望的情况下才寻求妥协的。不服从运动一向被认为有极强大的打击力量，为什么这次运动中它的打击力量不足呢？分析一下就可以看到，问题不在武器本身，而在于甘地和国大党并没有充分使用它，它的最锋利的刀刃仍然被深深埋藏在厚实的剑鞘里。

这次不服从运动最大的缺陷是没有真正地在大范围内组织农民抗税。农民的手脚还是一半被束缚着。抗税是不服从运动中最有力的一种斗争方式，能把全国最广大农民的革命潜力充分激发起来，在经济上、政治上都是对殖民统治的最大威胁。但如果普遍采用这种手段，会出现两方面的结果。一是当局严厉镇压使农民走上暴力斗争道路；二是引发抗租斗争，损害地主利益。这两方面都是国大党代表的资产阶级上层和自由派地主所顾忌的，也是主张非暴力和阶级合作的甘地不愿看到的。所以在整个运动中，甘地和国大党除个别试点外，一直没有去认真组织抗税。尽管看着运动走下坡路，也不去实行。这就是问题的症结所在。

对于这一点，国大党中有些人是看得很清楚的。尼赫鲁是其中之一。他对甘地和国大党多数领导人在抗税问题上的畏首畏尾很不满意。正如他后来在自传中所说："整个来说，国大党是一个纯粹民族性质的组织，包括许多中等地主，也包括一些大地主。国大党的领导人对于可能引起这种阶级问题或者可能刺激地主分子的事情极其畏惧，不敢进行。因此，在和平抵抗的最初六个月中，他们避免在农业地区号召普遍的抗税运动，虽然在我看来，这方面的条件似乎已经成熟。"① 尼赫鲁眼看运动低落，强烈要求进一步发动农民。根据在联合省领导农运的切身体验，他指出，这是使运动重新获得力量和生机的关键之举。他说："很明显，运动需要一些东西来

① 《尼赫鲁自传》，第262~263页。

振奋一下，一种新鲜血液的注入是必需的。但这些东西除了从农民那里得到以外，还能从什么地方得到呢？因为在农民中间存在着雄厚的后备力量。”① 他在联合省试图这样做，结果在全国运动趋于停滞的情况下，“在联合省，运动本身却仍然是照样的坚强，或者甚至更强大”。② 他认为这样的结果，是把运动重心从城市转移到农村，从政治领域扩大到经济领域，从而使它获得一个更广阔更持久的基础。然而，联合省在当时所能做的，甘地和国大党领导层却不希望在其他省普遍推广。由于尼赫鲁的坚持，国大党工作委员会 1931 年底曾通过一个暂缓缴税缴租的决议，同时一再发表告柴明达尔书，声明抗租不是针对他们的，国大党无意攫取他们的“合法权益”。地主既不敢真正起来抗税，国大党又不去认真组织抗租，这个决议就停留在纸面上，形同虚文。国大党领导运动的资产阶级局限性于此清楚地表现出来。

对甘地来说，自然还有其独特的信念在起作用。信念的因素对于他是一种比阶级利益更为有力的驱动力量。他不愿看到出现暴力斗争，认为普遍抗税必然会导致难以控制的暴力斗争和阶级斗争，后者在他看来也是一种暴力斗争形式。所以在发动抗税上，他本身的思想阻力比国大党多数领导人还要大。

到伦敦出席圆桌会议，这是寻求妥协所必需。像尼赫鲁这样的国大党活动家对圆桌会议“并没有寄托多大希望”，认为会议“本来就注定要失败”。③ 可是甘地出于其独特信念，却对谈判寄予厚望。他要在谈判桌上用爱的力量感化英国人，他认为这是有可能的。所以他停下运动，万里迢迢去出席旷日持久的会议，而对下一步运动应如何开展不做任何部署。全党上下都在等他回来，谁也不知该做什么，而殖民当局正好可以利用这段时间为反扑做准备。结果当甘地和国大党发现上当而再想有所行动时，当局就能轻而易举地加以镇压。这次会议只是起了消极作用。正如尼赫鲁所说，会议“转移了全世界对印度真正问题的注意，而在印度本身，造成了失望消沉的情绪和一种屈辱感。它使反动势力在印度有机会重新抬起头来”。④

---

① 《尼赫鲁自传》，第 263 页。

② 《尼赫鲁自传》，第 269 页。

③ 《尼赫鲁自传》，第 334 页。

④ 《尼赫鲁自传》，第 334 页。

如果甘地不是亲自去出席会议而是留在印度为下一步斗争做准备，运动的最后结局原本会有利得多。

在运动最后一段时期，他在狱中多次为贱民问题绝食，甚至说听到了神的声音要他绝食至死，使运动的大方向突然转移。运动还在进行，最高领导人却突然改变目标，使国大党和民众不知所措。从他的思想体系说，这种改变并不奇怪。他在一封信中写道："对我来说，这些阶级（指种姓）问题是最重要的道德和宗教问题。政治问题固然重要，但与道德、宗教问题相比就没有意义了。"① 国大党多数活动家对他这种态度感到啼笑皆非。尼赫鲁、苏·鲍斯、帕特尔都明确表示不赞成。尼赫鲁后来写道："我感到愤怒的是他对待政治问题的宗教感情和态度以及与此相联系他经常提到神。他似乎认为神规定了绝食的日期。他树立的是多么可怕的榜样！"② 这再次表明，他带着自己的独特思想体系去领导运动，会对运动不可避免地产生负面影响。

除了国大党自身的原因外，这次运动的失败与民族力量的分裂也有一定关系。穆斯林联盟和印共都没有参加这场斗争，也没有采取其他的斗争形式予以配合。相反，对国大党开展这场斗争都提出谴责。穆斯林联盟说，这是印度教徒向殖民政权讹诈，以期独占政权。印共则认为，开展这种不服从盐法的运动是转移人民视线，妨碍实现革命目标。尽管参加运动的有不少穆斯林和印共党员，但他们只是以个人身份参加。这两个组织所抱持的态度妨碍了这场斗争发展成全民运动，使殖民当局能有恃无恐地实行镇压。

这次不服从运动是甘地提出不合作策略以来开展得最好的一次运动，是直到独立甘地领导的这类运动的顶峰。尽管失败，所起的作用是巨大的。第一，它把印度民族解放斗争推进到了以争取独立为现实任务的阶段，把独立思想传播到广大人民群众中，形成鼓舞他们奋起斗争的强大力量。殖民当局虽能暂时抗拒印度人民的要求，但也不得不做出新的让步，表现在1935年制定的《印度政府法》中规定实行省自治。直到这次运动前，英国统治者认为，印度宪政改革的步骤、内容、时间只能由英国决定，这次运动使它不得不承认与印度人共同商定计划的必要。特别是承认国大党是主

① 坦杜尔卡：《圣雄甘地传》第3卷，第159页。

② 多·诺曼：《尼赫鲁的六十年》，纽约，1950，第71页。

要对手，同意与国大党坐到一个谈判桌旁，这在以前是不可想象的。第二，这次运动使国大党在群众中的威望大大增强，不但消除了停止第一次不合作运动造成的不良影响，而且进一步提高了国大党在人民心目中的地位。如今即便最落后的边远地区也都卷入了民族运动，处在国大党影响下。这就为国大党牢牢掌握印度民族运动的领导权加固了基础。第三，这次运动虽然失败，却使殖民当局领略到不服从运动这个斗争武器的可畏。当局也清楚地知道，甘地和国大党只是在有限的范围内严格控制地使用这个武器，但它的威力，特别是在人民心中激发的对英国统治权威的藐视，已使当局心惊胆战。抗税还基本未实行，军队的不服从根本没有号召，如果不服从扩大到这些方面，后果是不堪设想的。这样，不服从虽是非暴力的，却像1857年起义一样使当局谈虎色变。这种心理影响对民族运动的后来发展自然是有利的。第四，这次运动对民族资本的发展，又起了直接推动作用。由于抵制英国布运动的深入开展，1930年秋季进口纺织品较上年度同时期下降1/4~1/3。英国香烟跌价5/6仍然销售不出。孟买有16家英国烟厂倒闭。而印度机织棉布虽产量剧增仍供不应求。手工织布产量也达到高峰。1929年土布年产量为6300万码，运动中年产量增加到11300万码。1929年有土布商店384家，运动中增至600家。甘地创立的全印手工纺织协会的活动遍及全国许多村庄。据对6494个村庄的统计，有139969名纺工、11426名织工、1006名染工获得充分就业机会，他们为供应市场而生产，生活条件略有改善。

第二十六章

甘地实施建设性纲领的新努力

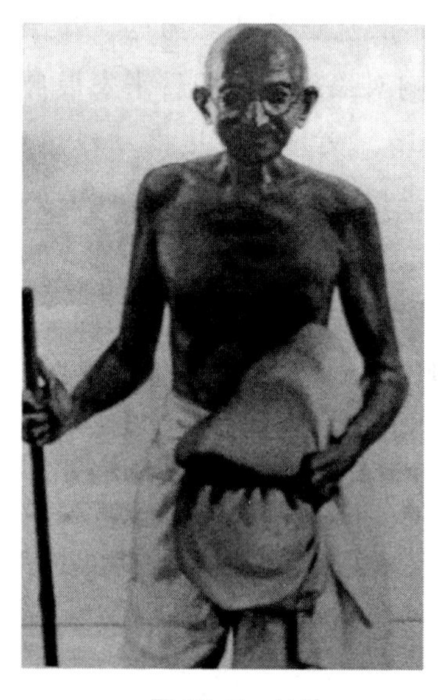

图 26-1 甘地

1930~1933 年不服从运动的失败使甘地和国大党人都感到沮丧。低潮时期又到来了。国大党在低潮时期应当怎样开展工作，又成了争论的问题。这一时期再没有主变派和不变派之分，新的争论发生在党内左翼和右翼之间。而甘地对两者都不满意，他要继续走自己的路。这样，国大党的一致行动又告中止，党内重新出现了不同潮流。甘地要继续走的路还是实现建设性纲领的路。他依然认为，这是争取印度独立斗争的根本，也是印度实现独立的保证，是低潮时期最为重要、最值得去做的工作。不难想象，他和国大党多数政治家在观念上的矛盾势必很快又突出起来。

一 甘地退出国大党

国大党左右翼都在考虑下一步应该采取什么行动。国大党多数领导人出狱后决定重新进入立法会议，开展合法斗争。原司瓦拉吉党领导人奇·达斯、莫·尼赫鲁已先后去世，这时主张重新进入立法会议的代表人物是安萨里、拉贾戈帕拉恰雷等。他们表示要参加定于1934 年 11 月举行的中央立法会议选举。在第一次不合作运动失败后，曾有一批资产阶级政治家持不变派立场，这次没有了。甘地本人对重新进入立法会议的态度也和上次截然不同。他根据上一次低潮时期取得的认识，不准备阻拦。他说，议会斗争固然不能带来自由，但国大党内很大部分不愿使致力于建设性工作的人无事可干。只要不陷于合法主义泥淖，他们在低潮时期就把自己的爱国热情发挥在议会工作上，于民族事业无损有益。在 1934 年 5 月国大党全印委员会上，他表示同意国大党参加即将举行的中央立法会议选举。会上成立了议会局，着手从事准备工作。1934 年 10 月，国大党孟买年会批准了这个方针。

左翼对国大党重新进入立法会议原是不赞同的。他们认为不服从运动虽然失败，客观的革命形势和群众的革命情绪仍然保持着，国大党不应退却，而应采取进一步的措施发动群众，准备新的斗争。但左翼领袖尼赫鲁尚在狱中，1935 年才获释。另一领导人鲍斯也在狱中，后因病被提前释放，1933 年赴欧洲治病。左翼的主张不能集中反映出来。鲍斯和维·帕特尔 1933 年在欧洲发表强烈声明，其中说："甘地先生作为一位政治领导人是失败的。"声明主张"对国大党实行激进的改组，采取新的原则、新的方法，最重要的，是需要新的领导人"。[①] 左翼中还有部分人 1934 年 10 月建立了印度国民大会社会党，宣布要在印度为实现社会主义目标而斗争。

也就是在这种形势下，甘地决定退出国大党。1934 年 9 月 17 日，他在一篇声明中讲到要退党。国大党各方面人士多方挽留，他执意不允，10 月在国大党孟买年会上，他正式宣布退出国大党，他说这样做可以"在思想、言论、行动上更好地为它服务"。[②]

甘地退党使国大党广大党员和人民群众感到震惊和不解。其实，这并非突然变化，而是他的独特思想体系与多数政治家不一致的矛盾发展的必然结果。国大党多数领导人不满意他的领导思想与方式，他也不满意多数领导人的立场和方法。既然知道自己已控制不了国大党，他认为在组织上退出国大党是唯一可行的办法。

在退党声明及其前后的讲话中，他说明了自己做出这一决定的原因。他说，国大党左翼、右翼都已发展到他无法约束的程度。无论左翼还是右翼，其思想体系他都是不赞同的。他要求把国大党党章中"用和平的

---

① 比潘·钱德拉：《印度争取独立的斗争》，新德里，1989，第 289 页。

② 坦杜尔卡：《圣雄甘地传》第 3 卷，第 319 页。

正当的手段争取完全独立”改为“用真理和非暴力手段争取独立”，没有人接受，表明国大党只把非暴力作为一种策略，并不真正信仰。他感到无力要国大党接受他的观点，而他自己也不想接受左右翼的主张。这样，与其在一个组织内都受约束，不如解脱这种束缚各行其是为好。在组织上脱离关系后，还可在外部与国大党保持密切联系。他还说，这次运动之后，他估计在可以预见的一段时期内，不会再有大规模的不服从运动发生。在这段低潮时期他决定全力以赴从事建设性工作，但相信国大党许多领导人不感兴趣。在这种情况下，留在党内受左右翼掣肘会妨碍他有效地开展工作。

国大党不得不接受他退党，但要求他继续关心、指导国大党的活动。在他退党后，仍把他奉为最高领袖，涉及方针、政策、人事的重大决策都与他商量，取得同意而后行。他经常参加国大党领导机构的会议和年会，主动关心和指导国大党的工作，在许多问题上起决定作用。所以，甘地退党不是退出国大党活动，更不是退出民族运动，只不过是退出国大党组织而已。他仍然是领袖，无论是国大党还是他本人，都没有把他是不是党员放在心上，好像退党这件事根本没有发生过一样。

甘地持这种态度，是因为他对国大党感情深厚，对印度民族运动、对未来人民的命运无限关切。他和国大党有分歧，但共同的一面，特别是在争取独立这个阶段，还是主要的，他衷心希望国大党得到发展，领导印度人民实现民族目标，愿意为此贡献自己的力量。从他实现自己独特思想体系的目标说，也只有通过影响国大党并通过国大党影响群众才能实现。对此，他仍然抱着极大的希望。

国大党尊崇甘地，仍把他视为领袖，不仅因为他以往领导不合作运动的伟绩，还因为在未来争取独立的斗争中必须倚重他。第一，无论左翼还是右翼，尽管各有其思想体系，但在争取民族独立的根本道路上，都仍然相信非暴力不合作是印度唯一可行的道路，即使具体做法上需要调整也必须在这个基础上进行，而不是推翻这个基础。既如此，甘地这面非暴力不合作的旗帜对国大党就是绝对必需的。未来开展不合作运动必须由甘地掌舵。他是这方面的最高权威。国大党还没有任何一个人能取代他的地位和作用。第二，甘地在群众中已拥有巨大的威望与影响。即便两次不合作运动都遭到挫折，也并没有改变广大群众特别是农民对他的好感。他这种独有的魅力是国大党任何其他政治家所没有或不及的。国大党需要他作为联系群众的桥梁。第三，甘地能在国大党左右翼之间起协调、制衡作用。这是国大党其他政治家很少能做到的。他的这种作用不仅是由于他极其重视维护党的团结，并运用自己的权威来缓解矛盾，避免分裂，还在于他独特的思想体系使他和左右翼的观点都有相近的一面。他的政治主张既是激进的，如坚持自主的根本目标，藐视强暴，不怕牺牲，关心人民疾苦等，又是保守的，如主张自身完善达到之前宁要自治，不要提独立目标，对殖民统治者也强调要爱、要感化，反对阶级斗争等。前者为左翼拥护，后者常使他成为右翼主张的保护伞。他的政治主张的这两面是紧密联系在一起的，左右翼都感到不足，但也都感到有满意之处，都可以从中找到适合自己需要的内容。这样他就同时掌握了通向左右翼的门户，能在对立的两派之间起联结、调和作用。而左右翼常常各居一端，观点互相水火，要直接与对方协调是很困难的。

甘地在退党前考虑了他的接班人问题，并认为有必要公开说明自己的想法。他选择的接班人是尼赫鲁。1934 年他对社会主义者领导人讲话时说："说到我在国大党中的地位，贾瓦哈拉尔是我的接班人。" 1942 年 4 月又说："我已经说过……他（指尼赫鲁）就是我的接班人。这意味着，在我离开后，他将接替我的位置。"① 他的想法国大党虽没有正式讨论和做出相应决议，但具有强烈的政治影响，事实上被国大党和人民群众接受。

为什么甘地挑选尼赫鲁为接班人？尼赫鲁的思想体系与甘地完全不同，又是左翼领袖，为什么选中他？

甘地是为国大党选领袖，不是为推行自己的思想体系选接班人。如果挑选的人属自己思想体系（并没有这样的政治家），国大党也绝不会接受。从挑选国大党领袖角度考虑，可作为候选人的除尼赫鲁外还有拉贾戈帕拉恰雷、帕特尔、普拉沙德，都是右翼领导人。他宁肯挑左翼领袖而不挑右翼领袖，因为他看到群众走向激进、运动走向激进是大势所趋，只有左翼领袖能领导潮流，控制大局。右翼太注重议会斗争，对群众的影响力会日益减弱。其次，甘地认为尼赫鲁虽是左翼领袖，但比较稳健，尼赫鲁思想激进，行动谨慎，顾全大局，不走极端。甘地认为，尼赫鲁有时也走得很

---

① 维・杜特：《甘地、尼赫鲁和挑战》，新德里，1979，第 36 页。

远，但还可以影响他。例如，1927 年年会上尼赫鲁提出独立决议案通过后，甘地激烈批评，尼赫鲁、鲍斯组织独立同盟坚持独立要求，后来在 1928 年年会上，甘地提出一年为期的折中的办法，鲍斯不接受，尼赫鲁接受了，甘地很满意。1929 年年会本来是选甘地做国大党主席，他坚持让尼赫鲁担任，尼赫鲁很不愿意，鲍斯也不希望尼赫鲁担任，但为顾全大局，尼赫鲁还是勉为其难地接受了，甘地甚感欣慰。当有人提出尼赫鲁思想有社会主义色彩时，甘地回答说，不必担心他的社会主义，它不是俄国式的，是印度式的。至于对尼赫鲁的领导能力和素质，他是绝对信任的。甘地退党后，尼赫鲁就在处理国大党内外事务上日益发挥重要作用，当然最重要的事情还要请示甘地决断。

二　解救贱民的努力

在退党后，甘地便全力以赴从事建设性工作。取消贱民制是他奋斗的目标之一。1932~1933 年他在狱中多次绝食已在这方面开了个头。退党后他首先做的工作就是继续为解放贱民而努力。他认为贱民制的存在是印度社会和印度人本身存在的弊端的最鲜明的表现。这个溃疡不根除，人和社会的完善便无从说起，而离开人和社会的完善，争取独立的斗争就没有意义。

种姓制是印度教社会内被宗教神圣化的等级压迫制度。这种制度的特征是：社会被划分为无数个互相隔离甚至对立的集团，各集团职业世袭，实行内婚，在宗教上处于不平等地位，高种姓享有特权，低种姓受到歧视和压迫，高低种姓在交往、饮食、婚姻上有严格限制，贱民更是受非人的待遇，处在这个等级金字塔的最底层。这种制度在印度长期保持，历久不衰，除了它被宗教神圣化的原因外，还与自然经济长期占统治地位以及社会经济发展节奏缓慢有密切关系。此外，这种制度属印度教宗教法的一部分，不仅受到印度教国家政权的维护，穆斯林统治时期，国家政权也不干预。

在英国统治下，种姓制度受到强烈冲击，已不可能像原来那样严格保持。这首先是因为随着商品经济和大工业的发展，城市人口急剧膨胀，流动性增强，职业世袭和限制在许多情况下行不通了，经济发展造成种姓的分化，大批人改变职业，职业与种姓脱节的现象大量出现。如婆罗门中有经济地位下降而成为雇工、人力车夫者，低种姓中也有人成为小老板的。城市的发展使各种姓混杂，许多人同在一个工厂或公司工作，同乘一辆车，同在一个学校上学，同在一个饭馆用餐，社交、饮食方面的限制不再被严格遵守。同地位贾提集团内婚制也很难再遵守。经济越发展，对种姓的冲击力越大；经济与文化教育的进步也使人的观念不断更新。渐渐地，在人们心目中，经济实力地位比种姓地位更被看重，人们的价值观发生了变化。其次，英国的统治体制和政策对种姓制也是有力的打击。英国建立自己的统治机构，垄断官职，以英语为官方语言，建立雇佣军队伍，大力兴办近代学校，使原来垄断官职、军职和文化知识的刹帝利、婆罗门种姓失去昔日的地位，许多人不得不另谋职业。英国统治者虽然在司法（民法）方面一段时期保留了宗教法，但 19 世纪中期逐步制定出包括民法在内的全套法典，宗教法失去了权威地位。这样，种姓制度就失去了它一向享有的法律上的支撑力，变成了单纯宗教性的社会结构和教规，而婆罗门作为立法者和司法人的超宗教权力也被剥夺。19 世纪上半期英国当局的某些社会立法（如规定婚姻不受种姓限制）对削弱种姓制度起了作用，但起作用更大的是它的教育政策。当局在实行西方教育中，规定教育不受宗教、种姓限制，不但低种姓，就是贱民有条件的也可入学。结果不少低级种姓甚至贱民的子弟进入公立学校就读。长期以来教育由高级种姓垄断的局面被打破了。

印度社会改革家反对歧视的宣传活动以及他们在这方面的实践，对削弱种姓制度做出了卓越贡献。从梵社、圣社改革开始，反对种姓歧视就是印度教改革的一项重要内容。即使在宗教改革基本告一段落后，仍有一批社会改革家继续进行社会改革，包括反对种姓压迫。在他们坚持不懈的努力下，不但越来越多的印度教徒摒弃正统观念，接受新思想，而且个别王公也采取措施改善低种姓甚至贱民的社会处境。如戈哈浦尔王公第一个为贱民开办学校，开辟公共用水处，还任命他们担任公职，1920 年 5 月还在那格浦尔主持了第一次全印贱民会议，呼吁改善贱民地位。巴罗达王公也采取了一些措施，如资助贱民子弟留学，任命他们担任公职。著名的贱民领袖阿姆贝德卡就是受益者之一。

总之，19 世纪以来，总的趋势是种姓制度不断被削弱。到 20 世纪 20~30 年代，在城市，在经济发展地区，种姓制虽仍然存在，但其影响力已明显减弱。不过在广大农村，种姓制度以及人们的观念都还没有发生明显变化，种姓压迫依然严重存在，特别是贱民，继续受着种种歧视和残酷虐待。

甘地把取消贱民制作为建设性纲领的一项重要内容，表明他对贱民制的危害是看得很清楚的。他同样反对种姓歧视，但令人吃惊的是，他肯定瓦尔那制，认为它是一种以出身为基础的有效的劳动分工制度，各个瓦尔那履行自己的社会职责，社会协调就容易建立。他认为，瓦尔那制本身是没有高低贵贱之分的，种姓隔阂和歧视都是后来产生的，且破坏了瓦尔那制度的原意。他主张消除种姓歧视而保留种姓制度，以便发挥它固有的积极作用。1916 年 5 月他说："印度社会不能没有种姓制"，世界各国都有种姓原则，"我们的社会就是这样组织的，其目的是自我控制"。还说禁止种姓间共餐和通婚，"其中有某些价值"。这年 10 月他又写道："我不赞成主张取消种姓制的运动。""种姓制并不只是一个惰性的、无生命的制度，也是一个活生生的、按自己的法则起作用的制度。"① 种姓制在他看来相当于继承法则。他说："我倾向于认为，继承法则是个永恒的法则，任何改变这个法则的企图必然把我们引向极端混乱。"② 对瓦尔那制的这种美化解释与历史事实是不相符的，甘地因此受到许多社会改革家和贱民运动领袖的批评。甘地为什么肯定瓦尔那制？唯一可能的解释，是这符合他设想的未来社会的分工模式。他希望社会分工协作，但不希望有竞争。在他看来，职业世袭和相对稳定可以避免竞争和人的非分之想，有利于保持社会稳定，所以他力主对种姓制加以改良而保留其存在。

对于贱民制，他的反对态度则十分坚决。1915 年，他就提出了反对贱民制的任务。他说："就我近年在国外研究印度教的结果，我认为硬把千千万万人指为不可接触阶级，这不属于真正的印度教的一部分。假如这真是印度教的主要部分，那我一定公开叛教。"③ 他办的真理学院接收贱民，还收养贱民作为义女。他激烈抨击贱民制，称它是印度教的最大污点。第一次不合作运动中，他提出的建设性工作之一是消除贱民制，强调对英国殖民统治者的不合作要以印度人的普遍合作为前提。1921 年他在阿默达巴德被压迫阶级会议上说："如果我必须再生，我希望转世为一个贱民，以分担

---

① 《圣雄甘地全集》第 13 卷，第 301~303 页。

② 《青年印度》1920 年 12 月 29 日。

③ 坦杜尔卡：《圣雄甘地传》第 1 卷，第 167 页。

他们的不幸、痛苦和侮辱。”① 解救贱民是他最强烈的愿望之一。由于他的努力，国大党 1920 年通过了主张取消贱民制的决议。关于取消贱民制的方法，他强调主要靠宣传教育，启发印度教徒的良知，使他们认识到贱民制是严重弊端，改变观念，自动取消限制和压迫贱民的种种规定。他同时强调要教育贱民消除恐惧和怯懦心理，树立自尊，挺起腰板做人。他并不特别号召贱民组织起来开展反压迫运动，但有些地方出现这种运动时他也会予以支持。如 1924 年 3 月特拉凡柯尔土邦维柯姆地区的贱民开展反压迫的坚持真理运动，他就全力支持。他不强调贱民组织起来开展斗争，是怕影响印度教群众的团结。他认为开展不合作运动、实现建设性纲领都要求团结，这是大局。他说：“解救贱民的工作我虽视同生命一样重要，我却愿先来从事全国性的不合作运动。我认为小局应服从大局。”②

实现建设性纲领和争取独立孰为首要任务？甘地思想上其实是矛盾的。就他的思想体系说，前者是根本的、首要的，但作为国大党领袖，他接受了把争取独立摆在首位。不过，与国大党其他活动家不同，在开展争取独立的斗争中，他仍把实现建设性纲领包括解救贱民看作必须同时进行的工作，甚至当作开展不合作运动的前提。他说：“如果印度教徒仍旧相信不可接触制是印度教的一部分，如果印度教群众仍旧认为接触一部分我们的同胞是有罪的举动，要实现独立是不可能的。”③

第一次不合作运动停止后，甘地把实现建设性纲领作为主要任务。他奔波于全国各地，耐心地做宣传教育工作。在他的促进下，国大党工作委员会 1929 年设立一个委员会推进解救贱民工作。结果，一批庙宇对贱民开放。

拯救贱民运动当时有两股潮流。除甘地和国大党进行的运动外，还有阿姆贝德卡领导的运动。两者大方向一致，但两位领导人的做法却大相径庭，以致发生尖锐矛盾。阿姆贝德卡称甘地的努力是“虚伪的”，甘地则批评阿姆贝德卡帮助英国分裂印度。

阿姆贝德卡（1891～1956）属于马哈拉施特拉地区的马哈尔贱民种姓。

---

① 《青年印度》1921 年 4 月 27 日。

② 坦杜尔卡：《圣雄甘地传》第 2 卷，第 6 页。

③ 坦杜尔卡：《圣雄甘地传》第 2 卷，第 36 页。

图 26-2 阿姆贝德卡

他的父亲在英印军队中服役，这使他有可能从小学念到大学。阿姆贝德卡由于成绩优异，得到巴罗达王公资助去美英大学深造，成了律师。回国后在巴罗达王公手下当秘书。他算是贱民中少有的很幸运的人了。可是贱民出身的阴影始终笼罩着他。在印度读书时，老师拒绝教他梵文、改他的作业，甚至拒绝跟他说话；在巴罗达王公手下任职时，尽管有相当地位，仆人依然拒绝为他服务，甚至没有人愿意租房子给他住。

阿姆贝德卡从 20 年代中期起，就在法庭内外为维护贱民利益、消除贱民制而奋斗。他先后创办了《退化的印度》《人民》等刊物，反映贱民的痛苦和呼声，要求废除贱民制，并号召贱民起来斗争。1927 年、1930 年他领导了两次贱民反压迫斗争（即马哈德水塘事件、纳西克寺院事件），取得一定胜利，在西印度影响很大。

他的观点和做法与甘地不同之处在于：

第一，他不但反对贱民制，也从根本上反对种姓制。他明确提出，贱民受歧视迫害的根源就在于印度教的种姓制度，有种姓制就有贱民制，它是种姓制必然带来的副产品；贱民要解放，就要从根本上否定种姓制，铲除这个使人互相对立、制造分裂和堕落的怪物。他批评甘地要保留种姓制就等于要保留制造贱民的机制，指责其拯救贱民是出于民族斗争的需要，只是“装模作样”而已。

第二，他认为只有贱民才能拯救贱民，对任何种姓印度教徒这方面的努力包括甘地的努力都不信任。他嘲笑甘地不愿发动贱民起来斗争是想当救世主。他说，种姓印度教徒是既得利益者，不会发善心，贱民解放要靠自己救自己，要组织起来，开展群众性的坚决斗争。他领导的几次斗争都是以这种思想为指导的。

第三，在争取独立和解放贱民的关系上，他主张把解放贱民放在首位。

他认为如果贱民制继续存在，争取独立就没有意义，甚至对贱民更坏。印度教婆罗门的压迫对贱民来说，可能比英国压迫更难忍受。

第四，他主张拯救贱民可以争取英国政权的帮助。他要求贱民应有单独选区，以保证在立法会议中有一定数量的贱民席位。1931 年他应邀出席圆桌会议，在会上提出的就是这个要求。

甘地完全不赞成阿姆贝德卡的指导思想和做法，批评他把贱民和种姓印度教徒对立是“分裂人民”“分裂祖国”的自杀行为，指出这种做法对贱民解放和民族解放都是极其有害的。

甘地特别不愿看到的是印度教的矛盾被英国插手利用。所以当他在狱中得知麦克唐纳裁定书规定为贱民设立单独选区后，宣布要绝食至死，表示他绝不接受。阿姆贝德卡在舆论压力下不得不让步，最后达成协议，不要求设贱民单独选区而要求为贱民保留一定席位。

此后，阿姆贝德卡组织了反映贱民要求的独立劳工党，在 1937 年立法会议选举中获得了孟买省 15 个保留席位中的 11 个。1942 年又成立新党——“全印表列种姓联合会”，宣称代表全印贱民利益，实际上仍只是贱民运动中的一派。

阿姆贝德卡对贱民痛苦有切身感受，他站在贱民立场上看问题，观点激进但偏狭，这是可以理解的。他说过，如果国大党有权反抗英国统治，贱民就有百倍的权利反抗婆罗门统治。这话也是不错的。但贱民问题毕竟是个局部问题，贱民问题的解决也只有在独立后才能做到，因此在做解救贱民的工作时，不能不考虑怎样做于民族解放的大目标更有利。这样看来，甘地的做法在主要方面较之阿姆贝德卡的做法理由更充分些。当然这不包括他的保留种姓制的观点，在这方面阿姆贝德卡对他的批评是无可非议的。

1932 年甘地阻止设立贱民单独选区的努力成功后，决定趁势推进反对贱民制的运动。出狱后，他创办一份周刊，取名《哈里真》（“神的儿子”之意），为解放贱民呼号。还建立了“哈里真之仆”社，动员社会力量自愿为解救贱民贡献力量。从此他就称贱民为哈里真。对种姓制他虽然维持原来的看法，但对种姓间通婚、共餐的限制持批评态度，认为这不是印度教所固有的。他主张一切庙宇对贱民开放，提议在种姓制度根深蒂固的马德拉斯开展允许贱民进庙宇运动，把 1932 年 12 月 18 日定为印度全国“反对不可接触制日”，并把 1933 年 1 月 8 日定为“不可接触者进寺庙日”。这些措施使解救贱民的呼声传遍全国，得到的支持也逐渐增多。1933 年 11 月 7 日，他开始进行长达 9 个月的全国巡回演讲，进一步开展解救贱民的宣传工作并为解救贱民事业募集资金。他这个行动受到某些狂热的正统势力的反对，打黑旗示威、向他的乘车掷鸡蛋的事屡有发生。还有狂热分子卧在他的车前阻挡去路。在浦那，甚至有人向他投炸弹。甘地不为所惧，坚持前进，说服了千千万万人同情贱民事业并慷慨捐款。在这个浪潮冲击下，更多庙宇向贱民开放，特拉凡柯尔土邦宣布贱民可以使用所有公共道路和水井，后来又颁令所有归国家掌管的庙宇（有 1600 个）都向贱民开放。1934 年 7 月 29 日，巡回演讲结束，行程共 12500 英里，募捐 80 万卢比。正统派以焚烧他的肖像、散发攻击性小册子“迎接”他。他却乐观地说：“这次旅行在我头脑中留下的最深刻的印象是不可接触制已奄奄一息，是用最后的力量支撑着。”①

1935 年，他对种姓制看法也有重大变化。这年 11 月 16 日，他在《哈里真》上写道：“种姓应该消失”，“现在的种姓制是瓦尔那制的反题。公共舆论摒弃它越快越好”。② 经过 20 年的思索与观察，他终于得出了这个正确的结论。

甘地为拯救贱民披肝沥胆，一片诚心。他在这方面的功绩是没有人能比得上的。正是由于他和阿姆贝德卡以及其他贱民领袖的共同努力，做了大量工作，独立后才有较强固的基础实行解放贱民的政策。

三 委托论的提出

委托论的提出是甘地建设性工作在社会经济领域的体现和重要扩展。

甘地不赞成阶级斗争，这是一个基本原则。在第一次、第二次不合作运动中，他都强调维护地主资产阶级的合法权益，对工农的艰难困苦，只希望通过实现建设性纲领去缓解。当工农自发地起来斗争时，他呼吁节制，要求协商和仲裁。20 年代末 30 年代初，在世界经济危机的严重影响下，农村阶级矛盾尖锐，农民要求减租、反对夺佃的斗争加强；城市里，劳资矛

① 乔普拉：《印度争取自由的斗争》第 3 卷，德里，1985，第 566 页。

② 《哈里真》1935 年 11 月 16 日。

盾加剧，工人反对资本家以合理化名义裁减工人，要求提高工资。印共提出的废除地主所有制的主张以及保障工人利益的主张对群众有相当影响。这使得作为国大党领导人的甘地不能不考虑形势，对工农的要求给出自己的回应。这是政治斗争的需要。再者，从道义上说，他说过地主资本家无情剥削农民和工人，把他们的劳动果实据为己有，这是不道德的，是违反正义原则的，从完善自己的思想体系的角度说，他也必须从理论上解决这样一个问题，即要建立真理和非暴力社会，如何处置地主资本家剥削这个现实。他必须找到一个办法。这就是 20 年代末 30 年代初他提出委托论的背景。

甘地是在自己的思想体系的架构内设计解决方案的。依据的原则有三：（1）不占有。即人人都不应占有超过自己需要的财物。他说："如果每个人只占有他所需要的财物，就没有人会贫困，所有人都会过满意的生活。"[①]（2）非暴力。他认为人类都有善性，可以感化。剥削是暴力，必须消除，在消除时，如用剥夺的方法，也是使用暴力，也应反对。（3）防止国家权力的扩张。他认为国家是暴力机器。靠国家来解决矛盾，只能使这个暴力机器更加膨胀。基于以上原则，他提出了一套被称作委托论的解决办法。最初是为解决农民和地主的矛盾提出的，后来他说，同样的原则也适用于解决工人与资本家的矛盾，甚至土邦人民与王公的矛盾。

委托论的基本要点是：所有财富包括土地都是神赐予的，是人民劳动创造的，每个人都有获得合理的一份的权利，机会均等；地主、资本家、王公应自动放弃剥削，放弃奢侈享乐的生活，把他们掌握的土地、工厂及土邦都看作人民的财产，他们只作为受托人，替农民、工人和土邦人民管理和经营，法律上他们还是财产的所有者，道义上他们的财产属于整个社会；地主、资本家、王公只能得到他们代管财产的报酬，大部分收入应通过各种方式使委托人受益，例如办学、建立医院、修建公园、改善环境等；要唤醒全体富人认识到他们对社会的责任和义务，自觉地很好地起到代管人的作用。如果谁拒绝放弃剥削成为代管人，工人、农民或土邦人民可以对他开展不合作运动，其财产可由国家收回，给予一定补偿；如果谁接收代管仍不尽职，可以用同样办法撤换。他认为这种靠精神完善解决矛盾的

① 吉·苏达：《政治思想史》第 4 卷，米鲁特，1974，第 209 页。

办法是最完美的解决办法。

20年代末至30年代，他利用各种机会宣传这种主张，并警告富人说，如果不接受他的主张，“混乱的、日益觉醒但无知的饥饿的千百万人会闹翻这个国家，这甚至是一个最强有力的政府使用所有它能使用的武装力量也无法阻止的”。[①] 然而，令他失望的是，地主、资本家、王公没有接受他的道德说教。尽管他反复呼吁，但没有得到任何响应。国大党对他的委托论持不屑一顾的态度。右翼不予理睬，认为私人所有制应受到保护；左翼则激烈批评他散布幻想。右翼不希望改变资本家地主所有制；左翼则认为，改变所有制不能绕过国家政权的干预。尼赫鲁就说，真正的委托制是由国家而不是个人或小集团充当受托人，不能指望剥削者会自动转变。

40年代后，在严峻的现实面前甘地的思想有所变化，不再大讲委托论，事实上承认它行不通。他同意柴明达尔土地应由国家收回或由他们自己自动上缴给国家，然后由国家分配给耕种者。这可说是接受了左翼观点。在1942年他准备发动新的不服从运动（“退出印度”运动）前，他甚至讲到农民趁机夺取土地的可能性并持准备承认现实的态度。不过预期的运动没有开展起来，他也再没有谈及此事。

甘地的委托论主观上是要消灭剥削，改善穷人地位，实现经济平等，在宣传上有为工农伸张正义、揭露和谴责剥削压迫的一面，但这种乌托邦主张只能起到散布阶级调和幻想、阻止工农阶级发动的作用，其消极面是很突出的。

四 乡村建设活动

1934年起，甘地提出了乡村建设任务，把活动的重点转到这个新领域，这是他的建设性纲领的又一新发展。

他提出乡村建设出于两方面考虑：印度农民的贫穷、落后状况需要改变，国大党应给予帮助，以使农民的处境得到改善；更重要的是，在他的理想中，未来社会是以新型乡村为基础的社会。他一直强调，农村代表真正的印度，城市只是为乡村服务而存在。因此，无论从人的精神完善和社

---

① 坦杜尔卡：《圣雄甘地传》第2卷，第380页。

会协调考虑，还是从实现经济上自力更生原则考虑，都要使乡村的面貌有很大的改变，而这个工作应该现在就开始做，不能等到独立后再进行。

如何建设新乡村？甘地这一时期强调的重点是全面复兴农村工业。恢复手工纺织业依然是中心，但他看到，农村对其他工业品的需求越来越多，都仰赖市场供应，如果不复兴其他工业，就不能实现使农村基本自给自足的目标。农村劳力大量过剩，生产潜力就不能充分发挥。日用品仰赖城市供应，司瓦德西精神就树不牢固。所以他提出要以恢复手工纺织业为中心，全面复兴农村工业，如碾米、磨面、榨油、制糖、造纸、制革、印染等。多方开发，充分利用资源，可以使农民增加收入、改善生活。在呼吁发展传统农村工业时，他提出要改良技术，讲究效益，还提倡组织生产合作。1934 年 12 月，他建立了全印乡村工业协会，具体从事全面复兴农村工业的工作。1936~1938 年国大党每年举行年会时，他都去举办乡村工业展览会，以实际成就开展宣传，扩大影响。

国大党有些人批评他的想法，认为从经济上振兴印度不在于复兴乡村工业，而是要像西方国家那样发展大工业，提高生产率。甘地断然反对，认为人口少的国家可以这样做，而像印度这样人口众多的国家，发展大工业只会使农村更多人失业。例如，纺织厂的发展便剥夺了大量手工业者的谋生手段，并使农民的耕织结合彻底瓦解，这只会使农民更加贫困。但他也声明，他并不反对发展农村办不了的、于国计民生很重要的大工业，并不反对科学，他只是主张大工业和科学应为乡村复兴服务而不是用来剥削农民，使他们的生存更加困难。

除了复兴农村工业外，甘地的乡村建设活动还包括普及教育、消除种姓歧视和贱民制、加强印度教徒和穆斯林团结、讲究清洁卫生等精神方面的内容。关于普及教育，他设想了一种新的教育计划，即以传授基础知识和手工艺为中心，贯彻理论与实践结合、学以致用原则的计划。这就是著名的瓦尔达教育计划①。我国著名教育家陶行知 1938 年访问印度时拜会了甘地和当时的国大党主席苏·鲍斯，了解了这方面的情况，做了记载。他也向甘地介绍了他在中国倡导平民教育的情况。甘地极为重视，特地约请他撰文介绍这方面的经验。甘地在收到他用英文写的《中国的大众教育运

① 甘地当时住在瓦尔达县（今属马哈拉施特拉邦），是在那里拟订的计划。

动》一文后，在《哈里真》上分三期连载，还亲自加按语说：“陶行知博士不久前来访问我时，我邀请他撰文介绍正在中国开展的引人注目的大众教育运动。现在，他寄来了下面这篇有指导意义的文章，这篇文章对我们印度人一定是很有用的。”① 陶行知的教育思想和甘地的想法有许多共同点，如努力发展完善的生活教育，实现教学做合一，培养手脑并用的新人等。甘地显然希望印度人借鉴中国人的有益做法，并借此进一步推动瓦尔达教育计划的实施。从陶行知访印的记述可以看出，这个计划在有些地方已经实行。

1937 年，甘地在《哈里真》上撰文，描绘了他憧憬的新型乡村的蓝图。他写道：“我初步设想的理想乡村”应该是“具有完善的卫生设备，所有住宅空气流通、阳光充足，而且所用材料都是周围五英里以内供应的。家家应有菜园、庭院和畜圈。乡村中的道路与市集必须保持洁净。同时设置有公共祈祷场所。有合作制酪场。有初级与中等学校，讲习工艺技术。另外，设有潘查雅特（即乡村评议会）排难解忧。每一乡村均能生产所需的谷物、蔬菜、水果与土布”。②

他不仅设想，而且身体力行，办实验点。1933 年萨巴玛蒂真理学院解散后，他住在中央省的瓦尔达县城。1936 年迁到离县城五英里的一个叫西加昂的农村，又在这里建立了真理学院。住的是跟农民一样的房子，来往瓦尔达县城要坐马车或步行。之所以要迁居农村，据他说是为了深入了解农村，体验农民的疾苦，并加强对农村建设的指导。他说：“这些天我一直在讲理论，就农村工作提出建议，但并没有亲自了解农村工作的困难。”他要住在农民中间，取得第一手材料，并把所在农村及其周围农村建设成新型乡村的典型。③ 他在西加昂（后改名为塞瓦格纳姆）住到 1942 年，常率领学员到附近村子开展活动，指导工作，和农民打成一片。国大党领导人需要和他商量工作时，都来这里找他。他工作之余，每天坚持手纺，从未间断。

---

① 《陶行知全集》第 3 卷，湖南教育出版社，1985，第 224～225 页。关于陶行知访印情况，请参阅林承节《中印人民友好关系史（1851～1949）》，北京大学出版社，1994，第 243～256 页。

② 坦杜尔卡：《圣雄甘地传》第 4 卷，第 118 页。

③ 坦杜尔卡：《圣雄甘地传》第 4 卷，第 55 页。

图 26-3　甘地在塞瓦格纳姆真理学院

对甘地的乡村建设活动，国大党多数活动家是按照自己的解释给予支持的，也有些人公开表示反对，如说乡村工业无价值等。在驳斥这种论调时，尼赫鲁说："有些人认为复兴手工纺织业和其他乡村工业违背这个国家的进步方向，这是错误的。印度的拯救当然只能通过工业化……但是我们决不能仅仅通过发展大工厂就使农民群众的印度前进，这只能通过发展手工纺织业和其他农村工业达到。让我们尽一切力量增设大工厂以生产我们的农村不能生产的产品，让大工业和小手工业者各得其所。两者之间并没有固有的冲突。那些称土布生产无价值的人只能表明他们自己无价值，他们从来没有真正了解我们国家的问题。"① 可见，他是从乡村工业是大工业的必要补充和解决农村问题手段之一的角度，来肯定甘地的复兴乡村工业的主张的。在为发展乡村工业的必要性辩护时，他对甘地反对发展大工业，也做了间接的委婉的反驳。

一方面为了维持和甘地的关系，另一方面也为了表明对农民问题同样关心，国大党接受了甘地的要求，1936 年 12 月第一次在一个叫费兹普尔

① 坦杜尔卡：《圣雄甘地传》第 5 卷，第 64 页。

（在马哈拉施特拉东部）的农村召开年会。有大量农民代表参加。大工业家希拉昌德捐款 10 万卢比资助这次会议。大会的食、用物品都是印度货，主要是农村产品。许多来自上层的代表第一次尝到粗米糙饭的滋味，对农村的困苦加深了印象。大会也是一次生动的成功的展示，表明乡村工业的发展对解决人们的衣食住行有很大帮助。这就扩大了乡村建设活动的影响，在国大党人心中的天平上，增加了这项工作的分量。对甘地的努力来说，这也是一个很可告慰的成功。

乡村建设活动自 1934 年到第二次世界大战前，在一些地区由点到面逐渐展开，取得的成绩也越来越明显。各种小工业得到发展，教育计划在更多地区推广。一大批志愿者积极追随甘地，在农村开展工作。他们由于大多是国大党人，所以甘地此项活动又起到了增强国大党与群众的感情联系的作用。

有人认为，甘地实现建设性纲领的各种努力，都与恢复小生产这一保守的目标联系在一起，方向是错误的，因而不值得肯定。这样说未免失于偏颇。甘地的理想固然有悖历史潮流，但那毕竟是对未来的空幻的想象，在现实生活中他倡导的大多数活动无论在改善人民境遇、鼓励自助精神方面，还是在增进群众团结、克服社会弊端方面，都起了积极作用。国大党政治家侧重政治，对社会问题注意不够；侧重发展工业，对农村发展很少注意。甘地弥补了这个缺陷。这个补缺是非常重要的。对于 20 世纪 20～30 年代的印度来说，工业不够发展，农村依然落后，群众宗教意识强烈，社会矛盾错综复杂，这些可说是印度国情的一部分，忽视这部分，就不能真正把握印度国情。甘地提出的解决办法虽然并不都是切实可行，但他抓住这些方面，就把属于国情的这个重要部分置于国大党视野范围之内，促使国大党重视和采取相应政策。这一行动本身就具有战略意义。有些人轻视甘地这方面的所作所为，其实这正是他的重要贡献之一。

第二十七章

泰戈尔在印度民族解放斗争中的作用

印度民族主义者发动群众的工作是在三条重要战线同时进行的。政治家们启迪人们的民族意识，领导群众进行反殖民反帝斗争；社会改革家们着重致力于革除印度社会和宗教的弊端，促进社会协调和人的精神完善；此外，还有许多文学家、艺术家、教育家、新闻工作者，他们以报刊、印刷所、课堂为阵地，通过文艺创作、时事报道和课堂教学传播新思想，为人们指明前进的方向和道路，吹响振聋发聩的号角。著名诗人罗宾德拉纳特·泰戈尔就是这第三条战线的旗手。这位蜚声世界文坛的印度文豪不仅在他擅长的文学艺术诸领域有印度和世界公认的辉煌建树，而且作为一位伟大的爱国主义者和社会活动家，在文艺和教育战线上以自己的方式发挥积极作用，为民族解放和进步事业做出了重要贡献。他的成就和贡献受到所有印度人的敬佩，人们把他和甘地、尼赫鲁并称为“三杰”，可见他在人民心目中的崇高地位。

一　政治活动经历

罗宾德拉纳特·泰戈尔（1861~1941）出生在加尔各答一个地主兼商人家庭，属婆罗门种姓。祖父德瓦卡纳特·泰戈尔、父亲德宾德拉纳特·泰戈尔都是罗姆·摩罕·罗易时期和稍后的启蒙运动中的著名活动家。几位兄长也大都是资产阶级新思潮的追随者。这样一个在当时印度少有的充满资产阶级自由气息的家庭，对他思想的形成不能不产生重大影响。

泰戈尔还在 14 岁即 1875 年的时候就参加了孟加拉民族主义者发起举办

的“印度教集会”，这是一种爱国主义集会，一年举行一次，目的是弘扬民族文化，增强广大人民的民族自豪感、自信心，促进印度改革，使它跟上时代的脚步。泰戈尔在这年集会上朗读了自己首次写作的爱国诗篇。1878年他去英国留学。1880年回国后，决定贡献自己的力量于文学事业，为拯救祖国服务。1884~1901年，他住在农村，管理田产并从事创作。由于有机会接触农民和其他下层人民，他目睹殖民统治者、印度封建地主对农民的残酷压榨和农民的困苦处境，他的爱国民主意识增强。这期间，他写了大量诗歌和短篇小说，其中很多是以歌颂祖国、反映被压迫下层群众的痛苦为题材，表达了他对祖国和对人民真挚的爱。

图 27-1　泰戈尔

19世纪末20世纪初，由于国大党依然奉行改良主义路线，泰戈尔虽参加过它的年会，但对它的活动并不感兴趣。他讽刺地说：“有些人整天带着给政府的陈请书或抗议书来回奔走于碎石马路上并认为这就是印度的主要工作，我不属于这种人。”① 当国大党内以提拉克为代表的极端派出现后，泰戈尔和他们比较接近，积极参加他们发起的一年一度的西瓦吉纪念集会。1904年，他还写了纪念西瓦吉的诗篇，在集会上朗读，并倡议在孟加拉成立纪念西瓦吉协会，积极开展爱国主义宣传。泰戈尔对提拉克是很钦佩的。1897年，当提拉克第一次被殖民当局以叛逆罪系狱时，他愤然谴责殖民当局的野蛮暴行，号召有钱人踊跃捐款，支持援助提拉克的活动。

1905年孟加拉掀起反分割斗争，泰戈尔是最早的领导人之一。他满怀激情地在各种集会上演说，在各种报刊上发表文章，并创作爱国歌曲，鼓舞群众斗争热情。其中一首歌的歌词是：“你有多大力量，能把命运注定相连的东西分开？你真的相信，我们的生命可由你任意割宰？”另一首写道：“我的神啊！让

---

① 萨·森：《泰戈尔的政治思想》，加尔各答，1947，第124页。

孟加拉的大地、江河、空气、果实都变得甜美。我的神啊！让孟加拉所有兄弟姐妹心心相印。”在举行群众性游行时，常常可以看到他慷慨激昂，唱着自己写的歌，走在队伍的最前列。他还创办了《宝库》杂志，参与编辑《孟加拉评论》，宣传进步思想。分割法生效前，他发表了一封公开信，倡议在10月16日分割法生效那天举行传统的“缠腕带”活动，用黄色丝线彼此绕在手腕上，同时高唱他特地写的一首歌：“所有孟加拉兄弟姐妹们，让我们永远心连着心，永不离分。”公开信说：“让这一天作为东、西孟加拉人之间，富人与穷人之间，基督徒、穆斯林和印度教徒之间不可分割的兄弟般团结的象征永远被纪念。让丝线系在每个孟加拉人手腕上，作为主人给仆人、仆人给主人、富人给穷人、穷人给富人的美好礼物。让一切社会区别融化在包容一切的民族团结的思想中。”① 这个倡议得到广泛赞同。10月16日，加尔各答成千上万群众涌向恒河沐浴，互绕丝线，团结的歌声响彻云霄。这天加尔各答还举行了抗议分割大会，通过了《人民宣言》，其中讲到要尽一切努力反对肢解孟加拉，保持民族团结一致。宣言的孟加拉文本是由泰戈尔宣读的。从此，每年的10月16日成了反对分割的团结日，缠腕带的活动也成为这一天活动内容的一部分。殖民当局对参加运动的学生开始镇压后，泰戈尔支持学生的抗议运动。10月27日，1000名大学生集会，通过决议，不向当局的淫威屈服，决心继续在抵制运动和司瓦德西运动中贡献力量。泰戈尔应邀主持会议。他在讲话中激烈抨击当局的镇压行动，表示完全支持学生采取的立场。11月5日，在另一次有2000名大学生参加的集会上，他发表演说，支持学生的反迫害斗争。

这些日子，对群众爱国热情的高涨，他感到由衷的高兴。1905年9月，一家英资炼铁厂的职工罢工，他立即赞扬说，这些长期受压制的人决定不再容忍压迫，这是可喜可贺的事。司瓦德西运动轰轰烈烈地开展后，泰戈尔是积极的领导者和带头实践者之一。在《国王与臣民》等作品中，他深刻揭露了英国对印度的帝国主义经济剥削政策，指出大力发展民族工业的必要性。他支持兴办工厂，如纳迪亚县新建纺织厂，他同意担任董事。他也支持发展手工纺织业，提倡改进技术。当时有些地区已经开始使用一种改良的织机——飞梭织机，泰戈尔是力主推广者之一。他倡议在西来达建立纺织培训中心，教授飞梭织机技术。他还开办了几家司瓦德西商店，倡

① R.C.马宗达：《印度自由运动史》第2卷，第25页。

导经营国货。对于发展民族教育他更加热心。抵制运动中，由于大批参加运动的学生退出公立学校，建立民族学校成了紧迫任务。孟加拉成立了民族教育会议，创办了民族学院和技术学院，各县办了一批民族中学。泰戈尔都是积极推动者或支持者。在帕布那一次万人集会上，他说："印度的教育由外国人控制和指导是一种罕见的反常现象。"这种状况不能再继续了，印度要建立自己的教育体系。还说："印度民族教育的目的是造就全心全意为祖国服务的忠实儿子，以满足国家需要。这些祖国的忠实儿子不是把为祖国服务作为一种业余活动，而是全力投入，既不要求官衔、称号，又不企求报偿和享受。"① 当看到越来越多的各界人士参加抵制和司瓦德西运动时，他高兴地说："印度变了，今非昔比了，昨天还被很多人不屑一顾的事今天已经被接受为真理了。"②

泰戈尔为唤起孟加拉群众参加民族运动做了大量工作。然而，当运动深入发展时，他和极端派领导人在指导思想上发生了分歧。他退出运动，回到波尔普尔的圣蒂尼克坦。在那里，有一所他 1901 年创办的学校。此后，他便把主要精力放在文学创作和办教育上，也几次出访欧美和亚洲一些国家，在国际舞台上进行反帝、反法西斯侵略的斗争。虽然不再直接参加印度的政治活动，但是他对印度争取民族独立的斗争一直保持关心。他继续利用文学创作形式动员群众，启发群众觉悟，对印度的运动发挥重大精神影响。偶尔也直接参加政治斗争。例如，1908 年他主持在巴特那召开孟加拉省民族主义者会议，号召青年投入建设性工作，并积极促进印度教徒和伊斯兰教徒的团结。1919 年发生了英国殖民当局血腥屠杀印度群众的阿姆利则惨案。在得知这一消息后，他怒不可遏，决定放弃英王授予他的爵士称号，并致函总督，强烈谴责这一暴行。为此，他第二年去英国时大受冷遇，被指责为对英国不忠的人。泰戈尔和甘地是 1915 年结识的。他很钦佩甘地的为人，特别是甘地的爱国主义精神、坚持真理和非暴力思想。1932 年甘地被捕，他写诗痛斥当局的镇压措施，把甘地入狱称为历史上最黑暗的日子。甘地为抗议麦克唐纳裁定书在狱中绝食事先征求他的意见，他表

① 哈·穆克吉、乌·穆克吉：《印度争取自由的斗争》第 1 卷，加尔各答，1957，第 116~117 页。

② 萨·萨卡尔：《1903~1908 年孟加拉司瓦德西运动》，加尔各答，2010，第 56 页。

示赞成，同时号召群众积极行动起来，保卫甘地，“不要让这个民族悲剧发展到顶点”。[①] 9月24日，他还专程去浦那监狱探望甘地。两天后，甘地绝食所提要求得到解决，恢复进食。泰戈尔在浦那举行的公众集会上讲话，对此表示欣慰。他说：“今天是我们的幸运的日子，一个伟大的人物又回到了我们中间。……今天他不仅鼓舞着全印度，而且他的影响远远超越了它的边界。他在我们的知觉里唤起了大大超出我们的自私界域的真理。他的生活始终号召我们通过服务和自我牺牲的途径获得解放。”[②] 1935年英国统治当局在其制定的《印度政府法》中继续玩弄分而治之阴谋，利用宗教、土邦破坏民族力量的团结，力图遏制民族运动的发展，泰戈尔发表声明表示反对。1939年第二次世界大战爆发后，他又和国大党领导人一起发表书面声明，要求战后实现印度独立。这些都说明，泰戈尔并没有绝对置身于政治运动之外。质言之，他是在按照自己的方式为印度的独立自由进行斗争。

二　对印度民族解放斗争的贡献

泰戈尔既不是民族运动的政治领导人，他的贡献自然不在于如何领导政治斗争，而是主要表现在以下方面。

第一，作为一位文学巨匠，他一生运用文艺武器，为祖国解放、为人民幸福大声呼号。他是民族运动的伟大思想鼓舞者。

泰戈尔始终不渝地谴责殖民统治的专横暴戾，教育人民热爱祖国，争取独立自由。他的作品不但有大量讴歌祖国令人神往的山河美的内容，而且有大量的揭露祖国在殖民统治下饱受凌辱、贫穷衰败的内容。

他指出，印度历史上受过不少外族统治，但没有哪个外族像英国这样，使印度遭受如此剧烈的创痛，“英国人不是生活在我们中间，而是高踞于我们头上”，[③] 他们是主子，“我们是奴隶”。[④] 他又说，尽管英国人的到来促进了印度的统一，带来了法律和秩序，但他们对印度的统治“是没有人性

---

① 维·马哈江：《民族主义运动领导人》，第192页。

② 克里希那·克里巴拉尼：《泰戈尔传》，倪培耕译，漓江出版社，1984，第455页。

③ 苏·乔德哈里：《印度民族主义的发展（1857~1918）》第1卷，第107页。

④ 萨·森：《泰戈尔的政治思想》，第124页。

的”，印度被看作一头“奶牛”，不到挤干最后一滴乳汁，他们是不会罢手的。[①] 他指出，原因在于英国是一个建立在对外经济扩张基础上的现代侵略民族，英国资本家的贪婪超过以往所有侵略者。在短篇小说《履行了的诺言》中，他深刻揭露了英国商品倾销摧残印度传统纺织业的血腥过程。他写道：“钢铁的魔鬼突然从海外袭来，用喷出火焰的利箭击败了孤立无援的织布机，把饿鬼送进了织工的家庭，同时在工厂烟囱里，用蒸汽的啸声演奏着它的胜利进行曲。”[②] 在《行商》一文中，他对英国资本家的丑陋面目做了入木三分的刻画。他写道：尽管英国资本家吸干了印度的血，在孟加拉黄麻市场得到百分之五百的暴利，却不愿为印度花一文小钱。印度饥荒遍地，瘟疫横行，他们竟然完全无动于衷。然而，每当殖民当局怒气冲冲地制定各种法令，用警察高压手段来镇压饥饿、破产、无知的人民群众时，这些在印度吸吮人民血汗发了横财的资本家，只会坐在安乐椅上高声喝彩道：“这才是名副其实的统治！”显然，英国殖民当局“对印度控制得越严，资本家就越高兴”。[③] 在《太阳和乌云》这部短篇小说中，他又着重揭露了副县长、警察局局长、经理等对印度人民的欺压与凌辱。他们可以为了开心随意举枪打落正在江河中行进的印度船的船帆，撞毁渔民的渔网，而控告他们的人反而身陷囹圄。他愤怒地指出，这些英国人之所以敢如此肆意妄为，是因为他们觉得自己是印度的主宰，而印度人“并不能算是人”。[④] 这些深刻的揭露表明，泰戈尔对英国统治印度的本质是看得很清楚的。他告诉人民，在英国这种殖民统治下，印度只会越来越贫困，人民的苦难只会有增无减。

19 世纪后半期，在印度知识界中有不少人对祖国的衰败感到沮丧，对它的前途失去信心。更有些人醉心于在一切方面崇洋媚外，对祖国的感情日益淡薄。针对这种情况，泰戈尔在自己的作品中，用发自内心的对祖国真诚的爱来唤起他们的爱国感情。他在《戈拉》一书中写道：“我们祖国不管受到什么创伤，不论伤得多么厉害，都有治疗的办法——而且治疗的办

---

① 萨·森：《泰戈尔的政治思想》，第 216 页。
② 《泰戈尔作品集》第 4 卷，人民文学出版社，1961，第 109 页。
③ 萨·森：《泰戈尔的政治思想》，第 218 页。
④ 《泰戈尔作品集》第 4 卷，第 29 页。

法就操在我们自己的手中。”[①] 他对那些一心要在殖民政权中当鹰犬，或以跟着洋人欺凌自己同胞为荣的洋奴极为厌恶，对那些虽没有完全失去爱国心但处处觉得不如洋人的丧失民族自尊心的人也深感不满。《戈拉》一书对前一种人给予了无情的嘲弄和揶揄，对后一种人也给予真诚的规劝。他号召人们不要因祖国目前的处境悲观丧气，要看到未来，要用自己的双手去创造美好的前途。1913 年他出版的《园丁集》中，有一首诗写道：“无尽的财富不是你的，我的耐心的微黑的尘土母亲。你操劳着来填满你孩子的嘴，但粮食是很少的。……你不能满足我们的一切渴望，但是我能为此背弃你么?”“你的天堂还没有盖起，……你的美的创造上蒙着泪雾，我将把我的诗歌倾注入你无言的心里，把我的爱倾注入你的爱中。”[②]

泰戈尔这里所说的还没有盖好的天堂是什么呢？就是他所憧憬的祖国的美好未来。他渴望祖国独立自由，相信这一天一定能到来，他在自己的作品中倾注满腔热情描绘祖国的美景，并用这种理想来启迪人们的心灵。印度“必须觉醒，它必须在广泛觉醒的世界中占据自己应有的位置”，[③] 这就是诗人发自内心的呼唤。在《信息》一诗中，他号召人们用积极行动迎接黎明的到来：“若隐若现的黎明还没有能撕开那边的密雾，没有一线光明历经险阻照亮我们的阴暗的牢笼。但是，能自由展翅的鸟儿啊，请不要守着我们相对啜泣，你应该冲过险恶的愁云，高声叫出：我看见了太阳！”[④]

由于渴望祖国获得自由，歌颂印度历史上那些为独立自由而斗争的英雄就成了他文学作品中的一个重要部分。还在 17 岁的时候，他就在他哥哥办的《印度之声》杂志上发表文章，赞颂 1857 年印度大起义中的民族英雄，特别是章西女王、坦地亚·托比和昆瓦尔·辛格，表示要学习他们的爱国主义精神。[⑤] 他写了许多叙事诗，歌颂锡克教徒和拉其普特人反侵略斗争的领袖。如《被俘的英雄》写锡克教领导人班达领导反对莫卧儿王朝的起义，被俘后临危不惧、大义凛然的英雄气概；《婚礼》描写拉其普特的麦特里王子在举行婚礼时得知外族入侵，没有脱下礼服就奔赴战场，最后英

① 《泰戈尔作品集》第 4 卷，第 101 页。
② 《泰戈尔作品集》第 2 卷，第 55~56 页。
③ 《泰戈尔诗剧选》第 4 卷，伦敦，1952，第 34~35 页。
④ 《泰戈尔作品集》第 2 卷，第 141 页。
⑤ 苏·乔德哈里：《印度民族主义的发展（1857~1918）》第 1 卷，第 364 页。

勇战死的动人事迹；《践誓》歌颂拉其普特人的将军为反抗马拉特人侵略宁死不屈的献身精神；等等。泰戈尔强调的重点不是武装起义本身，而是他们对独立自由的热爱。例如在描写锡克教徒起义时，他称他们为“新觉醒的锡克”，说他们心中有一轮“新升的太阳”。①

泰戈尔满腔热情欢迎1905年印度民族解放运动高潮的到来。孟加拉的反分割斗争在他看来就是培养人民爱国情感的大课堂。在胜利团聚节的讲话中，他慷慨激昂地说：“必须记住，不管英国人做过什么，不管他们是否听到我们虔诚的呼声，我们的国家永远是我们的国家，是我们的祖先和子孙后代的国家，是我们的生活的赐予者，力量的赐予者，幸福的赐予者。”②他呼唤人民积极参加斗争，掌握自己国家的命运。

泰戈尔时刻想着祖国的未来。1912年后他多次出国访问，所到之处，总是就所见所闻联想到印度。特别是1930年赴苏联访问，在目睹苏联社会主义建设所取得的巨大成就后，他越发感到印度是处在“死泥塘”中。他从苏联回来后，常以苏联人民的爱国主义精神为榜样，激励印度人民起来斗争。他说：“我看到了俄国人民走向光荣的道路是多么困难，拿俄国忠实子孙所经历的那些难以忍受的艰苦来比一下，那警察的袭击就算不了什么。告诉我们的后代勇往直前吧！……不需要眼泪，别看低自己。”③

泰戈尔具有高尚的爱国主义情操，创作出了大量充满爱国主义思想的作品。这些作品在启发人民的爱国主义觉悟方面起了重要作用。正因为这样，奥若宾多·高士把他称为“民族主义的新先知”。④甘地也认为他的作品向全世界“形象地表达了印度的心声”。⑤

泰戈尔不但教育人民要积极争取独立，还始终不渝地主张争取政治独立的斗争必须和革除印度社会弊端结合起来，强调前者的成功依赖于后者。他的作品充满揭露和抨击印度社会弊端的内容，发出了强烈的反封建呼声。这呼声像暖流，也像飓风，把温暖带进备受压抑的下层人民心田，也在他们心中掀起愤怒的风暴。

---

① 《泰戈尔作品集》第1卷，第72~73页。

② E. 汤姆逊：《罗宾德拉纳特·泰戈尔的生活和工作》，伦敦，1921，第40页。

③ 泰戈尔：《俄国书简》，《译文》1957年第4期。

④ 《〈向祖国致敬报〉文章选编》，贝拿勒斯，1922，第715页。

⑤ R. 敦坎：《甘地著作选编》，纽约，1972，第20页。

强调在反殖民斗争的同时注重进行社会改革是泰戈尔政治主张的一个突出特点，这一点和提拉克为首的极端派不同，与甘地接近。他认为，印度之所以受外族奴役，根源在内部。他说，英国像一条大章鱼缠住印度，不是因为它有特别大的力量，而是因为印度落后、愚昧、分裂。不改变印度社会这种状况，争取独立的斗争不可能获胜，即使胜利了也不可能巩固。正是从这个观点出发，他对从罗姆·摩罕·罗易开始的社会改革运动极表赞成，不同意极端派把社会改革放在实现司瓦拉吉后再进行的主张，相反，认为越是争取司瓦拉吉时刻临近，越是要把社会改革抓得更紧。

他激烈抨击印度教社会的种种恶习陋规——种姓压迫、歧视妇女、偶像崇拜及烦琐的宗教仪式等，明确地指出，这些恶习陋规禁锢人们思想，窒息社会活力，已到了非破除不可的时刻。他写道："种姓压迫和歧视妇女制度是'冷血的压迫制度'，使自由表现人格成为不可能。一个国家各部分人之间不准通婚，一个宗教规定丈夫死后妻子就不能生存，世界上还能找到有同样现象的第二个国家吗？如果一个民族在国内极度蔑视自己的同胞，视一部分人压迫另一部分人为合理现象，它又有什么理由指责外族对它的压迫为不合理呢？"① 又说："那些极度鄙视自己同胞的人绝不能变得伟大，他们注定了也会受别人的轻蔑。"② 由于阶级的和历史的局限性，泰戈尔不能看到种姓制度和歧视妇女制度都是封建社会制度这棵老藤上的枝蔓，他只是把它们归结为一种精神上的排他性。他激烈地谴责说，排他性在个人来说就是自私自利。它把个人或一部分人的小天地置于高于一切的地位，严重阻碍人们的互相接近和了解，造成社会内部隔阂重重，结果就是印度不可避免地成为外族侵略的牺牲品。"那些使自己陷于孤立的人，那些被排他精神压倒而没有统一感的人，是不能逃脱贫穷、屈辱和做奴隶的命运的。"③ 这就是他的结论。

泰戈尔不限于反对印度教的弊端，当他把视线由印度教扩大到整个社会时，他发现，殖民统治者和封建主对广大农民的压迫是一个更严重的社会弊端。他对劳动人民的处境抱有深刻的同情。他的作品有不少是揭露和

① 泰戈尔：《国家主义》，纽约，1917，第146页。

② 萨·森：《泰戈尔的政治思想》，第153页。

③ 萨·森：《泰戈尔的政治思想》，第189页。

抨击封建主、高利贷者对农民的残酷剥削的。叙事诗《两亩地》就是一个典型，是对封建主义压迫的控诉和鞭挞。“王爷的手偷去了穷人的所有”，“在这个世界上，谁贪得无厌谁就愈富有”。这是诗人发自肺腑的控诉。1893 年他写的短篇小说《猜中的谜语》，要求保护由于贫困，由于地主、高利贷者的横行霸道和殖民统治当局的横征暴敛而濒临死亡的农民。1894 年他的诗《现在把我的脸转过去》也是描写农民的。诗人带着深厚的感情写道：他们忧郁枯瘦的面容是漫长岁月悲惨生活的写照。他们终日劳苦却得不到温饱。留给自己充饥的是有限的食粮。“当这点口粮最后也被夺走，残酷暴戾的压迫深深刺痛他们的心房，甚至在那时，他们也不知道怎样呼吁正义和向谁呼吁？”[①] 泰戈尔的作品中还有许多描写工人、手工业者、渔民的辛勤劳动和所受的沉重压迫的内容。他把这些压迫都看作“强者践踏弱者”的表现，并由衷地希望在未来的理想社会里，下层群众的境遇能得到改善。1893 年 5 月，他在一封信里写道：“我不知道那较平等的分配财富的社会主义理想能否实现。如不能，那么上天的安排实在太残忍了。”[②] 不过他并没有主张根本改变封建土地制度，他所认为的弊端只是剥削太重，不给农民留下一线生机。

泰戈尔认为，正是印度教的恶习陋规，加上富人对穷人的过度压迫，造成了印度社会的麻木、僵化。这在农村表现得最突出。《戈拉》一书描写了戈拉去农村以后的感受（实际上是泰戈尔说出自己的感受）：“这时戈拉第一次看到祖国在加尔各答的富裕高尚的社会以外，究竟是个什么样子。这片辽阔广大的印度农村是何等分散，何等狭隘，何等脆弱啊！——它对自己的力量是多么麻木，对自己的幸福又是多么无知和冷漠啊！相距不过几里的村子中间隔着多宽的社会分歧的鸿沟啊！有多少人为的莫须有的障碍阻碍着它们跟昌盛的世界往来啊！他们连最微不足道的小事都看得那么重大，连最细小的传统习俗都是那么难以打破。”[③]

泰戈尔对这种现象很痛心。他大声疾呼，要求印度民族运动领导人和知识界都来重视印度社会的这些“溃疡”。他强调说：“印度在没有摆脱个

---

① 萨·森：《泰戈尔的政治思想》，第 7 页。
② 泰戈尔：《孟拉加剪影：1885~1895 年泰戈尔书信选》，伦敦，1930，第 102~103 页。
③ 《泰戈尔作品集》第 8 卷，第 167 页。

人和集体的愚昧，普通的人民不被当作真正的人看待的情况下，在地主把他们的农奴仅仅看作一部分财产，强者践踏弱者被认为是永恒法则的情况下，在高级种姓蔑视低级种姓，对待后者就像对待牲畜一样的情况下，是永远不能获得独立的。”[①]

怎样解决这些问题呢？他提出关键是靠教育来启发人们的爱、团结感和自制力，净化人们的心灵，认为只要心灵获得自由，就会有社会关系的和谐协调。

他呼吁知识分子带头打破陈规陋矩，做团结协调的表率，并指出这是他们有所作为的唯一道路。他塑造的戈拉形象就是要说明这个主题。这个出于强烈的爱国热情而把印度的一切都加以神圣化的爱国者，在处处碰壁后终于认识到自己观念的狭隘，主张打破种族、宗教、种姓壁垒，实现协调一致的斗争。泰戈尔呼吁知识分子以不计较个人得失的精神到农村去教育农民。1894 年，他在一首诗中写道：“这些沉默寡言、饱尝辛酸，没有文化的人必须得到教育。这些筋疲力尽、满面皱纹、心灵破碎的人必须用新的希望来唤醒。”[②] 1905 年他在加尔各答对大学生讲话时，要求大学生“每人负责包几个农村，进行组织工作”，要在农村广泛宣传“兄弟”这个字的意义，教育农民团结起来成为强者，并告诉他们如何运用他们的联合力量，捍卫自己的利益。[③] 泰戈尔也向地主发出呼吁，要他们给农民带来新生活，改善农民的境遇，限制自己的贪婪。他说：“柴明达尔难道是一个小商贩，只考虑自己的小买卖？”[④] 怎样使农民过上新生活？他提出了一个设想，即每个农村都成立一个合作中心，发展农业、工业，利用科学技术；每个村子都成立自己的管理机构，共同立法，共同执行；人人工作，人人发挥作用；自私是罪过，地主要为农民谋利益。这显然是阶级调和的乌托邦，但反映出他要改变农村面貌的迫切愿望。

他在自己家的领地做了一些改革尝试。泰戈尔家族的领地分布在帕布那、拉吉夏希和纳迪亚等县。1904 年起，他在纳迪亚县的西来达和拉吉夏希县的卡里格拉姆分别建立了一套民事仲裁系统。每个村子由村民选出一

---

① 拉达克里希南：《泰戈尔的哲学》，伦敦，1918，第 226 页。
② 萨·森：《泰戈尔的政治思想》，第 7 页。
③ 萨·森：《泰戈尔的政治思想》，第 7 页。
④ 萨·森：《泰戈尔的政治思想》，第 77 页。

个仲裁员，负责调解、处理小的争讼；每个税区由各村仲裁员选举出一个仲裁委员会，负责处理较大的民事案件。最终裁决权属泰戈尔本人。这样，民事诉讼就排除了去法庭的必要性。1905 年他在加尔各答参加运动，其领地改革由家族其他成员按照他的意见进行。在西来达建立了一个司瓦德西合作社、一个纺织技术培训中心、一个示范农场，后者设有土壤研究实验室，试行科学种田。1908 年后泰戈尔回到农村实施他的建设计划。他以卡里格拉姆税区为试点。该税区被分成三部分，每部分有一个由农村代表组成的公益会议，整个税区成立一个总委员会作为领导机构，其中有农民代表，也有地主代表。每个公益会议可向农民征收 3%的附加地租作为建设基金，地主也要为基金会捐款。这笔基金用来办小学、成人夜校、医疗所、小银行等。据泰戈尔的助手阿托尔·森后来记载，到 1916 年，共建立了免费医疗中心 3 个，小学和夜校 200 多所，农村银行 1 家，还有些其他福利设施。

泰戈尔注重社会改革，与温和派中许多主张社会改革的人有相同的地方，但也有几点是不同的。（1）他不赞成靠殖民统治当局来进行改革的办法，认为这种“恩赐”只能增加印度的惰性，对提高人民觉悟有害无益。（2）他更强调以印度文明为立足点，主张在发扬民族文化传统的基础上吸收西方的长处。（3）以往的改革家所要实行的社会改革，只是针对印度教的弊端，他的视野扩大到整个社会，包括劳动人民所受的压迫。他主张把改造农村作为更广泛的社会改革的一部分。（4）他反对以社会改革来遮盖和代替争取独立的目标，而是主张把两者结合起来，使之相互促进。他的理想是使印度成为一个既独立又自由的国家，按他的说法，就是成为“自由的天国”。在诗集《吉檀迦利》中，他描绘了这个自由天国：“在那里，心是无畏的，头也抬得高昂；在那里，知识是自由的；在那里，社会没有被狭小的院墙隔成片段；在那里，人们的话出自真理；在那里，不懈的努力向着完美伸臂；在那里，理智的清泉没有沉没在积习的荒漠之中；在那里，心灵是受你的指引，走向那不断开阔的思想和行为——进入那自由的天国吧！我的父啊！让我们的国家觉醒起来吧！”① 多么令人向往的自由远景啊！自然，在这样的自由国家里，是不会有英国监护人的位置的。

① 《泰戈尔作品集》第 1 卷，第 137～138 页。

泰戈尔对印度社会弊端的揭露和批判尽管还不是彻底的，而且没能提出解决问题的真正途径，但是，在 20 世纪初极端派只把注意力放在反殖民斗争上，而没有把社会改革的要求提到应有的地位上时，他坚持不懈地提出这个问题，并以杰出的文学才能来呼号，就把这一部分带有反封建性质的任务也突出地摆在人们面前，这就弥补了极端派的不足，提醒人们在反殖民斗争中不应放弃反封建任务，对促进人民民主意识的觉醒起了良好的作用，而民主意识的觉醒是民族政治觉醒的一个不可缺少的内容。泰戈尔在这方面的贡献是异常突出的。

第二，他以文学创作上的杰出成就，成效卓著地推进了印度民族文化的复兴和发展，对增强印度人民的民族自豪感、提高印度文学艺术在世界文坛上的地位起了突出的作用，其贡献是任何其他人所不能比拟的。

泰戈尔是抱着强烈的爱国热情从事文学艺术活动和教育活动的。他认为，一国的文学艺术和教育的衰败便意味着这个国家的灭亡。复兴民族文化教育、振兴祖国这个思想从一开始就成为他全部文学艺术创作和教育实践活动的指导思想。

英国殖民者为了使自己在印度的统治永久化，从 19 世纪上半叶起，在文化教育方面开始采取逐步同化政策。大学教学排斥印度语言，教材力求全盘英国化。市场上充斥着英国书刊，西方文化一概被美化，印度文化受到鄙视。总督参事会成员麦考莱曾露骨地宣称：“全部梵文著书并不比英国初级学校使用的最普通的读物更有价值。”① 又说：“一书架好的欧洲出版物抵得上印度全部文学作品。”② 他们抹杀印度文化价值的目的，是要瓦解印度人民的民族自尊心，培养崇英心理，使之失去民族认同感。这一政策不是没有成效，有些从学校里出来的知识分子只认洋不认祖，对祖国文化抱不屑一顾的态度。民族的沦亡在思想文化领域突出表现为民族自卑心理和对祖国文化的虚无主义态度。

泰戈尔承认 19 世纪西方思想比印度思想有许多先进之处。他对一些著名的欧洲资产阶级思想家、文学家的著作甚为崇拜，认为接触这些著作对

---

① D. 柯普：《英国的东方主义和孟加拉复兴：印度现代化的动力》，加利福尼亚，1969，第 250 页。

② 恩・克・辛哈、阿・克・班纳吉：《印度通史》第 3 册，第 976 页。

启发印度人民的民主自由思想和斗争精神、打破因循守旧的惰性十分有益。但是他也清楚地看到，英国在印度的文化教育政策是和这种民主自由精神完全背道而驰的，而且认为，即便英国的文化教育有其先进之处，也不应简单模仿，而应创造性地吸收。1901 年，他在巴特那举行的孟加拉省会议上所做的主席讲话中说："我们国家现行的教育制度……降低了我们的自尊心，它鼓励我们愚蠢地用借来的羽毛装饰自己，自我炫耀，结果是我们只能复制，但不能自行生产。"① 他还认为，一个民族忘了自己的文化传统，只知抄袭西方，就是在慢性自杀。

泰戈尔满怀热情地投入振兴祖国文化的伟大事业中。他是一位多才多艺的文学大师。他一生从事创作的 60 多个春秋，共写有诗集 50 多部、中长篇小说 12 部、短篇小说 100 余篇、剧本 20 多种。此外，还有很多游记、论文和书简。他还是作曲家、画家，写有 2000 多首歌曲，作有 1500 多幅画。他的作品不但多半有爱国主义和民族主义的鲜明内容，而且采取了人民喜闻乐见的民族风格和民族形式，也吸收了西方文化的长处。这样他就开拓了创造性地复兴民族文化的道路。他的小说在知识界广为流传，他的剧本在各地舞台竞相公演，他的诗歌和歌曲风靡全国，其中《人民的意志》在印度独立后被定为印度共和国国歌。他的不少诗歌被译成各种文字，在世界各国出版。他作的画也曾在巴黎、伦敦等世界各大都市展出。1913 年，他因抒情诗集《吉檀迦利》荣获诺贝尔文学奖。从此，他不仅成为印度最负盛名的诗人，而且成了世界文坛上一颗灿烂的巨星。

印度人民因他的创造性努力更加热爱自己的民族文化，而那些原认为印度文化一钱不值的人也不得不对它刮目相看了。泰戈尔以自己真诚的爱国热情、辛勤的劳动和非凡的艺术才能，终于把被殖民统治者贬抑的印度文化重新提到世界文坛应有的位置上。

泰戈尔在振兴民族教育方面做了大量工作。早在 1893 年，他就要求在孟加拉学校使用孟加拉语教学。1901 年，他和婆·乌帕底西亚等一起，在圣蒂尼克坦建立了民族学校，实践他用热爱祖国、热爱自由的精神教育青少年一代的理想。1905 年孟加拉反分割和司瓦德西运动开展起来后，他是民族教育最积极的促进者之一，主张建立独立的民族教育体系，以爱国主

① 苏·乔德哈里：《印度民族主义的发展（1857~1918）》第 1 卷，第 401 页。

义、国际主义和民主自由思想来塑造印度青年的心灵。1906 年，孟加拉民族主义者建立了第一所民族学院，他积极参加这项工作，起了重要作用。后来在回到圣蒂尼克坦后，他除了从事文学创作外，把精力放在办教育上。1921 年，他在圣蒂尼克坦建立了著名的国际大学，其目的是提供一个新场地，既便于印度吸收外国文化之所长，又能向世界介绍印度文化，以便互相取长补短，促进文化的共同繁荣。国际大学的中国学院成了中印两国学术界人士文化交流的重要场地。

图 27-2　泰戈尔和圣蒂尼克坦学校的学生

泰戈尔在复兴民族文化教育方面的创造性活动，是印度民族运动的一个重要方面，又是它的生动反映。至少在文化教育领域，英国人再也不能目空一切了。印度人民的民族自尊心和自豪感大大加强，这对于他们积极参加争取独立自由的政治斗争，是起了很大促进作用的。

第三，他在国际舞台上的活动，加强了印度民族主义者与国际进步力量的联系，为印度民族运动在国际上赢得了更多的同情和支持。

泰戈尔还是一位伟大的国际主义者，从第一次世界大战起到他逝世前不久止，他活跃在国际舞台上，积极反对帝国主义、法西斯主义的侵略战争，同情和支援被压迫人民的斗争，维护世界和平。他多次出访亚洲和欧美国家，对国际局势的发展保持密切关注。第一次世界大战中，他在日本和美国所做的一系列演讲，对帝国主义的侵略扩张政策，包括英国对弱小国家的强暴欺凌做了尖锐的批判。他还与世界文化名人巴比塞、罗素、勃兰特等一起，组织了反战的“光明团”，到处奔走呼号，反对帝国主义战争。第二次世界大战爆发后，他又和一些世界文化名人一起，积极反对德意日发动侵略战争。他对于世界被压迫民族一向抱有深切的同情，曾说：“我深深同情所有遭受西方和东方强国无情剥削的被凌辱被压迫的民族”，感到对他们施加的暴行就好像施加到“我自己国家的亿万无助的同胞头上”一样。[①] 他对日本侵略中国坚决反对，公开表示支持中国人民武装抗战，而且谴责英法美坐山观虎斗，纵容日本的侵略行为。泰戈尔的这些活动不但使他自己在国际舞台上受到尊敬，而且对印度争取独立自由的斗争也起了有益的作用：（1）他不断把国际形势的发展变化告诉印度人民，开阔他们的眼界，使他们看到，英国对印度的殖民统治是国际帝国主义欺压弱小民族这个“本世纪蔓延于整个世界的可怕的传染病”的一部分，[②] 英国和德国厮杀是为了争夺世界地盘，并不是如它们自己所标榜的那样，是为了维护弱小民族利益。他也使印度人民了解到，世界列强的互相厮杀，表明它们已经快要走完自身发展的历程，“在大战的隆隆炮声中，通向新时代的大门已经敞开”。[③] 他还使印度人民知道，他们的斗争不是孤立的，是世界被压迫人民正在掀起的反抗风暴的一部分。这对处在艰苦斗争环境下的印度人民无疑是个有力的鼓舞。（2）他对被压迫国家人民斗争的同情和支持增进了这些国家人民和印度人民的友谊，为印度民族运动赢得了国际进步力量更广泛的同情和支持，给印度以独立或自治地位的呼声到处响起，这就增强了印度人民反英斗争的信心。1924 年泰戈尔来中国访问，呼吁中印两国人民团结起来，共同争取自由、进步、繁荣，受到中国人民的欢迎。孙中山先生曾派专人邀请他去广州会面，但未能实现。中印两国人民友好交往的渠道由于泰戈尔这次访问重新打开。泰戈尔反对日本侵略中国的活动更使中国人民不能忘怀。中国人民也以同样的热诚尽自己力量给予印度民族运动以道义上的支持。[④]

① 萨·森：《泰戈尔的政治思想》，第 103 页。

② 萨·森：《泰戈尔的政治思想》，第 213 页。

③ 泰戈尔：《真理的召唤》，R. 敦坎：《甘地著作选编》，第 120 页。

④ 参见林承节《中印人民友好关系史（1851~1949）》，第 11 章。

三　从理想到现实的演进

人们会问，泰戈尔既然如此竭尽全力为印度的运动贡献力量，是什么原因使他 1905 年后退出了直接的政治斗争呢？笔者认为是因为他与领导运动的极端派观点发生了分歧，这不是一般性的分歧，而是在独立自由斗争道路这个根本问题上的分歧。

什么是他主张的道路呢？要说明这个问题，有必要首先了解他的哲学思想的特点，因为他的政治主张是直接来源于他的哲学体系的。泰戈尔接受传统的吠檀多宇宙观，但也有他的侧重点。他强调，神不仅内在于自然界，也内在于人类社会中，内在于每个人身上；认为在人类社会，神就体现为人，只有通过人才能认识神。用他的话说，就是他发现了“人的宗教”。他还认为，每个具体的人都有两重性，一是普遍性，即人的共同的内在本质，这是神的体现；二是“个我”、自我。人生活在社会上，由于受各种欲念的缠绕，内在本质常常被遮掩，“个我”占了首位，结果就产生利己主义。他认为要达到梵我合一，就要努力认识人的内在本质，即意识到普遍性。认识到这点，就可以达到“个我”和普遍的协调；人人做到这点，社会就会协调一致。认识人的内在本质就是认识神，其途径是对人要爱，要服务，要团结。爱人就是爱神，服务于人就是服务于神。自己应这样做，也应相信别人能这样做。

基于这样一种哲学思想，他提出的争取独立自由的道路是：用爱、服务、团结的精神解决好印度自己内部的问题，使自己成为强者，只要做到这点，就会促使英国人改变态度，从而取得独立自由。对英国殖民统治者不仅不应采取暴力斗争，也不应该实行抵制一类的行动，要相信英国人中也会出现伟大人物，他们会首先觉悟，然后影响别人。下面一段话集中概括了他的主张：“只要我们用牺牲精神使我们的国家真正成为我们自己的……我们就不需要卑贱地跪在英国人脚下。如果我们不再是卑贱的，英国人就不需要降低他们自己的人格，那时我们两国就会变成伙伴，达成互助的安排。……一旦他们能平等地待我，那么所有对抗的根源及由此产生的一切冲突即可消失。”① 可见泰戈尔强调的是心灵改变，是自强救国，是

① 萨·森：《泰戈尔的政治思想》，第 233 页。

感化英国人。

泰戈尔这一主张19世纪末已具雏形，到1905年后则形成一种固定的看法。从那时起，直到逝世前几年，他一直坚持这种主张。从这里不难看出他和极端派领导人的分歧所在。这种分歧在1905~1908年民族解放运动高潮中自然会暴露出来。

第一，泰戈尔不同意极端派提出的抵制策略。他认为抵制是一种“憎恨行动”，只会刺激人们激动、狂热、仇恨，不利于培养人的爱、服务、团结精神。说到爱，他并不是主张对一切人都要爱。他曾说：“对于那些不爱人民的人是很难发出爱的感情来的。”[①] 又说：“那些毒污了你的空气的人，那些扑灭了你的光明的人，你能饶恕他们？你能爱他们？”[②] 这里是指殖民统治者。但他又认为，对即便不值得爱的殖民统治者也应该感化而用不着憎恨，憎恨到头来会变成人民之间的相互憎恨。他主张不要实行抵制，而是努力发展自己的民族工商业，推广民族教育和文化，认为这才是积极的建设性的行动。由于他的话在群众中很可能产生重大影响，奥若宾多·高士当时不得不写文章反驳。文章已写好，题为《抵制的道德》，还未发表就被殖民当局抄走。其中讲道，政治是人民群众的事，要求群众像圣人一样行动，把爱捧到头上，就是束缚群众的手脚。还说：“抵制是一场战争。正像任何人不能谴责美国人民把英国茶叶倾倒到波士顿港湾里一样，任何人也不能谴责在印度发生的类似的行动。”[③] 第二，泰戈尔认为，极端派1905~1908年把注意力集中放在反殖民斗争上是只注意外部问题，而忽略了印度社会内部问题，认为当时为了促进运动前进，本应把更大精力放在内部的“建设性工作”上。在《司瓦德西社会》一文中，他要求人们不是从别人手里夺回自己的国家，而是要通过战胜自身冷漠僵化的习惯势力重新取得做主人的资格。[④] 他认为：“英国人的存在是一个外部的偶然的摩耶（幻相），而我们自己的社会才是一个内在的真实，也即永恒的真实。只有当我们的注意力因爱或恨完全集中到摩耶时，它才具有显然夸大了的重要

① 泰戈尔：《海上通信》，《东方杂志》第20卷第14号，1923年。

② 《泰戈尔作品集》第2卷，第146页。

③ 《〈向祖国致敬报〉文章选编》，第181页。

④ 萨·森：《泰戈尔的政治思想》，第8页。

性。”[①] 这里就涉及一个重大问题，即争取独立的斗争和社会改革究竟应怎样摆好位置？极端派强调前者是首要任务，后者可以在实现前者后逐步完成。泰戈尔却认为，不实现后者就无法完成前者。1907 年，他在《疾病和医疗》一文中写道，心灵自由是真正的自由，实现社会改革是获得真正的、持久的政治独立的根本。1920 年又在一封信中说：“我们自己首先需要在爱的牺牲方面合作，……然后我们才有道德的权利对别人说：‘我们自己的事用不着你们管。’”[②] 在另一处他还说过，自由始终是我们的目标，但由于“我们自己身上还隐藏着达到这个目标的障碍”，因而“必须首先用我们的工作来铲除它”。[③] 泰戈尔这种看法不能认为是正确的。印度社会内部的问题是必须解决的，但不能等到解决好后再争取独立，那样做是丢开了主要矛盾。事实上英国殖民统治者也不会坐视印度人民解决好自己的问题，从而变为强者。这只要看看他们是如何挑拨印度教和伊斯兰教两大宗教冲突就很清楚了。第三，对秘密组织开展暴力斗争，泰戈尔更是从根本上反对。不仅是反对恐怖行动，而且认为暴力斗争和培养人民的爱、服务、团结精神完全背道而驰。他指责搞武装斗争是企图在政治上“走捷径”，说这样做只会把人们引入仇恨的迷宫。这显然是一种偏激的看法。不过，尽管反对暴力斗争，他对主张和从事暴力斗争的印度爱国者的崇高爱国主义精神是极为赞许的。他对奥若宾多·高士很钦佩。高士被捕后，他立即写诗赞扬高士，称高士是“祖国之友”，是“自由声音的体现”。[④]

泰戈尔的上述主张自然得不到极端派的赞同（对暴力斗争的看法，极端派中部分人和他一致，但出发点不同），人民群众也不拥护，不少人起来反驳他。正如他自己所说，“我想把这个潮流引向解决自身问题的道路，然而我唯一的成功是把他们的愤怒引到我虔诚的头上”。[⑤] 他不愿随当时的潮流前进，只好退出运动。后来，他在给安德鲁士的信中写道：“司瓦德西、司瓦拉吉总是引起我的同胞心灵的高度激动，因为他们把由狂热的排他性所引起的某种感情灌注其中。……我不能接受把这些要求看作最终的主旨。

---

① R. 敦坎：《甘地著作选编》，第 102 页。
② 萨·森：《泰戈尔的政治思想》，第 231 页。
③ 萨·森：《泰戈尔的政治思想》，第 247 页。
④ 萨·森：《泰戈尔的政治思想》，第 28 页。
⑤ R. 敦坎：《甘地著作选编》，第 104~105 页。

在达到一定阶段后，我发现我必须离开我的人民，而我是一直和他们一起共同工作的。”① 退出运动后，他的看法没有改变。他不止一次谈到和极端派的分歧，坚持认为极端派开展抵制运动并提出消极抵抗思想是只注意政治而忽略了“建设性工作”，认为这是受了两个因素的驱使，一是愤怒心情，另一是急于求成，贪求在短期内获得某些狭隘的特定目标，结果把这场运动变成了对殖民当局的“讨价还价”。还说极端派一味向殖民当局施加压力，要求它让步，本质上也是奉行“乞求策略”，不过是“睁大愤怒的眼睛吵吵闹闹地乞求”罢了。② 这种对极端派的指责显然是不公允的，所以并没有人赞同。

1905～1908年斗争被镇压后，泰戈尔也和别的运动领导人一样总结这次斗争的经验教训，考虑下一步的走向。由于他的指导思想和别人不同，得出来的结论也就不同。他认为，运动失败的根本原因是印度社会内部的不团结和动作不一致，因此未来一段长时期的任务，就应当是医好自己的病，而不是继续争取从外部赢得自己的国家。他强调要有耐心，并拿马车做比喻说，既然破旧的马车跑快了就会散架，那么“让我们把马暂时留在马棚里开始制造真正的马车岂不更好?”③ 他的《戈拉》一书就是这时写的。其中讲到戈拉去农村后形成一种新看法：“印度农村群众受到愚昧的积习控制，连地方上最迫切的需要都认识不清，而我还要去对他们讲解祖国的情况，真正未免太可笑了。”④ 这其实也是泰戈尔自己思想的表露。这个结论和他原来的主张没有不同，如果说有什么差别，那就是他对首先要解决自身问题的强调比以前更突出、更坚决了。他称这次运动失败证明了他原来主张的正确。

泰戈尔和民族主义领导人之间的第二个大分歧，是对甘地领导的不合作运动持不同看法。泰戈尔的思想和主张与甘地有许多相同点，他们是在印度和南非各自形成自己的思想体系的，当泰戈尔与极端派发生分歧时，甘地还在南非，他是1915年才回国的。1920年甘地提出不合作思想时，泰戈尔正在国外访问。在得知甘地强调爱、真理和非暴力后，他非常高兴，

---

① 维·马哈江：《民族主义运动领导人》，第192页。

② R. 敦坎：《甘地著作选编》，第105页。

③ 《泰戈尔作品集》第8卷，第167页。

④ 萨·森：《泰戈尔的政治思想》，第104页。

认为这是找到了真正的自由之路，他怀着满腔热情赶回印度，要享受这股能带来自由的清风。然而，在了解到运动的实际情况后，他就感到，虽然甘地的真理和非暴力学说与他的想法有许多共同点，但不合作运动却是他不能接受的。他在给友人的信中谈道，第一，他认为不合作运动是否定性的（指抵制），不是建设性的。他的意思仍然和以前一样：不应该只去否定别人，而应该首先致力于自身建设。第二，他认为这个运动是盲目排外，说抵制英货和抵制官办学校都是排他行为，是点燃怒火，向每家每户散布。[①] 1920 年 9 月，他在给安德鲁士的信中说："对于加在我的祖国头上的暴虐和侮辱，我并不是不感到愤怒，但是，我的愤怒应当变成爱的火焰，以便点燃祭祀的明灯，通过我的祖国奉献给我的神。如果我使用我的道德愤怒的神圣力量，在我的国家散布一种盲目的感情，那将是对人性的侮辱，就像拿祭坛的火来纵火一样。"[②] 他认为这样做是盲目的爱国主义，是把爱国主义当作麻醉剂，和新时代要求各民族合作的精神不符。第三，他认为，要求群众人人手纺和参加抵制运动是要求盲从，培植迷信，扼杀个人心灵自由。第四，他认为，提出一年实现司瓦拉吉作为不合作运动目标，是用政治需要阉割追求真理的斗争。甘地领导的不合作运动确实有许多缺陷，泰戈尔的批评有些也是对的，但总的来说，他是从他自己僵化的立场出发批评甘地。他认为甘地不对的地方，实际上有些正是甘地领导运动的力量所在。例如不合作，泰戈尔认为它是没有意义的否定，其实没有这个否定，就不会有千千万万人参加运动，就不会有司瓦德西和独立自主。甘地在这点上曾反驳泰戈尔，说否定也是建设。[③] 这句话是很有道理的。泰戈尔对不合作运动的批评，使自己陷入孤立。由于看法与甘地不同，他也始终置身于不合作运动之外。

不妨把甘地和泰戈尔做一对比。甘地和泰戈尔都有自己与众不同的独特的思想体系，甘地能和多数政治家一起从事政治斗争，泰戈尔却不能。这是为什么？撇开观点不同不谈，很明显的一点是态度上的区别。甘地认为，要实现自己思想体系的目标，就必须直接参与和领导政治斗争，而为

---

① 萨·森：《泰戈尔的政治思想》，第 104 页。

② 萨·森：《泰戈尔的政治思想》，第 104 页。

③ R. 敦坎：《甘地著作选编》，第 122 页。

了使国大党和群众跟着自己走，就要有现实感，在除非暴力以外的其他问题上抱一种必要时都可以妥协的态度。例如，甘地本来不主张抵制英货，但当群众普遍要求抵制，而他也认识到只有实行抵制，群众对英国统治者的不满和愤怒才不至于转化为暴力，他接受把抵制英货列入不合作措施；他本来也是强调自身完善应先于争取独立的斗争的，但当在现实中认识到，面对尖锐的民族矛盾要人们“只顾打扫自己的房舍”做不到时，他接受了把争取独立摆在首位。甘地能将原则性和灵活性结合起来，所以，尽管思想体系不同，他能成为国大党领袖。而泰戈尔之所以不能，是因为他只讲原则性，没有灵活性，把自己认定的其实未必是正确的原则僵化。既如此，又怎么可能和别的政治家及广大群众一起共事，推动政治斗争的开展呢？

图 27-3　泰戈尔和甘地

但是在泰戈尔的作品中，也常常可以看到一些与他的基本观点相矛盾的地方。例如，1909 年他写的剧本《赔偿》，1922 年写的剧本《瀑布》，1929 年出版的剧本《援救》，其中都有托钵僧宣扬非暴力不合作、号召农民拒绝向国王缴税的情节。泰戈尔是把托钵僧作为正面人物塑造的，反映了他自己的肯定倾向。他甚至承认暴力斗争在有些情况下也是需要的，“只是不应滥用，不应把它变成唯一标准而忽视了爱”。[①] 1911 年他写的剧本《顽固堡垒》，认为现存的社会秩序和反动国家是剥削压迫人民的，应当唤醒人民起来推翻它。怎样解释这种矛盾呢？看来是人民群众蓬勃的政治斗争使他感到了自己政治主张的孤立，所以有意无意地向群众斗争的方向做了一些摆动。

但可以肯定地说，在他的晚年，他的政治观点终于发生了重要变化。原因有三，第一，虽说他的主张与民族运动其他领导人有别，但在爱祖国爱自由这点上并没有什么不同，根本目标没有区别，看到殖民当局残酷镇压不合作运动和一切爱国运动，他感到很痛心。第二，他看到尽管有不少英国人对殖民统治的具体政策不满，但当权的英国人却没有一个打算放弃对印度的殖民统治。他所期盼的能自觉实施正义的伟大人物并没有出现，他对能否感化英国人产生了怀疑。第三，从英国竭力挑拨印度教和伊斯兰教的宗教冲突中，他也看到，在英国殖民统治还保留着的时候，要想实现印度内部的社会改革是很困难的，殖民当局绝不会停止挑拨活动。由于这些原因，在晚年，他放弃了自己原来的某些想法，采取了和国大党领导人趋同的政治立场。这突出地表现为 1939 年第二次世界大战开始时，他和国大党几位著名领袖一起发表声明。声明说，印度人民谴责德国法西斯发动战争，同情英国对德作战，但是印度本身还不是自由的，要求印度人民为别国的自由作战而自己永远受奴役，这是不符合人性的。声明说：“英国应当抓住这个难得的机会恢复印度的独立，建立英印两国的持久友谊，以便一个自由的印度能够提供一切可能的帮助来维护民主。”[②] 这就表明泰戈尔终于也同意把争取独立的斗争摆在首要位置了。1940 年他写的颂扬甘地的诗，讲到自己服从甘地的领导，并对群众积极参加不合作运动，不畏英国殖民当局镇压，给予高度评价。这表明他对不合作运动的态度也改变了。[③] 泰戈尔在逝世前写的文章中，用最激烈的言辞谴责英国对印度的殖民统治。他写道：“两个多世纪以来紧紧抓住我们民族的钱袋，榨取它的无尽资源的英国人，为我们可怜的人民做了些什么呢？”他们所做的一切就是“牺牲印度亿万人的幸福去填满少数英国大亨的钱袋”。[④] 他表示，坚信英印帝国终

---

① 萨·森：《泰戈尔的政治思想》，第 237 页。

② H. 塞特：《泰戈尔论中国和日本》，拉合尔，1947，第 62～63 页。

③ 萨·森：《泰戈尔的政治思想》，第 23～24 页。

④ 萨·森：《泰戈尔的政治思想》，第 225 页。

将垮台。在1941年发表的《劳动者》一诗中，他写道："世代以来一行列的人以征服者的骄傲穿过悠长的过去，帝国欲的帕坦人来了，还有莫卧儿人……今天看不见他们的通道……又来了强悍的英国人，散布着他们的活力。"然而，"通过他们的道路也将涌过时光的洪流，卷走这遍地的帝国的密网。他们的军队，带着商品，在星夜的空虚路口，将不留下一点印记"。[①]在最后的文章《文明的危机》中，再次指出："命运车轮的转动总有一天会迫使英国人放弃英印帝国。"[②] 这表明泰戈尔终于也把注意力集中到消除英国殖民统治的问题上，而不再认为强调争取独立是"夸大外部因素的重要性"了。

泰戈尔晚年还有一个重要变化，就是对人民群众的作用有了新的认识，并对自己多年来未能和广大下层群众紧紧结合在一起感到遗憾。《劳动者》一诗指出，一个个帝国不过是过往的旅客，只有广大劳动人民在千百个帝国的废墟上世代永存。《生辰集》第10首写道："农民在田间挥锄，纺织工人在纺织机上织布，渔民在撒网——他们形形色色的劳动散布在四方，是他们推进整个世界在前进。"[③] 这个观点是泰戈尔晚年思想上一个了不起的进步。以往他虽然同情劳动人民，但更多是看到他们愚昧、落后、无知的一面，把他们当作一个消极实体。现在看到了人民群众的伟大作用，看到了他们中间蕴藏的巨大力量，遗憾自己未能接近下层人民的心灵，打开这伟大力量的宝库。他写道："我还不曾找到走进人们的心灵的门路"，"有时我也曾走进他们住所的围墙，却没有勇气跨进他们的院子。……我必须羞愧地接受这种责难——我的诗歌的旋律有着缺陷。我知道，我的诗歌虽然传布四方，却没有深入到每个角落"。什么原因呢？他认识到，是他的"上层社会地位"、他的"生活的藩篱"限制了他。[④] 这个认识是很深刻的。联系到他当时政治观点的转变，还可以推断，他对自己以往政治主张上与群众的距离也必定是有所认识的。泰戈尔热切希望未来的诗人能够做"农民生活中的同伴"，做"他们工作、谈话中的知心人"，能够"和土地更加亲

① 《泰戈尔作品集》第2卷，第170~171页。

② 泰戈尔：《文明的危机》，加尔各答，1941，第12页。

③ 《泰戈尔作品集》第2卷，第174~175页。

④ 《泰戈尔作品集》第2卷，第174~175页。

近”。[①] 这反映了他的民主主义思想又有了新的发展。

泰戈尔是一位伟大的爱国者和民主主义者。他把毕生精力献给了争取祖国独立和自由的事业。他一生中走过弯路。他之所以形成脱离群众的独特的政治主张，从思想根源上说，主要是受了印度古老的宗教哲学，特别是《奥义书》一元论和毗湿奴派的“信爱说”的影响，也受了中世纪印度思想家卡比尔的影响和佛教的影响。从社会根源看，他在总的反映民族资产阶级要求时，较多地反映了向资本主义道路发展的自由派地主的愿望。这与他的出身、社会联系和生活环境有密切关系。自由派地主追求的目标和资产阶级基本一致，但由于和殖民当局及老地主的联系更密切，不希望开展激烈的政治斗争来实现民族目标。泰戈尔非常惋惜农村公社的瓦解，一直强调改造印度社会的核心是改造农村、发展农村，主张把农村建设成自由印度的雏形。这也是自由派地主的想法。但泰戈尔又是一位受过西方教育，对资产阶级理性原则甚为崇拜的知识分子，拿西方民主自由思想作为镜子看印度，对印度社会弊端看得比较清楚。他还在一定程度上接触了下层群众，对下层群众的困苦比较了解，比较同情。下层群众的要求在他身上也反映出来。因而他跃跃欲试希望为振兴印度贡献热情。这样两种倾向——自由派地主的保守态度和知识分子的激进情绪在泰戈尔身上奇特地结合起来，就形成了他长时期的奇特的政治态度。一方面，他站在前列积极对人民进行爱国主义、民族民主主义教育；另一方面，却又不赞成以群众性的政治斗争实现独立自由的伟大理想。在社会改革上他态度激进，在反殖民斗争的道路、方式上却又相当保守。这种奇特的政治态度限制了他在民族运动中发挥更大作用。这就是他逝世前的最大遗憾。然而，这个不足和他的贡献相比，只是第二位的，而且就是在他不赞成开展抵制运动和不合作运动的时候，他的心也没有离开过祖国和人民。他离开了印度的直接的政治运动，但并没有离开争取独立自由的斗争，只是转到另一领域为同一目标工作。他晚年的变化更表明他能够在认识到的范围内弥补自己的不足，虽然已 80 岁高龄，但仍然在孜孜不倦地探索真理，不停地随历史的步伐前进。泰戈尔在印度人民心中留下了不可磨灭的印迹。他的号角声永远回响在人民耳边，是鼓舞他们勇往直前追求新胜利的强大精神力量。

---

① 《泰戈尔作品集》第 2 卷，第 175 页。

第二十八章

国大党内的社会主义思潮及国大社会党与印共统一战线的建立

20世纪30年代中期印度政治舞台上的一个突出现象，是国大党内社会主义思潮的勃兴，并形成一个有组织的派别——国大社会党。这个时期，印共也走出了它发展过程中最艰难坎坷的一段曲径，得到缓慢发展。印度民族斗争的客观形势要求左翼联合。1936年国大社会党与印共建立了以争取独立和社会主义为目标的统一战线，不但为左翼的更广泛的联合提供了一个核心，有力地促进了工农运动的发展，也推动国大党采取较激进的社会经济纲领以发动群众。这样，就为因不服从运动失败而陷入低潮的民族运动重新打开了局面。

一 国大社会党的建立

国大党内的社会主义思潮在20年代末就已出现，第二次不合作运动后得到较大发展，形成一支生气勃勃的力量。其核心是原左翼中一部分在社会问题上持更激进观点的人，他们接受社会主义思想并在青年知识分子和小资产阶级群众中传播，产生很大影响。由于接受者逐渐增多，队伍日益壮大。这个社会主义思潮在内容上是五花八门的，有费边社会主义，有半甘地主义半社会主义，也有接近科学社会主义的观点。就阶级性说，都属小资产阶级或资产阶级社会主义的范畴。

一大批人转向社会主义不是偶然的。第二次不合作运动的失败使左翼认识到，民族运动的真正力量在于广泛发动工农参加运动。而甘地和代表资产阶级、自由派地主利益的国大党上层既不愿发动农民抗税，又不敢提出减租减息等要求，真正改善工农地位。工农发动既然受限，深藏于群众中的斗争潜力就不能充分发挥。从这里，他们看到了国大党上层领导运动的局限性。他们主张用社会经济改革的内容来充实民族运动，把工农的力量真正调动起来。当把目光集注到工农身上时，他们不能不看到，工农的悲惨地位及印度的贫困固然与英国殖民剥削、压迫是分不开的，“自己的”地主、资本家的剥削、压迫也是不容忽视的重要原因。当考虑如何实行社会经济改革时，他们看到，仅仅推翻英国统治是不能根本改变工农地位的，也不能根本改变印度的贫困。要根本解决问题，就必须改变社会财富分配不均的根源——地主、资本家剥削制度。这样，他们的思路就进入未来印度建立什么样社会的问题，希望从社会主义思潮中找到解决办法。1929~1933 年世界经济危机中资本主义经济的大震荡、大萧条和各种矛盾的暴露，使更多有激进情绪的民族主义者对资本主义制度前景抱怀疑和批判态度，促使他们转向社会主义寻求出路。许多民族主义者在狱中看了不少关于资本主义和社会主义、关于苏联建设情况的论著。客观的对比、冷静的思考，使他们看到了社会主义的优越性。印共在国内开展的广泛的宣传工作，也使社会主义和共产主义思想得到传播。有激进思想的国大党人对印共的具体主张和做法虽不赞成，但不能不受其宣传的影响，对科学社会主义的主张加以思考，吸取他们认为可以吸取的内容。

1930~1931 年，一批属国大党左翼的民族主义者在狱中开始研讨各种社会主义观点，包括印共的观点。他们对科学社会主义在许多方面不接受，更不同意印共对国内形势的分析及其策略，主张另外建立社会主义政党。出狱后，1932~1934 年有些人在一些省建立了社会主义团体。1934 年 5 月 17 日，在帕特那召开全国社会主义者会议，决定在国大党内建立一个全印的社会主义派别。这年 10 月 21 日，在孟买召开成立大会，正式建立了印度国民大会社会党，简称国大社会党。会上选出了领导机构——执行委员会，贾雅普拉卡什·纳拉扬为总书记，成员包括阿恰利亚·纳伦德拉·德夫、萨普那那德等。

纳拉扬，比哈尔人，出身农民家庭，1922 年赴美求学，入加利福尼亚大学。在美国接触到社会主义思想，加入了美国共产党。1929 年回印，不满印共路线，参加国大党，但保持社会主义信仰。尼赫鲁让他负责国大党劳工调查部。他强烈批评甘地主义，主张以革命手段争取独立和解决社会问题。他信仰阶级斗争学说，著有《为什么需要社会主义》，阐述国大社会党的政治哲学。1931年他首先创立比哈尔社会党，带动了其他地区社会主义团体的建立。阿·纳·德夫，联合省人，父亲是著名律师，毕业于贝拿勒斯一所学院的法律系。第一次世界大战后加入国大党，受俄国十月革命和马克思主义影响，接受了社会主义，是国大社会党理论家之一。萨普那那德，党内理论家之一，著有《当我们掌权时》等，论述国大社会党的纲领主张。

大会通过的党章规定，党的目标是争取独立和建立社会主义国家。关于未来的设想，规定全部权力交给劳动群众，国家对经济生活实行计划与控制，关键工业国有化，逐步实行生产、分配、交换的社会化，国家垄断外贸，取消王公、地主和其他阶级剥削，分配土地给农民，鼓励生产合作，逐渐实行农业集体化，取消工农所欠债务，实行普选制，不分宗教、种姓权利平等。

国大社会党领导人宣布赞成马克思主义，赞成阶级斗争学说，并自称马克思主义者。1936年该党第二次代表大会通过的一份提纲指出，“党员必须充分懂得革命的技巧、阶级斗争的理论与实践、国家的性质以及通向社会主义社会的道路”。① 但他们认为，社会主义无须通过无产阶级革命，可以由国大党执政后推行社会主义路线实现。所以他们留在国大党内，构成党内党，并规定只有国大党党员才能参加。不过他们也指出，国大党现行纲领及政策是不能保证争取独立目标的实现的，更不要说实行社会主义了。国大社会党给自己提出的任务，是在党内发展左翼队伍，努力开展工作，逐步改变国大党领导成分，使左翼占主导地位，以促使国大党接受工农阶级要求和社会主义原则。他们工作的重点是深入发动和组织工农群众，参加反殖民斗争，同时积极争取实行社会经济改革，改善工农地位。1936年该党米鲁特会议通过决议，要求取消地主制，包括一切形式的中间地主，取消所有税收尾欠、债务尾欠，发放低息贷款，规定最低工资等，并积极开展鼓动，争取实施这些措施。国大社会党内也有不同主张。一部分人主张国大社会党重在经济改革，让国大党去进行政治斗争。更多人则主张把

① 乔普拉：《印度争取自由的斗争》第1卷，德里，1985，第102页。

经济斗争和政治斗争结合起来，建立工农群众组织，在反帝斗争中充分发挥这些组织的作用，并以强大力量积极影响国大党上层领导的决策。国大社会党在各省建立了省委会，还办有自己的报纸《国大社会党人》，成了国大党左翼中一支有组织的力量。

二　尼赫鲁的社会主义思想

国大社会党成立时，尼赫鲁尚在狱中。1935 年他出狱后，国大社会党人要求他参加该党并担任领导，因为作为一个有社会主义倾向的政治家，他的威望是国大社会党任何领袖望尘莫及的，从 20 年代末他就被认为是国大党内社会主义思潮的代表人物。但他没有打算参加，这并非因为他不赞成国大社会党的主张，而是从保持国大党团结考虑，认为自己置身党内有争议的一个社会主义派别中，不利于维护党的团结。此外，国大党左翼中有相当部分人只是激进民族主义者，并不赞成社会主义目标。如果他参加国大社会党，就会失去这一大批追随者。

不过，尽管不参加，他仍然被看作国大社会党的思想领袖。他与他们很亲近，有时去参加他们的会议并发表讲话。国大党右翼也常指责他是国大社会党的后台。

尼赫鲁的社会主义倾向在第二次不合作运动末期迅速发展，1933～1936 年达到顶峰。

他第一次公开宣布自己是社会主义者是在 1929 年。那是在国大党拉合尔年会上，他作为主席，在致辞时说：“我必须公开承认，我是一个社会主义者和共产主义者。”他还说，要“根除印度的贫穷和不平等”，必须采取“社会主义纲领”。[①] 不过，那时他的社会主义思想还在形成中，其社会主义概念指的是什么，还是十分模糊的。

1933 年起，他对自己的社会主义概念逐渐做了明确的界定。从总的趋势看，是在许多方面接受了马克思主义观点。1933 年 10 月，他发表了一组题为《印度向何处去》的文章，明确阐述了自己的观点。此后，他又在许多演讲中，在书信、狱中日记和自传中，从不同侧面阐述自己的观点。1936

---

①　维・杜特：《甘地、尼赫鲁和挑战》，第 120 页。

年他在勒克瑙年会上所做的主席致辞可说是他这段思想发展的总结。

他这一时期的社会主义观念可归纳如下：

（1）宣布信奉科学社会主义即马克思主义。他说，马克思主义是对历史、政治和经济的科学解释，与含混不清的唯心主义的社会主义完全不同。还说人类历史的发展和当代演变“除非用社会主义和马克思主义来解释，是不可能得到说明的”。[①] 认为“科学社会主义即马克思主义是医治世界弊病的唯一良药”。[②]

（2）针对有些人用人道主义和其他模糊概念解释和歪曲社会主义含义，他明确地说，他理解的社会主义是一种与资本主义完全不同的社会制度。资本主义制度是生产资料私人所有，是一种“牟利制度”，即剥削制度。社会主义制度则是要消灭资本主义和地主的私有制，并以合作制这个更崇高的理想来代替当前的“牟利制度”。[③] 社会主义要实行生产工具和分配工具的国有化。

（3）他接受关于世界资本主义必然灭亡、社会主义必然胜利的论断。1933 年他写道：资本主义危机的产生是“由于世界财富分配不当，由于它集中在少数人手里”。“弊病似乎在于资本主义的本质，而且是由于它而产生的。”资本主义制度“已不再适合当前的生产方法”，它必然要被“一种与新技术相适应的新制度”取代。[④] 1936 年 4 月 20 日，他在勒克瑙国大党年会上说：“我相信，解决世界和印度问题的唯一途径是社会主义……除了社会主义外，我看不出有任何别的办法可以消除印度人民的贫困、大量失业、堕落和屈辱。”[⑤]

（4）强调阶级斗争和强制剥夺者的不可避免性。他说：“阶级斗争一直都存在，今天仍然存在”，“它不是人为制造的，而是一个昭然若揭的事实”。社会主义者的任务，是揭掉掩盖现实的外衣，让人们看到，在阶级社会里，“某些阶级控制着各个社会阶层，而且剥削其他阶级”，解决这一问

---

① 《印度时报》1936 年 5 月 19 日。

② 《印度时报》1936 年 5 月 18 日。

③ 尼赫鲁：《印度与世界》，伦敦，1936，第 83 页。

④ 尼赫鲁：《最近论著》，阿拉哈巴德，1938，第 10~16 页。

⑤ 尼赫鲁：《印度与世界》，第 82~83 页。

题的唯一办法是“结束那种剥削”。[①] 他又说，掌握国家政权的集团或阶级是不会自动放弃剥削的，在这种情况下，出现阶级斗争以及国家对剥削者占有的生产资料实行强制剥夺就是不可避免的。1933 年 8 月 31 日他在《先驱者报》上发表谈话时说：“在新的基础上对社会进行彻底的改造”就意味着“把利益和财产从有钱人手中转到穷人手中”，但不能设想，“既得利益者会自愿地同意这样做”。[②] 在 1933 年 10 月写的《印度向何处去》的文章中，他又系统地阐述了这种看法。他说，国家政权、监狱、赋税都是以强制为基础。事实上，“军队、警察、法律、监狱、赋税都是强制的方法。柴明达尔收取地租，而且往往还进行多种非法勒索，他们靠的是强制，而不是对佃农的说服。工厂主给工人不能维持温饱的工资，也不靠说服。柴明达尔和工厂主两者使用的强制方法，就是饥饿和有组织的国家力量”。还说，历史并没有提供一个实例，表明“某一特权阶级或集团或民族甘愿放弃其特权或利益”，要消灭剥削压迫，总是需要采取“某种强制的办法，印度也不会例外。在印度，也需要用强制和压迫手段去实现政治和社会变革”。[③] 在 1934~1935 年写的自传中，他再次提到这个问题，并且用了整整一章的篇幅。他指出：“集团和阶级的政治观点是经济利益形成的。理智和道德方面的考虑都不能压倒这种利益。”因此，以为不施加强制性压力，“一个阶级会放弃它的优势地位和特权”，就是“一种幻想”。[④] 他明确地说，如果要达到建立一个经济上人人平等、机会共享的没有阶级的社会的目的，就必须扫除一切障碍，扫除的方式是“可以和缓就和缓，必须强制就强制。但似乎毫无疑问的是，往往需要使用强制的方法”。[⑤] 尼赫鲁之所以特别重视这个问题，是因为甘地的阶级调和论在国大党中居于支配地位，右翼都躲在这个“防空洞”中，抵制采纳激进的社会经济纲领。如果这种观点不破除，则不但社会主义远景是空中楼阁，就是现阶段赋予民族运动以社会经济改革的内容（这是尼赫鲁所追求的）也是空话。

尼赫鲁虽承认阶级斗争和强制方法不可避免，然而，和国大社会党人

---

① 《尼赫鲁选集》第 5 卷，新德里，第 538 页。

② 《尼赫鲁选集》第 5 卷，第 508 页。

③ 尼赫鲁：《最近论著》，第 33~35 页。

④ 《尼赫鲁自传》，第 623 页。

⑤ 《尼赫鲁自传》，第 631 页。

一样，他否认无产阶级革命的必要性，认为建立社会主义社会的任务完全可以由国大党来担当，只要国大党的领导权掌握在社会主义者手中。按照他的设想，未来国大党政权要消灭剥削制度，但不实行对剥削阶级的专政，一切阶级一切人在法律面前都有同等权利。尼赫鲁对苏联社会主义建设是热烈称赞的，说它是“新秩序新文明”，“生机盎然”，“蒸蒸日上”，而对无产阶级专政，则认为是“错误的和冷酷无情的”，[1] 说许多事情使他“感到痛苦”。[2] 他钦慕西方民主制，把社会主义制度和西方民主制结合起来是他的理想。独立后，他提出要在印度建立“民主社会主义”社会，其渊源即在于此。

图 28-1 甘地和尼赫鲁

从这里可以看到，他虽然宣布接受马克思主义，实际上仍然是站在资产阶级激进民主主义立场，接受其中他认为是解决印度独立和贫困所需的那一部分内容，而不是全部。马克思学说的核心——无产阶级革命和无产阶级专政理论被他排除，这表明在他身上并没有发生立场的根本转变。他

① 尼赫鲁：《M. R. 马萨尼论苏联序言》，伦敦，1936。

② 尼赫鲁：《印度与世界》，第 83 页。

追求的其实不是科学社会主义，而是新形式的资产阶级小资产阶级社会主义。

尽管如此，在国大党右翼和资产阶级自由派地主看来，他已经走得太远了，他的社会主义思想和活动已发展到危险程度。特别是在1936年国大党年会上，他作为国大党主席，在致辞中竟郑重其事地鼓吹社会主义，他们不仅感到震惊，而且怒不可遏。对尼赫鲁的攻击开始白热化了。

当尼赫鲁还在狱中时，1934年6月18日，国大党右翼控制的工作委员会就通过了一项决议，谴责社会主义者“鼓吹阶级斗争和没收私有财产”的必要性。尼赫鲁读到这个决议后，当时在日记中写道：“工作委员会见鬼去吧！它竟然在它不懂——也许是很懂的问题上通过虚伪而愚蠢的决议。”① 8月，在给甘地的信中，他对工作委员会的做法提出强烈指责，写道：“不管工作委员会对这个问题是否了解，它是完全乐于谴责和排斥社会主义的支持者的。”这项决议表现了他们“对社会主义基本内容的惊人的无知”。“这个委员会的压倒一切的愿望是以某种方式为各种既得利益作保证，甚至不惜胡说八道。”他讽刺地说：“这些人往往是宁可使某些人感到伤心，也不愿触动另一些人的钱袋。钱袋是比人心、人脑、人体以及人类正义和尊严都更有价值、更受珍视的。”② 在大约同时写的一篇评论中他气愤地说道，国大党工作委员会已在“咄咄逼人地反对社会主义了”，目的显然是要把他和其他一些社会主义者排除出国大党。③ 他认为此举无疑得到了甘地默认和支持，因此对甘地的批评加强。6月14日，他在日记中写道：“尽管我对他（指甘地）有强烈的感情，在思想上恐怕我离他越来越远了”，“我越来越看到，巴普（对甘地作为长辈的尊称）和我之间存在着一道鸿沟”。他认为甘地接受了“现存的社会秩序”，更糟糕的是，“使自己受到一批这个秩序的支柱和受益者的包围”，这些人“利用我们的运动和可能实行的任何宪政改革来谋取私利”。他愤怒地写道：“我要同这伙人彻底决裂。”④ 1935年出狱后，他不顾右翼的反对，继续在各种场合谈论社会主义的必要性。

在这段时间里，资产阶级乐于让国大党右翼去反对尼赫鲁，自己按兵

---

① 《尼赫鲁选集》第6卷，第259页。
② 尼赫鲁：《旧书信集》，孟买，1958，第115~116页。
③ 《尼赫鲁选集》第6卷，第272~273页。
④ 《尼赫鲁选集》第5卷，第478~479页。

不动。但当尼赫鲁作为国大党主席在1936年年会上发表鼓吹社会主义的讲话后，连他们也按捺不住了。于是，资产阶级中的一批人公开出面发动进攻。4月28日，孟买印度商会副主席A.D.什罗夫首先发难。5月18日，孟买21名大商人在报纸上联合发表反对尼赫鲁的《孟买宣言》。随后，一系列个人署名的内容大同小异的声明出现了。所有这些宣言和声明都被许多报刊辗转刊载。《孟买宣言》的要点，是说尼赫鲁鼓吹消灭私有财产是鼓吹一项“毁灭性的和颠覆性的计划”，不仅“危害私有财产制，而且危害和平的宗教的信仰，甚至个人安全”。其结果是将会把人们煽动起来，“不加思考地接受”他的宣传，从而导致天下大乱，使国家分裂，并因此阻碍司瓦拉吉目标的实现。[①] 在众多的个别声明中，一些叫喊得最厉害的，攻击他要在印度实行“俄国式的共产主义和布尔什维主义”。如科·贾罕吉尔说，尼赫鲁是地地道道的共产主义者，却“为自己的宣传罩上一层称为社会主义的烟幕”，实际上，他是“印度共产主义学派的头头”。[②] 霍米·莫迪说：尼赫鲁是在鼓动人们“买一张通往莫斯科的车票”，把印度带到俄国的轨道上去。[③] 什罗夫说，尼赫鲁是在煽动暴力，制造暴乱。[④] 在个人声明中还有个共同的调子，即尼赫鲁正力图“把国大党推向左转”，加强左翼势力以取代甘地。塞塔尔瓦德危言耸听地说：“国大党中的社会主义派正在得势，而且由于潘迪特的有力鼓吹，他们有可能出人意料地、更早地夺取国大党。”[⑤]

尼赫鲁对这批商人的攻击立即加以猛烈的回击，指出他们从自私自利的目的出发，力图使对千百万人的剥削制度永久化。他对这批人的政治态度做了分析，发现他们主要代表资产阶级中历来支持自由主义认为国大党太激进的那一部分人，他们都集中在孟买，大多数与塔塔财团或外国资本有密切联系。尼赫鲁还注意到全国资产阶级大多并不支持他们这种做法，许多人还公开加以反对。

资产阶级大多数人，包括与国大党关系较深的G.D.比尔拉，同样对尼赫鲁的社会主义倾向感到不安，但不认为《孟买宣言》的做法正确。比尔

---

① 《论坛报》1934年5月20日。
② 《印度时报》1936年5月29日。
③ 《印度时报》1936年6月11日。
④ 《印度时报》1936年6月11日。
⑤ 《印度时报》1936年5月23日。

拉与甘地、普拉沙德等关系密切，一向在财力上资助国大党，被认为是资产阶级中最有远见卓识的领军人物。他对《孟买宣言》和那些个人声明的愚蠢感到愤怒。他写信给宣言签名者中的塔库尔达斯和瓦尔昌德·希拉昌德，指出身为大资产者，他们自己出面这样做只会引起人民的反感，不但不能维护资产阶级利益，反而会使人民憎恶。他的态度是：尼赫鲁在国大党内外影响很大，是印度民族运动不可缺少的领袖，为了民族运动的胜利，对他的威望和影响不能削弱；对尼赫鲁的社会主义倾向要遏制，但不应由企业家出面，而应进一步加强国大党右翼领导人的地位，让他们去替资产阶级说话。他进而指出，要加强国大党右翼领导人的地位，财力帮助是不可少的，在这方面，企业家不能目光短浅。比尔拉的主张得到大多数资本家的赞同，连发表宣言或声明的资本家也有不少人后悔失策。瓦尔昌德·希拉昌德立即拿出 10 万卢比资助国大党费兹普尔年会。国大党右翼对尼赫鲁的批评越来越强烈。工作委员会中的帕特尔、普拉沙德等甚至提出辞职，对作为国大党主席的尼赫鲁施加压力，经甘地斡旋才得以解决。

比尔拉还提出，对待像尼赫鲁这样有威望的左翼领袖，正面攻击只能适得其反，最好的办法是取得他对资产阶级的好感，软化他，从而阻止他过分越轨。在给普尔索塔姆达斯的信中，他讲到尼赫鲁有一个突出特点：思想激进但行动上清醒和现实得多，在理论和实践间有很大差距，当认识到某些想法行不通时，就不再强求。基于这个分析，他主张对尼赫鲁大力开展工作，提出“必须大力培养，使贾瓦哈拉尔始终走在正确的轨道上”。①

资产阶级都同意这个策略。于是，新的攻势开始了，这次是恭维攻势。一时间，孟买资本家的许多社团组织如马尔瓦利商会、印度斯坦民族商人联合会、孟买棉花代理商联合会等，都纷纷给尼赫鲁写信，表示不同意《孟买宣言》，赞扬他领导民族运动的功绩，甚至为他积极支持工农的事业辩护。孟买股票交易所向尼赫鲁赠送 1501 卢比作为小礼物，赞扬他对国家的贡献，并对他“花费大量时间为改善印度农民和工人的处境而工作”表示敬意。② 5 月 20 日，粮商联合会、糖商联合会等 13 个商业团体在孟买开会，会议主席说：“商人们也许不同意潘迪特·尼赫鲁的全部社会主义观

① 《普尔索塔姆达斯文件集》，1936 年 4 月 23 日给比尔拉的信，尼赫鲁图书馆藏。
② 《印度时报》1936 年 5 月 20 日。

点，可是，无论他向他们提出什么观点，他们都会洗耳恭听、慎重考虑的。”① 同一天，国产棉布商联合会向尼赫鲁送交一份致敬信，赞扬他“为改善全国千百万工人、劳动者和农民的境况所做出的不懈努力”。协会主席致辞说：“尽管你的社会主义理论也许激怒了一部分商业界人士，但我们仍然认为，我们的进步是同人民大众的进步相辅相成的。……诚然，关于马克思主义或共产主义的若干观点对于商业界来说可能是接受不了的，但是，看看印度目前的情况，看看印度的千百万人……就不能否认，对现在的社会形式加以改革是必要的。”②

尼赫鲁在多大程度上受到这个恭维攻势的影响，这是很难说的。但可以肯定的是，资产阶级登上前台的攻击和拉拢，国大党右翼领导人的强烈反对，使他得到一个确切的信息，这就是，要在印度实行消灭剥削、压迫制度的社会主义，资产阶级肯定是不会接受的，国大党右翼则必然会同资产阶级站在一起。对国情的这个新认识促使他重新考虑自己主张的现实可行性并做出调整。

1936 年是尼赫鲁社会主义思想发展的顶点。此后，可以看到发生了明显的变化。他虽然仍保持社会主义信念，但在公开场合讲得少了，更重要的是在内容上逐渐调整，不再像以前那样经常强调阶级斗争，说自己是马克思主义者了。这表明他在不事声张地后撤。他还主张在印度实行社会主义，但应该是一种什么样的社会主义，他说这是需要进一步考虑的问题。1936 年后，他把主要精力用来处理国大党事务，似乎又退回到了单纯的民族主义领袖的角色上。国大社会党并未受他影响，而是继续奉行自己的路线。不过，国大社会党对阶级斗争的强调从来没有尼赫鲁 1936 年的调子那样高。

三 印度共产党与国大社会党统一战线的建立

1929 年，殖民当局制造的米鲁特审判案没有能摧垮年轻的印度共产党。不久，印共建立了以兰纳迪夫为首的新的中央领导机构，重新恢复活动。

---

① 《印度时报》1936 年 5 月 22 日。

② 《尼赫鲁文件集》第 2 部分，尼赫鲁图书馆藏。

各界开展了援救被捕者的活动，成立了辩护委员会。由于被捕者中有 8 人也是国大党全印委员会成员，国大党许多著名人士包括尼赫鲁父子都参加了辩护委员会。甘地、尼赫鲁还去狱中探望。被捕的共产党员利用法庭作为讲坛，发表 18 人声明，义正词严地驳斥当局的诬蔑，慷慨激昂地表达了对共产主义的信念。当局歇斯底里的喧嚣反倒起了为共产主义扩大宣传的作用。许多爱国青年、秘密革命组织成员以前对共产主义不甚了解的，也开始阅读马克思的著作，其中一些人加入了党组织。这样，共产主义运动不但没有被扑灭，反而渐渐地得到发展。

然而，没有被敌人压垮的印共，却又受到内部猛烈发展的机会主义的摧残。随着新领导的建立，印共开始实行一条极左路线，新的严重错误几乎把印共置于死地。

极左路线首先表现在对甘地和国大党领导的不服从运动持否定态度上。抵制西蒙调查团的活动和独立日活动，印共及其影响下的工人组织都是参加的。但当甘地从食盐进军开始发动不服从运动后，印共却认为这是资产阶级转移人民视线、破坏反殖民斗争的阴谋，既不参加运动，又没有自行开展其他形式的反英斗争。结果在全国轰轰烈烈的反英斗争热潮兴起后，它却置身事外而无所事事，使党在群众中的影响大为降低。

否定不服从运动不仅是因为对抵制盐法等做法持异议，更主要的，是印共的指导思想上一直存在的否定资产阶级革命作用的错误倾向此时达到顶点。印共要夺取民族运动领导权，可是拥护自己的群众数量有限，而国大党对广大群众却有呼风唤雨之力，越来越多的群众跟着它走。印共的新领导人是一批青年知识分子，不能正确理解这个现象，于是他们身上的小资产阶级宗派主义和急躁情绪便急剧发展，用否定的态度看待甘地和国大党的一切活动。新领导的极左错误也是受了共产国际此时指导思想错误的影响。共产国际第六次代表大会（1928）在殖民地半殖民地革命问题上奉行极左路线，认为印度资产阶级像中国的大资产阶级一样，是不革命的、反革命的，代表资产阶级的国大党领导人也是不革命的、反革命的。1930 年 6 月，斯大林在联共第 16 次代表大会上所做的政治报告中，断定印度大资产阶级在第一次不合作运动后就叛变了革命，投到了帝国主义一边，并说甘地成了帝国主义的帮手。1930 年 1 月，《共产国际通讯》发表青年国际致印度青年、工人、农民公开信，要求他们与国大党断绝一切关系，揭露其“帝国主义帮凶”面目。这种错误判断和指导，深深影响了缺乏政治经验的印共年轻领导人，助长他们本身已有的错误倾向。

印共极左路线的更典型的表现，是《印度共产党行动纲领草案》（以下简称《草案》）的制定。这份纲领性文件发表在1930年12月《共产国际通讯》上，在1931年4月国大党卡拉奇年会上广为散发。《草案》称国大党是反动组织，是英帝国主义的同盟者。断言：“对于印度革命胜利的最大威胁，在于下面这一事实，即我国人民群众中的大部分人，对于国大党仍然抱有幻想。他们不能了解国大党正是资本家用来反对我国劳苦群众基本利益的一种阶级组织。”它还以同样的论点指责甘地“反动”，“是英国的一个同盟者”。更加错误的是，《草案》断言国大党左翼的危害比右翼更甚，认为尼赫鲁、鲍斯等领导的左翼的活动是“印度革命胜利的最有害和最危险的阻碍”。说左翼“在革命词句的掩护之下，实行扰乱和破坏群众革命斗争的资产阶级政策，并且帮助国大党与英帝国主义达成妥协”。还提出对这些“假左派”进行无情的斗争是印共最主要的任务。[①] 由于完全否定资产阶级的历史进步作用，把资产阶级视作敌人的帮凶，把左翼看作主要危险，《草案》实际上是鼓吹把资产阶级和帝国主义一齐打倒，建立苏维埃政权。这样，它就完全以友为敌，混淆了印度革命不同阶段的历史任务。这是闭眼不看印度国情的可悲后果。

《草案》的根本错误给印共带来的损失比敌人的迫害严重百倍。当国大党率领群众迎着迫害同殖民统治进行抗争时，当左翼正为在国大党纲领中增加社会经济改革的内容而不懈努力时，《草案》的上述观点只能使群众感到惊讶，受到群众嘲笑，使自己完全脱离群众。《草案》尽管提出了激进的社会改革主张，但是在民族矛盾是主要矛盾的情况下，丢掉民族斗争的旗帜，再彻底的纲领在群众看来也只是空话。关于这点，有的地方的印共组织是看得很清楚的，并提出警告。1930年6月孟买地方组织曾就印共置身不服从运动之外的危害，提出了中肯的看法。在它的一份文件中说：“我们在孟买处于这样一种地位：我们实际上撤出了斗争，把地盘完全留给了国大党。我们把自己的作用仅限于偶尔散发一些传单，成了无足轻重的小集团。结果是可以想象的：在工人心目中，滋长了一种看法，认为我们什么

---

① 《国际新闻通讯》1930年12月。

也没做，国大党才是进行反帝斗争的唯一组织。因而工人们开始跟国大党走。"① 这样的意见印共中央听不进去。

极左路线必然导致分裂，破坏已形成的民族队伍的团结。1931 年 7 月，在加尔各答举行的全印工会大会会议上，印共以其领导的铁路工会与会资格受到刁难为由，宣布它领导的工会（占少数）全部退出全印工大，另建红色工会中心。这样就造成全印工大这个全国工会组织的又一次大分裂，削弱了工人运动的团结，也妨碍了印共在大多数工人中开展工作。1930 年 10 月印共在孟买的一次会议上另建单独的反帝同盟印度支部，激烈指责尼赫鲁和国大党是"假反帝"。1931 年 3 月，反帝大同盟国际总部开除尼赫鲁和国大党，理由是《甘地-欧文协定》的签订意味着国大党已"转到英国统治者营垒一边"。② 宗派主义发展到最严重时，印共内部也形成了一个个互相攻讦的小集团，党员人数下降到屈指可数的地步。

这一时期印共党员和一些党组织在下面继续努力工作，取得一些成绩。有些党员以个人身份参加不服从运动，同样坐牢。大多数党员在工农和大学生中积极开展宣传鼓动。1930 年底，全印工农党和共产党影响下的全印青年联盟分别召开了全国代表大会。工农党代表大会提出的社会改革纲领，把消灭地主土地所有制作为未来目标，把降低地税地租、延期还债、实行八小时工作制等作为近期任务。有的地方党组织在 1931 年后用民族语言发行报刊，印制传单。由于这些活动，在工人运动方面，印共取得了孟买和孟加拉一些大工会的领导权，并建立了许多新工会。各地党组织还领导工人群众开展强烈要求释放米鲁特政治犯的活动。1933 年当米鲁特案判决后，全印各地工人都以罢工和游行示威形式抗议当局的迫害。全国举行了"米鲁特案被囚禁者日"抗议活动。在农民运动方面，有些省份如孟加拉、旁遮普，由于党组织积极活动的结果，在召开的工农代表联席会议上，都通过了坚持独立目标和消灭地主所有制的决议。西北边省工农党在 1931 年 6 月领导了农民抗税运动，坚持了几个月。工农党还重视加强工农联盟，组织工人罢工支持农民斗争，或在农村为罢工工人募集粮食。这些工作有一

① 《印度共产党历史纲要》，新德里，1974，第 35 页。

② 《印度共产党历史纲要》，第 36 页。

定成绩，以至于殖民统治者惊呼，共产主义“威胁仍存在，而且在加强”。①

在实际工作中，广大党员和地方党组织深感极左路线的危害，对印共中央的政策越来越不满。共产国际对自己的错误指导也开始有所认识，它通过一些国家的共产党致函印共，对印共站在民族运动之外以及内部不断的宗派斗争提出尖锐批评。

1933 年，殖民当局在各方面舆论的强大压力下被迫释放米鲁特审判案受迫害者。1933 年 12 月，在加尔各答召开了全印共产党会议，选出了以阿底卡里为总书记的新的中央委员会。阿底卡里原在德国留学，取得博士学位，加入德共，1928 年回印，被接受为印共党员，1929 年被捕，1933 年被释放。新的中央委员会产生后，印共宣布加入共产国际。新的领导班子最初仍未摆脱极左路线的影响，它制定的政治提纲仍以《草案》为基础。但它决定要在反殖民斗争和发动工农方面大力开展工作。殖民当局害怕印度共产党影响的扩大，便在它还没有来得及重新活跃时给予新的打击。1934 年 7 月，印度共产党被宣布为非法，被迫转入地下。

1935 年起，处在非法地位的印共，从挫折中总结教训，逐步认识到极左路线的错误并开始纠正。印共承认印度革命的资产阶级民主性质，确定了争取建立民族革命统一战线的新方针。印共纠正左倾错误也是受了共产国际改变方针路线的推动。1935 年 8 月，共产国际第七次代表大会鉴于德意法西斯势力兴起和新的世界战争策源地形成，通过了关于建立反法西斯统一战线的决议。关于印度，共产国际提出印共应在国大党中工作，形成左翼，以影响国大党的领导。负责联系印共的英国共产党代表杜德、布莱德雷为贯彻这个新精神，拟定了一个提纲。其内容包括：在印度建立广泛的反帝人民阵线，争取把国大党改造成统一战线组织。提纲要求印共党员以个人身份加入国大党，促其实现民主化，采取明确的反帝纲领和民主纲领。还提出工农组织要争取附属于国大党，订立联合战线协定。这个提纲成了推动印共改变极左路线的决定性因素。

1935 年 3 月，印共中央改组，成立了以普兰·钱德拉·约希为总书记的新的中央委员会，开始按照这个提纲的精神转变路线，积极开展工作，争取实现建立统一战线的目标。1936 年，印共秘密下达一份文件，要求党

① 《印度共产党历史纲要》，第 43 页。

员加入国大党，还号召工会、农民协会争取附属于国大党，要在国大党内建立一个革命的左翼，推动民族运动沿革命方向前进。

国大党领导层对印共的新方向未做反应。国大社会党则积极表示欢迎。1936 年 1 月，国大社会党米鲁特会议通过决议，决定接受印共党员加入国大社会党。这年 4 月，印共与国大社会党签订了《勒克瑙协定》，彼此承认都是社会主义派别，表示要加强合作，以期最终实现合并。这年起，印共党员成了国大社会党党员。由于国大社会党是国大党的一部分，加入国大社会党也就间接地成了国大党党员。这样，印共党员进入国大党这第一任务就顺利完成。

不过，直到这时，印共对甘地和国大党上层的认识仍是不正确的。印共心目中的统战范围不包括他们，相反，要把他们从国大党排除出去。1936 年 12 月，在国大党年会上散发的一本印共的小册子，要求国大党人摆脱“反动的甘地主义”。

这个不符合实际的想法在实践中碰了壁。国大党广大党员并不认为他们党的领导人反动，相反，对印共的呼吁感到诧异。这种情况促使印共领导人正视现实，终于彻底抛弃极左路线。1937 年 2 月，印共政治局通过决议，指出反帝阵线不仅应该包括国大党，“甚至还应该包括印度工商业者的某些组织”，再没有提排除国大党上层了。这以后，印共又在理论上纠正了对甘地和国大党上层的错误看法。印共发表了一个题为《共产党人和国大党人》的提纲，其中对自己以往的错误勇敢地做了自我批评，称国大党是“一个印度人民反帝的中心的群众性组织，它实现了把印度人民日益加强团结在一个适应我们绝大多数人需要以及我们反帝斗争现阶段需要的纲领的基础上”，[①] 并说把国大党领导当作打击目标是错误的，把左翼当作主要危险更是错误的。提纲还改变了对甘地的看法，肯定甘地在起“进步作用”，“有积极方面”。不过，虽然印共对国大党上层的看法改变了，但它与国大党上层之间并没有建立直接联系。印共希望与国大党合作，国大党上层和甘地则声称国大党是代表全民的组织，不希望与印共建立特别联系。

---

① 《印度共产党历史纲要》，第 54 页。

四 左翼统一战线的活动

印共党员参加国大社会党后，很自然地就和国大党整个左翼站在一起。这里讲的国大党左翼不仅包括社会主义派，还包括尼赫鲁和鲍斯领导的激进民族主义派。鲍斯1936年由欧洲回国，旋即被捕，1937年3月获释。他继续坚持激进民族主义立场，对国大党的社会主义思潮也表示同情和附和。

国大党左翼和印共都主张深入发动和组织工农参加运动。在这方面的工作是他们首先致力合作。在许多情况下，活动都是由他们一起开展的。

在工人运动方面，1934年后，由于共产党人和国大党左翼的共同努力，工会运动出现了由低沉走向活跃，由分裂走向统一的局面。1934年发生了席卷全国各纺织工业中心的大罢工。红色工会大会、全印工会大会、全国工会同盟三大全国性组织都参加了这场斗争。由于印共改变路线，期望加强左翼合作，1935年4月，红色工会大会与全印工会大会在承认阶级斗争原则的基础上达成协议，重新统一，仍取名全印工会大会，1935年4月19日召开了合并大会。统一带来了罢工运动和工会组织的新发展。1934~1935年，全国发生罢工150次，参加者20万人。印共加入国大社会党后，与国大社会党人一起做工运工作，成效显著。1936~1939年，平均每年发生罢工400次，参加者50万人。全国各种工会组织1933年有191个，会员20.8万人；1936年增加到248个，会员26.8万人；1939年更增加到562个，会员39万人。全印工大在全国工人中享有很高威望，而右翼工会改良主义者控制的全国工会同盟的影响则越来越小。后者自知难以独立发展，1938年4月与全印工大合并。至此，全国性的工会组织又实现了统一。全印工大领导权主要掌握在国大党左翼手里。共产党在其中有强大影响。特别是在孟买、加尔各答、康浦尔、绍拉普尔等城市，共产党在工会中占重要地位甚至是领导地位。

在发动农民方面，主要途径是在各地建立农民协会，通过农协来组织农民斗争。农民运动在不服从运动前和运动中主要处在国大党影响下，那时在有些地区已经建立了农民协会。如联合省1920~1922年就有农协。在安得拉，国大党一位研究农业问题的教授兰加1923年就建立了第一批农协。1935~1936年共产党人和国大党左翼一起加强了农民工作，结果农协组织在全国各地很快发展起来。它的主要活动方式是集会和组织农民进军，提出农民的要求。兰加组织了四次大规模进军，最后两次扩大到马德拉斯省各地区。农民的要求包括：减租，给所有佃户永佃权，暂停偿还农业债务等。乡村、区、县都有农协，在某些省如比哈尔、联合省、旁遮普、孟加拉、马德拉斯，农协已建到省一级。基层农协有不少受印共影响，省级农协多为国大社会党帮助建立。国大党左翼为保持国大党对农民的领导权，出面筹备建立全印农协。1936 年 4 月，在勒克瑙召开了全印农协成立大会。受印共影响的农协也都参加。尼赫鲁、纳拉扬等到会祝贺。会上成立了全印农协中央领导机构。比哈尔省农协创立人萨哈贾南达·萨拉斯瓦蒂当选为主席，兰加为秘书长。共产党人在中央不掌握主要领导权，但在省以下组织有很大力量。全国农民热烈欢迎全印农协的成立，要求它反映农民的呼声。全印农协决定起草《全印农民宣言》，提出农民的具体要求。以兰加为首的起草小组准备的文件在 8 月全印农协中央委员会上通过，成了著名的农民权利宪章和全印农协行动纲领。这个宪章具有鲜明的反殖反封性质，其中的“根本要求”包括无偿废除一切柴明达尔的土地所有权，废除一切债务，把属于政府的可耕地分配给贫苦农民和无地雇工等。在莱特瓦尔制地区，实行农业累进税，每年净收入不到 500 卢比的免税。“当前要求”包括减租 50%，取消以往欠租，给所有佃农以永佃权，在五年内暂不偿还所有农业债务，提供低息信贷等。这些都是农民长久以来的要求。1936 年 12 月，当全印农协在兰加主持下举行第二次代表大会时，共产党在农协的力量加强。会议不顾兰加的反对，决定以带有斧头、镰刀的红旗而不是国大党党旗作为全印农协的旗帜。1938 年 5 月，全印农协已拥有会员 57 万多人。

左翼在发动工农的同时，积极要求国大党关注工农的要求，制定较激进的社会经济改革纲领，并接纳工农组织集体加入国大党。1936 年国大党年会上发生了激烈的斗争。左翼要求接纳工农组织集体加入国大党，遭右翼反对未能实现。国大党任命了一个群众工作委员会，加强与工农组织的联系，三名委员中有纳拉扬。右翼不愿接受工农组织集体入党是怕控制不住，会改变国大党的成分和政策。在促使国大党通过较激进的社会经济纲领方面，左翼采取的办法是让工农组织首先提出自己的主张，通过相应的决议或宣言，然后由左翼在党内，农协在党外，共同要求国大党采纳，列入国大党纲领。全印农协通过《全印农民宣言》后，左翼就把它提交国大党工作委员会讨论。兰加要求国大党采纳。尼赫鲁是这年国大党主席，他表示支持。然而工作委员会内的右翼激烈反对，声言事关重大，须经国大党全印委员会讨论。左翼在各地举行的群众会议上支持《宣言》。尼赫鲁多次发表演说予以支持。1936 年 8 月，国大党全印委员会在孟买举行会议。左翼要求全印委员会采纳，又被拖延，借口是要听取国大党各省委的意见。农协进而在全国各地举行集会，要求国大党采纳《宣言》所提的要求。当 1936 年 12 月国大党在费兹普尔举行年会时，全印农协组织了一次 200 英里的农民进军，经过马哈拉施特拉数百村庄，沿途进行宣传，最后到达费兹普尔，在那里举行了有 4 万农民参加的大会。兰加发表演说，重申《宣言》要求，呼吁国大党支持。国大党再也不能拖延了。就在这次年会上，在左翼的积极推动下，终于通过了一个较激进的土地纲领，即费兹普尔纲领。这个纲领没有完全采纳《宣言》的要求，但把其要求的相当部分吸收进去。包括：要求大大减少地租和地税，不经济的田产免收地租或地税，取消拖欠的地租，废除一切封建苛捐杂税，暂停偿还债务，取消不合理的债务，给所有佃农以永佃权等。在废除地主土地所有制问题上，它只是说需要“根本改变压迫性的土地占有制度和地税制度”，没有明确说废除地主所有制。但尼赫鲁以国大党主席身份发表演说做了解释。他说：“土地制度不能再这样下去了。一个明显的步骤是要取消土地经营者和国家之间的中间人。”在这以后“必须接着实行合作或集体耕种”。① 这个土地纲领成了 1937 年国大党竞选纲领的重要组成部分，对保持国大党在农民中的影响起了重要作用。在改善工人地位方面，也是全印工大提出要求，左翼把它提到国大党内讨论。在左翼促进下，国大党成立了专门机构，研究制定解决工人问题的纲领。左翼的这些活动起了推动国大党政策激进化的作用。正是国大党政策的不断激进化使它有可能随形势的发展前进，保持对广大工农群众的吸引力，从而把民族运动的领导权牢牢地掌握在自己手里。

---

① 弗朗辛·R. 弗兰克尔：《印度独立后政治经济发展史》，孙培钧译，中国社会科学出版社，1989，第 66~67 页。

第二十九章

1935 年《印度政府法》与省自治的实施

1930~1933 年的不服从运动虽被英国统治者镇压，但为缓和人民的不满，它不得不做出一些让步。1935 年英国议会通过的《印度政府法》虽然仍是局部改良性质，但显然比西蒙调查团原来提出的方案前进了一步。英国当局以为这个新法案会被接受，没想到遭到印度人民普遍反对，沉闷的政治舞台突然又活跃起来。这一次，民族运动各种力量的共同努力，迫使英国议会把它堂而皇之通过的新的印度改革法部分搁置，只把部分付诸实施。这付诸实施的部分包括了较多的让步内容。还没有能力获得全部胜利的印度民族主义力量只好先占领这部分阵地，再做新的斗争。这就是印度民族运动史上一个重要的新进展——省自治的实施。

一 1935 年《印度政府法》的制定与印度各政党的态度

第二次圆桌会议之后，英国统治者于 1932 年 11~12 月召开了第三次圆桌会议。这次国大党没有参加。那些参加了会议但并不能代表印度多数人意见的代表们最后对有些问题做了讨论。1933 年 3 月，英国政府发表了根据圆桌会议结果起草的关于印度宪政改革建议的白皮书；4 月任命了议会两院联合委员会，考虑白皮书建议，拟定印度宪政改革方案。联合委员会的报告 1934 年 11 月发表，12 月根据这个报告草拟的 1935 年《印度政府法（草案）》提交英国议会审议。英国政府还希望改选后的印度立法会议讨论这个方案，企图用这种虚伪的“尊重印度民意”的形式，诱使国大党和印度其他政治力量接受。

在不服从运动停止后，国大党在1934年5月的年会上已决定参加立法会议选举。其他政党和团体也都参加。

1934年11月举行了中央立法会议选举。结果，国大党得到88个选举席位中的45个，穆斯林联盟得到19个。国大党取得这样的成绩反映了由于领导不服从运动，它在群众中的威望有了进一步提高。

新的中央立法会议在讨论《印度政府法（草案）》时出现了尖锐对立。官方成员和官方指定成员持赞成态度，而选举成员则几乎一致反对，认为这个法案是根本不值得接受的。

新的政府法草案就内容说，分为两部分：一部分是国家体制，一部分是省体制。关于国家体制，草案规定建立联邦结构，即把英属印度与土邦合组成印度联邦。各土邦的王公可自由选择参加联邦或不参加。联邦的中央立法机构为两院制：联邦大会和国务会议。前者相当于下院，后者相当于上院。联邦大会成员由各省立法会议成员中选出，国务会议成员从有较多财产的人中选出。王公代表在联邦大会中占三分之一席位，在国务会议中占五分之二席位。也就是说，在两院中的地位远远超过土邦在印度的实际地位。联邦大会和国务会议的职权都是极有限的，有关外交、国防、财政、土邦、少数教派团体、公民权利等方面的问题都不能讨论或限制讨论范围。立法会议通过的所有其他方面的法律都必须提交总督批准，总督有否决权，甚至可以解散联邦大会和国务会议。所以，立法方面的最高权力实际上仍操在总督手中。至于行政权，依然由只对英王和英国议会负责的总督行使。不过，把原来在省级实行的双头政治搬到中央实行。新法草案规定，中央的国防、外交、选举、部落管理等部门由总督任命不超过三名参事协助他管理，参事只对他负责；其他部门由总督从联邦两院成员中任命不超过十名部长协助他管理，部长对联邦大会和国务会议负责，如两院提出不信任，总督可另换他人。印军总司令由英王任命。总之，联邦结构及其统治体制的特点是：一方面，英国总督继续握有立法和行政的最高权力；另一方面，赋予王公在立法机构中举足轻重的地位，用以牵制和抗衡民族力量，为贯彻英国的意旨服务。

关于省体制，草案规定实行省自治。这是殖民当局迫于民族运动压力而不得不做出的一个较大的让步，目的是拉拢民族运动右翼，削弱反殖斗争。草案规定，省立法机构选举产生。降低了选民财产资格，小资产阶级、富裕农民甚至一些熟练工人都得到了选举权。后来按此法登记的选民有3000多万人，相当于成人的六分之一。省政权由原来的双头政治体制政府改为统一的责任制政府，即由省立法会议中得到大多数席位的政党组织政府，由省督批准。省政府对省立法会议负责，可以在国家法律范围内行使职权。省督对省立法会议也操有像总督对中央立法会议那样的权力，可以否决省立法会议决议，解散省立法会议。对省政府的活动，他也保留干预权力并有权解散省政府。

无论是中央的还是省的立法会议选举，在普通选区之外，都设立单独选区。按照麦克唐纳裁定书，这样的单独选区有 10 多个，如穆斯林选区、锡克教徒选区、欧洲人选区、地主选区、商人选区等。这种利用印度宗教矛盾和社会集团矛盾加楔子的办法于英国统治有利，1909 年以后殖民当局每次制定新的宪政改革法案，这一项都是必不可少的。

这样的草案遭到印度民族力量的反对是必然的。它不但与国大党提出的独立目标有天壤之别，与印度各党派共同提出的自治目标（1928 年《尼赫鲁报告》）也相去甚远。不仅如此，草案中隐含的利用王公来破坏民族运动的险恶居心也激起了民族主义力量的愤怒。在新的中央立法会议上，所有民族主义政党都拒绝接受这个草案。

英国当局诱使印度立法会议接受这个草案的图谋失败。然而，英国议会却于 1935 年 7 月通过这个法案，8 月 2 日获英王批准。这就是 1935 年《印度政府法》。不管印度立法会议是否通过，英国议会通过了就成了必须实行的法律。印度人民愤怒地称之为“奴隶宪法”。这个法案还对英属印度的行政单位进行了调整。缅甸（19 世纪上半期被征服后并入英属印度）从印度分出，原来作为一个省的比哈尔、奥里萨分别建省，信德地区从孟买省划出成立信德省。省的数目因而增加到 11 个，即孟加拉、孟买、马德拉斯、联合省、中央省、旁遮普，西北边省（1901 年建立）、阿萨姆、比哈尔、奥里萨和信德。

印度各民族主义力量在全国举行抗议活动，谴责英国当局专横跋扈，藐视印度民意。国大党指出，这个法案对印度人民的让步是有限的，而且隐藏着用王公来牵制民族运动的祸心，是以退为进的阴险手法，表示坚决反对。国大党提出了召开制宪会议制定印度宪法的主张。穆斯林联盟也谴责这个法案，认为它的联邦结构部分是“极其有害的”，省自治部分是“没有价值的、没有作用的”。① 自由派组织自由同盟也谴责它离自治领目标太

---

① B. 普拉沙德：《奴役与自由》第 2 卷，第 442 页。

远。处于地下的印共更是强烈谴责这个法案。

印度人民如此激烈地反对是英国统治者始料不及的，加之大部分的土邦王公害怕将来被合并于英属印度，也害怕英属印度的民族运动因建立联邦而波及土邦，因而不愿接受联邦结构。英国当局出于无奈，只好采取较灵活的态度，决定暂时搁置实施联邦结构部分，从1937年4月1日起，首先实行省自治部分，并定于1937年初，按照新法案，实行省立法会议选举。为了牵制和抵消民族运动力量，并使各种保守势力得以进入立法会议，殖民当局大力鼓励各地地主、教派势力建立地主党和教派政党，参加竞选。另外，在一些省，地方势力也组织起了一些地区性小政党。一时间，许多具有不同色彩的地区小政党出现了。其中较有影响的，有联合省的民族农民党、旁遮普的民族统一党、孟加拉的农民大会党、孟买和中央省的统一工人党等，有印度教的，有伊斯兰教的，也有世俗性质的。它们立即打起开场锣鼓，开始竞选活动。

国大党决定参加选举。工作委员会1936年通过一项决议，重申完全反对1935年《印度政府法》，同时宣布准备参加选举不是在新法案的基础上与英国当局合作，而是要在立法会议内外同时开展斗争，争取取消这个法案。穆斯林联盟也决定参加选举。印共因处于非法地位不能参加选举，决定支持国大党竞选，并通过工会组织提出了若干自己的候选人。

二 省立法会议选举

竞选运动对各民族主义组织来说，是一场揭露英国顽固态度、争取民族自由的广泛宣传运动，是民族主义力量与亲英反动势力的一场较量，也是它们自己之间争取群众的一场激烈竞争。各党派都提出了竞选纲领。左翼在制定国大党竞选纲领中起了重要作用。国大党竞选纲领主要内容包括：争取印度独立，废除1935年《印度政府法》，召开在普选基础上由人民选出的立宪会议制定宪法，释放政治犯。关于社会经济改革的内容有：根本改变压迫性的土地占有制度和地税制度，大幅度降低地税地租，削减农民债务，提供低息贷款，给广大佃农以永佃权等，这都是国大党通过的土地纲领的内容。还包括改善工人待遇的各种要求，以及实现宗教团结、取消不可接触制等。穆斯林联盟在真纳领导下也提出了比较进步的竞选纲领。

其中最突出的是取消 1935 年《印度政府法》，要求在印度建立完全的责任政府。其他要求有：保护宗教权利，撤销一切镇压法令，实行军队民族化，降低军事行政开支，鼓励发展工业包括乡村工业，减轻农民债务等。国大党与穆斯林联盟的竞选纲领在许多点上有差异，但整体来说，在大方向上是一致的。这是自 1916 年双方共同签订《勒克瑙协定》后两个组织的纲领最靠近的时候。其他党派、团体也各自提出了自己的纲领。

国大党、穆斯林联盟和其他党派、团体都积极展开竞选宣传活动。国大党方面，左右翼一起出动。尼赫鲁为争取更多群众支持国大党，奔走于全国各地，行程 8 万英里，在各种集会上发表演说数百次，听众达 1000 多万人。穆斯林联盟也出动了最大的力量开展竞选。阿里加学院的许多学生都积极参加了宣传工作。

选举于 1937 年 2 月进行。结果，国大党取得了最大胜利。参加投票的约 1500 万选民中的大多数投了国大党的票。在 11 个省总共 1585 个席位中，它得到了 714 个。[①] 其中在联合省、中央省、比哈尔、马德拉斯、奥里萨 5 个省获大多数，在孟买、西北边省、阿萨姆、孟加拉 4 个省获相对多数，只有在旁遮普和信德两省处于劣势。之所以取得如此大的胜利，是因为几乎整个工商业界、知识界、大多数省的大多数小资产阶级和富裕农民都支持它。

穆斯林联盟在穆斯林选区得到的票数比较多，但比预期的要少，更重要的，是没有在任何一个省获得大多数。穆斯林选区共 485 个席位，穆斯林联盟得 108 个，主要是在孟加拉、联合省、孟买、马德拉斯 4 省。在穆斯林人口占多数的旁遮普、西北边省、信德省，得票反而很少。这主要是因为激进的穆斯林认为穆斯林联盟太保守了，投了国大党穆斯林候选人的票（国大党穆斯林得到 26 个席位，占穆斯林总席位的 5.4%），而在穆斯林中还很强大的封建势力认为穆斯林联盟在维护教派利益上不够强硬，宁肯投票给带有更强的教派性质的地方性地主政党，还有些穆斯林侧重地方利益考虑，支持地方小党。这样，穆斯林的选票就分散了。旁遮普统一党、孟加拉农民大会党以及信德、西北边省的穆斯林政党都得到相当多的选票。

亲英的自由同盟遭到惨败，得票无几。印度教地方性地主政党和教派

---

① 有记载说，国大党在 1585 个席位中得 711 席，另有记载说是 737 席。

组织得票都极少。大选结果只是更加凸显了国大党在印度民族运动中的优势地位。

三 省自治的实施

按照新法案的规定，选举之后就要由在立法会议中取得大多数席位的党派建立省政府，实行省自治。

国大党决定参加竞选时，对如果获胜是否接受建立省政府的问题，因意见分歧很大未做决定。左翼各种力量一致反对组织省政府，认为那将是转到与殖民当局在镇压和剥削人民方面合作的立场，与争取独立的目标不符，与争取废除1935年《印度政府法》的既定方针相违背。尼赫鲁说：国大党如果组织省政府，就会陷入议会斗争的事务中丢掉根本目标，“那将是我们难以逃脱的陷阱”。[①] 左翼主张国大党只利用立法会议进行斗争，同时大力加强发动和组织工农群众的工作，以创造条件，准备下一次更大规模的不合作运动。党内右翼的态度相反，主张接受组织省政府，认为组织省政府能够多少为群众做些有益的工作，体现国大党掌权与殖民统治的不同，有利于引导群众继续为实现国大党的目标而努力；也认为英国当局既已规定实行省自治，国大党不组织政府会另找别的保守的甚至亲英的党派组织政府，于国大党不利，于运动也不利。他们说，国大党组织省政府，只要不忘根本目标，只要把它只看作低潮时的斗争方式，就只会有好处，不会有负面作用。在两派争论相持不下的时候，甘地出面解决。他起初不赞成接受，后改为赞成，但以省督保证不干预省政府在合法权限内的活动为条件。他知道在既成的形势下，国大党拒绝接受已不可能，希望以这种方式，使国大党组织省政府不同于一般的参政，而是名副其实地实现法律范围内的自治，从而成为一个显示国大党掌权根本有别于殖民统治的橱窗。他说，省自治至少是部分地“以多数统治代替刺刀统治”，要利用它为加强民族运动服务。[②] 又说，这是借合作的方式来达到不合作的目的。国大党全印委员会就甘地的意见进行表决，结果以127票对70票获得通过。表决结果也说

---

① 《尼赫鲁选集》第7卷，第185页。

② 坦杜尔卡：《圣雄甘地传》第4卷，第169页。

明，左翼仍持反对态度。不过在表决之后也就服从多数，不再坚持。这场争论其实只是策略之争，不是原则之争。两种主张各有道理。但在当时的情况下，国大党拒绝掌权，会有别的政党掌权，那时殖民统治者就会躲在幕后，让印度人的省政权来镇压国大党，制造新的对立。这种情况是很可能发生的。这样看来，甘地和右翼的主张相对来说更切合实际。

殖民当局对甘地提出的不干预条件最初拒绝接受。国大党因而宣布拒绝承担组织省政府的责任，并发动群众以总罢业和示威游行来施加压力。英国当局撇开国大党，指定其他党派组织临时政府，国大党则表示抗衡到底。这样僵持一段时间后，英国当局被迫让步，答应接受甘地条件。于是，从1937年7月起，国大党就在联合省、比哈尔、奥里萨、孟买、中央省、马德拉斯6个省成立了省政府。西北边省先由地方政党组织政府，未久辞职，改由国大党成立政府。阿萨姆情况相仿，在其他政党组织政府失败后，建立了以国大党为主的联合政府。这样，国大党掌权的省就达8个。穆斯林的信德联合党在信德省与其他政党建立了联合政府。在孟加拉，农民大会党、穆斯林联盟等建立了联合政府。旁遮普则由民族统一党组织联合政府。从1937年7月起，自治省政府开始工作。

国大党为协调、指导它的各个省政府的活动，成立了中央监督局，由帕特尔、阿扎德和普拉沙德组成。甘地也不断在《哈里真》刊物上写文章，对省政府的工作提出指导性意见。他希望掌权的国大党人要时刻不忘民族斗争的根本目标，“不要像英国人期望的那样去掌权，不要做英国人打算做的事”。[①] 国大党省政府在可能范围内，按照竞选纲领，做了一些有益的事情。第一，停止了原来省政府实行的一些镇压措施。对报刊的限制取消，保证金退还；对进步组织的禁令解除；对印共的禁令是中央颁布的，省无权取消，但印共实际上被允许公开活动；削弱了警察的权力，基本上停止了中央调查局在省里的活动；释放政治犯，这是在与最高殖民当局进行艰难的斗争后实现的。比哈尔和联合省有几十名政治犯，总督不允许释放，国大党政府为此提出辞职，总督最后才让步。第二，在改善农民处境方面，国大党各省政府都制定了新的农业租佃法，扩大了享受佃权的范围。新的租佃法较以前省政府颁布的要激进些。如比哈尔省1937年、1938年两次颁

① 《圣雄甘地全集》第66卷，第16页。

布租佃法，规定 1911 年以后所有增加的地租一律取消，这等于降低地租 25%。还规定给予耕种佃耕地满 12 年的次佃农以占有权。这是自英国殖民当局实行租佃立法以来第一个把佃权扩大到次佃农的法令。其他规定有：减免农民的地租尾欠，其利息由 12.5%减到 6.25%；分成制佃农缴给地主的份额不得超过产量的 45%；1929~1937 年因尾欠地租被夺佃的土地一律归还原来的佃农，后者只需支付尾欠的一半；不允许地主再用逮捕农民、拍卖不动产等非法手段收租，不允许地主非法额外勒索，违者处 6 个月以下监禁；等等。奥里萨省 1938 年 2 月通过的租佃法规定柴明达尔制地区降低地租，地租额按附近莱特瓦尔制地区同样土地农民纳税额上浮 12.5%计算。这意味着地主在纳税后收入减少 50%~60%。省督没有批准。1938 年 5 月，通过另一个租佃法，允许佃农自由转让佃耕地，尾欠地租利息由 12.5%降至 6%，取消对佃农的一切非法勒索。国大党掌权的省中还有 6 个省通过了债务立法，规定降低利率，从 6.25%到 9%不等。孟买省还使 4 万名实际上的债奴获得自由。第三，在改善工人待遇方面，也做了一些规定。如孟买省任命一纺织业调查委员会调查工人状况。该委员会建议改善工人劳动条件，增加工资 1000 万卢比。不顾工厂主反对，这些建议被强制实行。在联合省，康浦尔罢工激烈，省政府任命一劳工调查委员会调查。该委员会建议增加工资，扩大女工福利，工厂主承认左翼控制的工会等。工厂主反对，政府施加压力迫使其接受。在比哈尔，1938 年成立劳工调查委员会，它建议增加工会权利，改善劳工条件，部分得到实现。大体上说，这一时期发生的罢工，多数取得了胜利或部分胜利。第四，在社会改革方面，国大党省政府颁布法令准许贱民享用一切公共设施，包括庙宇、水井、学校、医院、饭店和交通设施等。规定法庭和政府不承认任何歧视贱民的习惯法，增加给贱民学生的奖学金和免费入学的名额，吸收贱民担任警察和政府雇员。在文化教育方面，规定发展女子教育、贱民教育，推广以传播知识和手工技能相结合为重点的基础教育，开展扫盲运动，推进乡村建设等。第五，制定工业发展计划。国大党召开了省府工业部部长会议，决定制定一个全国经济发展计划。会上成立了以尼赫鲁为首的国家计划委员会。这是为独立后印度资本主义发展准备蓝图的第一次重大努力。甘地对未来工业化不赞成，对这项工作不感兴趣，但尼赫鲁和国大党多数领导人坚持要这样做，印度大工业家塔塔、比尔拉等都拥护。委员会吸收大量经济学家、科学家、工商业家参加工作，成立了近 30 个附属委员会，分部门草拟计划。1940 年开始草拟总计划，但因政治局势突变未能完成。

在穆斯林政党及其他政党掌权的孟加拉、信德、旁遮普三省，也采取了程度不同的进步改革措施。孟加拉省释放了大部分政治犯，约 1000 人。通过了新的租佃法，规定 10 年内不能提高地租，佃农转让佃耕地无需向地主缴费，尾欠利息减半，对贷款利息规定了最高限额。工人福利方面，规定改善工人待遇，关注女工福利。在旁遮普，释放了政治犯，通过法令，限制土地转手于商业高利贷者。不准放债人因逼债逮捕农民或夺占其财产。发展乡村工业，制定乡村发展五年计划。还通过了劳动法，规定了公共节日假期，禁止使用 14 岁以下童工。在信德省，在减轻债务人负担、发展教育等方面，也有一些改革措施。

省自治是在殖民统治框架内的“自治”。省政府的活动不能超越 1935 年《印度政府法》规定的权限范围。就是在这有限的范围内，还要受省督乃至总督的制约。它不可能做很多事情。即便做一些于民族有益的工作，也并不改变政权的性质，它依然是殖民政权的一部分。但省自治的实施是有一定意义的，它意味着殖民统治者向民族主义力量交出部分阵地。以往民族主义力量得到的让步是参加立法会议，那只是参加清谈馆，并没有实权。现在实行省自治是得到了省政权。这是第二次不合作运动和工农运动争得的结果，标志着印度民族运动取得了重大进展。省自治的建立大大改变了印度人民群众的心理状态。当他们看到过去镇压他们的政权转到印度人手里，过去下令把国大党人关进监牢的英国官员现在不得不从国大党部长们手里接受指令时，都从心底产生一种解放感和扬眉吐气的感觉，并从省自治看到了全国胜利的曙光。国大党的威望迅速增长，党员从 1936 年的不到 50 万人，增至 1939 年的 500 万人，省自治的实施大大增强了印度人民争取独立的决心和斗志，这和殖民当局实施省自治时所抱的企图正好相反。

四　左翼为推动民族运动深入发展而斗争

国大党内左翼原本是不赞成国大党建立省政府的，因而在省政府成立后，让右翼去掌权，他们不担任政府职务，而是继续在群众中工作。这样，就形成了右翼掌握政权、左翼掌握群众的局面。正是鉴于这个事实，甘地于1937年建议国大党再次选举尼赫鲁为主席，1938年建议选举另一左翼领袖苏·鲍斯为主席。连续三年都让左翼领袖担任主席是为了保持党内平衡和驾驭群众。他希望左翼侧重在党的建设和民族运动发展上做工作，右翼则更多地在管理政府和议会斗争上发挥作用。这样，两者各得其所，又相辅相成，党的团结、党对广大群众的影响也可以借此得到维护和扩大。这个安排是甘地独具匠心的杰作。但左翼并不想偏安一隅，而是从全局考虑，继续努力从各方面促进运动的发展。左翼总的方针是：一面推动省政府落实竞选纲领，一面进一步做发动群众的工作，为迎接下次斗争高潮准备条件。

在这个时期，左右翼的斗争实际上是很尖锐的。主要围绕以下几点展开。

（一）关于坚持反对殖民统治的宣传鼓动

国大党掌握省政权后还要不要坚持反殖民宣传鼓动？这是国大党首先面临的问题。左翼主张一如既往。他们指出，英国统治者把省政权交给印度人是阻碍革命运动进一步开展的手段。国大党决不能因自己掌握政权就成了殖民政权的卫道士。尼赫鲁作为国大党主席于1937年7月写了一封给国大党人的内部公开信，强调组织工作、宣传鼓动工作应该继续是国大党的主要工作，“没有这些工作，立法活动就没有价值”。[①] 掌握省政权的右翼口头上不反对这点，但在实践上则以维护安定与法制为名，不允许有所谓“过激”的宣传鼓动。1937年7月，马德拉斯省一名国大社会党领导人约苏夫·梅赫拉利因在马拉巴尔发表激烈的反英演说被捕。10月，该省另一名国大社会党领导人巴特里瓦拉同样因发表激烈反英演说被捕并被判6个月监禁。这两件事在左翼中引起愤怒。在国大党工作委员会讨论此事时，尼赫鲁慷慨激昂地质问马德拉斯省首席部长拉贾戈帕拉恰雷：“如果我到马德拉斯发表同样演说你也要逮捕我吗？”拉贾戈帕拉恰雷回答道：“是的，我会逮捕你的。”[②] 左翼不顾右翼压制，继续进行反英宣传。巴特里瓦拉出狱后周游全省，发表同样的演说。右翼害怕激起民愤，不敢再逮捕他。尽管如

① 乔普拉：《印度争取自由的斗争》第1卷，第334页。

② 拉吉摩罕·甘地：《拉贾吉的故事（1937~1972）》，孟买，1984，第7页。

此，此事的影响很快传播开来，左翼对右翼是否还坚持反英立场深表怀疑。

有的掌权者走得更远。如孟买省内务部部长穆恩希竟利用中央情报局特工监视共产党人和左翼国大党人。尼赫鲁愤怒地谴责道：“你已经成了一个警官了。”[①] 马德拉斯省政府也动用警察跟踪激进国大党人，受到左翼激烈谴责。

（二）关于切实改善工农群众的处境

上面讲到省政府在租佃立法、改善工人待遇等方面采取了一些较激进的措施。这些措施其实都是在左翼推动下，在工农群众斗争下才实行的。右翼代表资产阶级上层和自由派地主利益，在工农问题上，只想做小的改善，不希望有大变革。他们以“受现行法律约束”为借口，为自己的无行动辩护。约束是存在的，要根本改变地主资本家剥削制度是不可能的。但在现有条件下，可做的事情很多，这正是广大工农群众和左翼寄予省政府的厚望。右翼掌权者向前迈了步子，个别的还迈得很大。然而，整体来说，他们不想过多触动地主资本家利益，不想有较大改变。当这种保守的态度受到揭露和谴责后，当工农群众试图从下面对他们施加压力时，这些掌权者竟像殖民当局那样用警棍和枪弹对付人民群众。

在工运方面，右翼掌权者不希望罢工过于发展，损害资产阶级利益，尤其不愿看到罢工造成使省政府窘困的局面，所以对罢工的支持是有保留的。1938 年 11 月孟买省政府制定了工业冲突法，目的是限制工人的罢工，阻碍革命工会的发展。该法令规定，当工业冲突发生时，省政府可把它提到工业仲裁法庭解决，在法庭判决的 4 个月内，不得举行罢工怠工。对工会登记也规定了烦琐的程序。这个法令引起了广大工人和左翼的强烈不满。孟买省工人大会在 11 月 7 日发动了一天的抗议性总罢工，有 20 万人上街游行。发生了暴力冲突，警察向工人开枪，死 2 人，伤 70 多人。全国各地纷纷举行群众大会，支持孟买工人的行动。全印工会大会规定 1939 年 1 月 2 日为全国反对孟买工业冲突法斗争日，表明国大党左翼同情工人行动。马德拉斯省政府则采取强硬态度对待罢工。依据英国当局制定的刑法典逮捕工会领导人的事时有发生。国大党左翼和共产党人强烈批评马德拉斯省政

---

① 戈帕尔：《尼赫鲁传记》第 1 卷，新德里，第 230 页。

府的做法。在左翼积极推动下，1937~1939年罢工相当普遍，工人的政治发动加强，在许多集会上要求解除对印共的禁令，要求释放全部政治犯，要求在每年五一国际劳动节举行反帝集会和示威游行。

在改善农民处境方面，比哈尔省由于农运力量一直较强，推动省政府较早通过了租佃法。其他省动作很慢。联合省农运发展也比较早，省政府仍迟迟不实行新的立法，只是在农民强烈要求和左翼推动下于1939年才颁布。省政府并未充分行使其权力。全印农协和各地农协在各地举行了广泛的集会，征集签名，批评国大党政府用“零碎、肤浅和敷衍的方式”对待农民的要求而不真正履行竞选纲领的诺言。[①] 1938年初，全印农协发动了声势浩大的宣传运动，要求国大党政府真正实施费兹普尔纲领，包括取消柴明达尔制。旁遮普、比哈尔、孟买、马德拉斯和联合省都组织了农民进军。右翼开始视农协为敌对势力，打击农协，如禁止全印农协利用国大党开会的地点开会。右翼占多数的国大党工作委员会通过一项《关于农民协会》的决议，谴责一些国大党员（指左翼）“作为农协成员，帮助营造一种同国大党的原则和政策相敌对的气氛”。[②] 1938年1月国大党工作委员会通过决议，禁止国大党党员在农协中工作，但受到抵制，不得不撤销。右翼还企图分裂农运，在某些地方（如联合省）建立分裂的农协。全印农协对右翼进攻的还击是指责国大党省政府偏袒地主，并且在1938年3月举行的全印农协大会上，谴责甘地的阶级合作论。在一项决议中说，阶级合作论只会严重削弱正在逐步觉醒并认识到自己的历史使命的群众的力量。这次大会是在国大社会党人和共产党人影响下召开的，表明全印农协在思想上进一步接受左翼主张。在组织上全印农协也得到新的发展，1939年会员人数增加到80万人。1938~1939年，全印工大和全印农协开始建立联系，互相支持。全印工大在1938年1月德里会议上把要求解决土地问题列入全印工大纲领。1938年末1939年初，全印工大领导人之一、共产党人米拉吉尔和全印农协领导人萨拉斯瓦蒂一起在马哈拉施特拉做巡回演说，号召工人与农民在斗争中互相支持，紧密合作。1939年7月，两大组织建立了合作委员会。

尼赫鲁对工农组织与国大党间出现裂痕感到不安，他认为这主要是由

① 弗朗辛·R. 弗兰克尔：《印度独立后政治经济发展史》，第67页。
② 弗朗辛·R. 弗兰克尔：《印度独立后政治经济发展史》，第69页。

掌握省政权的右翼的机会主义态度造成的。1938 年 4 月 28 日，他给甘地去信说："我强烈感到，国大党省政府工作很差。很多他们本来能做的事都没有做。他们使自己过分适应于旧形式并力图为之辩护。这些尽管很令人失望，但尚可忍受。最糟糕的是，我们正在丧失我们多年努力在群众心目中建树的崇高地位，我们降低到普通政治家的水平，竟毫无原则地听任机会主义支配我们的行动。"① 他的话集中表达了左翼此时的愤懑。

（三）关于支持土邦的民主运动

土邦是印度政治上最落后的部分。土邦人民的发动要比英属印度落后得多。英国殖民统治者不仅通过土邦王公实现对各土邦人民的统治，而且把王公势力作为抵御印度民族主义力量的重要工具。这在 1935 年《印度政府法》中表现得再清楚不过了。1921 年 2 月，英国统治者在印度建立了王公院，作为管理土邦的咨询机构，同时也为王公提供一个讨论共同关心的事务和向英国统治者反映要求与愿望的场所。有 120 个王公参加，其中有 12 个成员代表 127 个土邦。部分王公没有参加。王公院每年举行一次会议，由总督主持，平时有一个常设委员会负责联系。土邦王公在各邦内的腐朽统治使那里的资本主义因素发展缓慢，只有一部分较大的土邦有少量近代工商业企业和新兴的资产阶级知识分子。

1920~1922 年国大党领导的不合作运动影响到土邦。20 年代上半期一批土邦建立了土邦人民会议，要求改革专制制度，给予人民民主权利。其中主要的有迈索尔、海得拉巴、巴罗达、贾姆那加尔、印多尔等，还有卡提阿瓦和德干的一些土邦。1927 年，部分土邦人民会议代表在孟买成立了全印土邦人民会议。30 年代中期，在第二次不合作运动和反对 1935 年《印度政府法》的斗争影响下，土邦民主运动有了新的发展。更多土邦建立了人民会议。有些土邦如克什米尔、迈索尔、特拉凡柯尔建立了资产阶级政治组织。克什米尔最初建立的是读书社，1931 年扩大为查谟和克什米尔政治会议，提出了建立立法会议，限制王公权力，实行民主制度，改善农民、手工业者地位，降低地租等要求。还有些土邦的政治工作者或知识分子参加国大党，在土邦成立了国大党分支。

---

① 《尼赫鲁选集》第 8 卷，第 388 页。

甘地和国大党对土邦民主运动的态度是道义上支持但组织上实行不参与政策。他们依然认为王公是印度民族力量的一部分，反对王公就会削弱民族力量；虽然也承认土邦统治的专制、落后，但主张由王公和土邦人民自己去改革，不应有任何外力介入。甘地还根据他的委托论，主张王公应自动转变为“受托人”，“承认时代精神”，相应地实行改革。国大党也规定在土邦的国大党组织只应宣传国大党的政策、主张，不得参与那里的民主运动。

这个方针显然是与发展全国运动的要求不一致的。30 年代中期，随着土邦民主运动的发展，左翼强烈要求国大党改变方针，支持土邦民主运动。尼赫鲁和国大社会党都主张在土邦建立和发展国大党组织，不仅支持已开展的民主运动，而且要积极做发动群众的工作。印共同样持激进态度，认为王公是英国统治的支柱，土邦人民的斗争是全印民族民主革命的组成部分，应该得到全印革命力量的支持。主张在各土邦成立人民大会，团结一切进步力量包括工人、农民共同斗争。1937 年，当迈索尔土邦出现民主运动高潮时，左翼促使国大党全印委员会通过一项支持迈索尔人民非暴力运动的决议。右翼不赞成，拉贾戈帕拉恰雷指责这项决议违背不参与原则。左翼则回答说，不参与原则已过时。尼赫鲁说，土邦是历史的遗物，“最终必将被消灭”。①

1938 年，国大党内左右翼围绕土邦问题的斗争尖锐起来。这年初，右翼占多数的国大党工作委员会通过决议，取消各土邦的国大党组织。2 月，在哈里普尔举行的国大党年会上，左翼发起反击，得到与会多数代表支持，迫使右翼不得不做出部分让步，同意保留土邦国大党组织，但规定他们的活动要置于国大党工作委员会严格监督下。这以后，随着土邦内民主运动的开展，甘地和国大党右翼的态度发生了变化。1939 年 1 月，在与《印度泰晤士报》记者谈话时，甘地说：“在我看来，当土邦人民还没有觉悟时，不参与政策是睿智的体现。但当人民普遍觉醒，决心为实现他们的正当权利而准备进行长期艰苦的斗争时，再实行这种政策就成了怯懦行为。”②1939 年 3 月，国大党年会通过一项决议，其中说：“土邦人民的伟大觉醒可

① 帕提尔：《尼赫鲁和印度民族运动》，新德里，1977，第 88 页。

② 比潘·钱德拉：《印度争取独立的斗争》，第 359 页。

能导致国大党放松甚至完全撤销自我规定的限制，从而使自己与土邦人民更紧密地团结在一起。”[①] 这意味着国大党正式改变了对土邦民主运动的方针。1938 年下半年至 1939 年初，拉吉科特土邦发生人民反对专制统治的斗争，国大党活动家帕特尔应邀担任领导人。他领导人民用坚持真理的斗争方式，迫使王公答应成立专门机构拟定改革计划。后由于英国驻扎官干预，王公食言，运动又起，甘地夫人前去支持被捕，甘地亲自前往绝食抗议。此事震动全印，表明了甘地和国大党对土邦斗争采取了新态度。由于这个变化，加上左翼的积极促进，土邦的民主运动进一步发展起来。1938 年大约有 60 个土邦有了资产阶级性质的政治组织，其中有些邦成立了国民大会。这些组织在斗争中很自然地袭用了国大党在英属印度的斗争手段。所以，30 年代后期，当英属印度的不服从运动停止后，在特拉凡柯尔、查谟和克什米尔、拉吉科特等土邦却都爆发了文明不服从运动。这些运动都要求扩大民主权利，反对王公专制，也有的兼有反对英国驻扎官专横跋扈的性质。和英属印度一样，30 年代后期土邦的民主力量中也出现左右翼。左翼除参与领导争取宪政改革的民主运动外，还支持甚至领导工农的发动。工人、农民在斗争中也提出了提高工资、改善劳动条件、减租减税、取消封建劳役等要求。工人举行罢工，农民举行集会和进军。所有这些行动都得到了国大党左翼、共产党人、全印工大和全印农协的支持。1939 年，全印土邦人民会议举行的年会选举尼赫鲁为主席，这标志着土邦与英属印度民族运动的日益结合，也说明了国大党左翼在土邦政治影响的迅速增长。

（四）关于鲍斯竞选连任国大党主席问题

苏·鲍斯 1938 年由甘地推荐被选为国大党主席。1939 年甘地准备推荐一位右翼活动家为候选人，鲍斯却表示他希望再担任一届主席，宣布要参加竞选。

鲍斯这种举措并非争个人地位，而是因为他有一个对英国统治发动新攻势的想法，希望能借助国大党主席职位，影响国大党，接受他的想法。

1939 年新的世界大战迫在眉睫。鲍斯认为：印度人民正可以利用战争伊始英国处境困难，发动一场新的不合作运动，争取一举实现独立目标。

---

① 比潘·钱德拉：《印度争取独立的斗争》，第 359 页。

他认为，第一次世界大战的机遇错过了，这一次不能再错过。具体的想法是：由国大党相机向英国政府提出最后通牒，要它确定印度独立的时限，限6个月答复。这期间做好各种准备。一旦当局拒绝，就开展争取自由的最后的群众性斗争——一场新的不服从运动来实现独立目标。还提出国大党要同一切反帝组织包括全印工大和全印农协密切合作，最大限度地吸引工农参加运动。这个计划提出得很突然，国大党左翼和共产党人来不及深入考虑，态度也各有不同，但都希望扩大左翼在国大党中的影响和势力，都希望加强对英斗争，因此一致支持他竞选。甘地和右翼对他的新想法感到惊讶。右翼根本没有考虑发动新的运动，只想沿现行道路逐步前进。甘地则认为，暴力正在这个国家滋长，没有条件开展新的运动。此外，甘地和右翼对他的公开挑战也十分不快。右翼控制的国大党工作委员会按照甘地的意见，正式决定提名西塔拉马亚为候选人。但1939年1月19日的选举中，鲍斯以1580票对1375票的优势击败对手当选。这是甘地和右翼都完全没有料到的，甘地承认是自己的失败。按照党章规定，鲍斯作为党的主席指定了工作委员会成员，15人中12人是右翼，左翼只有3人。新选出的全印委员会成员中右翼占60%。这就是说，在两个中央机构中，右翼都仍占多数。然而他们仍不甘心，决心对新主席实行抵制。工作委员会12名右翼成员全部提出辞职。尼赫鲁看到工作委员会已无法工作，也提出辞职。1939年3月10日，国大党年会在特里普拉召开，鲍斯因病未能参加，主席致辞由别人代为宣读。右翼促使大会以微弱多数通过一项潘特提出的关于信任甘地的决议。潘特是联合省首席部长、右翼活动家。决议除表示恪守国大党过去20年在甘地领导下制定的基本政策外，还规定国大党主席此后在指定新的工作委员会成员时必须遵循甘地的意愿。这实际上是为鲍斯重组工作委员会制造障碍，因为只要甘地不同意，新的工作委员会就无法建立。决议的通过意味着右翼的胜利。这一次又是甘地的威望成了他们的保护伞。鲍斯多方努力，希望能组成一个为自己和甘地都接受的工作委员会，但均因甘地不支持而告失败。他无路可走，只得提出辞职。1939年4月全印委员会接受他的辞呈，选举右翼领导人普拉沙德继任主席，后者又组成了清一色的右翼的工作委员会，鲍斯和尼赫鲁都没有参加。随着鲍斯的辞职，他的行动计划也成了泡影。

左翼这一时期的斗争在许多方面都取得了胜利或进展，唯独在鲍斯担任主席问题上遭到挫折，这不是偶然的。鲍斯的主张带有主观想象色彩，当时并不存在开展新的运动的条件，加上他竞选又采取了异乎寻常的公开藐视甘地权威的形式，所以右翼略施手段，便使他失去支持。其实，如果左翼认真考虑他的设想，也不见得都会同意。鲍斯受挫他自己要负主要责任。鲍斯的失败是他的计划的失败，对他本人未来的选择影响重大，但对整个左翼说，这并不是多么严重的挫折，因为左翼的力量本来就不在国大党上层，而在国大社会党和工农群众中。左翼在最好的情况下也只是担任国大党主席，工作委员会和全印委员会则从来都是控制在右翼手中。

鲍斯离开主席岗位后，主张左翼在国大党内建立统一的组织，继续斗争。尼赫鲁不同意，认为这会导致党的分裂，于运动发展不利。国大社会党除少数人外也不赞成，认为左翼内部思想体系不同，不可能有统一的左派组织，参加国大社会党的共产党人也持这种观点。鲍斯决定单独行动，1939 年 5 月在国大党内成立前进集团，参加者都是他的追随者，主要力量在孟加拉。6 月初，国大社会党和印共发表联合声明，建议召开左派代表会议，组成左翼团结委员会，协调行动。鲍斯同意。6 月 22 日建立了左派团结委员会。国大社会党、共产党的民族阵线、前进集团、罗易的激进联盟①都参加了，尼赫鲁没有参加，他仍认为此举有碍国大党保持团结，于左翼力量的发展有害。团结委员会对国大党上层压制左翼、国大党省政府压制工农运动提出尖锐谴责。前进集团并于 7 月 9 日举行了抗议日。国大党工作委员会立即决定免去鲍斯的国大党孟加拉省委员会主席职务，并规定他三年内不得担任任何党内职务。鲍斯与国大党右翼矛盾趋于白热化。自然，他对尼赫鲁也不满，认为尼赫鲁在右翼面前太懦弱，妨碍了左翼的团结斗争。

---

① 罗易 1929 年被共产国际开除后，1930 年回到印度，政治观点发生根本变化，支持资产阶级的民族斗争。1931 年被捕，1936 年被释放，组织激进联盟，要成为民族运动的左翼。

第三十章

国大党与穆斯林联盟矛盾的激化

1937~1939 年是国大党和穆斯林联盟关系中至关重要的一段时期。两大组织在十年疏远后，面临 1935 年《印度政府法》，在政治态度上有些靠近。这是调整关系的好机会。然而，由于新形势下教派主义的泛滥以及英国统治者的利用，也由于国大党对问题的严重性认识不足，处理不当，两大组织的关系这时期不是改善了，而是空前恶化，终于导致穆斯林联盟走上分立主义道路。

一　围绕省自治穆斯林联盟与国大党关系的恶化

1935 年《印度政府法》遭到国大党和穆斯林联盟的一致反对，客观上再次出现了打破双方教派主义阻挠、实现这两大组织某种程度的合作的可能性。在随后的立法会议选举中，两个组织提出的竞选纲领大方向是一致的（在民族斗争目标上，国大党主张独立，穆斯林联盟要求建立完全的责任政府），合作的气氛是存在的。然而，这种难得的可能性在竞选结果揭晓和开始实行省自治后迅速化为泡影。

竞选，从一定意义上说，主要是国大党和穆斯林联盟间的竞争，它直接决定在省一级权力的分配。双方都想获胜。双方的教派主义势力甚至把它看作一场生存之争。国大党在竞选中所处的遥遥领先地位使穆斯林教派主义势力深感不安。

对穆斯林联盟来说，国大党在大多数省获得多数席位原是意料中的事。他们始料不及的，是穆斯林选票竟如此分散，穆斯林联盟得票如此之少，连一个省的多数也没有得到。这个结果使他们有了一个确定的认识，那就是：穆斯林联盟要在未来的权力竞争中与国大党抗衡，必须使自己发展成真正的全国穆斯林组织；为此，必须使穆斯林各地方政党支持穆斯林联盟；而要取得各地方政党的支持，就必须使自己的政策能更多地反映穆斯林封建上层的教派主义要求。

图 30-1　阿扎德

对真纳和一部分与他观点相近的人来说，完全转向教派主义和他们一向抱有的教派团结主张相悖，并非他们所情愿。他们仍希望在维护穆斯林利益的基础上与国大党合作。真纳为此做了一番努力：联合省穆斯林人数不少，大选结果是，穆斯林联盟只得到 27 个席位。穆斯林联盟联合省领导人和真纳都希望国大党在组织省政府时给穆斯林联盟几个部长职位，实现合作，共同治理联合省。真纳曾说："我们的运动不是憎恨运动。……我们乐意合作，我们乐意和任何理想目标与我们近似的团体合作。"① 国大党的答复却是，如果穆斯林联盟参加政府，就得解散穆斯林联盟在立法会议中的党团，穆斯林联盟在立法会议中的成员应保持和国大党政策主张的一致。这是变相拒绝，穆斯林联盟不可能做这种许诺。国大党从联合省领导人到中央领导人，绝大多数（包括尼赫鲁）内心都不愿让穆斯林联盟参加政府，认为穆斯林联盟加入会妨碍实行社会经济改革，造成政府内部意见不一，无法工作。国大党活动家阿扎德主张考虑穆斯林联盟要求，被工作委员会拒绝。国大党这种态度使真纳和穆斯林联盟所有领导人十分反感，认为它体现了国大党代表印度教徒排斥穆斯林的本质。

国大党在竞选中为了争取广大穆斯林群众的支持，说了许多不谨慎、不适当的话。如尼赫鲁说："归根结底，今日印度只有两方力量，即政府和国大党。其他力量必须分别列入这两方力量中。"真纳当时就反驳说："我

① B. 普拉沙德：《奴役与自由》第 2 卷，第 455 页。

拒绝列入国大党一方。这个国家还有第三种力量，那就是穆斯林。我们不打算受任何人摆布。”① 尼赫鲁还说，印度教徒与穆斯林团结问题“只是少数穆斯林知识分子、地主和资本家造成的问题，在群众心中并不存在”。②还说他比穆斯林领导人更了解穆斯林群众，而那些领导人“只知在立法会议席位和政府职位问题上讨价还价”。③ 1937 年 3 月，尼赫鲁在德里举行的一次会议上提出一个接触穆斯林计划，即国大党要“在经济问题基础上”接近群众，包括穆斯林群众，以建立和他们的合作。国大党这些说法和主张表明他们轻视穆斯林联盟在穆斯林群众中的影响。大选之后，国大党许多领导人更是过高估计了把多数穆斯林群众争取过来的可能性，过低估计了穆斯林联盟影响穆斯林的潜力，对穆斯林居住集中的省多数群众跟着穆斯林地方政党走这一事实也缺乏足够的重视。国大党想撇开穆斯林联盟和其他穆斯林政党，直接从下面争取穆斯林群众站到国大党旗帜下。这个想法是严重脱离实际的，因而也是行不通的。穆斯林在选举中出现许多地方政党固然造成了组织多元化，但在对抗国大党上，所有穆斯林组织是一致大于分歧，它们统一起来的可能性是存在的。要实现统一，穆斯林联盟当然是旗手。它现时未做到这一点不是因为它缺乏领导能力，而是因为在穆斯林封建上层和教派主义势力心目中它太温和，维护教派利益不力。这是可改变的，只要穆斯林联盟领导决心改变。国大党以往几十年在穆斯林联盟力量还很弱时就绕不过它，只能与它订立双边合作协定——《勒克瑙协定》，在经过几十年发展后，在真纳领导穆斯林联盟同样开展积极的反殖民斗争，得到较多穆斯林拥护后，要想撇开穆斯林联盟争取穆斯林多数是更加不可能了。唯一可行的道路是在争取独立的共同目标下与穆斯林联盟通过协商实现合作。国大党拒绝采取灵活态度在组织联合省省政府问题上与穆斯林联盟合作是重大失策，丧失了改善两大组织关系的又一机会。两大组织改善关系的可能性至此消失。

国大党认为，它这样做是与穆斯林教派主义做斗争。实际上，由于撇开穆斯林联盟争取群众的做法行不通，这样做只会激怒穆斯林联盟内那些

---

① K. P. 巴哈杜尔：《印度自由运动史》第 3 卷，第 208 页。

② B. 普拉沙德：《奴役与自由》第 2 卷，第 456 页。

③ B. 普拉沙德：《奴役与自由》第 2 卷，第 456 页。

还主张团结合作的人，驱使他们也转向教派主义立场。

国大党的错误决策引起真纳和穆斯林联盟的强烈反应。1937 年 10 月 15 日，真纳在勒克瑙会议上的演讲中，谴责国大党“醉心于权力”，说“当获得还不大的责任和权力时，多数派（指国大党）就已明白表示，印度斯坦是印度教徒的了”。还说“当前国大党的政策”只会导致“阶级仇恨和教派战争”。[①] 甘地、尼赫鲁对他这番话感到震惊。甘地写信给他说这是“宣战”。真纳复信说，那“纯粹是为了自卫”。[②] 直到这时，真纳还因主张穆斯林联盟与国大党合作受到国大党尊重，甘地、尼赫鲁在信中力图说服他改变态度。结果双方通信成了激烈的笔战。真纳到各地演说，宣传他的观点，呼吁穆斯林起来捍卫自己的利益。

穆斯林联盟决定对所有国大党省政府持不信任和谴责态度，说尼赫鲁的“在经济基础上接触穆斯林群众的计划”是要挖穆斯林联盟墙脚，说国大党省政府的社会经济文化政策是要破坏伊斯兰宗教文化，损害穆斯林利益，总之，是要实现印度教徒对穆斯林的统治。1938 年 3 月，穆斯林联盟成立调查组，调查所谓“对穆斯林的压迫”。在公布的报告中列为压迫措施的有：实行民族教育，推广印度斯坦语教学，唱《向祖国致敬》歌，悬挂国大党党旗等。真纳说：国大党省政府“在实行一种强制学印地语的政策，这肯定会破坏乌尔都语的推广。更坏的是，这会强迫穆斯林儿童和学生接受印地语及伴随它的梵语文学、哲学和种种观念”。[③] 还认为推行甘地的瓦尔达教育计划是企图“复兴和宣扬印度教文化”。他要国大党“放弃印度教徒统治的美梦”。[④] 唱《向祖国致敬》歌也受到谴责，被说成是灌输反伊斯兰情绪和鼓励偶像崇拜。[⑤]

一份被称为《皮尔普尔报告》的调查材料说：“一般印度教徒都倾向于把司瓦拉吉和罗摩拉吉联系在一起，把国大党统治和印度教徒统治联系在一起。穆斯林感到，尽管国大党自称是非教派的，尽管少数国大党领导人希望遵循真正的民族主义政策，但国大党绝大多数成员是印度教徒，他们

---

① 阿加瓦拉：《印度民族运动与宪政发展》，新德里，1981，第 215 页。

② 博莱索：《巴基斯坦的缔造者真纳传》，第 144 页。

③ K.P. 巴哈杜尔：《印度自由运动史》第 3 卷，第 209 页。

④ K.P. 巴哈杜尔：《印度自由运动史》第 3 卷，第 209 页。

⑤ K.P. 巴哈杜尔：《印度自由运动史》第 3 卷，第 210 页

渴望……建立纯粹印度教的国家。”① 比哈尔省穆斯林联盟的调查报告也大致鼓吹同样的论调。还说比哈尔穆斯林生活在经常担心生命财产会遭到攻击的恐惧状态中。穆斯林联盟一位活动家赛义德·马哈穆德写信给尼赫鲁说，国大党在比哈尔的统治充满了“宗教复兴主义”精神。类似指责在所有国大党掌权的省都提了出来，大同小异。但明显的是，哪个省的调查报告里都没有提出真正货真价实的表明省政府“压迫”穆斯林的材料。

当穆斯林联盟这样开始对国大党发动攻击后，所有穆斯林其他政党立即表示支持，并向其靠拢。1937 年 10 月勒克瑙会议上，旁遮普省首席部长希坎达尔·哈亚特·汗、孟加拉首席部长法兹尔·乌尔·哈克、阿萨姆省首席部长穆罕默德·沙阿杜拉都号召他们的穆斯林政党的成员加入穆斯林联盟。孟加拉农民大会党不久与穆斯林联盟合并。旁遮普统一党、联合省民族农民党都加入了穆斯林联盟。穆斯林联盟组织得到空前扩展，不久在联合省就有了 90 个支部，在旁遮普有 40 个支部。穆斯林联盟还在所有省开展发展新盟员运动。阿里加学院的穆斯林学生积极参加宣传工作。结果在联合省一省就发展了近 10 万人。穆斯林联盟决定凡是参加国大党的不能加入穆斯林联盟。这样，穆斯林联盟就一跃成为一个与国大党并立的真正全国性的穆斯林政党，把全国越来越多的穆斯林集结在自己周围。还有一些穆斯林地方政党存在，但都很小。1938 年 4 月，真纳不无骄傲地说：“穆斯林联盟日益强大起来。在勒克瑙会议以前，盟员只有几千人，但是今天已经有千千万万的穆斯林站在穆斯林联盟的旗帜下。”② 由于大量穆斯林地方势力加入，穆斯林联盟内封建势力大大加强，这对穆斯林联盟后来的决策起了重要影响。1938 年 10 月，信德省穆斯林联盟会议讲到穆斯林联盟对印度联邦和省自治都不抱希望，要另找出路。

国大党领导人终于意识到了问题的严重。尼赫鲁、普拉沙德和甘地都急忙寻求和穆斯林联盟调整关系，但为时已晚。穆斯林联盟宣称，只有它是印度穆斯林唯一代表，国大党只代表印度教徒。国大党当然不接受这种说法。这使调整关系成为不可能。1938 年 4 月甘地与真纳会晤，毫无结果。6 月，穆斯林联盟向国大党提出 11 项要求，包括承认穆斯林联盟为印度穆

① K. P. 巴哈杜尔：《印度自由运动史》第 3 卷，第 210 页。

② 博莱索：《巴基斯坦的缔造者真纳传》，第 148 页。

斯林唯一代表组织，放弃以《向祖国致敬》为国歌，穆斯林宰牛不受干涉，穆斯林早课或礼拜不受干扰，国大党不得再反对穆斯林单独选区制并不得指其为危害民族主义，制定法律保障穆斯林基本权利与伊斯兰文化，保障乌尔都语的使用，地方民意机构的组织也应采取穆斯林单独选区制等。国大党没有接受。真纳在穆斯林中威望空前提高。在 1938 年底全印穆斯林联盟会上，他开始被尊称为“伟大领袖”。

第二次世界大战爆发后，国大党因抗议英国对印度民族要求的漠视态度，省政府全体辞职。穆斯林联盟兴奋不已，定 12 月 22 日为“解放日”，在各地举行集会游行，庆祝穆斯林“从国大党省政府统治下解放出来”。这天通过的决议说：“国大党政府无论在行使行政权或立法权中，都竭尽全力嘲弄穆斯林舆论，破坏伊斯兰文化，干预穆斯林的宗教和社会生活，损害穆斯林的经济和政治权利。在出现分歧和争论的情况下，国大党总是站在印度教徒一边，支持他们而完全不顾甚至不惜严重损害穆斯林利益。”① 这个教派主义性质的举措加深了穆斯林联盟和国大党的裂痕，并使印度教、伊斯兰教两大教派群众间现有的猜忌和恶感迅速增长。

二　印度教教派主义的发展

穆斯林教派主义的发展必然在印度教中引起强烈反应。印度教教派主义也在同步发展。印度教大会 30 年代的主要领导人是维·萨瓦尔卡。他原是马哈拉施特拉小资产阶级秘密革命组织的著名领导人。1905 年去英国，因从事秘密革命活动被捕。出狱后投身印度教大会，成为领导人。印度教大会在他领导下有很大发展。这个组织本是个专注于教派政治的组织。1930 年，他为这个组织制定了经济纲领，包括实现大工业民族化，实行劳资合作、地主与佃农合作，保护民族工业以应对外货竞争等，目的在于扩大该组织的社会基础，使资产阶级、小资产阶级、工人、农民能和地主一起支持该组织。印度教大会以维护印度教利益为旗帜，反对穆斯林联盟提出的任何照顾穆斯林少数的要求，对穆斯林联盟要求参加联合省省政府更是坚决反对。它也一直指责国大党软弱，没有对伊斯兰教的进攻实

---

① K. P. 巴哈杜尔：《印度自由运动史》第 3 卷，第 212 页。

行有力的回击。萨瓦尔卡不断警告印度教徒说，在穆斯林面前软弱，就会导致印度教被穆斯林统治。1937 年，他说穆斯林“要在印度教徒和其他非穆斯林居民的前额上打上屈辱和穆斯林统治的烙印”，“把印度教徒降低到只是他们自己土地上的奴仆的地位”。[①] 1938 年进一步说：“我们印度教徒在我们的整个土地上已经沦为事实上的奴仆。”[②] 意思是说，穆斯林已经从英国统治者那里得到很多特权，而国大党仍在向穆斯林退让，使印度教徒深受压抑。

这时，一个在鼓吹教派主义方面比印度教大会更狂热的组织发展起来，它就是国民志愿服务团。1925 年，这个组织最早出现在马哈拉施特拉，创始人是海志瓦尔，此时已向其他地区发展。这个组织的宗旨是“保护印度教的民族、宗教和文化，进而求得全面发展并复兴古代印度教国家”。它实行领袖独裁制，带有准军事组织性质。其成员要接受集训。海志瓦尔鼓吹“印度教徒军事化，军事活动印度化”，向其成员灌输绝对服从精神。他被该组织称为“导师和哲人”。1937 年后，这个组织成了印度教教派主义最极端的代表。30 年代的主要领导人是戈瓦尔卡尔。他著有《我们或我们的民族性》一书，集中论述国民志愿团的主张。他把印度教说成一个民族，鼓吹要恢复这个民族历史上光荣的统治地位。按照他规定的任务，这个组织不但以穆斯林联盟为主要对手，也要对国大党领导人的软弱退让做坚决斗争。戈瓦尔卡尔 1939 年说，如果穆斯林的政治要求被国大党接受，“印度教民族生活就有被粉碎的危险”。[③] 他攻击强调印穆团结的民族主义者是“硬让我们去拥抱我们的世敌，从而危及我们的生存”。[④] 还指责他们在散布一种“错误的观念”，使印度教徒“在‘印度’这个奇异的名称下把自己和侵略我们的老仇敌摆在一起”，“而我们竟允许自己荒唐地以敌为友……这是今日真正的危险”。[⑤] 国民志愿服务团强烈地鼓吹印度是印度教徒的国家。戈瓦尔卡尔说：“在印度斯坦的非印度教徒必须：或者接受印度教文化、语言，学会尊重印度教，除了以印度教种族和文化的光荣为荣外，没有别的

---

① 乔普拉：《印度争取自由的斗争》，第 437 页。
② 乔普拉：《印度争取自由的斗争》，第 437 页。
③ 戈瓦尔卡尔：《我们或我们的民族性》，那格浦尔，1947，第 58 页。
④ 戈瓦尔卡尔：《我们或我们的民族性》，第 73 页。
⑤ 戈瓦尔卡尔：《我们或我们的民族性》，第 19 页。

想法，亦即改变对这块土地和它的古老传统的格格不入和不欢喜态度，一句话，必须不再做外来者；或者待在这个国家里，完全服从印度教民族，没有任何企求，也不配享有任何特权和照顾，甚至没有公民权。”① 他甚至公开宣布：“我们印度教徒是处在两线作战中，一面对穆斯林作战，一面对英国作战。”② 他热烈赞颂德意法西斯，羡慕它们使“古老的种族精神复兴”，认为印度也应该这样。③ 这种公开宣扬宗教奴役和强制同化、公开鼓吹学习法西斯的做法，对毒化气氛、加剧教派矛盾负有不可推卸的责任。

三　巴基斯坦决议——穆斯林联盟走上分立主义道路

在和国大党对抗及与印度教大会、国民志愿服务团的激烈交锋中，穆斯林教派主义继续升温，终于导致穆斯林联盟通过巴基斯坦决议，走上分立主义道路。

建立穆斯林单独国家的思想最早是穆罕默德·伊克巴尔（1873~1938）提出的。伊克巴尔是穆斯林著名诗人、宗教哲学家和政治思想家，生于旁遮普省锡亚尔科特。青年时期在剑桥大学和慕尼黑大学学习哲学和法律。回国后在拉合尔学院讲授哲学，并积极参加穆斯林联盟活动。1930 年穆斯林联盟在阿拉哈巴德举行年会时他是主席，后作为穆斯林联盟代表出席伦敦圆桌会议。20~30 年代，他用乌尔都语和波斯语创作了大量诗歌，反映英国殖民压迫下人民的困苦生活，宣传民族独立思想，强调维护穆斯林利益。这些诗歌渗透伊斯兰教哲理，继承了古波斯神秘主义诗歌传统，深受穆斯林喜爱，在伊斯兰国家中传诵很广。真纳对他是很敬重的。20 年代末，穆斯林联盟与国大党的矛盾已经很突出。真纳的“十四点要求”的提出表明两者政治主张差距的扩大。1929 年 3 月穆斯林联盟会议提出，未来的印度应实行联邦制，应赋予各省充分的自治权力。穆斯林在印度西北部和东部一些省居住较为集中，这个要求是为这些省争取在未来印度联邦内的自治权利。伊克巴尔认为这是不够的。正是在 1930 年他主持的穆斯林联盟年

① 戈瓦尔卡尔：《我们或我们的民族性》，第 55~56 页。
② 戈瓦尔卡尔：《我们或我们的民族性》，第 19 页。
③ 戈瓦尔卡尔：《我们或我们的民族性》，第 40~41 页。

会上，在主席致辞中他提出了建立伊斯兰国家的设想。他说："我愿意看到旁遮普、西北边省、信德和俾路支斯坦构成一个单一的国家。无论是在英帝国内自治还是在帝国外自治，建立一个巩固的西北印度伊斯兰国家我认为至少应是西北印度穆斯林的必然归宿。"① 当时他还认为这个伊斯兰国家是印度联邦的一部分，认为这样做"于印度和伊斯兰都是最有利的"。② 他没有提到孟加拉。后来，他的思想有发展，不仅把孟加拉也置于视野范围内，而且提出了民族自决权问题。他说："为什么西北印度和孟加拉的穆斯林不能被认为是有资格自决的民族，就像印度和印度以外的其他民族一样呢？"③ 这已经包含穆斯林可以从印度分出的思想。所以，学者们普遍认为，后来建立巴基斯坦独立国家的要求直接来源于伊克巴尔思想的启迪和鼓舞。

不过，在伊克巴尔 1930 年提出这个设想时，包括真纳在内的穆斯林领导人和活动家并不认为有这种必要，也不认为有这种可能性。这个设想被认为是"哲学家的梦幻"，在年会大厅中悄然飘逝，没有引起很大反响。

但它在穆斯林心中不是没有留下印迹。1933 年，一个在英国剑桥大学念书的学生乔杜里·拉赫马特·阿里又一次提出了类似设想。当时正值圆桌会议期间，他和另三名剑桥的学生写了一本小册子，鼓吹把印度西北地区包括旁遮普、信德、西北边省、俾路支斯坦和克什米尔构成一个伊斯兰国家。这个主张被认为是"一个大学生的奇想"，同样不被重视。真纳当时就在伦敦，这件事没有引起他的特别注意。伦敦的《时代与潮流》杂志后来刊载他的一篇文章，其中还说："印度有两个民族，他们必须分享对共同的祖国的管理。"④

但是，自 1939 年起，在穆斯林联盟与国大党关系空前恶化的情况下，建立单独伊斯兰国家的思潮迅速活跃起来。真纳此时也转到了赞成分治的立场上。他自称领悟了伊克巴尔思想的价值。提出分治的根据仍然是"两个民族论"（穆斯林和印度教徒是两个不同的民族）。不过，现在强调的重点是两个民族差别太大，甚至在许多方面是对立的，在一个国家内和睦相处是根本不可能的。真纳说，国大党主张召开全民选举的制宪会议制定

---

① 维·马哈江：《现代印度史》第 1 卷，新德里，1983，第 285 页。

② 维·马哈江：《现代印度史》第 1 卷，第 286 页。

③ 维·马哈江：《现代印度史》第 1 卷，第 287 页。

④ 阿加瓦拉：《印度民族运动与宪政发展》，第 256 页。

《宪法》，其结果，只能是扼杀少数派，实现“由其亲爱的领导人甘地和国大党工作委员会统治的”大印度教民族的统治。[①] 在讲到印度教徒和穆斯林这“两个根本不同民族”对立的“不可调和性”时，他说：“把这样两个民族硬捆在一起，置于同一个国家政权之下，一个作为多数民族，一个作为少数民族，这只能导致不满的日益发展，并最终毁灭为管理这个国家而建立起来的任何机构。”[②] 又说：“穆斯林印度不可能接受任何必然导致印度教徒占多数地位的宪法，因为那意味着印度教的统治。”[③] 他还强调说，穆斯林既然是一个单独的民族，就理应有“自己的家园，自己的领土和国家”。因而，用解决教派争端的办法解决印度教徒与穆斯林的问题是不行的。唯一的解决办法是“把印度划分为不同的自主的民族国家”，然后本着友好精神，订立双边合作协定。[④] 1939 年，在穆斯林上层中酝酿着各种单独建国方案。有的主张未来伊斯兰国家不仅应包括西北印度，还应包括穆斯林占人口多数的孟加拉。有的主张南印度穆斯林居住相对集中的海得拉巴也应该包括进去。也有的主张散居印度其他地区的穆斯林都应是这个新的伊斯兰国家的国民。

1940 年 3 月，全印穆斯林联盟在拉合尔举行年会。就在这次会上，正式通过了建立伊斯兰国家的决议（3 月 23 日通过）。其中说：“在这个国家，任何制宪方案只有建立在下述原则基础上，才是切实可行的并能为穆斯林接受，即把地理上连接的单位划分为一些区域，其构成及必要的领土调整，应使穆斯林占人口多数的地区即印度的西北地区和东部地区合并组成独立的国家。”这就是著名的拉合尔决议。这个决议并没有把要建立的国家称为巴基斯坦，字面上没有用巴基斯坦一词。巴基斯坦意为“纯洁的土地”。乔杜里·拉赫马特·阿里在他的小册子里第一次使用这个词，他把他主张建立的伊斯兰国家称为巴基斯坦。据真纳后来说，是印度报刊和英国报刊在登载拉合尔决议的消息时用了这个词，真纳认为这正合自己的意思，故为他和穆斯林联盟接受。拉合尔决议因此也以巴基斯坦决议闻名于世。

从字面看，这个决议内容比较含糊。要成立的国家似是联邦性质，但

---

① B. 普拉沙德：《奴役与自由》第 2 卷，第 481 页。

② 贾米鲁丁·阿赫默德编《真纳最近的演讲著作集》，拉合尔，1943，第 155 页。

③ B. 普拉沙德：《奴役与自由》第 2 卷，第 484 页。

④ B. 普拉沙德：《奴役与自由》第 2 卷，第 484 页。

并未见联邦字样；地理界线也不明确，穆斯林占人口多数是就一个省来说，还是就省内的一片地区来说？孟加拉、旁遮普都是穆斯林人口稍多于一半，[①] 省内有大片地区（约半个省左右）是非穆斯林为主，这部分地区是否也应包含在新建国家内？决议没有说明。

拉合尔决议公布后，遭到国大党和印度各界强烈谴责。尼赫鲁说，巴基斯坦计划是愚蠢的，这样的国家恐怕连一天也存在不下去。甘地和拉贾戈帕拉恰雷谴责这个决议撕裂印度，危害国家和人民的根本利益。国大党越谴责，穆斯林联盟越坚持。针对甘地等的谴责，真纳回答道：统一的印度是英国造成的假象。“印度民族和中央政权并不存在。它只是国大党最高统帅部的方便的想象。”[②] 从此，为建立巴基斯坦而斗争就成了穆斯林联盟的主要纲领。真纳在这一年底的演讲中说：“世界上没有任何力量能阻止巴基斯坦的建立。”[③]

穆斯林联盟最终走上分立主义道路，与殖民当局长期鼓励、利用穆斯林教派主义是分不开的。1932 年英国首相麦克唐纳发表的关于教派社团问题的裁定书几乎接受了穆斯林联盟提出的所有要求，包括继续实行穆斯林单独选区制，在穆斯林占人口少数的省穆斯林在立法会议中的席位比例高于人口比例[④]，信德从孟买省分出单独建省等。省自治期间，穆斯林联盟攻击国大党省政府压迫穆斯林，英国统治当局则旁敲侧击地助阵，别有用心地说穆斯林在莫卧儿王朝时期是统治者，不会允许印度教徒统治他们。据穆斯林联盟联合省负责人卡拉奎扎曼说，他的印象是，穆斯林联盟提出单独建国的思想，英国印度事务部是不反对的。印度总督没有说任何不赞成的话，这给了穆斯林联盟以鼓励。1942 年 6 月 23 日，总督林里资哥在给印度事务大臣阿麦里的信中说，穆斯林联盟单独建国的要求及其整个行动表明“它是一支很有用的反国大党的力量”。在另一次信中，他又幸灾乐祸地说：今日印度的总的形势是“国大党在向陛下政府讹诈，而穆斯林联盟在

---

① 孟加拉省穆斯林占总人口的 54.7%，旁遮普占 57%，西北边省占 91.8%，信德省占 70.7%。

② 维·马哈江：《现代印度史》第 1 卷，第 313 页。

③ 博莱索：《巴基斯坦的缔造者真纳传》，第 161 页。

④ 按照麦克唐纳裁定书，穆斯林在各省立法会议中所占席位比例与穆斯林在各省所占人口比例情况，见附录 11。

向国大党讹诈”。[①] 这表明英国当局对穆斯林联盟提出分治主张是感到高兴的。英国统治当局并非确立了分裂印度的方针，它鼓励穆斯林联盟的分治要求是将其作为牵制国大党的手段。它知道，穆斯林联盟要求越高，与国大党的裂痕就越深；走得越远，两者达成协议的可能性就越小。这样，英国统治者就可以躲在它们矛盾的背后，抗拒印度民族独立的要求，并把责任推到印度人身上。自从穆斯林联盟提出单独建国的目标后，国大党与穆斯林联盟的对立就被推到无可挽救的地步。两者矛盾成了印度民族斗争道路上的最大最严重的障碍。

形势发展到这种地步，甘地也知道，要弥合国大党和穆斯林联盟间的鸿沟是极为困难了。但他仍然抱有希望，认为穆斯林联盟态度强硬是因为背后有英国当局的支持。他说：一旦英国退出印度，“我敢说，国大党、穆斯林联盟和所有党派都会认识到，在一起协商解决印度的治理问题是符合他们的利益的”。[②] 1942 年他提出英国退出印度的要求，这也是出发点之一。

1937 年后穆斯林联盟与国大党关系急剧恶化，穆斯林联盟走上分立主义道路，说明国大党在大选胜利后对穆斯林联盟的态度，特别是在建立联合省政府问题上的失策产生了多么严重的后果。不过，如果把原因都归结到这一点是不正确的。教派主义发展（双方的）有其经济、政治根源。只要这些根源仍存在，即便当时处理正确，也只能对它的发展起削弱、缓和作用，而不能根本阻止。1937 年后教派主义迅速膨胀的更重要原因，是省自治的实行使政权逐步转移到印度人手里成了现实问题，国大党在未来政权中占多数的前景使穆斯林资产阶级和地主感到忧虑，怕自己在伊斯兰社会中的经济和政治地位受到损害，于是便借助分立主义来保障这种地位，国大党在关键时刻失误，为这个趋势的发展打开了闸门。

---

① 胡钦斯：《印度革命、甘地和退出印度运动》，新德里，1973，第 147 页。

② B. 普拉沙德：《奴役与自由》第 2 卷，第 494 页。

第三十一章

二战期间和战后印度的经济发展

1939 年第二次世界大战爆发，印度又一次被英国拖入战争，成了它的兵力、物力、财力供应基地。

和第一次世界大战一样，第二次世界大战对印度社会经济产生了巨大影响。作用也是双重的：敲骨吸髓般的掠夺极大地加重了人民的负担，使下层群众的贫困有增无减；大量军事订货和对建立战时工业部门的鼓励，促进了工业的迅速增长，大大提升了民族资本在经济领域的地位。第二次世界大战时期是英国对印度的经济控制力由盛而衰的转折点。一方面，民族资本以远远超过英国资本的速度和规模增长；另一方面，英国在战争中蒙受重大损失，债台高筑，战后想卷土重来已力不从心。这样，从战争后期起，就出现了英印资本经济力量对比的急剧变化。战争结束后，虽然英国资本仍控制全印经济命脉，特别是交通、外贸、银行，但已处于严重退潮状态，而印度民族资本势力则蒸蒸日上，在许多领域扩大阵地，甚至上升到主导地位。英国在印度多年构筑的“黄金屋”严重动摇了。

一　战时对印度的掠夺和刺激工业发展的政策

第二次世界大战中，英国对印度物资、财政的掠夺较第一次世界大战更甚。印度军队由战前的 182000 人增至 200 多万人（1945 年年中），有 100 多万人被派到海外作战，王公另提供兵员 375000 人。伤亡共 18 万人，其中战死约 1/6。军事费用急剧增加。就英属印度说，1938～1939 年度军事开支占总预算的 40%，1944～1945 年度达 79%。整个战争期间，军事支出达 164

亿卢比，合 12.75 亿英镑。这还不包括与战争有关的其他开支，后者数量无法统计。土邦王公提供的军费和战争物资在 6500 万卢比以上。尼赫鲁在《印度的发现》一书中指出：“印度在五年之中所负担的实际战争费用，大大超过了英国一百多年来在印度投资的总和。”[①] 英国殖民当局对战争所需要的物资和各种军需品实行低价强制订货。在英属印度，1939 年订货总额为 2.8 亿卢比，1942~1943 年度增加到 24.7 亿卢比，1944~1945 年度为 14.5 亿卢比。其中棉布订货 1939 年为 5400 万码，1943~1944 年度增加到 12 亿码，增长 21 倍多。除满足印度军队需要外，印度的大量物资流水般输出，供应在中东战场及欧洲、亚洲战场的英国部队。印度政府从英国得到的不是现金支付，而是一笔冻结在伦敦英格兰银行的所谓“英镑结存”，算是英国欠印度的债务，而印度作为债权人却不能自由支配。到 1946 年 3 月，“存款”总额达 12 亿英镑，另外还清偿了印度欠英国的总额为 3.7 亿英镑的国债和铁路债券。这意味着，从印度输出物资总值达 15 亿英镑以上。

英印当局为了支付这大量的军费和货款，采取了滥发纸币、增税、借内债等手段，把重担转嫁到印度人民头上。1939 年印度流通的纸币总额为 23 亿卢比，到战争结束的 1945 年增至 121 亿卢比，增加了 4 倍以上。战争期间英印政府发行的公债也从 118.5 亿卢比增至 221 亿卢比。通货膨胀，物资匮乏，加上商人投机倒把，造成物价高涨。1940~1945 年批发价格指数上涨 117%，其中粮食、布匹涨价尤为猛烈。粮食批发价以 1939 年 8 月为 100，则 1945 年底为 238.86，1943 年 7 月一度上升到 300.2。零售市场由于奸商囤积，黑市猖獗，价格更远远高于批发价。大量的军事订货促使工厂主充分利用现有设备加剧剥削。延长劳动时间成了普遍现象。资本家得到暴利，如黄麻业的利润增长 8 倍，棉纺织业的利润增长 5 倍。工人劳动强度增加，实际工资却下降。1940~1945 年，工人生活费指数上涨 107%，实际工资指数下跌了 30%。广大下层人民缺吃少穿，陷入极端贫困境地。殖民当局为得到足够的粮食，不顾缺粮和年成不好的现实，照样征税征购和大量输出，以致饥荒连年不断。1943~1944 年发生了最严重的饥荒和瘟疫，肆虐地区包括孟买、孟加拉、比哈尔、奥里萨、阿萨姆、马德拉斯及其他一些地区。据估计，全印挨饿程度不同的人口不下 1.25 亿人，约占总人口的

① 贾瓦哈拉尔·尼赫鲁：《印度的发现》，第 668 页。

1/3。仅孟加拉一省就饿死了340万人。[①]

当战争要求印度最充分地发挥物资供应基地作用时，英国当局回顾以往的经济政策，为第一次世界大战后在一些部门采取了保护关税措施感到庆幸，同时也发现许多急需的物品，印度不能制造或供应量太少，说明以往的保护关税实施范围过窄，局限性过大。战争开始后，选择性保护关税政策受到了印度工业家越来越激烈的批评。为保证战时物资供应，当局不得不采取新的政策。1940年建立的科学和工业研究局，就工业的进一步发展提出设想。制定了培训各种技术人员的计划，包括让一些急需部门的印度技术人员去英国接受训练。最重要的措施是实行新的保护关税政策。总督参事会商务成员1940年6月对保护关税政策重新做了解释，宣布新工业部门只要建立在健全的基础上，在一定时期后可以自立，就都可以受到保护（如果必要）。这就打破了选择性保护的框框，大大扩大了保护范围，有利于建立各种新工业部门。

很快，一大批英国资本家和印度资本家开始筹划建立新的工业企业，不仅轻工业部门扩大，重工业也有多个部门开始筹建，其中有稀有金属冶炼加工、纺织机械制造、茶叶和食油加工机械制造、交通和电力设备、汽车修配、自行车和缝纫机制造以及一些化学工业等。由于战时进口设备运输上有困难，新建成的工厂数量不是很多，但门类较多。大量新工业部门的出现带动了一系列辅助性小型企业的产生。这样，就形成了多样化的产业门类。这是第二次世界大战期间印度工业发展最突出的特点。不过，新的保护关税政策在执行中仍有很多问题。最主要的是新建的关税局只有权规定三年以内的关税保护，三年以后另定，这对许多打算办重工业的人来说，前景是个未知数，一些人望而生畏，不敢冒险，影响了创业的积极性。

1943年，雇用1000名工人以上的大工厂有533家，占全印工厂总数的4.7%，共雇用工人1401389人，占全印工厂劳力总数的56.8%。其中，属于英资的工厂172家，占大工厂总数的32%，工人数514500人，占大工厂工人总数的36.7%；属于印资的工厂311家，占大工厂总数的58%，工人数808700人，占大工厂工人总数的57.7%；其余的工厂属于其他国家的资

① 这是加尔各答大学人类学家对灾区进行抽样调查得到的数字，官方的饥荒调查委员会统计人数是150万人。

本或国籍不明。

在印度注册的股份公司的增加可以看作工业发展的标志之一（见表31-1）。

表31-1　1939~1945年在印度注册的股份公司及其实收资本数的增长

单位：家，亿卢比

年份	公司数	实收资本
1939	11114	29.039
1940	11373	30.368
1941	11638	30.958
1942	12049	32.519
1943	12770	33.613
1944	13689	35.374
1945	14859	38.897

由表31-1可知，1939~1945年，公司数增长33.7%，实收资本数增长33.9%。

新工业部门都属草创阶段，即便建成投产，产量也有限。第二次世界大战中工业发展更主要表现为原有工业部门产量的增长。如棉纺织业1940年后政府订货占印度全部纺织产品的60%；1944年棉布产量48.52亿码，创历史最高纪录。第二次世界大战中停止进口棉纺织品，印度工厂产布除满足国内消费外，还大量向中国、澳大利亚、新西兰及非洲国家出口。1942年输出7720万码，比1938~1939年度输出多4.5倍。黄麻业是第二次世界大战中获利最高的部门之一，这促使英国黄麻厂主进一步扩大生产。到1942~1943年度，工厂数达113家，纱锭137.5万枚，织机67774台。黄麻厂规模一般较棉纺织厂大，机器也较新，生产效率较高。大战中由于黄麻织品供不应求，工人劳动时间最初延至每周80小时，资本家获得极高利润。钢铁业在第二次世界大战中得到空前发展。钢铁产量由战前的100万吨增加到134万吨，但不是靠增加设备和建新厂，而是靠最充分地利用现有设备。战争期间，钢铁价格由政府控制，虽然收购价压得很低，但由于订货充足，利润很高。除塔塔钢铁公司生产钢铁的绝大部分外，生产钢铁的还有迈索尔钢铁厂（20年代建立，1936年产钢）、孟加拉钢铁厂（1918年建立，1937年产钢）。制糖业战前已自给有余，第二次世界大战中一度向中东、英国出口，但生产成本高，销路不畅，加之国内需求量增加，故逐渐转为全部内销。水泥业在战争期间也有很大发展。由于国内建筑用钢材缺乏，建筑业发展受到限制，大量水泥输往国外，销售兴旺。

以下是几种主要产品在战争时期的产量（见表 31-2）。

表 31-2 1939~1945 年印度几种主要工业产品增长情况

	1939 年	1941 年	1943 年	1945 年
钢材（千吨）	781	1000	947	954
棉纱（百万磅）	1264	1537	1685	1644
棉织品（百万码）	4116	4531	4751	4711
黄麻制品（千吨）	1189	1194	1084	1086
糖（千吨）	695	1210	1075	967
水泥（千吨）	1720	2083	2118	2209
煤（千吨）	27768	29460	25512	28716
电力（百万度）	2532	3240	3576	4116

上述几种产品在战争结束时比 1939 年都有较大增长，只有黄麻制品例外，黄麻制品基本上供军用，战争开始时需要量最大，之后有所减少是正常的。其他产品或为民用，或军民两用，其产量的增加反映了战时工业的发展。

工业产值增长指数也是显示发展速度的一项指标。据统计，以 1939 年 8 月为 100，则 1939~1940 年度为 110.2，1940~1941 年度为 114.3，1941~1942 年度为 123.2，1942~1943 年度为 125.2，1943~1944 年度为 126.8，1944~1945 年度为 121.7。这表明产量整体上呈稳步增长势头。但由于某些产品（如黄麻制品、钢材）产量增加与军事订货有密切关系，军事订货的多少直接影响到产量。

当工业基础扩大、部类增加后，宏观规划是一个要解决的突出问题。1938 年国大党建立由尼赫鲁领导的计划委员会，是国大党为国家的未来工业发展做通盘规划的最初步骤。由于大战爆发，国大党省政府辞职未能完成。战争期间，一批大实业家继续这一工作，1942 年建立了战后经济发展委员会，拟定发展规划。他们的工作成果 1944 年发表，这就是著名的《孟买计划》。其内容包括主张在国家参与下发展重工业和基础工业，有些工业部门可以国营，有些基础工业在国家建立后应转售给私人，主张用通货膨胀、提高间接税和借外债等方式筹集资金。还主张实行土地改革，以促进经济发展。在这个计划上签名的有普·热库尔达斯、J. R. D. 塔塔、G. D. 比尔拉、斯里·拉姆、卡·拉尔拜、阿·什罗夫和约翰·马泰。在印度民族资本家的这一行动推动下，殖民当局1944年建立了计划发展部，负责拟定全国计划，并要求各省准备制订五年计划。但这项工作到1946年就停止了，因为英国当局此时要做的已不是拟定计划，而是准备移交政权了。

二 战后工业发展和英印资本实力对比的改变

1945年大战结束，英国虽以战胜国的身份走出战争，但已江河日下，今非昔比。它已经疲竭了，没有力量保持对印度的经济控制了。

在战争时期，印度清偿了欠英国的债务。如今印度成了债权国，英国反倒成了印度的债务国。

第二次世界大战结束后，印度的货币和汇兑制度改为与国际货币组织相联结。确定了卢比的相等含金量。从此，卢比脱离了对英镑的依附，又成为独立的货币体系。

战后，由于工业由战时生产向和平时期生产转轨，各工业部门都受到影响。大致说，由于军事订货停止，也由于战时设备磨损严重，新设备一时又供应不上，产量缩减是普遍现象。但是缩减幅度除棉织品、水泥外，一般不算太大，个别部门如煤、黄麻制品还稍有增加。以下是几种主要产品的产量（见表31-3）。

表31-3 1946~1947年印度几种主要产品产量

	1946年	1947年
钢材(千吨)	866	893
棉纱(百万磅)	1398	1315
棉织品(百万码)	4025	3816
黄麻制品(千吨)	1088	1051
糖(千吨)	901	925
水泥(千吨)	2035	1441
煤(千吨)	29280	30000
电力(百万度)	4032	4140

注：1947年的数字不包括分治后的巴基斯坦的数字。

战后，出现办企业高潮。战时建立的工业新部门（英资、印资都有）经过1945年关税局审查批准，大都得到了短期的关税保护。这使得建立新工业部门的趋势继续发展，这一趋势由于战后出现印英、印美合资的新趋向而更得到加强。这次办企业高潮是印度人担任主角。1945年印度新成立公司1170家，1946年增至2484家，1947年增至4510家。1947年公司总数达21853家。印度全部股份公司的实收资本1944年是35.37亿卢比，1947年增至47.94亿卢比。1945~1947年，又出现了一批新工业部门，如汽车制造、机械和机车、飞机制造、电气建筑设备等。这样，在印度独立时，印度的工业（含印资和英资）已大致形成一个体系。轻重工业的许多部门都已建立。铁路达40524英里，公路115000英里。钢铁、电力、纺织品等主要工业品的产量以及交通设施的发展程度，在亚洲殖民地半殖民地国家中居首位。

然而，已形成的工业体系是不完整的，是有很大缺陷的。部类缺乏配套，布局集中于少数城市，资源缺乏合理开发与利用，工农业发展不同步，农业落后于工业等，这些都不利于工业的进一步发展。更重要的是机械制造业薄弱。除纺织机械工业初具规模外，其他机械工业主要是装配和修理业，许多部门连装配修理业都没有，完全是空白。这就使这个体系成了一个虽有躯体但心脏不全、自身没有充分供血能力的残缺体系。所以出现这种情况，不能不认为是英国的蓄意安排。英国当局从帝国战略利益考虑不能不让印度工业有较大发展，但绝不愿印度成为一个有独立的、完整的工业体系的国家，因为那意味着未来英国将完全失去对印度的控制力，不仅在政治上，而且在经济上。战争时期和战后，英国殖民政权都使兴建工业成为一种完全自发的行动，从未做全面规划。1944年建立计划发展部也主要是作姿态，并没有真正付出努力。更明显的是，英印当局一直采取直接间接措施，控制机械工业设备的进口，人为地阻挠印度机械制造业的发展，以确保印度未来工业发展仍然依赖英国，形成一种结构性依附。对于这一点，尼赫鲁是看得很清楚的。他在《印度的发现》一书中激烈谴责英国阻挠印度发展机械工业，说第二次世界大战的战争需要都未能使他们改变态度。印度工业虽有发展，但工业产值在国内生产总值中所占比重仍然是很低的。印度独立后的1948~1949年度统计数据显示，工业产值仅占国内生产总值的17.1%，独立时就更低了。农业人口依然占全国人口的80%以上，绝大多数农民依然处于贫困状态，印度依然是一个经济不发展的国家。

英国资本家在战争时期获得巨额利润，特别是大经理行。一家叫吉兰德-阿布特诺公司的经理行实收资本 1230 万卢比，战争时期和战后的利润就达此数。大经理行同样利用英国当局放宽保护关税兴办新工业企业，把势力伸向一个又一个新工业部门。第二次世界大战前期是英国经理行势力发展的巅峰时期，经理行控制的企业数和实收资本数随着新工业部门的建立进一步增加。到 1947 年，21 家最大的经理行共控制 934 家股份公司，涉及的工业部门包括黄麻、茶叶加工、棉纺织、采矿、化学、水泥、造船、运输、制糖、钢铁、机械制造、电力等。殖民当局拥有的企业也有所增加。据 1943 年统计，除掌握铁路和大型水利工程外，英国殖民政权还拥有 533 家 1000 人以上的大型企业中的 26 家，内棉纺织厂 7 家、建筑业 6 家、出版业 4 家、造船业 1 家、其他 8 家。

但是从战争后期起，英资在印度的实力就开始下降。第二次世界大战中印度清偿欠英国的债务意味着英国对印度的资本输出总额大大下降。大战结束后，鉴于印度独立斗争胜利的前景已经明朗，有些英国资本家开始抽撤资本，出卖部分股票，甚至出卖企业，出卖经理行经理权。有的为了创造条件能在未来独立后的印度继续经营，把在英注册的英镑公司改为在印注册的卢比公司，并吸收印资参加，搞合资经营，以便在未来取得外资企业可能得不到的优惠条件。也有一些英国公司以与印资合营的形式来印度投资或增加投资，建立新企业。1947 年初，几乎所有工业部门都出现了英印合营公司。最重要的，如比尔拉和纳菲尔特公司合资建立印度斯坦汽车公司，后者除提供技术外，还掌握着 25%～30%的公司股份；塔塔与帝国化学公司合作建立化学工厂，生产染料等。不过，新增投资量远少于抽撤资金量，所以生产领域的英国投资量总的来说比过去有所减少。印度独立前英国投资额还剩多少没有确切数字，独立时属于殖民政权的企业移交给了印度政府，剩下的是私人投资。1948 年，据印度官方调查，在印外国私人投资总额 30.2 亿卢比，其中 72%属英资。

印度民族资本家在大战中同样获得了巨额利润。孟买纺织厂主战时获利 9.2 亿卢比，而他们投入的资本仅为 1.35 亿卢比，年平均利润比战前增长了 10 倍。塔塔钢铁公司 1937～1938 年度纯利是 4110 万卢比，1944～1945 年度是 8610 万卢比，增长一倍以上。大量财富的积累，使民族资本家有可能在大战中一面筹建新工厂，一面收买英资股票、企业、经理权，向英资阵地进军。如东印度的穆·班古尔战后从加尔各答英国经理行手中购进一大批黄麻厂。阿萨姆的部分茶叶种植园、南印度的部分橡胶种植园转到印度人手中。1943 年，巴格拉收买了英国经理行沙逊公司在孟买的 6 家纺织厂的经理权。辛哈尼亚财团用 700 万卢比接管了沙逊公司在坦纳的一家纺织厂。达尔米亚取得了《印度时报》经理权。南印度的汤麦斯财团购进了马德拉斯的一家英资纺织厂和分布在南印度各地的许多种植园。塔塔财团购买了英国帝国化学工业公司部分股票。比尔拉财团买进锡尔丝绸公司，还有一批茶园和其他企业。

战争时期，特别是战后，民族资本家建立了大批工业企业，进入了以兴建重工业为主的阶段。如塔塔财团建立了印度钢管公司、塔塔机械和机车公司，后者是印度第一个生产火车头和车厢的大企业。比尔拉财团在战时着手发展机械制造业，1943 年建立了纺织机械制造公司，1944 年建立了电气建筑设备公司，1946 年建立了国民机械公司，在英国不愿印度发展机械制造业的情况下，为印度创建这个极重要的工业部门做出了贡献。战时和战后，比尔拉财团建立的大型工业企业还有印度斯坦汽车公司（1942）、印度自行车公司（1939）、印度斯坦煤气公司（1944）、贾舒里纺织工业公司（1944）、大众电缆公司（1945）、瓜辽尔人造丝公司（1947）等。西印度的拉·基洛斯卡在战争中成立迈索尔基洛斯卡公司生产机床，1946 年在浦那成立柴油引擎公司，生产柴油机，并在班加罗尔成立电气公司，生产电动机。卡·拉尔巴伊战后进入化学工业领域，创办了尼拉产品公司、阿图尔产品公司等，是当时印度化学品最大的制造商之一。瓦尔昌德财团战时创办了印度第一家飞机制造厂——印度斯坦飞机公司和印度第一家汽车公司——第一汽车公司。前者于 1941 年制造出第一架哈罗训练机，后者于 1947 年生产出第一批卡车和轿车。东印度的辛哈尼亚财团战后在炼铝、化学等工业方面大量投资。北印度的斯里·拉姆财团战后也建立了大型化工厂，生产各种化工原料。南印度的塞夏赛依 1941 年首次在印度制造出烧碱。

在创建新工业企业和收买英资企业的过程中，一些民族资本大工业家通过经理行大大扩展了经济实力。这样就出现了一批新的民族资本的垄断财团，如班古尔财团、依斯巴加尼财团、戈恩卡财团、占依浦里亚财团、波达尔财团等。不过，这些新财团在实力上远不能和塔塔、比尔拉这些原来的财团相比。塔塔财团在战争结束时在工业中的总投资是 8.5 亿卢比，到独立时依然是印度民族资本中资产遥遥领先的第一大垄断财团。比尔拉财团 1946~1947 年度的资产是 2.185 亿卢比，仅次于塔塔财团。

战时和战后，民族资本银行业也有很大发展。战时银行资本增长一倍，存款总额增长 2.5 倍。一个突出的现象是，垄断财团大举进入金融业，直接控制银行，工业资本与银行资本融合的过程加快。塔塔财团和瓦尔昌德财团在战前就拥有自己的银行，这些银行在战争中获得了迅速发展。塔塔财团的印度中央银行的储备金 1939 年是 870 万卢比，1945 年增加到 2220 万卢比。同时期，存款额从 2.9 亿卢比增加到 10.5 亿卢比，利润从 310 万卢比增加到 1.22 亿卢比。瓦尔昌德财团的巴罗达银行同样得到了很大发展。比尔拉财团 1943 年创办联合商业银行，实收资本 1000 万卢比。达尔米亚-贾因财团 1942 年创办巴拉特银行，实收资本超过了塔塔的印度中央银行。这些银行不久都进入印度最大的商业银行行列。1943 年，6 家最大的印度银行拥有全部印度银行（不包括印度帝国银行和汇兑银行）实收资本的 1/3、全部储备金的一半以上和全部存款的近 70%。当然，不能和印度帝国银行相比，1945 年底，它有实收资本 5625 万卢比、准备金 6075 万卢比、存款 25.937 亿卢比。英国银行在印度银行业中仍占统治地位。不过，印度垄断财团也渗入印度帝国银行，购买了越来越多的股票。一些民族资本家如塔塔、戈恩卡还进入了该行董事会。财团有了自己的银行后，工业资本与银行资本融为一体，在经理行制度下形成的垄断，其基础更加坚实。

印度垄断财团在发展实业的过程中得到一些土邦王公在资金上的参与。瓜辽尔王公与塔塔、瓦尔昌德、比尔拉等财团都有密切关系。斋普尔王公与辛哈尼亚财团有密切联系，支持后者创立斋普尔银行，并在其董事会中拥有三个席位。巴罗达王公与瓦尔昌德财团有较多合作。海得拉巴王公则握有许多财团所属公司的股票。最大的水泥垄断组织——联合水泥公司董事会中有 8 名董事代表不同的王公。这些王公参与办实业，有自己谋取经济利益的考虑，也有发展本土邦或周围地区经济的考虑。他们的参与对资本家是很大支持，但资本家只是利用他们的财力，在决策上并不受王公影响。

印度垄断组织经济实力迅速增长。大战前夕，印度财团控制的企业只相当于英国大经理行控制企业数的 1/3，到独立前夕，已达到与英国大经理行比较接近的地步。据统计，1948 年，32 家英国大经理行控制公司 712 家，44 家印度大经理行控制公司 626 家。若以单个经理行论，则没有一个英国经理行的资产额可以和塔塔父子公司相比。印度财团在工厂企业方面已达到与英资分庭抗礼的程度。黄麻业原是英资垄断的部门，到 1943 年，至少 75%股份资本已属印资。当然，如果把交通设施、银行考虑在内，英资（私营和公营）在全国经济中的优势地位仍然是无可置疑的。

民族资本有了这样的发展后，对仍处在英国资本的竞争和压制下愈发感到不能容忍。因此，民族资本家包括垄断财团对国大党在战争时期坚持独立要求的立场都抱支持态度。

第二次世界大战时期和战后，在英国资本处于退潮的情势下，美国资本力图乘虚而入。印度民族资本家兴建新工业部门需要引进技术，为美资渗入提供了机会。美国资本家主要是通过与印资合营的方式渗入。1944 年末，塔塔、比尔拉、辛哈尼亚等人组团访问英美，结果是建立了第一批印美合资公司。在汽车工业方面，有比尔拉的印度斯坦汽车公司与美国斯蒂诺克公司合营，瓦尔昌德的第一汽车公司与美国克莱斯勒汽车公司合营；在无线电和电气设备工业方面，有法扎尔霍光音器材设备公司与美国无线电公司合营等。美国在印度的投资额不多，但它既是派技术人员来又是派技术考察团来，加之印美贸易额急速上升，英国有充分理由怀疑美国在印度有扩张野心。美国技术考察团提出的发展印度工业的建议，英国当局故意置之不理。它极不愿意美资趁它衰弱来抢夺它的地盘。

英资、印资实力对比的变化及美资的渗入在印度外贸上也清楚地表现出来。战后印度许多种产品（棉织品、钢铁、食糖、煤等）都已能自给，甚至有余。这些产品的输入基本停止。进口商品中工业设备和原料大大增加，出口商品中工业制品占越来越高的比重。以下是 1938～1939 年度和 1946～1947 年度商品输出入情况的对比（见表 31-4）。

表 31-4　1938～1939 年度和 1946～1947 年度印度外贸构成的变化

单位：%

	在输出总值中占比		在输入总值中占比	
	1938～1939 年度	1946～1947 年度	1938～1939 年度	1946～1947 年度
食物、饮料、烟草	24.0	19.5	15.8	33.8
原料	45.0	31.0	21.0	19.9
制造品	29.3	48.0	60.9	44.4

输入商品中工业制造品大量减少、输出商品中工业制造品的增多都反映了印度工业的发展。由于战时和战后工业发展是以印资为主，工业品方面输出的增长正是民族资本增强的表现。印度的外贸对象直到战前无论在输出还是输入方面，都还是英国保持首位。第二次世界大战中，由于美国“租借法案”适用于印度，美国向印度运入大批军火、工业材料、粮食等，1945 年在印度输入中超过英国而居第一位。作为回惠物资，美国每年从印度输入大量橡胶、云母、锰、麻制品等。战后印美贸易额又降至英印贸易额之下，但仍占相当比重。美国官方人士对帝国特惠制不断发动攻击，表明美国非常希望在印度得到更有利的商业竞争地位。

三　战时和战后农业状况

大战期间，粮食和轻纺产品的大量输出以及工业对原料需求的增长使农业商品经济的发展得到进一步加强。经济作物播种面积又有扩大。农作物上市量在总产量中所占比重进一步提高。战后，各种农产品进入市场的比重为大米 65%、花生 76%、芝麻 78%、油菜籽 89%、黄麻 100%、棉花 100%，表明农业已被深深卷入市场。

粮价和原料价格不断上涨，使商人、地主得到很大利益，部分富裕农民也得到好处。地主和富农、富佃添置新工具改善经营的较前增多。孟加拉省政府 1940 年对全省使用农业工业情况做了调查，结果如表 31-5 所示。

表 31-5　1940 年孟加拉农村使用农业工具情况

单位：件

种类	件数
木犁	4330804
铁犁	6304
马车	821194
能源动力甘蔗粉碎机	128
畜力甘蔗粉碎机	17670
柴油水泵	128
电动水泵	55
拖拉机	52

这个材料一方面说明生产工具仍十分落后，以传统的木犁为主要工具的局面依然保持，另一方面也可看到多少使用了新式农业机具，表明农业生产力稍有提高，也意味着农业资本主义经营的因素有了稍微增长。据联合省 1946～1947 年度调查，该省地主中拥有 50 英亩以上自营地的有 9073 户，其中办农场的 401 户，雇工经营，内有 50～70 个农场使用农业机器，占农场总数 12%～18%。少量农场已带资本主义性质。当然，在全印，依然是沙漠中之星点绿洲。

和工业方面不同，印度农业由于生产力没有显著变化，经营方式基本上一仍旧贯，产量的增加是很缓慢的。1939～1947 年主要农产品的产量如表 31-6 所示。

表 31-6　1939 年和 1945～1947 年印度几种主要农产品的产量

	1939 年	1945 年	1946 年	1947 年
大米(百万吨)	23.9	28.2	26.7	28.1
小麦(百万吨)	10.0	10.6	9.0	7.8
其他谷物(百万吨)	12.7	15.6	13.6	12.9
豆类(百万吨)	3.0	3.9	3.8	3.6
糖原料(百万吨)	3.4	5.5	5.4	5.6
茶叶(百万磅)	443	575	—	—
咖啡(百万磅)	40	39	56	—
黄麻(百万包)	9.7	7.8	5.4	1.7
棉花(百万包)	5.1	3.6	3.5	3.6

这个统计说明，农业产量在 1939 年后至独立时期增长有限。粮食作物（大米、小麦、其他谷物）总产量和豆类产量只是略有增长。经济作物中，糖原料（甘蔗）产量增幅较大，棉花与黄麻产量反而大幅度下降。当然，后者与军事订货停止有直接关系。

英国统治印度，除兴修水利外，在农业上一向投资甚少，英人办农场的（不包括种植园）几乎没有，以致形成工农业发展不同步的畸形现象。农业的落后不但加剧农民的贫困，对工业发展也起制约作用。1921 年起出现粮食短缺，依靠进口。第二次世界大战末期和战后粮食短缺严重，从 1945 年起每年需要进口粮食 250 万～300 万吨。这正是把印度作为农业附庸国剥削必然会造成的恶果。

大战期间，土地兼并趋势继续发展。1943 年大饥荒中，孟加拉在一年内（1943 年 4 月~1944 年 4 月）就有 92 万户佃农完全或部分出卖佃耕地，67 万户佃农抵押耕地，也就是说有 25%的佃农出售或抵押了佃耕地。1946 年奥里萨地税和地权委员会对 18885 户农民进行调查，所得结果是：在 15 年中，由实际耕种者转到非农业人口手中的土地，占土地总面积的 3.5%。土地买卖的继续发展促进了地产进一步集中。据印度经济学家波尼瓦·赛恩统计，战后初期地主和靠地主养活的人口占全部农业人口的 2%，却拥有全部土地的 70%。另外，由于人口增加，农民平均耕种土地面积进一步减少。独立前夕，印度有 2/5~1/2 农户耕地在 5 英亩以下，以每户 5 口人计，平均每人不到 1 英亩。

大战期间，各省租佃立法活动均告停止。实行柴明达尔地税制时法定的佃农大多得到了佃权，而分成制佃农、地主自营地佃农除极少数人外，都没有佃权。莱特瓦尔地税制地区的佃农（绝大多数也是分成制佃农）基本上没有佃权。这种情况一直保持到独立。分成制佃农的人数没有确切统计，但从其耕种土地所占比重可以略知大概。如旁遮普独立前 3117 万英亩耕地中，无权佃农耕种 1526 万英亩，占近 50%。据联合省等四省独立前夕调查，分成制佃农耕地占总耕地的 30%~50%。独立初，分成制佃农耕地占总耕地的比重，在西孟加拉是 40%，在全印是 40%~50%。除佃农外，还有庞大的农业雇工队伍，其人数超过 3000 万。其中 15%为常年雇工。靠农业雇工耕种的土地占相当比重。1946 年在孟加拉对 46000 农户进行的调查表明，26.8%的耕地完全或部分靠雇工耕种。奥里萨在独立之初靠雇工耕种的土地占 25.6%。农业雇工的工资是极其低下的，他们的生活状况与无权佃农相当，甚至不如。占农业人口如此大比重的无权佃农和农业雇工继续遭受苛重的剥削、压迫，处境毫无改善，这两部分人成为农村赤贫。这就是殖民统治下半封建农业体制生成的最大溃疡，也是农村贫困落后面貌得不到根本改变的根源。

第三十二章

第二次世界大战前期的民族斗争

英国统治者把印度拖入第二次世界大战的做法是故伎重施，第一次世界大战他们就是这样做的。然而，和第一次世界大战时期不同，这一次，印度各民族主义组织不再盲目地无条件支持英国作战，而是力求利用战争带来的新形势，继续推进印度的民族运动。时代不同了，客观形势不同了，民族组织在斗争中积累了丰富的经验，政治上日趋成熟。英国统治者的花言巧语过去曾把印度人民带入梦幻世界，如今再也没有这种魔力了。

一　印度被拖入帝国主义战争和印度人民最初的反战反英活动

1939 年 9 月 3 日，英国对德宣战。同一天，印度总督林里资哥奉内阁指令，在未经任何磋商的情况下，就专断地宣布印度为交战国，又一次把印度拖入世界战争。这一行动激起印度各界人民的极大愤慨。正如尼赫鲁所说："一个人——他既是外国人，又是一种可恶的制度的代表——竟能够把 4 亿人投入战争中去，而对他们连最起码的商量都没有过。""千百万人的命运就可以这样地被决定"，"它伤透了印度的心"。[1] 不仅如此，英国当局为了预防印度人民的反抗，匆匆通过一系列镇压法令。9 月 3 日颁布了《印度国防法》，授权警察部门可以驱散群众集会和示威游行，封闭报刊，并对一切它认为"有碍国防"的人，不经起诉即可监禁。英国议会匆忙通过了 1935 年《印度政府法》补充法。根据该法，印度总督和各省省督有权

① 贾瓦哈拉尔·尼赫鲁：《印度的发现》，第 564 页。

“为了印度的和平与安宁”解散自治省政府，由省督接管，另派专人治理。这个法令显然是为了预防国大党和其他掌握省政权的政党利用自治省政府妨碍和反对英国的战争努力。

国大社会党、前进集团、印度共产党及它们影响下的左翼群众组织走在反战反英活动的最前列。1939 年 10 月，印共政治局通过一项关于战争的决议，指出德国是发动战争的罪魁，同时也指出，德国发动战争是受到英帝国主义怂恿。英帝国的政策是鼓励法西斯侵略，把祸水引向苏联。这是一场帝国主义战争，印度决不应支持英国作战。决议提出印度人民当前的任务是用革命手段，利用战争危机，以求实现民族独立。共产党因仍处非法状态，党员此时继续在国大社会党内活动，力求影响国大党的决策。国大社会党也持坚决反战反英态度。党的成员在工农和青年组织中积极开展活动，发动群众参加反战斗争。它提出不让英帝国主义利用印度的任何人力财力物力进行帝国主义战争。鲍斯领导的前进集团积极反战并号召趁英国陷入战争的机会，立即开展不合作运动，夺取反英斗争的胜利。鲍斯本人奔走全国各地，做反战演讲，号召人民为争取独立，用非暴力方式进行不调和的斗争。十个月内他发表演说数百次。

在左翼领导下，群众性的反战活动迅速展开。在宣布印度参战后，马德拉斯就举行了群众反战大会和示威游行。10 月 2 日，在共产党人发起下，孟买有 40 个工厂共 9 万工人举行了一天的反战政治罢工。学生和市民奋起响应。在群众反战集会上，响彻了“打倒帝国主义战争！”“反对把印度拖入战争！”等口号。10 月以后，工人反战罢工在许多地区展开。这时，随着印度进入战时状态而出现的物资短缺、物价上涨、投机盛行等现象已开始影响到工人的生活，反战斗争与争取改善生存条件的斗争紧密结合在一起。1939 年 9~12 月三个月里，就发生 110 次罢工，有 17 万人参加。左翼也组织有些地区的农民参加反战斗争。在联合省，到处举行的反战集会常有农民参加。在马德拉斯的马拉巴尔地区，农民协会单独召开农民反战大会。在喀拉拉、安得拉、旁遮普、孟加拉，都举行了农民反战示威游行。积极参加反战活动的还有大学生组织、青年组织、妇女组织及其他群众组织。国大社会党、前进集团和印共由于方针近似，因此继续在反战中实行某种联合。1939 年 10 月在那格浦尔召开了全印工人、农民和大学生组织反战会议，国大社会党、前进集团和印共都参加了。会议通过决议，指出战争的帝国主义性质，对把印度拖入战争表示坚决反对，号召群众积极行动，奋力推进争取印度独立的斗争。这次会议在群众中影响很大，使反战反英活动在全国广泛开展起来。

国大党领导层对英国统治者专横地把印度拖入战争同样持反对态度，但对这场战争，它有自己独特的方针。国大党宣布抵制中央立法会议的例会以示抗议。9 月 14 日，工作委员会通过了关于战争的长篇声明，正式表明国大党的立场。声明谴责德国对波兰的侵略，谴责法西斯主义和纳粹主义，对反抗侵略的各国人民表示深切同情。讲到对战争的态度，声明强调指出，印度是否参战必须由印度人民自行决定。如果英国进行这场战争真的如它所宣称的那样是为了捍卫民主自由，印度就准备与它合作。但英国必须给予印度以自由，并应首先结束英帝国范围的殖民统治。印度决不能在自身的自由被剥夺的情况下，戴着镣铐去参加一场号称是为了民主自由而进行的战争。“如果战争只是为了保卫现状，保卫帝国主义的属地、殖民地、既得利益和特权的话，印度就与这场战争毫不相干。”① 声明进而要求英国当局直截了当地宣布自己的战争目的和打算，特别是“这些目的将如何运用于印度和如何在目前实行”。② 工作委员会没有就国大党是反战还是支持战争做出决定，而是说要根据了解到的事态真相和形势发展再做决定。从这个声明中可以看到国大党对战争的帝国主义性质和英国的作战目的是清楚的，事实上，1939 年 8 月，即战争爆发之前，工作委员会就曾发表声明，谴责英帝国主义在捷克斯洛伐克和西班牙“对民主的背弃”。③ 但它不想简单地用反战来解决，而是希望利用英国的困难，迫使它对印度的民族要求做根本性的让步。也就是说，国大党对战争的态度取决于英国是否接受印度的民族要求。从内心说，国大党领导人是倾向于支持英国作战的。这有两方面的原因。第一，这场战争中，德意日法西斯采取咄咄逼人的侵略政策，肆无忌惮地欺凌弱小国家，激起世界人民公愤。国大党是深刻同情被侵略国家的反法西斯斗争的。第二，印度参加战争成为英国物资供应基地对民族资本的发展不无好处，这是第一次世界大战证明了的事实。民族资产阶级特别是大财团对支持英国作战是不反对的，这自然会影响到国

① 贾瓦哈拉尔·尼赫鲁：《印度的发现》，第 565~566 页。
② 贾瓦哈拉尔·尼赫鲁：《印度的发现》，第 567 页。
③ 贾瓦哈拉尔·尼赫鲁：《印度的发现》，第 562 页。

大党的态度。但国大党从第一次世界大战中自己的失策吸取教训，坚持一条原则，即不要放过这个压迫英国让步的好机会，在英国不答应印度民族要求之前，无论如何也不能贸然合作。它不再相信英国统治者会以德报德，坚持必须先答应要求再支持。这反映了国大党政治上的成熟，也表明它本身力量已发展壮大，敢于进行针锋相对的不妥协的斗争了。

9月14日声明的起草者是尼赫鲁，他在促使国大党采取这个策略性很强的立场方面起了主要作用。尼赫鲁作为甘地的接班人此时实际上已和甘地一起担负起了国大党的领导责任。正是从国大党全局考虑，他的政治态度已逐渐与国大社会党、前进集团拉开距离。他的着眼点是保持国大党团结，主张左翼要带动国大党大多数人一道前进，而不是自己远远冲到前面，与大多数脱离。所以，一切他认为会引起党的分裂的主张和行动他都不赞成。这种立场，国大社会党和前进集团自然是反对的，他受到鲍斯的严厉谴责，说他“背叛左翼”，“脚踩两只船”。[①] 但是他原来在党内的大批追随者拥护他、支持他。国大党右翼在新形势下也乐意接受他的较激进的民族主义立场。这样，尼赫鲁就成了新的轴心，成了把国大党左右翼大多数人团结在共同的旗帜下斗争的聚合点。在甘地不再能继续有效地起这种作用的时候，尼赫鲁及时地填补了这个空缺，这对国大党在新的艰难条件下齐心协力进行斗争具有重要作用。这样看来，鲍斯对他的指责不能不认为是失之狭隘和偏颇了。

9月14日声明甘地也是同意的。但甘地与国大党不同，他是战争的原则上的反对者，主张非暴力也适用于对外，就是说，即便英国答应印度民族要求，国大党提供的合作也只能限于道义上物资上的支持，印度决不能参战。有人问他，为什么第一次世界大战中他替英国募兵？他说他的非暴力思想当时还处在形成过程中。这个重大分歧使他与国大党不能始终保持行动一致，两者若即若离。

穆斯林联盟对战争有自己的方针。它表示可以有条件地支持英国的战争努力。9月18日，穆斯林联盟通过决议，对同盟国的事业表示同情，同时指出英国政府要得到穆斯林联盟支持，必须满足它的两个条件，即在国大党执政的省给穆斯林以“公平待遇”；今后实行任何宪政改革和制定新宪

---

① 潘迪：《尼赫鲁传》，伦敦，1976，第219页。

法时其方案必须得到穆斯林联盟的同意。这意味着，它对战争的态度主要是以伊斯兰教派利益为转移，它想利用战争迫使英国满足它的教派利益要求。印度教大会的态度与穆斯林联盟正好相反，它表示可以支持英国作战，条件是英国保证不偏袒穆斯林。

无条件支持英国作战的，只有土邦王公和大地主这些英国殖民统治者的忠实奴仆。

英国殖民当局对印度人民的反战运动立即加以镇压。打击矛头主要指向印共、国大社会党、前进集团和它们所影响的工农组织。大批活动家被捕。许多进步报刊，包括印共的《民族阵线》周刊、《新世纪》月刊遭到查禁。殖民当局想把国大党和穆斯林联盟拉过去，但根本不打算接受国大党提出的要求；对穆斯林联盟提出的要求，因怕引起国大党反感也不敢贸然答应。1939 年 10 月 17 日，英国政府公布了白皮书，作为对国大党和穆斯林联盟的答复。它回避明确宣布英国的作战目的，特别是这一目的如何适用于印度，只是说英国终将使印度获得自治领地位；战后将与印度各政党、教派团体和王公代表协商修改 1935 年《印度政府法》；战时打算扩大总督行政会议，让更多印度人参加，并成立一个由印度各政党团体代表组成的咨询机构，以便使印度舆论支持英国的战争行动。

英国政府的答复实质是公开表明它不准备在对印政策上做根本性的让步，清楚地显示了它打出的“为民主自由而战”的旗号的虚伪性，它参加战争所追求的目标仍然是帝国主义的。国大社会党、前进集团和印共越发坚定反战反英斗志，加强了自己的活动。国大党也对英国的答复感到失望。甘地说：“国大党要求的是面包，得到的却是石头。”① 国大党态度逐渐强硬起来。

10 月 22 日，国大党工作委员会通过决议，谴责英国坚持帝国主义政策，宣布对于英国的战争努力不给任何支持。关于印度的民族要求，决议具体提出以下几点：允许印度战后独立，召开全民选举的制宪会议制定印度宪法，决定印度未来地位；立即成立责任政府。并警告英国当局，如果这些要求遭到拒绝，将再次发动文明不服从运动。10 月 24 日，甘地宣布国大党工作委员会已授权他随时发动不服从运动。国大党工作委员会还决定，

① 《圣雄甘地全集》第 70 卷，第 267 页。

作为对英国顽固态度的强烈抗议，所有国大党省政府全部辞职。1939 年 10 月 23 日至 11 月 25 日，8 个省的国大党省政府都辞了职。国大党希望以此对殖民当局施加强大压力。但殖民当局早有准备，各省省督根据英国议会通过的 1935 年《印度政府法》补充法接管政府，解散立法会议，另外指定其代理人协助治理，实际上大权全操在省督手里。正如尼赫鲁所说：“每个省份都是保持着省督一人的统治，而我们就在战争的借口和迷雾下再次倒退到 19 世纪中叶的彻头彻尾的独裁政治里了。”① 非国大党掌权的孟加拉、信德、旁遮普三省省政府没有辞职。不仅如此，对国大党省政府辞职，穆斯林联盟组织了“庆祝”活动，庆祝穆斯林“从国大党枷锁下解放出来”。这一教派主义的行动大大减轻了殖民统治当局因国大党省政府辞职而感受的压力，帮助它渡过了战争时期遇到的第一次严重危机。

殖民政权趁势进一步拉拢穆斯林联盟，打击国大党。1940 年 4 月 18 日，印度事务大臣宣布，印度未来宪法的制定必须以国大党与穆斯林联盟等少数派达成协议为前提条件。这实际上是答应了穆斯林联盟在战争开始时提出的支持英国作战的条件，在穆斯林联盟和国大党中进一步打入楔子。但穆斯林联盟在通过巴基斯坦决议后，又把英国支持巴基斯坦要求作为穆斯林联盟支持英国作战的条件，英国当局不敢答应，穆斯林联盟对战争的态度也就停留在“善意的中立”上。②

二 反战不合作运动

1940 年上半年，国大社会党、前进集团和印共领导的反战活动进一步发展。1 月 26 日是独立日，许多城市举行了声势浩大的群众集会、示威游行和抗议罢工，主要口号是反战和争取独立。左翼仍采取一致行动。

可是不久，国大社会党、前进集团和印共发生分裂。原因之一是对于用什么方式反战各党主张不一。印共主张总罢工，甚至开展革命战争。鲍斯和国大社会党领导人当时主张开展非暴力的群众斗争。这导致了双方关系的紧张。1940 年 3 月，双方都在领导人讲话中或出版的小册子中指责对

---

① 贾瓦哈拉尔·尼赫鲁：《印度的发现》，第 571 页。

② 博莱索：《巴基斯坦的缔造者真纳传》，第 169 页。

方。印共与国大社会党关系破裂除这个原因外，还因为国大社会党对共产党人在该党中影响的增强产生猜忌。1938 年，国大社会党执委会中有三分之一委员是印共党员。整个安得拉、泰米尔纳杜、喀拉拉地区国大社会党组织处在印共影响下。1939 年印共在国大党全印委员会中有 20 名委员。印共在工农组织中，特别是在全印农协中的力量迅速增长。这一切引起国大社会党领导层的不安。双方的摩擦随之发生。由于在反战方式上主张不同，矛盾趋于激化。1940 年 3 月，国大社会党执委会决定清除全部参加国大社会党的共产党人。印共也做出决议，撤出所有加入国大社会党的党员，原为国大党成员的不在此限。左翼统一战线至此破裂。

处在半公开状态下的印共，在左翼战线分裂的情况下，产生了左倾冒险主义。它轻率地提出了“变帝国主义战争为民族解放战争”的口号，并认为起义时机已到，在 1940 年 3 月发表了名为《无产阶级道路》的政策声明，在没有做任何准备的情况下，号召举行政治总罢工，并准备转入武装起义。当然这只是空中楼阁，没有得到任何政治力量的支持。这年 3 月起至年中，英国殖民当局对印共领导人实行大逮捕。印共领导人兰那地夫、阿约艾·高士、丹吉、卡特及大批骨干、积极分子共 480 人被捕，印共领导机构陷于瘫痪。国大社会党这时还不主张武装斗争，但其领导人纳拉扬、全印农协主席萨拉斯瓦蒂、总书记兰加等一批活动家也因积极反战被捕。鲍斯领导的前进集团批评国大党行动软弱，3 月底召开了“反妥协会议”，将 4 月 6 日至 13 日定为“民族斗争周”，号召在全国立即开展不合作运动。当局把他和他的追随者也投进监狱。左翼反战力量受到沉重打击。

国大党在 1940 年上半年没有采取进一步的行动。它宣布准备开展不合作运动，却无意于很快开始；它虽然声明不支持英国作战，但实际奉行的是“不妨碍政策”，即只在道义上反对把印度拖入战争，但不采取任何措施阻碍英国把印度作为供应基地使用。这是为了满足印度资产阶级利用战时有利条件发展经济的要求，也为了敞开谈判的大门，为在可能的条件下支持英国作战留下后路。但群众的反战情绪和当局对左翼的严厉镇压，国大党是不能不考虑的。所以，在 1940 年 3 月拉姆加尔年会上，国大党又强调了开展不合作运动的必要性。

1940 年 4~6 月，德国在西线的进攻取得很大进展，先后侵占丹麦、挪威、荷兰、比利时、卢森堡，6 月 14 日攻陷巴黎，不久法国投降。英国在战争中的处境越来越艰难，它的本土也受到威胁。国大党鉴于形势的这种发展，1940 年 7 月再次向英国当局提议，准备在英国当局接受国大党条件的情况下提供战争支持。这一次国大党提出的条件为：允诺印度战后独立；立即建立由印度各党派组成的临时国民政府，在英国总督领导之下行使中央政府职权；重新实行省自治。并表示一旦英国接受这些条件，国大党将倾其全力，协助英国有效地组织国防力量，在人力财力上提供全面支持。这个提议是工作委员会提出，由 7 月 27 日在浦那召开的全印委员会批准。它暗示国大党将协同英国作战以保卫印度。在英国处境越发艰难的时刻，国大党提出这个提议是为了换取英国的让步，这样做也能使国大党的立场与世界反法西斯力量的立场保持一致。然而，这和甘地不参加并反对一切战争的信条是相悖的，因而遭到甘地反对。甘地在通过浦那决议的第二天就发表声明，说这是个“不祥的决议”，在精神上与国大党此前的主张背道而驰。国大党工作委员会和全印委员会对甘地的立场都是很清楚的，但出于迫切的政治需要和国家利益的考虑，它们顾不得甘地的反对，不惜在这点上公开与领袖决裂，也要抓住时机做争取工作。阿扎德说：“国大党是一个政治组织，誓为国家赢得政治独立。它不是一个建立世界和平的机构。坦白地说，我们无法做到圣雄甘地希望我们做到的那样。”① 甘地提出解除国大党授予他的领导开展不合作运动的责任。工作委员会接受他的请求，解除了对他的授权。

虽然国大党做出了非同一般的努力，但浦那提议仍然被英国当局拒绝。此时，丘吉尔内阁已代替了张伯伦内阁，他更顽固保守。8 月 8 日，英国政府在答复中拒绝允诺印度战后独立，也拒绝立即成立临时国民政府，只是重复了 1939 年 10 月 17 日答应的条件，并表示同意战后建立一个代表机构制定新的宪法。

国大党极为失望。在无可奈何下又转向甘地。9 月 15 日，国大党全印委员会孟买会议决定开始准备实行不合作并通过决议，请求甘地重新担当领导不合作运动的责任。作为条件，这次会议宣布撤销浦那决议。甘地接受了国大党请求。

10 月 17 日，甘地宣布开始实行反战的文明不服从运动。这是他第三次

---

① 南布迪里巴德：《圣雄甘地与甘地主义》，第 97 页。

领导开展不合作运动。但这次运动他提出的目标有限，只是反战；内容有限，只是不服从殖民当局限制发表反战言论的法令，争取宣传反战的自由权利；运动的发动范围也受到严格限制，他称为“个别不服从”，以区别于“群众性的不服从”。这样做是得到国大党领导机构同意的。国大党只想对英国施加压力，并不想妨碍英国作战。运动大致分三个阶段。第一阶段是个人不服从，只由事先指定的一个人发表反战言论，被捕后再由第二人继续，这样一个一个地进行，参加者都由甘地事先指定。10 月 17 日，维诺巴·巴夫——一位梵文学者、甘地的真理学院成员首先在瓦尔达附近的波拉村发表反战演说，演说词是甘地准备的，即“出钱出力帮助英国人作战是错误的。唯一应该做的事是用非暴力反对一切战争”。随后他又前往附近乡村做同样的演讲。21 日被捕，处 3 个月徒刑。继巴夫之后的应该是尼赫鲁，预定 11 月 7 日开始。但当局以他 10 月初曾发表反战演讲为罪名，没有等他发表演说，就于 10 月底将他逮捕，判刑 4 年。按计划，下一个发表演讲的是布拉赫姆·多塔，一名普通国大党党员。他演讲完毕，当场被捕，判刑半年。11 月后是第二阶段。这时，由个人不服从改为代表性的不服从。由甘地指定国大党工作委员会、全印委员会、原中央和各省立法会议中的国大党成员，分别以集体名义发表反战演讲。结果，这些机构成员，包括一大批高级领导人如阿扎德（本年度国大党主席）、帕特尔、拉贾戈帕拉恰雷等都被捕。到 1940 年底，共有 11 名工作委员会成员、176 名全印委员会委员、29 名原国大党自治省政府部长和 400 余名中央和省立法会议成员被捕入狱。1941 年 1 月起进入第三阶段，即个人同时不服从。由各级党组织提出不服从运动执行者名单，递交甘地批准，由甘地分派任务。甘地按名单一批批指派，每批数人，他们分别从一个地点走到另一个地点，高呼反战口号，召集群众会议，发表与前述维·巴夫、布·多塔内容相同的演说，直至被捕。第一批人被捕了，再指派第二批。到 1 月底止，陆续被捕的达 2250 人，6 月前后，增加到 20000 多人。被捕者出狱后又继续参加，直到再次被捕。这样进行了一段时期后，在甘地限定的狭窄范围内，运动已没有再发展的余地。国大党的目的没有达到，而人们的热情已渐渐低落。

殖民当局虽然能够不费力地镇压运动，但也担心长期保持高压会激起民变，出现国大党也控制不了的局面。为缓和矛盾，当局采取了一些措施。1941 年 10 月扩大了总督参事会，又吸收 5 名印度人参加，这样参事会 13

名成员中就有 8 名印度人。不过这些被指派的人都是亲英的自由派分子，他们是按照英国人的意旨行事的，并不能代表印度。10 月，殖民当局又成立了咨询会议，由他们任命支持英国作战的各界上层人士组成。自 12 月起，把国大党高级领导人包括尼赫鲁、阿扎德等陆续释放。它看到不服从运动不会再有新的波澜，希望以此行动促使国大党最终停止运动。甘地发表声明，宣布斗争还要继续下去。不过，国大党内部从中央到地方，越来越多的人对这种斗争方式的有效性表示怀疑。运动在 1941 年底已无法继续开展。

1941 年底，战争形势对英国更为不利。国大党工作委员会决定利用这个机会再做一次争取英国让步的努力。12 月，工作委员会宣布停止不服从运动，并再次向英国提出，只要它承认印度战后独立，国大党将动员所有力量支持英国作战。这表明，国大党领导人又回到浦那决议的立场上来。甘地再次反对，请求解除他对领导不服从运动的委任。工作委员会接受了他的要求。这是甘地在大战中第二次被解除领导责任。不过，这个新提议又遭丘吉尔拒绝，国大党的希望再次落空。

1940~1941 年的反战不服从运动由于没有广泛发动群众，本身没有力量，失败是必然的。但它在显示国大党斗争决心方面，在鼓舞广大群众坚持反战反英立场和民族目标方面是有积极作用的。在印共、国大社会党和前进集团的反战反英运动遭到镇压后，国大党以这种不服从运动的方式表达人民的反战要求，并和上述反战的左翼同样付出了巨大牺牲，这就在印度人民心目中维护了它作为民族斗争旗手的声望和地位。

1940 年穆斯林联盟忙于勾画巴基斯坦蓝图，忙于和国大党争辩以及在穆斯林中扩大宣传，在反战方面没有采取任何行动，由于殖民当局对它建立巴基斯坦的要求没有公开支持，它不断批评英国当局忽视印度穆斯林的要求，并表示只要英国不改变这种态度，它就不会支持英国作战。它确实没有支持，但也没有妨碍英国的战争努力，更无意于反战。它认为保持现状，避免和英国当局正面对抗，对它未来实现建立巴基斯坦目标最为有利，毕竟这一目标的实现要得到英国当局的认可和协助。

三　苏德战争爆发后印度政治局势的复杂化

1941 年 6 月 22 日，希特勒德国撕毁《苏德互不侵犯条约》，进攻苏联，苏德战争爆发。苏联参战加强了这场战争的世界民主力量反法西斯战争的性质。事态的这一转变在印度人民面前提出了一个真正的难题：英国是同盟国成员，从世界反法西斯角度看，应当支持英国的作战努力，但英国又顽固拒绝印度的独立要求，力图保持对印度的殖民统治，如果无条件支持它作战，从民族斗争角度看，就等于前功尽弃，最终丢掉这个难得的施压机会。对这一难题的不同回答立即导致了印度民族反战反英力量的分裂。这一次分裂是发生在印共与国大党及印共以外的其他左翼政党之间。

印度共产党领导人对苏德战争爆发后印共是否应当改变对待这场战争的方针，最初是有意见分歧的。1941 年 7 月，以总书记约希为首的党的政治局发表声明，其中说："我们对英国政府及其帝国主义战争的态度仍旧未变。我们只有作为一个自由的民族才能向苏联提供真正的帮助。"印共刊物《共产党人》表示要继续"为揭露英美统治者的帝国主义战争目的，为孤立他们并动员人民夺取政权而进行不懈的斗争"。而被关在德奥利拘留营的印共领导人兰那地夫、阿·高士等在狱中制定了《德奥利提纲》，认为战争性质已经改变，印度共产党对战争的态度就应相应地做根本改变。他们提出了"人民战争"的口号，主张印共应全力支持英国作战。这个文件从狱中传出，在印共内引起震动。7 月 8 日，英共领导人哈里·波立特发表了《为打败法西斯主义致党内同志的呼吁书》，要求英共党员贯彻执行新的政治路线，无条件支持同盟国的反法西斯战争。这一呼吁书也传给了印共领导人，引起了他们的重视。1941 年 9 月英共印度问题权威杜德在《劳工月刊》上著文，要求印共无条件支持战争，不管英国统治者是否会答应或做出什么让步。P. C. 约希显然知道英共的新路线传达了共产国际的新精神。这样，经过一番内外两种观点的争论，以约希为首的政治局全盘接受了共产国际的指示，亦即接受了《德奥利提纲》。1941 年 12 月初，印共发表了《我们对战争的新路线——英国同志纠正了我们的错误》的文章，同时发表了波立特的呼吁书。12 月 15 日，又发表了《狱中文件》和政治局《关于反法西斯人民战争以及我们的政策和任务》的决议。1942 年 2 月，约希发表拥护人民战争的政策声明。这几份文件标志着印共对战争的态度发生了根本改变。以往"必须先获得自由才能进行自由之战"的说法被摒弃，如今强调的重点是世界反法西斯战争的结果将给印度带来自由。印共号召印度人民同英国建立反法西斯统一战线，以全民的力量投入对法西斯的斗争。提出的口号是“组织全民的战争努力”“一切为了前线”“为了国防建立民族政府”“为了民族政府实现民族团结”等。还号召工人“不要罢工”，要努力增加生产支援前线。

印共对战争的态度改变得如此迅速和彻底，这是英国当局也没有料到的。对印共的禁令已经过时。为了使印共能正常开展活动，也为了向苏联等世界民主力量报以友善姿态，1942 年 7 月殖民当局取消了对印共的禁令，从狱中释放了共产党人。印共重新获得了合法地位。

国大社会党、前进集团都不同意印共的新方针，对印共提出了指责。他们仍坚持原来的立场。纳拉扬 1941 年底从狱中给外面的国大社会党人写信，对苏联卫国战争表示同情，认为印度争取自由就是支持苏联和世界反法西斯力量。他对甘地领导的反战不服从很不满意，称之为“滑稽剧”。从这时起，他主张进行武装斗争。

国大党在苏德战争爆发后也坚持原来的方针不变。1941 年 12 月，国大党工作委员会在巴多利举行会议，通过决议，对苏联人民、中国人民和世界人民反对法西斯的斗争表示同情，同时重申处于依附地位的印度是“不能自愿帮助一个与法西斯专制独裁无甚区别的傲慢的帝国主义国家的”。[①]只有自由和独立的印度才能担负在民族基础上保卫印度的重任并对世界反法西斯斗争做出贡献。决议最后重申，只要英国承认印度独立，国大党将动员所有力量支持英国对法西斯作战。英国坚持拒绝印度的独立要求，国大党也就坚持既定方针毫不动摇，直到第二次世界大战结束。

从此，印共不遗余力支持英国作战。国大党及印共以外的左翼各党派则宁肯全体坐牢也坚持反英。民族力量就这样一分为二，力量互相抵消，唯一得利的是英国殖民统治者！

两种截然不同的方针孰是孰非，学者们一直众说纷纭。今天来分析这个问题，有几点是必须考虑的。第一，固然，苏德战争爆发后，从世界范围看，民主力量与法西斯的矛盾是主要矛盾，但当时在印度，主要矛盾依然是民族力量与英国殖民统治的矛盾。一个政党制定政策应主要以国内现实矛盾为依据，还是以世界主要矛盾为依据？第二，坚持民族斗争与支持世界反法西斯斗争是否截然对立、完全排斥？国大党施压英国，迫使其承

---

① B. 普拉沙德：《奴役与自由》第 4 卷，第 497 页。

认印度独立，如能实现，则一个自由的印度的自觉参战肯定会大大加强反法西斯侵略的力量；退一步说，国大党坚持民族斗争，也并未妨碍英国对法西斯作战。是否非得要放弃民族斗争来支持世界反法西斯斗争呢？第三，政治斗争有个掌握火候的问题。像这次战争这样难得的施压机会是否应轻易放过？特别是当反战反英斗争已使英国陷入困境后，解除压力，使其得到复原机会，这种方针是否明智？

考虑到以上三点，则不能不认为，国大党的方针体现了原则性与灵活性的统一，虽然没有达到目的，却一直掌握着民族斗争的领导权，因此深得民心，深孚众望，战后自然成了独立斗争的旗手。对比之下，印共的方针则有失之偏颇之处。印度共产党事后在总结教训时认为印共方针“原则上正确”，做法上有严重错误，如：对罢工一律反对；大战后期反应迟钝，没有及时调整政策，准备转入新的斗争；没有把反法西斯斗争与民族斗争有机地结合起来；等等。同时，它认为这些错误来自“教条主义地理解无产阶级国际主义和宗派主义地对待民族资产阶级”，[①] 造成顾此（世界反法西斯斗争）失彼（民族斗争）的偏差，“导致党的孤立和地位的削弱，甚至在某些地区，党的群众基础也陷于分裂”。[②] 不过印共内也有人更进一步，对在印度采取人民战争方针本身是否正确提出质疑，认为在当时的情况下，采取这个方针是忽视了印度国情。其最大的问题就是使自己脱离民族斗争，从而脱离了群众。如果说这一点在战时还被掩盖，那么战争结束后，就成了一个显而易见的事实，没有一个共产党人不深切感受到这个创痛。这种看法代表一种更深刻的反思，这样的反思是需要的，对推动印度共产主义运动的发展是很有价值的。

---

① 《印度共产党历史纲要》，第 66 页。

② 《印度共产党历史纲要》，第 66 页。

第三十三章

“退出印度”运动与大战后期印度政治形势

1941 年 12 月，日本偷袭珍珠港，太平洋战争爆发。日本侵略军乘胜向东南亚挺进，占领了英国殖民地新加坡、马来亚，又进入缅甸。形势的危急使英国迫切需要印度的全力支持。然而，即便在这时，它仍顽固地拒绝答应印度的独立要求。甘地和国大党做了所有努力争取谈判解决，均告失败。在这种情况下，国大党决定采取最后的办法，即开展最大规模的不服从运动，把英国统治者从印度赶走。这是大战后期印度政治舞台上发生的最重大事件。虽未能实现计划，却猛烈震撼了英国朝野，使英印帝国大厦的根基开始发生动摇。

一　克里浦斯方案的破产

1942 年 3 月，日本军队占领仰光，印度受到日本入侵的直接威胁。英国在印度的防御力量薄弱，由于得不到国大党的支持，不能动员全国力量参加防御。在英国内部，工党乘机指责保守党内阁无能，不能打破僵局。盟国方面，美国则对英国当局的僵硬政策不断提出批评，敦促它采取措施解决。正是在这种内外压力下，丘吉尔内阁决定派掌玺大臣、工党著名活动家斯塔福·克里浦斯（Richard Stafford Cripps）来印度兜售新的解决方案。方案是由英国内阁拟定的，给他的指令是谈判不能超越方案的内容。

克里浦斯 3 月 22 日到达新德里，3 月 25 日至 4 月 10 日与各党派会谈。他提出的方案要点为：战后采取措施使印度享有自治领地位；英属印度和土邦构成联邦，战后召开制宪会议制定宪法，制宪会议成员，英属印度由各省立法会议按人口比例产生，土邦代表由王公指定；不愿加入联邦的省或土邦与英国保持旧有关系或者可以成为英帝国范围单独的自治领；战时扩大总督参事会，使印度成员占多数，但防务由英军总司令负责，他只对英国战时内阁负责。甘地在听了克里浦斯的方案后说："如果这就是你全部的方案，我劝你趁早搭下个航班飞机回去吧！"[①] 他把这个方案讥讽地称为"一个就要垮台的银行开出的过时支票"。[②] 此前，国大党工作委员会对其方案给予了认真考虑，并就某些问题与克里浦斯进行谈判。工作委员会指出其方案是远远不够的，在答复中要求：（1）立即建立国民政府，由各党派组成，多数通过的决定总督无权否决；（2）国防部部长由印度人担任，英人担任军队总司令；（3）必须坚持印度的统一，反对给任何省或土邦"不加入"联邦的权力。尼赫鲁说："我们要统一的自由，分裂的自由等于自杀。"[③] 这些要求未被接受。4 月 11 日，国大党发表声明，宣布拒绝接受克里浦斯方案。国大社会党、前进集团都赞成国大党的做法。穆斯林联盟认为这个方案有可取之处，但总的来说不能接受。因为它只提出战后建立印度联邦，而没有明确宣布赞成穆斯林联盟的巴基斯坦要求。认为方案虽有"不加入"原则，但像孟加拉、旁遮普这样的印度教徒在立法会议中占多数席位的省，印度教徒肯定会利用多数决定加入印度联邦，使建立巴基斯坦的希望落空。印度共产党对克里浦斯方案是基本赞成的，呼吁国大党和穆斯林联盟在这个方案的基础上寻求解决分歧的办法。

克里浦斯方案的破产原是注定了的。丘吉尔内阁摆出让步姿态但并不想真正做根本让步。克里浦斯作为谈判代表却没有转圜余地。他只是奉命兜售既定方案而不是去谈判方案。当他空着两手回到英国，内阁没有感到遗憾，相反还有人指责他没有谨守内阁指令，有些地方走得过远。1942 年 6 月 10 日英国印度事务大臣阿麦里在给印度总督的信里就直言不讳地说，丘吉尔对克里浦斯方案最感兴趣的是"它在美国产生了好影响，其余的，他是不感兴趣的"。[④]

国大党对英国统治者的顽固态度极为气愤。这时日本已开始轰炸印度沿海城市。国大党看到英军在东南亚的溃退，对它有没有力量守卫印度甚

---

① 坦杜尔卡：《圣雄甘地传》第 6 卷，第 72 页。
② 坦杜尔卡：《圣雄甘地传》第 6 卷，第 72 页。
③ 麦朝枢、黄中廑主编《大时代中的印度》，柳州印刷局，1942，第 109 页。
④ G. S. 恰布拉：《现代印度史研究》第 3 卷，新德里，1977，第 141 页。

为怀疑。鉴于英国不可能改弦更张，为了能组织全民力量保卫印度，它认为前面只有一条道路可走，那就是采取断然行动，把英国统治者赶出印度，由自由的印度自己来担负防御任务。

二 “退出印度”决议

把英国赶出印度并不是要开展一场暴力斗争，而是要开展一场新的不服从运动。运动的直接目标和口号就是英国立即“退出印度”，也就是立即实现印度独立。国大党坚信，由印度人民自己来保卫印度比由英国担当此任更为有力。至于甘地，除了这个信念外，还有自己的更坚定的信念，那就是自由的印度还可以用非暴力这个万能的手段抵御外侮。

要英国“退出印度”的想法是甘地首先提出的。在克里浦斯从印度回去后他就产生了这个想法。1942 年 4 月，他在给友人哈·阿历克山大的信中写道：“我的坚定的看法是，英国应当现在就有秩序地退出印度，而不要重蹈在新加坡、马来亚和缅甸的覆辙。这个行动意味着要有高度勇气，敢于承认人的局限性，承认印度的正义要求。”① 4 月 26 日，在刊载于《哈里真》周刊的一篇文章中，他第一次公开亮明这个主张。他写道，印度和英国的真正安全，“就在于英国立即有秩序地从印度撤走。所有关于与王公订有条约、对少数派群体负有义务的说法都是为了维护英国的统治和利益，在我们面临的严峻事实面前是站不住脚的”。② 并说一旦英国撤走，印度人民就能解决自己的一切问题，包括国大党与穆斯林联盟的争端，团结一致保卫自己的国家，抵御日本侵略。在提出这个主张时，甘地深信他的想法代表群众要求。他说他深深感受到了全国人民的情绪：“每个人都希望获得自由——印度教徒、穆斯林、贱民、锡克教徒、工人、农民、工业家、文官，甚至王公……事情再也不能像现在这样继续下去了。”③

甘地这一新主张在国大党内得到热烈拥护，大多数人是赞成的。但也有一些政治家持谨慎态度，甚至表示反对，其中包括尼赫鲁、阿扎德、拉

---

① B. 普拉沙德：《奴役与自由》第 2 卷，第 513 页。
② B. 普拉沙德：《奴役与自由》第 2 卷，第 513 页。
③ 坦杜尔卡：《圣雄甘地传》第 6 卷，第 99 页。

贾戈帕拉恰雷。他们仔细分析了国内外形势，认为在面临日本入侵的情况下发动这样一场斗争未必合适。英国不会退出，不服从运动根据以往的经验也不可能在短期内取胜。这场斗争只会影响印度的防御努力，有利于日本侵略。再者，发动这样一场斗争需要有充分准备。匆忙上阵只会送给当局镇压，不会有别的结果。运动可能会开展起来，但在战时管制的情况下，当局会不惜一切手段镇压，要持续哪怕不长一段时期都是很难的。这些领导人提出了自己的看法试图说服甘地，但甘地决心已下，表示要不顾一切反对，实现自己的主张。国大党多数人愿意跟甘地走。在这种情况下，尼赫鲁等从大局考虑，只好放弃自己的反对意见，但仍认为周到的考虑是必要的。尼赫鲁运用自己敏锐的观察力和对世界形势的深刻了解，积极帮助甘地做开展运动的安排，特别是考虑如何把开展运动对盟国的军事影响减到最低。例如他说服甘地同意盟军留驻印度，协助防御，并致函美国总统罗斯福和中国领导人蒋介石说明开展运动的意图，保证在采取任何行动时，都要谨慎考虑不影响中国抗战事业和盟国反法西斯战争的努力。

1942 年 7 月 14 日，国大党工作委员会通过了由甘地起草的要求英国退出印度的决议。其中说："迄今发生的种种事件以及印度人民切身的经验使国大党确信，英国在印度的统治必须立即结束。这不仅是因为外国的统治在最好的情况下也是个祸害，是对被统治人民的继续宰割，而且以一个被捆绑的印度，也决不能在保卫自身和影响这个正在毁灭人类的战争的结局上起有效作用。因而印度要自由，不仅是为了印度的利益，也是为了世界的安全，为了根除纳粹主义、军国主义或其他形式的帝国主义，以及一个民族侵略另一个民族的现象。"决议说，国大党决心抵抗日本侵略，要求英国退出绝不是要损害同盟国的反法西斯战争，"国大党同意同盟国军队驻扎印度"。关于英国撤出后的设想，决议提出要组织包括一切重要党派团体参加的临时政府，召开立宪会议制定宪法，然后自由印度的政府与英国政府共商两国未来关系以及如何合作抵御侵略。决议最后呼吁英国当局为了印度也为了自身的利益接受印度要求，并宣布，如果这个正义要求遭到拒绝，将在甘地领导下发动新的文明不服从运动，"使用自 1920 年以来积聚的全部非暴力力量"来实现自己的目标。①

① V. T. 帕提尔：《甘地、尼赫鲁和退出印度运动》，新德里，1984，第 63~65 页。

7月14日决议的通过使英国当局甚为恐惧。英国统治者决定不惜采取任何手段也要阻止新的运动爆发。当局突然搜查了国大党在阿拉哈巴德的总部，并无中生有地捏造甘地“有亲日情绪”，为大逮捕预先制造舆论。

1942年8月7日，国大党全印委员会在孟买召开会议。8月8日通过决议，批准工作委员会7月14日决议，决定动员所有力量开展最广泛的不服从运动，实现要英国退出印度的目标。这就是著名的“退出印度”决议。当时认为这是对英国殖民统治的最后一战。甘地讲话，号召斗争应在整个印度最广泛的范围展开。他提出了“行动或者死亡”的口号激励群众。他说：“我们应当或者使印度获得自由，或者在这一斗争中死去。我们不能活着眼睁睁地看着我们的奴隶地位永久化。”[①]

甘地对开展这次运动决心是非常大的。他仍然十分强调运动要坚持非暴力原则，但在一些讲话中暗示，如果运动在一段时期超出非暴力范围他不会感到意外。他讲到在一定情况下采取暴力手段自卫是可以理解的。他说：“如果一个人卡住我的脖子要淹死我，我为什么就不能直接斗争来解救我自己呢?”[②] 有人提出英国退出后印度可能出现无政府状态，对此他在《哈里真》周刊上写道：“我的回答是：把印度交给神。如果这个要求太高，就让它是无政府状态吧。”在和伦敦《新闻纪年》记者谈话中，他又说：“按我的提议，他们（指英国统治者）必须把印度留给神，用现在的话说，就是留给无政府状态。这个无政府状态可能会导致一定时期的自相残杀或无限制的抢掠。但从这里会产生一个真正的印度以取代我们现在所看到的虚伪印度。”[③] 这说明，他认为为了实现独立，即便出现一段短时期的无政府状态，也是可以容忍的。当然，这绝不表示他放弃了非暴力原则，只是说他认为在当时的特殊情况下出现暴力是免不了的偏差。他说：“我一直在等待这个国家能发展到具有摆脱外国枷锁的非暴力力量，但是我的态度现在变了。我觉得我不能再等待了……这就是为什么我决定甚至冒某种明显会发生的危险也必须要求人民反抗奴隶地位……人民还没有掌握我的非暴力，但我的非暴力会帮助他们。”[④] 在5月写的一封信里他也说：“事态的发

---

① 比潘·钱德拉：《印度争取独立的斗争》，第460页。

② 胡钦斯：《印度革命、甘地和退出印度运动》，第201页。

③ B. 普拉沙德：《奴役与自由》第2卷，第516页。

④ D. 克尔：《圣雄甘地：政治圣贤和非暴力先知》，第702页。

展有一天会超出控制，不过我们不能故意要它超出控制。”① 他在 8 月 8 日全印委员会上讲话时仍然强调这个精神。

这次会议不仅决定了基本方略，还提出了初步的行动计划。早一天，甘地拟出了一个构想交工作委员会考虑。其精神是非暴力斗争所有手段都可运用，不加限制；每个国大党人，每个印度人都是自由战士，必要时都可自主行动，自行决定应该采取什么斗争方式。这表明甘地希望速战速决，把潜力发挥到最大。这个构想的另一突出特点是对发动农民的高度重视。其中讲到，要组织农民抗税，要明确告诉佃农，“国大党主张土地属于耕种者”，并号召佃农对不参加运动、站在政府一边的地主实行抗租。② 这些措施在以往的运动中是农民积极要求而甘地竭力压制不让实行的。这次则不设任何障碍，希望开展得越广泛越好。这个变化是可以理解的，既然甘地准备容忍一段无政府状态时期，对抗税抗租可能会带来暴力也就不甚介意了。这些都表明了甘地背水一战的决心。

8 月 8 日通过“退出印度”决议后，按惯例甘地准备先向总督提出“退出印度”要求，在遭到拒绝后，再正式开展运动。然而，没等到他通知总督，殖民当局就抢先动手了。事实上，早在一个多月前，总督林里资哥就和印度事务大臣阿麦里频繁交换电报和函件，密谋镇压之策。6 月 15 日，林里资哥就说：“决不允许圣雄妨碍我们的战争努力，干扰我们保卫印度和反对日本的安排。”他讲道：“准备给甘地寻找一个条件舒适的监狱，或者关在印度某地，或者把他（也许连同尼赫鲁）用飞机遣送出境。”③ 阿麦里答复说：“务必采取迅雷不及掩耳的手段，镇压甘地的活动。”他甚至建议“用飞机把甘地送往乌干达”。④ 虽然“发配非洲”之议因考虑到其他因素最后放弃，但坚决镇压的方针既定，只等适当的时机动手。8 月 9 日凌晨，当局开始了大逮捕。包括甘地、尼赫鲁、阿扎德、帕特尔、普拉沙德等主要领导人在内的 148 名国大党领导人被捕。各省的部分领导人随后也遭逮捕。当局说被捕人数总共数百人，实际上仅联合省就有 547 人。国大党工作

① 胡钦斯：《印度革命、甘地和退出印度运动》，第 203 页。

② 比潘・钱德拉：《印度争取独立的斗争》，第 406 页。

③ 尼・曼塞主编《英印宪政关系——移交权力（1942～1947）》第 2 卷，伦敦，1971，第 214 页。

④ 尼・曼塞主编《英印宪政关系——移交权力（1942～1947）》第 2 卷，第 216 页。

委员会、全印委员会、省委员会都被宣布为非法。国大党尽管对镇压有思想准备，但没有料到来得这样快。国大党中央领导机构被一举摧垮，全党陷于无领导状态。“退出印度”决议还没有形成具体行动计划，在这个突如其来的打击下，更谈不到往下贯彻了。

三 “八月革命”

殖民当局要先发制人，扼杀运动于未爆发之际。然而，和它的愿望相反，大逮捕却激发了一场突发的猛烈的反英风暴，而且许多地区采取了暴力斗争形式。这场斗争部分是由国大党（国大社会党在内）基层组织领导，部分是群众的自发行动。因仍然是以迫使英国退出印度为目标，国大社会党称之为“八月革命”，并宣布这场斗争主要是由它领导的。

8月9日大逮捕消息传出，孟买成千上万工人、学生、市民涌向国大党全印委员会开会地点，集会抗议当局的逮捕行动。更多人涌向街头。警察开枪，5人被打死，20多人受伤，阿默达巴德、浦那、德里、阿拉哈巴德、康浦尔等城市都爆发了群众示威，罢业、罢课、罢工在全国各地展开。少数未被逮捕的国大党高级工作人员召开了紧急会议，拟定了12点应急措施，决定在全国立即开展全面的不服从运动，争取在两个月内结束英国统治。国大党基层组织和广大党员开始按各自为战的精神行动起来。应急措施强调开展非暴力斗争，但在许多地区，非暴力不服从迅速转化为群众性的暴力斗争。

有几个因素对促成这个转化起了作用。（1）在8月8日孟买会议前，国大党某些地方组织提出了开展群众性运动的设想。其中，有的设想（如1942年7月28日安得拉省国大党委员会的一份文件）包括有必要时破坏交通、割断电线等行动内容。尽管这只是它们的初步设想，未经甘地批准，但还是给基层组织留下深刻印象。（2）英国统治者为了为自己的镇压行动辩护，在大逮捕后竭力编造事实，夸大宣传，说甘地已决定在全国采取破坏行动，包括攻击政府机关、毁坏交通设施等。英国印度事务大臣阿麦里还在电台做了多次广播。这种宣传的目的，是要诋毁国大党，结果却启发了正在各自为战的国大党基层组织和群众。（3）个别地区开展暴力行动后，《哈里真》周刊编辑克·马西鲁瓦拉在8月23日发表的该刊上撰文写道，群众暴力行动是合法自卫行动，“割电线、撬路轨、破坏小型桥梁等做法，如果采取了保障乘客生命安全的警告措施，在这样一场斗争中，是不应当被反对的。……非暴力革命者必须像对待轴心国那样对待英国政权，采取同样的措施反对它”。[①] 这种观点通过《哈里真》周刊传播开来，影响很大。《哈里真》周刊随即被查禁。事后，马西鲁瓦拉说，他正是受了英国印度事务大臣阿麦里广播讲话的启发，希望把阿麦里的臆说变成现实。（4）前一年国大社会党领导人纳拉扬从狱中写信给国大社会党组织，主张开展武装斗争。此信被当局截获，作为反叛的罪状公布，结果是把信息传达给了国大社会党党员，有些人已经在积极做武装斗争的准备工作，现在则认为行动的时刻到了。

一时间，出现了大量秘密传单。没有人知道它来自何方，国大党和国大社会党各地方组织、各种社会集团、大学生团体，凡是有可能的都在印发。有一张传单号召每个人宣布自己是自由人，宣布自己的农村是自由农村；建立潘查雅特，行使政府职能；有组织地占领税务署、法院及其他政府机关，囚禁顽抗者；采取一切手段破坏交通设施但不要伤害生命。有的传单号召农民拒绝向政府纳税，而且“不向支持政府的地主缴租”。[②] 有的传单号召农民坚壁清野，不让一粒粮食落入英国人手中。还有的传单号召各界民众把手中所有纸币抛向市场，扰乱市场金融体系。这表明众多传单的制作者确实贯彻了各自为战的精神，提出了各自认为是最有力的斗争手段。从他们的号召中已经分不清非暴力和暴力的界限了。

群众反英斗争是在全国范围内展开的。斗争最激烈的地区是比哈尔省、联合省东部和孟买省部分地区。

比哈尔省的群众最早在城乡同时开始进行暴力斗争。8 月 10 日，巴特那和其他许多城市罢业和示威游行。11 日起，巴特那的群众就开始攻击政府机关。其他城市和农村接着行动，开始群众性破坏交通设施。电线被割断，铁轨被撬翻，许多地区交通中断。英国出动飞机向群众扫射。愤怒的群众开始到处攻击和焚烧殖民政权机关建筑物和一些官邸。暴动的群众手中只有木棒、刀剑、长矛。在达尔班县，当局承认，全县数十个警察分署

① 胡钦斯：《印度革命、甘地和退出印度运动》，第 222 页。
② 胡钦斯：《印度革命、甘地和退出印度运动》，第 223 页。

只有5个没有受到袭击，档案都被焚烧，有的枪支也被抢走。

在联合省东部，运动发展程度与比哈尔省接近。大逮捕发生后，阿拉哈巴德等城市居民进行罢业和示威游行。12日，阿拉哈巴德市大学生因游行遭到警察棒击，愤怒之下进攻警察署。接着，哈德瓦尔城的大学生和下层群众举行暴动，进攻警察署，劫夺邮局，烧毁火车站。当局立即下令封闭大城市的高等院校。有些城市的大学生随即组成小分队去较小县城和农村开展斗争。官方材料讲到一列插有国大党党旗的列车，载有许多大学生，从贝拿勒斯来到巴利亚县，不久这里就“失去控制”。大学生们在这里和某些已在准备武装斗争的组织结合，组成了许多小分队，进攻殖民政权机关、火车站、邮局等。使用的武器是大刀、长矛。当局为瓦解群众的暴力斗争，把该县国大党负责人潘迪等释放出来，企图用国大党的非暴力来扼制暴力。潘迪等由狱中出来后，径直走上街头示威，大批群众浩浩荡荡尾随其后。潘迪没有指责群众的暴力斗争，反而说以后群众有什么申诉可以找他，不必去找政府了。在一段时期内，出现了与殖民当局平行的政权。像巴利亚这样组织武装小分队的做法，在联合省东部许多县都使用了。进攻政权机关、破坏交通设施成了普遍现象。

在孟买省，孟买、浦那、阿默达巴德等大城市的大学生和下层群众首先发动暴力斗争。在孟买，暴动的群众用石头、棍棒、玻璃瓶做武器，与警察展开了几天的街垒战。8月10~11日，有22人被警察开枪打死。孟买斗争的一个特点是，大量使用自制炸弹来打击殖民者，因而这里的暴力斗争最激烈。8月底，一个秘密电台在孟买出现。播音员是一位攻读硕士学位的女学生——乌霞·梅塔。她号召与英国斗争的声音传遍孟买及周围各地。但这年底，电台被破获，乌霞·梅塔被捕牺牲。大学生还到农村发动斗争。在许多地区建立了以农民为主，大学生参与其中的农民武装力量。这些农民武装有时单独活动，如1943年1月20日一支约百人的小分队以突袭手段解除了正在托尔吉征税的警察的武装，夺走全部枪支和2305卢比税款；有时协同行动，一次多达数千人。技术性较强的破坏工作如炸毁桥梁，通常有专门的技术小组负责。由于采取了这种较有组织的和灵活的形式，这些地区武装斗争持续时间较长。

除上述地区外，在马德拉斯、孟加拉、中央省、阿萨姆、奥里萨以及西北边省，也都或多或少地出现了反英暴力行动。

当局进行残酷镇压，不但使用军队，还用飞机扫射、轰炸。大致说，1942 年底暴力斗争的高峰期就结束了，一些地区延续时间较长，直到 1943 年下半年。官方公布的到 1943 年 12 月底止有关这次暴力斗争的统计数字如下：警察、军队开火 669 次，打死群众 1060 人，打伤 2179 人，逮捕 91836 人，铁路站被毁 332 个，路轨损坏 411 处，车辆损坏 268 辆，邮局被袭击 945 次，警察署被袭击 208 次，其他政府机关被袭击 749 次，道路遭破坏 474 处，电线遭到损坏 12286 处，炸弹爆炸 664 次，警察被打死 63 人、打伤 2012 人，政府官员被打死 10 人、打伤 364 人，集体罚款 173 次，罚款数 9007382 卢比，鞭笞人数 2562 人。

以上数字并不完全可靠。被打死、打伤的群众人数显然被大大低估。尼赫鲁在《印度的发现》一书中说，被打死的有 4000 人，打伤的有 10000 人。英国向印度派去大量军队参与镇压。丘吉尔在下院承认："派往印度镇压叛乱的白人士兵数是英国统治印度以来人数最多的。"①

大逮捕后，国大党中央领导机构不复存在。由于被宣布为非法，国大党被迫转入地下秘密活动。这一时期，在孟买存在着一个叫"国大党全印委员会办事处"的机构，是由未被逮捕的一些中央工作人员建立的，只起与各省联络的作用。后逐渐形成一个多少起指导作用的全印地下中心。其主要成员包括阿·帕特瓦尔丹、阿茹娜·阿萨夫·阿里、拉·洛西亚、苏·克里帕拉尼以及这年 11 月越狱的纳拉扬等。对全国正在开展的斗争究竟应怎样引导，这些领导人意见有很大分歧。第一种意见是纳拉扬主张的全力支持群众暴力斗争，并把它引上健康发展的道路。他坚持认为，武装斗争与国大党全印委员会关于抵抗法西斯侵略的主张是一致的。他说，既然"我们准备拿起武器与日本、德国战斗，为什么偏偏要拒绝拿起武器与英国战斗"?② 他主张把群众自发的武装斗争转变为全国有组织的游击战。第二种意见是主张运动按现行的方式发展下去，同时大力鼓励群众开展各种形式的不服从运动。持这种观点的占多数。他们知道群众暴力斗争是对英国统治者强烈不满的爆发，是压抑不了的，主张通过引导逐步把重点转到非暴力斗争方式上。第三种意见是不赞成暴力斗争，且主张放弃这类活

① K. P. 巴哈杜尔：《印度自由运动史》第 3 卷，第 315 页。
② 胡钦斯：《印度革命、甘地和退出印度运动》，第 247 页。

动，把精力全部用到开展建设性工作上，使运动重新成为甘地式的非暴力斗争。由于没有正式的中央领导机构，这三种主张者便各行其是。警察在那西克、旁遮普发现流传的一份叫《破坏活动入门》的印刷品，它集中反映了纳拉扬派的主张，被认为是他们的人写的。其中提出要在全印每个县建立 250 个名为“自由战士”的武装分队，加以训练，负责技术性较强的破坏性工作，并负责发动群众，成为更广泛的群众暴力斗争的核心和领导者。还要求在英印军队中做策反工作，争取军警加入“自由战士”队伍，并号召人民群众供给这些队伍经费，在经费不足时，可以劫夺邮政汇款或高利贷者的资财，但要谨慎，不要混同于一般抢劫。文件还设想，在县和省，要设总负责人，协调全县和全省的武装活动。纳拉扬自己秘密来到印度西北边境，力图建立一个训练中心，训练武装分队骨干，但未能实现。他在拉合尔再度被捕。第二种意见主张者的活动可以以 1943 年 7 月警察在孟买发现的一份文件为代表。这是一封署名“国大党中央办事处”的写给国大党比哈尔省委会的信。其中肯定了比哈尔现行斗争方式，强调破坏活动应以组织成小分队的不脱产的农民为主进行，同时要积极开展其他形式的斗争。

自群众暴力斗争开展以来，英国当局就大肆鼓噪，指责暴力斗争是甘地的预谋，要他对事态发展负完全责任。甘地在狱中得知外面的暴力斗争情况并不赞成。9 月 23 日他在给总督林里资哥的信中，讲到这是“狂怒的失去了自制力的人民的可悲的破坏”，但认为这是当局疯狂镇压国大党和人民的和平示威造成的，是“政府驱使人民走向狂怒”，要对事态负完全责任的正是英国统治当局。[①] 他拒绝如当局所要求的那样谴责人民的暴力行动。为表示对当局镇压行动的抗议，他宣布从 1943 年 2 月 10 日起，在浦那狱中绝食三周。

甘地绝食引起全国人民的深切担忧。到处举行游行和集会，要求释放甘地的呼声响遍全国。当甘地健康日益恶化时，社会各界，包括许多不赞成这次运动的人都参加到抗议队伍中来。2 月 19~20 日在德里召开了各界名流会议，一致要求释放甘地。总督参事会的印度成员有三人辞职，抗议英国内阁拒不考虑群众的呼声。要求释放甘地的呼声也从世界各国传来。总

① 胡钦斯：《印度革命、甘地和退出印度运动》，第 257 页。

督收到了雪片般飞来的抗议书信和电报，其中包括一份来自沈钧儒、黄炎培等18位中国社会名流呼吁立即释放甘地的电报。中国共产党的喉舌《新华日报》发表专文告诫英国当局说："甘地先生是印度国民大会的领袖，他拥有极广大的印度民众。无视甘地先生的生命，就是无视印度的广大群众。"① 英国当局怀着阴暗的心理盼望甘地自然消失，一切呼吁、抗议它都置之不理。丘吉尔在内阁说："我们正在世界上到处获得胜利，现在绝不是向始终是我们的敌人的可悲的老头低头的时候。"② 总督林里资哥更露骨地谈论甘地死去后可能会出现的情景："六个月的不愉快，而后声势逐渐减弱，最终只留下微小痕迹或完全消失。"③ 然而，令丘吉尔、林里资哥颇为失望甚至愤怒的是，甘地在21天绝食中居然战胜死神，再次活下来了！而他们见不得人的丑恶嘴脸也被大曝光。

甘地绝食后，国大党临时领导人间的意见分歧进一步扩大。一些不赞成暴力斗争的人认为自己参与现行的运动违背甘地教导，问心有愧，决定放弃现行斗争，转而致力于建设性工作。萨迪克·柯里（全印委员会秘书）离开了孟买的中心，去联合省从事建设性工作，一到那里就被捕。另一些持同样观点的人在贝拿勒斯开会，决定"从地下"进行建设性工作，结果也都被关进牢房。

一方面由于殖民当局的严酷镇压，另一方面由于没有一个集中统一的领导，这场分散的多少带有自发性的斗争没能持续下去，进入1943年后便逐渐消沉了。

这场斗争不是甘地指挥的一场决战，而是士兵们在失去主帅失去指挥的情况下奋不顾身的一场厮杀。它不是按"八八决议"和甘地的模式开展的，但是从大的方面说，也并没有完全离开"八八决议"和甘地模式的轨道。这场斗争在目标上依然是迫使英国退出印度，这实际上是在执行"八八决议"；在斗争方式上，虽然采取了暴力形式，但并不像通常的武装斗争那样去攻城略地，建立根据地，而是破坏交通设施，破坏正常的统治秩序，造成一种使英国统治者无法正常统治的局面。可见，这仍然是一种不合作策略，是以暴力形式实行不合作。当时暴力斗争的许多参加者和领导这场

---

① 《新华日报》1942年3月24日。

② 比潘·钱德拉：《印度争取独立的斗争》，第465页。

③ 比潘·钱德拉：《印度争取独立的斗争》，第465页。

斗争的大多数国大党基层组织正是这样解释自己的行动的。他们说甘地也同意在特定条件下使用暴力很难避免，当前的形势就属于这种特定条件，非暴力的不合作不够了，必须以暴力的不合作来补充。这样看来，这场斗争虽不是“八八决议”的直接实践，却完全可以说是这个决议的精神产儿。

甘地有充分理由为国大党基层组织和广大党员表现出的革命主动性感到自豪。他们不顾一切地去实现他提出的目标，他们在恪守他赠给的“行动或者死亡”的座右铭，而且他们即便在进行暴力斗争时也是按他的教导实行不合作策略。这表明甘地多年的教导已在他们思想中打上深深的烙印。然而，这场斗争也使他清楚地看到要想让国大党像他那样把非暴力当作信条是绝对做不到的。只要战斗不由他本人指挥，广大党员就会毫不犹豫地按照需要与可能，决定自己的行动方针。不管是暴力还是非暴力，最能打击敌人的手段就是最好的武器，这才是他们的原则。二十多年来，甘地一直抱着最大的期望，日夜用非暴力的甘露来精心浇灌国大党这块园地，结果开出来的却不是非暴力的花朵。从迫英退出的目标说，这是可以容忍的，也是在意料之中的。但是，从他追求的根本目标上说，这又是他难以忍受的。他的期望彻底破灭了，这使他极为痛心。

“八月革命”是由“八八决议”的流产引出的。“八八决议”的流产至少能说明两个问题：第一，这个决议是以甘地对时局的估计为基础的，而这个估计显然是不正确的。日本挺进东南亚相对比较容易，但若进攻印度，无论从陆路还是从海路都是相当困难的，即便少数军队突进印度，要征服这么大一个国家谈何容易？就英国方面说，放弃新加坡、马来亚、缅甸无碍大局，而对于作为帝国王冠上的宝石的印度，它是无论如何不会放弃的，同盟国美国、中国也会尽最大力量帮助它守卫。因此，印度被日本侵占并不是一定会发生的事。无论英国还是美国都没有感到恐慌。既然如此，要英国立即退出印度的客观条件就不成熟，任何这类挑战自然会受到它的最严厉的镇压。第二，运动的安排上也有极大缺陷。这次斗争要求迅猛有力，但并没有采取任何组织上的措施来保证，甚至可以说，在这方面没有什么打算，而是把希望寄托在各地方组织，甚至个人的各自为战上。各自为战固然能在失去领导的情况下使运动继续下去，但它带有很大的盲目性、分散性，形成不了强有力的打击力量，只会更便于当局镇压。用这种几近无组织的方式来领导决战，即便开局顺利，要经受住镇压而取得成功，简直就是不可想象的事。无论甘地还是国大党，都把事情估计得过于乐观。从这个意义上说，运动的失败可以说是注定了的。

然而，这场曲折发展的斗争其意义绝不能低估。它清楚地表明群众反英情绪已经白热化，就连长期受甘地非暴力思想熏陶的国大党广大党员，也居然要诉诸武力来争取独立，对殖民统治者来说，这是一个再清晰不过的危险警号了。无怪乎总督林里资哥在给丘吉尔的电报中忧心忡忡地称这次斗争为“1857年以来最严重的叛乱”。[①] 这场斗争（包括“八八决议”的通过）虽然穆斯林联盟和印共从不同的角度都不赞成，但穆斯林群众和印共党员还是有不少人以个人身份参加。不仅如此，运动得到社会各界人士的广泛同情。许多人即便不参加运动，也并不帮助政府。比哈尔省官方报告说：公众整个是同情国大党运动的最终目标的。政府从他们那里“实际上得不到任何合作”。联合省当局说：“除了个别例外，本来可望给政府以帮助的人也很少给予帮助”。孟买刑事侦查局官员也抱怨说，他们面临“一个人民普遍保持沉默的阴谋，以致找不到任何人出庭做证，使审判无法进行”。[②] 显然，越来越多的人已经看到印度的风向在改变，因而开始调整自己的政治态度。这种新变化使赢得了这场斗争的殖民统治者不但没有胜利感，相反，自从统治印度以来，他们第一次感到政治上的孤立。联合省省督哈列特在给总督的信中说，暴动最激烈的地区正是国大党发动农民工作做得较好的地区。国大党已使农民“政治化”，农民都跟国大党走，连政府官员也愿与国大党合作，或者要求调离。“政府在这里的控制力已降到最低。”[③] 这哪里有胜利者欢呼胜利的影子？倒是明白无误地显示出这些胜利者对未来的忧愁。人民反英情绪高涨，社会各阶层广泛支持国大党，这两点对促使英国当局四年后最终决定撤离印度起了重大作用。从这个意义上说，这场斗争使印度朝着实现独立的目标前进了一大步。

四 鲍斯与印度国民军

就在甘地和国大党沿着国大党在战争伊始既定的方针力求打开局面时，

---

① 胡钦斯：《印度革命、甘地和退出印度运动》，第282页。

② 胡钦斯：《印度革命、甘地和退出印度运动》，第270页。

③ 胡钦斯：《印度革命、甘地和退出印度运动》，第272页。

苏·鲍斯走上了另一条争取实现民族独立目标的道路，那就是谋求德、日法西斯的帮助，建立武装力量，从外部解放印度。

鲍斯在1940年夏被捕后，回顾过去，展望未来，思想上经历了重大变化。他认为印度实现独立靠自身的力量是很难实现的，因为甘地主义的压力太沉重，民族力量的手脚被紧紧捆绑，真正的潜力得不到发挥。他抱怨尼赫鲁和其他左翼态度不坚决，不但不能和他一起来拧断这根绳索，相反，还帮助甘地压抑党内的积极因素，以致形成国大党积重难返的现状。他对党内斗争失去了信心，决定另找出路。1940年底他用绝食的办法迫使当局将他释放，改为在家软禁。1941年1月底，他避过警察的监视逃出，越过西北国境线，历经艰难险阻，最后辗转到了柏林。鲍斯希望得到外部援助，在当时他认为这只可能来自德国。德国是英国的劲敌，利用英德矛盾来实现民族目标是他的希望。德国纳粹则要利用印度的民族主义者削弱英国的力量，因此乐于接纳和支持他。鲍斯在德国开始对印广播，号召武装反英，并在德国许可下着手在被俘的印度士兵中组建自由印度军队，成立了三个营，共2000人，打算以后空投到印度。还成立了“自由印度中心”，作为领导机构。在与德国合作进行这些活动时，鲍斯竭力谋求德国发表一个关于印度独立的声明，但德国当局别有打算，一直不愿发表。这使鲍斯甚感不快。1942年日本侵略者为了准备最后进攻印度，邀请鲍斯赴日，答应建议轴心国共同发表这样的声明。鲍斯认为日本离印度更近，与日本合作更便于实现自己的目标，便接受邀请，于1943年6月13日到达东京。

在这之前，流亡日本的印度秘密组织活动家拉希·比哈里·鲍斯已在日本政府支持下成立了“印度独立同盟”，而一名原驻马来亚的英印军队的印籍军官莫亨·辛格，已经获得日本当局许可，在东南亚的印军战俘中组建了印度国民军。莫亨·辛格曾与日本达成谅解，这支军队目的是解放印度，由印度人自己领导。到1942年秋，这支军队人数已达5万人。莫亨·辛格因表现出了较强的独立性，不为日本人中意，不久被解职。鲍斯到日本后，由于他在印度人中的崇高威望，便被推举为独立同盟主席，并成为印度国民军的最高领导人。他坚定地表示，他的目的是使印度获得独立。“诡计多端、狡猾而富于策略的英国政治家没有能够哄骗和收买我，也绝不会有任何人能做到这一点。”①

---

① H. 托耶：《跳跃猛虎：对一个革命者的研究》，伦敦，1959，第80页。

在东南亚，印度侨民有100多万人。他们热切地盼望国家独立，积极支持鲍斯的活动，成了印度国民军财力上的主要资助者。鲍斯改组、扩充了印度国民军，吸收印度侨民参加。还成立了一个妇女团队，叫章西女王团，许多印侨女青年踊跃参加，决心为国效力。当时，无论被俘的印度士兵还是广大印侨，对建立这支军队都表现出很高的热情，把解放祖国的殷切期望寄托在这支军队上。鲍斯下一步的目标是建立流亡政府。1943年10月21日，在日本当局支持下，在新加坡成立了自由印度临时政府，鲍斯任总理兼外交部部长、陆军部部长。他在誓词中说，要为解放印度和三亿八千万同胞，为争取神圣的自由战斗到生命最后一息。还说："就是在自由后，我仍将准备为捍卫印度的自主而流尽我的最后一滴血。"① 最后这句话显然是为了表明，印度不仅要斩断英国统治的枷锁，也决不容许任何其他侵略者包括日本取而代之。鲍斯还致电甘地表明自己的心迹。电文说："临时政府的唯一目的，是通过武装斗争把印度从英国的奴役下解放出来。一旦我们的敌人被逐出印度，和平和秩序得以确立，临时政府的使命即告结束。对于我们的努力、受苦受难、自我牺牲，我们所要求的唯一报偿就是祖国的自由。印度获得自由后，我们中的许多人就会从政治舞台上隐退。"② 甘地和国大党赞扬鲍斯的爱国主义精神，同时一致认为，他走的是一条错误的道路。

这个评价是完全正确的。与法西斯合作谋求独立无异于与虎谋皮。不能否认鲍斯是出于爱国的至诚，却是一厢情愿，想入非非。德国也好，日本也好，绝不会听任印度取得真正独立。鲍斯的努力纵然能取得某些成果，也只会为法西斯扩大侵略铺路。自己成了他人掌上玩物却又坚信能保持自主，这是鲍斯的悲剧所在。他的错误主要在于急于求成不择手段，对自己的力量一直估计过高，而对于现实的复杂性极其缺乏认识。自连任国大党主席受挫以来，他的一系列表现都反映出这个倾向。左翼其他活动家曾不止一次批评他帮助他，但他听不进去，越走越远，终于铸成大错。民族事业受到损害，他自己的爱国者和左翼领袖的形象也因此蒙上灰尘，受到玷污。

从1943年下半年起，鲍斯着力训练印度国民军，准备随日军一起进攻印度。

---

① H. 托耶：《跳跃猛虎：对一个革命者的研究》，第90页。

② 《苏·鲍斯的重要演说和著作》，拉合尔，1946，第334页。

五　印共实现人民战争方针的努力

自从提出人民战争的新方针后，印共一切活动即以这个新方针为准绳。国大党全印委员会内的印共党员在8月8日孟买会议表决退出印度决议时投反对票。对随后爆发的群众暴力斗争，印共更不支持。它认为这些都是与建立国际反法西斯统一战线的方针相违背的。印共总书记P.C.约希说："国大党领导人设想的行动过程不能导致自由，只能使民族离开争取自由的战斗，在英印造成进步力量的分裂。"[①] 对鲍斯与日本合作的做法，印共更激烈反对，指责他以敌为友，助纣为虐。

印共已取得合法地位。为了统一全党力量，为实现新方针而努力，1943年5月23日至6月1日，在孟买召开了自成立以来的第一次全国代表大会。这时，共有党员15563人。大会通过决议，号召动员全国力量反对法西斯侵略势力，争取把战争变成人民战争。决议提出党当前的战斗口号是“为国防而联合起来”，“为保卫祖国增加生产”。在呼吁改善工人生活状况的同时，决议要求党员“要公开采取坚定的立场反对罢工”。关于农村工作，决议要求组织农民开展反饥饿斗争，同时号召农民与地主、商人合作，充分发展生产。对英国统治当局，决议提出要为国防“实行百分百的联合”，也就是停止一切反英斗争。大会选出新的中央委员会，P.C.约希再次当选为总书记。印共中央一直努力执行这个决议，直到大战结束。

这期间，印共创办了刊物《人民战争》，宣传反法西斯战争的意义，介绍战争进展情况。还印制了许多宣传品在城乡广为散发。对于英国统治者残酷镇压从事暴力斗争的广大群众，印共提出谴责，同时积极要求当局释放甘地和所有国大党领导人，取消对国大党的禁令。

这期间，印共利用自己的合法地位在工农群众和其他社会集团中进一步开展工作，取得了较大成绩。全印工会大会1943年会员为30万人，到1945年达50万人。在1943年5月召开的全印工大第12次年会上，印共活动家丹吉被选为主席。全印农协由于国大党左翼退出另建组织而一度大为

---

① 坦杜尔卡：《圣雄甘地传》第6卷，第138页。

削弱。但在印共和留在该组织内的民族主义者共同努力下又迅速得到恢复和发展。1943 年全印农协有 30 万成员，1944 年增加到 55.3 万人，到 1945 年又猛增到 82.51 万人。在 1945 年召开的全印农协大会上，印共另一活动家穆扎法·艾哈迈德当选为主席。印共领导的妇女组织也有发展，1943 年成员有 4.1 万人。在知识界，印共也积极开展工作，建立了印度人民戏剧协会，在发展民族艺术、团结文艺界人士方面收到了一定效果。

在这些活动中，党组织本身也得到了发展。建立和健全了省、县级组织，在孟买设立了中央总部，办有 5 份中央级刊物。党员人数到 1944 年初增加到 3 万人。

印共取得的成绩是明显的，但这是否意味着它在全国人民心目中政治威望的迅速上升？这是很难说的。国大党人发动“八月革命”遭到残酷镇压，民族矛盾急剧增长的时候，印共脱离民族斗争，国大党人及其影响的亿万群众会做何感想，这是可以想见的。

1940 年以后，围绕穆斯林联盟建立巴基斯坦的要求，在全国形成一个争论热点。印共需要表态，但不幸它在这个问题上又犯了错误，损害了它在大多数群众中的政治影响。

对穆斯林联盟的分治要求，国大党是坚决反对的，大多数群众也不赞成。印共主张全国团结，反对分裂，但认为团结的途径是承认各民族有自决权，包括分离权，在这个基础上组成印度各民族自愿结合的联邦。它提出印度有 17 个民族。在讲到具体民族时，提出了“被压迫的穆斯林诸民族”的说法，不适当地把宗教看作区分民族的因素之一。国大党领导人指责印共的主张客观上支持了穆斯林联盟的分治要求。结果，这一主张招致国大党广大党员和大多数群众的反感。印共事后在总结教训时也承认，理论上和认识路线上的错误，“逻辑地导致了我们对巴基斯坦主张的支持”。①直到 1946 年，印共才认识到自己的错误，开始纠正。“被压迫的穆斯林诸民族”的提法以及他们有分离权的提法都被放弃。在给内阁使团的备忘录中，印共强调“印度群众保持在一个共同的联邦里最符合他们的利益”。②《印度共产党历史纲要》的著者就此写道，印共在这个问题上犯错误是因为

---

① 《印度共产党历史纲要》，第 67 页。

② 《印度共产党历史纲要》，第 69 页。

“对民族自决权的口号抱极端教条主义的态度”，“脱离印度实际”地去照搬别国的做法，[①] 认为这是值得永远记取的教训。

六　大战后期的政治形势

1943 年 10 月 20 日，原英印军总司令魏菲尔接替林里资哥任印度总督。这时日本进攻的威胁日益严重。鉴于国大党一时再没有力量发动新的运动，魏菲尔开始考虑重新回到与国大党谈判以打开僵局的政策上。当这件事正在酝酿之时，1944 年 3 月 19 日，日军三个师越过缅印边境，向印度城市英帕尔发动进攻。印度国民军精锐部队苏巴斯团，随后还有另两个团，参加了战斗。战役之初，日军包围了英帕尔，但到 6 月初英印军队便开始反攻，7 月 10 日结束战斗。日军大败，损失 5 万多人。随同作战的印度国民军也损失惨重。参战士兵 6000 人中，死亡 1900 人，生还者仅 2600 人，其中 2000 人还是伤员。鲍斯的兵力经此致命一击，再无力恢复元气。日本也没有可能再次发动进攻。因为就世界说，反法西斯战争已发生有利于同盟国的决定性的转变，英美已在诺曼底登陆，苏联已发动反攻，日本的处境已经不妙。

1945 年初，英印军队越过伊洛瓦底江，开始了全线反击。日军慌忙从缅甸撤退。鲍斯偕少数同僚也从仰光撤至新加坡。8 月 15 日，日本宣布无条件投降。17 日，鲍斯等乘日本军用飞机离开新加坡飞往日本，途中在台湾稍事停留。再次起飞时失事。鲍斯负重伤，于 18 日逝世。死前还说：“我为印度的自由斗争到最后一息。请告诉我的同胞，‘印度不久就会获得自由’，自由印度万岁！”[②] 他的一腔热情诚为可贵，但他的奋斗道路注定只能以悲剧告终。

在英帕尔战役中击败日军后，战争形势对英国来说已是一片光明。日本的威胁事实上不复存在，在欧洲，胜利的曙光已清晰可见。英国需要的不是在印度组织防御，而是对日本的占领地区发动进攻，夺取最后的胜利。

---

① 《印度共产党历史纲要》，第 70 页。

② H. 托耶：《跳跃猛虎：对一个革命者的研究》，第 27 页。

既度过战争危险期，英国在印度就没有借口继续保持高压状态了。在战争结束之前必须打开僵局，至少也要迈上这条道路。英国统治者清楚地知道，为过于紧张的政治局势降压是非常必要、刻不容缓的，否则在胜利到来突然改变的气氛下，就有发生爆炸的可能。

1944 年 5 月 6 日，当局以甘地患病为由释放甘地，希望此举能促使他同意重新开始谈判。

在对国大党摆出新姿态的同时，当局也加强了对穆斯林联盟的笼络。魏菲尔宣布，国大党提出的任何要求只有在与穆斯林联盟达成协议后英国政府才可考虑，印度未来的制宪也必须先由国大党、穆斯林联盟就其途径、方法达成协议。这意味着，在制定未来宪政改革方案上给了穆斯林联盟以否决权。显然，英国统治者在做新的安排时，还念念不忘利用国大党与穆斯林联盟的矛盾。

甘地出狱后，宣布客观形势已经变了，原来国大党通过的“退出印度”决议不再适用，需要根据新的形势确定新的斗争方略。他提出的新的任务就是和穆斯林联盟谈判，争取达成协议，然后共同促使当局建立临时政府，召开制宪会议，以实现独立目标。这表明，他已放弃要英国立即退出印度的要求，也不打算再开展不合作运动来实现这一目标。

横亘在国大党、穆斯林联盟谈判道路上的主要障碍是穆斯林联盟建立巴基斯坦的要求。国大党越反对，穆斯林联盟越坚持。承认还是不承认这个要求甚至成了两者能否坐在一起谈判的先决条件。

早在 1942 年 4 月，国大党领导人之一拉贾戈帕拉恰雷就建议国大党原则上接受建立巴基斯坦的主张，以便能与穆斯林联盟达成协议，迅速建立临时政府，从英国人手里接管政权。但这个提议遭到这年 4 月在阿拉哈巴德举行的国大党全印委员会会议的拒绝。在那以后，他没有放弃自己的主张。当甘地提出要积极解决国大党与穆斯林联盟分歧的问题后，1944 年 7 月，他又公开提出了一项新建议。其内容是国大党赞同穆斯林联盟建立巴基斯坦的要求，穆斯林联盟赞同独立的要求，与国大党合作，共同组成临时政府；待战争结束后，建立双方共同组成的委员会来确定穆斯林占人口多数地区的界线，然后在这些地区实行公民投票，按多数人意志决定归属；在穆斯林联盟单独建国后，两个国家应在国防、商业、交通及其他重要方面达成合作协议；所有这些条件只有在英国交出政权后才能实现。当甘地还在狱中时，拉贾戈帕拉恰雷就拿这个建议和甘地讨论过。甘地不同意完全分治，但认为保留某些共同权力下的分治可以考虑。他同意拉贾戈帕拉恰雷建议的基本思想，并希望与穆斯林联盟会谈。他写信给真纳建议会晤，真纳同意了。印度教大会激烈反对甘地的新想法。萨瓦尔卡说，印度省份不是甘地的私产，不能随意送人。印度教大会确定8月第一周为反巴基斯坦周。甘地没有理会。孟买教派组织“反巴基斯坦阵线”的一批人专程赶到瓦尔达阻止甘地动身与真纳会谈。其中有人带有匕首。甘地不顾威胁，坚持前往。在去孟买的路上，不断遇到黑旗示威。1944年9月9日至27日，甘地和真纳在孟买进行了多次会谈并以书信交换看法。甘地在拉贾戈帕拉恰雷建议的基础上提出了自己的方案。要点是：国大党可以接受穆斯林联盟建立巴基斯坦的要求，但是，有四个条件。第一，印度不应被看成两个或更多的民族，而应看作一个民族，一个包括穆斯林在内的多种宗教共存的大家庭。建立巴基斯坦只是因为某些省的穆斯林愿意单独成立国家。其他穆斯林不愿意也是自然的。甘地的用意在于防止其他教派也以宗教差别为由要求分立。第二，单独建国后，两国之间应就外交、国防、商业、交通等共同关心的重要事务达成合作协议，进行有效而令人满意的管理。第三，分治地区限于穆斯林占人口多数的地区，这些地区是否同意分治，由全体居民投票决定。第四，分治只能在印度独立后实现。真纳的立场是：第一，坚持“两个民族论”。第二，主张未来两国可以有平等、自愿的联系，但反对建立事实上凌驾于两国之上的中央权威。第三，主张把整个印度西北部地区（旁遮普、信德、西北边省、俾路支斯坦）和东部地区（孟加拉、阿萨姆）全划归巴基斯坦，而且主张只由穆斯林举行公民投票，非穆斯林不能参加。第四，坚持先分国后独立。上述双方立场表明，分歧是根本性的，甘地已做很大让步，但穆斯林联盟坚持自己立场寸步不让。因此，会谈以失败告终。

甘地与真纳会谈破裂给独立斗争的前景投下了浓郁的阴影。很明显，只要国大党和穆斯林联盟分歧依旧，英国殖民者就能以此为借口，拒绝印度的民族要求。两个组织的广大成员和群众要求继续谈判。在这种力量推动下，1945年初，中央立法会议国大党领导人德赛和穆斯林联盟总书记利亚奎特·阿里·汗就建立临时政府问题达成了一项协议。其内容为：临时政府成员除总督和军队总司令外，都应当是印度人，国大党和穆斯林联盟按对等原则在政府中各占40%的职位，其余20%归其他少数派团体。建立巴基斯坦国家问题待印度政治地位最终确定后再行解决。承认对等原则是国大党的又一让步。甘地也同意这个协定，但是真纳并没有表示赞成，因为它违背了先分治后独立的原则。协定副本交给了总督。但由于真纳不赞成，又以流产告终。

1945年初，魏菲尔回伦敦与丘吉尔磋商。回印度后于6月14日发表了史称“魏菲尔计划”的声明。其内容为：宣布英国赞同印度人自行制定宪法，并将予以通力合作；在新宪法制定前，改组总督行政会议，除总督和总司令外，其他职位一律由印度人担任；行政会议构成上，印度教徒和穆斯林名额对等；在各省建立责任政府。声明还宣布将召开各党派领导人会议，由各党派提出组成行政会议的成员名单，供总督决定。这看来是在推进改革过程，但计划中，行政会议构成的对等原则由《德赛-阿里协定》的国大党、穆斯林联盟两组织对等改为印度教、伊斯兰教两教派对等，这就涉及国大党能不能提名穆斯林的问题，加剧了两大组织之间的冲突，增加了达成协议的困难。

1945年6月25日，各党派领导人会议在西姆拉召开。对国大党的禁令此时解除。国大党方面出席会议的有尼赫鲁、帕特尔和阿扎德（时任国大党主席），他们都是被特地从狱中释放的。穆斯林联盟方面，真纳、利亚奎特·阿里·汗等出席会议。国大党按照两教派对等的要求提出了国大党参加政府人员名单，其中包括国大党的穆斯林活动家。真纳则拒绝提出名单，声称只有穆斯林联盟代表穆斯林，所有穆斯林人选均应由穆斯林联盟提出。双方意见无法调和，会议无果而终。英国统治者则把无进展的责任完全推到印度人身上。这种僵局一直持续到大战结束。

长达六年的战争使印度劳动人民处于极度困苦之中。战争后期，尽管有国防法限制，各地罢工越来越多，扩展到一个又一个部门。1943年，罢工有716次，525088人参加，损耗工作日2342287个。1944年罢工有658次，550515人参加，损耗工作日3447306个。1945年罢工增加到848次，782192人参加，损耗工作日3340892个。罢工工人的主要要求是提高工资，打击投机商。多数取得了胜利，尽管程度各有不同。战时在有些省，如孟加拉、比哈尔、旁遮普、马德拉斯等，农民运动也得到一定开展。主要参加者是分成制佃农，主要斗争内容是要求减租，反对夺佃，要求得到佃权。

在南印度有些地区，还采取了强耕地主荒地的斗争形式。分成制佃农是佃农中的最低层，受剥削压迫最重。以往历次租佃立法都把他们排除在外。他们起来斗争是必然的趋势，反映了由于印共及国大党左翼的努力工作，农民的最下层部分也开始觉醒，起来要求新的生活和民主权利了。

第三十四章 战后反英斗争高潮与英国接受印度的独立要求

印度民族力量在第二次世界大战中，无论主张实行人民战争还是坚持反英斗争，都把实现民族自由的希望寄托于战后。大战结束意味着决胜阶段的到来。为了实现这一目标，不但所有民族主义组织都投入斗争，广大人民群众也积极发挥历史首创作用，以空前高昂的政治热情，参与促进这一过程。英国统治者要继续阻挡滚滚向前的历史潮流已经不可能了。在继续玩弄一个短时期的拖延策略后，它终于不得不接受必须离开印度的既成事实。

一　战后反英斗争的高涨

1945 年 5 月 8 日，德国签署了无条件投降书。8 月 15 日，日本也宣布无条件投降。至此，第二次世界大战以世界反法西斯力量的胜利告终。

战争结束给印度人民带来了鼓舞和对未来的美好期望。群众政治积极性空前高涨，表现在：第一，广大工人群众掀起了罢工浪潮，争取改善自己的经济地位。不少罢工带有政治斗争色彩。战争时期，工人饱尝了物价飞涨、粮食和生活日用品短缺的痛苦。战争的大量军事订货只把“黄金果”带给资产阶级，而工人们得到的却是劳动强度的提高和实际工资的下降。战争结束后，由于军事订货的骤然停止或减少，工厂开工不足，大批工人流落街头。资本家（英国的、印度的）不愿自己的高额利润受到影响，竭力压低工人的工资，减少或完全取消工人战时争得的物价补贴。1945 年，许多省份农业继续歉收，全国粮食供应短缺的情况加重，粮食价格以更大幅度上涨，日用工业品价格也跟着猛增。投机和黑市盛行，一如战时。在这种情况下，广大工人若不起来斗争，连生存下去都很困难。战争一结束，声势浩大的罢工浪潮即刻兴起。几乎所有部门都卷了进来。1946 年第一季度就发生 426 次罢工，参加者 426000 人，损耗工作日约 300 万个。这些罢工不仅提出增加工资、扩大就业、惩治投机倒把等经济要求，而且常常具有鲜明的反英性质。“英国人滚出印度”“印度独立万岁”是罢工工人集会上或工人与其他下层人民的游行示威中经常可以听到的口号。正因为这样，罢工斗争常常发展为反英示威游行，一个工厂、一个部门的斗争常常转变为整个城市的群众发动。英国当局感到不安，常常出动大批武装警察镇压工人的示威游行。1945 年 8 月，在贝拿勒斯，工人和其他下层人民游行演变为和警察的武装冲突，有 17 人被打死，2000 多人被捕。当局企图用流血来吓倒工人，但适得其反，这一暴行受到全国工人和各界群众的同声谴责，促使罢工斗争在全国更广泛地开展起来。

第二，掀起了抗议审判印度国民军军官的浪潮。日本投降后，在东南亚的印度国民军官兵约两万人（其中穆斯林有数千人）也向英军投降并被遣返印度。殖民当局为转移人民视线，决定从 1945 年 11 月起，以叛逆罪在红堡对国民军参谋长沙·纳瓦兹上校等一批军官进行公审，并故意大肆渲染，制造恐怖气氛。国大党、穆斯林联盟、印共等各政党团体和广大人民群众把当局这一举动看作借题发挥，目的是打击印度人民的爱国主义精神，因此一致起来谴责殖民当局。他们指出，印度国民军和日本站在一起是错误的，但他们的目的是争取印度独立，其爱国精神应该肯定，审判他们就是向印度的民族尊严进攻。国大党全印委员会 1945 年 9 月会议通过决议，抗议当局这种行动。还专门成立了辩护委员会为这些军官辩护。一批有名望的大律师都参加了，尼赫鲁也穿上脱下了 20 多年的律师长袍，亲自参加辩护。甘地写信给总督，谴责这种审讯，说尽管他不主张武装斗争，但钦佩他们的“勇敢和爱国主义精神”。① 各党派团体纷纷举行抗议集会。中央省在 1945 年 10 月前半个月就举行了 160 次抗议集会。11 月 12 日各地举行了“印度国民军日”游行，11 月 5 日至 11 日，又举行了“印度国民军周”

① 坦杜尔卡:《圣雄甘地传》第 9 卷，第 18 页。

游行。最大的一次群众性会议是在加尔各答德夏普里亚公园举行的，有约30万人参加，尼赫鲁、帕特尔都在会上讲了话。各界人士还为援救受迫害者捐款。工会、农协、妇女会、印度教大会都对当局提出谴责。总督魏菲尔承认，“所有党派几乎采取一致行动，尽管国大党叫喊得最厉害”。[①] 然而，当局仍不顾民意，继续审讯，对被指控军官判处重刑。为抗议这种倒行逆施，加尔各答（受鲍斯影响最大的地区）的大学生、工人、手工业者和小商人在1945年11月21日、1946年2月11日两次举行示威游行，罢工、罢课。两次都发展成与警察的暴力冲突。第一次有2人被打死，52人受伤。第二次游行是穆斯林联盟大学生组织领导的，国大党和印共的大学生组织加入。冲突的结果是36人死亡，400多人受伤。群众性的抗议示威由加尔各答迅速扩展到孟买、德里、米鲁特、白沙瓦等城市。所有这些城市也都是印度教徒和穆斯林一起参加斗争。官方承认，在联合省和旁遮普，一些印度官员也表示反对审判，甚至英印军队中的一些士兵也参加群众会议，军心不稳。这种近乎举国一致行动的壮观局面在印度现代史上是很少见的。对群众这种广泛发动感到害怕的英国当局最后以总督行使特别权力的办法，赦免并释放了被判刑的军官，这才平息众怒。尼赫鲁就此写道：“这是印度人民的意志和那些印度当权者的意志之间的较量。人民的意志终于获得了胜利。”[②]

第三，开展群众性的宣传鼓动，反对英国当局动用印度军队镇压东南亚民族解放运动。日本投降后，英国政府以受降为名，调派印籍军队去印度支那和印尼，实际上是去镇压那里的民族解放运动。国大党、穆斯林联盟、印共都号召人民起来反对。广大群众积极响应。在全国各城市举行了群众大会和示威游行。孟买和加尔各答的码头工人拒绝给开往印尼的船只装载军粮和弹药。国大党成立了专门的委员会，领导开展这一活动，并规定1945年10月25日为“保卫东南亚日”。这天，全印各地都举行抗议集会，要求从印度支那、印尼立即撤回印军。穆斯林联盟和印共的成员也踊跃参加了这天的活动。

上述三方面的斗争，是紧密交错而又平行发展的，广大群众有的参加这种斗争，有的参加那种斗争，有的所有斗争都参加了。政治生活的活跃

---

① 比潘·钱德拉：《印度争取独立的斗争》，第478页。

② 坦杜尔卡：《圣雄甘地传》第7卷，第17页。

使广大群众觉悟得到提高，同时也使殖民当局清楚地意识到，群众的政治积极性在迅速增长，这是它在制定战后政策时不能不认真考虑的一个因素。

二 工党执政初期的对印政策

1945 年 7 月，工党在英国再度执政，其领袖艾德礼成了内阁首相。印度总督魏菲尔奉召回伦敦讨论局势。返印后，9 月 19 日，艾德礼和魏菲尔分别在英国和印度就对印政策发表了内容相同的讲话。讲话回避印度的独立要求，只是宣布政府决心倾其全力使印度早日实现充分自治。关于近期措施，讲到要举行新的中央和省立法会议选举，在省一级重新建立责任政府；要尽快召开制宪会议，作为第一步，与各省立法会议代表讨论，以确定 1942 年方案（指保守党内阁所拟定的克里浦斯方案）中的建议是否可以接受，哪些地方需要修改，同时与土邦王公讨论，找到使王公参加制宪会议的合适途径；改组总督行政会议，建立得到印度主要政党支持的行政会议。

印度民族力量对工党执政期望很高。艾德礼、魏菲尔讲话却表明，工党政府在对印政策上没有根本改变。它仍然只答应给印度自治领地位，并不想让印度独立。但变化也是有的。以往保守党制定 1942 年方案，更多是做做姿态，并不想真正实行。方案中“土邦可以不加入联邦”的条款就是它故意设置的一个障碍。它知道仅此一端，国大党就不会接受这个方案。而现在工党政府则希望实现 1942 年方案关于制宪会议、临时政府等方面的内容。它放弃了“不加入”条款，也就是说，撤除了原先设置的障碍，使国大党等民族组织更易于接受。工党政府这样做是考虑到了战后变化的形势，希望以某些新的让步，换取国大党、穆斯林联盟等的妥协，以便使英国对印度的统治能够以宗主国对自治领的形式继续下去。

国大党对艾德礼、魏菲尔的讲话一面提出批评，指出它是“模糊不清的、不适当的和不能令人满意的”,[①] 一面又表示相信工党政府有解决印度问题的诚意，宣布准备参加中央和省的立法会议选举，以显示人民“要求

① B. 普拉沙德：《奴役与自由》第 2 卷，第 543～544 页。

立即移交政权的决心”。[①] 还要求工党政府扩大选民范围，释放全部政治犯，解除对国大社会党、前进集团和全印农协的禁令。国大党此时已确定了它在战后决战阶段的方针。它看到印度民族斗争胜利在望，看到自己胜券在握，决定不再采取大规模的群众性不合作运动的方式，而要通过谈判，最终实现独立目标。这样做不仅可以防止与穆斯林联盟矛盾发展为直接对抗，也可以避免出现在群众政治积极性与主动性空前高涨的情况下，大规模运动可能会引发的某种逸出国大党轨道的局面。换言之，这样的方针对保证资产阶级收获胜利果实最有利、最可靠。

穆斯林联盟也决定参加立法会议选举。它对艾德礼、魏菲尔讲话没有表示支持建立巴基斯坦很不满意，强调未来制宪必须以赞成建立巴基斯坦为前提，否则穆斯林联盟决不接受。它宣布参加选举就是要通过宪政手段为实现这个目标而斗争到底。

印共也宣布要参加选举。这将是它第一次以合法政党身份参加选举。反法西斯战争的胜利，并没有如它预期的那样给印度带来自由。丘吉尔公开宣布，《大西洋宪章》不适用于印度。显然，要实现民族自由还需要坚持不懈地进行民族斗争。战争结束后，印共不得不赶紧实现政策转轨，重新举起争取民族独立的旗帜。由于大战后期对战争以及对英国统治者态度的分野，印共与国大党的关系变得十分紧张。当时出版的一本反映国大党观点的小册子，指责印共因“急于捍卫苏联利益”而“出卖民族利益”。[②] 更有各种流言说印共得到苏联政府财政资助。印共在各种场合驳斥这种攻击和诬蔑，同时，力求建立与国大党的友好关系，甚至为此对国大党说了许多过分赞美的话。1944 年，印共总书记约希撰文说：“是国大党树起了印度的自由旗帜，是国大党领袖使我们受到了爱国主义的初步教育。……国大党是我们的母体，国大党领袖是我们的政治导师，国大党的追随者是我们的战友。”他呼吁国大党不要损害“同他们并肩作战的战友”，做亲痛仇快的事。[③] 约希为此目的还和甘地会晤并多次通信。但所有努力都没有效果。战争结束后，国大党开始从党内清除印共党员，成立了以尼赫鲁为首的高

---

① 坦杜尔卡：《圣雄甘地传》第 7 卷，第 14 页。

② 兰格内加尔、巴鲁克：《国大党共产党的纠纷》，孟买，1945，第 16 页。

③ P. C. 约希：《国大党和共产主义者》，孟买，1944，第 2 页。

级小组调查印共党员在国大党内的活动。印共鉴于这种形势，便做出决定，在国大党内的所有印共党员，除在全印委员会任职者外一律立即退出国大党。1945 年 12 月，国大党把全印委员会中的印共党员也排除出党。国大党显然已在为未来资产阶级掌权做准备，清党是组织上的措施之一。印共处在困难境地，当时的首要任务是在全国群众中重建自己的反英形象，扩大政治影响。它决定参加选举正是从这个角度考虑的。当时，对于在决战时期应该采取何种路线和策略，党内尚未形成统一认识。

中央立法会议选举定于 1945 年 11 月举行，省立法会议选举定于 1946 年初举行。各政党团体纷纷发表竞选宣言，开展了积极的竞选宣传活动。国大党的竞选宣言 10 月发表，共 12 点。提出的目标是建立“保障所有人民的根本权利和自由的自由民主国家”。提出的主要政治、经济政策包括采取联邦体制，参加联邦的宪政单位拥有广泛的自治权力，实行成人普选制，实现工农业现代化，主要工业部门国有化，实行土改，赎买地主的土地，对所有资源和生产、分配手段实行社会控制，消除贫困，提高人民生活水平等。穆斯林联盟竞选纲领的中心是建立巴基斯坦，并提出巴基斯坦的范围包括旁遮普、信德、西北边省、俾路支斯坦、孟加拉和阿萨姆。强调的重点是只有穆斯林联盟才能代表穆斯林，只有建立巴基斯坦才能保障穆斯林利益。印共 1946 年初发表的竞选纲领提出实现完全独立，建立一个“由各拥有主权的民族国家自愿组成的联盟”，制宪会议由以成人普选权为基础的普选产生。还提出无偿地取消地主土地所有制，实行各主要工业部门的国有化，建立工人对大企业的监督等。印共只是提出了一些省立法会议成员的候选人。

在竞选宣传中，特别引人注目的是国大党对 1942 年斗争的着力宣扬。国大党充分肯定“退出印度”决议（“八八决议”）的正确性，表示为这个决议感到自豪。对“八月革命”参加者的大无畏斗争精神表示敬意，对死难者表示哀悼。在比哈尔、联合省东部和孟买地区，国大党甚至提出要进行调查，追究那些残酷镇压人民的地方官员的责任。在许多地方建立了死难烈士纪念碑。考虑到选举结果国大党肯定会在这些省当政，很多官员人心惶惶，怕遭到报复，不少人要求调离这些省份和地区。其实，国大党的用意不在于报复，而是要扩大政治影响，争取民心。这场斗争被国大党看作自己的光荣，它要充分利用这点，为自己的形象增辉，更广泛地吸引选民。国大党的宣传品就明确地说：“正是在这个决议（指“退出印度”决议）的基础上并带着它的战斗口号，国大党参加这次选举。”① 这样就把人们对1942年斗争的骄傲和敬意直接导向支持国大党竞选。

选举结果，国大党大获全胜。在中央立法会议选举中，国大党获得普通选区选票的91.3%。中央立法会议共102个选举席位，国大党获57席，占55.9%。在省立法会议选举中，国大党获得普通选区总票数的80%。省立法会议全部选举席位为1585个，国大党获930席，占58.7%。在阿萨姆、比哈尔、孟买、中央省、马德拉斯、西北边省、奥里萨、联合省八个省，国大党的席位占绝对多数。在另外三省——旁遮普、孟加拉和信德，国大党也得到一部分席位。

穆斯林联盟在穆斯林选区获得大多数选票。中央立法会议选举中，它获得了穆斯林选区选票的86.6%，在总席位中得到30个席位，占29.4%，仅次于国大党。省立法会议选举中，它获得的票数占穆斯林选区总票数的74%，得到428个席位，占总席位数的27%，也是仅次于国大党。

中央立法会议其余15个席位分布情况是：独立人士5席、阿卡利党2席、欧人8席。另有40个任命席位，包括官员26人、非官员14人。

省立法会议其余227个席位分布得比较散，印共得到8席，其余为独立人士及地方小党派所得。

非常醒目的现象是：1937年大选时，穆斯林选票是分散的，穆斯林联盟在其中得票不多，没有在任何一省获得多数席位。这次不同，穆斯林选票大大集中，穆斯林联盟在其中得票占压倒性多数，在信德、孟加拉、旁遮普三省都得到相对多数席位。这表明，由于穆斯林地方小党派加入穆斯林联盟，穆斯林联盟已成了名副其实的全国性穆斯林政党。除一部分穆斯林参加或支持国大党外，绝大多数穆斯林都站到了穆斯林联盟旗帜下。

根据大选结果，国大党在它掌握绝对多数的8个省重又建立了自治省政府。穆斯林联盟在信德和孟加拉组成省政府。在旁遮普，穆斯林联盟建立联合政府的努力未能成功，结果成立了由民族统一党、国大党等组成的联合政府。民族统一党人为首席部长，穆斯林联盟没有参加。

这样，1940年又恢复了以国大党政权为主的省自治。但和上次不同，这一次殖民统治机构的中央政权也面临重大改变，省自治已不像上次那样

① 阿加瓦拉：《印度民族运动与宪政发展》，第242页。

突出了。

这次选举是一次重要的民意测验。它表明国大党在民族运动中的主导地位已十分牢固，但同时也清楚地表明，就印度的穆斯林来说，绝大多数人拥护穆斯林联盟，这和 1937 年的情况大不相同。国大党对穆斯林的影响自 1937 年以来即使不是明显下降了，至少也没有任何显著增长。印共得票很少固然是因为选举的财产资格限制使下层人民很少有人能参加选举，但也不能不说明由于战时政策的失误，它在群众中的影响已跌入低谷，许多工人和农民都投了国大党的票。印共为自己的错误付出的代价是极为沉重的。

三　海军起义和工农运动的蓬勃发展

国大党和穆斯林联盟在大选后，都把精力集中于制定未来的权力分配方案上，改善工农地位的紧迫要求被搁置。人们被告知，一切都要等到独立后解决。然而，工农运动继续发展。1946 年又爆发了震撼全印的海军起义。这些斗争表现了下层群众政治热情的高涨，在迫使英国统治者最终承认印度人民的独立权利上起了推动作用。

运动扩及军队是 1946 年群众发动的最显著的特点。军队是受当时炽热的反英氛围的影响而投入运动的，是一种自发的行动，当时并没有任何政党对军队发出这样的号召。军队投入运动清楚地表明，英国在印度统治的大厦已经从根基上动摇了。

军人是带着自身的要求投入运动的，这和工农的发动有相同之处。1946 年 1 月，孟买空军驾驶员和地勤人员 1500 人举行罢工，抗议英国军官侮辱印度驾驶员。罢工者反对种族歧视，要求英印军人地位平等，要求给复员的驾驶员安排工作。这时抗议审判国民军军官的浪潮正在全国涌起，罢工的军人也提出了释放国民军军官的要求。孟买空军基地的斗争得到加尔各答空军基地驾驶员的支持。英国当局迅速采取措施平息了这个事件。

1946 年 2 月，爆发了孟买海军起义。起义由英国军官对印度士兵的种族歧视和生活上的虐待引起。开始时也是采取罢工形式。2 月 18 日，塔尔瓦尔号军舰全体水兵首先举行罢工。一个叫杜特的水兵在墙上写了“退出印度”的标语被捕。第二天，停泊在孟买港口的 20 艘舰船的全体水兵都参加了罢工。他们提出的一致要求是反对种族歧视，英人印人平等，改善生活待遇。英国国旗被从桅杆上降下来，升起了国大党和穆斯林联盟的旗帜。这一天，有 2 万水兵在孟买游行，提出两项政治要求：释放政治犯，包括印度国民军军官；英印军队撤出印尼。游行中高呼“打倒英帝国主义”“印度必胜”“革命万岁”等口号，打出了国大党、穆斯林联盟和印共的旗帜。在选出一个叫“海军中央罢工委员会”的领导机构后（领导人是一个信号员），水兵们向舰队司令部提出了自己的要求，得到的却是镇压。2 月 21 日，当英国炮兵向舰船开炮后，所有罢工舰船都开炮还击。这样，罢工就转变成武装起义。炮战持续了七个小时。起义的消息迅速传遍全国。卡拉奇、加尔各答、马德拉斯、维萨卡帕特纳姆等港口的印度海军以及德里、浦那、坦纳基地的士兵、雇员都宣布支持孟买起义者。几乎整个海军的所有 75 艘船舰和 20 个炮台都受到影响。2 月 22 日，在印共中央号召下，孟买 20 万工人举行总罢工，支持起义水兵的要求。在全市到处举行集会、游行，广大市民群众都参加进来。示威群众与警察发生武装冲突，筑起了街垒，斗争持续到 24 日。当局派来大批军队实行镇压，才得以控制局势。270 人被打死，近 1700 人受伤。印共主要是支持水兵的斗争精神和要求，几个月后，当英国当局调查此事时，印共中央领导宣布，它没有参与组织这次起义，参加起义的印共党员是独自行事的。国大党和穆斯林联盟对水兵的罢工表示同情，认为他们的要求是正当的，但反对起义。甘地谴责说：“海军中的这次起义以及接着发生的事情，从非暴力这个词的任何意义上说，都不是非暴力的行动……印度教徒、穆斯林和其他人为了暴力行动的目的而联合是邪恶的，而且这种联合将引起双方的暴力行动，也许就是双方暴力行动的准备阶段。……对印度和全世界来说，这都是不好的。”他认为这是给印度“树立一个极糟糕的榜样”。[①] 国大党特派帕特尔劝说起义者投降，答应向当局转达他们的要求，以国大党的力量保护他们不受迫害。真纳也采取了大致相同的立场，答应以穆斯林联盟的力量保护他们。在国大党、穆斯林联盟的压力下，23 日起义领导机构发表告民众书，宣布停止斗争。

海军起义在整个英印军队中产生强烈影响。士兵、警察对殖民政权的离心倾向迅速增强。国大党主席阿扎德记述道：“在这个时期无论我走到哪

---

① 坦杜尔卡：《圣雄甘地传》第 7 卷，第 78~79 页。

里，军队中的年轻人都来欢迎我，表达他们的同情和钦慕，全不考虑他们的欧洲籍军官会怎样处置他们。”还说在加尔各答，“一大群警察还有警长把我的汽车团团围住。他们对我欢呼，有的甚至行触脚礼。他们都表示尊敬国大党，愿意按我们的命令行事”。[①] 英国对印度的统治出现了土崩瓦解的征兆。

1946~1947 年，工农运动也迅猛发展起来。工人罢工 1946 年共发生 1619 次，参加人数 196.2 万人，损耗工作日 1271.7 万个。1947 年发生 1811 次，参加人数 184 万人，损耗工作日 1656.2 万个。这种规模是以往印度从未有过的。罢工遍及各地，包括许多土邦。整体来说，这时期的罢工具有更强的组织性、更明确的政治色彩，得到了更广泛的支持，常常发展成政治总罢工。1946 年 8 月南印度铁路工人罢工，遭当局镇压。全印工大宣布 9 月 18 日为“支援南印度铁路工人日”。这一天，全国各主要工业中心举行罢工和群众集会，表示支持。斗争成为全国性的，持续到 9 月下旬。1947 年 1 月，康浦尔一些工厂工人为抗议降低工资，举行示威游行，在遭到镇压后，全市工人和学生团体宣布总罢工和罢课，以示对他们的声援。有 10 多万人参加。手工业者和商人也罢业，参加斗争。同年 2 月，加尔各答电车和码头工人罢工，在遭到当局镇压时，也得到全市工人、大学生、手工业者和小商人的广泛支持，有 40 万人参加了总罢工和罢业。这些事件很有代表性。当时的形势是，任何一个工厂或部门的罢工都随时有发展成几万人甚至几十万人参加的总罢工和总罢业的可能。全印工大系统领导的工会在斗争中最活跃，它本身的力量也得到进一步发展。不过国大党和印共的关系既然已经决裂，共处于一个全国性工会中也不可能。1947 年 5 月，受国大党影响的工会退出全印工大另建了自己的全国工会组织——印度全国工会大会。

农民运动是从 1946 年初重新掀起高潮的，重点地区是孟加拉，此外，在联合省、比哈尔和旁遮普也达到一定规模。孟加拉农民运动主要是分成制佃农要求减租的斗争，以“三一运动”著称。分成制佃农没有任何佃权，地租额由地主专横地决定，往往相当于收获量的二分之一甚至还要多。佃农们以往是默默地忍受，此时则一致奋起，要求把租额降至收获量的三分

---

① 阿扎德：《印度赢得自由》，孟买，1959，第 110 页。

之一，并且不管地主愿不愿意，只按此比例缴纳。运动扩及孟加拉全境，约有500万人参加，穆斯林佃农和印度教徒佃农一起进行斗争。地主派武装打手强制收租，殴打和非法关押农民。农民起而还击，攻击地主、高利贷者宅院，开仓取粮。当局派来讨伐队，在有些地区，农民的斗争发展成小规模的武装斗争。直到这年省立法会议通过了保障佃权的新租佃法后，斗争才逐渐停止。这场斗争是由农民协会领导的，印共在农民协会中有很大影响。旁遮普的农民运动中心在莱亚普尔县，主要是佃农要求降低地租和延期偿还高利贷。联合省和比哈尔的运动主要是反对地主逐佃。这两个省的地主害怕未来的土改，纷纷夺佃自营。特别是在联合省的巴斯底、巴利亚等县和比哈尔的芒吉尔、加雅等地区，地主常常建立雇佣武装，强迫农民离开田地。农民起而自卫，联合起来赶走武装打手，继续耕种土地。旁遮普、联合省和比哈尔的运动也都是在农民协会领导下进行的。其中有的处在印共影响下，有的处在国大党左翼领导下。国大党左翼早在1941年与印共决裂后就单独建立了自己的农协系统。原全印农协主要成了印共领导的农协组织。

1946年以后，土邦人民的斗争取得新发展，在内容上也与第二次世界大战前有很大不同。战前土邦开展的运动主要是资产阶级改革运动，由新兴的资产阶级知识分子阶层领导。1946年后，由于各土邦成立了工会、农民协会，这些群众组织（印共在其中有相当影响）领导的工农斗争发展起来。在有些情况下，它和资产阶级改革运动比肩并行，给后者以推动。土邦的斗争中，规模较大的工人运动是特拉凡柯尔1946年10月发生的总罢工。它是由土邦当局镇压椰树纤维制品工人的罢工引起。罢工者提出的斗争口号包括“消灭王公专制制度”，表明它已超出经济斗争范围。当局最后派军队镇压了工人的运动。农民、城市下层人民的斗争与资产阶级运动结合在一起的典型是查谟和克什米尔的斗争。克什米尔资产阶级活动家建立了自己的组织克什米尔国民会议，要求在土邦实行民主改革。在遭到王公拒绝后，提出“马哈罗阇①退出克什米尔”的口号，号召各界抵制王公的专制统治。在印共影响下，农民积极参加斗争，拒绝纳税，拒绝服劳役，同时也提出了取消地主所有制的要求。运动遭到镇压，未能发展下去。这一

① 马哈罗阇，意为大王，是土邦王公称号。

时期土邦农民运动发展程度最高的地区是海得拉巴土邦的特仑甘纳地区。这是由印共领导下的“安得拉人协会”出面领导的。特仑甘纳地区居民是安得拉人，说泰卢固语，是印度教徒。这个地区面积占海得拉巴土邦三分之一强。这里存在大地主土地所有制。农民除受地主剥削外，还受土邦当局的沉重压迫。第二次世界大战中由于当局按低价强征农民粮食，农民起而反抗。1946 年 6 月，在纳尔冈达县的苏里亚佩特村，由于当局杀害农民领导人多迪·科马托亚，并向为他送葬的队伍开枪，激起农民起义。起义者占领了苏里亚佩特村和其他许多村庄，建立了自己的权力机关——潘查雅特，宣布废除强迫劳役制，不准地主横征暴敛、欺压农民，不准夺佃，被地主侵占的土地要收回，归还农民。成立了自卫队，抵御地主武装及土邦当局派来的武装警察的进攻。由于地主竭力帮助土邦当局镇压起义，农民潘查雅特没收了地主的土地，分给少地的农民和佃农。特仑甘纳起义只是开始，它发展、扩大于独立以后。

四　英国接受印度的独立要求

上述情况表明，印度人民的斗争已在各条战线展开。反殖民斗争和反封建斗争交织在一起，群众发动与军队哗变同时发生。这些斗争有国大党、印共和穆斯林联盟领导的，更多的是群众组织自己领导的，有些则纯粹是自发行动。后两类有日益增长之势。这种情况促使工党政府做出最后决断：接受印度的独立要求，准备移交政权。工党政府认识到，是交出政治权力的时候了。交出政治权力有利于保留英国在印度的经济利益和政治影响，继续拒绝印度的独立要求只会引起印度人民斗争更猛烈的发展。一旦这种斗争发展到连国大党也控制不了的地步，英国在印度不但保不住政治权力，经济利益也会丧失殆尽。及时撤出，在它看来是最大限度保存自己经济实力和政治影响的办法。

1946 年 1 月下旬，工党政府已在酝酿派特使去印度寻求最后解决方案。海军起义的爆发促使艾德礼立即做出决定。2 月 19 日，即海军起义爆发第二天，艾德礼在下院宣布，派以印度事务大臣劳伦斯为首的内阁使团去印，协同总督，就制宪方法、召开制宪会议的办法和成立临时政府问题与印度各民族主义组织和各界领导人协商，提出解决方案。3 月 15 日，艾德礼又在下院发表讲话，承认印度的民族解放运动是全民的运动，军队也卷了进去。他宣布，劳伦斯使团的任务是帮助印度“尽可能快和尽可能充分地获得自由”。印度的前途由印度制宪会议自行决定。他第一次宣布，“如印度选择独立——在我们看来，它有权这样做，我们将帮助它尽可能顺利实现这个转变”。但他同时表示，希望印度能选择继续留在英联邦内。①

英国终于接受现实，准备撤出印度。对艾德礼这个宣言，印度各党派、团体都表示热烈欢迎。

---

① 阿拉纳编《巴基斯坦运动史文件集》，第 400 页。

第三十五章

蒙巴顿方案与英国移交政权

英国宣布准备接受印度的独立要求后，剩下的问题就是怎样通过宪政方式向印度移交政权。国大党和穆斯林联盟都愿意英国采取和平方式移交。但由于穆斯林联盟坚持要求建立巴基斯坦而国大党坚决反对，双方一直达不成一项彼此都能同意的接受移交的协议。民族斗争的果实已经成熟了，但这个果实如何收获竟成了国大党、穆斯林联盟在谈判桌上久久争执不下的难题，而一贯在两者之间挑起冲突的英国统治当局却一变而成了调停人甚至仲裁人。在实现统一的独立的一切努力均告失败后，留下的唯一出路就是实现分裂的独立了。这就是为什么印度反英斗争的胜利最后是以印巴分治形式实现。

一　内阁使团在印度的活动

内阁使团由内阁三名成员组成。除劳伦斯外，另两人是贸易大臣克里浦斯和海军大臣亚历克山大。3月23日使团抵印。在与总督魏菲尔磋商后，立即开始与印度各党派领导人、各界代表人物接触。国大党和穆斯林联盟都坚持自己的立场。国大党主张独立后的印度应是统一的联邦国家，中央权力限制在一定范围内，赋予各宪政单位以充分自治权。穆斯林联盟则坚决主张建立两个独立国家，而且主张巴基斯坦的范围应包括孟加拉、旁遮普、阿萨姆、信德、西北边省和俾路支斯坦。国大党主张建立统一的临时政府，召开统一的制宪会议制定未来印度的宪法。穆斯林联盟则主张先分治，再由两国各自的制宪会议为各自国家制定宪法。双方立场针锋相对，其他党派、组织也各有自己的看法。印度共产党 4 月 15 日向内阁使团提交了一份备忘录，虽讲到各民族有自决权，但主张保持印度统一，强调直接选出一个中央制宪会议来解决制宪问题。还主张英国应把权力移交给由国大党和穆斯林联盟在平等的基础上组成的印度临时政府。5 月 5 日，内阁使团和总督召开由各党派领导人参加的第二次西姆拉会议，讨论解决方案，因国大党和穆斯林联盟意见相左，又毫无结果。

内阁使团认真考虑了穆斯林联盟的分治要求，认为这个要求是行不通的。理由是：第一，按照穆斯林联盟要求，由旁遮普等五个省和俾路支斯坦构成巴基斯坦。但五省中，旁遮普和孟加拉两省非穆斯林人口均占全省总人口的 45%左右，阿萨姆的非穆斯林人口更高达总人口的 66%。如果这些人都划归巴基斯坦，巴基斯坦非穆斯林人口就达到相当大比例。而在余下的印度境内，穆斯林人口数量依然很大。这样，穆斯林联盟要求分治所提出的理由在分治后依然存在，少数教派的问题并没有能解决。第二，印度作为一个整体在经济、文化等方面都已发展起来。各地区间建立了广泛的经济、文化联系。分治会人为地切断这种联系，使双方经济、文化发展都受到损害。第三，分治会影响国防实力，造成双方敌对，给双方带来灾难。第四，分治给土邦未来加入带来困难，会造成纠纷。第五，在地理上也存在困难。巴基斯坦分为东西两部分，相距数千英里，联系极不方便。结论是："英国政府不能把在印度的权力移交给两个单独的主权国家。"①

内阁使团的立场与英国当局此前对穆斯林联盟单独建国要求的方针是否相悖？仔细分析一下，就可以看到两者是不矛盾的。英国统治者对于穆斯林联盟建立巴基斯坦的要求，长期以来是暗中支持和鼓励的，但这不是说英国真的赞同分治。在它还不想退出印度时，它乐意看到穆斯林联盟提出这样的要求，并非常有兴趣地打这张牌，其目的在于牵制国大党，尽力磨平国大党政治主张的尖锐棱角。这个策略收到明显效果。可是，当英国决定退出后，就没有必要继续玩弄这个伎俩了。从各方面看，分裂印度对英国没有好处：分裂印度会激起国大党、印共和印度人民的反对，弄不好会出现动乱；英国一直宣扬自己在印度传播文明、促进国家统一和社会进步上"功绩卓著"，分裂印度是对这种自吹自擂的否定，会给世人造成这样

① 阿拉纳编《巴基斯坦运动史文件集》，第 426~427 页。

的印象，即英国统治的结果是留下了分裂的烂摊子，这对它不是一件光彩的事；从保留英国的影响看，分裂印度对未来印巴两国的经济发展都不利，这对英国维护和发展在南亚的经济势力并不是好事，而在政治上，分裂造成敌对，便于第三国插手，对英国尤其是下策。总之，英国为自己利益考虑，不认为分裂对它有利，这就是它并不积极主张分治的原因。

内阁使团不赞成分治，但对穆斯林联盟态度的强硬不能不认真考虑。它必须找到一个保留印度统一而又实行内部最大限度自治的方案，认为唯有这样的方案才可能使穆斯林联盟接受。

5 月 16 日，内阁使团发表白皮书，提出了自己的带有裁决性的方案，通称“内阁使团方案”。它包括未来国家体制的建议和制宪机构的组成两方面的内容。前者要点是：印度成为英属印度各省和土邦组成的联邦国家；中央政权只掌管外交、国防、交通，拥有筹措上列事项所需经费之权限，其余所有权力统统留给拥有广泛自治权的各省和土邦掌管。关于制宪机构，规定：（1）制宪会议定额 385 名（每 100 万人中选 1 人），其中英属印度 292 名，从各省立法会议成员中选出。选举分普通选区、穆斯林选区和锡克教徒选区。各选区应选出的人数按人口比例确定。土邦代表 93 名，选派办法协商解决。（2）将英属印度分成三个省集团，即印度教徒占人口多数的 A 集团，包括马德拉斯、孟买、联合省、比哈尔、中央省、奥里萨六省；穆斯林占人口多数的 B 集团，包括旁遮普、西北边省、信德三省；穆斯林占人口多数的 C 集团，包括孟加拉、阿萨姆两省。这些省集团都建立自己的行政、立法机构。各省集团应先行制定本省、本省集团的宪法，然后在制宪会议上和土邦代表一起，制定印度联邦的宪法。（3）在宪法制定前的过渡时期，英属印度成立受各主要政党支持的临时政府，由总督在改组行政会议的基础上组成。这项方案的最突出部分是联邦、省集团、省三级分权，其中建立省集团及省集团拥有广泛的自治权是这个方案的核心部分。这是内阁使团谋求解决国大党、穆斯林联盟分歧的主要办法。内阁使团还宣布，一旦这个方案实现，根据宪法建立印度政府后，英国对土邦的最高权力即告停止，所有英国与土邦的政治安排失效。还说在任何情况下，英国都不会把对土邦的最高权力移交给印度政府。这后一点显然是为了安抚土邦王公，表示照顾他们的利益。

内阁使团方案关于制宪会议代表名额的分配如表 35-1 所示。

表 35-1 制宪会议代表名额分配

单位：人

省集团	普通选区	穆斯林选区	锡克教徒选区	合计
A 集团				
马德拉斯	45	4		49
孟买	19	2		21
联合省	47	8		55
比哈尔	31	5		36
中央省	16	1		17
奥里萨	9	0		9
合计	167	20		187
B 集团				
旁遮普	8	16	4	28
西北边省	0	3	0	3
信德	1	3	0	4
合计	9	22	4	35
C 集团				
孟加拉	27	33		60
阿萨姆	7	3		10
合计	34	36		70
英属印度总计				292
土邦代表				93
总计				385

国大党工作委员会对这个方案的反应是赞成和批评兼而有之。这个方案保持了印度的统一，这是它最满意的，但它对方案中建立省集团部分提出严厉批评，指出该方案“几乎有按照教派来划分印度的一切缺点”，并说，按照该方案，“所谓制宪会议将只有一个自主机构的外表，而没有它的实质。联邦和省都将听命于某些独断的省集团的支配”。① 但工作委员会还是宣布接受这个方案，准备参加制宪会议，以便能制定一部“自由、统一和民主的印度的宪法”。② 关于省集团的构成，国大党宣布它的理解是自愿的，每个省可自由选择加入这个或那个省集团。穆斯林联盟反对，认为应

① 杜德：《今日印度》下册，黄季方译，世界知识出版社，1953，第 290 页。

② 坦杜尔卡：《圣雄甘地传》第 7 卷，第 139 页。

是固定的，不能自由选择。英国统治者肯定了穆斯林联盟的认识而否定了国大党的理解。

穆斯林联盟因这个方案没有答应建立巴基斯坦甚为不快，但也接受了，认为这个方案规定建立的B集团、C集团，包含了“巴基斯坦的基础”。[①]把穆斯林占人口多数的两地区划成两个省集团后，由于中央权力极度缩小，两个省集团获得最大自治权限，在它看来，这离建立巴基斯坦就只有一步之差了。它可以站在这个新的起点上，在制宪会议上进一步提出建立巴基斯坦的要求。

印共及国大社会党反对这个方案。印共认为，这是“使印度人永远自相残杀的计划”，是“使印度前途混乱”的计划。[②] 印共、国大社会党都反对参加制宪会议。

由于国大党、穆斯林联盟都同意参加制宪会议，应由英属印度选出的292名代表，在6月就按照内阁使团方案规定的方式选出。国大党获211席，穆斯林联盟获73席。应由土邦产生的93名代表，由于国大党要求民选，王公们不接受，所以未能产生。

还在内阁使团方案公布之前，总督魏菲尔已就临时政府的席位分配提出了建议，即印度教徒和穆斯林按对等原则各5人，印度教徒候选人由国大党提名，穆斯林候选人由穆斯林联盟提名。其余2人，一为锡克教徒，一为印度基督徒。内阁使团方案公布后，接着举行了组织临时政府的谈判。穆斯林联盟同意这个安排。国大党认为，这个建议的实质是把它视作印度教徒组织，这正是穆斯林联盟的一贯说法，因而拒绝接受。内阁使团和魏菲尔对方案做了修改，于6月16日宣布了新方案，规定临时政府由14人组成，席位分配为：国大党6人（包括1名哈里真），穆斯林联盟5人，锡克教徒、基督徒、祆教徒各1人，并宣布如有任何政党不同意接受，就授权同意接受的政党组成政府。国大党要在自己的名额中提出一位穆斯林候选人，遭穆斯林联盟坚决反对，总督也不同意，因此国大党6月26日宣布拒绝参加临时政府，只参加制宪会议。内阁使团6月29日离开印度回国；行前发表声明，对制宪会议选举顺利表示满意，对临时政府组成上出现问题表示遗憾。

---

① 维·马哈江：《现代印度史》第1卷，第334页。

② 杜德：《今日印度》下册，第289页。

二 临时政府的成立和制宪会议的召开

内阁使团离印后，成立临时政府的矛盾更加激化。穆斯林联盟要求总督兑现诺言，让接受方案的穆斯林联盟组织政府。但总督不想激怒国大党，所以改变主意，决定暂不成立临时政府。穆斯林联盟对此极为不满，认为总督食言是对穆斯林联盟的蓄意侮辱和蔑视。加之尼赫鲁在一次会上讲到制宪会议一旦成立将作为主权机构撤销省集团，穆斯林联盟感到它为巴基斯坦争到的基石并不牢固。因此，7 月 29 日，穆斯林联盟通过决议，撤销它原来通过的接受内阁使团方案的决议，不但不参加临时政府，连制宪会议也不参加了。它决定采取直接行动，争取建立巴基斯坦，并授权穆斯林联盟工作委员会制订组织穆斯林开展斗争的计划。穆斯林联盟工作委员会宣布 8 月 16 日为“直接行动日”。这天穆斯林联盟各级组织要在各地发动穆斯林举行总罢工和集会游行。真纳在穆斯林联盟会议上说：“在整个穆斯林联盟的历史上，除了采取立宪主义和宪政手段进行斗争外，从没有做任何不合法律的事情。但现在我们被迫处于这种地位，不得不与宪政手段告别了。”① 8 月 16 日，在一些城市举行了穆斯林的大规模集会游行。由于双方教派主义的挑动，在加尔各答、孟加拉其他地区、比哈尔和孟买发生了一系列教派流血冲突和仇杀。加尔各答三天冲突中死了 5000 人，2 万人受伤，10 万人无家可归。比哈尔的冲突至少死了 7000 人。《国务活动家》报记者安·斯提芬现场采访加尔各答冲突后报道当时的惨状时说：“街头布满了尸体，至少有 3000 具，受伤者数以万计。商店和私宅遭到的破坏更是无法统计。这不是骚乱，而是中世纪史上所说的疯狂大屠杀。不过，疯狂的大屠杀听起来像是自发的，而这次事件却带有预谋和有组织的性质。”②

8 月 6 日，总督魏菲尔致信尼赫鲁（新当选为国大党主席），邀请国大党组织临时政府，并和穆斯林联盟商讨，争取穆斯林联盟参加。这一次国大党接受了，并决定由尼赫鲁负责这方面的工作。尼赫鲁与真纳会晤，邀穆斯林联盟参加，遭到拒绝。于是国大党便独自担当起组织临时政府的职

---

① 斯坦利·沃尔伯特：《新印度史》，纽约，1977，第 334 页。

② 维·马哈江：《现代印度四十五年》，新德里，1973，第 338 页。

责。8 月 24 日，总督宣布：总督行政会议全体成员已向英王辞职，英王已批准成立印度临时政府。9 月 2 日，临时政府正式成立。除国大党外，参加临时政府的还有锡克教徒等少数团体代表。总督魏菲尔任临时政府主席，尼赫鲁任副主席，各部部长大多由国大党人担任。军队总司令仍由英人担任。穆斯林联盟最初是号召穆斯林抵制临时政府，要求家家户户在屋外插黑旗，以示抗议和蔑视。但不久，它改变态度，表示愿意参加临时政府。10 月 26 日，穆斯林联盟加入临时政府。穆斯林联盟领导人之一利亚奎特·汗担任财政部部长，其他 4 名成员分别担任商业部、交通部、卫生部、法律部部长。然而，在临时政府中，穆斯林联盟仍以建立巴基斯坦为目标，几乎在一切问题上穆斯林联盟成员都与国大党成员意见相左，甚至尖锐对立。这样，临时政府便陷入了无法正常开展工作的困难境地。

关于制宪会议，国大党要求尽早召开，认为穆斯林联盟既已参加临时政府，也应参加制宪会议。穆斯林联盟却要求召开穆斯林单独的制宪会议，制定巴基斯坦宪法。1946 年 12 月 9 日，制宪会议开幕，穆斯林联盟宣布抵制，参加者只有国大党和少数团体的当选代表。土邦也没有代表参加，因为在代表产生的方式问题上一直未能达成协议。不用说这样残缺不全的制宪会议要进行任何有成效的工作都是不可能的。

内阁使团方案表面上看似乎在实施上有了进展，实际上，进展是虚假的，对抗却在发展。1946 年 12 月，英国当局又在伦敦举行了与国大党、穆斯林联盟领袖的会谈，依然毫无结果。这表明内阁使团方案事实上已告夭折。

三 蒙巴顿方案的提出

1947 年春，印度形势极为紧张。临时政府无法工作，制宪会议形同虚设。教派冲突接二连三发生。3 月，旁遮普、西北边省的流血冲突中死亡甚众，而且还在酝酿更大的冲突。当局并没有采取有力措施制止骚乱，这使国大党和穆斯林联盟对它的不满加剧。这时工人农民等下层人民的斗争也在各地发展，不仅范围扩大，斗争方式也日趋激烈。这一切使英国当权者清楚地认识到，是英国赶快撤走的时候了，继续留在印度是危险的。一旦形势发展到无法控制的程度，它要脱身就不可能了。

1947 年 2 月 20 日，英国首相艾德礼在下院宣布：英国政府决定采取必要措施，以便最迟不晚于 1948 年 6 月把政权移交给印度人；如果届时印度还没有制定出宪法，就将把英属印度的政权移交给某种形式的中央政府，或者在某些地区，移交给现存的省政府。这是对国大党和穆斯林联盟施加压力，要它们尽早达成协议，也反映了英国急于脱身的心态。不过，在英国统治集团中仍有一批持相反主张者，英国议会在对政府此项决议案进行辩论时，一批顽固分子起而反对，如丘吉尔说，这是“可耻的逃跑”；原印度事务大臣坦普伍德指责说，这是“无条件投降”；西蒙认为，这“只会败坏英国名声”。[①] 然而多数议员指出，在现实环境下，政府无可选择，尽快撤出是留下的唯一走得通的路。

英国当局公开宣布自己的撤出期限，把一个难题摆在国大党和穆斯林联盟面前。它们如何能在规定的期限前制定出双方都能接受的宪法呢？穆斯林联盟的分治要求已发展到诉诸直接行动的阶段，国大党反对分治没有商量余地。甘地说：“就是整个印度烈火燃烧，也不会诞生巴基斯坦。”又说：“巴基斯坦只能在我的尸体上建立。”[②] 在这种情况下，制定统一的宪法是不可想象的。

2 月 20 日，艾德礼在讲话中还宣布，英王已任命原东南亚盟军最高统帅蒙巴顿接替魏菲尔为印度总督。蒙巴顿是英王乔治六世的表兄弟，地位显赫，功绩卓著，又善于外交，是个在英国上层中很有影响的人物。内阁交给他的使命，就是尽早实现移交政权。

3 月 22 日，蒙巴顿来到印度。他看到形势比人们在伦敦所想象的更为危险和具有爆炸性，认为要避免危机演变为两大教派的内战，要避免人民斗争的兴起和英国权威的崩溃，就要用最快的速度解决问题。4 月 2 日，他给艾德礼的报告中说：“这里局势十分不妙。……在我看来，通过谈判解决印度前途的问题希望渺茫”，“如果我不迅速采取行动，一场内战即将在我任职期间爆发”。[③] 在印度的许多英国人都认识到了这一点。如《星期日泰晤士报》特别记者 1947 年 5 月 4 日报道说：英国人士“越来越担心这种危

① 梅农：《印度权力的移交》，普林斯顿，1957，第 343 页。

② 阿加瓦拉：《印度民族运动与宪政发展》，第 262 页。

③ 多米尼克·拉皮埃尔、拉里·柯林斯：《圣雄甘地》，周万秀、吴葆璋译，新华出版社，1986，第 105 页。

险：混乱可能远在1948年6月以前就降临印度”。[①] 蒙巴顿的助手伊斯梅后来在讲到当时形势时也说：“1947年3月的印度是一艘满载火药在大洋中航行而突然着火的船。当时的问题是在大火燃烧到弹药之前把火扑灭。”[②]

蒙巴顿的任务既然是尽快交权，对他来说，哪种方案能达到这个目的就是最好的方案。统一还是分治在他看来不是原则问题，只要国大党和穆斯林联盟双方愿意接受就可以。来印度以后，在和各党派领导人磋商中，他也曾提出保持印度统一的希望。但发现要穆斯林联盟接受是完全不可能的。鉴于内阁使团方案已告失败，他得出结论：如果他也要坚持统一的方向，就一定会旷日持久得不到解决。因而，他很快放弃了这种努力，转而说服国大党接受分治。穆斯林联盟毫不妥协的态度国大党也是看得很清楚的。尼赫鲁、帕特尔等领导人得出结论：除非国大党软化自己的立场，否则，问题是得不到解决的。他们开始改变看法，准备接受分治。有几点考虑帮助他们下了决心：第一，避免发生更大的流血冲突。他们知道，只要国大党和穆斯林联盟达不成协议，教派流血冲突就会接连不断，愈演愈烈。如果到1948年6月达不成协议，英国真的会把权力移交给各省政府，那就不可避免地会出现大规模内战的局面。第二，他们也知道，即便有什么统一的方案能使穆斯林联盟勉强接受，只要穆斯林联盟不放弃争取建立巴基斯坦的根本目标，就会像现时在临时政府中出现的情况一样，貌合神离，无法进行工作。分治固然会带来种种痛苦，毕竟也能割除这个严重的溃疡，有利于专心致志从事国家建设。尼赫鲁说，这是用外科手术来根治疾病。第三，民族斗争胜利在即，他们热切盼望尽早实现印度人民向往的独立，不希望这个进程再过久地被内部纷争拖延。第四，他们寄希望于未来，认为分治是争端白热化的产物，一旦实行，就会感到是行不通的，因而不会长久，要不了多少年还会合并，分治是暂时的，是为了实现最终统一而必须走的弯路。尼赫鲁、帕特尔在原则上接受分治，但坚决反对穆斯林联盟提出的把旁遮普、孟加拉、阿萨姆这些非穆斯林人口占人口将近一半甚至大多数的省整个划归巴基斯坦的主张。4月20日，尼赫鲁表示，穆斯林联盟可以建立巴基斯坦，条件是不得把不愿意加入巴基斯坦的印度地区也包

① 杜德：《今日印度》下册，第299页。

② 帕姆·杜德：《英国和英帝国危机》，苏仲彦等译，世界知识出版社，1954，第172页。

括进去。

尼赫鲁、帕特尔观点的改变最初不被甘地接受。阿扎德也不同意。但大势所趋，他们也知道没有别的路可走，最终也不得不勉强同意。

锡克教派领导人和国大党态度一致，即接受分治，同时坚持旁遮普不能作为一个省加入巴基斯坦，也应按锡克教徒占人口多数地区和穆斯林占多数地区实行分治。

图 35-1 蒙巴顿和尼赫鲁

蒙巴顿看到希望的大门已经打开，遂迫不及待地沿着分治的方向自作主张地拟定了一个解决方案。5月2日派他的助手伊斯梅带着方案飞往伦敦向内阁请示。征得同意后，蒙巴顿决定5月11日召开各党派领导人会议，宣布他的方案。他事先让尼赫鲁看了文件。尼赫鲁阅后大吃一惊，立即表示国大党断然拒绝这个方案。原来蒙巴顿拟定的方案是确定印、巴分治后，每个省都有权选择加入任何一方或不加入任何一方。这是使印度巴尔干化的方案，表明蒙巴顿急于使英国脱身而企图走捷径，即把旁遮普、孟加拉、阿萨姆三省是否加入巴基斯坦以及是否要分治的问题留给这些省自己以及国大党和穆斯林联盟去争吵，争吵不下时可以两方都不参加。这是规避责任，只顾英国体面地退出而不计后果的方案。尼赫鲁不以为然是毫不奇怪的。如果真纳事先看了这份文件，也一定会站在穆斯林联盟的立场上坚决反对的。蒙巴顿异想天开，以为他的方案会得到各方同意，看到尼赫鲁断然反对，方知自己犯了主观主义的大错。为了使自己不致成为笑柄，也为了追回失去的时间，他决定立即转轨，搁下这个方案，另行制定新的方案。新的方案应不出国大党、穆斯林联盟主张的大框架，基于双方立场寻找一个为两者都能接受的折中的办法。根据蒙巴顿的授意，他的助手 V. P.

梅农很快就拟出了新方案，这就是后来的蒙巴顿方案。当然，在公布之前，需要把整个事情的变化，连同新方案，报告英国内阁并取得认可。

在制定移交方案中要解决的另一重要问题，是如果实行分治，印度和巴基斯坦是以什么地位接受移交。国大党和穆斯林联盟领导人都主张以独立国家地位接受移交，蒙巴顿则竭力主张以自治领地位接受移交，同时解释说，这丝毫不影响印度和巴基斯坦未来制宪会议决定自己国家的地位。蒙巴顿之所以持这种主张，是因为这样做于英国最有利，第一，有利于影响未来的印度和巴基斯坦的制宪会议做出留在英联邦内的决定；第二，有利于移交政权后保持英国与印、巴关系的稳定，最大限度地保持英国的经济利益和政治影响；第三，这会使英国的退出印度较为体面，并创造一种和睦友善的移交气氛。最初，国大党和穆斯林联盟领导人都不愿接受。蒙巴顿则利用他们间的猜忌对双方施加压力。他对国大党说，如果国大党不接受而穆斯林联盟接受，则英国会尽力帮助作为自治领的巴基斯坦发展经济和增强实力，那会对印度未来不利。他又对穆斯林联盟领导人说，如果国大党接受而穆斯林联盟不接受，英国会尽力帮助未来的印度，那肯定不利于巴基斯坦。他还向双方说明，接受自治领地位会减少移交政权方面英国的阻力，有利于移交法案在议会迅速通过。并向双方保证，以自治领地位接受移交只是宪政程序的要求，丝毫不是为他们的未来预定框框。在这种情况下，国大党和穆斯林联盟领导人不得已都接受了蒙巴顿的劝说，同意以自治领地位接受移交，同时宣布建立独立国家的目标不变。

在就移交方案的基本内容与国大党、穆斯林联盟、锡克教等方面的领导人最后交换意见并征得同意后，蒙巴顿于5月18日携方案回国汇报，受到英王和内阁的夸赞。5月31日，他返回德里。6月2日，邀请国大党领导人尼赫鲁、帕特尔，穆斯林联盟领导人真纳、利亚奎特·汗，锡克教徒领导人巴尔德夫·辛格开会。每个人面前摆着一份题为《分治的行政结果》的文件。他宣布这是经英国内阁同意了的，不能再有修改，这就是他的移交方案。当天午夜前，他得到了克里帕拉尼（新当选的国大党主席）、真纳和巴尔德夫·辛格的答复，他们分别代表国大党、穆斯林联盟和锡克教徒对这个方案表示同意。

6月3日，蒙巴顿在全印广播电台发表了《英国政府关于次大陆宪政的未来的声明》，其中包括了这个方案的内容，其要点为：英国在印度的政权将移交给继承现政权的自治领。如果穆斯林占人口多数的地区希望单独建国，就可以建立一个单独的自治领。在实现分治之前，各有关省需要就归属问题进行表决。孟加拉和旁遮普两省立法会议成员应各分成两部分，一部分是穆斯林占人口多数地区的代表，一部分是非穆斯林占人口多数地区的代表，两部分分别投票，决定各该省是否应一分为二，即穆斯林占人口多数地区加入新建立的自治领，非穆斯林占人口多数地区留在印度自治领；如果两部分中的任何一部分的多数同意一分为二，则应实行。信德省和西北边省加入哪个自治领，前者由省立法会议召开专门会议决定，后者由全省公民投票决定。阿萨姆省穆斯林占人口多数的锡尔赫特县是继续留在阿萨姆省还是加入相邻的穆斯林占人口多数的东孟加拉（如果孟加拉决定分治），成为新建的自治领的一部分，由该县公民投票决定。俾路支斯坦也应就自己的归属做出自己的决定。如果孟加拉、旁遮普决定一分为二，将建立一个边界委员会负责划分边界。方案还规定，如果印度决定分治，现有的印度制宪会议和新建自治领将要成立的制宪会议即可着手分别制定自己的宪法。目前的自治领地位不妨碍两个制宪会议有权决定自己的未来地位（包括是否留在英联邦内）。关于土邦归属问题，只是强调 1946 年 5 月 16 日内阁使团方案中提出的办法继续有效，未做新的规定。这就是蒙巴顿方案的基本内容。

蒙巴顿发表讲话时，尼赫鲁、真纳、巴尔德夫·辛格都在场。按照事先的安排，他们接着分别做了广播讲话。尼赫鲁在讲话中建议国大党接受这个分治方案。他说：“我向你们提出这个建议，内心是很不愉快的。……我们世世代代梦寐以求并为之斗争的目标，是一个自由、独立和统一的印度。这个方案允许一定地区脱离（如果他们希望），这对我们中的任何人来说，想起来都是令人痛苦的。但是我相信现在这个决定从长远看是正确的。我们争取的统一的印度不能来自强迫，而应是自由人民的自由的和心甘情愿的联合。我们只要以这种方式努力，就能以较其他方式更快的速度达到目标。”① 真纳在讲话中说：“很清楚，这个方案在某些重要方面没有接受我们的观点，我们不能说对这个方案感到满意，也不能说对方案的内容都赞成。”他说，穆斯林联盟要考虑的是，是否可以作为一个“妥协”接受它。

---

① K. P. 巴哈杜尔：《印度自由运动史》第 4 卷，第 203 页。

他带引导性地说：“就我在德里穆斯林联盟成员中搜集的情况看，整个说反映还是有希望的。”他要求穆斯林应尽力帮助总督“实现他的和平地有秩序地移交政权给印度各族人民的使命”。[①] 锡克教徒领导人巴·辛格说：这个方案并不能使锡克教徒满意，但还是有些价值的，建议锡克教徒接受。

在第二天举行的记者招待会上，蒙巴顿透露，最后移交政权的日子可能是 1947 年 8 月 15 日。这就是说，比艾德礼原来宣布的期限还要提前。

英国即将交权和实行印巴分治的消息使全国人民悲喜交加。人们为民族独立的理想即将实现而欢欣鼓舞，同时想到独立伴随分治，又不禁黯然神伤。全国舆论此时沸沸扬扬，莫衷一是。

按规定，蒙巴顿方案必须由国大党和穆斯林联盟正式通过接受决议方能执行。国大党方面，广大党员和一些领导人抵触情绪强烈。国大社会党公开表示反对，以至于连甘地也必须亲自出马做解释工作。甘地说，尽管他更喜欢内阁使团方案，但不能不接受客观现实。既然环境的力量迫使人们走这条唯一可行的路，各方面达成的协议就要接受，不要责怪总督分治。尼赫鲁、帕特尔更是不遗余力地做说服工作。如帕特尔说，国大党只有在两条路中选择：“要么接受分治，要么接受印度巴尔干化和陷于无政府状态。”[②] 1947 年 6 月 15 日，国大党全印委员会就是否接受蒙巴顿方案举行表决，结果 157 票赞成，29 票反对，36 票弃权，方案被接受。多数投赞成票者的出发点是正视现实。甘地说：“我承认为我们所接受的事情并不都是好事。但我相信，好事将从其中出现。”[③] 很多人正是持这种看法。

穆斯林联盟方面，多数人对方案表示可以接受，尽管对旁遮普、孟加拉可能要一分为二，也就是说不能全部加入巴基斯坦感到不满。有人称这样的巴基斯坦“是截了肢的”“虫蛀了的”，深表失望。6 月 9 日穆斯林联盟全印委员会上经过真纳的说服工作，以压倒多数通过决议，接受该方案。

印度共产党对蒙巴顿方案持强烈反对态度。印共中央委员会 6 月 20 日通过决议，指出：“蒙巴顿方案并不是给印度真正的独立，而是一个狡诈的帝国主义政策的新发展，这种政策通过对民族力量做出移交政权的让步，

---

① 赛义德·夏米姆·哈桑·卡德利：《巴基斯坦的创立》，拉合尔，1982，第 387、388 页。

② 维·马哈江：《现代印度史》第 1 卷，第 350 页。

③ 坦杜尔卡：《圣雄甘地传》第 7 卷，第 18 页。

调动各种腐朽的反动势力，阻碍真正独立的实现。英国采取分而治之策略，利用印穆矛盾造成了史无前例的内争，最后导致印度分裂成两个敌对国家。这样英国就可以通过与两个国家的反动力量结盟，对两国加以控制。”① 1946年8月后，印共政策方向就发生了重大转变。中央委员会8月通过一项决议，认为国大党和穆斯林联盟领导人代表资产阶级封建主既得利益集团，正处心积虑谋求与帝国主义妥协，使资产阶级民主革命半途而废。决议说，从现在起，印共必须担负起民族革命运动的领导责任，发动工农开展广泛的斗争，把革命推向前进。印共的决议把国大党和穆斯林联盟接受蒙巴顿方案看作背叛民族运动，背叛革命。不过，在印度广大群众中，接受印共这种新看法的人并不多，多数群众对这种指责感到惊讶。

印度教大会站在印度教的立场上强烈反对成立巴基斯坦国家。6月8日，印度教大会通过决议，指责国大党接受分治是“对国家的背叛”，② 呼吁印度教徒不要接受这个方案。然而，响应者寥寥无几。广大群众跟着国大党走，虽然对分治感到不满，也知道这是一个无法避免的现实。

四 印度、巴基斯坦自治领的成立

在移交政权方案得到了国大党、穆斯林联盟和锡克教派同意后，各有关省决定最终归属的投票随即根据方案规定的方式和程序开始陆续进行。6月20日孟加拉省立法会议投票决定该省一分为二，穆斯林占人口多数的东孟加拉加入巴基斯坦，印度教徒占人口多数的西孟加拉留在印度。6月23日，旁遮普立法会议投票决定该省分治，穆斯林占人口多数的西旁遮普加入巴基斯坦，东旁遮普留在印度。6月26日，信德省立法会议决定加入巴基斯坦，6月30日英属俾路支斯坦决定加入巴基斯坦。7月6~7日，阿萨姆的锡尔赫特县举行全民公决，多数人赞成该县并入东孟加拉，加入巴基斯坦。7月16~17日，西北边省全民公决，多数人赞成加入巴基斯坦。这样，巴基斯坦就包括东孟加拉、西旁遮普、西北边省、信德省、俾路支斯坦和阿萨姆的锡尔赫特县。

---

① 维·马哈江：《现代印度史》第1卷，第350页。
② 维·马哈江：《现代印度史》第1卷，第349页。

6月底，成立了一个有广泛权力的机构——划界委员会，负责各方面的划分工作。英国法官拉德克利夫被邀请主持旁遮普和孟加拉划界委员会的工作。这位法官对印度的情况一无所知，正是一无所知才被认为会不偏不倚。他完全闭门造车，凭地图划界，使人为制造边界带来的创痛更加突出。现有的军队和文官也一分为二，由本人选择加入巴基斯坦或留在印度。对资产和国债也做了划分，巴基斯坦得到资产的17.5%，同时负担同样比例的国债。1947年7月19日，蒙巴顿宣布建立两个临时政府，分别照管未来印度、巴基斯坦两个自治领的利益。

在英属印度紧张地进行分治准备工作的同时，国大党和穆斯林联盟也都在大力开展活动，争取尽可能多的土邦加入自己的自治领。在蒙巴顿方案制定前，国大党1947年初已与一些土邦达成协议，同意土邦出席制宪会议的代表一半由土邦立法机关选出，一半由王公指派。结果，有一批土邦如比卡索尔、帕提亚拉、巴罗达等参加了制宪会议。蒙巴顿方案提出后，在土邦王公中出现少数人策划土邦独立的阴谋。为首的是王公院主持人博帕尔的纳瓦布，此外，还有海得拉巴的尼扎姆、特拉凡柯尔的纳瓦布等。有人甚至主张把所有土邦合并，单独建立一个“土邦斯坦”。分裂活动的背后有英国保守势力的支持。如海得拉巴王公声明希望独立，就受到丘吉尔赞许。国大党坚决反对任何分裂图谋。1947年6月15日，国大党全印委员会通过决议，要求未参加制宪会议的土邦参加制宪会议，并宣布不承认任何土邦搞所谓“独立”。尼赫鲁讲话警告一切外国不得插手分裂印度。印度临时政府成立了土邦事务部，加紧做争取土邦的工作。帕特尔担任部长，他主持制定了名为《加入协定》的文件，送给所有王公考虑。其内容是：土邦加入印度自治领只需向中央政府交出国防、外交、交通三项权力，其余所有事务仍旧归土邦王公掌管，中央不干预。由于采取这样灵活的政策，遇到的阻力大大减少。不到三个星期，绝大多数王公没有太勉强，就在这份文件上签了字。特拉凡柯尔和博帕尔的王公原想拒绝签字，但在人民群众的压力下，不得不签字。到1947年8月15日，在地理位置上处于印度自治领中间的土邦，除朱纳格、海得拉巴外，都加入了印度自治领。与巴基斯坦毗连或在其境内的巴哈瓦普尔、凯尔普尔、卡拉特等土邦加入了巴基斯坦。查谟和克什米尔是很特殊的。这个土邦居民穆斯林占多数，而统治的王公哈里·辛格是印度教徒。在地理位置上，它与印度、巴基斯坦两个自治领毗邻。直到印巴分治，查谟和克什米尔王公都没有决定加入哪个自治领。它的归属问题很快引起印巴争端，直到今天仍是一个悬而未决的问题。除朱纳格、海得拉巴、查谟和克什米尔外，土邦加入问题的迅速解决为蒙巴顿按预定计划和时间表移交政权扫除了一个重大障碍。

移交政权方案在付诸实施前，在宪政上最后一道程序是由英国议会立法，使它成为正式的法律。1947 年 7 月 18 日，英国议会通过以蒙巴顿方案为基础的《印度独立法》。其内容包括：从 1947 年 8 月 15 日起，在印度建立印度和巴基斯坦两个独立的自治领，英国政府把在印度的统治权分别移交给两个自治领；两个自治领的制宪会议有充分的权力制定本自治领的宪法，决定本自治领未来的地位，包括是否留在英联邦内；在新宪法制定出来前，制宪会议行使中央立法机构职权。还规定，从 1947 年 8 月 15 日起，英王的印度皇帝称号取消，英国放弃对印度所有土邦的最高权力，英国与土邦签订的一切条约、协定失效；每个土邦可自由选择加入两个自治领中的任何一个。《印度独立法》最引人注目的地方是把蒙巴顿原来预定的移交政权日期法定化。

印度、巴基斯坦既然是以自治领地位接受移交，在自治领成立后，都还要有一位由英王委任的总督。国大党邀请蒙巴顿担任首任印度自治领总督，巴基斯坦则宣布真纳将出任首任巴基斯坦自治领总督。两个自治领的军队总司令仍由原英印军队总司令奥金列克将军担任。

1947 年 8 月 14 日，巴基斯坦自治领宣布成立；15 日，印度自治领宣布成立。两个国家都在事实上获得了独立。

巴基斯坦自治领建都卡拉奇。真纳宣誓就任总督，利亚奎特·阿里·汗出任政府总理。蒙巴顿在前一天开幕的巴基斯坦制宪会议上宣布：“明天，巴基斯坦的统治权将要由你们掌握。”①

8 月 14 日午夜，印度制宪会议在新德里举行。在预定的宣告独立的庄严时刻就要到来时，尼赫鲁发表了激情满怀的演说。他说：“很多年以前，我们曾发誓要掌握自己的命运，今天，是到了我们实现誓言的时候了，虽不是完全实现，也是基本上实现。在夜半钟声敲响之际，当世界还在酣睡中，印度将醒着迎接生活和自由。……一个不幸的时代今日宣告结束，印

① 赛义德·夏米姆·哈桑·卡德利：《巴基斯坦的创立》，第 399 页。

度重新发现了自己。”他还称颂甘地说：“在这个日子里，我们首先想到了自由的奠基人、我们的民族之父。他体现了印度古老的精神，高举自由的火炬，照亮了我们周围的黑暗世界。”并说印度人民世世代代不会忘记他的教导。[①] 在12点钟声响起时，在他的提议下，全体代表起立，宣誓竭尽全力为印度和印度人民服务。这时会议厅外人海如潮，欢声雷动。在印度领空飘扬了一百多年的英国国旗终于悄然落下，印度国旗徐徐升起，迎着晨曦在风中飘扬，放出夺目的光彩。

尼赫鲁担任政府总理。新生的印度对外奉行独立、和平的外交政策，对内积极发展民族经济，在军队和行政机构中逐步实现印度化，清除殖民统治的残余。1948年6月21日，拉贾戈帕拉恰雷取代蒙巴顿出任印度总督。1949年11月16日，联邦制宪会议完成制宪程序，新宪法宣布印度是主权的民主共和国。1950年1月26日宪法生效，从此印度成了独立的共和国。

巴基斯坦于1956年颁布第一部宪法。巴基斯坦成为伊斯兰共和国。

印度、巴基斯坦都仍然留在英联邦内，但都是作为主权国家参加，与英国及联邦其他成员国处于完全平等的地位。

五　甘地为平息教派冲突赴汤蹈火

甘地此时在加尔各答，没有去新德里参加自治领成立庆典。此前他曾说，8月15日“是个快乐的日子，也是个痛苦的日子”。[②] 他肯定自治领的成立是印度历史上的里程碑，印度将成为摆脱外国枷锁的自由独立国家，但认为这天是不值得热烈庆祝的，这一天应当绝食、祈祷、纺纱。他就是这样做的。尼赫鲁请他参加庆典他不去，记者请他发表谈话他不讲。他说：“我不能享受这个使人感到伤感的快乐。”[③]

甘地处在忧伤中，不仅是因为分治，还因为以下三方面考虑。（1）他认识到尽管他这么多年不懈地努力，国大党和广大群众还一点也不相信他

---

① 尼赫鲁：《独立及其后（1947~1949）》，新德里，1949，第3~4页。

② 坦杜尔卡：《圣雄甘地传》第8卷，第77页。

③ 迪尔：《甘地传》，第771页。

的非暴力信条。非暴力在他们那里只是策略，不需要时可以断然抛弃。在第二次世界大战中，从国大党对战争的态度上，从“八月革命”中群众的自发行动上，他已深深感到这点，战后发生的日益加剧的宗教仇杀使他看得更加清楚。他痛苦地说，以往实行的非暴力都是弱者的非暴力，嘴上讲非暴力，心里想的是暴力，丝毫没有爱可言，不是不想搞暴力，而是不能，这实际上是消极抵抗。而他却误把这种消极抵抗当作非暴力，他为此感到至为懊丧。（2）他认识到他的建设性纲领在很多方面已告失败。他那么多年孜孜不倦地追求宗教团结，结果却是空前未有的宗教屠杀。国大党领导已表明坚决奉行工业化政策，他的恢复小生产的理想，过去就没有人提及，现在则完全被抛到一边。他呼吁多生产粗糖、粗布，各省却在谈论大力兴建纺织厂和制糖厂。国大党对建设性纲领态度冷淡，他感到十分沮丧。（3）在甘地的思想体系中，未来的国家应该是没有军队、没有警察、没有镇压职能的非暴力国家。然而，从国大党准备建立政权起，他就看到根本没有人理会他的主张，军队、警察照样维持，军费没有减少反而还在增加。他问自己，难道斗争这么多年就是为了使暴力机器换个主人吗？他为自己理想的破灭而极为伤感。

但他并没有心灰意冷，他还要为自己的理想奋斗。就像他过去所说的那样，就是剩下他一个人，也要沿着已开辟的道路走下去。他不参加政府，不担任领导职务，而是继续从事实现建设性纲领的工作。他告诫自己的追随者，不要参与权力政治，而要积极以自己的主张和活动影响群众，等影响扩大了，将来人民需要时，会有执政的一天，不过那时不是搞权力政治，而是建设真理和非暴力的理想国家。

甘地为民族运动所做的最后一项贡献，是以古稀高龄，为平息宗教仇杀而赴汤蹈火。1946 年 10 月中旬，阿萨姆发生宗教流血冲突，几千户人家无家可归。接着孟加拉和比哈尔发生宗教骚乱，双方疯狂报复，死伤甚众。甘地于 11 月来到孟加拉的诺卡里县平息冲突。看到到处是废墟和死尸，他极为难过，要求双方都以德报怨，恢复友爱，主动邀请对方返回家园。他给帕特尔写信说：“我在诺卡里的工作可能是我生命的最后一章。如果我活过来了，那将是新生。我的非暴力在这里经受着从未有过的考验。”① 他给

① 坦杜尔卡：《圣雄甘地传》第 7 卷，第 268 页。

塞瓦格纳姆真理学院写信说，他在经受严峻考验。他说，坚持真理是弱者的武器还是强者的武器？“我必须证明是后者，或者为实现它而贡献我的生命。这是我的探索。在实现这点时，我也许必须把我自己埋葬在这个被蹂躏的农村”。[①] 在另外的信中又说：“我一生迄今还没有经历过如此黑暗的时刻，夜似乎没有尽头。……‘行动或者死亡’的口号在经受考验。‘行动’在这里意味着印度教徒、穆斯林学会和睦相处，或者我要为实现此目标死去。这确实是一项艰难的任务。”[②] 他不顾危险，进驻仇杀最严重的农村地区。开始时他带的一队人集体行动。后来分散，采取一人一村、一夜一村的办法，以求使更多村庄尽快恢复秩序。在诺卡里 7 个星期，这位 78 岁的老人步行 116 英里，到过 47 个村庄。精诚所至，金石为开。充满仇意的两方居然在他的感召下，奇迹般地和好，开始重建家园。1947 年 3 月 5 日，他又不知疲倦地赶到比哈尔，制止那里的骚动，然后回德里。4 月 15 日，他与真纳发表联合声明，呼吁停止教派冲突。印度教狂热教派主义者对他不满，认为他偏袒穆斯林，是“真纳的奴隶”“第五纵队”，讥讽地称他为“穆罕默德·甘地”。7 月，旁遮普发生宗教冲突，甘地乘车去旁遮普，在费劳尔车站，有人向他乘的车扔炸弹，要谋害他。甘地不为所惧，从旁遮普回来后听说孟加拉宗教冲突再起，便又赶赴加尔各答。这个时候，在东西旁遮普分界线两侧，穆斯林与印度教徒、锡克教徒间互相驱赶、袭击和不分青红皂白仇杀的恶浪急速掀起，在一个半月的时间内，旁遮普边界许多地区频发流血冲突。而甘地在加尔各答却创造了不可思议的奇迹，在半个多月的时间内，他使这个城市保持平静，印度教徒和穆斯林高呼团结和友善的口号，一起参加他的祈祷会，一起上街游行。这座过去曾不止一次被野蛮仇杀玷污的城市，在这次宗教大屠杀的腥风血雨中竟能在一段时间内成为友爱和和睦的绿洲，这个奇迹使整个印度和国际舆论界无不感到震惊并对甘地的伟大精神力量表示由衷敬佩。然而，宗教仇恨的毒焰是如此炽烈，加尔各答也抗御不住了，最终也被这个可怕的火舌吞没。当理智已被疯狂取代时，甘地只有用绝食来感动麻木不仁的心和激发善心。他的至诚精神又一次起了作用，狂暴行为被制止，硝烟弥漫的城市又渐渐恢复了平

① 坦杜尔卡：《圣雄甘地传》第 7 卷，第 273 页。

② 坦杜尔卡：《圣雄甘地传》第 7 卷，第 280 页。

静。拉贾戈帕拉恰雷就此写道："甘地建立过许多丰功伟绩，然而最为神奇的乃是他在加尔各答战胜了邪恶，印度独立也无法与之相比。"①

1947 年 9 月，甘地拖着疲弱的身躯回到德里。眼看着教派冲突和仇杀的恶潮无法遏制，在绝望之余，他在 1948 年 1 月 13~18 日又一次绝食，力图运用个人威望来再一次平息冲突。他的精神力量固然能使很多人感动，却不幸招致更多教派极端分子的忌恨。

甘地的品德洁净无瑕，这正是他被称为圣雄的特质所在。然而，他的未来社会的理想完全是乌托邦，是空中楼阁，反映了农民在资本主义浪潮冲击下维护小生产方式（加以改良）的愿望，违背历史潮流。用至诚的精神和坚韧不拔的毅力去为空中楼阁战斗，这就使他的高尚行动不免带有令人惋惜的悲剧色彩。自从 1920 年掌握国大党领导权后，他就知道自己和国大党多数政治家只是同路人关系。1929 年，他曾意味深长地说："国大党利用我作为工具，我是自愿的工具，但是我将说不，我们分道扬镳的一天将会到来。"② 后来又说，他和国大党多数政治家目的地不同。他打比方说，他买了三等车票到圣地哈德瓦尔，他们只买到德里。③ 相同的一段路程是争取独立，当这段路走完了，分道扬镳或早或迟，不可避免。甘地原以为，以他的影响和不屈不挠的精神，能争取国大党广大党员跟他走，甚至能影响国大党领导人接受他的信条，然而他的希望落空，几十年的心血付诸东流，他怎么能不忧伤呢？

无论甘地的理想是怎样的虚幻，在现实斗争中，他确是脚踏实地，领导印度人民经过非暴力斗争道路取得了胜利。他的坚持真理，不畏强暴，敢于抗争的教导，他给人民灌输的爱国主义和自尊自助精神，他对人民疾苦的关心和对革除社会弊端的热切期望，他与群众的血肉联系，他的廉洁、俭朴、诚实的伟大品格，都给印度民族留下了宝贵的精神财富，是印度人民光辉的楷模。他的丰功伟绩印度人民是永志不忘的。尼赫鲁在 1947 年 10 月庆祝甘地 78 岁诞辰的讲话中说："甘地主义指导印度同外国统治者作战，取得了胜利。这个战斗虽然结束了，甘地主义仍然是可信赖的。甘地的指

---

① 坦杜尔卡：《圣雄甘地传》第 7 卷，第 344 页。

② R. 莱格洛茨：《关于圣雄甘地的真实情况》，伦敦，1954，第 133 页。

③ N. K. 鲍斯、P. H. 帕特瓦尔丹：《印度政治中的甘地》，孟买，1967，第 37 页。

示与主义都属于基本原则性质，不因形势改变而丧失价值。”① 他的话代表了国大党的看法，也反映了数亿印度人民的心声。

六　印度独立斗争胜利的历史意义

印度独立是通过和平移交政权，以建立自治领的形式实现的。属于殖民政权的公营企业，包括铁路、港口、航空、邮电、大型水利工程、兵工厂和其他工厂，都移交给了自治领政府，英国在印度的私人资本没有触动。独立之初，以印度文官制度为基础的原官僚体系基本上被沿袭下来，军队内的英籍高级军官和总司令都继续留用。连原英印总督蒙巴顿也被聘用，成了印度总督。独立后印度仍留在英联邦内。这一切，使印度独立斗争的胜利带有某些明显的不彻底性。

更突出的问题是，独立伴随着印巴分治，带来了极其严重的后果：分治把两大教派的对立推向顶峰，导致了边界两侧地区印度历史上最严重的宗教残杀与逃亡。不到几个月，至少有 60 万人丧生，被迫离开家园逃往对方国家的各有 550 万人，凄惨景象令人目不忍视。分治破坏了次大陆已经发展起来的经济联系，撕裂了统一的市场，分割了原本互相依赖的工业和农业区域，给两国经济发展都带来了严重困难。分治产生了克什米尔归属的争端，使两个自治领成立伊始就兵戎相见，互为仇雠。分治不但使两国保留了对英国的依赖，而且为美国染指南亚地区提供了方便。分治是印度斗争胜利中的重大缺陷，胜利的光辉因这个缺陷蒙上了厚厚的阴影。

曾经有一段时期，国内外学术界中有不少对印度独立的真实性持怀疑甚至否定态度的看法。一种看法认为，印度独立只是徒有其表，英国交权不过是改变了统治方式，由直接统治变为控制，谈不上什么胜利。还认为国大党接受建立自治领意味着资产阶级叛卖革命，成为帝国主义仆从。这是对印度独立持完全否定的态度。第二种看法承认印度移交政权的事实，但认为既然它不是武装斗争的结果，就算不得革命，只是资产阶级改良运动取得了一定成果。这种看法的主张者对印度民族运动中出现的暴力斗争特别看重，夸大其作用，并拿这些暴力斗争来反衬实行非暴力斗争的国大

① 坦杜尔卡：《圣雄甘地传》第 8 卷，第 142 页。

党的软弱。第三种看法虽承认独立是胜利，但强调革命很不彻底，认为其近似半途而废。第四种看法认为印度独立是以印巴分治为代价，分治本身是个悲剧，使独立黯然失色，所以称不上是胜利。

如果我们不是带着偏见和既定的框框看印度，而是正视历史现实，就可以断言，这些看法都是错误的，革命确实有不彻底的一面，但把这方面过分夸大也不符合实际。

所以会有这些不正确的看法，在方法论上主要是研究印度脱离印度国情，有许多人是拿中国革命的做法作为标准来套印度。这种主观主义、教条主义的研究方法当然是不可能得出正确的结论的。

第一次世界大战后，殖民地半殖民地民族革命成了世界历史发展的主要潮流之一。从世界范围看，出现了两条道路：由共产党领导的新民主主义革命和由资产阶级领导的民族民主革命。两条道路都属进步潮流，都取得了胜利。对每个殖民地半殖民地国家来说，走什么道路，这不取决于人们的主观愿望，而是取决于该国的具体国情特别是阶级配置和力量对比，取决于哪个政党方针路线正确，有能力发动和组织广大群众，当然，也受斗争的国际环境的强烈影响。印度资产阶级包括大资产阶级所处的地位，使它在民族斗争中有革命性的一面，也有妥协性的一面。在广大小资产阶级和工农群众的推动下，资产阶级革命性的一面逐步得到发展，表现在国大党政治经济纲领的不断激进化，所以一直能站在民族运动前列领导运动。印度共产党主张印度走无产阶级领导的人民民主革命道路，在反殖反封上提出了更激进的纲领，并为发动群众参加民族运动而努力工作，对推动运动的深入发展做出了自己的贡献。印度共产党希望夺取民族运动的领导权，但印度的国情、民族斗争已形成的历史条件以及印共自身政治上的不成熟决定了它不可能实现自己的愿望。印度民族运动的领导权一直牢牢地掌握在国大党手里，它的目标是建立独立的资本主义国家。建立独立的资本主义国家和资本主义社会，在印度是符合历史发展潮流的，是进步的历史运动。这就是印度民族运动的基本形势。我们评价印度的胜利一定不能离开这个基本前提。

新民主主义革命和资产阶级领导的民族民主革命虽然都是争取独立的斗争，都是民主革命，但由于目标不同，独立斗争中完成什么任务，怎样完成，是存在区别的。革命性质不同，要建立的社会不同，制定政策的价值取向自然有别。对新民主主义革命来说应该做的事情，对资产阶级革命有些就不一定适合，反之亦然。有些在新民主主义革命看来属于阶级局限性的表现，若从资产阶级革命角度考虑就完全是另外一回事。以往我国史学界在对亚非拉美国家近现代史的研究中，由于受极左思想影响，不去考虑这个区别，把所有和中国革命不一致的做法都加以否定。今天看来，这是混淆了两种不同性质的革命，无论从理论上还是从实践上说，都是不妥当的。

国大党要建立资本主义社会，这就决定了它的价值取向和对待英国统治的基本立场。对它来说英国的殖民统治必须推翻，但英国的资本主义经济政治制度和思想观念又是它崇拜的偶像和憧憬的发展方向。这种两重性决定了它领导民族运动基本立场的两重性：既要反对殖民统治，又要处处考虑不要破坏与英国的长远联系，争取未来的印度发展能得到英国的帮助。

国大党选择非暴力不合作道路，选择和平移交政权的方式，都是它找到的既要推翻殖民统治，又不破坏和英国的紧密联系的两全其美的办法。这样做最符合资产阶级的利益。如果能达到它的期望，能有助于在印度建立资本主义现代化的国家，采取这样的震荡较小的方式有什么不好？这样做，同样是符合资产阶级革命要求的。

世界各国国情不同，民族解放运动的道路必然是多种多样的。武装斗争是一种基本道路，但它不应该也不可能排除别的方式。印度国大党和印度人民根据印度国情和第一次世界大战后的国际形势，开创了另一条道路——非暴力（不是作为甘地信条的非暴力，而是作为国大党策略的非暴力）斗争道路。这条道路本质上是群众性大规模政治斗争的道路，是亿万印度人民不怕牺牲、前仆后继、共同进行斗争的道路。这条道路在工农运动广泛开展的有利形势配合下，在有利的国际条件配合下，也在个别自发的武装斗争的间接配合下，引导印度取得了民族斗争的胜利。既然同样能取得民族斗争的胜利，为什么武装斗争是革命，而非暴力斗争就不是革命呢？至于和平移交政权，那是非暴力不合作道路必然的逻辑结果。判断革命胜利的真实性不在于移交政权采取什么形式，而在于政权的移交是否具有真实性。

国大党为了不触怒英国，为了不破坏未来和英国的关系，同意英国提议，以自治领形式接受移交政权，既是自治领，就要保留殖民统治的一些权力。这当然是一种妥协。在接收政权初期，国大党政府留用了原来的全部英籍文官和军官，这也是妥协。印度人对英国私人资本盘踞印度国民经济要冲一向反感，国大党政府在掌权后根本无意去触动它，这更是明显的妥协。这些妥协延缓了非殖民化进程，在一定程度上维护了殖民者的利益，使印度人民的民族感情受到伤害，因而受到人民的激烈指责。国大党这样做正是反映了资产阶级的要求，是把和英国保持良好关系摆在首位，是资产阶级阶级局限性的表现。不过，在做这样的评论时，为了保证客观性，我们还不应忽视问题的另一面，即必须看一看，国大党接受这些妥协是纯粹出于阶级私利和软弱性该完成的任务不去完成，还是其中包含策略考虑，是为了长远的利益而有意识地妥协。

我们不妨从是否有利于印度资本主义发展的角度，再来对上述国大党不彻底的做法做些分析，考察其产生的近期和长远影响。

关于不触动英国私人资本的问题。不触动英国私人资本固然是维护了英国在印度的经济势力，保障了它继续剥削的可能性，但从长远考虑，不能不承认这样做有其有利的一面。印度资本主义不够发展，资产阶级虽已初步成长，但由于长期受英国资本压抑，发展是不健全和不充分的，在技术、设备、资金等方面都对英国资本存在很大依赖性。要求独立后通过保持与英国资本的密切合作，得到帮助和支持，这没有什么不对。保留在印度的英国私人资本，在国大党和资产阶级看来，不仅可以为印度经济发展弥补资金和技术的不足，更重要的是可以作为加强英印资本合作的媒介和桥梁。这样做从长远说对发展民族经济有利。

关于保留英国文官、军官问题。国大党既然希望在印度建立议会民主体制，现有的文官制度、军事体制是英国统治者作为在印度逐步实行代议制体制的相关措施而实行的，原则上无须改变，需要改变的是人员构成和服务宗旨，即实行文官、军官“印度人化”，为印度的发展建设和国防服务。但独立伊始，要立即全部替换是不可能的，需要一个人才培养和交替过程。原高级文官、军官的留任可保证各部门工作的正常运转，又能起到辅助新人成长的作用，这是一举两得的事，所以国大党宁肯暂时容忍旧官僚管理新政权的不便，再徐图解决。聘用蒙巴顿为总督问题：当时许多印度人对此感到惊讶，认为国大党敌我不分，或认为国大党没有骨气。然而，从国大党的角度看，这纯粹是策略之举。印度既是以自治领形式实现独立，独立后就是英联邦的一个自主的成员，和英国不再存在敌我问题。印度既然要在经济上和英国保持密切联系，就要和英国上层当权者搞好关系。聘用蒙巴顿，在国大党看来正可以达到这个目的。

关于接受自治领形式实现独立问题。这是不得已而接受的。如果没有印巴分治和两国对峙，如果没有印巴双方都要争取英国支持的因素，国大党是不会接受的。但国大党也只是在英国做出印度有完全的权力制定自己的宪法、决定自己未来地位的保证后才接受。自治领只是名义而已，不妨碍印度在事实上已取得独立。

关于留在英联邦的问题。这在当时引起的反响最为强烈。印共以此指责国大党政府外交不自主，继续受英国控制。其实，外交是否自主并不是由是否留在英联邦而定，而是取决于印度政府实行什么样的外交政策。参加英联邦捆不住印度的手脚，却可以为印度提供一个方便进入国际社会的平台。这正是国大党所希望的。从这些分析可以看到，上述种种不彻底固然有资产阶级的阶级局限性的因素，也是出于为印度长远发展的策略考虑。这些不彻底的做法从当时看，不利的一面较为明显，但从长期看，对印度发展有利的一面更加突出。在复杂的政治斗争中，为国家的长远利益着想而实行一定的策略性的妥协是允许的，把这都说成资产阶级局限性而加以指责是不公允的。

印巴分治是另一类型的问题，就国大党来说，它是不得已才接受的，不是向英国统治者妥协，而是向教派主义妥协。在当时，的确没有别的路可走，它只有被迫接受。不过，对穆斯林上层和国大党的矛盾最终导致印巴分治，国大党也不是没有责任的。印巴分治的内因是伊斯兰社会与印度教社会发展的不平衡和由此带来的上层利益的冲突，穆斯林上层感到在未来的印度自己的利益会因穆斯林处于少数派地位而受到影响，认为只有分治才有切实的保障。这个矛盾是客观存在的，但是否一定要分治才能解决？当然不是。之所以发展到非分治不可的地步，固然是由于穆斯林上层坚持分治立场，是英国统治者长期挑拨和利用的结果，但同样不可否认的是，国大党上层对问题的严重性缺乏认识，只想到掌权，却没有处理好和穆斯林上层的矛盾，不能不说，这是它政治上的一大失误。

印度的胜利纵然带有不彻底性、存在缺陷，但不影响它是伟大的胜利。这一胜利对印度的未来发展、对世界被压迫民族革命，都具有不可磨灭的重大历史意义。

独立斗争的胜利结束了英国长达190年的殖民统治，使印度走上独立发展资本主义的道路。这是这个古老大国走向进步、繁荣、昌盛的历史转折点，从此印度人民可以按照自己的意志，追赶现代化的世界潮流，建设自己的国家了。

近两个世纪的殖民统治，给次大陆人民带来的苦难罄竹难书。无尽的财富外流，经济发展的迟缓扭曲，千百万人死于饥饿和贫困，令人难以忍受的种族歧视和压迫，……这一切与殖民统治联系在一起的苦难终于有了尽头。殖民统治固然有促使印度经济发展的一面，但只要政权还掌握在殖民统治者手里，经济发展就主要还是为殖民统治者的利益服务。

英国在印度的统治，在保证源源不断地从印度掠夺财富的总目标下，通过原始积累时期、自由资本主义时期和帝国主义时期的种种殖民政策，实现了对印度的“旧的亚洲式社会”的破坏；同时，不自觉地为在印度建立西方式社会即资本主义社会准备了物质条件。马克思提出的殖民统治双重使命较多地是从生产力角度考察的。事实上，殖民统治双重使命不仅表现在经济领域，在政治领域、思想文化领域和社会领域也都同样得到体现。例如，英国在印度建立的统治体制打破了传统的封建专制制度，为建立资产阶级议会民主制奠定了基础；经济变动和社会立法冲击了传统的社会组织结构，使种姓压迫得到缓和；资产阶级平等观念的传播是对传统的旧观念的严重冲击；近代教育的发展、西方价值观和知识的引进，使掌握资产阶级思想和近代科学技术的知识分子大量出现。这一切意味着，英国殖民统治不仅在经济领域，而且在其他领域也不自觉地为建立西方式社会创造了前提条件。

然而，即便在不得不从事“建设性工作”时，指导它行动的仍然是它那卑鄙的私利。它不可能也没有打算使印度真正实现现代化，因为那意味着印度将不再受它剥削和控制。它在近二百年的统治中，在发展经济、文化方面所做的努力是有限的、片面的。如果说，到独立时印度经济、文化得到了许多发展，那还应看到，大量工作是印度人自己做的，而殖民统治者对印度人民自身谋求经济、文化发展的努力，常常是不但不支持，还千方百计设置障碍，加以压制。印度在殖民统治下开始步入现代化发展历程，但直到独立，所取得的成就充其量也不过是一种起步，而且是一种依附性的起步、扭曲的起步。印度资产阶级和民族主义者在实践中逐渐认清了这点，知道不摆脱殖民枷锁，印度就不能真正走上全面的进步的发展道路，就不可能实现真正的独立自主的现代化。

独立后印度人民终于可以掌握自己的命运，建设自己的新国家和自己的未来了。摆在他们面前的任务是艰巨的，不但要在原来积贫积弱的起点上大力从事建设，而且要对殖民主义遗留下的畸形的、依附性的结构进行艰难的改造。然而，靠手中掌握政权，他们可以做他们要做的事了，可以用自己的努力和智慧，建设富强的国家，再没有人能凌驾于他们头上，主宰他们的命运。

印度民族运动的胜利也是20世纪中期最重要的国际事件之一，具有重大的世界意义。以往，学术界由于对印度独立抱有怀疑，对其世界影响估计偏低。今天是到了应该重新估计的时候了。第二次世界大战后亚洲国家普遍掀起民族斗争高潮，冲击了帝国主义殖民体系。正是印度人民的斗争首先在大英帝国殖民体系中打开了一个缺口。英国王冠上的宝石坠落了，这对英国是最沉重的打击，对亚洲其他国家的斗争却是个有力的鼓舞。40年代末期，印度民族斗争的胜利与中国人民解放斗争的胜利交相辉映，有力地展示了被压迫民族运动的不可抗拒的力量，对根本改变亚洲面貌、促进帝国主义殖民体系的崩溃起了极为重要的作用。

采取非暴力不合作道路取得胜利，这是印度的一大创举。印度的榜样对其他国家革命运动的领导人具有吸引力，他们看到像印度这样的大国能做到，就会相信，只要他们坚持努力，也一定可以做到。20世纪60~70年代亚洲、非洲普遍开展的民族独立运动中，有一批国家就是仿效印度，通过群众性政治斗争摆脱殖民枷锁的。这样，印度开创的民族斗争的非暴力不合作道路就为世界被压迫民族斗争的武器库增添了新的斗争武器，使解放运动的道路和形式多样化，从而对世界被压迫民族的解放事业做出了重大贡献。

附录一

1770年以来的英国历届内阁

诺思内阁	1770～1782
罗金厄姆内阁	1782
谢尔本内阁	1782～1783
诺思、福克斯混合内阁	1783
庇特内阁	1783～1801
阿定吞内阁	1801～1804
庇特内阁	1804～1806
人才内阁	1806～1807
波特兰内阁	1807～1809
珀西发尔内阁	1809～1812
利物浦内阁	1812～1827
坎宁内阁	1827
戈德里奇内阁	1827
威灵顿·皮尔内阁	1828～1830
格雷内阁	1830～1834
梅尔本内阁	1834
皮尔内阁	1834～1835
梅尔本内阁	1835～1841
皮尔内阁	1841～1846
拉塞尔（罗素）内阁	1846～1852
得比·迪斯累里内阁	1852

亚伯丁混合内阁	1852~1855
帕默斯顿内阁	1855~1858
得比·迪斯累里内阁	1858~1859
帕默斯顿内阁	1859~1865
拉塞尔内阁	1865~1866
得比·迪斯累里内阁	1866~1868
本·迪斯累里内阁	1868
格莱斯顿内阁	1868~1874
本·迪斯累里内阁	1874~1880
格莱斯顿内阁	1880~1885
萨里斯布里内阁	1885~1886
格莱斯顿内阁	1886
萨里斯布里内阁	1886~1892
格莱斯顿内阁	1892~1894
罗斯伯里内阁	1894~1895
萨里斯布里内阁	1895~1902
巴尔弗内阁	1902~1905
坎贝尔·班涅曼内阁	1905~1908
阿斯葵内阁	1908~1915
阿斯葵内阁	1915~1916
劳合·乔治内阁	1916~1922
鲍纳·劳内阁	1922~1923
鲍尔温内阁	1923~1924
麦克唐纳内阁	1924
鲍尔温内阁	1924~1929
麦克唐纳内阁	1929~1931
麦克唐纳内阁	1931~1935
鲍尔温内阁	1935~1937
张伯伦内阁	1937~1940
丘吉尔内阁	1940~1945
艾德礼内阁	1945~1950

附录二

历任英属印度总督

（名字前打＊号的是暂时任总督职务的）

英国东印度公司统治时期

华伦·哈斯丁斯	1774 年 10 月至 1785 年 2 月
*约翰·麦克弗尔逊爵士	1785 年 2 月至 1786 年 9 月
康华里勋爵	1786 年 9 月至 1793 年 10 月
约翰·肖尔爵士	1793 年 10 月至 1798 年 3 月
*阿·克拉克爵士	1798 年 3 月至 1798 年 5 月
威尔斯斯莱勋爵	1798 年 5 月至 1805 年 7 月
康华里勋爵	1805 年 7 月至 1805 年 10 月
*乔治·巴罗爵士	1805 年 10 月至 1807 年 7 月
明托勋爵	1807 年 7 月至 1813 年 10 月
哈斯丁斯勋爵	1813 年 10 月至 1823 年 1 月
*约翰·阿丹	1823 年 1 月至 1823 年 8 月
阿姆赫斯特勋爵	1823 年 8 月至 1828 年 3 月
*威廉·巴·培利	1828 年 3 月至 1828 年 7 月
丙丁克勋爵	1828 年 7 月至 1835 年 3 月
*查理士·麦特卡夫爵士	1835 年 3 月至 1836 年 3 月
奥克兰勋爵	1836 年 3 月至 1842 年 2 月
艾伦波罗夫勋爵	1842 年 2 月至 1844 年 6 月

*威廉·威·伯德	1844 年 6 月至 1844 年 7 月
哈定勋爵	1844 年 7 月至 1848 年 1 月
大贺胥勋爵	1848 年 1 月至 1856 年 2 月
坎宁勋爵	1856 年 2 月至 1858 年 11 月

英王接管印度统治权后

坎宁勋爵	1858 年 11 月至 1862 年 3 月
额尔金第一勋爵	1862 年 3 月至 1863 年 11 月
*罗伯特·纳皮尔爵士	1863 年
*威廉姆·丹尼逊	1863 年
约翰·劳伦斯爵士	1864 年 1 月至 1869 年 1 月
梅约勋爵	1869 年 1 月至 1872 年 1 月
*约翰·斯特拉奇爵士	1872 年
*纳皮尔勋爵	1872 年
瑙思布洛克勋爵	1872 年 5 月至 1876 年 4 月
李通勋爵	1876 年 4 月至 1880 年 6 月
雷滂勋爵	1880 年 6 月至 1884 年 12 月
杜富林勋爵	1884 年 12 月至 1888 年 12 月
兰兹唐尼勋爵	1888 年 12 月至 1894 年 1 月
额尔金第二勋爵	1894 年 1 月至 1899 年 1 月
寇松勋爵	1899 年 1 月至 1905 年 11 月
明托第二勋爵	1905 年 11 月至 1910 年 11 月
哈定第二勋爵	1910 年 11 月至 1916 年 4 月
蔡姆斯福德勋爵	1916 年 4 月至 1921 年 4 月
里丁勋爵	1921 年 4 月至 1926 年 4 月
欧文勋爵	1926 年 4 月至 1931 年 4 月
威灵顿勋爵	1931 年 4 月至 1936 年 4 月
林里资哥勋爵	1936 年 4 月至 1943 年 10 月
魏菲尔勋爵	1943 年 10 月至 1947 年 3 月
蒙巴顿勋爵	1947 年 3 月至 1947 年 8 月

附录三

国大党历届年会主席和年会地点

1885	孟买	伍·彭纳吉
1886	加尔各答	达达拜·瑙罗吉
1887	马德拉斯	提亚勃吉
1888	阿拉哈巴德	乔治·耶尔
1889	孟买	威廉·韦德伯恩
1890	加尔各答	费罗兹沙·梅塔
1891	那格浦尔	阿南达·恰鲁
1892	阿拉哈巴德	伍·彭纳吉
1893	拉合尔	达达拜·瑙罗吉
1894	马德拉斯	阿·韦伯
1895	浦那	苏·班纳吉
1896	加尔各答	拉·萨亚尼
1897	阿姆拉蒂	圣卡兰·奈尔
1898	马德拉斯	阿·摩·高士
1899	勒克瑙	罗·钱·杜特
1900	拉合尔	纳·钱德瓦尔卡
1901	加尔各答	丁·瓦恰
1902	阿默达巴德	苏·班纳吉
1903	马德拉斯	拉·摩·高士
1904	孟买	亨利·柯顿
1905	贝拿勒斯	戈·克·郭克雷

1906	加尔各答	达达拜·瑙罗吉
1907	苏拉特	拉·比·高士
1908	马德拉斯	拉·比·高士
1909	拉合尔	马·摩·马拉维亚
1910	阿拉哈巴德	威廉·韦德伯恩
1911	加尔各答	比·拉·达尔
1912	班基浦尔	穆德霍尔卡
1913	卡拉奇	赛义德·穆罕默德·巴哈杜尔
1914	马德拉斯	布潘德拉纳特·巴苏
1915	孟买	萨·辛哈
1916	勒克瑙	阿·卡·马宗达
1917	加尔各答	安妮·贝桑特
1918 年 8 月	孟买（特别会议）	哈桑·伊曼
1918	德里	马拉维亚
1919	阿姆利则	莫提拉尔·尼赫鲁
1920 年 9 月	加尔各答（特别会议）	拉·拉伊
1920	那格浦尔	维贾耶拉加瓦查理
1921	阿默达巴德	哈基姆·阿吉玛尔·汗
1922	加雅	奇·达斯
1923	德里（特别会议）	阿·卡·阿扎德
1923	考卡纳达	穆罕默德·阿里
1924	比尔高姆	甘地
1925	康浦尔	萨罗吉妮·奈都
1926	高哈蒂	斯·英加尔
1927	马德拉斯	安萨里
1928	加尔各答	莫·尼赫鲁
1929	拉合尔	贾·尼赫鲁
1931	卡拉奇	伐拉白·帕特尔
1934	孟买	拉·普拉沙德
1936 年 4 月	勒克瑙	贾·尼赫鲁
1936 年 12 月	费兹普尔	贾·尼赫鲁

1938	哈里普拉	苏·钱·鲍斯
1939	特里普拉	苏·钱·鲍斯（鲍斯辞职后，普拉沙德继任主席）
1940	拉姆加尔	阿扎德（1946 年 7 月由贾·尼赫鲁接替阿扎德任主席）
1946	米鲁特	克里帕拉尼

附录四

穆斯林联盟历届年会主席和年会地点

1907年12月	卡拉奇	阿达姆吉·皮尔拜
1908年12月	阿姆利则	赛义德·阿里·伊玛姆
1910年1月	德里	古拉姆·穆罕默德·阿里
1910年12月	那格浦尔	赛义德·哈比乌拉
1912年3月	加尔各答	萨里穆拉·巴哈杜尔
1913年3月	勒克瑙	米安·穆罕默德·沙菲
1913年12月	阿格拉	易卜拉欣·拉赫玛图拉
1915年12月	孟买	玛扎哈尔·哈克
1916年12月	勒克瑙	真纳
1917年12月	孟买	穆罕默德·阿里
1918年12月	德里	法兹尔·乌尔·哈克
1919年12月	阿姆利则	哈基姆·阿吉玛尔·汗
1920年9月	加尔各答	真纳
1920年12月	那格浦尔	安萨里
1921年12月	阿默达巴德	哈斯拉特·穆哈尼
1923年3月	勒克瑙	古拉姆·穆罕默德·布格里
1924年5月	拉合尔	真纳
1924年12月	孟买	赛义德·利扎·阿里
1925年12月	阿里加	阿布杜尔·拉赫姆
1926年12月	德里	谢克·阿布杜尔·卡迪尔

1927年12月	（真纳派）加尔各答	穆罕默德·雅库布
1928年1月	（沙菲派）拉合尔	穆罕默德·沙菲
1928年12月	加尔各答	穆罕默德·阿里·穆罕默德·汗
1930年12月	阿拉哈巴德	穆罕默德·伊克巴尔
1931年12月	德里	乔杜里·扎法如拉·汗
1933年11月	德里	哈菲兹·希达雅·侯赛因
1936年4月	孟买	赛义德·瓦济尔·哈桑
1937年10月	勒克瑙	真纳
1938年4月	加尔各答	真纳
1938年12月	巴特那	真纳
1940年3月	拉合尔	真纳
1941年	马德拉斯	真纳
1942年	阿拉哈巴德	真纳
1943年4月	德里	真纳
1943年12月	卡拉奇	真纳

附录五

穆斯林联盟历任主席

1907～1911	阿加汗
1912～1918	穆罕默德·阿里·穆罕默德·汗（马姆达巴德罗阇）
1919～1930	真纳
1931～1932	沙菲
1934～1947	真纳

附录六

主要土邦概况

土邦名称	人口(1931) (千人)	面积 (平方英里)	王公所属宗教
享受21响礼炮待遇的			
海得拉巴	14436	82698	伊斯兰教
瓜辽尔	3523	26637	印度教
迈索尔	6557	29475	印度教
查谟和克什米尔	3646	85885	印度教
巴罗达	2443	8164	印度教
享受19响礼炮待遇的			
特拉凡柯尔	5096	7625	印度教
博帕尔	730	6924	伊斯兰教
印多尔	1325	9902	印度教
乌代普尔	1556	12923	印度教
卡拉特	342	73273	伊斯兰教
科尔哈普尔	957	3217	印度教
享受17响礼炮待遇的			
库奇	514	8249	印度教
比坎内尔	936	23317	印度教
焦德普尔	2125	36021	印度教
斋普尔	2631	15590	印度教
汤克	317	2553	伊斯兰教
巴拉特普尔	481	1978	印度教
邦迪	216	2220	印度教
卡劳利	140	1227	印度教
科塔	685	5725	印度教

续表

土邦名称	人口(1931)(千人)	面积(平方英里)	王公所属宗教
享受 17 响礼炮待遇的			
帕提亚拉	1625	5942	锡克教
巴哈瓦普尔	984	16434	伊斯兰教
科钦	1205	1417	印度教
雷瓦	1587	13000	印度教
享受 15 响礼炮待遇的			
西罗依	216	1994	印度教
贾萨米尔	76	16062	印度教
班斯瓦拉	225	1606	印度教
当加普尔	227	1460	印度教
帕塔加尔	77	889	印度教
阿瓦尔	750	3158	印度教
克森加尔	86	858	印度教
道尔普尔	255	1179	印度教
凯尔普尔	227	6050	伊斯兰教
达尔	243	1800	印度教
达地亚	158	912	印度教
迪瓦斯(小)	71	419	印度教
迪瓦斯(老)	83	449	印度教
艾达尔	262	1669	印度教
奥克哈	314	2080	印度教
享受 13 响礼炮待遇的			
库奇-比哈尔	590	1318	印度教
特里普达	380	4116	印度教
波尔邦达	115	642	印度教
那瓦那加尔	409	3791	印度教
朱纳格	545	3337	伊斯兰教
德兰加德拉	89	1167	印度教
巴伏那加尔	500	2961	印度教
帕兰普尔	264	1769	伊斯兰教
贾拉瓦尔	107	813	印度教
那巴	287	947	锡克教

续表

土邦名称	人口(1931)（千人）	面积（平方英里）	王公所属宗教
享受11响礼炮待遇的			
拉吉皮普拉	206	1517	印度教
拉特拉姆	107	813	印度教
焦拉	100	602	伊斯兰教
曼尼普尔	445	3633	印度教
万卡内尔	44	417	印度教
拉德罕普尔	70	1150	伊斯兰教
毛尔韦	113	822	印度教
冈达尔	205	1024	印度教
西尔木尔	148	1046	印度教
苏克拉	58	392	印度教
比拉斯普尔	101	453	印度教
卡姆巴	147	3127	印度教
法里德科特	164	638	锡克教
马勒科拉	83	165	伊斯兰教
曼迪	207	1139	印度教
齐特拉尔	80	4000	伊斯兰教
普杜科泰	401	1179	印度教
坎贝	88	392	伊斯兰教
贾恩拉吉	110	379	伊斯兰教
西塔毛	35	279	印度教
贾布阿	145	1136	印度教
巴尔瓦尼	141	1718	印度教
阿里拉吉普尔	102	836	印度教
潘纳	212	2596	印度教
萨姆塔尔	33	178	印度教
齐塔普尔	161	1130	印度教
卡尔卡利	120	880	印度教
比加瓦尔	116	973	印度教
包尼	19	121	伊斯兰教
阿吉加尔	86	802	印度教
拉吉加尔	135	962	印度教
加辛加尔	114	734	印度教

注：沦为英国附庸的不丹、锡金也享有15响礼炮待遇。

除表中所列外，还有34个土邦享有9响礼炮待遇。其他土邦不享受礼炮待遇。

附录七

印度人口及其宗教信仰（1941 年普查）

省份	印度教徒（表列种姓在外）（千人）	表列种姓（千人）	穆斯林（千人）	基督徒（千人）	锡克教徒（千人）	总人口（千人）
马德拉斯	34731	8068	3896	2047	0.4	49342
孟买	14700	1855	1920	375	8	20850
孟加拉	17680	7379	33005	166	16	60307
联合省	34095	11717	8416	160	232	55021
旁遮普	6302	1249	16217	505	3757	28419
比哈尔	22174	4340	4716	35	13	36340
中央省	9881	3051	784	59	15	16814
阿萨姆	3537	676	3442	41	3.5	10205
西北边省	180	—	2789	11	58	3038
奥里萨	5595	1238	146	28	0.2	8729
信德	1038	192	3208	20	31	4535
英属印度合计	150890	39912	79399	3482	4165	295809
土邦	55227	8892	12660	2834	1526	93189
全印总计	206117	48813	92058	6317	5691	388998

注：“总人口”包括未列入本表的其他教派人口。据 1941 年普查，全印耆那教徒 1449286 人，佛教徒 232003 人，祆教徒 114890 人，犹太教徒 22480 人。“英属印度合计”包括 11 个省以外的其他领地，本表未列入。“穆斯林”和“基督徒”两栏的英属印度合计数与土邦数和“全印总计”不一致是四舍五入造成的。

附录八

穆斯林在各省人口中的比例及按照麦克唐纳裁定书在各省立法会议所占席位比例

省份	穆斯林占人口比重(%)	立法会议席位总数(席)	穆斯林席位数(席)	穆斯林席位占总席位数比重(%)
马德拉斯	7.9	215	29	13.4
孟买(信德除外)	9.2	175	30	17.1
孟加拉	54.7	250	119	47.6
联合省	15.3	228	66	28.9
旁遮普	57.0	175	86	49.1
中央省	4.7	112	14	12.5
阿萨姆	33.7	108	34	31.4
信德	70.7	60	34	56.6
西北边省	91.8	50	36	72.0
比哈尔与奥里萨	10.8	175	42	24.0

附录九

大事年表

1757 年 6 月 23 日	普拉西战役，英国东印度公司征服孟加拉
1761 年 1 月 14 日	阿富汗在旁尼帕特大败马拉特人
1763 年 6 月	米尔·卡西姆起义
1764 年 10 月 22 日	布克萨尔战役
1765 年	英国东印度公司获得孟加拉迪万尼权
1767~1769 年	第一次英迈战争
1772 年	英国东印度公司接管孟加拉统治权
1773 年	英议会通过《东印度公司法》
1775~1782 年	第一次英马战争
1780~1784 年	第二次英迈战争
1784 年	英议会通过“庇特法案”
1790~1792 年	第三次英迈战争
1793 年	在孟加拉省实行柴明达尔地税制
1799 年	第四次英迈战争
1803~1805 年	第二次英马战争
1813 年	英议会取消东印度公司对印贸易垄断权
1817 年	印度学院建立
1817~1818 年	第三次英马战争
1818~1835 年	在马德拉斯和孟买管区实行莱特瓦尔地税制
1822 年	在北印度实行马哈瓦尔地税制
1828 年	梵社建立

	爱尔芬斯顿学院建立
1833 年	英国议会取消英国东印度公司贸易权利
1835 年	印度推行西方教育
1837 年	孟加拉土地所有者协会成立
1843 年	孟加拉英印协会成立
	信德被征服
1845~1846 年	第一次英锡（锡克教徒）战争
1848~1849 年	第二次英锡战争，旁遮普被兼并
1851 年	英印协会建立，德干协会建立
1852 年	孟买协会建立，马德拉斯本地人协会建立
1853 年	开始实行文官考试制度
1855 年	桑塔尔人起义
1856 年	兼并奥德
1857 年	建立加尔各答、孟买、马德拉斯三所大学
1857 年 5 月 10 日	米鲁特起义，印度大起义开始
5 月 11 日	解放德里
9 月 20 日	德里陷落
1858 年 8 月 2 日	英议会通过《印度政府法》，规定印度由英王接管
11 月 1 日	颁布维多利亚女王诏书
1859 年 4 月 7 日	坦地亚·托比被捕，大起义最终失败
1859~1862 年	孟加拉蓝靛农民起义
1861 年	制定《印度参事会法》
1863 年	穆斯林文学社建立
1864 年	建立翻译社，后改名科学社
1867 年	印度梵社建立，孟买成立祈祷社
1870 年	浦那人民协会成立
1872~1873 年	孟加拉帕布那、博格拉农民起义
1873~1879 年	德干农民起义
1875 年	圣社建立
1876 年	印度协会建立
1877 年	英国女王宣布兼任印度皇帝

	阿里加学院建立
	中央伊斯兰教协会建立
1878 年	公共梵社成立
1883 年	艾尔伯特法案事件
1884 年	马德拉斯士绅会成立
1885 年	孟买管区协会成立
12 月 28 日	国大党成立大会召开
1892 年	英议会制定《印度参事会法》
1899~1905 年	寇松任印度总督
1905 年 10 月 16 日	孟加拉分割法生效
1906 年 12 月	全印穆斯林联盟成立
1907 年 12 月	国大党在苏拉特年会上分裂
1909 年	摩莱-明托改革
1911 年	取消孟加拉的分割
1912 年	迁都德里
1913 年	穆斯林联盟通过新盟章
	卡德尔党在美国成立
	泰戈尔获诺贝尔文学奖
1914 年 7 月	印度被拖入第一次世界大战
1915 年	甘地回到印度
1915 年 2 月	北印度总起义计划失败
1915 年 6 月	孟加拉起义计划失败
1916 年	自治同盟和全印自治同盟成立
1916 年 12 月	国大党重新统一，国大党和穆斯林联盟订立勒克瑙协定
1917 年 8 月 20 日	蒙太古宣言
1918 年	蒙太古-蔡姆斯福德改革
1919 年 3 月	颁布罗拉特法
1919 年 4 月 13 日	阿姆利则大屠杀
1920 年 8 月 1 日	基拉法委员会领导的不合作运动开始
	提拉克逝世

1920 年 9 月	国大党加尔各答特别会议接受不合作策略
1920 年 10 月 17 日	印度侨民共产党成立
1920 年 10 月	全印工会大会成立
1920 年 12 月	国大党那格浦尔年会通过不合作决议
1921 年	印度出现共产主义小组
1921~1922 年	第一次不合作运动
1923 年 1 月	成立司瓦拉吉党
1923 年 5 月	白沙瓦审判
1924 年	康浦尔审判
1925 年	国民志愿服务团成立
1925 年 12 月 26 日	印度共产党成立
1927 年 11 月	英国宣布派西蒙调查团来印
1928 年	全印工农党成立
1929 年 3 月	米鲁特审判案
1929 年 12 月	国大党通过独立决议，决定开展文明不服从运动
1930 年 3 月 12 日	开始食盐进军
4 月 18 日	吉大港起义
4 月 24 日	白沙瓦起义
5 月 5 日	绍拉普尔起义
5 月 21 日	进占达拉沙拉盐场
1930 年 11 月~1931 年 1 月	第一次圆桌会议
1931 年 3 月 5 日	甘地与欧文签订《德里协定》
1931 年 9~12 月	第二次圆桌会议
1932 年 1 月	甘地决定恢复不服从运动
1932 年 11~12 月	第三次圆桌会议
1933 年 12 月	印共成立新的中央委员会，参加共产国际
1934 年 7 月	印共被宣布为非法
1934 年 10 月	停止不服从运动
	甘地退出国大党
10 月 21 日	国大社会党成立
1935 年 7 月	英议会制定《印度政府法》

1936 年 4 月	印共与国大社会党签订协定，印共党员以个人身份加入国大社会党
	全印农民协会成立
1937~1939 年	省自治
1939 年 5 月	成立前进集团
1939 年 9 月	印度被拖入第二次世界大战
1939 年 10~11 月	国大党省政府辞职
1940 年 3 月	国大社会党排除印共党员
1940 年 3 月 23 日	穆斯林联盟通过拉合尔决议
1940 年 10 月 17 日~	反战不合作运动
1941 年 1 月	鲍斯流亡国外
6 月 22 日	苏德战争爆发
1941 年 12 月	太平洋战争爆发
1942 年 3 月	克里浦斯使印
1942 年 7 月	取消对印共的禁令
8 月 8 日	国大党通过要求英国退出印度决议
8~12 月	“八月革命”
1943 年 10 月	鲍斯在新加坡成立临时政府
1944 年 3 月 19 日	日军进攻英帕尔
1944 年 9 月	甘地与真纳会谈
1945 年 6 月 14 日	总督魏菲尔发表声明
1945 年 6 月	西姆拉会议
1945 年 7 月	工党在英国执政
8 月 15 日	日本宣布投降
8 月 18 日	鲍斯遇难
9 月 19 日	艾德礼、魏菲尔发表政策讲话
1946 年 2 月 18 日	海军起义
2 月 19 日	艾德礼宣布派内阁使团来印
3 月 15 日	艾德礼宣布准备承认印度独立
9 月 2 日	印度临时政府成立
10 月 26 日	穆斯林联盟加入临时政府

12月9日	制宪会议召开
1947年2月20日	艾德礼讲话，宣布不晚于1948年6月移交政权，并宣布蒙巴顿被任命为印度总督
1947年3月22日	蒙巴顿抵印
6月3日	公布蒙巴顿方案
7月18日	英议会通过《印度独立法》
8月14日	巴基斯坦自治领成立
8月15日	印度自治领成立
1948年初	第一次印巴战争爆发
1月30日	甘地遇害
6月21日	拉贾戈帕拉恰雷继任印度总督
1950年1月26日	普拉沙德任印度首任总统
	印度宪法生效，印度成为独立的共和国

主要参考书目

一　中文书目

〔巴〕G. 阿拉纳：《伟大领袖真纳——一个民族的经历》，袁维学译，商务印书馆，1983。

〔苏〕安东诺娃、戈尔德别尔格、奥西波夫主编《印度近代史》，北京编译社译，三联书店，1978。

陈峰君主编《印度社会述论》，中国社会科学出版社，1991。

〔法〕多米尼克·拉皮埃尔、〔美〕拉里·柯林斯：《圣雄甘地》，周万秀、吴葆璋译，新华出版社，1986。

〔印〕恩·克·辛哈、阿·克·班纳吉：《印度通史》（1~4册），张若达、冯金辛等译，商务印书馆，1973。

《甘地自传》，杜危、吴耀宗译，商务印书馆，1985。

〔英〕赫克托·博莱索：《巴基斯坦的缔造者真纳传》，李荣熙译，商务印书馆，1977。

华中师范大学简明印度史编写组编写《简明印度史》，湖南出版社，1991。

黄思骏：《印度土地制度研究》，中国社会科学出版社，1998。

黄心川：《印度近现代哲学》，商务印书馆，1989。

〔印〕贾瓦哈拉尔·尼赫鲁：《印度的发现》，齐文译，世界知识出版社，1956。

〔英〕拉·帕·杜德：《今日印度》（上下册），黄季方译，世界知识出版社，1953。

林承节：《印度古代史纲》，北京大学出版社，2000。

〔印〕罗梅什·杜特：《英属印度经济史》（上下册），陈洪进译，三联书店，1965。

〔印〕R.C. 马宗达、H.C. 赖乔杜里、卡利金卡尔·达塔：《高级印度史》（上下册），张澍霖等译，商务印书馆，1986。

闵光沛主编《殖民地印度综论》，四川民族出版社，1996。

《尼赫鲁自传》，张宝芳译，世界知识出版社，1956。

〔印〕潘尼迦：《印度简史》，吴云椿、欧阳采薇译，三联书店，1957。

〔印〕孙德拉尔：《1857 年印度民族起义简史》，文仲叔、张广学译，三联书店，1957。

二 英文书目（不包括有中译本的）

Agrawal, A., *Studies in Mughal History*, Delhi, 1983.

All India Congress Committee, *A Contemporary History of the Indian National Congress*, General Editor, B. N. Pande, Vol. Ⅳ, New Delhi, 1990

All India Congress Committee, *Indian National Congress Resolutions on Economic Policy Programme, 1924-1954*, New Delhi, 1954.

Bakshi, S. R., *Nehru and His Political Ideology*, New Delhi, 1988.

Brown J. M., *Nehru*, New York, 1999.

Chand, Tara, *History of the Freedom Movement in India*, Vols. 1-3, Delhi, 1961.

Chandra, Bipan, *Indian National Movement: Long-term Dynamics*, New Delhi, 1988.

Chandra, Bipan, *India's Struggle for Independence 1857-1949*, New Delhi, 1988.

Chandra, Bipan, *Essays on Colonialism*, New Delhi, 1999.

Chandra, Bipan, *Modern India*, New Delhi, 1971.

Chandra, Bipan, *Essays on Contemporary India*, New Delhi, 1993.

Chaudhuri, S. B., *Civil Rebellion in the Indian Mutinies 1857-59*, Calcutta, 1957.

Desai, A. R., *Social Background of Indian Nationalism*, Bomboy, 1959.

Dodwell, H. H. , ed. , *The Cambridge History of India And Supplement*, Cambridge, 1922-53.

Dutt, R. C. , *Socialism of Jawaharlal Nehru*, New Delhi, 1981.

Gopal, Sarvepalli, *Jawaharlal Nehru: A Biography*, Vol. 2 - 3, London, 1979, 1984.

Graham, B. D. , *Hindu Nationalist and Indian Politics: The Origins and Development of the Bharatiya Jan Sangh*, Cambridge, 1990.

Grenal, J. S. , *The Sikhs of Punjab*, Cambridge, 1990.

Jawaharlal Nehru's Speeches, Vols. 1-4, New Delhi, 1949-1963.

Jayaswal, K. P. , *Hindu Polity*, Bangalore, 1943.

Joshi, P. C. , ed. , *Rebellion*, 1857: *A Symposium*, Delhi, 1957.

Kapoor, P. P. , *Economic Thought of Jawahalal Nehru*, New Delhi, 1985.

Kumar, D. , ed. , *The Cambridge Economic History of India*, Camb-ridge, 1983.

Mahajan, V. D. , *History of India, From Beginning of 1526 A. D.* , New Delhi, 1981.

Mahajan, V. D. , *History of Modern India*, Vols. 1-2, New Delhi, 1983.

Markovits, Claude, ed. , *A History of Modern India, 1480-1950*, London, 2002.

Martin B. , *New India 1885*, Bombay, 1970.

Menon, V. P. , *The Story of the Integration of the Indian States*, London, 1956.

Menon, V. P. , *The Transfer of Power in India*, Princeton, 1957.

Metcalf, B. D. and T. R. Metcalf, *A Concise History of India*, Cambridge, 2002.

Mukherjee, H. and U. , *India's Fight for Freedom or the Swadeshi Movement, 1905-1906*, Calcutta, 1958.

Nanda, B. R. , P. C. Joshi and R. Krishna, *Gandhi and Nehru*, Delhi, 1979.

Nanda, B. R. , *Mahatma Gandhi-A Biography*, London, 1958.

Pande, B. N. , ed. , *A Centenary History of the Indian National Congress*, 3

Vols. , New Delhi, 1985.

Parvate, G. P. , *Bal Gangadhar Tilak*, Ahmedabad, 1958.

Raychaudhuri, T. and I. Habib, eds. , *The Cambridge Economic History of India*, Cambridge, 1982.

Sarkar, J. N. , *Fall of the Mughal Empire*, Vols. 1-3.

Sarkar, Sumit, *Modern India, 1885-1947*, Delhi, 1983.

Sen, S. N. , *Eighteen Fifty-Seven*, Delhi, 1957.

Sen, M. , *Glimpses of the History of the Indian Communist Movement*, Madras, 1997

Singh, V. B. , *Economic History of India, 1857-1947*, New Delhi, Bombay, 1965.

Smith, V. A. and T. G. P. Spear, eds. , *The Oxford History of India*, Oxford, 1958.

Spear, Percival, *Oxford History of India*, New Delhi, 1974.

Srinivas, M. N. , *Social Change in Modern India*, New Delhi, 1992

Tendulkar, D. G. , *Mahatma, Life of Mohandas Karamchand Gandhi*, 8 Vols. , New Delhi , 1960-1969.

Tomlinson, B. R. , *The Economy of Modern India, 1860-1970*, London, 1993.

Wheeler, M. and A. L. Basham, *Oxford History of India (Revised), Part I*, Oxford, 1958.

Wolpert, Stanley, *A New History of India*, New York, 1993.

Yasin, M. , *A Social History of Islamic India*, Lucknow, 1958.

Vohra, Ranbir, *The Making of India, A Historical Survey*, New York, 2001.